潘树广

自 选 集

潘树广◎著

江苏大学出版社
JIANGSU UNIVERSITY PRESS

镇 江

图书在版编目(CIP)数据

潘树广自选集/ 潘树广著,—镇江: 江苏大学出
版社,2012.9
ISBN 978-7-81130-321-6

Ⅰ.①潘… Ⅱ.①潘… Ⅲ.①社会科学—文集 Ⅳ.
①C53

中国版本图书馆 CIP 数据核字(2012)第 220097 号

潘树广自选集

著　　者/潘树广
责任编辑/芮月英　吴小娟
出版发行/江苏大学出版社
地　　址/江苏省镇江市梦溪园巷 30 号(邮编:212003)
电　　话/0511-84446464(传真)
网　　址/http://press.ujs.edu.cn
排　　版/镇江文苑制版印刷有限责任公司
印　　刷/扬中市印刷有限公司
经　　销/江苏省新华书店
开　　本/718 mm×1 000 mm　1/16
印　　张/33
字　　数/700 千字
版　　次/2012 年 9 月第 1 版　2012 年 9 月第 1 次印刷
书　　号/ISBN 978-7-81130-321-6
定　　价/68.00 元

如有印装质量问题请与本社营销部联系(电话:0511-84440882)

潘树广先生

1988 年春与首届文学文献学专业研究生合影

1994 年与夫人共同探讨问题

1993 年 5 月在济南与贾植芳教授合影

1998 年摄于苏州大学校园　　　　　　1999 年摄于苏州大学校园

1998 年 3 月带研究生
考察沧浪亭

1999 年 3 月潘树广先生六十寿辰

2001 年 4 月与赵国璋、朱天俊等摄于南京

2002 年 5 月潘树广先生指导的博士生论文答辩会

2002 年 5 月潘树广先生指导的博士生论文答辩会

2002 年中秋定慧寺
祈福

2002 年 9 月拜访
钱仲联先生

2002 年香港学者
李锐清来访

潘树广先生一家

2002年部分已毕业的
博士看望潘树广先生

与指导的博士生
李熺俊合影

与葛永庆先生合影

与张君炎、王运熙先生合影

2000 年与研究生摄于苏州大学

2000 年 11 月摄于苏州天池山

潘树广先生日记手稿　　潘树广先生文章手稿

潘树广先生撰著、主编的部分著作

由《学林漫笔》忆潘树广教授①

（代序）

徐 雁

2004年8月中旬从安徽大学图书馆讲学回家,发现新到的《苏州杂志》第四期上有一篇潘树广教授弟子朱琴硕士的回忆文章,写得情真意切,便赶紧翻开来读了。这一读便激起了我对潘老师的深刻回忆。

我是在潘师人生才华最茂然的时节与他结识的,从此看着他一本本地出书,心目中的印象也愈来愈鲜明。他对于我走向第一个工作岗位以后的处世和为学,产生过重要的初始影响和引导作用,有的早已经化入我日常的行为甚至思维习惯之中了。

我常常想,一个拥有人人敬重的"教授"称号的知识分子,他对人类社会的贡献,大概在著书立说的自我建树之外,就是泽被来者的言传身教了。如今潘师因病去世已经两周年,我因未曾参加他的追悼会,心目中保存着的,依然是昔年那风度翩翩一潘郎的动人形象。尤其是两年来,每当在书橱里见到潘师曾经那么郑重地题赠给我的那些著作,如《书海求知》正、续编②等,我总是产生一种如晤如对的感觉。这是因为当年在位于十梓街东头的苏州大学老校园,在他曾经一住16年的六宅头宿舍里,我们之间有过那么一两次令人神往的深谈。

一

适才裁开"毛边本"的他的学术随笔文集《学林漫笔》"自序",感到这可能是他生前所写的最后一篇文章,其中开篇就有应我当初的特别提示而写下的一个回忆段落:

《学林漫笔》选录我1979年以来所写随笔杂文80余篇,其中将近一

---

① 2005年夏作于金陵江淮雁斋,初刊于《图书与情报》2006年第3期,后收录于徐雁文集《藏书与读书》,国家图书馆出版社,2008年出版。

② 潘树广:《书海求知》正编,知识出版社,1984年;潘树广:《书海求知》续编,知识出版社,1987年。

半是在苏州大学"六宅头"写的,其余是迁居到苏大东区以后写的。

　　说起"六宅头",那是东吴大学在上个世纪 30 年代初建造的六户教师住宅,位于校部南端小河畔,绿色围绕,小径通幽。我对六宅头有一种特殊的感情,因为曾在那里住过 16 年,是我一家三口最早落脚之处,也是我科研起步之地……我 1961 年毕业分配至江苏师院(今苏州大学)任教,在单身教工宿舍住了 11 年。1972 年,妻子将要分娩,我申请到六宅头 5 号一个十余平方米的房间,没有厨房,就在楼梯底下放个炉子烧饭……当时妻子在常熟教书,来苏州生下女儿,产假满后就抱着女儿去常熟上班……直到 1976 年下半年,妻子调来苏州,一家三口才团聚,像个家的样子。

　　六宅头宿舍负载着一位大学教师曾经的离合和悲欢,也见证了一个学人的成长和长成。而我在此十余平方米小屋中见到主人时,却已是在他入住此地至少十四五年之后,那时潘师在科研上的步子已经愈走愈大,是一位名与望日增的中年学者了。

　　话说 1982 年冬,我在北京大学图书馆学系刚读三年级的时候,开设"中文工具书检索"课程的朱天俊老师有一天在课堂上向大家推荐了潘师编著的《社会科学文献检索百例》。这是一册由江苏省图书馆学会在 1981 年印行的只在专业系统内部发行的书,因此我在先睹为快的心理驱使下,驰函索求。不久就得着了潘师于次年元月题赠给我的第一本书。

　　原来,潘师在苏州大学中文系讲授中国古代文学课程的过程中,发现亟须提高学生的自学能力和科研能力,于是开设了"文献检索"课程,本书就是为此编撰的一部检索案例集。每个案例分为课题、分析、检索和"附记"四个部分,末者主要给读者提示目标检索过程中应当注意的问题,以及对参考工具书的编制、体例、版本所作的"补充说明"。关于本书,他后来回忆道:

　　　　1979 年我被评为讲师时,已是 40 岁的人了。六宅头与图书馆相邻,为我争分夺秒提供了有利条件。我最早的几本书,如《社会科学文献检索百例》、《古典文学文献及其检索》、《古籍索引概论》等,都是在此地写的。当需要查对资料时,跨几步就到图书馆,雨天不用带伞。家人见我夜以继日写书,既关心支持,又不忍心。记得写《检索百例》时,常工作至深夜。女儿 10 岁,已朦胧懂得"百例"是个什么概念,半夜醒来,见我未睡,总是问:"爸爸,还有几例啦?"她盼我尽快写满"百例",可早点睡觉。

　　当年"工作至深夜"的所在,应该就是那间位于六宅头一楼的十余平方米的小屋,所以其女潘欣才有此一问。当我见到该书目次上之"例九　查藏书家",看到其中有"今人王謇又有《续补藏书纪事诗》,记清末以来藏书家 120 余人"两句时,便向潘师开口借观此书。他的慷慨，促成了中国藏书史研究上的一件大功德——我和妻子谭华军后来编辑整理了《续补藏书纪事诗传》，由辽宁人民出版社于1988年出版。

潘师收到我寄赠的样书后，随即撰写了题为《藏书史研究的新成果》的书评，发表在香港《大公报》1989年4月17日的"读书与出版"专刊上。那时候我和妻子大学本科毕业才四年，他在书评中已经用了"青年学者"的指称，评价该书为"学术文化史之要籍"。凡此当然都鼓舞了我当年进一步深入从事学术研究、把人生价值观定位于做一个"学者"的决心。书缘文情，也就愈结愈深了。

潘师是一个乐于助人的长者。他随后又以此为缘，把我一并推荐给了当年主持编辑《大公报》"读书与出版"专刊的马国权先生。马先生见到我写去的推介王余光学长新著《中国历史文献学》的首篇文章后，不仅很快予以刊出，而且还热情地复函邀约续写，这就开启了我书评写作的一个投稿新园地，而当年每篇比内地要高出四五倍的稿费，确实在我们家庭低薪时期救过不少次"急"。对于潘、马两位先生提携奖掖的仁人胸怀，我一直是心怀感激的。

二

记得1983年10月，潘师从苏州大学到北京大学，出席教育部全国高校图书馆工作委员会召开的"文献检索与利用课"专题研讨会。其间，他通过朱天俊老师捎信，约我前往校内的勺园宾馆会面。

我见他西装革履，神采奕奕，显得很洋气，与我们北大老师们的质朴派头迥然不同。后来熟识后得知，他是广东新会人，1940年出生于上海，那可是中国现代史上最时尚的都市，领东亚风气之先的"东方明珠"之城。他先后在上海和广东各地陆续交替着完成了小学、中学学业，因此，生活习性上不免受到商家富户的风染。至于他为人上的精细而周密，社交上的善于周旋和辞令，以及灵机发挥等优长，我觉得可能都与这一家庭背景和他的成长历程有关。

但潘师的"派头"和"风采"，终于破坏了一位长期在北京工作、与其年龄相近的我的一位大学长的"心理平衡"。1987年7月，在东北师范大学古籍研究所吴枫教授承办的一次会议晚宴上，他居然在席间看着春风满面的潘老师，以及伴随着他的那番儒雅风趣的谈吐和欢声笑语的交际，不怀好意地约我前往他那一桌"敬酒"，目标是"轮番灌醉他"！他的提议自然在我这里碰了"软钉子"。这位同我交情不错的老学长，并不知道我和潘师另有一番"谊在师友之间"的斯文交情。

我由此联想到，潘师于着装考究、于饮食讲究，尤其是日常生活上的精致化，以及他端正的形貌、出众的才学，可能是其在人际关系中多得妒忌性潜敌的原因。而活泼好动的天性、多才富艺的能力，又完全可能驱使阅历未曾到位的青年时期的他（所谓"少不更事"），在"文化大革命"这种上有"伟大领袖"号召、下有"群众运动"

响应的社会浪潮中迷失于一时。

不过潘师毕竟受过高等教育的科班训练，不仅勤读有字之书，而且善阅无字之书，因此在人生遭遇教训以后，足以反省而自救。中年以后，潘师推生活经验及于自己的教学科研，终将生活与学问实现了统一，也就是说，让上述优点在作为一个教师和学者的领地里得到了充分的发扬。当我结识他的时候，他已开始从中国古典文学领域跨入中国文献学领域，日渐成为我们专业范畴里的偏师领军人物。而我与他的结缘也正以此。

潘师于1957年夏考入南京师范大学中文系，这年考上大学的特别不容易。因为不知为什么，这是中华人民共和国成立以后，高校新生录取计划中数量最少的一年。

20世纪50年代后期的大学生活，对于知识青年来说是一个气氛特别怪异的时段。潘师后来在《南师忆旧》中回忆说，与校园里由林荫道、绿草坪、老房子，尤其是"右馆左房"（即图书馆的书香和音乐系琴房的钢琴声）所共同营造的宁静祥和气氛形成强烈反差的，是轰轰烈烈的"反右派"运动所造成的浓烈火药味：

> 1957年秋，大学里的"反右"已接近尾声，但"批斗会"仍经常召开，"反右"大字报和大幅标语随处可见。校系领导安排新生到"批斗会"现场旁听，被批斗者大部分是高年级的学生。我们这些刚从中学来的大学生，望着被批斗得脸色苍白的大哥大姐，心情有几分紧张，也有几分迷惘。这可以说是进入大学后的第一堂政治课，大部分新生第一次领教了政治斗争的威慑力……
>
> 南师中文系的学风以严谨、求实著称，治学讲究从根本上做起，力戒空疏之论。这种学风的形成，源于老师（如系主任孙望、唐圭璋、徐复、段熙仲、吴调公、赵国璋等先生——引者注）的言传身教……在老师的影响下，我们的学习都非常踏实。虽然那时政治运动多，动不动就搞批判，但我们内心深处对老师是相当尊重的。上课认真记笔记，课后还要对笔记。

除了"认真记笔记"，潘师在《漫步在文献丛林》一文中还回忆说：

> 我到吴调公先生家里，阅读他的学术卡片，求教做卡片的方法。看到有用的资料，或有什么心得体会，随时记在卡片上，过一段时间就分类整理，插入自己糊的卡片盒内，其乐无穷。尽管我的兴趣主要是在中国古典文学方面，但对其他学科也不放松，参加了语言学、外国文学科研小组，又向赵国璋先生学习文献学知识，深感这是治学的津梁，获益良多。

由此看来，不管客观环境如何，一颗主观能动的求知求学之心的大小，绝对决定着未来事业成就的高低。

<h1 style="text-align:center">三</h1>

大概是 1986 年 9 月，我第一次在苏州大学校园内的六宅头宿舍拜访了潘师。

记得潘师当时已是副教授，不久就要带"文学文献学"方向的硕士研究生了。由于有了时断时续的多年通信，又有两年前北大的一面缘，一回固已不生，两回就更熟悉了，因此相叙甚欢。我向他当面致了多年来积累的谢意，他也早已备好当年用"侨汇券"才能买到的上海牡丹牌香烟来招待。

他开朗坦诚、体贴细致的为人之风十分有感染力。因此，他成为我大学毕业以后在工作岗位上结识的一位令我心仪悦服的师长。而潘师自己心仪的，则是他从来不曾见过的朱自清先生等现代文学名家。

读书怡人，文为心声。

潘师在《读书随记》中开篇安排的就是《文品与人品》一文，这是他在某年元旦前夕为一家杂志所写的"新春寄语"。其中说道："我爱读朱自清先生的文章，这不仅是因为他的作品文情并茂、细腻清新，还因为从中感受到正直而崇高的人格魅力。朱先生的文品和人品是完美统一的，正如他的学生余冠英所说，和朱先生相处得愈久，他的品格高洁之处就发现得愈多；对他的文章也要细读，多读。"此外在现代文学史上，文品和人品完美结合的作家还有很多。他指出：

> 鲁迅的硬骨头精神，叶圣陶的温厚严谨，巴金的敢讲真话，冰心的赤诚之爱……他们风格各异，又都是文如其人，体现出高尚的道德情操。他们都是语言大师，在写作上一丝不苟，这与他们严肃认真的人生态度是一致的……
>
> 青少年学生首先应读哪些书呢？我认为首先要读那些文品和人品完美结合的作家写的书。读这些书，不仅可以学到许多写作方法，提高写作能力，还可以学到许多做人的道理。好的文章能提高人的精神境界，有了高尚的精神境界，才能写出真正意义上的好文章。追求文品与人品的完善，理应是我们终生奋斗的目标。这就是我对青年朋友们的"新春寄语"。

在文章中他是这样教导别人的，在日常生活中他也是努力追求着这样做的，唯其知行合一，方显其难能可贵。何以见得？请看朱琴在题为《花开时节——忆潘树广先生》的文章中的回忆。

她说："初识先生，其实是从另外一位老师的口中，当时我还是大学二年级的学生。有一次，教中国文学史课的涂小马老师（潘先生指导的首届'文学文献学'硕士研究生之一）在课堂上偶然说起导师与学生之间的关系。他议论说，现今大学里有些老师不能为人师表,常任意驱使学生,有的甚至于侵占学生的劳动成果;而在我所认识的老师中,潘树广先生之人品、师表则令人尊敬。"

因此一年之后,当她准备报考本校硕士研究生,在选择导师和研究方向的时候,就毫不犹豫地选择了潘先生及其设立的"中国古代文学文献学"研究方向——

> 潘先生当时是苏州大学文学院古代文学专业为数不多的博士生导师之一,在文学文献学研究领域,造诣很深,在学术界很有名望。他给我们几个授业的第一节课主题是:学问与人品。他说人品是立身之道、立业之本;真正的大学者应是人品与学问兼备,而不是舍弃人品独取学问的。
>
> "治学与做人要一致。"翻开我五年前的听课笔记,这些话就记在第一页上……从潘老师身上,我所领略的不只是一个老师对学生学业的关心,先生对于我们每个学生生活上的关怀,决不比学业上的少。我第一次习惯跟一个师长说说心里话,说说自己,说说家庭。古人有"一日为师,终生为父"之语,在那些年里,我慢慢品出其中滋味。一直以来,潘先生都要求我们能成为品学兼优的学生,可自问两者皆不突出而有幸忝列门生,故心里常感到不安。

当朱琴同学研学时,应该已是潘门硕士生之第四届,由于师生辈分的客观关系,她自然只会把潘师的话当作一个老师的人生经验和课堂教导。而我却因偶然的机遇,在六宅头潘家的沙发上同潘师有过一次深入而广泛的交谈,从而知道了他的若干家庭背景和人生经历,再综合旁人有关他的街谈巷议,因此已不难将之解读为言者自己的人生教训和成长心得。

朱琴同学还说:"我们几个硕士(生)的毕业论文,早在一入学,潘先生就根据每人的个性、爱好给定好论题了,像这种导师根据每人的个性趣味拟定论题的方法,在我所认识的老师中,是绝无仅有的,我想这就是古人所谓的'因材施教'吧!"

而她在研学过程中印象极其深刻的,是带着毕业论文的一部分文稿到医院里送审,结果遭到严厉批评的那一次:

> 我把文稿交给先生的时候,他正躺在病床上,打着点滴。我静坐一旁候着,渐渐发现先生脸色不对,果然他就很生气地说:"这种文章根本不像我的学生写的;如果你拿去投稿的话,人家编辑都不要看内容,就把你毙掉了。你看你各级标题不一,有引论没有结论,大段引文与正文不分,最基本的排版格式通通不对,编辑学的课有没有上过,书有没有看过?
>
> 半晌,先生从口袋中掏出笔,开始在我的文稿上圈圈画画,又帮我理清一些思路,提了一些他个人的意见。此后,我写文章对于格式就特别讲究,甚至于现学现卖,对舍友们的大作常常指手画脚。

对于潘师的疾言厉色,如今我作为一名也带着十几位弟子在专业学途上走着的硕士生导师,已特别能予以同情和理解:他自己既然是那么一个各方面自我要求尽可能完美的人,必然对于自己的弟子也有着同等的"潜要求";更何况他在病中,个人健康所带来的焦虑自不必言,而原本来自圈内的教书育人的压力他并未能够忘却。正如一贯注重仪表仪容的他,绝不能容忍自己光着因"化疗"而秃了的头,出现在他门下弟子的博士论文答辩会上那样。

集好强争胜、严于律己和追求完美于一体的性格,也许让潘师的内心世界特别累,精神负担也特别重,因此表现于外的,也就是对自己的苛刻度、对他人的完美度要求也就特别的高。遗憾的是,当日在国家最高教育行政机关做着浮躁工作的我,阅历浅薄,少年不识他人愁滋味,因此从来只看到他一丝不苟的体面,却未能略窥他百不容一失的那颗疲惫之心。

四

潘师在为人和为学上的风格,就我的观察思考,大致已如上述。需特别指出的是,除了讲究"文品与人品"外,"将勤补拙"其实是他一贯的为学信条。他在《漫步在文献丛林》中说:

> 我并非出生于书香门第,没有条件像许多学者那样自幼受家庭藏书的沾溉。在治学道路上给我以深刻影响的,是学校、书店和图书馆。我也不是那种自幼聪颖的人。儿时,母亲常说我"将勤补拙"。知子莫如母,"将勤补拙"确是我的真实写照。小时候是这样,中年以后仍是这样。
>
> 20世纪70年代后期,我除了教古代文学之外,还从事文献学的教学与研究。我之所以选定文献学作为自己的研究方向,一是因为读大学时已爱上这一学科,二是把它作为自己打好基础的途径,三是通过它向学生传授治学的方法。

潘师在知识天地之中,从来都保持着洞视八极、博采众长的姿态,他决无故步自封、闭关保守之时。这也可能同他的南粤血统和商家背景有关。在大学教授中,他可能是最早熟练运用计算机作为自己作文治学的先进工具的人之一。积极进取的求知态度,让他在学术创新方面多得先机。

在跨入21世纪之前,潘老师积其20年的文献学教学和科研的心得,开始思考和探索起两大学术问题:一是文献工作者如何将"实证研究"和"理论研究"结合起来,相辅相成;二是如何融会"古典文献学"和"现代文献学",打通知识壁垒和划疆而治的固有局面,建设统一的大文献学学科的问题。他坚信,两者的研究对象都是文献——"知识与信息的载体",因此,"两者的根本任务、研究内容、研究手段与方法都存在着质的共通性"。

"时代呼唤古典文献学和现代文献学的交融!"他在其领衔的《文献学纲要》(广西师范大学出版社 2000 年版)的前言中这样呼吁。而本书也正是他联络黄镇伟、涂小马两位中青年学者,对于这一理论构思的实践尝试和著述成果。

五

适才找出一份我偶然夹存在他给我的赠书《古典文学文献检索》(陕西人民出版社 1984 年版)中的资料,是一位笔名叫"小河"的写的一篇"人物专访":《文献丛林中的探索者——记苏州大学文献研究室主任潘树广》,发表在《情报资料工作》1988 年第 6 期上。小标题依次有:"文科文献检索的开拓者"、"人是要有点精神的"、"成功之路"、"不断追求,永远进取"、"我希望我的学生超过我"和"艺术沙龙的常客"。作者通过采访披露出来的教学和治学细节,足以深化我们对他的认识:

> 在 1977 年的高校,很少有人同时开两门课,潘树广却同时开出"古典文学"和"文献检索"两门课,等于为自己增加了一倍的工作量,对此他心甘情愿。
>
> 在他的书桌上,贴着一排排小纸条和表格,上面记满了他的近期、远期工作,教学、科研、读书计划。"今天事今天毕",是他的座右铭。某个计划必须在哪一天完成,不容更改,不完成就不睡觉。因此,"开夜车"是他的家常便饭,有时直开到旭日临窗。以致当他的第一本书《古典文学文献及其检索》刚脱稿,他就病倒了。为此贤惠的妻子不得不对他下了禁令:深夜 12 点一定要熄灯!他执行了几天,依旧是"夜车"照开不误!
>
> ……1985 年以前,他全家只有一间房子,十分拥挤,他不得不与当中学教师的妻子和上小学的女儿合用一个写字台,晚上他总要等他们备完课、做完作业后,才把他的书摊开,伏案工作。他的前三本奠基之作,就是在这种艰苦的条件下完成的。

那么,我们高等学府的办学氛围,以至这个社会的制度安排,又有多少成分是在扶持和鼓励如潘树广教授这般乐于向善、肯于求进的学人的呢? 别的不说,仅据我所知,当他在医院治疗时,心里还在为高额的医药费用开支发着愁呢!

得缘还需惜福,知恩当图报答。

当我几乎在第一时间被镇伟兄长途电话告知,潘师日前被查出不治之症的坏消息时,首先想到的,就是该为他做件实实在在的,对于他的学术生命有所裨补的事。那么,出一部不必他费多少时用多少力的书,用那稿费来补助他一点治疗和营养的费用,便成为我当时能够想到的最佳报答方案了。

恰逢雷雨和我主编的《六朝松随笔文库》即将启动,于是我力排众议,约请潘老师在积极治疗之余,亲自编辑他历年来发表在各种报章杂志上的文艺随笔和学术文章,编为一集。其实当时我并不知这书将编成什么样子。幸亏他是个精细人、用心人,且是一个精通编辑学的人,没多久就编出了一个框架和眉目来了,这就是他亲自选编并精心安排了八九十幅插图的最后一本书,也是他在专著和教材以外问世的唯一文集——《学林漫笔》。当他安排好所购样书的一系列赠送对象,并看到包括我的首届硕士研究生朱敏同学所写的书评后,于次年 8 月初谢世。

《学林漫笔》(东南大学出版社 2002 年 5 月版),全书 24 万字。他自己在序中解题道:

> 全书分为三辑。第一辑"学问与人生",又分两组,一组是对古今人物生平、著作、学术思想的考证与评论,探寻他们的学术成就与人生经历、道德情操之间的联系;另一组是我的自传性文字,半数是应报刊或出版社之约撰写的。
>
> 第二辑"文学与文献",又分五组,依次为文学、语言、文献、计算机文献检索、古籍丛书研究。
>
> 第三辑"书序与书评",分三组,前两组是为友人著作写的序言和书评,后一组是为本人著述写的自序。

其实当年元月,他还应我所请,抱病写成了一篇有关"秋禾读书随笔三部曲"的长篇书评——《从〈秋禾书话〉到〈书房文影〉》,补排于该书第三辑之中。

这是一篇极有章法的有关我之读书随笔的评论,分为四章:第一章提纲挈领地依次介绍《秋禾书话》、《雁斋书灯录》和《书房文影》三部书;第二章记述与我订交的过程,并借鉴"乐感"的定义发明了"书感"一说,提出,"敏锐的书感"是一个人"从事文献学研究和书评写作的基础";第三章分析我的读书历程,指出虚心向学、勤奋积累和文学修养,是"既有学术深度,又有书卷气和辞章美"的秋禾读书随笔自成一家的原因;第四章在进一步总结我的书评经验外,指出"有思辨力,才能写出优秀的读书随笔来",而思辨力的源泉则是"学理的思考和现实生活的思考"。在这一章中,我想不到的是他十分认同我在《书房文影》中所写有关评论老大学图书的一组文章,他举例赞扬的是我所评《老武大的故事》和《海上学人漫记》两文。

当然潘师在文末是不会忘记指出我因为"阅读不周",以致在《读书之乐》一文中存有一处以讹传讹的问题,因为这个问题学术界此前早已有过澄清之文发表。他要通过这个举例,告诫我"读书不可不慎",而我则把他的话解读为这样的金玉良言:"著书也不可不慎啊"。

潘老师去世后的第一个清明节前,我曾请镇伟兄陪同,专程看望了闲住在女儿家的师母。师母在谈话中痛心地说起："阿广就是要求自家忒严格哉,写书的自我压力忒大哉,每天晚上睡觉的辰光忒少哉!是我没有照顾好他啊……"我闻言后颇为吃惊!

因为在场面上看到的潘老师,无论是到京城开会还是在苏州闲话,在哈尔滨讲课还是在长春开会,甚至 2001 年 4 月在南京北极阁的茶会……他从来都是一派洒脱自如的样子。真想不到在日常生活中,在电脑桌前的读写状态里,他竟是如此的苛己责己!

有的人也许认得了数十年,却还只是永远的认识而不熟识;有的人也许只是一篇文、一本书、一席谈,却就此由相识而相知,由知己知彼而终成知交知音。

我与潘师年差廿三载,地距百千里,却因书成缘,由书缘而缔学缘,由学缘而结人缘,终为世人百不一遇的忘年之交。于是在平淡苍白的世俗日子里,彼此平添了多少欢愉的精神因子!而平淡苍白且时有无聊泛起的人生,更因为有了读书作文、治学问难、人情世缘诸因素作用其间,而使人在精神欢愉之外,更多了一些人文的光华,进而得以超越人类作为高级动物而不可避免的一些本能局限和功利关系。这其实是上苍对寒窗冷凳苦读成才的读书人的偏顾,也是每一位读书人应当惜缘惜福的全部理由。

因此,在纪念潘师去世两周年的日子里,我由衷感念着他曾经给予我的关怀提携和赋予我的人生启迪。还记得 1986 年有一次他从苏州到北京来开会的时候,我们北京大学学海社的几位社友请他题词,他写道:

> 洞视八极,有师承而无门户之见;
> 博采众长,有胆识而无浮华之风。

回思我在大学本科毕业后,没有继续留在母校深造专业,而是不知天高不晓地厚地一步跨入了中国社会大学之"研究生学院",当时似乎四顾坦然,也还有不少人生发展的道路可供选择……应该说,完全是得益于潘树广教授等师友对我的引领和提携,我才得以走上继续读书业余研学之路。由于当年岗位性质的决定,我得以在交往和请益中,切实感受和领悟到他们横溢于外的才华,完全不是源于什么"天赋",而是来自于持之以恒的"积累"和孜孜以求的"勤奋",而在人生许多具体方面,我正是博采并吸收了他们的经验,尽量接受并规避着他们的教训,才达到今日之境的。

总之,昔贤所谓的"良师益友",我想大抵就是如潘树广教授这般的人士罢!

目录

辞书学篇

编辑出版篇

散文杂著篇

增补篇

附录

后记 / 511

语言文学篇
·

古代文学教学中的能力培养问题

目前高等师范院校中文系的古代文学课，一般包括中国文学史与作品选两大部分，以作品选为主。古代文学课是一门传统课程，也是中文系各专业课程中教学时数最多的一门课程（通常在 400 学时以上）。我国文学遗产浩如烟海，文学现象错综复杂，如果学生依赖教师把古代作品和文学史知识嚼烂了传授给自己，那么，即使把现有教学时数增加几倍，学生所学到的作品也不及古典名著总量的百分之一，所获得的文学史知识亦不可能巩固。所以，教学中最重要的问题，是要让学生在教师的启发诱导下，逐步掌握科学的求知方法，养成独立思考、研究问题的习惯，这也就是能力培养的问题。

古代文学教学过程中的能力培养，包括阅读能力、检索能力、分析能力等方面。本文打算就这些问题谈点想法和做法，重点谈检索能力兼及其他。

一

检索能力，是指学生根据课堂学习或课余研究的需要，有效地查阅图书资料和使用工具书的能力。这个问题，笔者最近几年在领导的支持下作了些改良的尝试。今不揣孤陋，略陈大意于此，以求方家教正。

我分工教汉魏六朝文学，我从总学时中抽出近五分之一的时间，给学生开一门辅助课程，专门介绍古代文学这门学科的基本结构和学习方法，着重解决检索能力的问题，名称就叫"古代文献检索"。教学内容主要是三个方面：

（一）介绍古籍概貌，重点介绍其中的文学古籍部分，使学生对古代文学学科的研究对象有个总的印象。借用陈垣教授的话来说，就是"看看祖遗的历史著述仓库里有什么存货"，让学生"先知道这门学问的概况"。[1]

（二）谈谈古代文学与历史学、考古学、目录学等相关学科的关系，介绍一些历史要籍、考古文献、目录索引，使学生对学科之间交叉渗透的现象有一个初步的了

---

[1] 陈垣：《与毕业班同学谈谈我的一些读书经验》，《中国青年》，1961 年第 16 期。

解,进一步开阔视野,启迪智慧。

（三）讲授具体的检索方法,让学生初步懂得遇到什么问题可以查什么图书资料获得解决。如:怎样解释古代文学作品的特殊用语,怎样了解文体流派的知识,怎样查找古代文学研究论文,怎样查作家传记,怎样了解国外研究中国古典文学的动态等。

这门辅助课程的教材是达16万字的自编教材。我们把这门辅助课控制在20学时之内:每周讲一次,每次两学时,共讲九次。它与汉魏六朝文学的教学同时进行。也就是说,我们试图将古代文学的教学与学习方法的指导结合起来。

二

检索能力的培养,关键是实践。笔者编了一份习题册,目的就是加强实践。每次上课大体有一两个重点,先围绕重点讲授有关的基础知识,然后布置2~4道习题给学生课后去做,以加深学生对基础知识的理解,并在实践中掌握若干检索方法。（文献检索课的具体安排见表1）

表1　文献检索课具体安排

上课序次	主要内容	要求学生了解的基础知识	要求学生具备的检索能力（结合做习题）
1	古籍概貌	古籍的四大部类(经、史、子、集)。重要丛书及其功用。	学会使用《四库全书简明目录》、《中国丛书综录》等。
2	文学古籍	什么叫总集、别集。重要的文学总集及其功用。	学会使用《昭明文选》、《全汉三国魏晋南北朝诗》等。
3	历史要籍	文学古籍与历史要籍的关系。史书的主要体裁:纪传体、编年体、纪事本末体。二十四史。	学会使用《二十五史人名索引》、《史记人名索引》、《四十七种宋代传记综合引得》等。
4	目录学	目录学对古代文学学习与研究的作用。重要的综合目录和专题目录。	学会使用《书目答问》、《增订四库简明目录标注》、《史记研究的资料和论文索引》、《京剧剧目初探》等。
5	实物资料	文字资料与实物资料的关系。了解实物资料的基本途径。	学会使用《中国考古学文献目录》。
6	检索工具检索方法（一）	检索工具的类别与功用。怎样查古代文学研究论文,怎样查古代文学作品特殊用语、成语典故、文体知识。	学会使用《中国古典文学研究论文索引》、《中国史学论文索引》、《十三经索引》、《文章辨体序说》、《文体明辨序说》等。

上课序次	主要内容	要求学生了解的基础知识	要求学生具备的检索能力（结合做习题）
7	检索方法(二)	怎样检索人名、作家传记、典章制度。	学会使用《中国人名大辞典》、《唐人行第录》、《中国历代人物年谱集目》、《西汉会要》等。
8	检索方法(三)	怎样检索地理资料。 地方志的特点与功用。	学会使用《中国历史地图集》、《宋元方志传记索引》等。
9	检索方法(四)	怎样查年代。 怎样检索与古文教学有关的科技史料。 怎样了解国外研究中国古典文学的动态。	关于查年代，要求学会使用《中国历史纪年表》、《中外历史年表》等。关于查科技史料、国外动态，不作一律要求。

每次上课，教师先提问上周布置的习题。必要时，教师要追问有关问题，以进一步测验学生的智力。

中文系是培养中学语文教师的，因而，笔者有意识地出一部分与中学语文教学关系较密切的习题，如：

1. 在现行中学语文课本中，有《岳阳楼记》、《游褒禅山记》等"记"一类体裁的文章，请你简要介绍古人对"记"这种文体的源流演变的看法。

2. 某语文教师欲研究范仲淹的生平与创作，请你为他开一份最低限度的书目与论文索引。内容至少应包括下列三个方面：(1) 范仲淹的文集；(2) 范仲淹的传记资料(包括年谱)；(3) 研究范仲淹及其作品的论文(专论《岳阳楼记》者，请另列一项)。

3. 《史记·项羽本纪》："当是时，项王军在鸿门下，沛公军在霸上，相去四十里，沛公则置车骑，脱身独骑……从郦山下，道芷阳，间行。"请画出鸿门、霸上、郦山、芷阳的地理位置。

4. 在元明笔记中，是否有关于《史记·陈涉世家》的条目？若有，请举出两则。

5. 为了讲好语文课本节选的《张衡传》，某教师想把《后汉书》中所有涉及张衡的资料都摘抄出来钻研一番。但《后汉书》有120卷之多，用什么方法可以较快地完成这项工作呢？

6. 某语文教师在准备《木兰诗》一课时，想了解以下几个问题：(1) 以往京剧舞台上木兰戏的剧情梗概；(2) 除京剧外，还有哪些主要剧种演过木兰戏？请你告诉他一个初步的情况。

当然,考虑到知识的系统性,所出习题也不局限于中学语文教学中可能遇到的问题。

三

"文献检索"这门辅助课的讲授时数并不多,但学生的"运动量"却比较大。大部分学生在课外能认真地做练习,在课上能认真地回答问题,得到一定的锻炼。不久前,部分学生(其中有已经毕业的学生)陆续对此谈了一些体会,提供了一些情况,我们也作了初步分析,感到这门辅助课的开设,对学生能力的培养是有一定作用的,这主要表现在:

第一,有助于学生开阔视野。古代文学课程教学时数有限,只能选择极为重要的作品和文学史知识进行讲授,其余的内容要靠学生自学。文献检索课的任务,就是在原有基础上扩大学生的视野,引起他们进一步钻研的兴趣,并提供一些学习方法。例如有一个学生,本来就很喜欢看"诗话"一类的书,读过《诗人玉屑》、《渔洋诗话》等,但她并不知道我国古代究竟有哪些重要的诗话,所以,读书带有一定的盲目性。学了目录学的知识以后,她通过查古籍目录,大体知道了我国古代诗话的概况,眼界开阔了。她高兴地说:"目录学给我展现了一个广阔而又灿烂的世界……它是一座通向学问之海的金桥。"

第二,有助于学生独立解决问题。有些问题本来需要请教别人才能解决,现在基本上能独立解决了,解决问题的方法也逐步科学化了。如有个江阴的学生,在假期里翻阅《嘉靖江阴县志》,对其中所载历代文人歌咏江阴的诗篇很感兴趣,抄录了一百余首。这个学生很想了解这些诗歌的作者的生平,但名作家的生平容易了解,小作家的传记资料就不知如何去找了。学了文献检索后,这学生懂得了传记索引、年谱目录的作用,通过《四十七种宋代传记综合引得》、《中国历代人物年谱集目》等工具书掌握了许多资料线索。

第三,有助于学生及早进入研究领域。对大学生,尤其高年级学生,应鼓励他们在全面打基础的同时,早日进行一些力所能及的专题研究,让他们在研究中发展智力、提高能力,为今后的研究打基础。但要进行早期研究,就必须具备文献检索的基本知识,否则,无论是选择论题或搜集资料,都会遇到一定的问题。有个学生,原想研究《古诗十九首》,后来学了文献检索的知识,通过有关索引查阅了一批论文,才知道前人对此已作过系统的研究,自己的论点和论据并没有超出前人,于是放弃了这个论题,转而研究汉赋。因为他通过论文索引的查阅,了解到新中国成立以来学术界对汉赋的研究不多,而自己对汉赋又很感兴趣。他深有体会地说,学了文献检索,能使自己对我国古典文学研究的状况有所了解,这样就可以:"(1)避免'撞车',做无用的工作;(2)在前人成果的基础上进行研究,使自己有较高的起点;(3)知道前人的研究工作有哪些薄弱环节,激励自己在新开垦的处女地上获高产。"

四

在古代文学的教学过程中,不断提高学生的阅读能力和分析能力,也是很重要的问题。

阅读能力的培养,主要靠多读。要让学生多接触各类古代作品的语言现象。翻来覆去老是在那几篇"名篇"里兜圈子,是很难提高阅读能力的。随着学生年级的升高,我们有意识地不断增加"作品选"的讲授篇目和讲授速度。与此同时开设的古代汉语课程,和培养学生阅读能力关系尤为直接,本文对此不赘述。

关于分析能力的培养,我们应着重注意以下三个方面的问题:

(一)不必处处把现成答案和盘托出,而是有意识地留些问题让学生自己动手、动脑去解决。例如李斯《谏逐客书》中有这样几句:"泰山不让土壤,故能成其大;河海不择细流,故能就其深……今乃弃黔首以资敌国,却宾客以业诸侯,使天下之士,退而不敢西向,裹足不入秦,此所谓籍寇兵而赍盗粮者也。"这段文字有两个值得注意之处:(1)《管子》中有几句话与"泰山不让土壤"几句相类;而《战国策》所载范雎语,又有与"籍寇兵而赍盗粮"相类者。看来李斯是有意识地援引管、范的话来阐述自己的观点的,因为管仲、范雎都是帮助君主成就霸业的政治家,利用他们的话,可以加强文章的说服力(尤其范雎,是帮助秦昭王成帝业的客卿,引用他的话,更可以紧扣反对逐客的这一主题)。(2)"河海不择细流"的"择"字,不能按其常用义译作"选择",恰恰相反,应译作"辞"或"弃"。《文选》李善注引《管子》:"海不辞水,故成其大;山不辞土石,故能成其高。"可以参证。这是古汉语中的"反训"现象。以上两点,教材上没有注明,教师也没有将现成答案和盘托出,而是指点学生在课外查《文选》李善注,要求他们把查到的资料进行分析,然后上课时通过提问、诱导,让学生亲自发现问题,获得知识。这样有利于培养学生分析能力,使学生获得的知识印象深刻。我国古代学者强调学贵自得,外国教育家提倡"发现法",目的就是为了培养学生的分析问题和解决问题的能力。

(二)把传统研究方法中的有效部分介绍给学生。长期以来,我国学者在古代文学的研究方法上积累了丰富的经验,其中有些方法科学性较强,并且富有启发性,如类比辨析法、校读法等,均有利于锻炼分析能力。我们就通过教学中的实例进行介绍。例如《史记·项羽本纪》是文学史上很有影响的传记文学作品,但其中疑点、难点也不少。往年讲这篇作品时,我们决定向学生介绍"校读法",并具体演示如何运用"校读法"来解决这些疑难问题。我事先把有关的材料抄在大纸上,上课时引导学生分析这些材料,通过几个具体的例子说明"校读法"是怎样帮助我们理清史实、诠释字句的。这样,学生不但解决了疑难,而且学到了援引材料、分析材料、解决疑难的一些方法。

(三)鼓励学生发表独立见解。我们深感"教师讲,学生记,考试背笔记"的做法极碍学生智力的发展。我们在平时的教学中对于学生提出的不同意见，表示欢迎；凡言之成理者，便及时予以肯定。例如我讲司马迁的《鸿门宴》，认为"沛公则置车骑，脱身独骑，与樊哙、夏侯婴、靳彊、纪信等四人持剑盾，步走"一句有语病，问题出在"与"字上，《资治通鉴·汉纪·高帝元年》载此事，无"与"字，句子才通。我据此作出两点推测：（1）可能司马迁偶然多写了一个"与"字，致使句子欠通，后来《通鉴》编者有所觉察，故删去"与"字；（2）可能司马迁原文并不错，而是人们在传抄过程中增衍了"与"字。过了若干天，有位学生对我说，他偶然发现《史记·樊哙传》载："沛公留车骑，独骑一马，与樊哙等四人步从……"其中也有"与"字。因此，他提出两点与我不同的看法：（1）"与"字不会是传抄中增衍的，因为不可能两处都恰巧增衍了"与"字；（2）司马迁在《鸿门宴》和《樊哙传》中记述此事，均有"与"字，说明他不是偶然写了不通的句子，而是当时认为这样的句子是通顺的。我觉得这个学生善于提出问题、分析问题，而且言之有据，便在会上指出了他的观点的合理性，并鼓励其他同学也能像他那样独立思考。我感到欣慰的是，这学生在学了"校读法"之后，就能很快地运用这方法来检验我讲课的内容，并敏锐地发现了问题。

有句成语叫"授人以柄"，大意是把武器的把柄交给别人，使自己处于被动地位。我觉得在教育学上可以借用这句成语并赋予它新的意义：柄者，武器也，方法也。教师要乐于把它授予学生，让学生运用这武器来剖析自己的教学内容，并逐步超过自己。这样，才能后浪推前浪，一代胜一代，加快科学文化发展的进程。

（原载《教育研究》，1981 年第 3 期，原题为《在古文教学中也要注意培养能力》）

论古代文学研究中的文献学方法

一、小引

古代文学研究中的文献学方法,历来被视为实际操作层面的应用性技能。人们很少深入追问其方法论意义。究其原因,盖有两端:其一,精于此道者大多是埋头苦干的实干家,他们在文献的采集、校勘、辨伪诸方面作出了大量实际成果,却相对忽视理论建树,理性思辨为其实际业绩所掩;其二,时人往往把文献学方法看成传统而凝固的方法,似与现代意识无缘,殊不知它也是一个不断发展的科学方法体系,文献学的每一次重大进展,实源于观念与方法的更新。在古代文学研究方法多元共生的今天,重新梳理文献学方法的研究路向、认真思考其方法论意义,对古代文学学科的健全和发展应是有益的。

"文献学方法"作为方法科学的一个术语,并非传统的文史学科所专有。现代方法科学所讨论的"文献方法",是一个与"经验方法"(观察实验、社会调查等)对举的方法论范畴。它注重广泛搜集与对象相关的文献资料,进行深入细致的定性分析与定量分析,进而作出科学的判断与推论。这种研究方法已广泛运用于当代人文社会科学的各个领域。① 就文学研究领域而言,文献学方法也不是我国所专有的。国外将文献学方法运用于文学研究早已形成学者群,刘梦溪称之为"文艺文献学派"。如尼采的遗稿和信件,是经过尼采的妹妹伊丽莎白修改过的,尼采研究者做了大量的辨伪工作。又如英国的莎士比亚、狄更斯研究,德国的歌德研究,日本的《源氏物语》研究,许多学者都采用了文献学的方法。"国外称文献学研究为原典学或原典批评。这和我国的文学考证非常相似。古典文学研究中的考证派,实际上就是对文学进行文献学的研究。"②

至于外国学者对中国古典文学的研究,文献学方法的运用就更为普遍和自觉。笔者在评论当代日本学者竹治贞夫的《楚辞》研究时曾指出,他运用的是三位一体的"鼎式"研究法,即从文献学、文艺学和历史学三个方面对《楚辞》进行全面的剖

---

① 王崇德:《社会科学研究方法要论》,学林出版社,1990年。
② 刘梦溪:《文艺学:历史与方法》,上海文艺出版社,1986年,第268-271页。

析。① 又如青山宏对唐宋词的研究,从《〈花间集〉索引》、《宋人词话集》的编纂到《唐宋词研究》的出版,也体现了从文献学入手的特点。

文献学方法受到中外古典文学研究者的青睐,有其必然性。因为方法是联系研究者(主体)和研究对象(客体)的中介,任何一种方法的重要性和适用性,都是在这种联系中被确认的。古代文学的研究对象是历史上的文学活动和文学现象,但历史早已逝去,研究者所凭借的只有历史的遗留物——文献记载、实物资料和口述史料,其中尤以文献记载为大宗。如果不首先对文献资料进行全面的占有和深入的考辨,古代文学的一切理论研究便成了无稽之谈和凭空臆说。

二、文献学方法的研究路向

中国传统的文献学有目录学、版本学、校勘学、辨伪学等分支,又求助于文字、音韵、训诂等学科的支撑,看似庞杂而琐细,但就古代文学研究领域而言,文献学方法始终是围绕着四个主要方面展开的,即文学文本的采集、鉴别、解读和整序。

(一) 文学文本的采集

文献学方法追求对文献资料的充分占有。因此,目录学与辑佚之学受到高度重视。

目录学主要研究目录的编纂和利用的基本原理与方法。利用和编纂是相辅相成的两个方面,但从文献采集的角度来看,重点是目录的利用。目录是“导路之南针,照迷的明灯”,可以减轻“暗中摸索之苦”。② 而辑佚之学,致力于“名虽亡而实不亡”之古籍的搜寻。要把分散隐匿在各类书籍中的佚文辑录整理,至为艰苦。辑佚成绩最巨者,首推清儒,但偏重经史诸子。近现代辑集文学文本蔚为风气,鲁迅《古小说钩沉》、郭绍虞《宋诗话辑佚》、钱南扬《宋元戏文辑佚》、赵景深《元人杂剧钩沉》是其代表。此学至今未绝,一批中青年学者卓有成就。栾贵明《四库辑本别集拾遗》、陈尚君《全唐诗续拾》是其中的佼佼者;束景南的《朱熹佚文辑考》,既“辑”又“考”,考述详明。他们的成果反映了当代辑佚之学的新水平。

辑佚的方法论意义,不仅在于提供新材料和扩大研究范围,还直接关系到鉴赏批评的科学性和准确性。如谢灵运的《登庐山绝顶望诸峤诗》已佚,明冯惟讷《古诗纪》仅据《艺文类聚》辑得“积峡忽复启”以下六句,未采《北堂书钞》与《文选》李善注,实非全篇。明人《诗归》所录亦此六句,竟将它当作完篇来评论,说什么“如此大题目,肯作三韵”,是如何的“质奥”和“朴妙”。这种郢书燕说式的鉴赏批评,被明人周婴讥评为“论古之大病”。③

① 潘树广:《竹治贞夫及其楚辞研究》,《文学研究参考》,1986 年第 11 期。
② 郑振铎:《序》,孔另境《中国小说史料》,上海古籍出版社,1982 年。
③ [明] 周婴:《卮林》卷七《诠钟》“登庐山”条,又见逯钦立《先秦汉魏晋南北朝诗·宋诗》卷三。

（二）文学文本的鉴别

文学文本的鉴别包括对文本真伪的鉴别和优劣的鉴别。运用辨伪学与版本学的理论与方法，追求文献的真与善。

对文本真伪的鉴别，又分两个层面。一为外层鉴别，考证文本的作者署名、成书年代、版本年代的真实性，排除伪作、赝品。二是内层鉴别，即考证文本内容的可靠性，排除虚假记载。对文本优劣的鉴别，主要指对版本的鉴别。同一著述有不同的版本，理清其版本源流，确认孰为善本、足本，作为古代文学研究的文本依据，这是版本鉴别的主要目的。

学人深知，材料的真实性是一切研究工作的首要条件。因此，自20世纪80年代中期以来，虽然古代文学研究界对新方法的运用表现出高度的热情，但辨伪这门传统学问并未被冷落。如杨镰的《〈坎曼尔诗笺〉辨伪》和张伯伟的《元代诗学伪书考》都产生过较大的影响；关于司空图《二十四诗品》真伪问题的讨论，也引起了海内外学者的极大关注。辨伪不限于从文本到文本，有时需要将细密的文本考证和艰苦的实地调查相结合。杨镰四次赴乌鲁木齐，对当年提供《坎曼尔诗笺》的单位和当事人进行调查，基本查清何时、何地、何人所伪造，就是其中的一例。①

（三）文学文本的解读

研究古代文学作品，首先要把它读懂。这个浅显的道理似乎无人不晓，但看看市面上那些阅读能力极差而表现欲极强的作者的"研究成果"，又使我们不得不重提文本正确解读的重要性。

文本的正确解读，有赖于准确的校勘、标点、注释。而三者之中，校勘又是基础。说到底，校勘的过程就是寻求文稿原貌的过程。把一部书的不同版本及相关文献进行比较分析，考订文字异同与篇章次第，校正谬误，力求整理出一个接近原稿的本子，这是校勘的根本目的。如果研究者所据的版本离原稿甚远，标点、注释有误，理论分析也必然远离原意。因此，严谨的古典文学研究家，都把文学文本的校勘作为研究工作的重要基础。如王国维校《录鬼簿》，鲁迅校《嵇康集》，闻一多校《诗经》、《楚辞》等。闻一多说他研究古代诗歌的基本方法是从"校正文字"入手（即"写定"），进而"诠释词义"和"说明背景"，这是"相互关联"的"三项课题"。其中"校正文字"是"最基本的"（《风诗类钞·序例提纲》、《楚辞校补·引言》）。从校勘到注释，还有一个标点的环节。正如鲁迅所说："标点古文真是一种试金石，只消几点几圈，就把真颜色显出来了。"点了破句，就是"看不懂的分明的标记"（《花边文学·点句的难》、《骂杀与捧杀》）。正确施加旧式标点（仅断句）已属不易，施加新式标点要求更高。尤其是新式标点中的"详式"，要准确判断其中的书名、篇名、人名、地名、朝代名、民族名，施加相应的书名号或专名线，不下苦功难以下笔。

① 杨镰：《〈坎曼尔诗笺〉辨伪》，原载《文学评论》1991年第3期，《新华文摘》1991年第10期转载。转载时，作者作了修改。

难怪现在有些古代文学专业的研究生,最怕考查他标点古书的能力,宁可写些泛泛而论的文章。但如果想做一名称职的而不是空头的古代文学研究者,非要过标点这一关不可。

注释,是对文本的主旨、词语、用典、具体内容等方面所作的说明,需要有文字学、音韵学、训诂学的功底。但有人认为注释就是训诂,这看法失之褊狭。因为训诂学主要是研究词义和词义系统,而注释涉及的范围则广泛得多。笔者曾将注释的范围概括为十个方面,即解篇题、述作者、释词语、疏章句、明日期、析地名、叙人物、详事由、考典故、评文章。显然,训诂是囊括不了上述内容的。

注释的内容指向十分广泛,但就一个注本而言,并非无所不包。侧重点不同,就形成不同的注释体式和注释流派,如音义派、章句派、注典派、补证派、义理派、赏析派、综合派、集注派等。注释文学作品须揭示其文学要素,这是与注释经史诸子的不同之处。

（四）文学文本的整序

自然状态的众多文本处于无序的状态,单个文本中的知识单元也是分散的。人们难以了解某一时代或某一专题的文学文本的全貌,亦难以迅速查到特定文本中的知识单元。这就要求我们对文本按一定的规则进行有序的编排和系统的揭示,此项工作,现代文献学者称之为整序。①

整序包括书目、索引和资料汇编的编纂。它们的职能有所不同:书目以"书"为揭示单位,索引则可以深入揭示知识单元乃至单字,以上两者均属线索型工具;而资料汇编不仅揭示线索,还直接提供原文。例如,同是服务于杜甫研究的整序工作,周采泉的《杜集书录》属书目,引得编纂处的《杜诗引得》属索引,华文轩的《杜甫卷》属资料汇编,三者的编纂方式不同,但功能相同。文学文本的整序,使资料从散漫走向集中,从无序走向有序。它们在古代文学研究中的作用,已日益为人们所重视。

综上所述,古代文学研究中的文献学方法,恪守实事求是、去伪存真的原则,努力追寻历史上文学文本的本然状态及其原初意义,这是文学史家史学品格的体现。从事古代文学研究,要求研究者兼具史学品格与理论品格,而理论的深化,绝不仅仅是纯粹理论之间的继承与发展的结果,还有赖于文献资料的发现与辨证——这些发现与辨证要求深化或修正某些固有的理论。只有从元本位的高度来思考文献学的作用,才能从根本上认识它的方法论意义。

三、文献学方法与现代意识

文献学方法既是历史悠久的传统方法,又是至今仍被广泛运用的具有旺盛生命力的方法。它不是凝固的,而是不断发展的。推动文献学的发展,除要求研究者

① 王余光:《中国历史文献学》,武汉大学出版社,1988年,第19-20页,第315页。

具有深厚的学养外,还要求研究者具有现代意识。这里需要指出的是,有人谈论文献学方法,习惯于把它与陈旧意识画上等号,似乎文献学方法与现代意识无缘。这种误解,实源于对文献学方法的一知半解。

现代意识是指研究者站在他所处的时代的前沿,用科学的精神审视既往成果、指导当前研究的自觉意识。现代意识是一个历时性的概念,它并不是生活在 20 世纪 90 年代的学人所专有的,每一个时代都有它那个特定时期的现代意识。古往今来,文献学所取得的重大成果或重大突破,往往源于研究者的现代意识。

在文献学方法的运用上,现代意识通常表现在思想的解放、观念的更新和新技术的引进等方面。

(一)思想的解放

"思想解放",并非当代(新时期)才倡导和具有的科学精神。梁启超在《清代学术概论》和《中国近三百年学术史》中,曾一而再、再而三地论及清代文献学家思想解放的特点,这是很耐人寻味的。他说,阎若璩的《尚书古文疏证》专辨东晋晚出之《古文尚书》16 篇及同时出现之孔安国《尚书传》皆为伪书,"诚思想界之一大解放"。梁氏又说,钱大昕、余廷灿对戴震的评价,"最能传写其思想解放之精神"。又说章学诚所著《文史通义》,"实为乾嘉后思想解放之源泉"。又说:"晚清'先秦诸子学'之复活,实为思想解放一大关键。"梁氏之论,可谓深知清代文献学主流的精髓所在。阎若璩、戴震、章学诚诸大家所以能超越前人,主要原因就是敢于解放思想,发扬科学精神。解放思想的核心是求真,是逼近真理,而不是趋时媚俗,胡思乱想。

(二)观念的更新

观念更新常表现为价值观念的改变。守旧的文献学派严守"家法",在经学与史学的圈子里打转,视小说戏曲为俳优;具有现代意识的学者,则大胆打破这一陈腐观念。20 世纪初,文献学取得重大进展的标志之一是小说戏曲考辨取得的丰硕成果,如王国维的《曲录》和《宋元戏曲考》,鲁迅的文言小说辑佚,胡适的通俗小说考证等。这些成果的取得,实来自文学观念的更新。胡适提出"三新":"采用西洋最近百年来继续发达的新观念、新方法、新形式"(《文学进化观念与戏剧改良》)。由此可见,观念的更新又往往得力于域外思潮的浸染。"取外来之观念,与固有之材料互相参证",是"足以转移一时之风气"的。①

观念的更新,势必推进学术视野的拓展。守旧的文献学派,走的是从书本到书本的路子。王国维受近代考古学的影响,倡导"二重证据法",将视野扩大到"地下之新材料",用以"补正纸上之材料"。②"二重证据法"运用来源不同的史料进行互证,它反对孤证最为彻底,有效地提高了文史考证的可信度和科学性,其意义已

---

① 陈寅恪:《王静安先生遗书序》,《金明馆丛稿二编》,上海古籍出版社,1980 年,第 219 页。
② 王国维:《总论》,王国维《古史新证》,清华大学出版社,1994 年。

超出实际操作的层面,取得了方法论意义上的突破。茅盾、闻一多等学者的神话研究,又借鉴西方文化人类学的理论与方法,将学术视野扩大到现代世界各民族的"活化石"、"活材料",使二重证据拓展到三重证据。今天,"三重证据法"已成了学者们关注的又一热点。①

(三)新技术的引进

现代意识又表现为对新事物的敏感,对新技术的接纳。以古典文献的复制技术为例,从"摹刻"到照相影印是一次革命。要不是张元济等一批文献学家具有现代意识,及时采用"新法影印"(《四部丛刊刊成记》),文献复制就只能停留在"摹刻"阶段,而"摹刻"难免失真。20世纪80年代,计算机全文数据库的逐步普及又是一次革命。计算机不会自动闯入古典文献研究领域,它要靠文献学家和计算机工作者联手引进。中国社会科学院《全唐诗》全文数据库的研制,就源于钱锺书先生的倡议。②

如今计算机在文献学领域的运用,已从早期较为单一的文献录入、整序、检索的功能逐步向智能化方向发展,如文献的校读、注音、风格研究等。1995年7月召开的"中国古籍整理研究出版现代化"国际会议,对这方面的研究成果作了初步的展示。③ 这是文献学家和计算机专家联手召开的一次盛会,体现了古典文献工作者引进新技术的高度自觉。当然,从总体上看,计算机在古典文献领域的应用尚处于浅表层次,高水平的成果并不多,主要原因是目前尚缺乏兼通古典文献学与计算机科学的复合型人才。

四、文献学方法与学风

文献学方法在其运用过程中逐步形成了独特的学风:实事求是与崇尚创见的统一。文献学方法追求事实的确认,故以实事求是、力戒空疏为第一要义。戴震反对"出于空言以定其论,据于孤证以信其通"④,钱大昕评戴震治学"实事求是,不偏主一家"⑤,正是对文献学派学风的生动写照。他们著书撰文的一个显著特点是征引浩博,论据充足,最反对凭孤证立论。他们引据浩繁的目的并非矜奇炫博,而是在融会贯通之中寻求真解。

文风是学风的一面镜子。文献学派在治学上恪守实事求是的精神,在文风上亦崇实黜华。文章朴实简洁,有几分事实说几分话,不蔓不枝。李一氓在评论乾嘉学派的文风时曾举例说,王引之《经传释词》列词254个,全书约计十万字,"结构

① 叶舒宪:《人类学"三重证据法"与考据学的更新·自序》,《诗经的文化阐释》,湖北人民出版社,1994年。陈东辉:《试论古汉语研究中的三重证据法》,《传统文化与现代化》,1996年第3期。
② 曲维镇:《全唐诗索引序》,中华书局,1992年。田奕:《电脑里的唐诗》,《文学遗产》,1992年第5期。
③ 国家古籍整理出版规划小组:《古籍整理出版情况简报》,1995年第8期。
④ [清]戴震:《戴东原集》卷九《与姚孝廉姬传书》,商务印书馆,1926年。
⑤ [清]钱大昕:《潜研堂文集》卷三九《戴先生震传》,商务印书馆,1926年。

极为朴素,到能说明问题解决问题为止,绝无枝蔓之嫌","近人如拿到这个题目,即或还是二百几十词,但在写作上则非加上十倍,写够一百万字不可,似乎不如此不见功力"。① 繁琐考证,冗言枝蔓,实是模仿乾嘉学派的末流而非主流。

文献学派既主张实事求是,又崇尚创见。创见建立在求实的基础之上,求实的根本目的是推动学术的发展。顾炎武修改《日知录》,发现"古人先我而有者,则遂削之"②,这是崇尚创见的典型事例。他们提倡独立思考,反对陈陈相因。不但对古人不盲从,对挚友乃至师长也勇于提出不同意见。梁启超十分赞赏这种"正统派之学风":"所见不合,则相辩诘,虽弟子驳难本师,亦所不避,受之者从不以为忤。"③学术辩论应当有正确的态度,清人陈沣说得很妙:"如郑君、朱子之书,亦岂能无误。但当辨析,不可诋諆。即辨析亦须存尊敬之心。"即使"其人不必尊敬,其说又乖谬足以误人,则当正言斥驳,仍不可加以谩骂,致有粗暴之病"。至于"其人其书皆无足轻重,则更不必辨驳矣"。④ 任何创造发明都建立在前人研究成果的基础之上。如果掠人之美,把他人的发明作为自己的发明,则为学界所不齿。正派的文献学家在吸取他人研究成果时,都会详注出处。清人陈沣告诫他的弟子说:"前人之书当明引,不当暗袭……明引而不暗袭,则足见其心术之笃实,又足征其见闻之渊博。若暗袭以为己有,则不足见其渊博,且有伤于笃实之道矣。"⑤这种"笃实之道",在现代学者身上也有鲜明的体现。他们在著书立说时,总不忘说明哪些问题是采用旧说,哪些是对旧说的补充和发展,毫不含糊。这是科学精神与人格力量的双重体现,是文献学界约定俗成的学术规范和道德规范。

五、余论

任何一种研究方法都有其独到之处,但每一种方法都不是万能的,文献学方法亦如此。

在古代文学研究中,文献学方法的任务是为鉴赏批评和理论建设提供客观依据,它的作用是其他研究方法不可替代的。文献学是基础,舍此则无法进行文学史的理论构建;但地基不等于楼宇,文献研究涵盖不了文学研究的全部。从事文学研究,正如恩格斯所说,要求"美学观点和历史观点"的统一。郭绍虞在20世纪40年代也说过,研究中国文学史,不仅要有历史学家"求真"的态度,还要有文学家"重美"的态度⑥,这是不刊之论。文献学的任务是解决"求真"的问题,要求它解决审美问题则显得捉襟见肘。朱自清反对"把诗只看成考据校勘或笺证的对象,而忘了

① 李一氓:《序》,国务院古籍整理出版规划小组编《古籍点校疑误汇录》,中华书局,1984 年编印。
② [清] 顾炎武:《自序》,顾炎武《日知录》,上海古籍出版社,2006 年。
③ 梁启超:《清代学术概论》十三章,台湾商务印书馆,1985 年。
④ [清] 陈沣:《引书法》,《东塾续集》卷一,台湾文海出版社,1972 年。
⑤ 同④。
⑥ 郭绍虞:《怎样研究中国文学史》,《读书指导》第 3 辑,商务印书馆,1947 年。

它还是一首整体的诗","像一个解剖的医生,结果把美人变成了骷髅"。① 斤斤于琐细的笺注考证而忘了文学作品的整体美,确是常见的偏颇。

在思维方式上,文献学家又往往习惯于"非此即彼"的二值判断。而文学现象是复杂的,它们除了以确定性的形态存在之外,还经常表现为边界与类属的不确定性。恩格斯早就提醒我们:"'非此即彼'是愈来愈不够了",辩证法"除了'非此即彼',又在适当的地方承认'亦此亦彼',并且使对立互为中介"。② 自然科学如此,文学领域更是如此。文献学家似乎想把历史上每个作家、每篇作品和每件文学事实都彻底搞清楚,这愿望是好的,但实际上是无法穷尽的。因为,有些史实本身就带有模糊性,硬要用"非此即彼"的绝对"精确"的判断给那些模糊的史实定案,只会离史实更远。何况,并非每件史实都已记录在文献上,再加上历代文献的散佚,有限的文献遗存与无比复杂的史实之间已形成巨大的反差。如果一心追求细部的考证,而当现存文献不足以支撑某个史实的考证之时还要强为说解,就难免走入牵强附会、繁琐考证的怪圈,导致无谓的纷争。清醒地认识这一点,丝毫不会削减我们发掘文献的兴趣和考证文献的热情,相反,可以使我们更冷静地梳理业已完成和正在进行的课题,减少重复劳动和没有意义的争辩,把精力集中到真正有助于推动古代文学研究的课题上。

实证研究和理论研究是促进古代文学学科发展的两翼,相辅相成,缺一不可。文献学方法基本属于实证研究范畴,它有着优秀的学术传统,但在这条轨道上走惯了,容易把眼光投注于对象的细部,只见树木,不见森林,缺乏宏观的视野和高屋建瓴的理论概括力。我们对那些鄙视文献学方法的不负责任的指责固然可以置之不理,但文献学队伍自身也确实面临着如何不断夯实国学根基和提高理论素养的问题。文献学这门传统学科已有悠久的历史,积累丰富是它的优势;但积习太深,又容易安于现状。它不应当只是原封不动地复制已有的东西,而应当站在时代的前沿审视已有的成果,把精华部分保存下来,并不断从本土和域外吸取新的养分,在发展中获得新的存在价值。

① 王瑶:《邂逅斋说诗缀忆》,《最完整的人格——朱自清先生哀念集》,北京出版社,1988 年。
② [德]恩格斯:《自然辩证法》,《马克思恩格斯选集》第 3 卷,人民出版社,1972 年,第 535 页。

文学史料的层位

　　西方学者在对史料进行价值评判时,习惯于把史料划分为"同时代"、"非同时代"两大类,或者划分为"原料"、"次料"两大类。这两种划分方法曾对我国学者产生过较大影响,但是,这两种分类法都有明显的局限。

　　将史料划分为"同时代"(contemporary)与"非同时代"(non-contemporary)的观点流行于 19 世纪西方史学界。如果有关某时代的史料,是由该时代的人所记录的,则被认为是"同时代"的史料,是价值高的;反之,则是低一等的"非同时代"史料。这种划分法的弊端在于,"同时代"是一个模糊的、具有不确定性的概念。因此,引起了西方一些史学家的非议。如 20 世纪 80 年代初,约翰·脱许(John Tosh)在《史学导论》一书中说:

　　　　我们对"同时代的"所下的定义又应该延伸到何处呢? 某次谈话后一星期甚至一个月,据此而写的谈话录,没有人会持异议。但同样的事件若出现在二十年后所写的自传里,看法会如何呢? 一次骚乱过后不久,由一位不在场者全凭传闻写成一份报导,对此我们又应该如何归类呢?

　　至于"原料"(primary sources)和"次料"(secondary sources)的划分法(或译为"第一手资料"和"第二手资料"),亦流行于西方史学界。如英国 C·G·克伦泊(C. G. Crump)在《历史与历史研究》中说,原料是指"最初之材料,即指由此以上不能再追其根源"者;次料是指"由现存的或可寻的原料中变化而出"者。这种划分,亦颇含糊。C·G·克伦泊所谓"由此以上不能再追其根源"的史料,从严格的意义上说,只能称为现存文献中的最早记载,或称为"始见载录"。而始见载录有两种情况:一是确为亲见亲闻,二是采自前人传说或记录,两者的可信度不可同等视之。

　　以上两种划分法,有一共同缺陷:重视史料形成的时间序列或现存史料的先后次序,而忽略了史料记载者对该项史实是否直接感知。

　　笔者认为,对史料进行价值评判时,既要考虑时间序列,又要注意空间位置和感知关系。为此,笔者曾在《中国文学史料学》中借用"层位"这一地质学术语,喻指来自不同的时间与空间关系的文学史料,并将文学史料划分为三个层位:

（一）第一层位的文学史料

第一层位的文学史料指作家本人的著作（文学作品与其他著述）、群体性文学活动的当事人或事件的目击者的撰述。这里要特别指出的是，作家本人的作品是研究该作家的最重要的文学史料。这似乎是不成问题的问题，但事实上，确有这样的研究者，当他还没有全面地搜集、研读某作家的作品时，便挥洒自如地撰写研究该作家的大块文章。这样的文章，质量可以想见。

（二）第二层位的文学史料

第二层位的文学史料指同时代的非当事人的记录。同时代人记录的史料，有两种情况，一是当事人所记，一是非当事人所记。前者已划归第一层位的史料，后者则属于第二层位的史料。从总体看，第二层位的史料不及第一层位的史料价值高，但由于记录者与被记录的人和事毕竟处于同一时代，了解的情况或掌握的资料比后代多，故其中亦往往有价值甚高者。如南宋胡仔并非江西诗派中人，所以，他的《苕溪渔隐丛话》中有关黄庭坚与江西诗派的记载属于第二层位的文学史料。但《苕溪渔隐丛话》所引江西诗派诗人吕本中的《宗派图》，则是研究江西诗派的重要史料。吕本中的《宗派图》早已散佚，现存的最早记载系《苕溪渔隐丛话》所引，可见其价值之高。

（三）第三层位的文学史料

第三层位的文学史料指后人根据前代（或前几代）遗存的史料进行综合、分析、筛选而写成的史料性著述。如南宋计有功的《唐诗纪事》，是有关唐代诗人与诗歌创作的第三层位的文学史料。计有功在编撰过程中，参阅了唐代"三百年间文集、杂说、传记、遗史、碑志、石刻"（自序），其中有第一层位的史料，也有第二层位的史料。也就是说，第三层位的史料是在第一层位和第二层位的史料的基础上形成的。

树立层位意识，注意辨析层位，对提高研究工作的科学性有着重要意义。首先，当你在撰写论文的过程中要引用史料时，尽量引第一、二层位的史料，有助于提高论文的可信度。这是就写作角度而言的。其次，当你审视前人编撰的史料性著述时，强化层位观念有助于客观地分辨高下。这是就评论角度而言的。例如，关于词本事的史料性著述，有清人张宗橚的《词林纪事》、叶申芗的《本事词》以及今人唐圭璋的《宋词纪事》等。《宋词纪事》之所以比前两种高出一筹，是因为唐圭璋先生确立了"以宋证宋"的编撰宗旨，也就是着眼于第一和第二层位的史料，并且严格引用原文，一一详注出处；而前两种书，则往往节取史料大意，甚至不注明出处，层位模糊，故相形见绌。

本文所谈的是史料层位的宏观划分。至于处于同一层位的各种史料的价值评判问题、史实与史料的关系问题、史料与史著的关系问题等，是属于另外的话题了。

（原载《作家报》，1994 年 12 月 10 日）

史料学与文学史料学

"史料学"和"文学史料学"已越来越受到学术界的重视,在具体评述这两门近缘学科之前,先对"史料"的含义作一简要解说。

一、史料

史料是指历史遗留物。梁启超说:"史料者何?过去人类思想行事所留之痕迹,有证据传留至今日者也。"(《中国历史研究法·说史料》)苏联学者 E·M·茹科夫说:"任何关于人类过去的信息都可以成为历史史料。"①

往事得以流传于后世,主要通过三种途径:文字记录的传递、实物的遗存、口耳相传。由此形成历史学家所指称的文字史料、实物史料和口述史料。

中外学者对待史料,注重追本穷源,振叶寻根,订讹正误,去伪存真。梁启超说:"史料以求真为尚","必有证据,然后史料之资格备。"(《中国历史研究法》)陆懋德说:"假如作此书者将所用史料之来源完全写出,则吾人可就彼所采用之史料,以决定其书之可信与否。"(《史学方法大纲·论史料》)耐人寻味的是,外文中的"史料",大多含有"根源"、"泉源"的意义。如英语称"史料"为 historical sources,而 source 的本义是"河的源头"、"根源"、"出处"。俄语称"史料"为 историческиеисточники,而 источники 的本义是"河的泉源"、"来源"。《苏联大百科全书》第 3 版(1972 年版)第 10 卷给"史料"下的定义是:"史料是直接反映历史进程并能提供研究人类社会史可能性的一切,即人类社会先前创造并留存至今,能使人判断民族风尚、习俗、语言的一切物质文明物和书面文献。"(程家钧译)则强调史料对历史进程反映的直接性。

"史料"和"历史文献"这两个概念,有联系,亦有区别。"历史文献"一般指文字史料。如张舜徽在《关于历史文献的研究、整理问题》中指出,历史文献学以文字史料为研究范围,不宜把实物也包括在内(载有文字的实物,则研究其文字)。白寿彝在《谈历史文献学》中说:"历史文献指的是有重要历史意义的书面材料。"

---

① [前苏联]E·M·茹科夫:《历史方法论大纲》,王瑾译,上海译文出版社,1988 年。

学者们在论著中常将"文献"与"实物"（或"文物"）对举，前者指文字史料，后者指实物史料。如吴泽论"文献和实物的互证"（《史学概论》），沈从文论"文献与文物相结合"①，即其例。

在特定的语言环境中指称文字史料时，"史料"和"历史文献"这两个术语可以通用。如对《史记》，既可称之为"历史文献"，又可称为"史料"，因为"史料"这一概念涵盖了文字史料。

要言之，"史料"指称的范围比"历史文献"广泛。"史料"包括文字史料、实物史料、口述史料，而"历史文献"通常只指"史料中文字史料的那一部分"（王余光《中国历史文献学》）。

二、史料学

史料学是探讨史料研究和史料利用的理论与方法的学科。

冯友兰说："史料学是历史科学中的一个部门，为历史学的研究作准备工作，是关于史料的方法论。"（《中国哲学史史料学初稿》）他对史料学的任务作如下论述：

> 历史学家研究一个历史问题，在史料方面要作四步工作，每一步的工作都必须合乎科学的要求。
> 第一步的工作是收集史料，这一步工作的要求是"全"。
> 第二步的工作是审查史料，这一步工作的要求是"真"。
> 第三步的工作是了解史料，这一步工作的要求是"透"。
> 第四步的工作是运用史料，这一步工作的要求是"活"。
> 史料学的任务在于解决与前三个步骤有关的问题，第四个步骤已不属史料学的范围。

冯友兰认为上述第四个步骤（运用史料）不属于史料学的范围，可能是把"运用史料"定位于史学论著的著述。如果我们对"运用史料"作广义的理解，那么，史料学理应包括史料运用中的部分问题，如史料的综合分析与编纂、论证过程中援引史料的数量与质量问题等。

综观各家对史料学的研究内容所作的阐述，笔者以为白寿彝之说较为全面。他在《中国史学史》②第一册中说：

> 史料学，我认为，可以包含理论的部分、历史的部分、分类的部分和实用的部分。理论的部分，主要是研究史料跟史学领域其他部分的关系、史

---

① 沈从文：《文献与文物相结合》，《光明日报》，1961年6月18日。
② 白寿彝：《中国史学史》，上海人民出版社，1986年。

料本身的特点、史料学应当承担的任务。历史的部分是要研究史料学发展的过程及其规律。如就中国而言,就是要研究中国史料学发展的过程及其规律。分类的部分,是要研究史料的各部分分类的方法,目的在增进对各种史料性质的理解并因而便于收藏和检寻。应用部分,如版本、校勘、辑佚、辨伪之类。近年所谓史料学,大致属于第四部分之内容为多。涉及前三部分的内容者,可说是很少。事实上,在中国史学发展的过程中,关于史料学的这四部分内容也都有相应的发展。不过我们注意得不够,因而有关的研究成果不多。

白寿彝强调史料学理论的探讨和自身发展历史的考察,是其他学者很少论及的。史料学确应强化理论建设与分析评判。同时,史料学作为一门学科,有其形成、发展、完善的过程。研究史料学(或其中某一分支)的发展历史,是为了从理论和实践两个方面进行总结,从而推动今天的史料学的学科建设。

国外学者把史料学作为一门有自身研究对象和独特方法的学科,大约是在19世纪后期。德国朋汉姆(E. Bernheim)、法国朗格诺瓦(Ch. V. Langlois)和瑟诺博司(Ch. Seignobos)、美国傅舲(Ferd Morrow Fling)等,在他们的著作或编译中,对史料或史料学多所论述。早在20世纪四五十年代,苏联各大学历史专业已普遍开设史料学课程。《苏联大百科全书》有"史料学"(источниковедение)专条,释文颇详,今摘其要:

> 史料学是一种综合性专门历史学科,是研究史料的科学,包含发现、研究和利用史料的理论和实践。史料学的分支有书面史料学和各种辅助历史学科。史料学所研究的问题,总体上可分为理论和应用两个方面。理论史料学研究构成史料的规律以及史料反映实际历史过程的规律,研究史料中所含信息的结构和性质,确定史料分类的原则,将史料分类,探讨历史研究的一般方法和根据各种各类史料进行历史研究的方法。史料学的理论问题,主要是以大多数史著籍以为据的书面史料为素材进行研究的。应用史料学(又称具体史料学)由各种历史范畴、历史划段、历史时期、历史问题的史料学组成。史料学实践包括档案馆、博物馆、图书馆搜集、保存和描述史料的活动,史料发表者的活动以及史学家研究过程中探讨史料的工作。应用史料学的成分在日常社会实践(公文处理、犯罪侦察、评价任何信息)中也常遇到。(程家钧译)

以上是《苏联大百科全书》第3版(1972年版)第10卷的释文,比第2版(1949—1958年版)的释文详细、严谨,代表了当时苏联史学界的一般看法。

近40多年来,尤其是20世纪80年代以来,我国学者撰写的史料学专著(包括论文集)的品种和质量有了明显的增长。这些著作大体上可分为普通史料学和专科史料学两大类。

普通史料学，又可分为两类：一类以理论为主，如翦伯赞《史料与史学》（北京大学出版社 1985 年增订版）、谢国桢《史料学概论》（福建人民出版社 1985 年版）、荣孟源《史料和历史科学》（人民出版社 1987 年版）等；另一类以应用为主，如陈高华等《中国古代史史料学》（北京出版社 1983 年版）、黄永年等《唐史史料学》（陕西师范大学出版社 1989 年版）、冯尔康《清史史料学初稿》（南开大学出版社 1986 年版）、陈恭禄《中国近代史资料概述》（中华书局 1982 年版）、张革非等《中国近代史料学稿》（中国人民大学出版社 1990 年版）、张宪文《中国现代史史料学》（山东人民出版社 1985 年版）、何东《中国现代史史料学》（求实出版社 1987 年版）等。

专科史料学，如冯友兰《中国哲学史史料科学初稿》（上海人民出版社 1962 年版）、张岱年《中国哲学史史料学》（三联书店 1982 年版）、刘建国《中国哲学史史料学概要》（吉林人民出版社 1983 年版）、张注洪《中国现代革命史史料学》（中共党史资料出版社 1987 年版）、朱金顺《新文学资料引论》（北京语言学院出版社 1986 年版）、潘树广主编《中国文学史料学》（黄山书社 1992 年版）等。

三、文学史料学

文学史料，是历史上有关人类文学活动与各种文学现象的资料。具体而言，包括：文学作品本身、文学理论批评著作、作家传记资料、文学作品的背景性资料、文学社团与流派资料、文学期刊与报纸副刊资料、文坛风尚与文学事件资料、文学形式范畴的资料等。

文学史料学，是探讨文学史料的研究和利用的理论与方法的学科。它的主要任务是为文学史研究提供客观依据。

前苏联 1987 年出版的《苏联文学百科辞典》中有"文学史料学"（Литературоведческое источниковедение）专条，释文说："文学史料学是一种辅助文艺学科，研究文学史和文学理论的史料以及寻找、整理、运用这些史料的方法。"（程家钧译）这一定义，点明了文学史料学的要点，但尚欠具体和全面。

从完整的意义上说，文学史料学的研究内容应包括以下几个主要方面。

（一）文学史料学基础理论的研究

文学史料学的基础理论研究是指研究文学史料学的性质、任务、作用，文学史料学的学科归属及其与相关学科的关系，文学史料形成、发展、分布的一般规律，文学史料的层位及其价值评判等。

（二）文学史料搜集方法的研究

一是研究如何从已有的书面材料中搜集文学史料。书面的文学史料既集中又分散：所谓"集中"，是指前人已做过大量整理工作，有许多集结性成果可供利用；所谓"分散"，是指从事课题研究所需要的文学史料通常是散见于各类书籍报刊之中，或有相当一部分长期埋没在书山报海之中而未被发现和利用。搜集工作中最艰巨而又最有价值者,是将湮没的文学史料发掘出来。

二是研究如何搜集口头流传的活材料,使之及早转化为文字资料或录音资料,从而摆脱时间和空间的限制。这是一项重要的抢救任务。

三是研究如何搜集传世的或地下发掘的实物史料,用以补充、订正或印证书面材料。

为了使史料的搜集走上科学化、高效化的轨道,须深入进行检索原理与技能的研究,包括检索过程中的思路分析、策略制订、现代技术的应用等。

(三) 文学史料鉴别方法的研究

文学史料搜集到手后,要经过分析、鉴别、考证,方能为文学史的研究提供真实可靠的客观依据。具体而言,主要进行两方面的研究:

首先,应判别史料是真本还是伪作,即进行辨伪和证真。若是真本,并有不同的版本流传,尚应对各种版本进行研究,判别何种版本为佳。这方面的工作,国外学者称之为"外形鉴定"或"外层批判"。

其次,在确定史料属真本的前提下,尚应对它所记载内容的可靠性、存真度进行研究、考证。这方面的工作,国外学者称之为"内容鉴定"或"内层批判"。

因而,史料的真伪、版本的优劣和内容的虚实,是三个并非等同的概念。如梁启超的《戊戌政变记》,这是真本无疑。《戊戌政变记》印行多次,从而产生版本的优劣问题。真本、善本到手,它记载的内容是否完全可靠? 梁启超自己说了大实话:"吾二十年前所著《戊戌政变记》,后之作清史者记戊戌事,谁不认为可贵之史料? 然谓所记悉为信史,吾已不敢自承。何则? 感情作用所支配,不免将真迹放大也。治史者明乎此义,处处打几分折头,庶无大过矣。"① 由此可见,史料学中的所谓"鉴别",其含义是多方面的:要考察史料的来源、作者、写作年代、刊印年代、流传经过,判别文本的真伪、优劣、文字正讹,分析其记述内容的虚实和价值的高下。

(四) 文学史料整理编纂方法的研究

搜集、鉴别文学史料,是为了使之服务于文学史的研究工作。文学研究工作者在完成论著的过程中,常把搜集所得的史料整理编纂,既是为自己的研究课题服务,亦可供他人参考。如鲁迅为撰著《中国小说史略》,搜集了大量的小说史料,又将这些史料整理成《古小说钩沉》、《小说旧闻钞》等。

除文学史著作家亲自整理出版文学史料外,还需要有一批精于史料工作的专门家,在更大的范围内从事文学史料的整理、编辑、出版工作,为文学史研究打下更坚实的基础。如孔另境的《中国小说史料》就是在鲁迅《小说旧闻钞》的基础上加以扩充,增补了许多鲁迅未采录的资料。

文学史著作家和史料学家已编纂出版了大量的文学史料书籍,其体式亦丰富多样,如校点本、辑佚本、笺注本、资料汇编、总集、别集、年谱、诗文系年、书目索引

① 梁启超:《史料之搜集与鉴别》,梁启超《中国历史研究法》,上海古籍出版社,1987 年。

等。深入研究它们的编纂原则与方法,从而进一步推动当前的文学史料编纂出版工作,是文学史料学的又一重要任务。

(五) 文学史料学发展历史的研究

文学史科学发展历史的研究内容主要有:(1) 对古今文学史料学家的活动的考察;(2) 对历代文学史料学的理论建树与实践成果的研究与评论;(3) 探讨历代文学史料学的发展与各种时代因素、社会因素的关系;(4) 研究历代文学史料学的成果对文学研究与创作的影响。

历代学者对中国文学史料的搜集、鉴别、整理等问题的研究,已有两千年的漫长历史。但中国文学史料学作为一门相对独立的学科,其理论体系至今仍在不断探讨和逐步完善的过程中。

"中国文学史料"是一个历时性的概念。它不限于指称中国古代文学史料,尚应涵盖中国近代与现代文学史料。但旧时的研究,多侧重于古代文学史料。这一状况,近30年尤其是近10年有了很大的变化。1985年,马良春发表《关于建立中国现代文学"史料学"的建议》(载于《中国现代文学研究丛刊》1985年第1期);1986年,朱金顺的《新文学资料引论》出版。这都标志着中国现代文学史料学的学科建设已提到重要议事日程。引人注目的是,1988年10月,"中华文学史料学首届研讨会"召开,中国大陆和香港、台湾地区的专家们酝酿成立包括从事古代文学、近代文学和现当代文学史料研究的学人组成的"中华文学史料学学会"。1989年,该学会正式成立,马良春任会长,并于1990年正式出版会刊《中华文学史料》。这是研究古代、近代、现代文学史料的学者大合作及其研究成果大汇聚的良好开端。1991年冬,中华文学史料学学会在北京召开年会,再次呼吁"建立一门相对独立的、具有现代意义的文学史料学学科",并进行理事会的换届选举,贾植芳任会长。(《文艺报》,1991年11月9日)

诚如贾植芳在为《中国文学史料学》所作序言中指出的:

> 我国过去的文学史料研究家对中国文学史料的整理和研究,多从断代史着眼:或者是中国古代文学,或者是中国近代文学、现代文学,可谓划疆而治、壁垒分明,"井水不犯河水",但中国文学史料学作为一门独立学科,实应贯通古今,视古今为一个整体。这个观点,已成为近年中国文学史料学研究者从历史实践中得出的一个学术共识:从事各种断代性文学史料学研究的学者之间理应进行交流与贯通,以利于这个学科的整体性建设和发展。

目前,各地学者正为中国文学史料学的整体性建设和发展作出不懈的努力。

(原载《文教资料》,1992年第2期)

万历苏州织工斗争在文学上的反映

中国科学院文学研究所中国文学史编写组编写的《中国文学史》在论述明代万历朝经济、政治对文学的影响时,曾以苏州的纺织业为例,说明当时资本主义萌芽的状况,并提到明神宗"派出大批宦官充任矿监税使,到处搜刮,引起人民公愤。全国发生'民变'数十起"。① 这确实是中国封建社会晚期出现的新现象。

研究这些新现象对文学产生的影响,是很有意义的。但《中国文学史》所举实例似嫌不足,本文所补充的文学资料,内容均与神宗万历二十九年(1601)苏州织工葛成(即葛贤)领导的反税监斗争有关。

苏州织工的这场斗争,范文澜先生曾给予高度的评价。他说:

> 伟大的中国工人阶级的先驱者当他们在 1601 年第一次发起而斗争的时候,就表现出反封建压迫的英雄气概。他们行动服从葛贤的指挥,有卓越的组织性和纪律性……中国工人阶级当它开始萌芽的时候,就充分地显示出它将有远大的光荣的前途。②

斗争的经过是:苏杭织造兼榷税太监孙隆在苏州遍设关卡,对来往客商和农民敲诈勒索,并大幅增收织机和绸缎的税银。于是机户纷纷被迫杜门罢织,大批织工染工失业。万历二十九年六月,织工葛成领导群众打死孙隆的爪牙数人,包围织造衙门要求罢税。起义持续数日,全城贴满"税官肆虐,民不堪命。我等倡义,为民除害"的榜文。③ 当官府派兵镇压时,葛成为了保护群众,挺身投案。入狱时"哭泣送之者万人"。④ 葛成在狱十余年后得释,崇祯三年(1630)病终,葬在虎丘五人墓旁。

这场由织工领导的声势浩大的反权奸斗争,在当时就得到了社会舆论的广泛

① 中国科学院文学研究所文学史编写组:《中国文学史》第 3 册,人民文学出版社,1979 年,第 920 - 921 页。

② 范文澜:《关于中国历史上的一些问题》,范文澜《范文澜历史论文选集》,中国社会科学出版社,1979 年,第 33 页。按,此文曾作为《绪言》刊入《修订本中国通史简编》第一编第 3、4 版。

③ [明]文秉:《定陵注略》卷五。

④ 陈继儒:《吴葛将军墓碑》。墓碑在今苏州虎丘山塘。

支持。明末清初,有许多人赋诗、作文、编剧,热情赞颂这一斗争。这些作品,一部分已散佚,一部分尚保留在苏州地方文献中。在中国文学史上,像这样直接反映资本主义萌芽时期织工斗争的作品并不多见,故将搜辑所得,分类介绍如下。

一、诗歌

反映这场斗争的诗歌,以钦叔阳的三首《税官谣》最引人注目。钦叔阳,字愚公(一作遇公),明末吴县学生,入国子监,博闻好学,但"不得志于场屋"①,是一位"文章如虹,肝肠如雪"(徐𣹟《续名贤小记》)的诗人。其诗(《明诗综》卷六三)云:

> 四月水杀麦,五月水杀禾。茫茫阡陌殚为河。杀河杀麦犹自可。更有税官来杀我。
>
> 千人奋挺出,万人夹道看。斩尔木,揭尔竿;随我来,杀税官!
>
> 税官来,百姓咥。虎负嵎,猱升木。壮士来,中贵走。十二人,三授首。欢乐崇朝不及夕,倏忽头颅已狼藉,投畀鸟鸢乌不食。

这三首歌谣有惊人的概括力。它以极为经济的笔墨,反映了起义的全过程。第一首先从大水灾着笔。关于万历二十九年苏州发大水一事,《明实录》和《苏州府志》确有记载,但钦叔阳写这场天灾,不是一般的背景介绍和气氛渲染,而是为了揭露人祸甚于天灾的黑暗现实。第二首写起义的爆发迅猛。《苏州织造局志》载:"佣工无所趁食,集众……二千余人,推昆山人葛成为首,分作六队,每队一人前行,摇蕉扇为号,后执绞棍随之。"可作此诗注脚。第三首:"壮士来,中贵走。十二人,三授首。"是指葛成等包围织造衙门,孙隆狼狈逃往杭州,起义群众将十余户税官宅屋焚为灰烬,把黄建节、汤莘、徐成等打死。② 横行一时的税官,竟成了乌鸦也不屑啄食的腐臭尸首。诗人对税官的极度憎恶与蔑视之情,跃然纸上。

《税官谣》是用起义者"我"的口吻写的。"更有税官来杀我",表现了诗人与起义者的命运息息相通;"随我来,杀税官",有强烈的号召力。在语言形式上,与古谣谚相类,正如朱彝尊所说:"音节特近古者。"③全诗口语化,但并不鄙俗。"斩尔木,揭尔竿"语本贾谊《过秦论》,"虎负嵎"语本《孟子·尽心下》,"猱升木"语出《诗·小雅·角弓》。钦叔阳"究心史事,谙练典故"(徐𣹟《续名贤小记》),所以用典贴切自然。

当时,统治阶级中一些富有正义感的知识分子,也有写诗赞颂葛成的。如朱国祯有诗(《吴葛将军墓碑》引)云:

---

① 〔清〕钱谦益:《列朝诗集小传》丁上,上海古籍出版社,1983 年。
② 诗中所写,均系史实,详见《明实录》卷三六一,孙珮《苏州织造局志》卷一二,《苏州府志·杂记》。
③ 〔清〕朱彝尊:《静志居诗话》卷一八,人民文学出版社,1998 年。

吴中义士气如云,留得余生代有闻;

　　东海长虹桂秋月,丹青齐拜葛将军。

　　朱国祯有《皇明史概》、《涌幢小品》等著作行世。他在写上述诗之前,已在《涌幢小品》中记载过葛成"逐杀收税人"的事迹。此外,陈继儒有《题葛贤墓》①云:

　　虎邱塘半岁寒时,草木萧萧剑气悲。

　　独荷长镵衣短后,五更风雨葬要离。

　　陈继儒对葛成极为推重,与之往来甚密。崇祯三年(1630)冬,葛成死,苏州士民把他葬在虎丘山塘五人墓侧,陈继儒撰写了《题葛将军像》(见《白石樵真稿》)、《葛将军墓碑》,并题了这首诗。

　　崇祯年间,题诗赞颂葛成的,还有钱谦益。他的《葛将军歌》云:

　　葛将军,万夫雄,我昔遇之娄水东。魋颜虎鼻眉目古,蕉扇飒拉吹秋蓬。死骨穿近五人冢,生魂啸动五两风。葛将军,今死矣,权奇俶傥谁与拟?生惜不逢汉武帝,鸿渐之翼困间里。犬台宫中应召见,上林牧羊蹋草履。君不见,车丞相,宫殿出入乘小车,亦是上书一男子。②

　　这首诗是钱谦益革职不久后所写。诗意与钦叔阳的《税官谣》有所不同,侧重对葛成的"生不逢时"表示感叹,认为像这样权奇俶傥的英雄正是朝廷所需要的。《汉书·公孙弘卜式儿宽传》:"公孙弘、卜式、儿宽皆以鸿渐之翼困于燕爵,远迹羊豕之间,非遇其时,焉能致此位乎?"即此诗所本。车丞相即田千秋,事见《汉书·田千秋传》。诗人以为,如果葛成遇上汉武帝这样的明主,就会像卜式、田千秋那样受到重用,不至于穷愁潦倒地老死乡里了。

　　二、笔记小说

　　万历二十九年苏州织工的反税监斗争,在《明史》卷二一和卷三〇五中只有寥寥数语记载,而在明末清初的笔记小说中则有具体、形象的描绘。

　　就笔者目力所及,记载着万历苏州织工斗争的笔记小说有:沈瓒《近事丛残》、朱国祯《涌幢小品》、文秉《定陵注略》、曹家驹《说梦》、章载谋《景船斋杂记》、褚人穫《坚瓠集》等。

---

　　①　此诗见康熙初顾湄《重修虎丘山志》,又见张大纯《采风类记》。要离,春秋末吴国人,相传他为谋刺庆忌而牺牲自己,其墓在苏州。
　　②　四部丛刊影印崇祯刊本《牧斋初学集》卷十。

沈瓒《近事丛残》卷一"葛贤打税"条末云"（葛）至今在狱无恙"，朱国祯《涌幢小品》卷九"王葛仗义"条末云"（葛）至今尚存"。上述两书，当是笔记小说中最早记载葛成事迹的。沈瓒，字孝通，一字子勺，吴江人，万历进士。他在《近事丛残》中描写织工葛成等人酝酿起义的情节较详：

> 众织工及市缯家共苦之，莫可为计。贤挺身曰："吾当为首，为吴民剿乱。"相率数十人入玄妙观定约曰："若辈举动皆视吾手中芭蕉扇所指。"众曰："诺。"

《涌幢小品》说："贤既为倡，从者数万。"足见其影响之大。至于芭蕉扇的威力，明末文秉《定陵注略》所记，颇有传奇色彩：

> 手各持一芭蕉扇，遍走诸税官家，焚毁其室庐长物……所至如风雨，人莫敢撄其锋。即高墙峻宇，首者执扇一挥，诸人皆立跃而上。

清代苏州人褚亨奭所撰《姑苏名贤后记》也写道：

> 时夏天，以芭蕉扇为号。至富家之门，举扇一挥，平地升屋，如鸟斯翼，其家顷刻灰烬。

可见，关于葛成芭蕉扇的故事，在苏州人中流传很广。
《定陵注略》还通过生动具体的细节，描述了葛成等人严明的组织和纪律：

> 次日，误入一民家，其家以经纪为业，无他过犯，跪而迎之门，请罪。首者取腰间手摺视之，曰："误矣！"盖一税官家与其人俱与腐店为邻故也。首者即率诸人罗拜，谢惊恐。

我们由这个细节可以得知，葛成等人对于打击对象是事先经过周密研究确定的。一旦发现有错，立即纠正，这正是他们纪律严明的表现。《近事丛残》写他们"禁不得掠一毫财物"，《景船斋杂记》写他们"不取一钱，有私其入者共击杀之，惟罪人是讨"。正因不谋私利，为民请命，故葛成下狱后，"狱中人及外之好事者多义之，往往携酒脯劳之，无虚日"（《近事丛残》），而他"有馈皆不受"（《涌幢小品》）。
有的笔记小说对葛成的肖像描写较细腻，如曹家驹《说梦》云：

> 余一日在陈眉公（继儒）坐间。公指示余曰："此葛将军也。"余熟视之，年近六旬，形躯亦不甚肥伟。鼻微带赤，与之言，呐呐如不出口。一朴

实人耳,而义声振吴下。

作者并没有把他渲染成魁梧奇伟、能言善辩的超凡越圣之人,而是平平凡凡、质朴憨厚,令人更觉可亲可敬。

葛成在世时,就有人为他建造生祠,"貌其像而祀之"(《景船斋杂记》),以寄托崇敬之情。葛成死后,人们仍怀念不已。褚人穫《坚瓠集·葛将军》云:

> 康熙癸丑春,予过虎丘,于其犹子处得瞻将军遗像,稍帽戎装,腰间插一蕉扇,犹凛凛有生气,上有吴因之(默)、文文肃(震孟)诸先辈题赞云。

褚人穫是清初著名小说家,其主要作品除《坚瓠集》15 集外,还有《隋唐演义》一百回。

三、戏曲

最早反映葛成事迹的戏剧是《蕉扇记》,可惜此剧已佚,我们只能在地方志中获知有关此剧的点滴情况。道光《苏州府志·杂记》载:劣绅丁某(元复)与税官暗中勾结,为虎作伥,故葛成起义时将丁宅焚毁。葛成下狱后,有人编"新剧"《蕉扇记》讥讽丁元复,丁怀疑这个剧本出自名士张献翼之手。看来,此剧刺到了丁元复的痛处,且影响颇大,所以丁元复恨之切骨,竟至派人在夜间将张献翼刺杀。

考张献翼被刺于万历甲辰(1604),离葛成起义仅三年,葛成尚在狱中。《蕉扇记》可谓编得大胆,编得及时。

北京出版社 1963 年出版的《历史故事》提到,《蕉扇记》的作者是"剧作家蕲宽成"[①],这是错的。遍查苏州地方文献及有关戏剧史料,均无"蕲宽成"其人。究其致误的原因,是误解了《苏州府志》中这几句话:

> 太学张献翼为文率士民生祭成又贻书于丁及当事蕲宽成或作蕉扇记新剧讥丁丁疑出献翼

"又贻书于丁及当事蕲宽成"当连读为句,"蕲"是"祈求"之意,"宽成"是"宽恕葛成"之意。而《历史故事》的编者误将"蕲宽成"属下读,又误"蕲"为姓,误"宽成"为名,故有"剧作家蕲宽成"作《蕉扇记》之误说。此外,"或"字是虚指代名词,意为"有人",正因为不可确知为谁,所以下文说"丁疑出献翼"。若"蕲宽成或作蕉扇记"连读,则不通。

反映葛成起义的另一个剧本是《万民安》。据高奕《新传奇品》、无名氏《传奇

---

① 《历史故事》第一集所收《明代苏州丝织业工人的领袖葛成》一文。

汇考标目》、焦循《剧说》等著录,此剧系明末清初苏州杰出的戏曲家李玉所作。可惜此剧今已不传,幸亏清初《曲海总目提要》有详细介绍,使我们通过《曲海总目提要》尚能知其剧情梗概。

《万民安》"演葛成击杀黄建节事,谓因此而苏民得安,故曰'万民安'也"。①主要情节如下:

葛成是"机户中佣工织匠",30余岁,其妻已故,有一子尚在襁褓中。邻居韩媪的丈夫生前为内府织造绸绢时,曾欠下一笔债。去世后,京差到苏州将韩媪之女云娘抢去抵债,葛成以自己的全部积蓄帮助韩媪将云娘赎回。韩媪为报答葛成,送云娘给他做继室,被葛谢绝。

保定府房壮丽赴京赶考落第到苏州,韩媪将云娘卖与壮丽为妾,以三十金归还葛成。葛成不收,嘱韩媪以此款为云娘备奁资,母女更是感激不尽。房壮丽之舅郑尚甫被葛成的高尚品德所感动,遂将其妾沈氏赠与葛成为妻,但葛成执意不与沈氏同居。沈氏到阳澄湖畔出家为尼,取名静真,并将葛成之子领去抚养。

这时,税使黄建节正在苏州"广抽各项税银"②,指派参随盘踞水陆要道"见货便抽","苛取虐敛"。满城百姓忍无可忍,相约罢市,齐集玄妙观,呼声震天。葛成历数黄建节、徐成等人罪状,群众公推葛成为首,"欲共击杀黄建节等"。

黄建节的爪牙徐成之流在葑门抢去卖瓜者满腊梨的货物,葛成"以蕉扇一挥,万众俱集"。起义群众将徐成扔到河里,"并火建节衙署,挥拳毙之,投入火内。自初六至初九,焚烧三昼夜不息。"官府前来镇压,葛成挺身而出,被捕入狱。张献翼等士民和一些正直的地方官纷纷为葛成申辩,但苏松兵备道邹墀决意定葛死罪。静真到狱中探望,葛成担心儿子性命亦难保,便嘱静真将其认作她的儿子,并改名郑天祐。官差将葛绑赴刑场处决,忽然发生地震③,巡抚下令暂投葛成于狱。

十余年后,房壮丽成进士,奉命巡按苏松。卖瓜者满腊梨欲为葛成申冤,途中遇雨,后到阳澄湖畔庵中晒状纸,静真见状纸,悲感涕泣。这时郑天祐已13岁,静真告之实情,天祐即奔至狱中见父,然后在满腊梨的帮助下赴按院诉冤。房壮丽重新审理此案,根据"一人倡义,万民安枕"等实情,上疏请求宽宥,葛成获释。苏州士民在玄妙观为葛成建生祠,称之为"葛将军"。

将剧情与史实两相对照,可以看出,李玉对葛成起义的前后经过非常熟悉,写得有血有肉。这不仅因为他明末清初生活在苏州,而且与他的具体经历有关。焦循《剧说》卷四云:

元玉(李玉字)系申相国家人,为申公子所抑,不得应科试,因著传奇

① 董康:《曲海总目提要》卷一六,上海大东书局铅印本,1928年。以下凡未注明出处者,均系引自此书。
② 就史实而言,黄建节并非税使,而是税使孙隆的参随。《曲海总目提要》按语指出:"作者特讳孙隆不言耳。"
③ 临刑地震事,当然是虚构的,《曲海总目提要》已指出这是"依仿古人六月飞霜等件以为关目耳"。

以抒其愤……

申相国即明万历年间的宰相申时行,苏州人。据康熙刻本《苏州府志》卷八一载,葛成起义时,税监孙隆先在申时行家躲了两天,然后才偷偷逃到杭州去。又据申时行《赐闲堂集》卷四〇载,"民变"之时,"城中大扰",申时行亲自写信催促太守朱燮元"亟出抚谕"。李玉出身低微,做过申时行的"家人",又被权贵所压抑,这就不难理解他后来为什么能如此生动地把一场轰轰烈烈的反税监斗争搬上舞台,也不难理解他为什么对葛成充满赞颂之情。

然而,李玉并没有机械地摹写史实,而是根据人物塑造的需要和舞台艺术的特点,进行必要的虚构。如葛成拒绝商人赠妇一事,陈继儒《葛将军墓碑》和褚亨奭《姑苏名贤后纪》均载,恐是实事,但《万民安》所写,更有戏剧性:

> (郑尚甫)以沈氏送成为妻,并赠白金百两。成义不肯受,锁沈于屋,走白其母,令挈女归。至,则沈母他出。成归家昏黑,不肯入室,恐犯瓜李之嫌,只于门外立谈,倦则睡于门首。长洲县令邓云霄三更巡夜,见成熟睡门首,疑以为贼,及闻门内女人声音,又疑其拐骗妇女,开门呼女问之,乃得其实。

这一细节,鲜明生动地表现了葛成不慕财色、光明磊落的性格特点。又如,葛成等人在葑门为卖瓜者打抱不平一事,亦见载于《葛将军墓碑》,而《万民安》增加了十余年后卖瓜者为葛成申冤一节,这就不仅使剧情前后呼应,更重要的是刻画了乡农对葛成的爱戴,表现了织工和乡农同甘苦、共命运的深情厚谊。李玉笔力雄健,构思巧妙,把首尾30年的复杂事件和众多的人物通过完整而生动的故事有条不紊地展现出来,反映了广阔的生活图景。剧中角色分行细密,善于安排动人的群众场面,这和李玉另一反映市民斗争的杰作《清忠谱》(即《五人义》)有许多共同的优点。

《蕉扇记》和《万民安》的出现,还有文学方面的原因。在明末清初的剧坛上,出现了一批以当时的政治事件为题材的剧作,这些剧本歌颂清官义士,抨击阉党奸臣,有"时事剧"之称。《蕉扇记》、《万民安》显然是在这种创作思潮的影响下产生的。

当中国工人阶级刚开始萌芽时,《蕉扇记》和《万民安》就如此及时地反映了他们的生活和斗争,这是中国戏曲史上很值得纪念的一件事。

(原载《文学遗产增刊》第15辑,中华书局,1983年)

语言文学篇

《烟霞小说》考

　　丛书《烟霞小说》为明人辑刊,收书13种,流传甚稀。清道光初,黄丕烈获得该丛书中的一册——《说听》四卷,但"首尾叶皆不全",又云:"此则《烟霞小说》本,近时此书不甚广布,故无可钞补,稍为黏补,以便展观。"(《荛圃藏书题识》卷六)连藏书大家黄氏也找不到全本,足见其珍罕。据《中国古籍善本书目·丛部》著录,《烟霞小说》今存,北京图书馆藏有万历十八年(1590)刻本。此书近有影印本,收入《四库全书存目丛书》,已广为流布,亦为书林一幸。然而,关于此书的辑者、类属以及子目撰者等方面,存在诸多问题,不可不辨。

一

　　关于《烟霞小说》的辑者,各家著录不一。早在清乾隆时,即有三说。《两淮盐政李呈送书目》著录"明陆诒孙编",《浙江省第六次呈进书目》与《浙江采集遗书总录》均著录"明范钦辑"[①],《四库全书总目提要·子部杂家类存目》著录"明陆贻孙编"。以上三说,"陆诒孙"与"陆贻孙"仅一字之差,而"诒"、"贻"两字相通[②],可姑且视为一说。而陆、范两说差别甚大,陆贻孙默默无闻,范钦则是兵部右侍郎,又是闻名遐迩的天一阁主人。

　　1936年出版的《丛书大辞典》(杨家骆编)收录了《烟霞小说》,但不著录辑者,似乎把这个问题回避了。1959年出版的《中国丛书综录·总目》著录为"(明)范钦辑"。但1988年出版的《北京图书馆古籍善本书目》和1990年出版的《中国古籍善本书目·丛部》,又将辑者隐去。1995—1997年,齐鲁书社影印出版《四库全书存目丛书》,收入北京图书馆藏万历刻本《烟霞小说》,于书名下注"不著辑者",辑者问题仍是一个疑团。

　　现存的万历刻本《烟霞小说》,确未署辑者姓名,但辑者并非不可知。此书卷

---

① 吴慰祖校订:《四库采进书目》,商务印书馆,1960年。
② 贻孙,语出《尚书·五子之歌》:"有典有则,贻厥子孙。"又《诗经·大雅·文王有声》:"诒厥孙谋,以燕翼子。"古经传中"贻"、"诒"通用。

首有范钦于嘉靖三十八年（1559）所撰《烟霞小说题辞》（以下简称《题辞》），对确认《烟霞小说》的辑者至关重要，今迻录如下：

> 余不佞，颇好读书。宦游所至，辄购群籍，而尤喜稗官小说。窃怪夫弃此而祗信正史者，譬如富子惟务玉食而未尝山殽海错，可乎？同年周子籲襄为余言，魏恭简公于书无所不读，虽小说亦多涉猎。愚谓公理学师也，犹兼好之，况吾辈乎？顷过吴，访陆诒孙，视余抄本小说十余种，总名"烟霞"。余方欲集异闻，以是名编，孰知其意已先我矣。遂书于首，识所见略同也。
>
> 嘉靖己未春日，四明范钦题。

从《题辞》可知，范钦认为小说可补正史之不足，故平素喜购稗官小说。范钦过苏州时，陆氏出示抄本小说十余种，总名"烟霞"。可见陆氏此时已将丛书编妥且已定名。凑巧的是，范钦正要编集"异闻"之书并以"烟霞"命名，今见陆氏"其意已先我"，于是在陆书卷首记下这"所见略同"的雅事。

本来《题辞》已将陆氏编辑《烟霞小说》之事交代得很清楚，为什么有些书目竟将辑者定为范钦呢？这很可能是编目者未细读范钦的《题辞》。关键是对"视余抄本小说十余种"一句的理解。联系上下文，此句本意是陆诒孙向范钦出示抄本小说十余种，而编目者误解为陆氏看见范钦的抄本小说十余种，于是将辑者误作范钦。

可见《四库全书总目提要》将此书编者定为陆诒孙是对的。但"诒孙"是表字，不是本名。按《四库总目》的体例，应著录本名。笔者经查核，知陆诒孙的本名是陆延枝。

二

陆延枝，字诒孙，明嘉靖间长洲（在今江苏苏州）人，陆粲之子，陆采之侄。陆粲是名臣，而陆延枝无意功名。据徐㫤《续名贤小记》载，无锡华某与陆粲交游甚笃，主应天试，曾授意延枝仕进，延枝不应。陆粲门人按吴，欲以二百金为陆粲寿，延枝辞曰："奈何累家大人清德耶？"生平重节义，事父至孝。嘉靖三十年（1551），陆粲卒，尚未殡，堂中起火，延枝跃入火中救出。为此，《吴县志》将陆延枝列入"孝义传"。延枝又喜编刊图书，曾于嘉靖十四年刻黄瑜《双槐岁钞》，于嘉靖四十二年至四十三年刻其父陆粲《左氏春秋镌》、《春秋胡氏传辨疑》、《陆子馀集》等。其著述有《说听》四卷行于世。

陆延枝所辑《烟霞小说》，均系明人著述，包括其父陆粲的《庚巳编》和延枝本人的《说听》。延枝将《说听》编于丛书之末，符合古人编书将己作殿后的惯例。丛书子目 13 种如下：

吴中故语一卷　（明）杨循吉撰

蓬轩吴记二卷别记一卷　（明）黄暐撰

马氏日抄一卷　（明）马愈撰

纪善录一卷　（明）杜琼撰

掾曹名臣录一卷　（明）王鸿儒撰

庚己编四卷　（明）陆粲撰

纪周文襄公见鬼事一卷　（明）□□撰

异林一卷　（明）徐祯卿撰

语怪四编一卷　（明）祝允明撰

猥谈一卷　（明）祝允明撰

高坡异纂三卷　（明）杨仪撰

艾子后语一卷　（明）陆灼撰

说听四卷　（明）陆延枝撰

从上列子目可以看出,《烟霞小说》虽以"小说"命名,实际所收之书不限于小说(如《纪善录》、《掾曹名臣录》均系史部传记类书籍),属跨部类的综合性丛书。《中国古籍善本书目·丛部》将它归入"汇编丛书"是正确的,而《中国丛书综录·总目》将它归入"类编·子类·小说"则欠妥。又,《庚己编》一书,《中国丛书综录》、《中国古籍善本书目·丛部》均误作"庚巳编"。今考,此书所记为正德庚午(1510)至己卯(1519)十年间所闻,故以"庚己"名书。"庚"、"己"均为天干,而非天干"庚"与地支"巳"。

三

《烟霞小说》的特点及其文献价值略有四端。

其一,所收各书,绝大部分为苏州人所作,所记又多为苏州之事,故本丛书具有浓厚的地方色彩。

其二,各书内容虽有超现实的怪异之说(如《高坡异纂》尤为突出),但多实录见闻或考证名物之作,可补正史之阙。吴人记吴事,明人记明事,可谓"地近则易核,时近则迹真"①,有较高的史料价值。

其三,所收之书,篇卷较全。自《烟霞小说》问世后,其他丛书抽印其子目者甚多,但多经删节。如《蓬轩吴记二卷别记一卷》,《说郛续》仅录《别记》,且《别记》亦删削大半。又如《庚己编》四卷,《说郛续》仅选录其中13则,《五朝小说》所收者

① 章学诚:《修志十议呈天门胡明府》。

亦系此删节本。

其四，所收之书；保留了序跋，为后人考订提供了重要的文献依据，若干疑难问题得以澄清。如《蓬轩吴记二卷别记一卷》，《说郛续》仅节录《别记》，不录序跋，题杨循吉撰；周中孚《郑堂读书记》著录《蓬轩吴记二卷别记一卷》，题黄暐撰；《古今说部丛书》兼收《蓬轩吴记》及《别记》，均题杨循吉撰；《中国丛书综录》于《蓬轩吴记》及《别记》书名下均同时著录黄暐撰、杨循吉撰，并列两说。《江苏艺文志·苏州卷》于黄暐名下著录《蓬轩吴记二卷别记一卷》，并注云："一题明杨循吉撰"，亦并列两说。究竟《蓬轩吴记二卷别记一卷》是黄暐撰还是杨循吉撰？或是其中一人撰《蓬轩吴记》，另一人撰《别记》？历来纠缠不清。今考，《烟霞小说》所收《蓬轩吴记二卷别记一卷》，详载王鏊题词及黄暐之孙黄省曾所撰序。王鏊题词明说此书撰者系"故友刑部正郎黄君讳暐，字日昇……"黄省曾序云："吾祖刑部郎中府君少好稗官之学，故常手抄类说百家……其作乃有《吴记》二卷《别记》一卷"，又云："故请诸少傅王公题而传焉。蓬轩云者，志居也。"可见，《蓬轩吴记》与《别记》均为黄暐所撰。

又如《掾曹名臣录》的作者，历来有三说：《千顷堂书目》、《明史·艺文志》著录王鸿儒撰，《郑堂读书记》著录王琼撰，《说郛续》著录王凝斋撰。而《四库全书总目提要》则前后矛盾，卷六一《掾曹名臣录》提要谓"明王琼撰"，卷一三一《烟霞小说》提要又谓"王凝斋《名臣录》"。今考，《烟霞小说》所收《掾曹名臣录》卷首有"正德九年岁在甲戌夏六月望日王凝斋序"，自述履历及撰写《掾曹名臣录》之经过甚明。凝斋是王鸿儒的号，王鸿儒系颇有名望的学者，黄宗羲《明儒学案·河东学案》载录，题"文庄王凝斋先生鸿儒"（文庄为谥号），小传称："王鸿儒，字懋学，号凝斋，河南南阳人。"并采录其《凝斋笔语》。而王琼字德华，号晋溪，太原人。可见，《掾曹名臣录》系王鸿儒（凝斋）撰，与王琼无涉。①

近阅齐鲁书社1996年版《中国文言小说书目提要》，见其中《烟霞小说》提要云："明代文言小说丛书。范钦编辑。未见著录……书中取明代吴中名贤说部共十三种，分八帙合刊。"此语有三误：第一，《烟霞小说》辑者为陆延枝，并非范钦，前已详论；第二，自清乾隆以来，《烟霞小说》见于《呈进书目》、《四库全书总目提要》等多种书目著录，不可谓"未见著录"；第三，《烟霞小说》子目13种的作者，并非都是"吴中明贤"，如《掾曹名臣录》的作者王鸿儒是河南南阳人。

（原载《文献》，2001年第4期）

① 潘树广：《〈掾曹名臣录〉撰者考——兼谈〈四库全书存目丛书〉的一点失误》，《图书馆杂志》，2001年第2期，见本书第332页，此不赘述。

黄周星及其"佚曲"

一

明遗民黄周星（1611—1680），字景虞，号九烟，是颇具传奇色彩的文学家，连姓名也有点怪，乃至后人对其籍贯与姓氏问题各执一词。《中国古典戏曲论著集成·制曲枝语提要》说："周星生平，各家所说不一：有说他本姓黄，湖广湘潭人，幼年家贫，送与上元周姓作养子；一说本上元人，育于楚湘周氏；一说本姓周，育于上元黄氏。"对上述三说，《制曲枝语提要》并未确认何者为是。今考，黄周星《夏为堂集》中有《复姓纪事》与自撰墓志铭，对此陈述甚详。

黄周星于明崇祯十三年（1640）成进士，其时姓名为"周星"。崇祯十七年任户部主事后，即上疏云：

> 伏读《会典》内一款，凡官吏人等，有年幼过房乞养，欲复本姓者，具奏改正准复。臣原籍应天府上元县人，本姓黄氏。因臣生父黄一鹏与养父周逢泰比邻交稔，维时养父艰嗣，乞抚臣于孩抱，臣遂承袭周姓，贡选乡荐以来，相沿未便遽更……昨蒙圣恩，选授今职。恪遵《会典》，例应复姓以归本源。

上疏两天后，即奉旨："周星准改名黄周星，钦此。"

清康熙十九年（1680），黄周星在自撰墓志铭中，对"以黄为周"、"改周为黄"的前后经过又简述一遍，称周逢泰为"楚湘周氏"。今查《崇祯十三年进士题名碑录》庚辰科赐进士出身第二甲，见："周星，湖广长沙府湘潭县籍，应天府上元县人。"与黄周星所述相符。综上所述，其籍贯、姓名问题已可认定：黄周星原籍应天府上元县（在今南京），系黄一鹏之子。自幼由湘潭人周逢泰抚育，改姓周，名星。崇祯十七年，上疏请求恢复黄姓，获准，称"黄周星"。

二

就在周星恢复黄姓的这一年,明朝灭亡。黄氏心怀亡国之痛,入清不仕,改名黄人,字略似,号半非,又号笑苍道人,"布衣素冠,寒暑不易"。① 浪游吴越间,授经糊口,轶事甚多。曾馆于某宦家,以《论语》中"贫而无谄"四字为题命诸生作文,主人蹙额云:"开首第一字即言贫,不愿闻之。"黄大笑,束装辞职。谁料此年开考,正是以"贫而无谄"命题。主人大悔,复邀黄,黄卒不往。② 曾自刻"性刚骨傲,肠热心慈"印章,自称与正人君子、鬼神仙佛相知,而与小人多不合。嗜酒,其《楚州酒人歌》云:"天醉地醉人皆醉,丈夫独醒空憔悴","与尔痛饮三万六千觞,下视王侯将相皆粪土。"平素喜食锅底焦饭,被人戏称为"锅巴老爹",黄欣然受之,且赋诗云:"莫道锅巴非韵事,锅巴或借老爹传。"③黄氏又擅书法,"工篆隶,求者如市"。④ 康熙十七年,有以博学鸿儒荐之者,黄避之;十九年,有司又迫遣之,黄叹息曰:"吾苟活三十七年矣,老寡妇其堪再嫁乎?"⑤遂自撰墓志铭,取酒纵饮,于五月五日沉水而死。

黄周星青少年时即勤于著述,但于明清之交两次遭劫掠,著述丧失殆尽⑥,现存者绝大部分为入清后所作。黄周星是个才子,诗文、书法、篆刻均擅长,尤其精于戏曲。遗憾的是,学术界对他在戏曲方面的成就研究得很少,甚至连他剧作的存佚问题亦模糊不清。

在黄周星的戏曲著述中,《制曲枝语》流传最广。此系曲论,先后被收入《昭代丛书》、《美术丛书》、《新曲苑》、《中国古典戏曲论著集成》等丛书,知之者多。至于其剧作,清人姚燮《今乐考证》著录三种:传奇《人天乐》,杂剧《试官述怀》与《惜花报》。其中《人天乐》传奇现存康熙刻本,郑振铎先生又收入《古本戏曲丛刊三集》(文学古籍刊行社 1957 年影印本)。但中华书局上海编辑所 1965 年版《清诗纪事初编》谓"《人天乐》传奇不传",上海辞书出版社 1997 年版《中国文学大辞典》亦谓"(黄周星)另有《梦史》及《人天乐》传奇等,不传",均因未仔细查考所致。

黄周星的杂剧《试官述怀》和《惜花报》,傅惜华《清代杂剧全目》均收录,并著录:"北京图书馆、傅惜华藏。"但庄一拂《古典戏曲存目汇考》著录:

惜花报《今乐考证》著录。《考证》谓《笠阁评目》有《惜花报》一种,

① 《国朝耆献类征初编》卷四七三引汪有典撰《黄周星传》。
② 《国朝耆献类征初编》卷四七三引瞿源洙撰《黄周星传》。
③ 同①。
④ 《皇清书史》卷一七引《南浔镇志》。
⑤ 同②。
⑥ [清]卓尔堪:《明遗民诗·小传》,中华书局,1961 年。

署为王丹麓作，非。盖此剧九烟为丹麓纪事作也。佚。

　　试官述怀《今乐考证》著录。其他戏曲书簿未见记载。其名目有类散套，是为杂剧，殊属可疑。佚。

　　庄一拂将《惜花报》和《试官述怀》均定为佚曲，并对《试官述怀》是否属于杂剧表示怀疑。

　　傅惜华的《清代杂剧全目》完稿于1961年12月①，著录《惜花报》、《试官述怀》均存；庄一拂的《古典戏曲存目汇考》完稿于1979年8月，著录《惜花报》、《试官述怀》均佚。究竟是存是佚，有两种可能：一是20世纪60年代初尚存，今已佚；二是至今尚存，而庄一拂失考。经查考，系属后一种情况。

　　1998年秋，笔者在北京图书馆善本部读黄周星的《夏为堂集》。此为康熙间刻本，分订九册，其中第四册至第八册收录黄周星所作传奇、杂剧、散曲和曲论，有"苏州吴梅藏书"印章及吴梅后人捐赠章。阅至第八册，《试官述怀》与《惜花报》二剧赫然在目，甚喜，细读之，兴味盎然。现分述如下。

三

　　《试官述怀》，单折，是一出揭露科场腐败的讽刺短剧。试官索贿，明码标价，考生须贿赂三千两银子，才有希望中试。全剧只有两个角色：试官（净扮）和差役（杂扮）。试官上场自报家门："自家非别，乃今科钦点一员新鲜考试官是也。"声明："那中式的休感激我座主恩深，只为他钱能使鬼；那落第的休怨恨我试官眼瞎，总因你命里无财。这正是文章自古无凭据，惟愿家兄暗点头。"试官向差役吩咐各种"规矩"，解答差役提出的种种问题。作者通过角色的一问一答，将科场与官场的腐败揭露得淋漓尽致。

　　[杂]禀爷，这样苦恼，那秀才们进来做甚？　[净]他进来要望中哩。[杂]要中他做甚？[净]中了好做官。　[杂]要做官作甚？　[净]做了官好抓银子。　[杂]原来只是为银子。敢问老爷做官多年，也有多少银子么？　[净]我若有银子，我又谋这试官差做甚？　[杂]原来老爷因为没银子，才谋这试官差。敢问老爷，这一差可得多少银子？　[净]这却定不得。我虽定价三千两一名，那秀才们贫富不等……大约此一差所得，不过数十万而已。

① 《清代杂剧全目》于1961年12月完稿付排，并于1964年10月打好纸型待印，但由于众所周知的原因，直至1981年2月才由人民文学出版社出版。详见该书"出版说明"及"补充说明"。

最后差役恍然大悟,说:"看来秀才们望中,也只为银子;老爷做试官,也只为银子。银子原来是这样好的。"试官说:"从来如此了。你岂不闻:千里求名只为嘴,万里求官只为财。但看满朝朱紫贵,皆因元宝换将来。"全剧仅 1 600 余字,短小精悍,酷似当今舞台上的戏剧小品。

明代中叶以后,杂剧的体制突破了每剧四折的传统格局,出现了一折、二折、三折乃至十折以上的杂剧。作者完全可以根据内容的需要,自由确定折数的多寡。这种不拘折数的新体制,为杂剧的百花齐放提供了良好的土壤和气候。明末清初,单折短剧尤为流行。这种短剧机动灵活,便于作者一事一议,直抒胸臆。黄周星的《试官述怀》正是这一时期单折短剧的优秀代表。

四

《惜花报》,四折。《笠阁批评旧戏目》著录"王丹麓作"。姚燮《今乐考证》辨其误,谓"此剧九烟为丹麓纪事作也"。今读黄氏原著,知姚氏之言可信。

此剧写王晫有爱花之癖,惜花如命,曾撰《戒折花文》,被花神知晓。一日,春和日丽,云淡风轻,花神魏夫人与众仙女见一派万紫千红光景,好生欢喜,忽又感叹:"美人是花真身,花是美人小影⋯⋯美人有香消玉碎之悲,花也有叶落枝枯之厄。"花姑黄令征进言:"若得一个护花使者,永远维持,只情培养,勿令摧残,也不枉了俺每爱花的一片热肠。"魏夫人忽想起下界有个王晫,"才情独绝,品行兼优,更且有爱花之癖,真个惜花如命。似此等之人,世间罕有",便派黄令征下凡,接王晫至仙境游览,封他为护花使者,然后将他送回人间。下场诗云:"世人不信花神仙,请看王郎惜花报",点明该剧主旨。

剧中人物王晫,实有其人,即著名笔记《今世说》的作者。王晫,字丹麓,浙江仁和人,约生于明崇祯九年(1636),比黄周星小 20 余岁,清顺治间诸生。嗜读书,有才气,喜与名士纳交。黄氏与王晫相知,王晫撰《快说续纪》,即由黄氏选定并评注。问题是,黄氏为什么要把王晫写到杂剧中去? 此剧是否有"本事"可寻?

笔者读王晫《杂著十种》,发现其中《看花述异记》实为黄氏《惜花报》所本。

王晫的传奇小说《看花述异记》大意云:湖墅西偏有沈氏园,园中繁花似锦,远近游观者日以百数。一日,王晫往观,暮不忍归。主人留饮,夜宿廊侧,花香袭人,"不复知身在人世"。忽见一女子自石畔出,自称系花神魏夫人弟子黄令征,以善种花谓之花姑,今奉夫人之命相迎。王晫随花姑往仙山琼阁,但觉烟雾溟濛,芳菲满目,四季花同时开放。入内殿,见魏夫人及侍女数十,皆艳丽绝色。夫人曰:"美人是花真身,花是美人小影。以汝惜花,故得见此,缘殊不浅。向汝作《戒折花文》,已命卫夫人楷书一通,置诸座右。"旋命众美女献艺迎宾。于是杨太真奏琵琶,红线弹阮,弄玉吹箫,念奴高歌,绛树起舞⋯⋯忽闻鸡鸣,王晫告辞,魏夫人仍命花姑相送,从间道出,路颇崎岖,"回首忽失花姑所在","忆所见闻,恍如隔世"。①

　　将《看花述异记》与《惜花报》比较,可知后者系据前者敷衍而成。但《看花述异记》仅二千余字,而《惜花报》则铺陈为声情并茂的四折杂剧。全剧构思巧妙,文辞瑰丽,天上人间,想象雄奇。同时,由《看花述异记》的写作时间(康熙七年三月),亦可推知《惜花报》为黄氏晚年之作。

　　黄周星卒后三年,即康熙二十二年(1683),王晫的《今世说》完稿。在此书卷八,王氏称黄周星"以文章名节自任","虽处困穷,不改其操,君子高之"。这可说是对黄氏一生的小结。

---

① 见霞举堂刻本《杂著十种》,收入《四库全书存目丛书》子部。

谈《镜花缘》

　　《镜花缘》是清代嘉庆年间问世的一部充满传奇色彩的长篇小说。作者李汝珍（约1763—1830），字松石，直隶大兴（今属北京市）人，曾住在江苏海州，受业于著名学者凌廷堪，博涉经史百家，尤精于音韵之学。清嘉庆六年（1801），他在河南做县丞时，正遇上黄河决口，数十万民夫紧张治河，他也投入了这一工作。李汝珍不屑作八股文，不汲汲于功名富贵，故终身不达。晚年穷困潦倒，几乎把全部心血倾注在《镜花缘》上，三易其稿而后成。李汝珍博学多才，除《镜花缘》外，还著有音韵学著作《李氏音鉴》六卷和棋谱《受子谱》二卷等。

　　现存《镜花缘》共一百回。作者在该书最后写道："编出这《镜花缘》一百回，而仅得其事之半……若要晓得这镜中全影，且待后缘。"可能作者计划续写《后缘》一百回，但未及完成。

一

　　《镜花缘》可分为前后两大部分。前半部的主要内容是：

　　唐中宗即位不到一年，被他的母亲武太后（则天）废为庐陵王。不久，武则天自立为皇帝，将国号改为"周"。徐敬业、骆宾王等唐室旧臣曾起兵讨伐武则天，被她派兵镇压下去。武则天为了巩固她的统治，命武氏兄弟镇守长安城外四座关隘，自以为稳如泰山，十分得意。一日，正值残冬，武则天同太平公主饮酒赏雪，见庭前腊梅开放，醉中忽发奇想，下诏命令园中百花一起开放。这时总管百花的百花仙子恰好不在洞府，众花神无从请示，又怕违了圣旨，遭受重谴，只好开花。有位尊神上了弹章，指责百花仙子"并不奏闻请旨，任听部下逞艳于非时之候，献媚于世主之前，致令时序颠倒，骇人听闻。"于是上帝把百花仙子和其他99位花神一起谪入红尘。

　　百花仙子下凡后，降生为岭南秀才唐敖之女，名叫小山（后名闺臣），美貌端庄，多才多艺。唐敖赴试中了探花，不料因他曾与徐敬业、骆宾王结拜为兄弟，被人告发，于是仍降为秀才。唐敖受此打击，闷闷不乐，便看破红尘，想去各处畅游，求仙访道。一日，梦见一老者，劝他游历海外，将各地受贬谪的名花力加培植，如此便可积功积德,结下良缘,"位列仙班"。后来,唐敖果真随妻舅林之洋、舵工多九公出海贸易,游历了三四十个国家,见到种种奇风异俗,营救了一些由花神降生的女子,终于只身进入小蓬莱成仙,不再回家。

唐小山得知父亲入小蓬莱不归的消息后,出海寻父。经过各处异境,历尽艰险,到达小蓬莱,在"镜花岭""水月村"遇见一位白发樵夫。樵夫把唐敖的亲笔信交给小山,信中命她改名"闺臣"方可应试,等考中"才女"后父女再相聚。唐小山根据樵夫的指点,来到"泣红亭"前,看到一块白玉碑,上面刻着100名花神的名字和降生人世后的姓名,唐闺臣也在其中,碑文中并注有她们过去与未来之事。唐小山便把这"仙机"抄录下来,上船回家。

《镜花缘》的后半部分写武则天开科考试"才女"。由花神托生的100名女子都考中了"才女',她们就是泣红亭碑文上所载的。才女们拜谒宗师,连日饮宴,弹琴赋诗,论学说艺,各显其能,尽欢而散。唐小山思父心切,便重入蓬莱寻父。此时,徐敬业、骆宾王等人的后代,联合剑南节度使文芸等人起兵反武则天,破了武氏兄弟把守的酒、色、财、气四关,攻入长安城,迎唐中宗复位。中宗复位后,上太后尊号为"则天大圣皇帝"。武则天又下一道懿旨:"来岁仍开女试,并命前科众才女重赴红文宴。"

小说最后写道:百花仙子曾经命一个仙猿把泣红亭的碑记"付给文人墨士去做稗官野史",但仙猿寻来访去,经历了一千多年,也没有找到肯写这"野史"的人。后来只好把碑记交给一个"老子(李耳)的后裔"(李汝珍自称),他"消磨了三十多年层层心血",编出这《镜花缘》一百回。

二

在这部小说中,作者通过大胆的虚构,为读者展现了一幅奇异的画卷:天上人间,海内海外,神山仙草,古往今来,英雄侠士,飞禽走兽……可谓光怪陆离,变幻无穷。看似"茫茫大荒,事涉荒唐"(见四十八回),但决非徒供消遣的无稽之谈。李汝珍描写这些虚构情节的目的是借这"小说家言",对一系列社会问题发表自己的看法,抒发强烈的爱憎感情,并寄托朦胧的理想。就其主要说来,有以下几个方面:

(一)揭露科举制的种种弊端

作者自称写唐朝之事,实际上写了很多明清的时弊,讽刺现实的意图十分明显。例如,明清科举制度规定要考试八股文,形式死板,内容也只能根据宋朝朱熹的《四书集注》等书,不能自由发挥。这种束缚思想、压抑才华的科举制,便成了《镜花缘》着力抨击的对象。第二十一、二十二回写唐敖等人闯进"白民国"的学馆,只见"诗书满架,笔墨如林",使唐敖自感"有些俗气",紧张得"连鼻子气也不敢出"。这学馆里的八股先生也傲慢非常,夸口说:"我的学问,只要你们在我跟前稍为领略,就够你们终身受用。"谁知这八股先生教学生念书时,竟白字连篇,把《孟子》的"幼吾幼,以及人之幼"读成"切吾切,以反人之切",把"序者,射也"读成"予者,身也"。真是误人子弟! 至于他教学生写八股文的"破题",更令人啼笑皆非。

离"白民国"不远的"淑士国",到处竖着"贤良方正"、"教育人才"等"金字匾额","莫不书声琅琅"。在这"一股酸气,直钻头脑"的腐儒空气熏陶下的"人才"又是怎样的呢? 请看:唐敖等三人走进酒楼,"儒巾素服"的酒保满口"之乎者也",似乎"通文",但竟误把醋当作酒。林之洋正要唤酒保把酒换来,旁边一个自斟自饮的老儒却慌忙摇手阻止。原来,这老儒拿到的也是醋,但他怕此事被酒保知道,因为醋比酒贵,如果酒保发现,便要补钱。明明是几句话就可以说清楚的问题,这个老儒却发了一通带有 54 个"之"字的议论:

> 先生听者:今以酒醋论之,酒价贱之,醋价贵之。因何贱之? 为甚贵之? 其所分之,在其味之。酒味淡之,故尔贱之;醋味厚之,所以贵之。人皆买之,谁不知之。他今错之,必无心之。先生得之,乐何如之! ——第既饮之,不该言之。不独言之,而谓误之。他若闻之,岂无语之? 苟如语之,价必增之。先生增之,乃自讨之;你自增之,谁来管之。但你饮之,即我饮之;饮既类之,增应同之。向你讨之,必我讨之;你既增之,我安免之? 苟亦增之,岂非累之? 既要累之,你替与之。你不与之,他安肯之? 既不肯之,必寻我之。我纵辨之,他岂听之? 他不听之,势必闹之。倘闹急之,我惟跑之;——跑之,跑之,看你怎么了之!

把那些不学无术、"一钱如命"却又假装斯文的腐儒刻画得入木三分。

小说还通过"黑齿国"的红衣女子红红赴试落第一事,揭露了科场舞弊的黑幕。"那些下等的都得前列",而才华出众的红红却未能中试,因为被录取之人"非为故旧,即因钱财","所取真才,不及一半"。作者在六十八回感慨地说:"究竟这个有贝之'财',胜于无贝之'才',却不过'家兄'情面。"("家兄"是钱的代名词,典出晋鲁褒《钱神论》)又借唐敖之口说:"世人只知'纱帽底下好题诗',那里晓得草野中每每埋没许多鸿儒!"(十八回)联系李汝珍一生不得志的遭遇,这显然是他深有所感而发出的不平之鸣。

(二) 抨击封建社会的丑恶现象

小说通过唐敖和林之洋游历"两面国"的故事,对封建社会中的势利和奸诈进行了形象而深刻的揭露。两面人与"儒巾绸衫"的唐敖交谈时,"和颜悦色、满面谦恭光景",但当"旧帽破衣"的林之洋上前搭话时,两面人"陡然变了样子,脸上冷冷的,笑容也收了,谦恭也免了。"后来,唐敖和林之洋故意互换了衣服穿,两面人就突然对林之洋谦恭,对唐敖冷淡起来。这对封建社会中"只重衣冠不重人"的丑态是绝妙的讽刺! 作者更进一步写道:当两面人和林之洋说说笑笑时,唐敖偷偷走到两面人身后,悄悄把浩然巾(风帽形式的一种头巾)揭起,"不意里面藏着一张恶脸,鼠眼鹰鼻,满面横肉……把扫帚眉一皱,血盆口一张,伸出一条长舌,喷出一股毒气。"更妙的是,作者通过多九公的嘴评论说:"诸如此类,也是世间难免之事,何足为怪!老夫痴长几岁,却经历不少。"告诫人们"诸凡留神",及时识破,方可免遭其害。这种寓意深刻的描写,至今仍有教育意义。

在"无肠国"一节中,作者既辛辣地嘲讽了那些腹中空空、却"偏装作充足样子"的"脸厚"之人,又无情地抨击了那些把粪便收存起来、"以备仆婢下顿之用"的刻薄的"发财人家"。在"长臂国"一节,作者鞭挞了那些贪得无厌的人。他们由于到处"伸手","久而久之,徒然把臂弄的多长",便成了不像人的废人。在"翼民国"一节,作者讽刺了那些"爱戴高帽子"的人,说他们"今日也戴,明日也戴,满头尽是高帽子,所以渐渐把头弄长了",竟至身长五尺,头长也是五尺。而"穿胸国"的人,由于居心不良,专干坏事,所以心肺俱烂,只好用"狼心狗肺"去补……作者无情地嘲笑了种种丑恶的形象,令人读后感到无比痛快。

(三)要求提高妇女地位

作者在四十八回借泣红亭主人写的碑记透露了创作意图:"盖主人自言穷探野史,尝有所见,惜湮没无闻,而哀群芳之不传,因笔志之。"表彰妇女的才和德,要求提高妇女地位,是《镜花缘》突出的主题。这和当时朴素的民主主义思想的抬头是有关系的。

贯穿全书的一条重要线索,是寻访"名花"——才女。作者笔下的才女,一个个口齿伶俐、娇艳如花、多才多艺、乐于助人,真可谓巾帼奇才。给人印象最深的,是"黑齿国"的紫衣女子和红衣女子,她们精通经学、音韵学、目录学,"满腹才学"的多九公想在她们面前摆老资格,反被她们驳得"汗如雨下,无言可答","脸上青一阵,黄一阵。身如针刺,无计可施"。唐敖惊叹:"小弟从未见过世上竟有这等渊博才女!"在第八十六回,写那侍婢玉儿,也熟读典籍,精通文字,难怪红蕖说:"他如此颖悟,下科怕不中个才女!"这对"女子无才便是德"的封建观念是有力的批判。

《镜花缘》中的"女儿国",是脍炙人口的故事。在这个国家里,"男子反穿衣裙,作为妇人,以治内事,女子反穿靴帽,作为男人,以治外事。"体现了作者尊重女权的思想。三十三回写林之洋被女儿国国王封为王妃一节,有强烈的喜剧性。请看林之洋被强迫穿耳缠足的情景:

> 内中有一个白须宫娥,手拿针线,走到床前跪下道:"禀娘娘:奉命穿耳。"……先把右耳用指将那穿针之处碾了几碾,登时一针穿过。林之洋大叫一声:"疼杀俺了!"……又把左耳用手碾了几碾,也是一针直过……接着有个黑须官人,手拿一匹白绫,也向床前跪下道:"禀娘娘,奉命缠足。"……先把林之洋右足放在自己膝盖上,用些白矾洒在脚缝内,将五个脚指紧紧靠在一处,又将脚面用力曲作弯弓一般,即用白绫缠裹;才缠了

两层，就有宫娥拿着针线上来密密缝口：一面狠缠，一面密缝……及至缠完，只觉脚上如炭火烧的一般，阵阵疼痛。不觉一阵心酸，放声大哭道："坑死俺了！"

这样写，显然是叫男人们设身处地体验一下穿耳缠足等封建恶习给妇女带来的痛苦。

《镜花缘》所体现的同情妇女、尊重女权的思想，受到文学史家高度的评价。游国恩等主编的《中国文学史》说："这种朦胧的民主主义思想，和《红楼梦》有相通之处。但《镜花缘》中的女性已经不再是爱情故事中的主角，而是社会活动的参与者了。在古典小说中，这是破天荒的。"

（四）对理想社会的追求

《镜花缘》中的"君子国"、"大人国"，到处好让不争，官吏清廉，民风淳厚，"毫无小人习气"。在君子国里，"耕者让畔，行者让路"，"无论富贵贫贱，举止言谈，莫不恭而有礼。"市场上，买主主动付大价钱，取次等货；而卖主则力争收贱价钱，售上等货。君子国的宰相谦恭和蔼，"脱尽仕途习气"；国王没有什么架子，有事亲自到宰相家中商议（十二回）。这个国家严禁送礼行贿等不良风气，"国主向有严谕：臣民如将珠宝进献，除将本物烧毁，并问典刑"。（十三回）显然，作者所追求的，正是这样的社会。

作者对"黑齿国"的描述，也反映了他独特的美学理想。在这个国家里，无论贫富，都以才学高为贵，"若无才学，就是生在大户人家，也无人同他配婚"（十八回）。女子们皮肤虽黑，但都不肯买脂粉，因为她们认为搽了脂粉反而丑陋。有趣的是，唐敖起先认为这里的人"黑的过甚，面貌想必丑陋"，但当他领略了此地的良好风气与文化修养之后，不禁感叹说："那种风流儒雅光景，倒像都从这个黑气中透出来的。细细看去，不但面上这股黑气万不可少，并且回想那些脂粉之流，反觉其丑。小弟看来看去，只觉自惭形秽。如今我们杂在众人中，被这书卷秀气四面一衬，只觉面目可憎，俗气逼人。"（十九回）联系十五回痛骂那些只知吃喝的"酒囊饭袋"，以及九十六至九十九回大破酒、气、色、财四关的象征性描写，作者赞成什么，反对什么，以何为美，以何为丑，态度十分鲜明。

三

《镜花缘》写到的几十个国家的名称，大都出自《山海经》等古籍。但《山海经》对这些国度的记载，极其简略，有的甚至只有一两句话。《镜花缘》以此为由头，生发出去，铺排开来，表现了作者巧妙的构思和惊人的想象力。作者一会儿把读者带到天上，观赏那瑶池筵宴、仙童歌舞；一会儿把读者带回人间，体味那悲欢离合、世态人情；忽而写海外风光、异国情调；忽而写长安、陇右，河东、岭南；一会把上古圣贤也"请"入书中，一会回到唐代朝野，乃至涉笔五代宋元……作者就是用这虚虚实实、真真假假的笔法，讽刺现实社会的丑事，寄寓自己的理想。这种写法，可谓别出心裁，构成了《镜花缘》的艺术特色。

作者刻画那些丑恶人物时，善于用漫画化的手法，这在中国古典小说中，是比较少见的。例如：写"豕喙国"的人嘴巴似猪，是因为他们前生"最好扯谎"，死后"冥官上了条陈"，"给他一张猪嘴"，"俱发到此处托生"。"结胸国"的人胸前高起一块，是因为他们好吃懒做，"饮食不能消化，渐渐变成痞积"。"小人国"的人"都是身长不满一尺"，"人最寡情"，"行路时，恐为大鸟所害，无论老少，都是三五成群，手执器械防身；满口说的都是相反的话，诡诈异常。"在嬉笑怒骂之中，表现了作者对种种丑恶现象的极度憎恶之情。

《镜花缘》在艺术上有想象丰富、语言幽默等优点，但也有不少缺陷。这主要表现在：人物形象不够丰满，个性不够鲜明。作者写了100多个人物，其中只有唐敖、唐小山、林之洋、多九公给读者留下较深的印象，其余大都是概念化的人物。尤其后半部，作者常借才女之口，炫耀自己的才学，"论学说艺，数典谈经，连篇累牍而不能自已"。（鲁迅《中国小说史略》）这和乾嘉考据之风的影响有很大关系。论学方面的内容，虽然可使读者扩大知识面，但小说毕竟不是文史知识读物，专门性知识和长篇议论太多，就破坏了小说的形象性。

在思想内容方面，《镜花缘》的局限性也是很明显的。作者批判了封建社会中一些不合理的现象，但并没有从根本上否定封建制度，甚至还宣扬了因果报应等封建迷信。作者主张提高妇女的地位，但只是局限在一些具体问题上，如：反对穿耳、缠足等摧残妇女的恶俗，希望妇女能和男子一样参加科举考试等。但对于父母包办婚姻以及《女诫》所提倡的封建礼教，作者是持赞同态度的。书中有些描写，未免庸俗，如七十五回竟津津有味地写那茅坑中的"老蛆"、"小蛆"等待"黄食"，趣味低级，殊不可取。

虽然《镜花缘》存在着一定数量的糟粕，但从总体上看，不失为一部优秀的长篇小说。150年来，它盛传不衰，其中不少故事闻名中外，这是与它寓意的深刻性分不开的。

（原载《中国古代通俗小说阅读提示》，江苏人民出版社，1983年）

近代文学文献工作琐议

近代文学文献资料的搜集和整理,是从事近代文学研究的一项重要基础工作。文献工作不搞好,近代文学的研究便难以深入。新中国成立 30 多年来,文学界和出版界对此作了可贵的努力,出了一批成果,但与古典文学、现代文学的文献工作相比,它仍然是个相当薄弱的环节。本文拟对近代文学文献工作的已有成果作一简略回顾,对当前和今后的工作谈点粗浅的看法,供大家参考。

一、小说戏曲目录的编纂

我国从鸦片战争到"五四"运动这一历史时期,究竟产生过多少小说、戏剧、诗词、散文以及文艺批评论著? 这是近代文学研究工作者都很关心但又一时无法求得满意答案的问题。因为,迄今尚无完备的近代文学作品目录。

但在近代文学的某些领域,目录工作还是取得了一定成绩的。例如在小说方面,阿英有感于孙楷第的《中国通俗小说书目》和《日本东京所见小说书目》"著录中国旧刊小说,达六七百种。惟于晚清部分,仅得四十余种,所遗殊多",故编纂《晚清小说目》以补其不足。阿英的《晚清小说目》(即《晚清戏曲小说目》的第二部分),所收小说以单行本为主,旁及杂志所刊,分为"创作"、"翻译"二卷著录,共录千余种。这是对近代小说目录工作的一大贡献。但该目所收小说,限于光绪初年至辛亥革命,还不是整个近代。即使是光绪至辛亥革命这段时间,亦有遗漏。例如,秦瘦鸥 1965 年曾在谭正璧家中发现一部《台湾巾帼英雄传》(光绪二十一年上海书局石印巾箱本),便是《晚清小说目》失载的。这部小说写甲午战争后,日寇入侵台湾,刘小姐、孙夫人配合刘永福英勇抗击日寇的故事,有一定的文献价值。①

阿英的《晚清小说目》,只著录书名、著者、回数、版本,并无内容提要。读者虽可通过阿英的《晚清小说目》了解其中主要作品的内容,毕竟很不全面。我想,如果新编一部近代小说书目,除了补充阿英失收的以外,还要附有提要才好。

近代戏曲方面,阿英曾编有《晚清戏曲录》(即《晚清戏曲小说目》的第一部

---

① 秦瘦鸥:《晚清小说搜遗——〈台湾巾帼英雄传〉的发现》,《书林》,1980 年第 1 期。

分）。所收戏曲，以出版在晚清者为限，略及民国初年。编排顺序是：传奇、杂剧、戏文、话剧。与《晚清小说目》一样，《晚清戏曲录》也不是整个近代时期的戏曲总录。近几年，梁淑安、姚柯夫同志致力于近代剧目的调查研究工作，首先辑录了 1840 年至 1919 年问世的传奇杂剧，编成十余万字的《近代传奇杂剧目》，著录各剧的版本、收藏者、内容提要、作者小传，将由中国社会科学出版社出版（其中部分简目已连载，书目文献出版社《文献》总第六、七辑）。此目不仅大量补充了阿英《晚清戏曲录》所未收者，而且对《晚清戏曲录》所收曲目进行了核对校正。我们期待着传奇杂剧以外的剧目，亦能相继问世。

二、诗文集目录的编纂

研究近代诗文的同志常有这样的感慨，查考一个近代作家的集子，比查一个古代作家的集子困难得多。古代作家的诗文集，往往经过多次刻印，既有单行本，又有丛书本，且有各种书目予以反映，已逐步形成比较完备的检索系统，对其版本、存佚、收藏等方面的情况不难考知。近代作家的诗文集则不然，除了一部分名家的集子经过多次印行外，一般作家的诗文集通常只印行一两次，还有相当数量的诗文集只有抄本、稿本存世，至今尚无专门的、较为完整地著录近代作家的诗文集目录。人们在查考近代作家的诗文集时，常利用《贩书偶记》正续编和《中国丛书综录》，但《贩书偶记》著录清代诗文集虽丰富，而于清末民初多所遗漏；《中国丛书综录》则仅仅著录收入丛书中的诗文集，近代诗文集收入丛书中的并不多。

郑云波、魏云卿曾在 1964 年编印《中国近代作家传记暨著述要目》（徐州师范学院印）。虽然此目只收录 230 余名近代作家的传记资料和著作目录，可补充订正者尚多①，但已在近代文学的教学和研究工作中发挥了一定的作用。这种工作，正应大力提倡。

随着近代文学研究工作的深入，目前迫切需要对全国各地收藏的近代诗文集进行普查，编出详细目录。但这是一个相当重要、相当艰巨的工作。它远比古代和现代的都难。这一工作以个人的力量或一两个单位的力量，是难以完成的，只有各部门大力协作主持此事，可望有成。自 1978 年以来，许多图书馆在协作编写《中国古籍善本书目》的过程中，对不属于善本书范围的线装书，也同时进行了清理和编目，这就为近代诗文集的普查提供了有利的条件。但是，近代作家的诗文集，有相当一部分不是线装本，而是铅印平装本、即习惯称为"旧平装书"者。据我所知，这类"旧平装书"的管理和编目，在许多图书馆中是属于薄弱环节，正有待加强。

可喜的是，北京图书馆已成立专门小组编制《中国国家书目（1911—1949）》，它是在北京和上海两地藏书的基础上进行编辑的，反映我国从辛亥革命以后至中华人民共和国成立这一时期中，由各正式出版机构、政府机关、政党、社会团体和个

① 据说编者已进行增补，修订。

人出版发行的所有图书（少数内容极端反动荒诞淫秽的书除外）。某些书籍虽在1911年前出版，但在这个时期内重版的，亦予收录。计划1985年定稿，1986年分30册出版。这是一部大型的回溯性国家书目，在时间上正好与习惯以辛亥革命为断限的古籍目录相衔接，为我们查考辛亥革命以来初版、重版的近代作家诗文集提供了极大的方便。但要编一个比较完备的近代诗文集目录，仅向各地图书馆、博物馆调查还不行，因为有相当数量的稿本、抄本，藏于著者后代、亲友或有关学者家中，各图书馆、博物馆的书目并无著录。这类家藏本的调查，有赖于私人提供情况，且要有发表的园地，以便不断积累与传递信息。例如，《文教资料简报》1982年第12期对单士厘《受兹室诗稿》未刊稿本有详细报导，并附单士厘跋语墨迹等，很有价值。又如我们编辑的《清人诗文集未刊稿本抄本知见目》（选录之一）在《明清诗文研究丛刊》刊出后，得到许多专家学者的关注，陆续来函提供书目。四川大学缪钺先生惠函赐示：“先祖父坚士公有遗著诗文集稿本，藏丁家。”周采泉先生等亦来函赐告家藏清代、近代诗文集未刊稿本目录。“涓涓不壅，终为江河”，如果不断取得各界人士的支持，是可以使《清人诗文集未刊稿本抄本知见目》逐步丰富起来的。

三、专题文献资料的辑集

目录可以帮助我们掌握文献线索，使我们“胸有全局”，但是，仅有目录，找不到资料，也是枉然。研究人员总是希望，既要有完整的目录，也要能顺利看到自己所需要的资料。也就是说，既需要二级文献（书目索引之类）的编制，也需要一级文献（即原始文献）的整理、印制和传递。因而，近代文学专题资料的编印，是有着特别重要的意义的。

专题文献资料，可以直接为有关研究课题服务，因而很受欢迎。专题的组织，可以围绕某一历史事件，可以限于某一文学样式，也可以围绕某一作家或作品。

（一）按历史事件分专题的文学总集

鸦片战争、太平天国运动、中法战争、中日战争、戊戌政变、义和团运动等重大历史事件“都表现了中国人民不甘屈服于帝国主义及其走狗的顽强的反抗精神。”（毛泽东：《中国革命和中国共产党》）这种精神必然在文学创作中得到广泛的反映。努力搜集这方面的资料、进行专题化整理并取得显著成果的，首推阿英。

20世纪30年代，阿英把多年搜集的中国近代反侵略文学资料，分专题汇编成书，新中国成立后经补充整理，陆续出版。它们是：

《鸦片战争文学集》：古籍出版社1957年版，全二册。分诗歌、小说、戏曲、散文四大部分，冠以《关于鸦片战争的文学》一文。

《中法战争文学集》：中华书局1957年版。分诗词、小说、散文三大部分，冠以《关于中法战争的文学》一文。

《甲午中日战争文学集》：中华书局1958年版。分诗词、小说、战纪、散文四大部分，冠以《关于甲午中日战争的文学》一文。

《庚子事变文学集》：中华书局 1959 年版，全二册。分诗词、小说、说唱、散文四大部分，冠以《关于庚子事变的文学》一文。

《反美华工禁约文学集》：中华书局 1960 年版，分诗歌、小说、戏曲、事略、散文五大部分（补编有讲唱等），冠以《关于反美华工禁约的文学》一文。

以上各书，总称为《中国近代反侵略文学集》。其中所收录的资料大都散见于当时的报刊以及各家诗文集，有些仅有传抄本，十分珍贵，要不是阿英当年予以搜集、编印，今天已很难见到。

罗尔纲编的《太平天国文选》（上海人民出版社 1956 年版）、《太平天国诗文选》（中华书局上海编辑所 1960 年版），也属于这种性质的总集。罗编搜罗面广，对版本、内容有详细说明，精于 20 世纪 30 年代出版的《太平天国文钞》之类。

（二）按体裁分类的总集

中华书局从 1960 年起，陆续出版阿英编的《晚清文学丛钞》。已出版者，有小说卷、说唱文学卷、小说戏曲研究卷、传奇杂剧卷等，尚未出齐。编者的意图是分门别类地提供晚清文学的完整、系统的资料，而在取材方面又尽可能与《中国近代反侵略文学集》不重复。

（三）作家研究资料汇编

近代小说家研究资料的搜集，魏绍昌先生用力至勤。他的《吴趼人研究资料》（上海古籍出版社 1980 年版），上卷是传记部分，下卷是作品部分，收录吴趼人短篇小说、笔记、小品的篇目、序跋、评介文字以及部分作品举隅等。他的《李伯元研究资料》（上海古籍出版社 1981 年版），汇集了李伯元的传记，李氏所著长篇小说、弹词、戏曲、笔记、诗歌的选编和评介文字，并介绍了李氏主编《游戏报》、《世界繁华报》、《绣像小说》的事迹等。

时萌的《曾朴研究》（上海古籍出版社 1982 年版）是一部兼具理论性与资料性的书，其中《曾朴生平系年》、《曾朴著译考》以及辑集的曾朴诗词 60 首，具有较高的文献价值。

（四）作品研究资料汇编

早在 1962 年，中华书局上海编辑所就出版了魏绍昌的《孽海花资料》和《老残游记资料》，为大家所熟知，兹不赘述。值得一提的是，1979 年，刘德威把他曾祖父刘鹗的诗集《铁云诗存》公之于世，为我们研究刘鹗及其《老残游记》提供了新的资料。①

从以上列举的一些例子可以看出，近代文学专题文献资料的编集，已出了一批成果，其中小说戏曲居多，诗文较少，文艺理论亦少。看来，可做的工作还很多。即以文艺理论而言，过去曾有舒芜等编的《中国近代文论选》（人民文学出版社 1959 年初版，全二册，1981 年第三次印刷），选录近代作家论文学的诗文 240 余篇；郭绍

---

① 刘德威：《刘鹗和〈铁云诗存〉》，《文化娱乐》，1980 年第 5 期。

虞先生主编的《中国历代文论选》(1979—1980年版四卷本)第四册,是近代文论部分。以上两种都是选本,选录有代表性的资料,主要供高校中文系学生和文艺理论研究者了解近代文学理论概貌,不是以提供完整系统的资料为目的。笔者以为,可以用丛书的形式陆续向读者提供完整的近代文学理论资料。试举一例,近代和民国时期出现过不少对研究近代诗人及其诗作有参考价值的诗话。这些诗话,继承古代诗话的传统,或品评诗歌、诗人、诗派,或记载诗人的言论、轶事,或兼论诗歌创作原则,是近代文学理论著作的一个重要部门。它们有相当一部分是在期刊上连载的(如夏敬观的《忍古楼诗话》和陈融的《颙园诗话》,均连载于《青鹤》),这些旧期刊今已难见,即使所在单位图书馆收藏旧期刊很丰富,逐卷逐期翻阅亦颇费时日。若能编一套"近代诗话丛书",把这些诗话辑入其中,可为使用者带来莫大方便。有些近代诗话虽有单行本,但一般图书馆很少收藏。如陈衍的《石遗室诗话》,商务印书馆出版的32卷本还比较容易见到,而无锡国学专门学校印行的《石遗室诗话续编》今已难得。又如王蘧常的《国耻诗话》,辑录了近代诗歌的资料,出版于20世纪40年代,印行甚少(20世纪60年代,台湾地区沈云龙把它辑入《近代中国史料丛刊》中,然而这是一套大型丛书,中小图书馆很少入藏)。上述这类诗话,实有重印的必要。

四、近代诗文集的整理出版

近代作家诗文集的整理出版,是近代文学文献工作中最为薄弱的环节。从1949年到1976年的27年中,整理出版(包括重印)的近代作家诗文集还不到十家(普及性的小型选注本不计在内)。其中有笺注的,只有钱仲联先生的《人境庐诗草笺注》一种(初版于1936年,在新中国成立后两次修订重版)。近几年,这一情况有所改变。最引人注目的,是中华书局陆续出版的《中国近代人物文集丛书》。已出版十余种,如《谭嗣同全集(增订本)》、《唐才常集》、《朱执信集》、《宋教仁集》、《黄兴集》、《孙中山全集(一)》等。裴效维将苏曼殊的诗歌和小说校点合刊,成《苏曼殊小说诗歌集》,由中国社会科学出版社出版。丘逢甲的《岭云海日楼诗钞》,由上海古籍出版社出版。刘斯奋把他所能搜集到的苏曼殊诗作四十七题九十九首、断句四联和译诗十首加以笺注,成《苏曼殊诗笺注》,由广东人民出版社出版。近六年出版的近代诗文集数量,超出了前27年的总和。

一些大家如王国维、梁启超等,在新中国成立前虽已出版过《海宁王静安先生遗书》、《饮冰室合集》等,类似全集,实际很不全。例如王国维的著作,据有关同志估计,超出500万字,而《海宁王静安先生遗书》只有200余万字。中华书局已委托华东师范大学历史研究所重新编辑《王国维集》,由吴泽主编。王国维有大批书信收藏在图博单位和亲友处,现已搜集到500余件(大多数系未刊手稿),已校订完毕,准备先行出版。梁启超的著作,据有关同志估计,有一千万字,未收入《饮冰室合集》者甚多,例如《饮冰室诗话》就遗漏了很多发表在《新民丛报》上的各条(近张海珊已辑录）。上海社会科学院历史研究所正重新整理编辑《梁启超集》，由汤志钧主编。《蔡元培全集》、《严复集》等亦将陆续问世，这是学术界的福音。

据粗略估计，近代诗文集，重要者不下400家，新中国成立以来重新整理出版的，至今只有20余家。根据古籍整理出版规划，从现在到1990年，可整理出版60~70家。届时，近代诗文集的整理出版工作会有较大改观，但仍不能适应近代文学研究的需要。加速近代作家诗文集的整理出版，一定要发挥地方优势和发扬通力合作的精神。一般说来，由作家所在的省市负责整理该作家的诗文集，易于搜集文献，条件要比外省优越些。广东省正在出《广东地方文献丛书》（《苏曼殊诗笺注》就是丛书中的一种），湖南省拟先整理出版曾国藩、魏源、左宗棠、王先谦、王闿运的全集，这都是发挥地方优势的例子。如果全国各省、自治区、直辖市能组织力量，先行整理本地有代表性的四五名近代作家的诗文集，那就有一百数十种。

近代作家的诗文，唯其"近"，未及刊行者亦多。许多诗文，分散在图博单位或私人手中，或刊载于各种报刊，或流布国外。要搜辑齐全，有赖于各界通力合作。如：三联书店1954年出版的《谭嗣同全集》，内容比新中国成立前出版的充实，但遗漏仍然不少。中华书局1981年出版《谭嗣同全集》增订本，增补了大量未刊文稿、手札、诗联、题字以及发表在《湘报》上的文章，全靠编者的努力和各界的支持。广东编《朱执信集》，如果没有朱执信的亲友朱秩如、杨晓风提供手稿、函札和照片，就不会达到今天的水平。又如，近代著名学者、诗人黄节的诗作，未收入其诗集《蒹葭楼诗》者尚多。今在黄节家乡广东顺德县工作的马以君同志，从海内外书刊辑得佚诗七八十首，题名为《蒹葭楼集外佚诗》，刊布于钱仲联先生主编的《明清诗文研究丛刊》第二辑，诚可宝贵，然尚有遗漏、误字。钱仲联先生又从其他刊物中校勘出一些异文并录出马辑未收的诗，函示马以君。又，南京大学程千帆先生，正与山东大学萧涤非先生、北京师范大学钟静闻先生辑录黄节佚诗，后读马以君辑《蒹葭楼集外佚诗》，发现尚有六首未辑入，因此程千帆先生又作了马辑补遗。这可以说是近代文学文献辑佚工作中的一段佳话。如果我们都能发扬"资源共享"的协作精神，辑佚工作定可卓有成效。

目前古代诗集的笺注本很多，但近代诗集的笺注本如凤毛麟角。这一方面是由于出版界对近代诗歌不够重视，另一方面是因为近代诗歌难以笺注。近代中国社会风云变幻，出现了新的阶级、新的政治派别以及外国侵略势力。这一切必然在近代诗歌中有所反映。加之不少诗人同时又是渊博的学者和政治活动家，作品中常出现僻典和近代国内外史事。笺注近代诗歌，除了要有深厚的旧学根底，还要有丰富的中国近代史和世界史知识。读了《人境庐诗草笺注》，便可体会笺注近代诗之不易。

如果在出版近代诗文集校点本的同时，注意组织力量编辑出版笺注本，必将有力地推动近代诗文的研究。

近代词集的整理，也应进行。钱仲联先生认为，叶恭绰的《全清词钞》，后面一部分属近代,遗漏尚多,且选词的见解很偏,对有独创性的作家如金天羽、黄人,只各选录其不代表本人风格的一首。程千帆先生正主编《全清词》,但近代词人不能全部纳入。《文学遗产》编辑部计划编选《近代词综》,可补其阙。在此基础上进行近代词的全面整理和编纂目录,就有了基本线索并易于着手了。

近代文学文献工作的内容还有很多,如:关于近代作家的字号笔名,张静庐等曾编有《戊戌变法前后报刊作者字号笔名录》、《辛亥革命时期重要报刊作者笔名录》,很有价值,但有待于进一步补充整理。关于索引类的工具书,在古籍整理出版规划中,有《清诗总集若干种作者索引》一项,我们以为,还可编纂《近代诗文集若干种作者索引》,为查考近代作家小传及其作品提供方便。此外,还有考证辨伪工作、作家年谱的编撰等,这里就不讨论了。

五、结束语

老一辈的学者对文献资料工作的重要性有深切的体会,范文澜先生称之为“功德无量的工作”。郑振铎先生在为《中国小说史料》写的序中说:“有了一部良好的关于某种学问的书籍目录,可以省掉许多人的暗中摸索之苦。我们都是经过了‘摸索’的境界,吃尽了苦的,故对于‘版本’、‘目录’的编著者,往往是抱着很大的敬意的。这一种为人而不为己的吃力的工作,略知学问的门径的人,都得拥护他们,帮忙他们,敬重他们。”然而,目前这一工作还没有得到应有的重视。某研究所的同志对我说,他们那里有些同志本有编写近代文学专题目录的打算,但听说这种东西不被承认是著作,不作为评定职称的依据,于是泄了气,不想搞了。有些同志则顾虑搞出来后没有出版社肯出版(怕赔本),于是干劲不足。由此我想到,要推动近代文学文献资料工作的广泛开展,需要克服偏见,还需要解决一些政策性的问题。事实上,编一万字的文献目录,要比写一万字泛泛而论的“论文”艰苦得多。而一旦编成,则可以“一人劳而万人逸,一时劳而多时逸”(陈垣先生语),我们有什么理由轻视这种有助于提高科研质量与科研效率的工作呢?

中国社会科学院文学研究所近代组的同志已编好《中国近代文学论文集(1949—1979)》,分四卷陆续出版,内附《中国近代文学研究论文资料索引(1949—1979)》。收录新中国成立前30年论文的三卷本,亦已编好送出版社。已出版的《概论卷》印10 500册,《戏剧、民间文学卷》印8 500册。从经济上说,看来是亏本的,但从学术上看,他们为近代文学文献工作作出了可贵的贡献,价值非金钱所能衡量。文研所近代组和社会科学出版社已躬行其事,为我们做出了榜样。最近,文研所近代组又拟订了编辑出版《中国近代文学研究资料丛书》的计划,正广泛听取意见,并组织各方面力量实现这一计划。我们相信,近代文学文献工作必将出现一个新局面。

1983 年春草于姑苏

竹治贞夫及其楚辞研究

　　我与日本学者竹治贞夫通信,始于 1985 年。此后,经常通信并互赠著作。我对他的治学经历和研究方法很有兴趣,信中经常讨论这方面的问题。现将探寻所得写就此文。

　　竹治贞夫于 1919 年生于日本四国岛东部的德岛县。1941 年,毕业于广岛高等师范学校,在校期间,专攻"国语汉文",即日本和中国的古典文化。其后,从事三年中学教育。1944 年 10 月进入广岛文理科大学汉文学科学习,1947 年 9 月毕业。1948 年,任德岛大学学艺学部副教授。1963 年,以论文《楚辞研究——它的诗的形态的考察》获文学博士学位。同年,我国著名文学史家游国恩教授访日,竹治贞夫与他会面于广岛大学,就楚辞研究问题交换意见。1966 年,任德岛大学教育学部教授,讲授《论语》、唐诗、中国文学史等。1985 年 3 月,从德岛大学退休。现任德岛大学名誉教授、德岛文理大学文学部教授。

　　竹治贞夫研究楚辞的专著,主要有《楚辞索引》、《楚辞研究》、《忧国诗人屈原》等。

　　《楚辞索引》1964 年由德岛大学汉文学研究室初版,1970 年再版(订正版)。这是《楚辞》的逐字索引,属 Concordance 范畴。① 它以四部丛刊影印明覆宋本《楚辞补注》为底本(底本之显著误脱处,依汲古阁本订正),标注页码则据中华书局1957 年重印的四部备要本《楚辞补注》(据汲古阁本排印),并附有上述两种版本的页数对照表。字头按笔画排列,附《发音检字表》(按汉语拼音方案排列)。

　　《楚辞索引》的主要功能是详细揭示《楚辞》一共用了多少个不同的单字,各字用了多少次,分别包含在哪些句子中。诚如小尾郊一博士所说:"索引之作,机械刻板,枯燥乏味,然非博学精思,无以胜其任。"②该索引 1972 年由京都中文出版社再版,与《楚辞补注》合刊,1979 年重印。

　　《楚辞研究》于 1978 年由风间书房出版,正文 944 页,索引 19 页。该书是竹治贞夫以他 20 世纪 50 年代至 70 年代所写的 20 余篇楚辞论文为基础,重新补订而

---

　　①　潘树广:《古典文学文献及其检索》,陕西人民出版社,1984 年,第 354 页,第 375－376 页。
　　②　小尾郊一:《楚辞索引序》,德岛大学汉文学研究室,1964 年。

成的。全书分四个部分：

第一部分是"序说"，包括四章，主要内容是论述楚辞的产生、发展，屈原的先世和本人经历，楚辞在文学史上的地位以及楚辞研究的重点问题。

第二部分是"楚辞的书籍"，包括五章，主要从文献学的角度，对楚辞的编辑、版本、笺注等问题进行研究。

第三部分是"楚辞的文学——它的诗的形态的考察"，又分为上、下两编，各七章，上编是"楚辞的叙述形式"，下编是"楚辞的构思与主题"。

第四部分是"结语"，对全书的要点作了一小结。

《忧国诗人屈原》1983 年由东京集英社出版，共 270 页。这是《中国的诗人——他们的诗与生涯》丛书的第一卷，共七章：第一章，楚国与屈氏；第二章，修学时代；第三章，宫廷时代；第四章，贬谪隐退；第五章，汉北流配；第六章，江南流谪；第七章，忧愤而死。附《楚王世系表》、《屈氏世系表》、《屈原年谱》和有关屈原的地图。

竹治贞夫记叙了屈原忧国忧民、可与日月争光的一生，并在《后记》中批评了那种否定屈原的存在的错误观点。他说：

> 我认为，从贯穿全作品的鲜明个性、整齐的诗歌形式，以及构思的严密性、素材的广博性等方面考虑，只有承认伟大的忧国诗人屈原的存在，才是理解楚辞的最诚挚、科学的态度。

竹治贞夫楚辞研究的显著特色是从文献学、文艺学和历史学三个方面进行全面的剖析。我曾喻之为三位一体的"鼎式"研究方法。

所谓从文献学的角度进行研究，就是综合运用目录学、版本学、校勘学、训诂学、考据学的理论和方法，对楚辞及有关的文献资料进行基础性的研究。《楚辞的各种版本》、《楚辞释文的撰者及其内容》、《见于古籍的楚辞引文》、《楚辞的和刻本与日本儒者的楚辞研究》等篇章，便是这方面的代表作。

上文提到过的《楚辞索引》，也是为了对楚辞进行深入细密的文献考察而编纂的。它对于研究《楚辞》的用字频率、辨析其词义与句式，以及进行字句的检索都很实用。竹治贞夫还十分注意实物资料的利用，例如，湖北屈家岭的文化遗存、河南淮阳县郊外的大型车马坑以及湖南长沙附近发掘的楚墓等，都被广泛用于对楚国历史与文化的考证。竹治贞夫还三次访问中国，重点考察了楚国故地。

所谓从文艺学的角度进行研究，主要体现在：考察楚辞的语言艺术，论及方言性、象征性、押韵、句式、诗型等问题；考察楚辞的主题、结构、表现手法，力求辨析各篇的个性和把握楚辞整体的艺术特色；进行比较的研究——将楚辞与中国的其他文学作品进行比较，将楚辞与日本文学进行比较等。

所谓从历史学的角度进行研究，就是着重考证屈氏的世系，屈原的环境、经历、思想和创作活动。

历史上留存下来的有关屈原生平活动的文献资料是零碎不全的,竹治贞夫一方面对所有片段的史料进行详细考订,另一方面深入考察在屈原自身作品中所能捕捉到的事迹,并予以综合研究,力求对屈原的一生作出科学的记述。

1983 年出版的《忧国诗人屈原》,便是竹治贞夫在 30 余年的研究的基础上写成的屈原的传记。这部传记,不仅注意事迹的记述,还十分注意作品的评析,而这种评析,是置于相应的创作背景下进行的。因而,《忧国诗人屈原》既是一部屈原的传记,又可视为屈原作品的鉴赏集。

竹治贞夫这种"鼎式"的研究方法的形成,显然是受到中国的楚辞专家的影响,尤其是直接受到日本老一辈中国学家的影响。早在 20 世纪 40 年代,他就在斯波六郎博士指导下从事中国文学的研究。斯波博士是日本研究中国六朝文学的权威,被誉为文选学的泰斗。竹治先生曾说:

> 他(斯波六郎)的学问,以精致博大的考证为质,加之以新鲜丰润的语言艺术和多方面的才能,使我受到很大的影响。

近年来,竹治贞夫仍孜孜不倦地进行楚辞研究。除上述专著外,又写了《楚辞远游文学谱》《楚辞天问篇的构思》等有分量的论文。同时,他又致力于江户时代德岛(旧称阿波)汉学史的研究,撰写专著《近世阿波汉学史研究》。

德岛是竹治贞夫的故乡,曾出现过许多有成就的汉学家。竹治先生对楚辞以及对阿波汉学史的研究,都是促进中日文化交流的很有意义的事。

(原载《文学研究参考》,1986 年第 11 期)

宾语前置歌诀

主语—动词谓语—宾语,是古今汉语的基本词序。但在古汉语中,宾语有时可以置于动词谓语之前,这就是所谓的"宾语前置"。宾语前置是有条件的,许多古汉语著作对此都有详细的论述。然而,在教学过程中学生经常反映,宾语前置的规律"条条"较多,听时能懂,过后易忘。笔者为了帮助学生记忆,曾选择若干典型例句编成《宾语前置歌诀》四首,每首四句。现移录于此,略加解说,供中学语文教师参考。

其一

　　疑问代词做宾语,宾语放在动、介前:"吾谁欺"即"吾欺谁","何以战"即"以何战"。

这是说,在疑问句中,如果疑问代词做动词或介词的宾语,则宾语前置。试举两个例句。例句(1)录自《论语·子罕》:

(1)吾谁欺?欺天乎?

这是一个经常被引用的典型例句。在前一分句中,由于宾语"谁"是疑问代词,所以它置于动词谓语"欺"之前;在后一分句中,"天"不是疑问代词,没有具备前置的条件,所以在"欺"之后。

例句(2)录自《左传·庄公十年·曹刿论战》:

(2)(曹刿)乃入见。问:"何以战?"

这是疑问代词做介词宾语的例句,疑问代词"何"置于介词"以"之前。"何以战"就是"以何战"(凭借什么条件作战)。

其二

　　"不"、"未"和"莫"表否定,代词宾语要前置:"莫我知"即"莫知我","未之有"即"未有之"。

这是说,在有否定词"不"、"未"、"莫"的否定句中,如果动词谓语所带的宾语

是代词,则宾语前置。也举两个例句。例句(1)录自屈原《离骚》:

（1）国无人莫我知兮,又何怀乎故都?

"莫我知"就是"莫知我"(没有谁理解我)。

例句(2)录自《孟子·梁惠王上》:

（2）然而不王者,未之有也。

"未之有也"即"未有之也"(意思是:没有这样的事)。在《后汉书·张衡传》中,亦有同样的句式:

自书典所记,未之有也。（"之"指代地动仪事）

至于用"不"来表示否定的句子,这里举一个全国统编《语文》初中课本第三册中的例子:

城中皆不之觉。（《资治通鉴·唐纪·李愬雪夜入蔡州》）

"不之觉"就是"不觉之"（"之"指代官兵入城这一情况）。

其三

宾语提到动词前,可用"之"、"是"作标志。"何罪之有"、"有何罪",词序不同语气异。

这是说,"之"、"是"可以作为宾语前置的标志(关于"之"、"是"的词性,语法学界有不同的看法,这里不议)。例句录自《墨子·公输》:

吾从北方闻子为梯,将以攻宋。宋何罪之有?

我们不仅要从语法的角度理解"何罪之有"就是"有何罪",还应当注意到,这种宾语前置的结构,具有浓厚的修辞色彩:它起了强调宾语和加强语气的作用。

下面再举两例:

（1）君子居之,何陋之有?（《论语·子罕》）

（2）君亡之不恤,而群臣是忧,惠之至也。（《左传·僖公十五年》）

例(1)"何陋之有"即"有何陋"(有什么简陋的呢?意思就是不简陋),后来刘禹锡在《陋室铭》的末尾,引用了这句话。例(2)中第一分句的宾语"亡"(流亡)置于动词"恤"(担忧)之前,用"之"作标志,第二分句的宾语"群臣"置于动词"忧"之前,用"是"作标志。全句可以意译为:"国君对于自己的流亡并不放在心上,对群臣却关怀备至,这真是仁惠到极点了。"设想原句如果是"君不恤亡,而忧群臣",那语气就显得平淡了。

其四

前"唯"后"是"相呼应,强调对象单一性。"唯权是夺"四人帮,篡党夺权要害明。

这是指"唯 A 是 B"的句式,"是"字是宾语提前的标志,"唯"用来限制范围。这种句式,古汉语中很多。如:

(1) 荀偃令曰:"鸡鸣而驾,塞井夷灶,唯余马首是瞻!"(《左传·襄公十四年》)

(2) 余虽与晋出入,余唯利是视。(《左传·成公十三年》)

(3) 寡人帅以听命,唯好是求。(《左传·成公十三年》)

(4) 今周与四国服事君王,将唯命是从,岂其爱鼎。(《左传·昭公十二年》)

例(1)"唯余马首是瞻"就是"唯瞻余马首"(直译为"只看着我的马头",实即"一切听我指挥"之意),例(2)"唯利是视"就是"唯视利",其余依此类推。这种句式强调动作行为的对象的单一性,修辞作用明显,生命力很强,现代常用的成语"唯利是图",就是这种句式的沿用。华国锋同志说:"在'四人帮'的庇护下,有些人伸手要官,唯权是夺……"(见《中国共产党中央委员会主席华国锋同志在第二次全国农业学大寨会议上的讲话》)其中"唯权是夺"也是借用了古汉语的句法,鲜明地揭示了"四人帮"的要害是篡党夺权。

这里顺带谈谈"唯 A 之 B"的句式。

它和"唯 A 是 B"一样,都具有强调对象的单一性的作用,但不像"唯 A 是 B"用得那样普遍。现举两例:

(1) 父母唯其疾之忧。(《论语·为政》)

(2) 当臣之临河持竿,心无杂虑,唯鱼之念。(《列子·汤问》)

例(1)"唯其疾之忧"即"唯忧其疾";例(2)"唯鱼之念"即"唯念鱼"。

最后,要说明两点:

第一,以上所谈的宾语前置的规则,只是就一般情况而言,事实上,并非没有特例。如:

(1) 子曰:"狂而不直,侗而不愿,悾悾而不信,吾不知之矣。(《论语·泰伯》)

(2) 子张曰:"子夏云何?"(《论语·子张》)

例(1)不说"不之知"而说"不知之",例(2)不说"何云"而说"云何",宾语都没有前置。但这种词序在先秦时代毕竟是少见的,到汉以后才逐渐多起来。

第二,编写歌诀,只是一种辅助性的教学手段。学生在基本掌握了宾语前置的一般规律的基础上背诵歌诀,是有助于记忆的。反之,若是道理尚未搞清,只是硬背歌诀,那是没有什么意义的。

语言趣谈

语言的古迹

前年春天,我到杭州参加语言学方面的一个座谈会。一天休息时,我独自到闻名中外的虎跑泉去游览。

在茶室里,有父女俩和我同桌。那位十来岁的女孩求知欲很强,缠着她父亲问虎跑的来历。后来,她自己想了想说:"大概从前这里有老虎跑出来,所以叫'虎跑'吧。"

她父亲笑着说:"你总爱打破沙锅问到底!"

我很喜欢这女孩的求知精神,忍不住插嘴说:"我把'虎跑'这两个字的意思告诉你好吗?"

"好!"女孩高兴地说。她的父亲也频频点头,表示很感兴趣。

"这样吧,我先给你讲个故事:传说在一千多年前——那时是唐朝,有位和尚叫性空,就住在这大慈山。这里风景优美,但没有水,和尚很苦恼。一天,忽然有个神人告诉他:明天就会有水了。果然,当天夜里,有两只老虎来到这里用脚扒地,泉水就涌出来了。这'跑'字,就是野兽用脚扒土的意思,不读奔跑的'跑',而是读刨山芋的'刨'。"讲完了这个故事,我又对她说:"语言,和世界上万事万物一样,是不断发展变化的。就拿这个'跑'字来说,在古代经常作野兽用脚刨地的意思讲,后来这古义逐渐消失了。现在,很多同志只知道'跑'字是奔跑的意思。所以,很自然地猜想:'虎跑泉'大概是老虎奔跑……"

"我刚才就是这样猜想的。"女孩笑了。

"对待知识,可不能光靠猜。"父亲在教育女儿了。

"现在你该懂得了,"我继续对女孩说:"虎跑泉这名字,是保存着'跑'的古义的,也可以说,是保存着语言的古迹的。"

"有趣极了!"孩子的父亲兴奋地说:"原来,名胜古迹里还保留着语言的古迹呢!"

"走马"与"跑马"

有一位工程师访美归来,向同行介绍见闻,先讲了这样几句"开场白":"我们这次去美国访问,时间很短,连'走马看花'也称不上,简直是'跑马看花'了。"

这位工程师认为,"走马看花"的"走"是平常的步行,于是拿它和"跑马看花"的"跑"相对比,前者表示中速,后者表示快速。这样的理解和表达是不准确的。

首先应当指出,成语"走马看花"的"走"是保存着古义的。"走"的古义和今义有所不同,今天所说的"走",是指一般速度的步行,而古人所说的"走",是指快速的跑。东汉时刘熙写了部词书叫《释名》,他在《释姿容》一篇中说:"徐行曰步,疾行曰趋,疾趋曰走。"可见,古人说"走",相当于今人说"跑"。

据说,"走马看花"一语出自唐代诗人孟郊《登科后》诗:"春风得意马蹄疾,一日看尽长安花。"明明说的是"马蹄疾",当然不是一般的速度。

因此,"走马看花"与"跑马看花"实际上是一个意思,都是指骑在奔跑着的马上看花。那位工程师之所以出现语病,就在于不了解"走"的古义,把概念相同的词语误解为不同概念的词语。

这里顺便讲一件有趣的事:"走"字的古义还保存在某些方言中。例如广州话的"走"字,通常就是表达"奔跑"这个意思。广州人在马路上对小孩说"咪走",就是现代汉语中"别奔跑"的意思。而一般速度的走路,广州话通常说成"行",如送客人出门时说"慢慢行",就是现代汉语中"慢点走"的意思。

从"不远千里"说起

"不远千里而来"这句话出自《孟子》。毛主席在《纪念白求恩》中,也曾讲到白求恩同志"不远万里,来到中国"。现在,"不远千里"、"不远万里"都成了常用语,许多青年学生在作文时都会用。但是,如果追问一句:这"远"字的用法,有何特殊之处? 恐怕有的青年就答不上来了。

我们知道,"远"本是形容词,形容词一般是不带宾语的。但这里的"远"字却带了宾语,用法有点特别。"不远千里",意思是"并不认为千里的路程是遥远的"(也就是不辞辛劳的意思)。"远"字的这种用法,语法上叫做"形容词的意动用法",是文言文中常见的一种语法现象。

如果我们把"远"字的"意动用法"搞清楚了,对文言文中的类似句式,也就可以触类旁通了。例如,中学语文课本选编的《后汉书·张衡传》中,有这样的句子:"大将军邓骘奇其才,累召不应。"句中的"奇"就是形容词的意动用法,"奇其才"就是"感到张衡的才华奇异非凡"。

又如柳宗元的《童区寄传》中，也有类似的句式。这篇著名的散文描写了两个人贩子把 11 岁的儿童区寄绑去贩卖。区寄很机智，装作胆小怕事、无能为力的样子，哭哭啼啼，以此麻痹坏人，果然，"贼易之，对饮酒醉"。句中的"易"也是形容词的意动用法，这句话的意思是："两个坏人认为区寄很容易对付，于是相对喝酒喝醉了。"后来，区寄设法弄断了捆绑他的绳索，把两个坏家伙杀了。

本文所谈的"意动式"，以及下文要介绍的"使动式"，都是文言文中很有特色的语法结构。语言学家黎锦熙教授曾说："此汉文用词之灵巧，而古文家造句求'简练'之一诀也。"从上面的介绍可以看出，古汉语的"意动式"是一种很经济的表述方式。

也谈"春风又绿江南岸"

王安石经过十几遍的修改，才写出名句"春风又绿江南岸"，这个故事为许多人所熟知。因为这则"佳话"实在被引用得太多了：讲修辞者引之，谈语法者用之，说意境者论之。久而久之，在人们头脑中留下这样的印象：似乎"绿"字的这种用法，是他的独创。事实并非如此。

这句诗引人注目之处，是在"绿"字上。"绿"是形容词，形容词一般是不带宾语的，而这里却带了宾语"江南岸"，"绿"字便具有动词的性质了。语法上把这叫做"形容词的使动用法"。将诗句译为现代汉语，就成了"春风又使得江南岸变绿了"。这里讲的"使动"，和上文讲的"意动"区别在于："意动"是主观上"认为它怎么样"，而"使动"则是"使它怎么样"。形容词的这种"使动用法"，在古典诗歌中很多。如屈原《离骚》中的两句："高余冠之岌岌兮，长余佩之陆离。"诗中的"高"和"长"，都是形容词的使动用法。"高余冠"即为"使余冠加高"，"长余佩"即为"使余佩增长"。这种表述方式是先秦两汉诗文中常用的，王安石只不过是沿用罢了。

我们再从修辞方面来看。据南宋洪迈《容斋续笔》载，王安石的原稿是"春风又到江南岸"，后来将"到"改为"过"，又改为"入"，经十几次修改，最后才定为"绿"。用"绿"字，自然比原来的都好，因为它含蓄而又色彩绚丽地勾勒出江南春天的特征。然而，这种修辞手法也并非王安石首创。钱锺书《宋诗选注》指出，早在盛唐时期，诗人丘为的《题农父庐舍》就有这样两句："东风何时至？已绿湖上山。"李白的《侍从宜春苑奉诏赋龙池柳色初青听新莺百啭歌》中也有两句："东风已绿瀛洲草，紫殿红楼觉春好。"请看，王安石的"春风又绿江南岸"和上述诗句多么相像！我们并非断言王安石抄袭前人的诗句，而是为了说明：任何名句或名作都不可能从天上掉下来，它离不开生活土壤的培育，也离不开前人精心提炼的艺术养料的滋润。

看了《屈原》以后

有位朋友欧阳,是搞科技的,在业余时间里也喜欢读点古代历史和文学方面的书。有一次,他拿了一本《史记》,指着《屈原传》上的几句对我说:"这里有点问题我搞不懂。"我顺着他指点的地方看去,是这样几句:"……其后秦欲伐齐,齐与楚从亲。惠王患之,乃令张仪详去秦,厚币委质事楚……"

欧阳指着说:"这几句的大意,说的是秦国想攻打齐国,但齐和楚是同盟国,秦惠王对此很担心,就派张仪拿了丰厚的财物献给楚国,表示愿意侍奉楚王,其实是要叫楚国和齐国绝交……电影《屈原》对这段历史事实描写得很详细。但'张仪详去秦'这五个字很费解。"

我说:"'详'字在这里和'佯'字相通,是伪装的意思……"

"问题是这个'去'字!"欧阳是个急性子,没等我说完,就打断我的话说:"照司马迁这里写的'张仪详去秦',就是说张仪假装到秦国去。这可怎么理解呢? 明明是张仪假装离开了秦国嘛!"

听他这么一说,我不禁暗暗赞叹这位搞科技的朋友读书之细了。我对他说:"对这个'去'字,我们要用历史的眼光去看。"

这位朋友愣住了,不像刚才那样心急了,缓缓地说:"看来,这又涉及语言方面的问题了。"

"一点不错。"我说:"词义是不断演变的。就拿这'去'字来说,古代的基本意思是'离开'。现代的基本意思是'到'或'前往'。用'到'或'前往'去解释古文中的'去'字,往往解释不通,甚至把意思完全搞反了。你刚才就是曲解了司马迁的文意。"

我见他似乎有点将信将疑的样子,又进一步补充说:"其实,在现代常用的成语中,有的还保留着'去'的古义,只不过平时不大留意罢了。比如说,'何去何从'的'去',就是'离开'的意思。"

"原来如此!"欧阳兴奋地说:"过去我一直以为'何去'就是'到哪里去',同'何从'的意思差不多呢。现在我才搞清楚'何去'是'离开哪里'的意思,'何从'是'跟从谁'的意思,'去'和'从'是从两个方面说的呀!"

汤的温度

现代人对于"汤"的一般概念,在温度上没有什么限制。可以指热的食品,如菜汤、鸡汤、豆腐汤等;也可以指冷的饮料,如酸梅汤、冰冻绿豆汤等。古代则不然,"汤"通常指热水。汉代杰出的语言学家许慎在《说文解字》中明确指出:"汤,热水也。"那么,究竟有多热呢?

"汤"可以指热得并不太厉害的水,例如温泉。南京城东 20 余公里的汤山,就是因为有"汤泉"而闻名的,汤泉即温泉。

　　"汤"也可以指沸腾的开水。古代有一种残酷的刑罚叫"汤镬",就是把人扔入盛满滚水的镬(古代一种大锅)中活活煮死。

　　掌握了"汤"的古义,不仅能帮助我们阅读古文,而且可以使我们更准确地理解一些常用的成语,如:

　　赴汤蹈火:"汤"指滚烫的水,与"火"相对应,都是指极为艰险的处所。

　　扬汤止沸:"扬汤"是把锅里的滚水舀起来又倒进去,"止沸"是试图用这种方法使水不要沸腾。这句成语通常有两个意思:第一,比喻治标不治本,不从根本上解决问题。如《三国演义》第三回写董卓上表:"臣闻扬汤止沸,不如去薪(柴火)。"就是这个意思。第二,比喻暂时使危难得到一点缓解,如《三国志·魏志·刘廙(音异)传》"扬汤止沸,使不焦烂。"

　　金城汤池:金城,用金属铸成的城墙;汤池,沸热的护城河水。比喻牢不可破的城池。《汉书·蒯通传》:"皆为金城汤池,不可攻也。"还有"固若金汤",意思和"金城汤池"是一致的。

　　上举各成语的"汤",都是指滚烫的水,温度要达到沸点了。

"七十二家房客"种种

　　星期天,邻居小朋友樱樱看了电影《七十二家房客》回来,在院子里扳着指头自言自语:"鞋匠、裁缝、医生、理发的、跳舞的、洗衣服的……"然后,她困惑不解地问姐姐晓枫:"我算来算去只有十几家,哪有七十二家呢?"

　　"一场电影只有一两个小时,当然只能拣几户主要人家来演啰,怎么可能七十二家全都介绍呢?"晓枫脱口回答以后,随即意识到自己有点"想当然",便跑来问我。我觉得这问题提得好,对她作了如下解答:

　　这里的"七十二"并不表示实在的数目,只是表示众多。语言学界把这种不表示实在数量的数词称为"虚数"。例如,旧时所谓"三十六行,行行相妒","七十二行农为首","三百六十行,行行出状元",这些数目都是虚数,无非表示行业众多。如果一一考证它们指的是哪些行业,那就未免荒唐了。同样道理,"七十二家房客"不过是形容房客多、职业杂而已。

　　用"七十二"来表示数量繁多,这在秦汉时期已经屡有所见,汉唐以来的诗歌中也经常出现。如唐朝孟郊的《和蔷薇花歌》有"仙机札札织凤凰,花开七十有二行";元代倪瓒的《题画》有"七十二湾明月夜,荻花枫叶覆渔船"。20 世纪 40 年代初,闻一多先生曾和别人合作写了篇论文《七十二》,详细考证过"七十二"的来历。

　　除"七十二"外,常用的"虚数"还有"三"、"九"、"十二"、"十"、"百"等。如果把虚数当作实数,有时就难以理解古诗文中的某些句子。拿初中语文课本选录的

《木兰诗》来说，它起先讲"将军百战死，壮士十年归"，后来又讲"同行十二年，不知木兰是女郎"。究竟是"十年"还是"十二年"呢？其实，这"十"和"十二"都是虚数，指经历了许多年头。

误"虚"为"实"，有时还会闹笑话。例如明朝末年，有个人读唐代李商隐的诗句"谁与王昌报消息，尽知三十六鸳鸯"，心想：古乐府诗说"鸳鸯七十二"，为什么李商隐偏说"三十六鸳鸯"呢？肯定是只算雌的，不算雄的。于是，他提笔写道："此云三十六，纯举雌言之。"真是牵强附会，令人捧腹。

但话也得说回来，古书中的"三"、"九"、"十二"、"三十六"、"七十二"等等，并非全是虚数。如"三公九卿"（古代中央高级官职）、"七十二候"（节令物候）等，就是实有所指的。什么地方是实数，什么地方是虚数，要根据上下文和语言习惯来辨别。

"相"字的两种用法

经常可以遇到这类情况：同一个字或词在不同的语言环境里出现，粗看看，好像用法一样，细细分析，实际并不一样。假如你是一位学习语言的有心人，往往可以从这种貌似平常的语言现象中领悟到某些深意，从而提高自己的阅读水平和语言分析能力。下面试以"互相"的"相"字为例说明之。

"相"字经常在成语中出现，如：面面相觑、唇齿相依、教学相长、另眼相看、解囊相助、衣钵相传，以上"相"字用法看似相同，其实有异。前三个成语中的"相"是一种类型，它的意思是互相、交互，这是"相"字最常见的用法，在语法上称为"互指"。它表示甲、乙双方既是某一动作行为的发出者，同时又是这种动作行为的承受者。如"面面相觑"，就包括着甲看乙和甲被乙看这两个方面。

后三个成语中的"相"，则是另一种类型。它们并非"互相"的意思，而仅表示动作行为的单向进行。"另眼相看"，仅指甲方以另一种眼光看待乙方，并非相互看；"解囊相助"，只是解囊人帮助困难者；"衣钵相传"，是师父将衣钵传授给徒弟，不是师徒互相传授。"相"字的这种用法，在语法上称为"偏指"。

懂得"相"字的偏指用法，可以帮助我们在学习文言文时分析类似的语言现象。如柳宗元的《黔之驴》（已选入中学语文课本），其中写道："虎见之（按，指驴），庞然大物也，以为神，蔽林间窥之。稍出近之，慭慭（yin，音印，谨慎貌）然，莫相知。"这里的"相"字就是偏指用法，仅表示虎不知驴。如果我们按习惯把它解释为"相互"，就无法理解。语文课本把"莫相知"译为"不知道它是什么东西"，是很有道理的。

词序变化之妙

南宋著名诗人杨万里，有一年五月初二游长江，气候异乎寻常地炎热。他想：

五月已经这么热了,到了六月不知会热得怎么样呢!于是情不自禁地展纸提笔,作了《初二日苦热》这首诗。开头四句是:"人言长江无六月,我言六月无长江。只今五月已如许,六月更来何可当!""长江无六月"是当时流行的谚语,意思是长江一带夏天不热,好比没有六月;"六月无长江"是夸张地形容炎热干旱,实际是对"长江无六月"的否定。同样几个词,排列顺序不同,意思就两样。诗人故意把它们两相对照,产生了相映成趣的修辞效果。

词在句子中的排列次序,就叫做"词序"(或称"语序")。在汉语中,语序是表达句法结构的语法手段之一。词序的变动,能使词组或句子具有不同的意义,有时还能产生特殊的修辞效果。上面所举的,就是一个生动的例子。

汉语的词序一般是"主语—谓语—宾语"。但有时为了某种表达效果的需要,可以通过一定的方式将宾语移到谓语前面。例如中学语文课本所选《公输》篇载:战国时公输盘为楚国制造云梯,准备攻打宋国。墨子质问公输盘:"宋何罪之有?"在这个句子中,宾语"何罪"置于谓语"有"之前,就显得很突出,而且整个句子的反诘语气就比"宋有何罪"强烈多了。

在现代汉语中,也常常可以看到利用词序变化进行修辞的例子。如宣传计划用粮,常用这样的句子:"应该算了吃,不能吃了算。"由于"算了吃"和"吃了算"恰恰是利用相反的词序,对比了两种相反的态度,这就给读者或听众留下了深刻印象。

有时候,人们排比两个"同词异序"的句子,并非为了让两个相反的意思形成鲜明对比,而是要使两层相关的意思互为补充,含有哲理色彩。如前人评论唐代诗人兼画家王维"诗中有画,画中有诗",今人评论古典舞蹈常说"动中有静,静中有动",老师教育学生时说"骄傲不进步,进步不骄傲",以及日常生活用语所说的"响水不开,开水不响",都是这方面的实例。

注意调整词序,还有助于把句子的意思表达得鲜明准确。1979年,有个杂志发表了一篇文章,题为《揭露某某的一本新书》。这标题有歧义,可以理解为该文要揭露某某出版的一本新书,也可以理解为该文要向读者推荐一本新出版的揭露某某的书。看了文章内容才知道是后者。有位中学生写信给该刊说:"只要把词序变换一下,即把'一本'放到前面来,成为《一本揭露某某的新书》,就好了。"这位青年是学习语言的有心人,提的意见很对,该刊就把这封信发表了。

闹了笑话以后

著名语言学家朱起凤,在清代末年闹过一次笑话。那时他才20来岁,任教于某书院。有一次,一个学生在作文中用了"首施两端"这个成语。朱起凤想,只见过"首鼠两端",未见过"首施两端",于是提笔把"施"字改为"鼠"字。不料,卷子发还学生后,学生以《后汉书》为根据,证明"首鼠两端"是可以写成"首施两端"的。

这事一传出去，全院哗然，有人嘲笑朱起凤读书太少，有人甚至骂了起来。

原来，在古代汉语中，同一个词往往有不同的写法，即所谓"同一词语的不同变体"。例如"彷徨"一词，可以写作"傍偟"、"仿偟"、"方皇"等；"仿佛"可以写作"彷佛"、"髣髴"、"放物"、"肪胇"等。这种语言现象产生的原因很多，主要是古人习惯于用音同或音近的字相代(语言学上叫音同通假、音近通假)。"首施"和"首鼠"的关系亦是如此。

"首鼠两端"是瞻前顾后、迟疑不决的意思，见于《史记》等典籍，这点朱起凤是知道的。但"首鼠两端"又可写作"首施两端"，在《后汉书》中一再出现，唐代李贤还特地注解说："首施，犹首鼠也。"对于这一点，朱起凤当时就不知道了，因而闹了笑话。从此以后，他痛感自己学问尚浅，于是博览群书，把音同和音近通假、义同通用及以"形近而讹"的词语，一一摘录出来，进行了深入的分析研究，编排整理。他从 23 岁开始进行这项工作，到 57 岁告一段落，历时 30 余年，付出了艰苦的劳动，终于编出一部闻名中外的大辞典《辞通》(计 300 万字，2 800 余页)，为后人研究古汉语双音词通假现象，提供了大量宝贵的资料。他还在《辞通》的序言中，毫不避讳地把 30 多年前闹笑话的经过公之于众，检讨自己"读书太疏略"，这精神也是很感人的。

古代"同词异形"现象的大量出现，有其历史原因。我们之所以要了解这方面的知识，主要是为了提高对文言文的阅读能力。今天，假如有人为了表示自己见多识广，故意把"仿佛"写成"肪胇"，把"彷徨"写成"方皇"，那就不符合汉语规范化的要求了。

兄弟 = ？

谁都知道，"兄"是哥哥，"弟"是弟弟。但"兄弟"是否仅仅是哥哥和弟弟的意思呢？答曰：并不尽然。在许多场合里，"兄弟"只是"弟弟"的意思，并不包括"哥哥"。例如在北京、沈阳、西安、苏州等地的口语里，"兄弟"常常单指"弟弟"。

这实际上已触及一种有趣的语言现象：有些复合词的意义在特定情况之下，不是两个词素的意义的机械相加，而只是偏重于其中一个词素的意义。这种语言现象，叫"复词偏义"，古今皆有。了解这种语言现象，对阅读文言文大有帮助。下面举些例子：

乐府诗《孔雀东南飞》写刘兰芝"昼夜勤作息，伶俜萦苦辛。"其中"作息"偏于"作"义，是劳作的意思。"息"只是陪衬作用。如果把"作"和"息"等量齐观，将诗句译为"日夜辛勤地劳作和休息"，那显然是不通的，应译为"日夜辛勤地劳作"。

《史记·刺客列传》载，战国时期聂政将去行刺，严仲子要派一批人当他的助手，聂政拒绝说："不可以多人。多人，不能无生得失，生得失则语泄。"其中"得失"偏用"失"义，"生得失"就是"发生差错"或"出岔子"的意思。

类似这样的例子,还可以举出很多,此不赘述。

复词偏义现象的产生,主要有语言形式和感情色彩两方面的原因:第一,古汉语中,单音节词占优势,一个字往往就是一个词。有时为了凑足两个音节,就用有关的字作陪衬,以求得音节的协调、对称、顿挫。在诗歌中,更有足句和押韵方面的原因。第二,古人对于"不吉利"的字眼是很忌讳的。当不得不使用它们时,往往寻找有关的"吉利"字眼来搭配,以便冲淡伤感色彩。这在修辞上叫"委婉"或"讳饰"。例如谚语"天有不测风云,人有旦夕祸福",谁都知道这是针对"祸"而言的,其中"福"便是起了上述的作用。又如《红楼梦》二十九回:"宝玉因见黛玉病了……不时来问,只怕他有个好歹。"其中"好歹"偏用"歹"的意义。

但也有些同样的复合词,并非偏义,如"这个人不识好歹",这里的"好歹"是指好和坏两个方面,不是偏义。因此,同样两个字,是否属于"复词偏义"以及偏重在哪个字上,都要根据具体的上下文而定。

唐伯虎写对联

苏州有这么一个传说:明朝时候,有个商人要唐伯虎为他的店铺写对联。唐伯虎写道:"生意如春意,财源似水源。"以盎然之春意形容生意兴隆,以不断之水源比喻财源充足,语言吉利而略带含蓄,对仗亦颇为工整。但是,商人嫌这对联不够"显而易见",要求重写。唐伯虎心里很不高兴,但却不动声色,重新写了一副:"门前生意,好似夏月蚊虫,队进队出。柜里铜钱,要像冬天虱子,越捉越多。"那商人竟高高兴兴地拿着对联走了。

唐伯虎先后两次写的对联,都用了"比喻"修辞格,但所用的"喻体"不同,感情色彩也两样。什么叫"喻体"呢?比喻一般由三个部分构成:第一,"本体",即被比喻的事物(如前例中的"生意"、"财源");第二,"喻体",即用来打比方的事物(如"春意"、"水源");第三,"喻词",即用来联系"本体"和"喻体"的词语("如"、"似"之类)。同一"本体",可以有不同的"喻体"。究竟选择什么样的"喻体",往往透露了作者的褒贬态度和爱憎感情(当然,也有很多比喻是"中性"的)。例如,为了比喻生意、钱财的"盛"和"多"可以用"春意"、"水源",也可以用"夏月蚊虫"、"冬天虱子",但由于蚊虫、虱子都是肮脏的、令人讨厌的害虫,用它们作喻体,就表现了作者的憎恶。唐伯虎是故意用这不伦不类的比喻来捉弄那商人的。但那商人不懂比喻的感情色彩,竟"大喜而去",实在可笑。

这笑话给了我们一个启示:在运用比喻的时候,既要注意喻体是否形象、鲜明、生动,又要注意感情色彩是否对头。在这方面,许多杰出的作家为我们提供了无数优秀范例。如鲁迅先生把反动势力比作蚊子,说他们在叮人之前"要哼哼地发一篇大议论……说明人血应该给它充饥的理由",把敌人的反动本质和欺骗性宣传揭露得淋漓尽致。鲁迅先生将革命作家白莽的诗歌,则比作"是东方的微光,是林中的响箭,是冬末的萌芽,是进军的第一步",表达了作者对青年作家的深情,以及对革命前途充满了希望。

但有的人写文章不大注意比喻的感情色彩,如把我们追击敌人喻为"像狼追兔子一样",把敌人屠杀妇女儿童喻为"像砍瓜切菜般",这都是不妥当的,应引以为戒。

动词的魅力

阿·托尔斯泰有一段名言:"在艺术语言中最重要的是动词,这是很明白的。因为全部生活都是运动。"他举例说,一个人从马背上下来,有各种不同的动作:爬下来,跳下来,飞跃下来,或跌下来。必须找出恰当的动词,准确地表现它们。

同一类动作,往往可以用不同的动词去表现它。究竟用哪一个动词好呢?这就需要作者认真推敲了。

北宋欧阳修《六一诗话》记载着这样一个故事:陈从易得到一个杜甫集的旧本,文字有很多脱落。在《送蔡希鲁都尉》诗中,有一句"身轻一鸟□",是形容武将驰马战斗的雄姿的,但"鸟"后那个字脱落了。陈从易和几个朋友一起推测它本是什么字,先后猜了"疾"、"落"、"起"、"下"等字,都觉得不恰当。后来得到一个好的本子,才知道原句是"身轻一鸟过",大家都叹服杜甫用字的高妙。剧作家曹禺曾引用这个例子,并分析说:"用'疾'字,露了;用'下'字,拙了;用'起',用'落',似乎仅限于鸟的状态,有些'执'了",恰是用了"过"字,才使人联想起鸟儿掠过晴空时的轻灵,道出了武将驰马追敌、一闪而去的英姿。

有些动词,看似平平常常,但用在特定的地方,便产生了特殊的效果,给读者留下了深刻的印象。如鲁迅先生的小说《风波》,写夏天农村里吃晚饭时的情景:"土场上一片碗筷声响,人人的脊梁上又都吐出汗粒。""吐"字若换上"冒"、"流"、"淌"亦未尝不可,但形象性差多了。杨朔的散文《雪浪花》,写几个姑娘在海边议论着奇形怪状的礁石:"礁石硬得跟铁差不多,怎么会变成这样子?"这时"老泰山"插话说:"是叫浪花咬的。"这"咬"字,不但惟妙惟肖地刻画了浪花的外貌和"脾气",而且表现了"老泰山"说话的幽默感和浪花的坚韧性格。

鲁迅先生在《孔乙己》中,两次写了孔乙己付酒钱的动作:第一次是"排出九文大钱",颇有几分得意的神情;第二次是"从破衣袋里摸出四文大钱",这时孔乙己已潦倒不堪了。同是一个孔乙己,同是付酒钱,一个"排"字,一个"摸"字,活灵活现地表现出孔乙己在不同境况下的动作。

有些动词是从名词"活用"而来的,包含的意思颇为丰富。如《红楼梦》十四回:"宝玉听说,便猴向凤姐身上立刻要牌。"十五回:"别学他们猴在马上。"这"猴"字的意思是"像猴子那样地爬",一个字顶几个字用。"猴"字的这种用法,在南京人的方言里经常可以听到,如说淘气的孩子"猴在树上"、"猴在身上"之类。

说到方言,有必要提一下,我国某些方言的动词十分丰富。几年前,我曾在常熟查阅《常昭合志》。这部地方志的"方言"部分,分析了当地40多个与"手"有关的动词,很是有趣,现摘录数语于下:"以巾拭物曰'揩',重揩曰'擦'","使物向外曰'推',向里曰'扳'","以手握物曰'搦',提物曰'拎'"……区分得清清楚楚。

(《语言趣谈》13篇,原载《江苏青年》,1980年第2-8期)

文献学篇

"大文献学"散论

读了于鸣镝先生的《试论大文献学》①,如遇知音,很感亲切。因为大文献学也是笔者多年来苦苦思索的一个问题。记得 1992 年曾与倪波先生通信,讨论文献学在研究生专业目录中的定位问题。我 7 月去信感叹:"'大文献学'仍找不到位置。"8 月读了倪波回信后又去信说:"文献学处于支离破碎的局面,大文献观念尚未得到学术界普遍承认,这是遗憾的事。"1997 年,小河同志来采访,又谈起此事,我说:"当今的学术趋势是贯通,是融汇……应该树立起'大文献'的观念。"②1999年春,我与黄镇伟、涂小马两位同志合作编著《文献学纲要》,大家商定按"大文献学"的思路去写,切磋琢磨,略有心得。如今读了于文,获益良多。于先生诚恳地说:"切望同行们积极参与讨论,赞同也好,反对也好,都有益处。"我自然属于"赞同"的行列,于是撰就此文。拙文对于先生的论文或补充,或引申,或从不同角度作些修正与发挥,散漫而无系统,故自题为"散论"。

一、为什么要提出"大文献学"这一概念

于先生的论文(以下简称"于文")两处指出,之所以提出"大文献学"是为了"与传统的'文献学'相区别"。这使我立即想起袁翰青先生在 1964 年发表的《现代文献工作的基本概念》中提到:"有人把 documentation 也译成'文献学'。文献学诚然是我国固有的用词,讨论的内容却着重于考证典籍源流,和现代文献工作的含义是不同的。至于现代文献工作是范围相当广的工作……但是这方面的研究成果尚不足以形成一门独立的学科。因此,为了比较切合实际起见,本文还是用文献工作这一名词。"③也就是说,袁先生之所以提出"现代文献工作"这一概念,是为了区别于传统的文献学(即古典文献学)。袁先生所说的"现代文献工作",其实就是现在常说的"现代文献学",只不过他当时认为"现代文献学"尚未独立,所以用"现代文献工作"表述之。

---

① 于鸣镝:《试论大文献学》,《图书馆工作与研究》,2000 年第 1 期。
② 小河:《基广根深,华实斯茂》,《书与人》,1997 年第 3 期。
③ 袁翰青:《现代文献工作的基本概念》,《图书馆》,1964 年第 2 期。

当今情况已有所不同,目前已出版了不少现代文献学方面的著作,如胡昌平、邱均平的《科技文献学》(1991年版),陈界、张玉刚主编的《新编文献学》(1999年版)等。今天人们见到"文献学"三字,不仅可能理解为古典文献学,也可能理解为现代文献学,现代文献学即以现代文献和文献工作为主要研究对象的文献学。

笔者以为,"大文献学"的提出,不仅区别于古典文献学,也区别于现代文献学。其根本目的是为了改变古典文献学和现代文献学两支学术队伍划疆而治的局面,建立兼容古今的完整的文献学体系,促进学科的健全和发展。

二、"大文献学"是近十余年文献学界关注的一个问题

记得1989年春,华东师大罗友松先生寄来他的研究生林申清的硕士学位论文《文献与文献学探要》,邀我参加答辩。我因杂务缠身未能成行,但这篇论文我是认真地阅读了,很受启发。该文详细分析了文献与文献学概念的古今演变和中外异同,并提出:"建立一门能够兼容古今的系统的文献学仍是必要的,其中很多部分是情报学无法替代的。"他所说的"兼容古今的系统的文献学",实际就是"大文献学"。倪波主编的《文献学概论》(1990年版)虽以现代文献学为主干,但兼容古今,贯穿着大文献学的观念。更值得注意的是国家技术监督局1992年发布的《中华人民共和国国家标准·学科分类与代码》,将"图书馆、情报与文献学"列为一级学科,"文献学"列为二级学科,下属的三级学科是:文献类型学、文献计量学、文献检索学、图书史、版本学、校勘学、文献学其他学科。虽然这一分类体系有待进一步完善,但已体现出古今兼容的大文献学思路。因此,目前讨论大文献学是有坚实的基础的,也可以说是前阶段探索的深化。

三、我对"大文献学"的理解

笔者以为,所谓大文献学,有纵、横两方面的意义。纵向看,古今兼容,将古典文献学与现代文献学有机结合;横向看,整体把握,拓展文献学的学术空间。

古典文献学与现代文献学有各自的特点:古典文献学以历代古籍为主要研究对象,以目录、版本、校雠为三大支柱,以文史哲为主要学科领域。现代文献学以日新月异的多语种文献为主要研究对象,以现代信息技术尤其是计算机网络为依托,活动领域遍及各学科,尤其重视科技文献。但两者在许多方面又有共通之处:首先,它们的研究对象都是文献——知识与信息的载体。其次,它们都是研究文献的生产、搜集、整理、传播和利用,有共同的规律可循。再次,它们的根本任务都是实现知识的科学组织和有效利用。最后,在实际工作中,两支学术队伍也经常优势互补。这些共通之处,是促使它们有机结合的基础和前提。

四、关于文献学与编辑出版

关注编辑出版,是文献学拓宽学术空间的实例之一。于文将编辑学、出版学纳

入大文献学的研究内容,笔者十分赞同,并想谈谈自己的实践体会。

我主要从事文献学的教学与研究,但从 1986 年开始,兼教编辑学课程,并编印了教材《编辑工艺:文献的加工与传播》。1987 年,我在《上海出版工作》发表的一篇文章中说:"文献学与编辑学本来就是交叉渗透的。以文献学的观点看,编辑出版这门学问,就是研究文献的加工与传播的学问。我过去主要教学生如何查找、利用文献,对文献的生产、加工、传播没有深入研究。因此,我要认真学习编辑出版的理论与方法,边学边教……充实自己文献学的研究内容。"①后来,我在《编辑学·前言》中又说:"编辑学与文献学是近缘学科。用文献学的眼光观察编辑活动,有助于理解的深化。"②但我强调的是学科间的交叉渗透,主张文献学研究者应拓宽学术视野,却无意于把编辑学、出版学列为文献学的分支学科。这一点,与于文的思路稍有不同。笔者认为,关于人类的编辑出版活动,出版家要研究,文献学家也要研究,这体现了学科间的交叉渗透,但研究的角度毕竟有所不同。不能因为文献学家要研究编辑出版活动,就把编辑学、出版学"收编"为文献学的分支学科。好比音乐家要研究音色、音量、音质,物理学家也要研究音色、音量、音质,但物理学并不因此而将音乐学列为分支学科,只是将"声学"列为分支学科。教育部 1998 年颁布的高校本科专业目录,将"编辑出版学"列为"新闻传播学"的分支学科,自有其合理之处,此处不赘述。

五、以大文献学的思路编著文献学教材的尝试

笔者与黄镇伟、涂小马两同志于 2000 年元月定稿的《文献学纲要》,是按大文献学的思路写的。全书分八章:(1) 文献与文献学;(2) 文献的形态;(3) 文献的分类;(4) 文献的整序与揭示;(5) 文献的检索;(6) 文献的鉴别与整理;(7) 文献的典藏与传播;(8) 计算机与文献的生产和检索。各章力求贯通古今。例如,讲文献学的定义,从古典文献学讲到现代文献学,再讲到"大文献学";又如,讲文献载体与文献类型,从甲骨载体、青铜载体、纸质载体讲到磁性载体、光学载体,从图书、报刊讲到专利文献、标准文献、会议文献等;讲文献典藏,从古代藏书、近代图书馆讲到现代档案馆、文献情报中心;讲文献检索,从传统的手工检索讲到当前的光盘检索、网络检索。《文献学纲要》一书能否得到文献学界的认可,尚有待实践的检验。

六、加一"大"字是为了最终删去"大"字

长期以来,古典文献学与现代文献学处于分离状态,这与语言学、文学等学科有很大的不同。不管你是研究古代汉语、现代汉语还是研究普通语言学,都受上位

---

① 潘树广:《让大学生学点编辑出版知识》,《上海出版工作》,1987 年第 4 期。
② 潘树广:《编辑学》,苏州大学出版社,1997 年。

类目"语言学"统辖;不管你研究中医、蒙医、藏医还是西医,都受上位类目"医学"统辖。文献学则不然,古典文献学属"文学"门类,培养的研究生称"文学硕士"、"文学博士";现代文献学大体归"图书馆学与情报学"统辖,而"图书馆学与情报学"20世纪80年代属"理学",90年代属"管理学"(其中"图书馆学"变化更多,60年代至80年代初期属"文学",80年代后期至90年代前期属"理学",90年代后期属"管理学")。这种状况反映了文献学学科结构的松散和人们对其学科属性的认识飘忽不定。今天在"文献学"前加一"大"字,正是为了构建完整意义的文献学,促进该学科的健全和发展。我想,当完整、系统的文献学真正建立并被人们普遍接受之后,当"文献学"不再被狭义地理解为"古典文献学"或"现代文献学"之后,"大"字便可取消了。这好比"医学"、"语言学"不必冠以"大"字一样。我们正期待着这一天早日到来。

(原载《图书馆工作与研究》,2000年第3期)

论古典文献学与现代文献学的交融
——关于"大文献学"的思考

一、小引

如何将古典文献学与现代文献学有机结合起来,构建贯通古今的"大文献学",是笔者近十余年反复思考的一个问题。1982 年,我曾把这一想法表述为"把传统的文献目录学与现代图书情报学结合起来"。① 1987 年,应上海人民出版社《书林》杂志之约写了篇短文,又谈到"传统的文献目录学应与现代图书情报学相结合,才能增强活力"②,但都没有展开论述。1992 年 3 月,应邀到南京大学文献情报系作《中国文献学的现状和前景》的报告时,才较详细地陈述了自己的观点。我提出:"完整意义的文献学,理应包括'古典文献学'和'现代文献学',但它们长期处于分隔状态(例如研究生专业目录将它们分别划归文学和理学),这不利于建立完整的文献学理论体系。要健全和发展文献学的学科体系,必须更新观念,以古今兼容的气度和开阔的学术视野从整体上把握文献学的研究内容。"③后来,我将这种观念概括为"大文献"观念。④ 1999 年,我撰文论及《学科分类与代码》(GB/T 13745-92)的文献学类目设置时,兴奋地指出:"古典文献学与现代文献学正携手共建兼容古今的'大文献学'。"⑤

为什么要提出"大文献学"的论题? 它与古典文献学、现代文献学是什么关系? 大文献学的研究对象与研究内容是什么? 这是本文要论述的问题。

二、关于古典文献学

中国古典文献学的研究对象主要是历代古籍,研究内容主要是考证古籍源流以及整理古籍的理论与方法。目前部分高校中的"古典文献"专业,即是从事这方

---

① 潘树广:《例言》,潘树广《古典文学文献及其检索》,陕西人民出版社,1984 年。
② 潘树广:《漫谈读书和写书》,《书林》,1987 年第 8 期。
③ 这里说的研究生专业目录,是指国务院学位委员会 1987 年颁布的《授予博士、硕士学位和培养研究生的学科、专业目录》。
④ 小河:《基广根深,华实斯茂》,《书与人》,1997 年第 3 期。
⑤ 潘树广:《关于文献检索课悄然升温的思考》,《大学图书馆学报》,1999 年第 6 期。

面的教学与研究。

我国古代并无"文献学"之名，却有文献学之实。这个"实"，就是把目录学、版本学和校雠学（校勘学）三者融为一体的学问。这门学问由西汉末年的刘向、刘歆父子所开创。刘氏父子整理群书，广泛搜集各种本子，把同一种书的不同的本子进行校雠，缮写出比较完备的本子，同时撰写叙录（相当于提要），然后编纂出群书的分类目录，以揭示学术源流，并供查考之用。刘氏父子所做的工作，就是古典文献学最基础的研究工作。后人或以广义的"校雠学"来概括刘氏父子所开创的学问，也就是说，把目录、版本、校雠三者统统塞进"校雠学"的大口袋中。于是，校雠学几乎成了古典文献学的别名。

事实上，目录、版本、校雠三者既有区别，又有联系。王欣夫（1901—1966）在《文献学讲义》中指出，编目录是为了介绍文化遗产，讲版本是为了检择可靠的材料，校雠是整理材料的方法。他又指出，"这三个内容本来是三位一体的，不应该分什么先后"，并通俗地解说三者的关系：

> 刘向的方式是：先校雠，次目录。而校雠又必须先有本子（其时无版本）。这是做研究工作的程序。至于从学习的程序来说，应该先知道有什么书，就要翻查目录。得到了书，要知道有什么刻本和什么刻本比较可靠，就要检查版本。有了可靠的版本，然后再做研究工作，于是需要懂得怎样来校雠。

当然，我们说目录、版本、校雠是古典文献学的三个主要内容，并不等于说文献学仅限于这三项内容。例如东汉的郑玄，为群经作注，致力于文献的解读；南宋的郑樵，著有《通志·校雠略》，致力于文献工作的理论总结；明代的胡应麟，著有《四部正讹》，致力于文献的辨伪；清代的章学诚，在文献编纂方面发表了一系列独到的见解，并提出校雠学的根本任务是"辨章学术，考镜源流"（《校雠通义》）。郑玄、郑樵、胡应麟、章学诚都是著名的文献学家，他们继承了刘向、刘歆之学，又都以自己的著述拓展了文献学的研究领域。尽管我国的文献学已有悠久的历史，出现过众多的文献学家，但正式以"文献学"命名的著作，直到20世纪20年代才出现。1928年，郑鹤声、郑鹤春完成了《中国文献学概要》一书的撰写。郑氏兄弟在此书例言中说："结集、翻译、编纂诸端，谓之文；审订、讲习、印刻诸端，谓之献。叙而述之，故曰《文献学》。"郑氏兄弟对"文献"的解释，显得有点特别。但当我们仔细考察此书各章节的内容后，便可发现郑氏兄弟的文献学，实与刘氏父子开创的文献学一脉相承，即以目录、版本、校雠为重心，但论述范围有所扩展。

1957—1960年，王欣夫在复旦大学讲授文献学课程，讲课内容围绕目录、版本、校雠三方面展开。讲稿《文献学讲义》经他的学生徐鹏整理，于1986年公开出版。这部著作大体反映了20世纪60年代前后我国学者对古典文献学学科体系的认识。

20 世纪 80 年代以来,我国出版了多部古典文献学著作,如张舜徽《中国文献学》(1982 年版)、吴枫《中国古典文献学》(1982 年版)、孙钦善《中国古文献学史》(1994 年版)等。程千帆、徐有富所著《校雠广义》,分版本编、校勘编、目录编、典藏编四编(1988—1998 年版),对传统的文献学作了全面的总结。如果我们仔细分析 20 世纪 80 年代以来出版的这几部古典文献学著作,便可发现,这些著作一方面仍以目录、版本、校雠为重点(可谓尊重传统),另一方面又在不同程度上丰富了古典文献学的学科内涵(可谓发展传统)。如张舜徽的《中国文献学》,以较多篇幅论述前人整理文献的具体工作(注解、翻译、考证、辨伪、辑佚等)和丰硕成果。吴枫的《中国古典文献学》论及文献的聚散、文献的体式、文献的典藏与阅读。洪湛侯的《中国文献学新编》(1994 年版),分为形体编、方法编、历史编、理论编,努力建构古典文献学的完整体系。

三、关于现代文献学

现代文献学的研究对象主要是现代文献(尤其重视追踪不断涌现的新文献),研究内容主要是文献信息的搜集、组织、分析、传播、利用的理论与方法。目前部分高校的"图书馆学"和"信息管理"专业,主要从事这方面的教学与研究。

汉语的"文献学"在西文中没有完全匹配的对应词。bibliography 一词,在中国被译作"目录学"、"文献目录"、"文献学";documentation 一词,被译作"文献工作"或"文献学";philology 一词,被译作"语文学"、"语文文献学"、"历史比较语言学"等。作为现代意义的"文献学",目前多以 documentation 一词对译。例如,《中国大百科全书(图书馆学·情报学·档案学)》(1993 年版),在"文献学"条目后面括注的英文是 documentation science 和 documentics。

假如说,中国的古典文献学是我国土生土长的话,那么现代文献学则是在西方学术思想的影响下逐步建立起来的,是中西结合的产物。

在西方,现代文献学是在目录学的基础上发展而来的。1895 年,比利时人奥特莱和拉封丹在布鲁塞尔建立了"国际目录学会",这实际上是一个国际性的文献机构,它标志着现代文献学的诞生。[①] 1931 年,该学会改名为"国际文献学会"。1938 年又改名为"国际文献工作联合会"(International Federation for Documentation),并正式把 documentation 定义为:对人类各活动领域内各种文献的搜集、分类和传播。

20 世纪 40 年代,英国化学家、文献学家 S·C·布拉德福(1878—1948)的名著 Documentation 出版(此书书名,在我国或译为《文献工作》,或译为《文献学》)。布拉德福说:"(documentation)是使人类所有思维活动的记录得以收集、分类和检

---

① 林申清:《现代文献学定义综述》,《大学图书馆学报》,1990 年第 1 期。

索的技艺。"又说:"(documentation)就是文献工作者把现有的专业文献提供给有关专家,以使专家们充分意识到前人的研究成果,避免把人力、物力投入到已经研究过的项目中去。文献工作通过人们对书籍、文章、报告、数据和其他文献进行有序的收集、保管、摘录和流通,帮助用户减少在利用现有文献中的盲目性。没有文献工作,就不可能获得某一专业领域内的清晰而简要的知识和观点。"①以上论述揭示了现代文献学的主要精神,曾对我国图书馆界、文献学界产生较大影响。

在我国,对现代文献学的理论探讨始于 20 世纪 60 年代。化学家、文献学家袁翰青 1964 年发表的《现代文献工作的基本概念》一文很有代表性。他说,有人把documentation 译成"文献学",但"文献学诚然是我国固有的用词,讨论的内容却着重于考证典籍源流,和现代文献工作的含义是不同的"。他主张使用"文献工作"这一名词,一是以此区别于中国的古典文献学,二是因为现代文献工作的研究成果"尚不足以形成一门独立的学科"。最值得注意的,是他对文献工作所下的定义:

> 文献工作是组织知识的工作。更明确一点可以说:文献工作是将分散记录起来的知识,特别是文献中新发现的知识单元,经过学术分析与抽出之后,用一定的方法组织起来,为使用者提供最大的便利,能随时被检索到并参考利用。文献中的知识单元实质上就是所含的情报。通常所谓文献工作实际上有两个方面:知识组织工作的一方面和情报检索工作的一方面。只有经过科学地组织起来,检索工作才有基础。组织工作是"体",检索工作是"用"。这"体"和"用"的两面,构成文献工作的基本内容。

这一定义具有重要的理论意义和实用价值,因为它触及了文献工作的实质:知识的组织与检索。这正是现代文献学的核心内容。

现代文献学在中国受到广泛关注并获得较大发展,是在 20 世纪 80 年代中期至 90 年代。在此期间,我国出版了现代文献学的一系列著作,如周文骏的《文献交流引论》(1986 年版),邱均平的《文献计量学》(1988 年版),倪波主编的《文献学概论》(1990 年版),胡昌平、邱均平的《科技文献学》(1991 年版),陈界、张玉刚主编的《新编文献学》(1999 年版)等。这些著作标志着现代文献学正走向成熟。

四、现代文献学与古典文献学的相异和相通

古典文献学与现代文献学有各自的特点:

第一,中国古典文献学扎根于传统的文史领域,以静态研究为主;而现代文献学更重视急剧增长的科技文献,以动态研究为主。现代文献学原本就"发难"于科

① 林申清:《现代文献学定义综述》,《大学图书馆学报》,1990 年第 1 期。

技工作者,其早期代表人物布拉德福和袁翰青都是化学专业出身,这决非偶然。因为化学化工的文献增长最迅猛,如果不用现代文献学的理论与方法对浩如烟海的文献进行整序,科学家们便无法充分有效地利用。正如布拉德福所说:"在无序生产、流通各种文献的领域里,文献工作是一项必要的补救方法。"

第二,古典文献学重视文化底蕴,讲究熟读深思、博闻强识,研究手段以手工操作为主。现代文献学则十分重视新技术特别是计算机技术的应用。可以说,没有计算机科学,就没有真正意义上的现代文献学。

第三,中国古典文献学主要研究汉语文献,强调文字、音韵、训诂的基本功;而现代文献工作者为了及时引进国外先进科学技术,重视多语种文献的搜集、分析、处理。现代文献工作者如果不掌握外语,便寸步难行。

第四,古典文献学发源于农业社会,文献学家的活动比较封闭,文献的著录、标引、编印等工作有一定的随机性,标准化程度低;而现代文献学是适应大规模工业生产技术发展的需要而产生的,自觉追求文献工作的标准化、规范化,以便促进国际性的文献交流和共享,并保证文献工作自动化和网络化的顺利进行。

然而,古典文献学与现代文献学在许多方面又有共通之处。

首先,古典文献学与现代文献学的研究对象都是文献。尽管古代文献和现代文献的外观形态和具体内容不同,但都是知识的载体。

其次,古典文献学和现代文献学都要研究文献的搜集、整理、传播、利用,有共同的工作规律可循。例如,古典文献学讲究"互著"、"别裁",现代文献学讲究"互见"、"分析著录",两者的精神是相通的。又如,古典文献学重视版本鉴别,现代文献学同样重视版本鉴别,目的都是为了保证科研工作的客观性、科学性,而且在鉴别方法上也有互通之处。

再次,古典文献学和现代文献学的根本任务都是要实现知识的科学组织与有效利用。清人章学诚所说的"辨章学术,考镜源流",其实质就是知识的组织,目的在于"欲人即类求书,因书究学","以便稽检"(《校雠通义》)。当代学者强调现代文献工作的基本内容是知识的组织和检索,与古典文献学的宗旨是一致的。

最后,在研究工作中,古典文献学与现代文献学也经常是优势互补。例如,从事古典文献学研究的专家为了改变传统手工检索的低效局面,常求教于现代文献学家;现代文献学家所接触的文献常涉及中国传统文化的内容,要取得古典文献学家的帮助;研制古典文献的全文数据库,更要现代文献学家和古典文献学家携手合作。

五、古典文献学与现代文献学的交融——大文献学

在相当长的时间里,古典文献学与现代文献学两支学术队伍处于划疆而治的状态,他们有各自的研究机构和出版物,缺少沟通。在学科归属上,则长期处于分割与游移的状态:古典文献学属"文学"门类,培养的研究生称"文学硕士"或"文学

博士";现代文献学大体归"图书馆学与情报学"统辖,而"图书馆学与情报学"20世纪80年代属"理学"门类,90年代属"管理学"门类(其中的"图书馆学"变化更多,60年代至80年代初期属"文学",80年代后期至90年代前期属"理学",90年代后期属"管理学")。这种状况反映了人们对文献学学科属性的认识飘忽不定,真可谓"横看成岭侧成峰,远近高低各不同"。学者群体的划疆而治和学科归属的游移不定,均不利于文献学学科的健全和发展,也不利于文献学高层次人才的培养。

有鉴于此,从20世纪80年代至今,不少学者为促进古典文献学与现代文献学的交融作出了可贵的努力。林申清1989年在硕士学位论文《文献与文献学探要》中提出:"建立一门能够兼容古今的系统的文献学仍是必要的,其中很多部分是情报学无法替代的。"他并没有对"兼容古今的系统的文献学"进行命名,但实际上就是大文献学的思路。倪波主编的《文献学概论》(1990年版)的论述内容虽以现代文献学为主,但涉及相当多的古典文献学方面的内容,可以看出,作者力图将古典文献学与现代文献学熔为一炉,体现了大文献学的观念。更值得注意的是国家技术监督局1992年11月发布的《中华人民共和国国家标准·学科分类与代码》,将"文献学"列为二级学科,下属的三级学科有:文献类型学、文献计量学、文献检索学、图书史、版本学、校勘学、文献学其他学科。其中有古典文献学的内容(如版本学、校勘学),也有现代文献学的内容(如文献类型学、文献计量学)。这一分类体系虽然有待于进一步完善,但其中已透露出重要的信息——古典文献学与现代文献学正携手共建兼容古今的大文献学。

笔者认为,所谓大文献学,就是将古典文献学与现代文献学融为一体的广义的文献学。它以古今文献和文献工作为对象,研究文献的产生、发展、整理、传播、利用及其一般规律。它的研究内容有理论研究、应用研究和历史研究三个方面:(1)理论研究,包括文献的本质属性、类型、发展规律与社会功能的研究,文献学的性质、研究对象、学科体系、基本任务与文献学方法论的研究等。(2)应用研究,包括文献的搜集、整理、加工、传播技术、计量方法的研究,文献工作标准化与自动化的研究等。(3)历史研究,包括中外文献与文献工作发展历史的研究,文献学史的研究,历代文献学家及其研究成果的研究等。

以上三个方面是紧密联系、相互促进的。实践是理论概括的基础,脱离丰富多样的文献工作实践而奢谈理论,必然是空论,对文献工作没有实际指导意义。应用研究又要以科学的理论为指导,否则就变成零碎的操作细则,就事论事,缺乏普遍指导意义。历史研究可以为应用研究提供历史经验,又有助于理论研究者对文献工作进行历时性的考察,探索其发展规律。

1999年初,笔者根据大文献学的思路,草拟了《文献学纲要》编著计划,并请黄镇伟、涂小马两同志协助撰写。《文献学纲要》共分八个部分,其内容要点为:文献与文献学的基本理论,文献的外在形态与内容分类,文献的整序、揭示、检索、鉴别、整理、典藏与传播,计算机技术在文献生产与检索中的应用。我们想以此《文献学纲要》,对十余年来关于"大文献学"的思考作一番梳理。《文献学纲要》能否得到文献学界的认同,还有待实践的检验。

六、展望

可以预料,文献学知识在 21 世纪将进一步普及,有关文献学学科体系的讨论将更为热烈。因为人类正逐步进入知识经济时代,世界各国经济的增长方式比以往任何一个时期都更加依赖于知识的获取与创造性应用。知识之争将是 21 世纪的世纪之争,而文献是"记录有知识的一切载体"①,文献学的核心正是研究知识与信息的科学组织和有效利用。中共中央、国务院《关于深化教育改革全面推进素质教育的决定》(1999 年 6 月 13 日)指出:"知识经济已见端倪,国力竞争日趋激烈",要求"重视培养学生收集处理信息的能力、获取新知识的能力。"可见,如何使文献学在知识经济时代发挥更大的作用,必将成为人们普遍关注的问题。

文献是知识的结晶,是文明进步的标志。恩格斯曾指出:"从铁矿的冶炼开始,并由于文字的发明及其应用于文献记录而过渡到文明时代。"②我们欣喜地看到,恩格斯所说的"文献记录"的方式,近百年来已发生了一系列革命性变化:文献的载体已由纸张发展为磁盘、光盘,文献的传播媒体已由印刷、广播发展为电视、网络。人们不断生产文献,又不断利用文献。文献的生产和利用相互促进,生生不息,推动着人类精神文明和物质文明的进步。时代呼唤文献学的更大发展,文献学必将进入学科建设的新纪元。

① 《中华人民共和国国家标准·文献著录总则》(GB3792.1-83)
② [德]恩格斯:《家庭、私有制和国家的起源》,马克思,恩格斯《马克思恩格斯选集》第4卷,人民出版社,1972年,第21页。

大学开设文献检索课确有必要，亦有可能

今年 7 月 7 日，《人民日报》刊载了刘毅夫《建议高等院校开设情报学和文献检索课》一文。该文以令人信服的数字说明，目前有相当多的科技人员不善于运用科学的方法查找文献资料，这对我国科技事业的发展极为不利，因而呼吁："在高等院校开设情报学、文献检索课程，把寻找知识的本领教给年轻的一代。"这篇短文提出了当前高等教育中的一个重要问题。

刘毅夫同志的文章谈的是科技队伍的情况，事实上，大学文科亦存在这个问题。我曾经作过一些调查：出了十个题目，对中文系三年级的 94 名学生进行文献检索能力的测试。结果发现，有 84% 的学生不懂得通过有关索引查找古典文学研究论文，有 89.4% 的学生连《全国报刊索引》也不会利用，有 92.6% 的学生不知道用科学的方法查找人物传记资料，有 97.8% 的学生不了解类书的检索功能。高年级尚且如此，低年级就更不用说了。

高等院校文献资料比较丰富，各科师资比较集中。只要思想重视，积极创造条件，是完全可以把文献检索课普遍开设起来的。我想简单谈谈自己的体会。

我是从事中国古典文学的教学工作的。多年来，目睹不少学生由于文献检索知识缺乏，妨碍了智能的发展，便从 1977 年起，从本人承担的古代文学教学时数中，挤出五分之一的时间，讲授该学科的文献检索。学生的学习积极性较高，通过学习，大部分学生初步掌握了书目索引等检索工具的使用方法，能根据检索课题查找古代诗文、研究论文、人物传记资料等。有些学生在进行早期研究过程中，已能较熟练地运用从文献检索课获得的知识、技能，帮助自己选择论题、积累资料。有个学生还在教师的指导下编出了《明清诗文研究论文索引（1900—1980）》，为科研服务。

总之，我认为刘毅夫同志的建议是很好的，也是可以办得到的。不仅图书馆学系需要开设文献检索课，高等学校各专业也应根据具体条件逐步开设。恳请教育领导部门予以重视。

（原载《人民日报》，1981 年 8 月 25 日）

文献检索与语文研究

在研究古代语言文学或编纂辞书的过程中，如何根据研究课题迅速而全面地查得有关文献资料，是关系到科研质量和工作效率的重要问题。所谓"检索"，就是指文献资料的查找。在科学文化事业飞速发展、国内外文献资料急剧增长的今天，关于检索工作的理论、方法和技术的研究，越来越引起人们的注意。方毅同志在全国科学大会上说："八年内要建立起一批文献检索中心和数据库，初步形成全国科学技术情报图书计算机检索网络。"这主要是对自然科学而言的，但对于我们语文工作者来说，同样有着重要的指导意义。

本文打算略谈检索工作的意义，简介检索工具的类别，并对文献检索的历史和现状讲几点肤浅的看法。所涉及的事例，主要是古代语言文学方面的。

一

为了提高文献检索的效率，要善于使用各种类型的检索工具，还要不断编制新的检索工具。检索工具是在原始文献资料（又称"第一次文献"）的基础上整理编制的第二次文献，是为科研人员提供文献资料线索的得力助手。与古代语言文学有关的检索工具种类繁多，可以从不同的角度进行分类。现为了叙述的方便，姑且根据索取范围的大小和索取对象的不同来划分类型，介绍以下五种检索工具：

（一）以全书为索取对象者，称"书目"或"目录"。如古代的《汉书·艺文志》、《郡斋读书志》，现代编的《中国丛书综录》、《北京图书馆善本书目》、《语言文字学书目》、《红楼梦书录》等。这类检索工具的主要功用是反映某一时代有哪些图书，或揭示某一私人藏书家、公共图书馆有哪些藏书，或告诉读者研究某一学科、某一专题有哪些图书。书目多数按学科类别编排，以利于读者因类求书。现代出版的书目（包括重新整理出版的古代书目），大都附有书名、著者索引，以利读者进行多途径的检索。有些书目还注明收藏地点和索书号，更便于读者检索。

随着中外文化交流的加强，及时报导进口外文图书的书目日益增多，如《北京图书馆外文新书通报》、《中国科学院图书馆外文新书通报》，上海图书馆编的《上海市外文新书联合目录》等。这类新书通报，可以帮助我们了解国外研究中国语言文学的一些动态。例如,通过 1978 年 5 月出版的《北京图书馆外文新书通报》(月刊),可以获知该馆已引进东德莱比锡 1977 年出版的《中国唐代小说选》;通过 1978 年 9 月和 10 月出版的《上海市外文新书联合目录》,可以获知上海图书馆已入藏美国 1976 年出版的《中国戏剧的黄金时代:元杂剧》和日本 1977 年出版的《中国名言辞典》,复旦大学已入藏日本 1977 年 9 月出版的《中国语熟语辞典》。书名旁均注明收藏单位的图书编号。

(二) 以古籍或现代报刊中的单篇文章为索求对象者,称"篇目索引"或"论文索引"。如 20 世纪 30 年代王重民等编的《清代文集篇目分类索引》(1965 年有重印本)、50 年代至 60 年代科学出版社出版的《中国语言学论文索引》、人民文学出版社出版的《全国报刊文学论文索引》、中华书局出版的《中国古典文学研究论文索引》等。这类检索工具,把数量庞大、分散在各种报刊或个人文集中的文章一一著录,予以系统化的编排,使读者通过它掌握大量的资料线索。以《清代文集篇目分类索引》为例,它收录了清人文集 440 种,将其中的学术文、传记文等分类编排,一一注明各篇文章见于何书、几卷、几页。

(三) 以古籍中的片段或条目作为索取对象者,称"条目索引"或"词条索引"。如商务印书馆 1937 年出版的《十通索引》即属此类。"十通"①是记述我国历代典章制度、名物掌故的十部古籍的简称,这十部大书绵延浩繁,合计 2 700 余卷,往往同一问题在几部书中都记述而又各有详略异同,翻阅起来既费时又易遗漏。《十通索引》的问世,为读者查阅"十通"节省了大量的时间。

又如日本 1960 年出版的《中国随笔杂著索引》(佐伯富编),亦属此类。我国古代有大量的随笔杂著(又称"笔记"),唐宋以来尤盛。其内容大都是作者随手记录的见闻杂说或治学心得,保存了不少官修"正史"所不载的珍贵资料。但这类著作名目繁多,体例不一。《中国随笔杂著索引》共收录《东坡志林》、《鹤林玉露》、《留青日札》、《枣林杂俎》、《十驾斋养新录》等宋、明、清笔记 46 种,计 500 余卷,将其中的具体内容一一以主题词标示,按日文五十音顺序编排,并附汉字笔画检字,检索甚便。

(四) 以字词句为检索对象者,称"字句索引"。此类索引,或收录群书,如叶圣陶的《十三经索引》,供读者查找"十三经"中所有句子的出处;或专收一书,如《毛诗引得》(前燕京大学引得编纂处编,1934 年版),《花间集索引》(日本青山宏编,1974 年版)。

像《毛诗引得》、《花间集索引》这类字词索引,与辞书编纂工作关系极为密切。它先将原书进行校勘和标点,然后逐字编为索引,使读者获知:全书用过哪些字词,某字在书中出现多少次,某字分别见于哪一篇、哪一句。这就便于读者通过类比、

---

① "十通":唐代杜佑的《通典》,宋代郑樵的《通志》,宋末元初马端临的《文献通考》、清代敕撰的《续通典》、《清通典》、《续通志》、《清通志》、《续文献通考》、《清朝文献通考》和刘锦藻的《清朝续文献通考》。

辨析和统计的方法,研究某一特定历史时期的代表作品的词汇。

（五）以人名、地名、书名等专名为检索对象者,称"专名索引"。其中有专取一书者,如《史记人名索引》《毛诗注疏引书引得》;有采撷群书者,如《二十五史人名索引》《历代地理志韵编今释》。再如陈垣的《释氏疑年录》,专门考订僧人的生卒年,注明所据材料,引书达700余种,为研究晋至清初2 800位僧人的史迹提供了重要线索,是很有学术价值的研究历史和佛教文学的检索工具。

检索工具还有其他种类,不一一列举。以上只是举例性质,目的不过是借以说明检索工具是语文工作者的重要助手。但检索工具毕竟不是万能的,不能设想任何问题都可通过它找出现成的答案。有很多资料要靠平日的积累,在大量的资料面前,也还要经过分析鉴别,去粗取精,去伪存真,才能有所发现,有所前进。问题在于:目前有些同志还不善于利用检索工具,而检索工具的品种和数量又远远不能满足教学和科研的需要,所以有必要进行检索知识的宣传普及工作,让大家都来关心这件事。

<h1 style="text-align:center">二</h1>

文献资料是人类知识和经验的记录。当它积累到一定数量时,人们为了更有效地使用它,便产生了对检索工具的需求。一个国家的科学文化越发达,文献资料越丰富,对检索工作的要求就越高,检索工具的品种和数量就越多;而检索工作的进步,又必然会促进文化的交流和繁荣。

中国是世界文明发达最早的国家之一,也曾经是检索工具最发达的国家之一。早在奴隶制时期,王室藏书已有分类编目的萌芽。战国之世,"天下之士君子之书不可胜载"(《墨子·天志上》),王室和私人的藏书都相当丰富。秦时"焚灭《诗》、《书》",造成"图籍散乱"。① 汉朝建国初期的大事之一,就是整理图书文献,到汉武帝时,又"书积如丘山"②了。图书资料的增多,对整理和检索工作也就提出了更高的要求。汉成帝时,"求遗书于天下"③,诏刘向等人校雠。刘向每校一书,都写一篇"叙录",然后又将各书叙录汇辑为《别录》,这就相当于书目提要的汇编。

刘向的《别录》虽已散佚,但他为《战国策》、《管子》、《晏子》等几部书所写的叙录至今尚存,使我们得以窥见其体例。刘向对古籍的著录,除写明书名、作者、篇数、校雠经过之外,还"撮其指意"④,揭示书籍的主题,介绍作者的生平思想,阐述学术源流,评论书籍优劣。我以为特别值得一提的是:在现代文献检索的理论研究中,人们很注意文献特征著录的详略问题,即检索工具所提供的"信息量"问题。

---

① ［汉］司马迁:《太史公自序》,《史记》,中华书局,1982年。
② 《七略》佚文,见严可均所辑《全汉文》。
③ ［汉］班固:《汉书·艺文志》,中华书局,1962年。
④ 同③。

所谓文献特征,包括外表特征(文献的题目、作者、篇幅等)和内容特征(文献的主要内容、基本观点等)。检索工具对文献特征描述得越详细精确,读者借助于检索工具对文献内容的间接了解就越具体。1 900多年前,刘向在著录古籍时,实际上已注意到文献的外表特征和内容特征两个方面,这不能不说是一大贡献。刘向的著录体例对后代影响很大,如北宋的《崇文总目》,清代的《四库全书总目提要》,都十分注意文献内容特征的揭示。

刘向之子刘歆,做了一件千百年来为中外学者所称道的事,这就是《七略》的撰述。《七略》是我国见于记载的最早的图书分类目录,在世界文化发展史上占有重要地位。虽然它未能完整地流传至今,但由于班固编撰《汉书·艺文志》是以《七略》为蓝本的,所以我们今天还可通过《汉书·艺文志》来推知《七略》的体制。班固在目录学上的重要贡献是首创史志书目。自《汉书》以后,不少史家修史时接踵班氏,撰有《艺文志》或《经籍志》,使后人通过史志书目,得以考知历代著述风尚、学术流变和图书存佚的概况。

古人编写图书目录时很重视分类,分类固然是为了辨章学术,考镜源流,但为了便于检索也是事实。晋代荀勖编制书目,把图书分为甲乙丙丁四大类,过去有人指出这相当于书籍的分类号,好比后代的 ABCD、一二三四①,这不无道理。隋炀帝时,"秘阁之书,限写五十副本","于东都观文殿东西厢构屋以贮之,东屋藏甲乙,西屋藏丙丁(《隋书·经籍志》序)"。其目的之一,就是为了便于检索。唐代目录学家毋煚曾说,如果没有好的书目,学者就好比"孤舟泳海,弱羽凭天",书目的功用,"将使书千帙于掌眸,披万函于年祀,览录而知旨,观目而悉词"。② 他对于书目在茫茫书海中的"导航"作用,是说得比较得体的。清代学者章学诚曾提出"互著"、"别裁"等具体意见,他认为一部书的内容如果涉及两门学科,就不应当把这部书只归入一类,而应在另一类目中也有所反映。拿现代的术语说,这就是"互见法",它既反映了学科间交叉渗透的现象,又便于读者进行多途径的检索。

唐宋以来,《艺文类聚》、《太平御览》等类书,把分散在各种古籍中的有关资料摘录出来,分类编排(也有按韵编排的),每一细目之下罗列了大量资料,并注明出处,这就不但使读者从类书中读到引文,而且能根据引文的出处追溯原始文献。从这个角度而言,类书实际上兼具主题索引的性质。章学诚曾提出一个大胆的设想:把"四库之藏,中外之籍"搜罗齐备,把其中的人名、地号、官阶、书目等列为词条,分别注明原书出处,并仿照《佩文韵府》的体例按韵编排。关于原书出处,章氏强调"自一见再见以至数千百皆详注之"。③ 可以想见,如果他的设想得以实现,那编出来的就是一部规模空前的综合性索引了。虽然,这巨型的检索工具没有问世,但

① 　姚名达:《中国目录学史·分类篇》,上海书店,1984 年。
② 　[唐]毋煚:《撰集四部经籍序略》,见《全唐文》。
③ 　[清]章学诚:《校雠通义》卷一"校雠条理"条,古籍出版社,1956 年。

他这设想是不寻常的。

过去一般认为,索引的编纂方法是近百年来从西欧传入的。事实上,我国古代虽无"检索工具"之名,已有检索工具(包括索引)之实,对检索工作的理论、方法和技术的研究,也已经有悠久的历史了。20 世纪初,西欧先进的检索方法确实对我国学术界产生过很大影响,但我国古代学者在这方面所作出的理论上和实践上的贡献,亦不可忘怀。

三

我们的祖先曾经创造过辉煌的成就,但是,正如邓小平同志在全国科学大会上指出的:"我们祖先的成就,只能用来巩固我们赶超世界先进水平的信心,而不能用来安慰我们现实的落后。"新中国成立以来,国内曾编制出版了一大批研究古代语言文学所必需的检索工具书,取得了很大的成绩。但在林彪和"四人帮"横行的日子里,这方面的工作大都中断了,造成了目前的落后状态。要把"四人帮"所造成的损失夺回来,并在原有的基础上有所前进,还要做大量艰苦的工作。我想就某些具体问题,谈点浅陋的看法:

(一)关于检索工具的及时性问题

检索工具应当尽速反映图书出版和报刊论文发表的情况,使专业人员及时了解本学科当前的研究水平和动向,协助专业人员把自己的研究工作建立在最新成就的起点上。目前国内尚缺乏定期反映古代语言文学研究情况的专题书目和论文索引。而综合性的《全国新书目》和《全国报刊索引》出版周期又较长,反应颇慢。这个缺陷固然可用图书馆订购的或自制的卡片索引加以弥补,但卡片又往往反映不全。此类基础工作,宜及早做好。

(二)关于报刊累积索引

我们经常会遇到这样的事情:想查一则若干年前发表在报刊上的资料,但已记不清确切的日期和发表在什么报刊上,于是只好把按月出版的全国报刊索引一本一本地翻。如果有报刊累积索引,就不必如此麻烦了。所谓报刊累积索引,就是把一年或数年的报刊索引重新编排出版的检索工具。按月出版的报刊索引的好处是反应及时,而累积索引的好处是便于读者总览一年或数年的内容。例如:美国的《读者指导》累积号和日本的《杂志记事索引》累积版,就是属于期刊的累积索引。假设有人想了解日本在 1970—1974 年的刊物上发表过哪些研究杜甫的文章,查《杂志记事索引(人文、社会编)》1970—1974 年累积版的文学、语言分册,即知在这五年中,日本的刊物上发表过 16 篇研究杜甫的文章,这些文章分别发表在什么刊物的第几期上。外国在文献检索方面有很多长处,我们应当学习。

(三)关于专题性检索工具

专题性检索工具的优点是集中反映前人在某一方面的研究成果,有助于专题研究的深入。如郑振铎的《关于诗经研究的重要书籍介绍》、姜亮夫的《楚辞书目五种》、中国科学院历史研究所的《史记研究的资料和论文索引》，胡厚宣的《五十年甲骨学论著目》等。这类专题检索工具有不少是专门家在进行某项研究工作的过程中逐年积累而成。如《楚辞书目五种》就是姜亮夫先生在研究楚辞的过程中随手辑集的。从起草到成书，历时 30 年，凝聚着编者的心血，使后学受益匪浅。可惜这种检索工具目前还太少，而已经出版的各书的收录范围，又大都到 20 世纪四五十年代为止。我们渴望专门家在这方面作出更多的贡献。

（四）关于学科间的交叉渗透在检索工具中的揭示

随着科学文化的蓬勃发展，学科的分工越来越细，而学科之间又常常相互交叉，相互渗透，相互促进。任何一门学科，都不能与其他学科绝对隔离、单独发展。例如：甲骨文的发现曾推动了文字学的研究，而文字学的研究成果又促进了训诂学和古代文学作品的研究；又如，文物考古的新发现给美术史、年代学和古籍校勘提供了宝贵的实物资料；再如，自然科学史的研究成果使古代作品中的某些疑难问题获得了解决。这样的事例是屡见不鲜的，前人早已注目。问题是：这种学科间相互交叉渗透的现象，在检索工具中揭示得很不够。比如说，编写古代文学文献资料的专题检索工具时，往往只注意著录文字资料，不大注意著录与之关联的实物资料，而在著录文字资料时，又往往只注意与本专题直接有关的文字资料，不甚注意虽属其他学科但事实上与本专题密切相关的文字资料。这样，无形中在学科与学科之间筑起了一道道墙，让这些墙挡住了自己的视线。如果我们能注意到学科之间相互渗透的现象，不为学科界线所囿，视野就开阔了。

例如，已故的科学家竺可桢同志写了很多有关古代气象、物候的论著，这些论著无疑是属于自然科学范畴的，但我们研究古代文学的人却可以从中受到很多启发。试举一例，王之涣有首著名的《凉州词》：

> 黄河远上白云间，一片孤城万仞山。
> 羌笛何须怨杨柳，春风不度玉门关。

此诗首句或作"黄沙直上白云间"。不论"黄河远上"还是"黄沙直上"，都有善本作依据。但各种唐诗选本基本都用"黄河远上"，几成定论。竺可桢、宛敏渭在《物候学》[1]"物候的古今差异"一节中，论及此诗，认为原诗应是"黄沙直上"，因为"这是很合乎凉州以西玉门关一带春天情况的"，并援引其他唐诗，说明"在唐朝开元时代的诗人，对于安西玉门关一带情形比较熟悉，他们知道玉门关一带到春天几乎每天到日中要刮风起黄沙，直冲云霄的。"竺、宛认为"黄河远上"系后人擅改，"实际黄河和凉州及玉门关谈不上有什么关系，这样一改，便使这句诗与河西走廊

---

① 竺可桢，宛敏渭：《物候学》，科学出版社，1973 年。

的地理和物候两不对头。"当然,文学作品不同于科学著作,我也并不是说竺、宛的分析绝对正确,但他们的论述至少可以开阔我们的眼界,启发我们的思路。

类似这种学科间相互渗透的情况是很多的,如果在编制古代语言文学的检索工具时能适当揭示,向读者提供寻检的线索,那是很有意义的。

四

毛主席、周总理历来对古籍整理和工具书的编纂工作非常关心,并作了许多具体的指示。但在林贼猖獗、"四害"横行的日子里,这项工作受到了严重的破坏和干扰。粉碎了"四人帮",扫除了执行毛主席革命路线的最大障碍,古籍整理和检索工具的编制工作正大干快上,其发展趋势,令人鼓舞。试谈三点:

(一)检索工具的蝉联配套、日趋细密,是一个可喜的动向。毛主席、周总理生前十分关怀的二十四史的标点工作,历时 20 年,去年(1978)已全部完成。中华书局正在编制各史的人名索引(《史记》、《晋书》人名索引已出),还准备编制地名索引、制度名物索引等,以便利读者从这套冠盖史坛的巨著中检索自己所需要的史料。过去国内外也出版过有关"二十四史"的索引,如《三国志人名录》(商务印书馆 1956 年版),《宋史职官志索引》(日本 1963 年版)等,但只能查一史,不配套。过去国内也出版过采撷众史的人名索引,如清代汪辉祖的《史姓韵编》、梁启雄的《二十四史传目引得》,开明书店的《二十五史人名索引》,但它们只收录列传及附传的人名,而新出的《史记人名索引》、《晋书人名索引》则不仅收录列传及附传的人名,连散见于各卷的人名亦一一收录,注明出处。

(二)全国统一规划,各地通力协作,编制大型的工具书,这是粉碎"四人帮"后的又一新气象。1975 年冬,我们敬爱的周总理病情已经很严重,但他老人家为了使祖国的文化遗产不致淹没和散失,在逝世前的几个月还通过国务院给国家文物局下达了编辑《全国古籍善本书总目》的重要指示。但在"四害"横行之时,编辑工作无法顺利进行。现在,这项工作正顺利开展。过去,为了查找一部善本书,常要查阅许多图书馆的善本书目,即便这样,也难免会把重要的版本遗漏。以后《全国古籍善本书总目》出版,这类问题就可迎刃而解。此外,《辞海》的集中修订,《汉语大词典》等大型语文工具书的编纂,都是文化界众人瞩目的盛事。

(三)20 世纪 50 年代以来,世界上许多国家相继使用了机械检索,逐步以机械检索代替手工检索。电子计算机的应用,使检索工具的编制和文献资料的查找实现了自动化。我国在这方面还比较落后,但也取得了一定的成绩,咨询服务、资料复制工作都有可喜的进展。可以预期,我们的子孙后代将不会像我们这样,为了借一本书而在图书馆里等上个把小时,为了查核几条资料而到处奔走了。

但话也得说回来,传统的手工检索工具是机械检索的基础,手工检索工具的不完善会延缓机械检索的进程。即使将来在自动化程度很高的情况下,机械检索也不能完全代替手工检索,更不能代替科学研究。因此,我们不能坐等几十年后自动化检索的普遍实现,而应当脚踏实地、老老实实地把眼前急需的基础工作做好。

　　庄子说过:"吾生也有涯,而知也无涯。"(《庄子·养生主》)这话本身不错,但他却把它引向虚无主义,说什么用有限的生命去追求无穷的知识是很危险的,不如养生保命。我们则认为,正因为生命是有限的,更应当想方设法提高时间的利用率,在有限的生命里为党和人民多做点有益的事。检索工具的作用之一,就是能为人们节省查找资料的时间,让人们腾出更多的时间把各项工作做得更好,为提高整个中华民族的科学文化水平作出更多的贡献。

(原载《辞书研究》,1979 年第 1 期)

文科文献检索教材的更新问题

任何一门课程的教材都需要不断更新,文献检索课教材的更新更有其迫切性,这是由它自身的特点所决定的。文献检索课程的教学目的是培养学生的检索能力,提高他们的情报意识,教材本身理应在情报性方面起示范作用。文献检索教材与其他课程的教材相比,有自己的特点,即:除了理论性、知识性之外,还应兼有工具性和情报性。如果教材不注意从实际出发,不及时提供新的信息,就不能充分发挥它应有的作用。

我校中文系自1977年起开设文献检索课,至今已有八年。为了不断更新教材,我在这八年中一共编写或修订文献检索教材九次,累计132万字(不包括协作编写的教材)。

现将编写教材的情况和粗浅体会陈述于下。

一、教学对象的实际状况是教材更新的基点

教材的编写和修订,离不开教学对象的实际情况。他们的知识结构、业务需求、可接受性等,应是我们考虑问题的出发点。

在编写教材的过程中,我们深深体会到,专业针对性是否强,是能否激发起学生学习积极性的重要一环。要让学生一打开教材就感到,这是一门与他们关系十分密切的专业课,而不是外加给他们的一门可有可无的公共课。

教材的内容是广泛一些好呢,还是专深一些好呢?这个问题也离不开对教学对象的业务需求的分析。例如,我在编写《社会科学文献检索百例》时,考虑到这是供文科学生扩大知识面和图书馆员业务培训之用的,就力求涉及的学科面宽一些,多举一些实例。后来,又补充了30个实例,故名为《书海求知——文科文献检索方法释例》,由知识出版社出版。而另一本教材《古籍索引概论》(书目文献出版社出版)则不同,它是准备供高年级选修课和培训古籍索引编纂人员用的,所以力求编得专深一些,除了对古籍索引的沿革、结构、功用、编纂等方面进行理论探讨之外,还附有《古籍索引要目》,分类著录明清以来国内外出版的古籍索引550余种。我认为,专业面宽的和专业面窄的文献检索教材均应陆续编出,且力求配套,以适应不同专业的教学对象的需要。

二、教材更新力求与知识更新同步前进

文献是记录知识的载体。知识更新的频繁,必然带来文献增长率的提高,也必然要求文献检索教材不断更新其内容。但过去有一种误解,以为科技文献增长速度快,新陈代谢的频率高,所面临的知识更新的问题非常突出,文科文献增长速度慢,新陈代谢的问题不突出,尤其古代文献"越旧越值钱",似乎不存在知识更新的问题。这些看法都是片面的。诚然,在某些问题上,文科文献的新陈代谢问题不像科技文献那样突出,但从总体上看,社科文献的知识更新问题是普遍存在的,这就要求文科文献检索教材不断更新。具体说来,主要表现在两个方面:

第一,随着学科间的交叉渗透日趋频繁,要求专科文献检索教材不仅要介绍本学科的文献,还要介绍相关学科的文献,不仅要对文献资料作一般性的介绍,还要从理论上阐述相关学科文献在本学科的研究中的作用。为此,我在1981年修订《古典文学文献检索》教材时,将全书分为上、中、下三编,中编专谈相关学科文献,分别阐述历史学、目录学、语言学、考古学、科技史等相关学科与古典文学研究工作的关系,介绍这些学科的重要文献资料和利用方法。这对于开阔学生的视野和方法论的探讨,起了一定的作用。

第二,文献资料的新的研究成果和检索工具的问世,要求文献检索教材给予及时的反映。尤其要注意以下三个方面:

(1)注意"后出转精"。有些参考工具书过去是解决某一方面检索课题的常用工具,但后来出现了更全、更精的书,旧的基本上可以淘汰。教材对此应及时著录。例如,查唐朝以前的诗歌,过去常用明人冯惟讷编的《古诗纪》(156卷)和近人丁福保编的《全汉三国晋南北朝诗》(54卷)这两部总集。其后,逯钦立积24年之努力,对冯、丁二书补阙匡谬。编出《先秦汉魏晋南北朝诗》(135卷),详注所收各诗出处、各本异文和前人校勘成果,1983年由中华书局出版。无论是资料方面还是体例方面,此书均优于前两书。但我在1983年编的教材中未及介绍这部新书,我就补入1983年以后编的教材中。学生在教材中看到这类新出版的重要参考工具书,不但有新鲜感,而且有亲切感和实用感。学生们常有这种心理:当你介绍新中国成立前或新中国成立初刊行的重要书籍文献时,他们往往感叹"好虽好,毕业以后看不到";但当他们知道其中有些书已重新整理出版或有了更好的书可以代替时,就有"通行易得"之感,钻研的劲头也大了。

(2)注意介绍新出版的指南性书籍。在教材的有关章节,及时补充介绍新出版的指南性书籍,为学生指点进一步钻研的门径,是扩大教材信息量的有效方法。例如,我在修订"古籍概貌"一章"史部"一节时,有言而未尽之感,但又不可能无限制地扩大篇幅,我就在教材中补充介绍了当时新出版的《史部要籍解题》在修订"类书"一节时,补充介绍了新出版的《类书简说》等。这就可以使学生在有限的篇幅中,获得更多新的信息。

(3)注意预告文献编纂的新成果。一般说来,教材要讲究稳定性,但对于文献

检索教材来说,不能被"稳定性"束缚住手脚。凡属确知即将出版的重要文献,教材中应予以报道,这对培养学生的情报意识很有好处。例如,关于现代作家的笔名索引,新中国成立前后出版过若干种,各有特点,但都有较多的缺漏。当我编写《语言文学文献检索纲要》时,在《社科新书目》上看到书目文献出版社即将出版《中国现代人物笔名词典》,汇集 20 世纪初到 70 年代学术界及政界人物 4 000 余人的笔名、别名 12 000 多个,是迄今为止同类工具书中搜罗最丰富的一部,我及时将它录入教材,学生很感兴趣。

三、教材的体例和练习题也要更新

文献检索课的教材,最好兼顾可读性和检索性,既便于逐章逐节系统阅读,又便于临时从中查考某一书名或概念术语。起先我对这个问题并不注意,1977 年和 1979 年编印的教材不附索引,只便阅读,不便查考。索引学家钱亚新老先生看了我的教材后说:"索引这个问题,我已经呼吁了整整 50 年了。希望你在教材后附上索引。"后来,我在《古典文学文献及其检索》《书海求知——文科文献检索方法释例》《古籍索引概论》等教材中都附以索引,编录教材中提到的重要书名、人名和概念术语等,都附以索引,使之便于检索。

教材的更新,还要求练习题随之更新。否则,教材中增订的内容在练习题中没有得到相应的反映,学生得不到充分的锻炼。下届学生的习题与上届相同,还容易产生弊端:个别图省事的学生到上届同学那里抄现成答案,应付课堂提问。

四、注意组织有关力量编写教学参考资料

教材更新,除了靠个人努力以外,还要善于发挥有关同志的积极性。我们在文献检索课教学参考资料的编写方面做了两件事情。

一件事是辅导资料室的同志编写《语言文学期刊提要》。我在平时与学生的接触中和文献检索课教学过程中感到,学生的期刊阅览带有一定的盲目性,许多有学术价值的专业期刊未能得到充分利用。我提出编写《语言文学期刊提要》供学生查阅,学生很欢迎。《语言文学期刊提要》现已完稿,共介绍与语言文学专业有关的期刊、丛刊 274 种。

另一件事是组织选修课的学生编写《古典文学研究书目(1980—1984)》。目前已出版的工具书使用法书籍和古典文学专题书目,所著录的图书一般以 1980 年左右为时间下限,近几年出版的还来不及反映。为了帮助学生获取最新信息,并在实际工作中得到锻炼,我组织古典文学文献选修班的学生编写《古典文学研究书目(1980—1984)》,作为文献检索课的教学参考资料。

个人的力量毕竟是有限的,若能把各方面的积极性调动起来,定能加速教材更新的过程。

(原载《大学图书馆通讯》,1985 年第 5 期)

文献课要加强基础理论建设

　　在过去一段较长的时间里,"情报"似乎专指科技情报,"文献检索"几乎是科技文献检索的同义语。这几年,形势有了喜人的变化。随着文献检索与利用课在全国高校的逐步推广,"社会科学文献检索"不仅已成为一门独立的课程,而且有了分支课程,如经济文献检索、法律文献检索、语言文学文献检索、教育文献检索、体育文献检索,等等。一批教材已经出版或将要出版,师资培训班相继开办。我们的队伍在壮大,我们的事业在发展。

　　经验告诉我们,在热气腾腾之时,更要冷静思考。如何建立和健全社科文献检索的理论体系,如何脚踏实地为社科文献检索教学多办几件实事,如何把研究工作搞得更深入,这都是要我们冷静思考的事。假如论"资格",我们的社科文献检索在全世界是名列前茅的,因为具有两千余年历史的传统的文献目录之学,就是文献检索的先导。但是,用现代科学的标准去衡量,社科文献检索只能说是处于少年时期,还不够成熟,在理论探讨方面尤为薄弱。

　　我这里所说的理论探讨,不是指那些华而不实的概念游戏,而是指能够解决实际问题的基础理论的建设。例如,社科文献检索课程的性质和内容问题就是个大问题。如果用西方的情报学理论去套,文献检索(document retrieval)只是情报检索(information retrieval)的一个分支,它与数据检索、事实检索合称为情报检索的三种类型。如果严守这一界说,文献检索课的基本内容就是讲授如何通过目录、索引、文摘等检索工具,去查找书刊和论文等。科技文献检索课,基本上就是这样做的。社科文献检索课,能否局限于此? 一些重要而又常用的原始文献要不要介绍? 词典、手册、图谱等参考工具书该不该讲? 如果讲了,这门课能否还称作"文献检索"? 是缩小讲授范围好呢? 改个名称好呢? 还是赋予"文献检索"以更丰富的内涵好呢?

　　这里有一个如何消化吸收国外的和科技领域的情报学理论的问题。拒绝吸收是不对的,因为拒绝必然导致僵化和停滞;照搬也是不行的,因为会脱离中国的实际和社会科学文献的实际。例如,一提检索方法,就沿用科技文献检索的"追溯法"、"常用法"、"分段法",这是否科学、全面? 一提文献交流或情报交流,就沿用国外的说法,将其划分为"非正式交流"与"正式交流",这样的概括和表述是否妥帖、精密？我们主张消化吸收，而不是食而不化。我们的社科文献检索教学和教材编写，如何体现社会科学特色和中国特色，如何建立自己的理论体系，有很多问题值得研究。

我们的教学内容和教材编写，如何做到少而精，这也是应当重视的。这好像是个技术性问题，其实与理论研究息息相关。不分主次地给学生罗列一大堆参考工具书，这反映了我们对各类参考工具书研究得不深，也反映了我们对学生的情报需求缺乏分析，著名目录学家汪辟疆 40 多年前撰写的《中学国学用书叙目》，列"基本书"15 种，"阅览书"2 种，"稽考书"25 种，共 42 种，选择极严，他在列出 25 种"稽考书"之后，讲了一段很精辟的话：

> 上列二十五种书，所谓工具之书也。工具之书，以新出者为胜，亦以新出者为最滥，故选择亦至难。学子购书不易，得一书必求其实用，庶金钱时力不致虚糜，此最宜注意者也。

这也是我们编文献课教材要注意的问题。文献课教材不同于一般的书目，编者应当把各类书作一番比较分析，把最重要的介绍给学生。这要有眼力，要经过一番理论探讨。《文教资料》1986 年第 6 期发表了何小清同志的《几种新编成语词典述评》就是一篇对工具书进行比较分析的文章，希望有更多这样的文章问世。假如我们把已有的和新出版的参考工具书一类一类进行比较研究，是会有助于文献课教学和研究水平的提高的。

（原载南京师范大学《文教资料》，1987 年第 3 期）

全国高校文献检索课教材教法研讨培训班纪实

全国高校文献检索课(文科)首次教材教法研讨培训班于 1989 年 6 月 3 日至 17 日在苏州大学举办。

这个班是全国高校图工委委托苏州大学文献研究室举办的。招生名额 60 名,报名人数 64 名,实到 59 名。学员来自全国 25 个省市自治区的 50 多所高校,年龄最小的 23 岁,最大的 56 岁。

这是一次提高性的短训班。从教学内容的安排到学员的知识层次,都体现了提高班的特点。教学内容主要有:社会科学文献检索课基础理论研究、教材研究、各级各类学校开课模式研究、教学大纲研究、文献课教学内容的优化与教学方法的多样性问题、文献课教师的进修提高问题等。参加学习的 59 名学员中,具有高级职称的有 7 人,中级职称的有 30 余人,高、中级职称学员人数占学员总数 65% 以上。学员们在大班和小组研讨中,在较高的理论层次上就共同关心的问题各抒己见,取得了较好的效果。从总体看,研讨培训班有三个特点:

一、准备工作充分,班风学风醇正

这个班从酝酿到开学,历时一年。1988 年 5 月,全国高校文献检索与利用课系列教材编审委员会第五次会议《纪要》说:"建议各地或各系统结合新教材的使用,组织师资培训,全国也要组织一些较高层次的师资培训。"从那时开始,培训班即开始筹备,制订教学计划,陆续编印了《全国高校文献检索教材教法研讨培训班资料汇编》、《高校文献检索课教学法纲要》、《近八十年文献学与相关学科论著提要》等。苏州师专图书馆刘汉兴、曹培根受委托于 1989 年元月开始对全国师专开设文献课的情况进行调查,写出调查报告。任课教师朱天俊、潘树广、王长恭、惠世荣、黄镇伟等在四五月份已写好讲授提纲,并打印汇编成册。学员们怀着学习交流、发展文献课的强烈愿望,克服各种困难来到苏州。例如大连干部管理学院 55 岁的韩迈同志,带着一大包交流论文从大连取道上海赴苏州,到上海后因交通受阻,步行十余里至住处,脚上打了泡,还及时发电报至苏州说明迟到原因。通车后他立即赶到苏州报到,借抄缺课的笔记,表现了良好的组织纪律性和学习自觉性。学员们在班主任陈一明、黄镇伟,班长武德运、曹培根和 6 位小组长的带领下,认真听课和研讨,按规定参加考查。除一名学员因事假未能参加考查外,其余58名学员均考查合格,领到了全国高校图工委和苏州大学文献研究室联合颁发的结业证。

二、学校类型增多,学科覆盖面广

以往举办的文献检索师资班,学员多来自普通高校。这次参加培训的学校类型明显增多,有综合性大学、专业性大学、师大、师院、师专、党校、职业大学、教育学院等。就学科、专业而言,以往办的社科文献班学员多来自文史专业,这次财经、政法、艺术等专业的学员有了明显增长,约占学员总数的30%。中央美术学院、上海音乐学院、山东艺术学院首次派人参加文献课师资培训。这从一个侧面反映了文献检索课正在向更广阔的专业面普及。

三、理论联系实际,积极献计献策

这是一次提高班,着重研讨了若干理论问题,如文献检索课的学科归属与课程性质问题,"情报意识"的科学定义问题,对"文献利用"的理解问题,等等。师生们在研讨中,不是空对空地泛泛而谈,而是结合教材教法中的一些实际问题进行探讨,如教材的体例结构问题,教学大纲问题,教研室、实习室的建设问题,以及实习题与试题的设计问题等。

师生们认为这次研讨培训班虽然收获较大,但毕竟是初步的。有许多理论问题和实际问题有待深入探讨,还有一些问题并非文献课教师自身能力所能解决,要上级领导部门统一部署。为了进一步改进和发展文献检索课,大家积极献计献策,提出了一些建设性意见:

第一,建议文献检索课系列教材编审委员会尽快制订统一的文献检索课教学大纲(包括总纲与各级各类学校实施细则),由教育行政领导部门颁发,以便各校有章可循。

第二,建议尽快建立文献检索课程指导委员会,加强对该课程的指导、检查督促和评估工作。

第三,建议上级制订的有关政策措施要配套,文件精神要一致。原教育部〔84〕教高一字004号文件《关于在高等学校开设〈文献检索与利用〉课的意见》和国家教委〔85〕教高一字065号文件《关于改进和发展文献课教学的几点意见》是开设文献检索课的纲领性文件,给高校图书情报工作者和文献课教师以极大鼓舞。但文件中提到的课程安排问题、文献课教师编制问题等,各校在贯彻过程中出现了各行其是的情况,这主要是因为没有配套的条例予以保证,甚至出现文件精神互有抵触的情况。例如部分师专根据上述004号和065号文件精神开设文献课,坚持数年,取得了良好的教学效果,但后来又接到教委有关师专课程设置的文件,在课程目录中并无文献检索课。是继续坚持开课,还是停开,师专的同志感到进退两难。因此,同志们认为,要使这门新兴课程站稳脚跟,不断完善,需要各级领导层层

文献学篇

●
099

重视、多方配合。

第四,进一步加强教材建设和师资培训。希望文献检索与利用课系列教材及早出齐,并继续举办各专业、各层次的研讨培训班,包括初级班、提高班、助教进修班等。建议建立文献检索课师资培训中心(点),成立全国文献检索课教学研究会。

这次研讨培训班还邀请中国百科年鉴编委、中国年鉴研究中心研究部副主任葛永庆作了《年鉴及其在文献检索教学中的作用》专题报告,邀请复旦大学图书馆沈宝顺同志介绍了复旦大学开设文献检索课的情况和经验。

培训班还举办了文献检索教材展览与展销。展出已出版的"文献检索与利用课系列教材"与各地出版的文科类文献检索教材近 40 种。

(原载全国高校图工委秘书处编《简报》总第 54 期,1989 年 9 月 20 日,以笔名曾巍发表)

全国高校文科文献课建设调研报告

1990 年 3 月,我们发出了 31 份调研函至有关高校,专项调研文科文献课建设情况。截至 5 月底,共回收调研表 20 份,回收率为 64.5%。

按要求填写调研表的 20 所高校具有一定的代表性,基本上反映了文科开课的各个方面。这 20 所高校大体可分为六类:

1. 综合性大学(6 所):南开大学、河北大学、四川大学、西北大学、深圳大学、苏州大学。

2. 经济院校(4 所):西南财经大学、天津商学院、东北财经大学、大连管理干部学院。

3. 公安政法院校(3 所):中国人民公安大学、中国政法大学、西南政法学院。

4. 艺术院校(4 所):北京舞蹈学院、上海音乐学院、山东艺术学院、吉林艺术学院。

5. 外语院校(1 所):四川外语学院。

6. 民族学院(2 所):云南民族学院、贵州民族学院。

本调研报告的材料来源主要根据上述 20 所院校的调研表,有些内容则是笔者直接采访所得。

一、文科文献课发展的基本路向

1. 学科涵盖面明显增大

文科的文献课,起先主要是在基础较雄厚的文史专业开课,后发展到经济、公安、政法等专业,近年又发展到艺术和外语专业。

2. 文科各专业的文献课已逐渐形成各自的特色

文献课在文科开设之始,受到两个方面的影响较深:一是受传统的文史工具书使用法课程的影响,二是受科技文献检索课的影响,或沿袭前者,或套用后者,未形成自己鲜明的特色。随着文科文献课的发展,各专业文献课的教师从听课对象的实际需要出发,不断探讨本专业文献课的课程结构,逐步形成了自身的特点。例如经济文献课,已不满足于传统文史工具书使用法课以揭示静态资料为主的教学程式,日益注意动态性经济情报的检索方法的传授,并重视与科技情报密切相关的技术经济情报的检索。又如艺术文献课,如果照搬科技文献检索——以讲授二次文献为主——的教学程式,必然导致教学内容的苍白和教学方法的僵化。因为在艺术领域中,二次文献很少;艺术文献课若囿于二次文献,无异于作茧自缚。如今,艺术文献课可谓另辟蹊径,把有代表性的艺术专著、艺术作品集(如乐谱集、画册)等纳入文献课的内容体系之中,讲课的内容丰富生动了,学术性和应用性加强了,也就更切合学生的实际需要。

3. 理论探讨逐步深入

1984 年教育部教高一字 004 号文件下发后的头三年,报刊上发表的有关文科文献课的论文或研讨会研讨的内容,多属文献课重要性的阐述或经验总结。自1987 年起,论文重点明显转向理论探讨,其具体表现在:(1) 1987 年在哈尔滨研讨会上交流的 90 多篇论文中,有 10 余篇论文对文科文献课教学作了较深入的理论探讨;(2) 1987 年第 3 期《文教资料》开辟了"社会科学文献检索课笔谈"专栏,发表了《文献课要加强基础理论建设》等文章;(3) 1989 年苏州研讨班着重研讨了若干理论问题:文科文献课的学科归属与课程性质、"情报意识"的科学定义、对"文献利用"的理解,等等。

二、师资队伍建设

自 1984 年 4 月在苏州大学举办全国高校首届社会科学文献检索师资培训班后,全国各地又相继举办过十余次文科方面的师训班。其中有综合性的,如 1984年先后在南开大学和合肥市办班,1985 年在桂林办班,1988 年在连云港办班,1989年在苏州大学办班;有专科性的,如 1986 年在西南财经大学办经济文献检索教学研讨班,同年在苏州大学办语言文学文献检索研讨培训班等。受过培训的文科文献课教师已分布在 28 个省市自治区。根据我们抽样调查的 12 所文科院校(不包括综合性大学中的文科专业)提供的资料,文科院校文献课教师少则 1 人,多则 6人,其中公安、政法与经济类院校配备教师较多。兼职教师占大多数。

根据抽样调查的 20 所综合性大学和文科院校提供的资料可知:(1) 文献课教师多数来自图书馆,少数由各系专业课教师兼任;(2) 已成立文献课教研室(组)的学校有 8 所,占所调查的 20 所学校的 40% 。

三、教材建设

文科文献课教材的编写与出版,近几年有了很大的发展。据不完全统计,自1984 年至 1990 年初,以"文献检索"命名的文科教材公开出版了近 30 种(教学参考书与"工具书使用法"方面的教材尚未计算在内)。其中综合性的约有 10 种,多以"社会科学文献检索"命名;专科性的有近 20 种,如哲学、法学、经济、教育、体育、语言文学、历史、地理、艺术等,其中经济类最多(已见 5 种)。

大部分教材的质量是好的,尤其是由全国高校文献检索与利用课系列教材编审委员会组织编写的教材(其中文科类 6 种),编写人员水平较高,且经过逐级审查,质量较有保障。在自编的教材中,大部分也有一定的质量,且有自己的特色。但也有少数教材,编写态度不够严肃,主持者不是根据专业特长物色编者,而是以能够包销多少册作为"招标"的前提条件:愿包销两三百册者可当编委,包销数量大的即可当副主编。教材东拼西凑、改头换面的现象时有所见,不少教师对此很有意见。

四、开课方式与教学效果

各校开课的方式大体有下列四种:

1. 由图书馆(或文献研究室)面向全校开设公共选修课,各系学生自由选修,同堂听课。如中国人民公安大学、深圳大学、上海音乐学院、四川外语学院、云南民族学院。

2. 图书馆派人到系里开课。如四川大学、中国政法大学、东北财经大学、天津商学院。

3. 各系业务教师自行开课。如四川大学、河北大学、天津商学院。

4. 以上三种形式的结合,如南开大学、苏州大学、西南财经大学。

各校普遍反映,学生们对文献课兴趣较浓,收获较大。主要表现在:

第一,学生学习热情高涨。苏州大学文献研究室 1988 年面向全校文理各院系开《文献检索导论》公共选修课,原计划限 120 人选修,结果报名者达 163 人,授课期间又增至 170 人。1989 年限文科 50 人选修,结果报名者达 72 人,上课时又增至 85 人。西南财经大学自 1985 年起将文献课列为本科生必修课,听课率为 100%;为研究生开选修课,选修率达 58.1%。该校研究生处反映,在所有研究生选修课中,文献课是选修人数最多的一门。由于任课教师董建民为本科生、研究生授课均取得良好效果,因而他的文献课获得该校庆祝建国 40 周年优秀教学成果奖。

第二,学生扩大了视野,增强了情报意识。中国人民公安大学的学生普遍认为,文献课使他们"耳目一新,开阔了视野,拓宽了学习的路子",文献课是"很有学头"的一门课。南开大学图书馆反映,该馆的文科参考室辟有工具书专架,过去学生问津甚少;自从开设文献课后,学生知道了许多过去闻所未闻的工具书,纷纷查检,增长了知识,于是工具书专架成了文科参考室中的"热点区"。四川外语学院俄语系一学生在院刊上发表《这里有一片沃土》一文,说"文献检索室是我最依恋的地方",文献课帮助他"写的论文内容更丰富、新颖,还有所创新"。

第三,学生提高了动手能力,解决了一些实际问题。学过与未学过文献课的学生相比,动手能力悬殊甚大。例如,有一年大连管理干部学院的毕业班学生未学过文献课,写毕业论文不会查参考文献,而低年级学生学过文献课,于是出现了低年级学生帮助高年级学生查找参考资料的生动场面。又如,西南财经大学金融系 87 级两名研究生学过文献课后,协助他们的导师进行一项全国重点科研项目的研究,利用国际联机检索很快查得所需资料,使该项目优质完成,并利用所得资料完成了另一科研项目。四川外语学院 84 级一学生在院刊上发表《浅谈外语院校的文献检索教育》一文,认为开展文献检索教育是时代的需要,并说:"文献检索课已受到广大师生的欢迎和好评,为教学和科研解决了许多亟待解决的实际问题。"

(原载《大学图书馆学报》,1991 年第 1－2 期合刊)

文科文献课的计算机检索教学问题

国家教委高教司1992年5月下发的《文献检索课教学基本要求》(以下简称《基本要求》),对数据库和计算机检索知识的教学作了明确规定,指出应让学生"初步掌握计算机检索的方法"。

有同志认为,《基本要求》对机检教学的要求尚不能适应现代信息技术飞速发展的形势。但更多的同志则指出这一严峻的现实状况:在我国已开设文献检索课的院校中,机检教学大部分远未达到《基本要求》规定的要求。

一、机检教学是当前文献检索课的薄弱环节

试举较有代表性的三省为例,浙江省有27所院校开设文献课,其中未涉及机检或仅作课堂介绍的有18所,参观演示的有4所,能让学生上机实习的只有5所。上机率仅占开课院校的18.51%。[1] 黑龙江省是全国开设文献课较早的省份,现已有37所院校开课,但"机检教学普遍处于落后状态"。能提供机检教学实习的院校只有5所,上机率仅占13.51%。[2] 山东省有44%的院校尚缺少机检内容,"即使已进行机检教学的院校,大多只有2~4学时,只能简单地介绍一点知识,根本满足不了学生的要求"。[3]

面对这一现实,笔者以为:条件好、机检教学起步早的院校应发挥龙头作用,着眼于提高;对大多数院校来说,当前的首要之务是实现机检教学的零的突破,努力达到《基本要求》规定的要求。

二、传统文科的机检教学是薄弱环节中的最弱环节

已开展机检教学的院校基本上是理工农医专业的,文科极少。在文科中,经济类专业尚可,传统文科(尤其是文史专业)的机检教学最为薄弱。

传统文科对提高全民族的文化素质、进行社会主义精神文明建设具有重要意

---

① 章云兰:《浙江省高校文献课现状及其展望》,《大学图书馆学报》,1996年第2期。
② 葛冠雄、李继凡:《我省高校情报用户教育现状及其展望》,《大学图书馆学报》,1994年第2期。
③ 刘文云:《山东省文献检索课的现状及其发展趋势》,《大学图书馆学报》,1995年第6期。

义。我国高校在校学生中,学传统文科的占有相当大的比重。各综合性大学和师范院校都有中文、历史等专业。最近,国家教委在全国高校建立了数十个"文科基础学科人才培养与科学研究基地"(我校是其中之一),这是高瞻远瞩的举措。如果我们不及时在传统文科中把机检教学抓上去,不利于推进文科的改革和改善学生的知识结构。

传统文科领域的手工检索教学已有悠久历史,但机检教学却相当落后。究其原因,主要有三:

第一,传统文科十分重视中文文献的检索,但适合于文史专业使用的中文文献数据库太少,讲授机检缺乏实际材料。美国亚利桑那大学曾研制宋史史料信息库,把中国宋代史料译成英文输入计算机,用英文关键词、类目标引。这种数据库,对不懂中文的美国汉学家是有用的,对中国学者则用处不大。古汉语译成英文,既辗转失真,又增加了一层文字障碍。长期以来,由于没有世界通用的汉字编码字符集,用户难以通过国际联机检索终端获得中文文献资料。最近,ISO10646(国际统一编码字符集,东方文字)已颁布 20 902 个统一编码的中、日、韩文字,并正在研究扩大至 7 万个汉字以上①,为汉字信息在世界性信息网络中的互换创造了条件,但尚未普遍使用。我国虽已研制了一批中文数据库,但绝大部分是科技方面的。因此,对讲授机检课而言,传统文科要比理工农医的条件差得多。

第二,从事传统文科教学的教师大多不熟悉计算机检索,而从事机检教学的教师又多数不熟悉传统文科。由于既熟悉传统文科又懂机检的复合型人才太少,必然导致文科机检课教师的匮乏。

第三,在观念上,"重理轻文"、"重外轻中"的影响较深:一提"文献检索",视线就投向"科技文献检索";一提"计算机检索",重心就移向西文文献数据库的引进。诚然,西文文献数据库十分重要,这点谁都不会怀疑。问题是,离开了中文文献数据库的开发与利用,文献检索就不是完整意义上的文献检索,充其量只有"半壁江山"。

看来,当前特别需要强化"大文献"观念,将社科文献与科技文献视为一个整体,将古代文献与现代文献熔为一炉,让中文文献与西文文献比翼齐飞。

三、改变文科机检教学落后局面的暂行措施

随着中国教育科研计算机网(CERNET)的建设和网络体系的完善,随着数据库生产汉字化进程的加速,文科机检教学的落后局面是会逐步改善的。问题是,我们不能坐等外部条件一切都已成熟的时候再开展文科文献课的机检教学。应当立足当前,因陋就简,创造条件,及早上马。笔者在此提出几项措施,供同行们参考。可以预见,其中有些问题随着大环境的改善,将会迎刃而解。所以,下列措施只能

① 周显元:《谈谈利用图书馆网络进行回溯转换的问题》,《大学图书馆学报》,1995 年第 6 期。

说是暂行措施。

第一，尚无条件开展联机检索教学实习的高校，首先要把本馆书目数据库建设好，让学生利用计算机终端检索本馆藏书。这是一项最基础的工作，迄今尚有不少高校尚未达标，宜及早做好。

第二，购置必要的机读数据库（软盘型或光盘型），供学生机检实习用。目前国内已生产了一批适合于文科机检教学用的中文数据库。如上海图书馆的《中文社科报刊篇名数据库》，已录入1993年1月至今发行的报刊的篇名数据30余万条（目前每月以1.6万条的速度递增），机读版以软盘和光盘两种形式出售。

全文数据库如：中国社会科学院文学研究所的《全唐诗》数据库、南京师范大学的《全宋词》数据库、深圳大学的《红楼梦》数据库、台湾的《二十五史》数据库、北京鲁迅博物馆和计算机三厂联合研制的《鲁迅全集》数据库①，以及武汉大学出版社的《国共两党关系通史》、《中国名胜诗词大辞典》等电子出版物。

以上所举数例都是与传统文科密切相关的。至于经济、商业数据库，则数量众多。惠世荣主编的《如何掌握经济及商业文献信息》（华夏出版社1993年版）中"国内外主要经济、商业数据库简介"一节，对此介绍颇详，这里不罗列。

值得一提的是，全文数据库可供用户利用计算机阅读原文并进行多途径的检索②，具有书目数据库无法取代的功能。全文数据库的生产已成日渐增多的趋势，它在文献检索中的地位日益显著。③ 所以，《文献检索课教学基本要求》在"基本理论和基本知识"项下，强调数据库的教学内容"包括书目数据库、事实数据库、数值数据库、全文数据库"。

第三，根据专业特点，自行研制可供机检教学实习用的数据库。这样做，要投入较多的人力，费时多，但由于专业针对性强，用户较欢迎，是值得的。我们文献研究室从1993年起，本着为科研服务和为机检教学服务的双重目的，研制"古代文学论著数据库（理论与方法部分）"。数据库录入"五四"以来至当前有关古代文学研究理论与方法的论文和图书的题名、著者、出处，提示重要的论点和论据，用关键词标引。该系统可提供专指检索、模糊检索、多重检索，并具有分项整序、分项统计和编辑、打印等功能。目前，我们还在研制《文科文献检索指南》机检教学实习软件。

1995年3月，国家教委文科文献信息中心、中山大学和美国OCLC在广州主办"中文文献数据库国际研讨会"，会议提出"开发和提供中文文献数据库的任务主要由中国人承担"，我想，研制适用于文科机检教学用的中文数据库，也是我们每位文献课教师的责任。

第四，目前我国高校图书馆的计算机拥有量还很少④，许多院校不能满足学生

---

① 潘树广：《中国文学史料学》，黄山书社，1992年，第1224－1227页。
② 陈光祚：《电子出版物及其制作技术》，武汉大学出版社，1994年。
③ 陈光祚：《计算机情报检索系统导论》，书目文献出版社，1993年。
④ 李晓明，姜源绿：《我国高校图书馆现状》，《大学图书馆学报》，1995年第5期。

机检实习的需要。不妨暂且采取"择优上机"的办法：在手工检索教学告一段落时，进行一次考核，成绩好的学生方可取得机检实习的资格。这样做，一是可以激励学习积极性，二是暂时缓解计算机设备不足的困难。总的目的是，文科机检教学尚未上马的院校，首先要实现零的突破，再创造条件陆续推开。当客观条件不允许我们一步到位时，只能逐步到位。

　　以上所述仅是暂时措施。随着条件的改善，本文出的"点子"将成为明日黄花。但愿这一天早日到来。

（原载《大学图书馆学报》，1996 年第 2 期）

关于文献检索课悄然升温的思考

国家技术监督局在 1992 年 11 月发布了《中华人民共和国国家标准·学科分类与代码》(GB/T13745-92)①,该标准将"图书馆、情报与文献学"列为一级学科,"文献学"为下属的二级学科,"文献检索学"为三级学科(见表1)。

表1　1992 年国家技术监督局发布的学科分类与代码

870·20	文献学
870·2010	文献类型学
870·2020	文献计量学
870·2030	文献检索学
870·2040	图书史
870·2050	版本学
870·2060	校勘学
870·2099	文献学其他学科

从上表可以看出,这里的文献学已不是传统意义上的古典文献学,也不是现代文献学,而是将古典文献学与现代文献学融为一体。尽管上表所揭示的学科体系有待进一步完善,但其中已透露出一条重要信息——古典文献学与现代文献学正携手共建兼容古今的"大文献学"。"文献检索学"作为一个分支学科取得相对独立的地位,这在国家颁布的文件中可能是第一次。

原国家教委高教司下发《文献检索课教学基本要求》是在 1992 年 5 月,国家技术监督局发布《学科分类与代码》是在 1992 年 11 月,一先一后,仅隔半年。这是巧合还是确有联系,姑且不论。但不得不承认这样一个事实:教育部 1984 年教高一字 004 号文件和 1985 年 065 号文件,要求各高校开设文献检索课,只是作为一门课程提出来的,并没有将"文献检索"界定为一门学科。20 世纪 80 年代后期,有些文献检索课教师发表论文提出建立文献检索学,那只是代表个人发表意见,而且当

---

① 《中华人民共和国国家标准·学科分类与代码(GB/T 13745-92)》,中国标准出版社,1993 年。

时人们对此尚有不同意见。到了 1992 年,经国家科委、国家教委、中科院、社科院等部门众多专家反复论证制定的《学科分类与代码》,将"文献检索学"列为"文献学"的分支学科,反映了学术界对"文献检索"的科学认定。《学科分类与代码》在"编制原则"中明确规定:"本标准所列学科应具备其理论体系和专门方法的形成;有关科学家群体的出现;有关研究机构和教学单位以及学术团体的建立并展开有效的活动;有关专著和出版物的问世等条件。"可见,对一个学科的认定,不是通过媒体炒作就可以炒出来的,而要根据上述条件进行科学的论证。文献检索学被确认,是数以千计的文献检索教学研究工作者长期探索的结果,也是学科自身发展的必然结果。

"文献检索学"学科地位的确立,是使文献检索课悄然"升温"的一个因素;而教育部 1998 年颁布的《普通高等学校本科专业目录和专业介绍》,又为文献课的进一步发展开辟了广阔的道路。

1998 年教育部颁布的《普通高等学校本科专业目录和专业介绍》①,专业设置由原来的 504 种减少至 249 种,并对每种专业都规定了具体的"业务培养要求"。值得注意的是,在 249 种专业的培养要求中,有 218 种专业明确规定"掌握文献检索、资料查询的基本方法"或"掌握资料查询、文献检索及运用现代信息技术获取相关信息的基本方法",占专业总数的 87.55%。普通高等学校本科专业业务培养要求见表2。

表2　普通高等学校本科专业业务培养要求统计表

学科门类	设置专业种数	要求掌握文献检索的专业数	所占百分比(%)
哲　学	3	2	66.67
经　济	4	3	75.00
法　学	12	9	75.00
教育学	9	7	77.78
文　学	66	61	92.42
历史学	5	5	100.00
理　学	30	30	100.00
工　学	70	52	74.29
农　学	16	16	100.00
医　学	16	16	100.00
管理学	18	17	94.44
总　计	249	218	87.55

《普通高等学校本科专业目录和专业介绍(1998)》颁布以后,各高校纷纷据此

① 中华人民共和国教育部高等教育司:《普通高等学校本科专业目录和专业介绍(1998 年颁布)》,高等教育出版社,1998 年。

修订教学计划,许多学校强化了文献课的教学。例如苏州大学文学院,文献课原是选修课,现作为"学科基础课程",列为各专业的必修课,一律在本科二年级的所有班级开设。这样一来,可忙坏了文献课的教师,教材供应、师资配备和实习场所都空前紧张。

促使文献课升温的动因主要有以下两个方面。

其一,在世纪之交,人类正逐步进入"知识经济时代"。知识经济不同于以传统工业为产业支柱、以稀缺自然资源为主要依托的工业经济,而是以高科技产业为第一产业支柱、以智力资源为主要依托的经济,是一种可持续发展的新型经济。现在,全世界的经济增长方式比以往任何一个时期都更加依赖于知识的获取与创造性应用,这就对高等教育提出了更高的要求。教育部部长陈至立 1999 年 3 月论及培养"高层次创造性人才"的几点要求,第一点就是要使学生"永远充满获取新知识的渴望,并善于获取知识,具有较为宽广的知识面"。① 而文献是"记录有知识的一切载体"(GB3792.1-83),文献检索课就其本质而言,是一门指导学生如何获取知识的学问。文献检索课的升温,是知识经济的呼唤。

其二,计算机技术的发展,尤其是光盘检索和网上检索的逐步普及,给文献课注入了无限活力,激起了学生的极大兴趣。过去,曾有人错误地分析光盘检索给文献检索课带来的影响。最具代表性的是有两位记者在《人民日报》(1995 年 11 月 23 日)发表文章,说他们上大学时曾经学过数十小时的文献检索课,然而,"如今具备光盘检索条件的高等院校里,所谓'文献检索'课的全部内容,也就是花一个小时的时间回顾文献检索的历史,然后用 10 分钟的时间讲解光盘数据库的用法。电子出版物的出现,将一门复杂的课程简化得让它最终失去了存在的价值……"我相信,这两位似懂非懂的记者的论断一定会使得文献课教师哑然失笑。因为,第一,恐怕没有哪一位教师有本领用 10 分钟就可以讲清楚光盘检索;第二,自从文献检索课增加了光盘检索的内容,教学内容更丰富生动了,学生更爱听了。过去上文献检索课,总得先讲一下这门课程的重要性,以期引起学生的重视;现在上这门课,几乎用不着动员,只要对学生说明课程内容包括光盘检索或网上检索,学生个个重视。每逢到电子阅览室上实习课,学生总是提前到达,全神贯注。

文献课的升温,为课程的发展提供了良好的机遇,同时也提出了更高的要求。目前有几个问题亟待解决。

第一,师资队伍建设问题。目前的文献课教师,多数是在 20 世纪 80 年代中后期接受培训的。90 年代以来,从文献检索的基本理论到检索工具、检索途径都有了很大的发展。教师的知识结构和检索技能都需要不断更新才能跟上时代的需要。

第二,教材建设问题。目前使用的文献课教材,多数出版于 20 世纪 80 年代后

---

① 陈至立:《提高研究生教育质量培养高层次创造性人才》,《光明日报》,1999 年 3 月 17 日。

期至90年代初,内容显得陈旧了。尤其是供文科学生使用的教材,机检一向是个薄弱环节。当然,这与当时文科类中文数据库的极端贫乏有关。近几年,《中文社科报刊篇名》数据库、《中国学术期刊(光盘版)》、《中国法律法规大典》等光盘数据库相继问世,网络信息查询技术日益普及,文科文献检索教材理应及时编入这方面的内容。

第三,教学安排问题。文献课中机检内容的增加,使文献课教学更为丰富多彩,这当然是好事,但同时又为教学安排提出了新问题——课时有限,如何科学处理手检与机检的关系?要注意克服两种片面性:一是强调机检条件不具备,文献课仍在手检的圈子里打转;二是以为在计算机里什么都可以迅速查到,手检已过时了,文献课只要突出机检就可以了。后一种片面性的形成,源于对机检的一知半解,也与当前某些文章的浮夸宣传有关。如所谓"仅需一天时间便可把北京图书馆'搬回家'"的报道,就是一个典型的例子(见《光明日报》1999年1月23日)。应当充分认识到,就数据库的品种、数量和网上资源的现状而言,机检只能补手检之不足,远远未能达到完全取代手检的水平。有相当数量的文献资料,目前只能通过手检的途径获取。因此,现阶段的文献检索课,手检仍是基础。但与从前相比,手检的教学时数需要有所压缩,教学内容需要优化。在具体安排上,各校条件不同,手检与机检的课时比例各不相同。笔者为文科学生上文献课,手检与机检的比例大体是4∶1或5∶1,这一安排未必妥当,仅供同行参考。

第四,实习场所问题。这是个老问题,堪称"老、大、难"。如果实习室仅能供手检之用,已不能满足文献课的教学需要。仅在在黑板上讲机检,是纸上谈兵。建立机检实习室,需要有很大的投入。但只要图书馆取得上级领导的理解和支持,问题总可以逐步解决。例如苏州大学的机检教学长期落在兄弟院校后头,近两年经过馆领导的艰苦努力,终于建设起拥有42台电脑的电子阅览室,既可作为机检课的教室,又可供师生平时进行光盘检索、网上检索和阅读多媒体出版物,深受师生欢迎。

参考文献:
[1]林坚:《知识经济的召唤》,《书与人》,1998年第5期。
[2]李建军:《关于"知识经济时代"的哲学思考》,《哲学动态》,1998年第11期。
[3]潘树广:《文科文献课的计算机检索教学问题》,《大学图书馆学报》,1996年第2期。

续修四库提要的四种版本

《续修四库全书总目提要》是我国学者在 1931 年至 1945 年编纂的一部大型书目。主管此项工作的机构是中日双方委员组成的"东方文化事业总委员会",柯劭忞任委员长。其经费来源是日本退还给中国的一部分"庚子赔款"。提要撰稿者共 71 人①,其中颇多知名学者,如胡玉缙、吴廷燮、罗振玉、傅增湘、余绍宋、杨树达、班书阁、孙楷第、向达、谢国桢、王重民、赵万里、罗福颐、傅振伦、傅惜华、谭其骧等。总计写出提要稿 3.3 万余篇,其中 1 万余篇曾于 20 世纪 30 年代陆续打印。抗战胜利后,全部稿本和档案由中方代表沈兼士接收。中华人民共和国成立后,由中国科学院图书馆收藏。

《续修提要》的结集和印刷并非在一时一地,所以有四种不同的版本。不少读者和图书馆员常常混淆不同版本的续修四库提要,给教学和科研带来一些不便。为此,有必要对这四种不同的版本作一辨析。

一、台湾商务本

台湾商务印书馆 1972 年整理出版,署"王云五主持",精装 13 册(末册为四角号码书名索引),书名为《续修四库全书提要》。这是根据 20 世纪 30 年代已经打印的提要整理出版的,所以只收录 10 070 篇提要,仅及稿本的三分之一。但由于这是首次结集出版,故引起文献学界的极大关注。

二、大陆翻印本

东北某大学于 1984—1985 年据台湾商务本扫描翻印,平装 20 册,内部发行。因书上未署翻印者及翻印日期,故有些图书馆在编目时误录为台湾商务印书馆出版发行。其实,原版与翻印本册数不同,纸质和清晰度也有明显差别,是很容易区分的。

---

① 中科院文献情报中心整理:《续修四库全书总目提要(稿本)·前言》,齐鲁书社,1996 年。

三、中华书局本

中国科学院图书馆据提要原稿整理标点,书名为《续修四库全书总目提要》。中华书局1993年出版经部,精装,上、下两册,定价310元。据说是由于整理者和出版者双方在某些问题上意见不一致,出版经部之后就中断合作,停止出版。

早在1985年,《文史知识》就刊出中华书局即将出版续修四库提要的消息;1987年,该刊又发表《谈谈〈续修四库全书总目提要〉》一文。以上消息和文章都强调,这次是据提要原稿整理出版的,共三万余篇,相当于台湾商务印书馆版的三倍。学人见此消息,兴趣极浓,翘首以待。无奈等到1993年,仅见经部出版;其余各部,迟迟不出。后又得悉中止出版,不禁大失所望。

四、齐鲁书社本

中国科学院图书馆整理,书名为《续修四库全书总目提要(稿本)》,齐鲁书社1996年出版(以下简称"齐鲁本")。精装影印,正文37册,另索引1册,定价2万元。这是据中国科学院图书馆收藏的提要稿本影印的,共收提要3.3万余篇。至此,广大读者总算首次得见提要全貌。

齐鲁书社本是据稿本影印的,或初稿,或誊清稿,连眉批、浮签也一概保留,这给阅读带来一些不便,所占篇幅也多。但这样做的最大优点是保存原貌:各位学者的书法展现不同的风采,精心修改的笔迹清晰可见。今天读来,既是学术上的受益,也是艺术上的享受。

齐鲁书社本的编排颇为特别,它的正文不是按惯例分类编排,而是以中科院图书馆所藏219函稿本的函册次第为序编排,同一作者所写的提要相对集中。卷首有《提要撰者表》,说明某人所撰提要在影印本某册某页至某册某页。这样的编排,便于了解某某学者写了哪些提要,却不便于因类求书。好在整理者编了一册详密的索引,可供读者从不同的角度进行检索。索引分为三个部分:(1)分类索引,分经、史、子、集、丛书、方志六大类;(2)书名笔画索引;(3)作者笔画索引。

上述四种版本,齐鲁书社本所收提要最全,索引也较完备,当是使用的首选版本。

续修四库提要是在日军侵华的特定历史背景下编纂的,涉及极为敏感的政治问题,故当年参加此项工作的许多学者对此事讳莫如深,三缄其口,乃至后人对续修四库提要的成书经过及其学术价值不甚了了。今天,当它全部影印出版之后,人们往往可以从中得到意外的发现。以下试举一例。

半个世纪以前,谢国桢在《丛书刊刻源流考》中提到,他正仿照朱彝尊《经义考》的凡例,编撰《丛书考》一书。《丛书考》中有"丛书解题"(即丛书提要),并"间采叙跋"。他说:"原稿纂辑排比已逾千五百余种,徒以人事倥偬,弃置箧中,未遑整理。"①也就是说,他已完成了 1 500 余种丛书的提要草稿和相关资料的准备工作。谢国桢的这段话,引起我莫大的兴趣。因为,历来目录学家撰写书目提要,习惯以单行本为单元,很少为丛书撰写提要。如乾隆间编撰《四库全书总目提要》,有提要万余篇,其中丛书提要只有 50 余篇②;清末民初刘锦藻撰的《清朝续文献通考·经籍考》,在杂家类杂编门著录丛书,有简明的提要,但也只有 113 篇。而谢国桢已完成 1 500 余种丛书提要的草稿,这数字是空前的。我曾查找谢国桢的《丛书考》,未见出版;继而了解那 1 500 余篇丛书提要是否单独发表,亦无所获。当《续修四库全书总目提要(稿本)》出版后,我见其中谢国桢所写的丛书提要赫然在目,计 1 100 余篇。虽不足 1 500 之数,但已是前无古人了。

(原载《古籍研究》,2001 年第 1 期)

《历代职官表》与官制史料

20 年前,有过这样一件事:一位读者写信问某报:"'巡按'这个官职有多大?"报社请某同志撰文解答,答案是:"'巡按'是明朝开始设置的官职。当时全国有 13 省,每省设有'巡按御史'一人……大体和后来的省长差不多。"答案发表后,许多读者写稿给编辑部匡谬正误,指出明代的巡按是朝廷派往各地巡视、对地方吏治行使监察之权者,并非地方行政长官。编辑部为了对读者负责,选择其中一篇发表,以作更正。"答案"的发表和"更正"的刊出,前后相距整整四个星期。

笔者重提这件往事,是想说明两点:第一,我国历代官制复杂,官名繁多,稍不审慎,便生差错。第二,关于历代职官的品级职掌、因革废置,是有各种工具书可查的,尤其像巡按这种重要官名,更易查得。如果那位提问的读者善于使用有关的工具书,一查便知。

一

可供查考历代职官的书籍很多,本文重点介绍中华书局上海编辑所 1965 年重新整理出版的《历代职官表》(以下简称"新印本")。此书 1980 年由上海古籍出版社重印,是一部通行易得、比较实用的工具书。

新印本《历代职官表》是以道光间黄本骥编 6 卷本《历代职官表》(以下简称"黄编本")为基础整理出版的,而黄编本是乾隆间官修 72 卷本《历代职官表》(以下简称"官修本")的简编。① 为了使读者更好地了解新印本的体例、功用和使用方法,还得从官修本和黄编本讲起。

官修本《历代职官表》,是清高宗于乾隆四十五年九月命四库全书馆总纂官纪昀、陆锡熊、孙士毅,总校陆费墀等编纂的。全书以清代官制为纲,自"宗人府"、"内阁""吏部""户部"等部门起,至"藩属各官"、"土司各官"止,共分为 67 个门类。每门由三栏组成:第一栏是"表",以表格形式首列清代各职官名,然后依次排

---

① 官修本《历代职官表》,《四库全书总目提要》著录 63 卷,武英殿刊本为 72 卷。

列三代、秦汉至明代与之相应的职官名,以明渊源;第二栏是"国朝(清朝)官制",说明清朝各官的员额、品级、职掌等;第三栏是"历代建置",罗列"三礼"等儒家经典、各史职官志和政书、类书、笔记中的有关文献资料,并附按语,考订三代秦汉至明代官制的建置沿革。各门类的第三栏篇幅最多,用丰富的文献资料说明制表的依据,也可以说是表格的详细注释。

官修本《历代职官表》成书后60余年,黄本骥有感于此书民间流传不多,卷帙较繁,便着手进行改编。黄氏将各表后面的"历代建置"栏全部删去,录存原书表格67篇①,并将各表所附"国朝(清朝)官制"栏予以简化,移置各标题之下,以注明该表所列各官的员额、品级。这样,一部72卷的官修《历代职官表》,删存十分之一还不到,厘为6卷,书名仍叫《历代职官表》。这便是黄编本的来历。

虽然黄本骥只做了一番删削的工作,对官修本原有的错漏未予订补,甚至还有误改、脱漏等错误,但黄编本毕竟有简明扼要、使用便利等优点。所以,中华书局上海编辑所1965年新印本便是在黄编本的基础上整理加工的。

<h1 style="text-align:center">二</h1>

新印本《历代职官表》精装一册,由下列四大部分组成:

(一)《历代官制概述》,今人瞿蜕园撰,通论历代职官制度的沿革,分九章:(1)秦汉;(2)魏晋南北朝;(3)隋唐;(4)宋;(5)辽;(6)金;(7)元;(8)明;(9)清。

(二)《历代职官表》6卷,清人黄本骥编。以道光二十六年(1846)三长物斋丛书本为底本,校以历代职官志及"十通"等原始资料(包括武英殿刻官修本《历代职官表》),改正了官修本与黄编本的某些错误。采用新式标点,并对各表的直行与横行分别标以序列号,以求眉目清楚,且便于编制索引。

(三)《历代职官简释》,瞿蜕园撰。把《历代职官表》所列官名、机构名,大部分作了解说,词目按首字笔画为序排列,共880余条。

(四)《历代职官表及简释综合索引》,北京大学中文系古典文献专业同学编,阴法鲁等指导。将黄编《历代职官表》所列官名和瞿蜕园《历代职官简释》所收词目(官名、机构名)混合编排,按最后一字的四角号码为序排列(最后一字相同者,按最后第二、三字的四角号码为序排列)。但要注意:《历代职官表》中凡有"……等官"或"……各官"字样者(如"府属参领等官"、"盛京内务府各官"等),另编"等官索引"于后,按第一字的四角号码顺序排列。为帮助不熟悉四角号码的读者查找,《索引》还附有"笔画顺序检字"和"拼音顺序检字"。

---

① 官修本"提督"、"总兵副将"各为一表,黄编本合为一表;官修本"文武官阶"为一表,而黄编本析为"文官阶"、"武官阶"各一表。故黄编本表数仍为67篇。

以上四大部分彼此配合,相辅而行。出版社的同志为方便读者,确实是费了一番苦心的。

下面举个例子,说明新印本《历代职官表》的使用方法。

有位学生在阅读明代作家袁宗道的传记资料时,知袁曾任"右庶子"之职。他想知道明代的"右庶子"是个什么样的官职,但查《辞海》查不到"右庶子"这条目,转而查新印本《历代职官表》,欲知查阅方法。

其实,《辞海》虽无"右庶子"条目,但"庶子"条目是有的,该条谈到"右庶子",只不过谈得很简单,查新印本《历代职官表》,则可获知比较详细的内容。查阅程序如下:

(1) 查《历代职官表及简释综合索引》。"右庶了"最后一字的四角号码是1740_7,按号查找,可见:

1740_7 子

庶子

(释 127)

……

右春坊右庶子

……

22-3-18(127)

以上,"释(127)"意为在《历代职官简释》127 页;"22-3-18(127)"表示:第22 表,直行第3 行与横行第18 行相交处,在《历代职官表》127 页。

(2) 在《简释》127 页,我们查到:

庶子 《周礼》夏官有诸子,《仪礼·燕礼》有庶子,诸子、庶子都是众子之意。众子是服属于太子的,因此秦汉以后都以庶子为太子宫官之一。其性质与皇帝宫中的侍中相近。《隋书·百官志》云,太子官属有门下、典书二坊,各有庶子,门下坊称左庶子,典书坊称右庶子。至唐则称左春坊左庶子,右春坊右庶子。左春坊比朝廷的门下省,右春坊比朝廷的中书省。春坊即取春宫之意。以后相沿,直至明、清,无此官署而有此官名……

(3) 在《历代职官表》第22 表直行第3 行与横行第18 行相交处,我们查到明代的"右春坊右庶子"。沿直行往上看,可知这种官职历代演变的概况。在该表(詹事府)标题后,则可查知清代这种官职的员额、品级,表式见表1。

表 1　清代"右庶子"一职的员额、品级

4	左右春坊庶子[3]	少詹事[2]	詹事府詹事[1]	朝代
	周中大夫、诸下士			三代[1]
	中庶子		詹事	秦[2]
	太子庶子	詹事丞	詹事	汉[3]
	太子中庶子、太子庶子			后汉[4]
	蜀：太子中庶子、太子庶子　吴：太子中庶子、太子庶子		魏詹事	三国[5]
	太子庶子、太子中庶子	詹事丞	詹事	晋[6]
	太子庶子、太子中庶子	詹事丞	詹事	梁宋陈齐[7]
	太子庶子、太子中庶子	詹事丞	詹事	北魏[8]
	太子庶子、太子中庶子	詹事丞	詹事	北齐[9]
		小宫尹	宫尹	后周[10]
	门下坊：左庶子、右庶子；典书坊庶子		詹事	隋[11]
	左春坊左庶子、右春坊右庶子	少詹事	詹事	唐[12]
	左庶子、右庶子		詹事	五季[13]
	左庶子、右庶子		詹事	宋[14]
	左春坊左庶子、右春坊右庶子	少詹事	詹事	辽[15]
		少詹事	詹事	金[16]
	中庶子	储政院使、储政院同知、金院同政、副詹事	储政院使、左詹事、右詹事	元[17]
	左春坊左庶子、右春坊右庶子	少詹事	詹事	明[18]

詹事府[第二十二表]

[詹事府詹事]满、汉各一人，正三品。汉詹事兼侍读学士衔。[少詹事]满、汉各一人，正四品。汉少詹兼侍讲学士衔。[左、右春坊庶子]满、汉左右各一人，正五品。满员以四品冠带食五品俸。汉员左兼侍读，右兼侍讲衔。[左右中允]……

三

通过以上介绍,我们可以体会到《历代职官表》确为读者查考历代官制提供了很大的方便。但它也有不少缺陷。如:

官修本是以清代官制为纲的,因此,历史上清代之前曾设置而清代不设的官职便无法在表中体现。例如,大家所熟悉的《三国演义》有"张翼德怒鞭督邮"一回,这"督邮"是什么官,在官修本和黄编本《历代职官表》中是查不到的,因为"督邮"是汉代各郡的重要属吏,唐以后即废除。《历代职官表》既是以清代官制为基点回溯历代官制,"督邮"这种早已废除的职官就只好不提了。瞿蜕园在编制《历代职官简释》时注意到了这一问题,但考虑到《历代职官简释》是与黄编本《历代职官表》相辅而行的,并不是官修本《职官表》的改造。所以,原表所无的官名,《历代职官简释》就不添出。这样一来,"督邮"这一官名在新印本《历代职官表》中同样查不到。类似的例子不少。又,官修本编于乾隆年间,乾隆以后添设、裁并之官,自然不可能反映;黄本骥在改编时,注意到这一问题,但"未敢辄为更易"(黄序)。所以,此类官名只好尽付阙如。

官修本以清朝官制为纲而又处处要从历史上找根据,这就必然带来另外一个问题:清代特有而以往各代没有的官制如何体现?官修本常常采用牵强比附的办法来处理(如以清代八旗都统与北魏南北部大人等官比附),这就很不科学。

官修本与黄编本还存在其他问题,读者可参看新印本《历代职官表》的出版说明和瞿蜕园《简释》的引言,这里不赘述。

新印本《历代职官表》在编排上也有一些缺陷。例如,书后的《综合索引》编得不够细密。它按条目的最后一字("等官索引"则按第一字)编排,这未尝不是佳法,但没有把一些可以细分的条目分析为若干互见条目,这就使一些不熟悉古代官制的读者,常常"查不到"事实上是可以查到的官名。例如,想查"巡按"一官,读者以为依照体例查《综合索引》的"按"就可查到,结果查不到,查"史"字才查到"巡按御史"。如果《索引》能立"巡按"一目,并用引见符号标引:"→巡按御史",这对读者就更方便了。又如,《概述》、《表》、《简释》三大部分的页码自成起讫,不便查阅,还是页码连贯的好。

四

怎样才能更有效地使用新印本《历代职官表》呢?当你从这部书中查不到自己所需要的官制资料或嫌资料不足时,该进一步查哪些书呢?这里提两点建议:

(一) 先要熟悉中国历代官制的概貌。对概貌越熟悉,查起《历代职官表》来就越顺手,并能举一反三;否则,往往查到了有关的表格或释文,还是似懂非懂。

概述我国古代官制的文章,除了上面已介绍的瞿蜕园的《历代官制概述》,还有其他一些文章可参考。如聂崇岐 1961 年冬应北京大学中文系古典文献专业之约讲授中国历代官制,后来整理成《中国历代官制简述》一文,发表在 1962 年 4 月 25 日的《光明日报》。此文分两部分:第一,先秦官制的发展,第二,秦至清末官制的发展。后一部分是重点,又分三题:(1) 中枢机构;(2) 中央各部门;(3) 地方机构。

王力主编的《古代汉语》的"古代文化常识"部分,有"职官"一节,分三题:(1) 中央官制;(2) 地方官制;(3) 品阶勋爵。亦可参考。

(二) 除《历代职官表》之外,还可进一步查下列资料:

1. 官修本《历代职官表》各表后面的"历代建置"部分(即黄编本全部删去者)。官修本并不难得,《四部备要》、《丛书集成》等丛书均收辑。

2. 历代史书中的职官表志。我国历代"正史"大都有职官表志,如《汉书·百官公卿表》、《新唐书·百官志》、《明史·职官志》之类。有些正史原无职官志,但后人有补作,如《三国职官志》(清洪饴孙撰)、《南北史补志未刊稿·职官志》(清汪士铎撰)等,在《二十五史补编》中均可找到。《二十五史补编》于 1936 年由开明书店出版,中华书局 1955 年用原纸型重印 1 000 部,1956 年再印 1 000 部。

3. 十通。《通典》、《续通典》、《清朝通典》、《通志》、《续通志》、《清朝通志》、《文献通考》、《续文献通考》、《清朝文献通考》、《清朝续文献通考》中均有"职官"部分。商务印书馆 20 世纪 30 年代出版的精装本《十通》附《十通索引》,使用最便。

4. 历代会要。上述十通是通纪历代典章制度的,而"会要"则专纪某代典章,如《西汉会要》、《东汉会要》、《唐会要》、《明会要》等。会要中的职官部分,亦便参考。

(原载《文史知识》,1982 年第 11 期,后收入《怎样读历史古籍》,中华书局,1994 年)

丛书提要编撰与丛书研究考辨

　　《中国古籍提要·丛书卷》(以下简称《丛书卷》)的编纂工作已开展两年多了。
《丛书卷》的收录范围是子目跨部类的综合性丛书。前人撰写古籍提要,习惯
以单行本为单位。故综合丛书提要的撰写历来是个薄弱环节。现存的综合丛书绝
大部分没有前人写的提要可参考。因此,《丛书卷》的编纂是难度较大的工程,也
是一件很有资料价值和学术意义的工作。

　　为充分依靠各地的学术力量和发掘各图书馆的文献资源,我们在京、津、沪、
江、浙、鲁、辽、鄂、闽、粤等地设立了 13 个工作点,并经国家古籍整理出版规划小组
办公室批准,于 1993 年 12 月成立了丛书卷编纂办公室。经全体撰稿人的努力,现
已写出丛书提要初稿 1 200 余篇。虽然,已取得的成绩是初步的,提要初稿尚待花
大力气加工修改,还有数百种丛书未写出提要,但经过两年多的编纂实践,锻炼了
队伍,取得了一些研究成果。我们体会最深的是,古籍整理决非单纯的簿录甲乙的
技术工作,而是学术性很强的研究工作。要为世人提供优良的古籍整理成果,必须
把研究与考辨贯穿提要编纂的全过程。

　　为了推动和加强研究工作,我们采取了几项措施:

　　1. 广泛调研已有的丛书目录和研究成果,尽量使研究工作建立在较高的起点
上。除了搜集我国大陆的资料外,还与港台地区学者取得联系,获得港台地区与国
外的有关资料。我们编印了《古籍丛书资料综合索引》等检索工具,供各地撰稿人
参考使用。

　　2. 编印《丛书卷编纂手册》,使编纂工作有章可循,有案可查。如规定每篇提
要交稿时都必须填写"交稿单",注明所见丛书版本的行款格式,说明写稿过程中
参考了哪些文献,有何遗留问题等,以备审稿人查对和研究解决。

　　3. 创刊《丛书通讯》,每月出一期,发表撰稿人研究、考证丛书的文章,交流经
验,提供丛书研究信息。

　　4. 丛书卷办公室每月开会一次,检查工作并研究编纂过程中遇到的理论问题
与技术问题。

　　5. 聘请顾廷龙等先生任顾问,取得老专家的支持和指导。

　　丛书提要的编纂迫使我们对现存丛书作一番梳理,对种种疑难问题进行研究

和考辨;而研究和考辨又优化了提要的编纂。其收获主要有下列几个方面:

第一,订正了《中国丛书综录》、《中国古籍善本书目·丛部》等书目的若干失误。

1. 订正丛书版本著录之误

如《檀几丛书》,清人王晫、张潮辑。《中国丛书综录》著录为"清康熙三十四年(1695)新安张氏霞举堂刊本"。其误有二:(1)该丛书分初集、二集、余集,先后刊行于康熙三十四年、三十六年及三十六年之后。《综录》合并著录,却以初集刊行之年份统括,不准确。(2)该丛书书口刻"霞举堂"三字,霞举堂系仁和王晫室名。王晫有《霞举堂集》,霞举堂刻有《今世说》、《幽光集》等书,小有名气,而《综录》竟将霞举堂主人误为新安张潮。上海古籍出版社1992年影印《檀几丛书》,出版说明亦以讹传讹,谓"据上海图书馆所藏清康熙三十四年(1695)新安张氏霞举堂刊本"影印。

又如《黄氏续钞》,是明末清初黄宗羲的独撰丛书,收书三种。《中国古籍善本书目·丛部》著录为"清初刻本",藏南开大学图书馆。高洪钧同志至该馆逐页鉴别,定为明末刻本,并写了4 800字的考证给主编,说明定为明刻的根据和该丛书的文献价值。

2. 订正丛书书名、辑撰者著录之误

如《中国古籍善本书目·丛部·自著丛书》著录:"颜修来杂著五种七卷,清颜光敏撰,稿本。"赵传仁同志前往南开大学查核原书,发现所收五种子目中,《奈园录》并非颜光敏独撰,而是其孙颜懋侨所辑之丛书(子目22种,仅两种为颜光敏撰,其余20种为黄宗羲、顾炎武等人所撰)。盖整理编目者未细审全部内容,误将颜懋侨所辑《奈园录》与颜光敏所撰杂著四种合成一部丛书。故应将《奈园录》析出单独立目,题颜懋侨辑;颜光敏所著,则应著录为《颜修来杂著四种》。

又如《胡氏三种》,见录于《中国丛书综录·汇编·氏族类》,辑者著录为清胡锡燕,涂小马同志定其为误。考该丛书所收子目三种为:胡锡燕《诗古音绎》、胡元仪《瞻阙集虚》、胡元常《论书绝句》。元常为锡燕次子,元仪之弟。元常《论书绝句》自序云:"先君子训诲弥笃……曾欲将趋庭遗训纂辑一编。"故本丛书辑于胡锡燕卒后。《诗古音绎》题"次子胡元常校",且古人辑本家族之丛书有将己作殿后之惯例,故本丛书之辑者定胡元常为妥。

3. 订正丛书分类之误

如明人李之藻所辑《天学初函》,《综录》将其分入《类编·子类·天文》,不妥。其一,李之藻《刻天学初函题辞》云:"天学者,唐称景教,自贞观九年入中国,历千余载矣。"自言天学为西方传入的宗教,具体指李之藻随利玛窦所学天主教义。其二,《天学初函》收书20种,天主教著述最多,其次为数学、地理、水利著作,再次为天文学著作。故该丛书实为综合性丛书。

又如《宣威丛书》属史部丛书,《刘静庵秘书三种》属子部丛书,《海南丛书》属集部丛书,《综录》均将其误入"汇编"(综合丛书)。至于《大梅山馆集》、《冷红馆全集》之类,属诗文别集,不是丛书,《综录》亦收,失之过滥。

4. 订正子目著录之疏漏

如《培荫轩全集》,《中国丛书综录》著录子目 4 种。姚伯岳同志核以北大藏本,见此独撰丛书共两函。第一函为《读史任子自镜录》1 种,22 卷;第二函为《培荫轩诗集》等 4 种,8 卷。《综录》仅著录第二函 4 种,未著录第一函。

又如《峭帆楼丛书》所收《明懿安皇后外传》1 卷,《综录》著录为"(清)纪昀撰",不确。纪昀《叙》已明言:"此书原名《圣后艰贞记》,龚鼎孳撰,凡二万余言,未经刊布,传抄本讹谬滋多。昀乃正其误,删其繁,得五千余言。"据此,应著录为:清龚鼎孳撰,清纪昀删订。

再如,《黄氏续钞》所收黄宗羲撰《读龟山先生〈字说辩〉》,《中国古籍善本书目·丛部》著录为《字说辩》,不确。《字说辩》系宋代杨时(龟山)为驳王安石《字说》而作,而《读龟山先生〈字说辩〉》系黄宗羲批评杨氏之说,而申王安石之意者。这是时代不同、书名不同、观点不同的两种书,不可混淆。

第二,发掘了一些有价值的文献。

如北京图书馆藏清末王韬《蘅华馆杂著》手稿中,有道光二十八年至二十九年和咸丰五年日记,有助于研究王韬早期思想、活动及其与李善兰、蒋敦复、牧师麦都思的交往。但上述日记,中华书局 1987 年版《王韬日记》失收。

又如清康熙间李应机的生平事迹,史籍失载。涂小马同志在上海图书馆阅李氏独撰丛书《圊隐类编》稿本,发现其中《圊隐岁纪略》实为自订年谱,详记顺治七年至康熙五十六年(李氏 1 岁至 68 岁)事。此年谱,为《中国历代人物年谱考录》(中华书局 1992 年版)等年谱目录所失载。

《综录》著录王介藩辑《泰山丛书第一集》,收书仅 3 种。其实王氏父子积 40 年之力所辑《泰山丛书》,收书 40 余种。只因困于财力,仅于 1936 年铅印第一集 3 种,其余今藏曲阜师范大学。赵传仁同志予以整理,得 46 种,写出提要,使读者得见《泰山丛书》全貌。该丛书所收书中,有 18 种为清人稿本过录本,有 12 种清刊本不见于《清史稿·艺文志》及私家藏书目录,鲜为人知。

天津图书馆藏清人管庭芬辑《待青书屋杂钞》稿本,据刘尚恒同志考订,为综合性丛书,子目达 536 种之多,但《中国丛书综录》、《中国古籍善本书目·丛部》均未著录。其中颇多秘籍,如明人范大冲于万历十五年编刊的《天一阁书目》(有范大冲跋),是迄今所知最早的一部天一阁书目,今刻本已不存,世人罕知。

再如黄宗羲的《台雁笔记》和《读龟山先生〈字说辩〉》,台湾学生书局版《黄宗羲著作汇考》谓未见传本,浙江古籍出版社整理出版的《黄宗羲全集》亦失收。其实,上述二书均收入明刻丛书《黄氏续钞》。

第三,书面查证与实地调查相结合,考出一些人物的生卒、事略。

不少丛书的辑撰者是名不见经传的人物。尤其有些近代人物,生卒、事略更难寻觅,需要向其后裔、友人或当地方志办调查访问。

如赵诒琛是近代藏书家、刻书家,编刊丛书达十余种之多。《续补藏书纪事诗传》、《上海近代藏书纪事诗》均记述其事迹,但不详其生卒年。《中国近现代人物名号大辞典》不详其生年,但谓其卒于 1934 年前后,亦失考。笔者查阅钱振锽 1936 年为赵诒琛《丙子丛编》所作序,有"先生年六十有八矣"之语,可推知赵氏当生于清同治八年(1869)。至于卒年,赵诒琛自 1934 年起,与王保懿、王大隆等集资编刊系列丛书,以干支名书,首辑为《甲戌丛编》,此后年出一编,计出八编。前七编(甲戌至庚辰)均有赵诒琛署名,且各子目多有赵跋。第八编(辛巳)卷首仅王大隆一人署名,无赵诒琛名(《综录》著录赵诒琛、王大隆辑,与原书不符),各子目亦无赵跋,但卷末"集资题名"有赵诒琛捐资数。民国辛巳年为 1941 年,赵诒琛卒年当不会早于此,但确切卒年仍不明。笔者考虑到赵氏晚年在苏州,便向苏州沈燮元老先生求教。沈先生说他亦不知,但苏州古旧书店江澄波老先生必知。因江先生是古旧书业老前辈,曾与赵氏交往。笔者又去苏州古旧书店拜访江澄波,他说曾向苏州方志办核实过赵氏生卒年,待回家查札记。翌日,江先生告知赵诒琛生于 1869 年,与笔者推算相同;卒年是 1948 年,享年 80 岁。

又如丁惟鲁,有独撰丛书《丁惟鲁遗著》稿本,藏青岛市图书馆。关于丁氏事略,赵传仁同志查阅多种史籍均无获。后见谢巍《中国历代人物年谱考录》著录:《雪泥留痕》,近人丁惟鲁撰,抄本《丁惟鲁遗著》内(待访)。这说明谢巍未见原书,只是推测而已。赵传仁赴青岛查阅,发现《雪泥留痕》并非年谱,而是诗文集。好在集中有作者乡试、会试时的八股文和试帖诗,知作者是光绪十七年举人,二十四年进士。末附《八十自寿文》,署"庚寅元旦",由此可推知其生于 1871 年,庚寅年(1950)尚健在。至于其卒年和其他事迹,文集中找不到任何资料。因丁氏系山东日照人,于是去函日照市方志办求教,方志办回信说丁惟鲁卒于 1954 年,并介绍其事迹,问题得到圆满解决。

又如《掖海丛书》,赵琪辑。《民国人物大辞典》说赵是山东峄县(今枣庄市)人,《山东历史人物辞典》说是山东掖县人。虽两县皆属山东,但相距甚远。

后查《掖县志》,说是掖县人。又查赵琪《胶澳志》,见自序署"掖县赵琪",籍贯可考定。但上述各书均未提及赵琪卒年。后得知赵琪之女赵仲玉尚健在,寓居青岛。于是致函赵仲玉询问。赵女士年事已高,且双目失明,请人代笔回信,说其父于 1957 年 7 月中旬去世。一条行将淹没的资料,得到及时抢救。

第四,锻炼了研究队伍,推动了丛书研究。

虽然《丛书卷》开展工作才两年多,取得的阶段性成果很有限,但 30 余位撰稿人已初步结成了一支丛书研究的队伍,这支队伍正经受着锻炼。

浮躁、空疏的学风是治学的大敌。书要一本一本地看,资料要一条一条地找,提要要一篇一篇地写,这对每位撰稿人的功力与学风都是一种锻炼与考验。一位撰稿人深有体会地说:"我觉得这项工作虽然费时较多,但是很有意义,写提要的过程也是提高自己的过程。不像有些项目，搞过就忘记了。"

丛书是特定类型的古籍群体，是一个复杂的存在。编纂《丛书卷》工作难度大，对编纂队伍的锻炼也就更大。由于史籍的失载和文献的散佚，我们今天已不可能把历代丛书的全貌彻底搞清；但如果今天对现存丛书不下大力气作一番梳理和研究，后人研究和利用丛书将会遇到更大的困难。

丛书的理论研究历来是个薄弱环节，原因之一是以往的论述多集中在数量有限的著名丛书上，对其他大量的丛书缺乏个别的剖析和综合的研究。理论研究需要方法论的指导，更需要对研究对象的种种普遍现象和特异现象的全面掌握。如果对丛书及其相关文献缺乏全面、深入的把握，必然导致丛书理论研究的薄弱或失衡。各人在撰写丛书提要的过程中，不断发现新材料、提出新问题，迫使大家不断思考，不断探索，这是对丛书理论研究的有力推动。《丛书通讯》发表了一些理论性文章，探讨丛书的编刊与社会风气、学术思潮的关系，论述丛书的分类问题，研究丛书的著录规则问题等等，反映了同志们在丛书理论研究方面所作的努力。

古籍规划小组曾在 1993 年底向我们指出：承担《中国古籍总目提要》一个分卷的单位，不仅要完成一项具体的编纂任务，而且要建设成一个学科的文献资料中心和研究中心。要使整理与研究相结合，出成果与出人才相结合。这将有助于推动国家古籍整理整体水平的提高。我们现在重新回味这段话，更感其意义深远。

试论独撰丛书

古籍丛书对文献的保存和流通具有重要作用,这是文献学界的共识。但对丛书中的一个类别——独撰丛书,却有两种相反的观点与处理方式。一是认为独撰丛书与别集无异,称不上是丛书,更谈不上在丛书部专立独撰类;二是将独撰丛书的范围扩大,将许多别集划归丛书。

在《中国古籍提要·丛书卷》的编纂过程中,这一问题又被重新提了出来。

笔者认为,独撰丛书是有别于别集的群书集合体,它的一个显著特点是综合性。旧时许多图书目录在丛书部专立独撰类,如实反映了丛书编刊的实际情况,我们今天应继承这一分类思想。但必须对独撰丛书进行科学的界定,不能随意扩大其范围。

独撰丛书,又称自著丛书(张之洞等)、个人丛书(王重民、杨殿珣)、一人丛书(汪辟疆)。本文先综述各家书目对独撰丛书的著录和立类情况以及有关论述,然后对独撰丛书的界定问题略陈管见。

一

明末清初,祁理孙(1627—1687)的《奕庆藏书楼书目》,将图书分为五大类:经、史、子、集、四部汇。"四部汇"专收综合性丛书。这是最早将丛书列为一级类目的书目。"四部汇"共收综合性丛书《经史全书》、《刘须溪九种》、《汉魏丛书》、《百川学海》等14种。其中第一种《经史全书》,又称《邵文庄公经史全书》,便是独撰丛书。该丛书收明人邵宝(1460—1527)著述五种:《简端录》、《左觿》、《定性书说》、《容春堂杂钞》、《学史》,是邵宝的经学、史学、理学著作和杂文。

这说明,自丛书位居一级类目的第一天起,丛书的家族成员便有独撰丛书。

《四库全书总目》未立丛书部,而将丛书划归子部杂家类。《四库》虽不立"丛书"这类目名称,但明确指出杂家类杂编之属所收之书即是"丛书",并对丛书源流略作考证(见杂编案语)。值得我们注意的是,四库馆臣实际上已敏锐地看到了独撰丛书的存在,但由于《四库》未立丛书部,在分类上遇到了麻烦。馆臣在"杂编"的案语中说:

> 其一人之书，合为总帙而不可名以一类者，既无所附丽，亦列之此门。

可见，馆臣已注意到这种特定类型的"总帙"。这类"总帙"把一人所著的若干种书合为一编，而这若干种书又是跨部类的，无法归入经史子集的哪一部，于是只好列入杂编，与其他丛书合为一门了。这种"总帙"，就是独撰丛书。《四库全书总目》著录和存目的此类书籍有十余种，如明代陆深《俨山外集》，胡应麟《少室山房笔丛》，唐枢《木钟台集》，陆树声《陆学士杂著》、《陆文定公书》，陈继儒《眉公十集》，清代冯班《钝吟杂录》，张履祥《杨园全书》、《张考夫遗书》，王玿《丹麓杂著》，闵则哲《检心集》，等等。四库馆臣每每在提要中作此类说明：

> 其别行之本，已各存目，此其总汇之本也。(《木钟台集》提要)
> 其中亦有别本单行者，此则其门人子弟所合刊成帙者也。(《陆学士杂著》提要)

这说明独撰丛书中的子目，往往有"别行之本"。"别行之本"的归类自不成问题，麻烦就出在这些"总汇之本"或"合刊成帙"之本上。它们"无所附丽"，塞入杂家类实在是不得已而为之。

二

到光绪二年(1876)《书目答问》问世，这些难题才顺理成章地解决了。张之洞对丛书有两大贡献：

第一，在四部之外别立"丛书目"。尽管未径直称"部"，实际上已让丛书享受正部级待遇，跃居一级类目之位了。虽然，这不是张之洞的首创，祁理孙《奕庆藏书楼书目》已开风气之先。但《书目答问》的影响比前者大得多，它在普及丛书知识、强化丛书意识方面所起的作用，是《奕庆藏书楼书目》不可比拟的。

第二，张之洞明确指出："一人著述合刻者，亦名丛书。"并将独撰丛书提高到相当重要的地位。从分类看，张之洞将丛书分为"古今人著述合刻丛书"和"国朝一人自著丛书"两大类，两者平起平坐；从数量看，"丛书目"列举丛书 106 种，其中自著丛书达 49 种，几占一半。并非张之洞故意标新立异，而是当时独撰丛书的刊行不但在数量上超过前代，总体质量也是上乘的。张之洞在"国朝一人自著丛书"下加按语云："求书于市，但举子目，非书贾所知，故为举其大题如左。"这透露了一个重要消息：当时独撰丛书已声名甚著，以至于读书人举出某学者的单种著作，书贾未必知晓，而举出该学者的独撰丛书名，书贾则可了然。所以，设立独撰丛书的类目，不但有分类学上的意义，且有实用价值。中国古典目录学历来有学术性与实用性并重的传统,作为举要书目的《书目答问》,更鲜明地体现了这一特色。

综观《书目答问》所列 49 种自著丛书,其书名或称遗书,如《亭林遗书》(顾炎武);或称合集,如《西河合集》(毛奇龄);或称丛书,如《苏斋丛书》(翁方纲);或称全集,如《望溪全集》(方苞);或称集,如《清白士集》(梁玉绳)等。但它们都有两个共同特点:第一,子目分别是独立的著述;第二,子目是跨部类的。试举三例:

[例一]《亭林遗书》中,《左传杜解补正》、《九经误字》又见于《书目答问》经部著录;《昌平山水记》、《金石文字记》又见于史部著录;《亭林文集》又见于集部著录。

[例二]《西河合集》中,《易小帖》又见于《答问》经部著录;《西河文集》、《西河诗集》又见于集部著录。

[例三]《清白士集》中,《人表考》又见于《答问》史部著录;《吕子校补》又见于子部著录。

自《书目答问》将自著丛书立为一类,后出书目多所仿效,如杨守敬、李之鼎的《丛书举要》(1914 年刊),分丛书为 11 类,其中便有自著丛书一类。

三

民国时期,随着丛书目录的增多,丛书分类问题与独撰丛书的研究亦日渐深入。

汪辟疆在《丛书之源流类别及其编索引法》中,将丛书分为"总类"、"专类"两大类。专类又分为专代、专地、专人、专学四门。专人又分为"一人"、"一家"。"一人"丛书即独撰丛书,汪辟疆列举了 37 种,如《亭林遗书》、《抗希堂全集》、《孙渊如全集》、《巢经巢全集》、《王忠悫公遗书》等。

王重民、杨殿珣等学者于 1931 年至 1934 年编纂的《清代文集篇目分类索引》有丛书类,并根据文章论及的丛书的性质,细分为经学、丛刻、地域、个人四类著录。其中的个人丛书,即独撰丛书。

谢国桢《丛书刊刻源流考》将丛书分为六类:汇刻、类刻、辨伪辑佚、自著、郡邑、族姓,并对自著丛书作如下说明:

> 丛书之名既立,后人见昔贤著述:如《二程全书》、《邵文庄公经史全书》等类,遂以丛书名之,自是而后,明清作家,汇辑其平生著述蔚为一集,遂俨然有丛书之实矣。清代学者,毕身精力,粹其所思在于所著之书,如戴震之《戴氏遗书》,钱大昕之《潜研堂丛书》,章学诚之《章氏遗书》,段玉裁之《经韵楼丛书》,降及近世王国维之《王静安先生遗书》,刘师培之《刘申叔先生遗书》,均足启迪后人传诸百禩者也。

以上所举各书,《二程全书》收程颢、程颐兄弟经学、理学著作与诗文,属族姓丛书,并非自著丛书,这是谢国桢论述欠严密之处。但他这段话,简明扼要地勾勒了自著丛书的发展轨迹:随着丛书意识的确立与强化,人们一方面将前人的某类著述(如《邵文庄公经史全书》)定名为自著丛书,另一方面又编刊新的自著丛书。由于这类丛书以个人著述为收录范围,能较系统地体现一个学者的多方面成就,所以很受读者欢迎。自著丛书以其独到的编辑体式赢得了存在的价值,遂蓬勃发展,蔚为大观。谢国桢这段话对我们研究独撰丛书的发展历程很有启发性。

四

20 世纪 50 年代末,顾廷龙先生主持编纂的《中国丛书综录》,吸取了各家分类思想之长,将丛书分为"汇编"、"类编"两大类。"类编"收录有类可归的丛书,按四部分类;"汇编"即综合性丛书,又细分为杂纂、辑佚、郡邑、氏族、独撰五类。

《中国丛书综录》对综合性丛书的分类方法,比较合理,影响很大。此后 30 多年间,无论是我国大陆和台、港地区编纂的丛书目录,还是国外编撰的丛书目录,基本按此方法分类(或仅作局部修改)。如日本的《京都大学人文科学研究所汉籍分类目录》(1963—1965 年版)、《神户大学附属图书馆汉籍分类目录》(1975 年版),其丛书部分分为六类:杂丛类、影仿类、辑佚类、郡邑类、一姓所著书类、一人所著书类。其中"一人所著书",即独撰丛书。

值得注意的是,独撰丛书(或称自著丛书)的类目设置,不仅适用于古籍分类,也适用于现代书籍的分类。我国当代最有影响的图书分类法——《中国图书馆图书分类法》和《中国科学院图书馆图书分类法》,在"综合性图书"的基本部类之下,均有"自著丛书"这一类目。也就是说,独撰丛书这种丛书类型,古代有,现代也有,它们的基本属性是综合性。

上文已说,"独撰丛书"又称"自著丛书",那么,哪一名称更好呢? 笔者以为,用"独撰"之名比"自著"更为妥帖。因为,"自著丛书"的类目名称,在语感上给人以自撰自编(撰者与汇编者同为一人)的印象,但事实上,多数是由他人(友人、门人、后裔、书贾等)汇刊而成,由撰者自行编刊成丛书者属少数。而"独撰丛书"之称,强调的是子目为一人所著,较妥。《中国丛书综录》用"独撰丛书"之名,台湾地区庄芳荣的《丛书总目续编》、香港地区李锐清的《日本见藏中国丛书目录》,均沿用"独撰丛书"之名。

五

综上所述,独撰丛书是综合性图书中的一个类型,与诗文别集不同。各种书目和图书分类表为独撰丛书设置专门类目,如实地反映了这种特定类型的图书的存在形态,是合理的、可信的。但是,应对独撰丛书进行界定,不可随意扩大其范围。

独撰丛书,须同时具备以下两个基本条件:

第一,应汇集一人所著的两种或两种以上独立的著述。

第二,这些独立著述应是跨部的。若在一部之内,则不是独撰丛书。如:

《万充宗先生经学五书》,收清人万斯大所撰经学著作五种,属经部丛书。

《思益堂史学三种》,收清人周寿昌所撰史学著作三种,属史部丛书。

《黄氏遗书三种》,收清人黄元御医学著作三种,属子部医家类丛书。

《玉茗堂四种传奇》,收明人汤显祖所撰传奇四种,属集部曲类丛书。

以上四种丛书,虽然分别是一人所著,但子目不跨部,不具备独撰丛书的一个必备条件——综合性,因此不属独撰丛书。

最常见的毛病是将诗文别集或集部丛书划入独撰丛书。《中国丛书综录》共收综合性丛书1 327种,其中独撰丛书760种,占一大半。在这760种"独撰丛书"中,有些实际上不是独撰丛书。如:

《大梅山馆集》,清姚燮撰,收三种。一是《复庄诗问》,收姚燮之诗,附友人唱和赠答之作;二是《疏影楼词》,收姚燮词作;三是《复庄骈俪文榷》,收姚燮骈文。

《樊山集》,清樊增祥撰。樊氏以"多产"而著称,又作骈散文与词。作品不断结集,名目繁多。《樊山集》所收达50种之多,但都是诗文与词。

《冷红馆全集》,清秦臻撰。所收均为诗文词。

类似的例子尚多。显然,《中国丛书综录》把独撰丛书的范围拉得太大了。

总之,既要承认独撰丛书存在和立类的合理性,又不可随意扩大其范围,关键是要对子目进行分析,而不是仅仅看书名。不能一看到"××集"的"集"字,就认为它是别集,不是丛书。梁玉绳的《清白士集》称"集",但它是独撰丛书(上文已作分析)。反之,名为"××丛书"者,未必是丛书,如陆龟蒙《笠泽丛书》、王楙《野客丛书》,连丛书也不是,更不要说独撰丛书了。

丛书杂考

《檀几丛书》的两个问题

一、《檀几丛书》的版本问题

《檀几丛书》,清人王晫、张潮辑。《中国丛书综录》著录为"清康熙三十四年(1695)新安张氏霞举堂刊本",失考。其误有二:(1)该丛书分初集、二集、余集,先后刊行于康熙三十四年、三十六年及三十六年之后。《中国丛书综录》合并著录,却以初集刊行之年份统括,不确。(2)丛书书口刻"霞举堂"三字,霞举堂系仁和王晫室名,王有《霞举堂集》,霞举堂刻有《今世说》、《幽光集》、《墙东志》、《兰言集》、《千秋雅调》等,小有名气,而《中国丛书综录》竟将霞举堂误为新安张潮室名。上海古籍出版社 1992 年影印《檀几丛书》,出版说明亦以讹传讹,谓"据上海图书馆所藏清康熙三十四年(1695)新安张氏霞举堂刊本影印出版"。

二、《四库全书总目提要》对《檀几丛书》的著录与评价问题

《四库全书总目提要》(以下简称《四库提要》)子部杂家类存目著录:"《檀几丛书》五十卷,国朝王晫、张潮同编。是书所录,皆国朝诸家杂著,凡五十种。"按,《檀几丛书》初集、二集均 50 卷,各收小品杂著 50 种;余集分上下卷,收小品杂著 47 种附 10 种。可见,《四库提要》著录不全。《四库提要》共提及《黛史》、《小星谱(志)》、《鸳鸯牒》三种子目,均在《檀几丛书》二集中,可知馆臣所见仅为二集,而非全书。这是著录上的以偏概全。

《四库提要》对《檀几丛书》的评论,无一字之肯定,怒斥其"务为纤佻之词"、"猥鄙"、"伤风化"、"其书可烧"、"秽简牍",而所引之例,均出自上述《黛史》等三种。这是评价上的以偏概全。

平心而论,《檀几丛书》确收有闲极无聊的小品,但也收了不少颇有价值的名家著述。即以被四库馆臣贬得一无是处的《檀几丛书》二集而论,就收有毛奇龄《三江考》、阎若璩《孟子考》、王士禛《渔洋诗话》等。值得注意的是,《檀几丛书》二集辑刊之时(康熙三十六年),毛奇龄、阎若璩、王士禛均在世,而且,王士禛还亲

自把他的许多著述寄给丛书辑者。因而,不能否认《檀几丛书》具有一定的版本价值与学术价值。

王韬日记的佚文

在北京图书馆善本部见《蘅华馆杂著》稿本,收王韬(1828—1897)著述六种:《苔华庐日记》、《蘅华馆日记》、《蘅华馆书目》、《蘅华馆藏书目录》、《茗芗寮志》、《瀛壖杂志》。其中《苔华庐日记》与《蘅华馆日记》,均不见于中华书局 1987 年出版的《王韬日记》(方行、汤志钧整理校点),陈左高《中国日记史略》(上海翻译出版公司 1990 年版)的正文和附录《引用日记简目》亦失载。现简介如下:

《苔华庐日记》记道光二十八年十一月至二十九年闰四月事,其时王韬 21 至22 岁,尚在乡间授徒。前有道光二十八年(1848)十一月小引,云:"仆行年二十一矣,本无一长……前者事遗忘而不足录,爰取近者,自戊申十一月上浣始笔之于□,法司马温公'事无不可对人言'意,以为是记。"可见,这是王韬记日记之始。从中可见其早期活动与思想。

《蘅华馆日记》记咸丰五年九月至十二月事。其时王韬已于上海墨海书馆任职数年。十月四日记云:"予于是日生,身到红尘已二十八年矣。一事无成,飘零若此,真可伤也。"记及与算学家李善兰、诗人蒋敦复、英国牧师麦都思的交往,可供研究近代上海史事者采择。

三个张鸣珂

清人张鸣珂的《寒松阁著述五种》,收《寒松阁诗》、《寒松阁词》、《寒松阁骈体文》、《说文佚字考》与《疑年赓录》。张鸣珂(1829—1908),字玉珊,浙江嘉兴人。咸丰拔贡,官德兴知县。工词,嗜书法。《清史稿》无传,其生平事迹散见于《著述五种》各书及序跋。

查《三十三种清代传记综合引得》,知《国朝耆献类征初编》卷四〇八有张鸣珂传记。但经核对原文,方知《国朝耆献类征初编》所载张鸣珂为康熙时湖南宁乡人,字玉友,与《寒松阁诗》的作者张鸣珂相去百余年。

又查《历代人物年里碑传综表》张鸣珂条,见:

[字号]玉珊　　[籍贯]浙江嘉兴　　[岁数]八〇　　[生年]清道光九年(1829)

[卒年]光绪三十四年(1908)　　[备考]《国朝耆献类征》卷四〇八

此处误将《国朝耆献类征初编》卷四〇八作为浙江嘉兴张鸣珂的传记出处,是把两个张鸣珂混淆了。致误的原因，可能是抄录《三十三种清代传记综合引得》，而未查对原文。

再查台湾版《清代传记丛刊索引》，得知除了上述两个张鸣珂外，还有第三个张鸣珂，字锡畴，湖北黄冈人。古代同姓名者太多，不可不慎。

《铁华馆丛书》命名由来

清光绪间，苏州蒋凤藻辑《铁华馆丛书》，委托叶昌炽具体经办影刻事宜。当时蒋氏任职于福建，叶氏在苏州。两人为刻书之事，"邮筒商榷，至于再三"（叶昌炽《藏书纪事诗》），精益求精。《铁华馆丛书》一出，即驰誉士林。

《续修四库全书提要》、《丛书集成初编目录》均有《铁华馆丛书》提要，但都未提及该丛书命名的由来。后读蒋凤藻致叶昌炽信札，见信中对此事叙述甚详，今节录如下：

> 且无意中，又复铁树开花，更是千古罕有之事。今寓中铁树仅约一六尺竿，而绿叶纷披，树本直上如管，乃花透中心如笔尖。亭亭玉立，花色微黄，而日见其长，已约尺许，犹含芳欲吐也。此间琼花习见不奇，此实百数十年不得一遇。故老传闻，谓千年一花，非累世称德之家，不能遇此，盖有非常大富贵兆云。弟当此多事之后，忽忽有此嘉祥，窃念先祖先父积善有之，而弟实自愧无德无福。然此天之所示，不得不恭纪盛遇。意欲绘此铁树花馆为图，并乞老哥赐序传后，盖纪实也。目下活字影宋丛书，亦欲即以长洲蒋氏铁树花馆写本为名。望足下斟酌定行。

蒋凤藻写给叶昌炽的这批信件，1941年被苏州图书馆购得，计百余通，这是研究蒋氏刻书活动和文献学思想的重要资料。后该馆选出60余通，拟名为《心矩斋尺牍》，刊入《吴中文献小丛书》。

袁祖志的出国见闻录

19世纪末，经过欧风美雨的浸染，国人的视野拓宽了，丛书也注入了新鲜的内容。袁祖志的《谈瀛录》便是一例。

袁祖志是随园老人袁枚之孙，道光七年（1827）生，咸同间游寓上海。光绪九年（1883），随同轮船招商局总办唐廷枢出国考察，为期九个月，眼界大开。他将出国见闻与感受写成《瀛海采问》、《涉洋管见》、《西俗杂志》、《出洋须知》、《海外吟》五书，并附以旧作《海上吟》一种，汇为一部小型丛书，总名《谈瀛录》，光绪十七年上海同文书局石印。卷首有同文书局创办人徐润总序，所收六种书分别由唐廷枢、陈衍昌等作序。

该书生动记述了中国士人在国门初开之时的惊愕之情和复杂心态,今天读来饶有趣味。袁祖志初到上海,光怪陆离的十里洋场使他第一次"豁双眸"。光绪五年前后,他把居沪20余年的见闻杂感诗结集为《海上吟》。其中有诗云:"我来海上豁双眸,弹指于今二十秋。高处置身殊惴惴,肯将安乐换公侯。"(《九月登丽水台漫兴》)光绪九年,袁氏由"海上"而"海外",游历十余国,这是他第二次"豁双眸"。出国期间,袁氏撰有诗集《海外吟》和杂著《瀛海采问》等。《瀛海采问》记越南、新加坡、锡兰、也门、意大利、法国、英国、德国、荷兰、西班牙、巴西等国的政令、民俗、疆土、武备、物产、制作,多为当时国人见所未见、闻所未闻的海外奇观。《涉洋管见》一种,收论说文六篇、记叙文12篇。其中《中西俗尚相反说》一篇,列举中西风俗相异之点,语多发噱,如:

> 中土男贵于女,泰西则女重于男。中土一男可以兼妻妾数人至数十人不等,女子只事一夫。泰西则一女可以适数人,而男子不得兼妻妾,虽君主亦然。
>
> 中土君贵民贱,銮舆不轻出宫,出必警跸。泰西则君与民服御不分,时时轻车入市,或入戏园。
>
> 中土以整冠为敬,脱帽为不恭。泰西以脱帽为敬,整冠为不恭。
>
> 中土人以手代算,屈指计数。泰西则以伸指计数。
>
> 中土主人宴客,主妇深居避面,不与客晤。泰西则主人宴客,必主妇出陪,且须挽上客之手,把臂入席,及离席时亦然。

《西俗杂志》一种,杂记西欧风俗礼仪,旁及市政、交通、邮政、货币、租赁、消防、保险、典当、监狱等。如:

> 唤人不得声喊,随处置有扯铃,或用电线。但于壁间置机钮处按之,即应声而至,然亦不敢遽入也。必以手于门上轻弹两声,闻答以"克明"二字乃入。
>
> 树木阴翳,到处皆然。国家定例,凡伐树一株者,补种二株,虽买山自植者亦如之,故愈芟夷愈茂密云。
>
> 街车客座已满,仍可容立数人。然妇女之来,虽客位已满,亦必有启立而让者,断不使之倚立也。火轮车亦然。
>
> 男女至二十一岁后,父母便不闻问,听其各自谋生,故无游手坐食之人。其势不得不然也。
>
> 监狱最为阔大,亦最为洁净,此真中土所未有也。

尚有《出洋须知》一种，相当于"出国手册"。标列"洋面须知"、"税务须知"、"言语须知"、"禁忌须知"、"物价须知"等16目，提示出国注意事项，纤细不遗。连应当带什么食品，亦一一列出。他说，应带些青盐橄榄，此物可治晕船呕吐。宜多带"可以经久而最便者"，"如南京之炒米，杭州之藕粉，扬州之金果粉。此等以沸汤一调便成"。当时尚无康师傅方便面，否则袁氏是一定会列入清单的。

梁启超与《西政丛书》

光绪二十三年(1897)，梁启超编了一套《西政丛书》，由慎记书庄石印。其时正当甲午战争之后三年，戊戌变法前一年，梁启超25岁。《丛书》共收书32种，其中23种为英、美、德、法等国著述的中译本(或编译)，9种为中国人所撰有关外国政务的著述。

梁氏编辑这套丛书是有较充分的思想准备和材料准备的。1895年，康、梁在京发动"公车上书"，要求变法。梁氏在京师强学会会所居数月，"会中于译出西书购置颇备，得以余日尽浏览之，而后益斐然有述作之志"(梁启超《三十自述》)。次年，梁氏撰《变法通议》和《西学书目表》。《西学书目表》分西学、西政、杂类三大类，著录书籍数百种，以"圈识"和按语提示各书的重要程度。《西政丛书》的子目即以《西学书目表》为基础筛选而成，分类体系也是一致的。《西政丛书》与《西学书目表》分类对照情况见表1。

表1 《西学书目表》与《西政丛书》分类对照

《西学书目表》的分类 (1896)	《西政丛书》的分类 (1897)
西学 (类目略)	
西政	
史志 官制 学制 法律 农政 矿政 工政 商政 兵政 船政	史志 官制 学制 公法 农政 工政 商政 兵政
杂类 (类目略)	杂著

《西政丛书》所收各书，绝大部分见于《西学书目表》著录，而且分类体系一致，由此可以看出《西政丛书》与《西学书目表》的内在联系。

梁氏在《西政丛书序》中指出，以往国人对西方著作的译介偏重在武备、船械、制造诸方面，而忽略对"西政"的介绍，这是本末倒置。他编纂《西政丛书》就是为了真正把握"西人所以立国之本末"，并以此作为中国改良政制的借鉴。可见，梁氏1897年编纂本丛书以及1898年编的《中西学门径书七种》，都是直接为戊戌变法服务的。

但戊戌变法最终还是失败了。到了20世纪20年代初，梁启超对此作了深入的反思。他说，那时候"觉得我们政治法律等等，远不如人，恨不得把人家的组织形式,一件件搬进来,以为但能够这样,万事都有办法了"。结果自上而下的变法"是完全失败,只剩下前文说的废科举那件事,算是成功了"。原因何在?梁启超分析道:"社会文化是整套的,要拿旧心理运用新制度,决计不可能。"要使国家强盛,必须"从文化根本上"提高,求得"全人格的觉悟"(《五十年中国进化概论》)。梁启超的反思至今仍闪烁着理性的光芒,给人们以深刻的启迪。

杨晨的生卒年

杨晨,字蓉初,一字定甹,号定叟,浙江黄岩人,光绪三年(1877)进士。杨氏热心于地方丛书的编纂,辑有《续台州丛书》、《台州丛书后集》、《台州丛书己集》。其独撰丛书名为《崇雅堂丛书》,由其孙杨绍翰编于1935年春至1936年夏。

关于杨晨的生年,各家无疑义。姜亮夫《历代人物年里碑传综表》谓杨晨生于道光二十五年(1845),并注明文献依据为杨晨的《定叟自订年谱》。但自订年谱不载卒年,故姜先生《综表》亦未注卒年。谢巍《中国历代年谱考录》、陈玉堂《中国近现代人物名号大辞典》均谓杨晨生于1845年。

问题出在卒年。陈玉堂谓杨晨约于1914年前后卒,谢巍谓光绪二十九年(1903)卒。来新夏主编的《清代目录提要》(齐鲁书社1997年版)则谓"生卒年不详"。《古籍整理出版情况简报》1997年第12期发表罗济平《〈清代目录提要〉阅读札记》一文,该文批评《清代目录提要》不该把杨晨归为生卒年不详,并说:

> 杨氏著作很多,是活跃人物,生卒不难查出,《中国近现代人物名号大辞典》中说生于1845,卒年不知。《中国历代年谱考录》说生于道光二十五年,卒于光绪二十九年。

罗济平赞同谢巍《中国历代年谱考录》之说,但事实上《中国历代年谱考录》错了,而且错得有点离谱。

《中国历代年谱考录》说杨晨"光绪二十九年(1903)癸卯卒,年五十九",并注:"原谱(《定叟自订年谱》)不载卒年,兹据碑传考补。"不知谢巍根据的是谁撰的碑传?又如何考出杨晨卒于1903年?

今考《崇雅堂丛书》所收《诗考补订》,有杨晨乙卯孟夏序,是杨晨于1915年尚在世。又杨绍翰于民国丙子(1936)所撰《崇雅堂丛书引》云:"先大父以壬戌秋弃养,忽忽已十四年矣。"民国壬戌为1922年,至1936年正是14年。可见,杨晨生于1845年,卒于1922年秋,享年78岁。谢巍《中国历代年谱考录》谓杨晨卒于1903年,误差为19年。

叶圣陶与《艺兰要诀》

近读丛书《艺海一勺》（赵诒琛、王謇辑，1933年铅印线装），见其中有清代吴传澐撰《艺兰要诀》，并附叶绍钧（圣陶）辛亥八月跋。其时叶氏17岁。跋文大意曰，春间购兰一握，荣荣窗下，即将开花。不料赴杭数日归来，见其兰如秋后草，花未开而先落。走访顾颉刚，顾出示其戚吴公所著《艺兰要诀》，读后恍然大悟云云。

《艺兰要诀》未见于前人著录，它与叶圣陶的跋语是否在《艺海一勺》之前刊行过，赵诒琛又何以得之？很想弄个明白。正好手头有《叶圣陶年谱》，见谱中对此有详细记载。年谱还引录了顾颉刚的回忆录和1974年1月10日写的《〈艺海一勺〉序》。

原来，1911年，叶圣陶在苏州草桥中学读五年级，顾颉刚在该校读四年级。顾常欲刊行秘籍及同学作品，苦无财力，便主办《学艺日刊》，钢版誊写油印。《艺兰要诀》与叶圣陶跋即刊于《学艺》。岁月迁流，《学艺》散失。20余年后，"赵王两先生竟于故纸堆中搜得之"（顾颉刚语），遂刊入《艺海一勺》。

叶圣陶的《〈艺兰要诀〉跋》又收入《叶圣陶序跋集》。

（原载《学林漫录》第14集，中华书局，1999年）

梁启超与丛书
——为纪念戊戌变法 100 周年而作

像梁启超那样一生涉猎的学科领域如此之广博,是近代学术史上罕见的。过去对梁启超的研究,已广泛涉及哲学、政治、史学、文学、教育、新闻等领域,但似乎远未穷尽梁氏学术贡献的全貌。例如对梁氏在丛书编辑史上的地位,就很少论及。

1897 年至 1898 年,梁启超接连编辑了《西政丛书》、《中西学门径书七种》两套丛书。这是直接为戊戌维新作舆论准备的出版物,也鲜明地体现了西学东渐时期丛书编辑出版的时代特点。回顾这两部丛书的编纂过程,分析其内容特征,对近代思想史和丛书编纂史的研究都是有益的而且是饶有趣味的事。

一、思想根由与文献准备

1894 年甲午战争的失败宣告了洋务运动的破产,促使国人猛醒。在此之前,国人只是"从器物上感觉不足",洋务派以为只要把西方的武备船械学到手,便可富强;甲午惨败后,维新派又"从制度上感觉不足"(梁启超《五十年中国进化概论》),于是锐意学习西政,变法维新。

1895 年,康、梁在京发动"公车上书",要求变法。梁氏在京师强学会会所居数月,"会中于译出西书购置颇备,得以余日尽浏览之,而后益斐然有述作之志"(梁启超《三十自述》)。1896 年,梁启超与汪康年、黄遵宪等在沪创办《时务报》。也就在这一年,梁氏撰写《变法通议》和《西学书目表》。

《变法通议》是变法维新的政治纲领,也是编纂《西政丛书》和《中西学门径书七种》的思想根由;而《西学书目表》则为丛书的编纂打下了目录学的基础。

《西学书目表》是一部介绍西学书籍的图书目录,是梁启超在阅读了大量西书的基础上编成的。它著录西方著作的中译本数百种,并附录中国人所著有关外事之书。《西学书目表》将西书分为三大类:一是"西学诸书",又分算学、重学、电学、化学等 13 小类,大体属自然科学著作;二是"西政诸书",又分史志、官制、学制、法律等十小类,大体属人文社会科学类著作;三是"杂类之书",包括游记、报章、无可归类之书等。梁启超对各书的著录,除书名、著译者、刻印处等常规项目外,还以

"圈识"与按语提示各书重要程度。如《希腊志略》、《罗马志略》均打双圈,按语谓"古史之佳者";《肄业要览》亦加双圈,按语谓"有新理新法";《富国养民策》则加三个圈,表示此书十分重要。梁启超在《西学书目表后序》中说:

> 舍西学而言中学者,其中学必为无用;舍中学而言西学者,其西学必为无本。无用无本,皆不足以治天下。

梁启超认为,欲使国家富强,学人必须兼通中西之学。《西政丛书》和《中西学门径书七种》的编纂,正体现了这一思路。

二、锐意改良政制的《西政丛书》

《西政丛书》辑成于光绪二十三年(1897),由慎记书庄石印。其时正当甲午战争之后三年,戊戌变法前一年,梁启超 25 岁。梁氏不满意过去对西方著作的译介偏重于自然科学与制造技术,而忽略对"西政"的介绍。他在《西政丛书序》中说:

> 利、徐以来,西学始入中国,大率以天算、格致为传教之梯径。自晚明以逮乾嘉,魁儒巨子,讲者盖寡。互市以后,海隅士夫怵念于败衄,归咎于武备,注意于船械,兴想于制造,而推本于格致。于是同文馆、制造局、船政所各事,南北踵起,而旁行之书,始立于学官;象鞮之笔,渐齿于士类。然而旧习未涤,新见未莹,则咸以为吾中国之所以见弱于西人者,惟是武备之未讲,船械之未精,制造之未习,格致之未娴,而于西人所以立国之本末,其何以不庋于公理而合于吾圣人之义者,则瞠乎未始有见。故西文译华之书数百种,而言政者可屈指算也。

梁启超认为,欧洲各国近百年来之所以迅速发展,缘于"更新庶政,整顿百废";如果中国人只注意学习西方的武备、船械,而不去研究"西政之明效大验",是本末倒置。他编纂《西政丛书》,就是为了真正把握"西人所以立国之本末",并以此作为中国改良政制的借鉴。

《西政丛书》共收书 32 种,其中 23 种为英、美、德、法等国著述的中译本(或编译),九种为中国人所撰有关外国政务的著述。梁启超将所收各书分为史志、官制、学制、公法、农政、工政、商政、兵政、杂著九类,其分类方法与 1896 年所撰《西学书目表》基本一致,《西政丛书》与《西学书目表》分类对照情况见表 1。

表1　《西学书目表》与《西政丛书》分类对照

《西学书目表》的分类（1896）	《西政丛书》的分类（1897）
西学（类目略）	
西政	
史志　官制　学制　法律　农政　矿政	史志　官制　学制　公法　农政
工政　商政　兵政　船政	工政　商政　兵政
杂类（类目略）	杂著

　　《西政丛书》所收各书，绝大部分见于《西学书目表》著录，而且分类体系一致，由此可以看出两者之间的内在联系。《西政丛书》所收中国人著述九种，均涉及西方或日本的政务，如黄遵宪《日本杂事诗》、顾厚焜《日本新政考》、康有为《南海先生四上书记》、马建忠《适可斋记言》、陈炽《庸书》《续富国策》等。《庸书》主张"君民共主"，仿行西法，建立议院。《续富国策》成书于光绪二十二年，陈炽自序称，英国有某贤士作《富国策》，使该国商务之盛冠全球，故续作此书，"为救中国之贫弱"。陈炽主张学习西方，发展各部门经济，并抨击洋务派"袒媚洋商而摧折华商"的行为。梁启超将这些著述收入丛书中，其改良中国旧政的意图十分鲜明。

三、力图融会中西的《中西学门径书七种》

　　《中西学门径书七种》编订于光绪戊戌年三月，由上海大同译书局石印发行，当时正是"百日维新"的前夜。所收七种书为：康有为的《长兴学记》，徐仁铸的《輶轩今语》，梁启超的《时务学堂学约（附读书分月课程表）》、《读春秋界说》、《读孟子界说》、《幼学通议》和《读西学书法（附西学书目表）》。

　　丛书首列《长兴学记》，向学人指点进阶登堂的路径。光绪十七年（1891），梁启超、陈千秋等人在广州长兴里万木草堂从学于康有为。康撰《长兴学记》作为学规，撮举《论语》中"志于道"、"据于德"、"依于仁"、"游于艺"四言为学纲，规定功课为读书、养心、治身、执事、接人、时事、夷务七项。梁氏深感《长兴学记》为治学与做人之纲领，故列于丛书之首。当梁启超1897年执教长沙时务学堂时，徐仁铸正以翰林编修视学湖南，提倡新学，支持时务学堂。徐仁铸所著《輶轩今语》，较张之洞光绪元年任四川学政时写的《輶轩语》多一"今"字，盖谓时局日新，学问亦应以今日之眼光审察。《輶轩今语》分经、史、子、宋学四部分，向学子传授治学门径。徐氏认为研习经学当先通《春秋公羊传》，与梁启超观点一致。徐氏论诸子之学，认为："诸子之学多与西政西学相合"，"曩者华人震惊西学，以为绝技，谓震旦之人所不能至，固属自弃；近人有牵合比附，谓西人之学悉出中土者，亦涉自大之习"，"西人艺学原本希腊，政学原出罗马，惟能继续而发明之，遂成富强我中土。"其识见确高出于一般士大夫。

　　梁氏执教时务学堂时，循康有为《长兴学记》之例，撰《时务学堂学约》，分为立志、养心、治身、读书、穷理、学文、乐群、摄生、经世、传教十章。所附《读书分月课程表》,分专精、涉猎二门,中籍与西籍互见,力图会通中西之学。梁氏患门人读书汗漫不归,于是指定《春秋公羊传》、《孟子》为必须精读之书,并撰《读春秋界说》、《读孟子界说》。梁氏认为《春秋》为明义之书,孔子为立教之人,孟子为行教之人。荀子之学在传经,孟子之学在经世。又因孟子有"民本"、"大同"思想,梁氏遂以西方"民主思想"、"立宪政治"相比合,故而尊孟。至于《幼学通议》,即为《变法通议》中的第五部分《幼学》。

丛书所收的《读西学书法》,写于 1895 年。梁氏在《中西学门径书七种序》中说:"乙未(1895)余驻京师,乃得遍购所译西书以充目力。适家弟启勋潜心西学,爰将读法层序缀成一卷,约举而条示之,名之曰《读西学书法》。"《读西学书法》略论各书之源流及长短,提示某书宜先读,某书宜缓读。所附《西学书目表》则撰于1896 年,上文已介绍。总之,梁氏将中西两种文化视为两个自生体系,进行比较、借鉴,试图创一"不中不西,即中即西"的新学派(《清代学术概论》二十九),以达到"愚者智之,弱者强之"的目的(《中西学门径书七种序》)。

四、梁启超的反思

梁启超是一个勇于自我解剖的学者,用他的话来说,就是"不惜以今日之我,难昔日之我"(《清代学术概论》二十六)。《西政丛书》、《中西学门径书七种》都是为戊戌变法服务的,但变法还是失败了。到了 20 世纪 20 年代初,梁启超在《五十年中国进化概论》中曾反思甲午至戊戌前后的思想历程:

> 自从和日本打了一个败仗下来,国内有心人,真像睡梦中着了一个霹雳。因想道堂堂中国为什么衰败到这田地? 都为的是政制不良,所以拿"变法维新"做一面大旗,在社会上开始运动,那急先锋就是康有为、梁启超一班人。这班人中国学问是有底子的,外国文却一字不懂。他们不能告诉人"外国学问是什么,应该怎样学法",只会日日大声疾呼,说"中国旧东西是不够的,外国人许多好处是要学的"……觉得我们政治法律等等,远不如人,恨不得把人家的组织形式,一件件搬进来,以为但能够这样,万事都有办法了。

结果呢,自上而下的变法"是完全失败,只剩下前文说的废科举那件事,算是成功了"。原因何在? 梁启超分析道:"社会文化是整套的,要拿旧心理运用新制度,决计不可能",要使国家强盛,必须"从文化根本上"提高,求得"全人格的觉悟"(《五十年中国进化概论》)。梁启超的反思至今仍闪烁着理性的光芒,给人们以深刻的启迪。

(本文为潘树广与吕明涛合写,原载《中国典籍与文化》,1998 年第 4 期)

清代诗文别集目录述略

有清一代,诗文别集数量众多,内容繁富,是研究清代诗文的基本材料,也是辨章清代学术的重要文献,近世学者多推重之。如梁启超著《清代学术概论》,除直接援引清人经史专著外,并大量取材于诸家文集。王重民称"清代文集为古今学术之总汇",故有编纂《清代文集篇目分类索引》之举。但清人别集究竟有几多家数,几多版本,孰存孰佚,至今尚无完备的总目予以系统著录。

在清人别集总目问世之前,我们要查考清人别集,可利用前人编纂的若干种目录。这些目录对清人别集的著录虽然只是局部性的,但毕竟有不少参考价值。本文拟略述乾隆以来收录清人别集的几种主要书目,并对清人别集总目的编纂问题略陈管见。

一

清乾隆十二年(1747)敕编《皇朝文献通考》(即《清朝文献通考》)①,叙事自清开国迄乾隆五十年,该书依元人马端临《文献通考》旧例,立《经籍考》门,对所收图书略系考释之语。《清朝文献通考·经籍考》著录清初至乾隆间各类书籍,其中诗文别集计 580 余家。

乾隆三十七年(1772)开馆纂修《四库全书》,历时十年基本完成。在纂修过程中,清政府进行全国范围的图书征集工作,对不利于封建统治的图书予以禁毁和窜改,但在一定程度上起了整理文献的作用。纪昀等人把采入《四库全书》的图书和抄存卷目的图书(即"存目书")一万余种全部撰写提要,汇编成册,是为《四库全书总目提要》。《四库全书总目提要》著录的清代诗文别集(包括存目书)有 600 余家。实际上,清代前期一百数十年间问世的重要别集远不止此数。如果我们把纂修《四库全书》期间各地的"呈进书目"与《四库全书总目提要》对勘②,并参考姚觐

---

① 《清朝文献通考》,初与《续文献通考》共为一书,后自成一编。

② 商务印书馆 1960 年出版的《四库采进书目》,就是在各省进呈书目等材料的基础上整理而成的,由吴慰祖校订,附人名、书名索引。

元《清代禁毁书目》、孙殿起《清代禁书知见录》等书目①，便可发现，《四库全书总目提要》未著录的清代前期的重要诗文别集数以百计。至于《四库全书总目提要》中的谬误，清代学者虽屡有发现，但还不敢撰书公开批评。例如归安陆心源，为纠正纪昀等编的《四库全书总目提要》，撰有"正纪"一书，被俞樾劝止。直至近代，才陆续出现余嘉锡《四库提要辨证》，胡玉缙、王欣夫《四库全书总目提要补正》等专门著作②，对《四库全书总目提要》匡谬补阙。

清末民初，刘锦藻撰《皇朝续文献通考》（即《清朝续文献通考》），辑乾隆五十一年（1786）至宣统三年（1911）事迹。此书《经籍考》集部著录诗文别集七百数十家，其中有少数系乾隆前作家文集，因《清朝文献通考》未录，故刘锦藻予以续补（如武进董氏新刊足本《梅村家藏稿》，康熙间原刊本《南雷文案》等），其余绝大部分为乾隆以来文集。

总上，以《四库全书总目提要》与《清朝文献通考·经籍考》、《清朝续文献通考·经籍考》三目相校，去其重复，可得知清人文集约 1 300 家。

二

清道光间，黄本骥辑有《皇（清）朝经籍志》，书名似是有清一代之书目，实系抄撮《四库全书总目提要》所载清人著述而成，了无增补，已为前人讥评。

民国初年设立清史馆，1914 年开始编撰清史，至 1927 年写出未定稿（即《清史稿》），1928 年刊行。《清史稿》中的《艺文志》系有清一代的书目，虽比黄本骥那部"半截子"的《皇朝经籍志》强，但学术水平与实用价值仍然不高。《清史稿·艺文志》著录各书不附解题，这是史志书目惯例，本无可厚非。问题在于，它对各书的归类，颇有不当，至于书名误、人名误、卷数误以及误收漏收者，尤为严重。《清史稿》行世之翌年（1929），淮阴范希曾（即为《书目答问》作《补正》者）即以洋洋万言列举其谬误，并慨叹："志稿失误如彼，脱漏又如此，令人失咤。据金梁清史稿校刻记云，艺文为章君钰、吴君士鉴原稿，朱君师辙复辑。案诸君皆斐然有著述，近时好学君子也，不知何以至是。岂所谓事在私则理，在官则窳欤？"③

当时撰文批评《清史稿·艺文志》者，尚有马太玄等。马太玄《清史稿艺文志校勘记》指出《清史稿·艺文志》中有"互见"、"误收"、"书名之误"、"人名之误"四个方面的错误。④ 马文所指摘的"互见"，并非目录家所提倡的"互著"，而是由于粗疏而导致的重复著录。如《清史稿·艺文志》集部别集类，在"乾隆嘉庆朝"著录了

① 商务印书馆 1957 年将《清代禁毁书目》和《清代禁书知见录》合印，附书名、人名索引。
② 余嘉锡：《四库提要辨证》，科学出版社，1958 年，中华书局 1980 年改正若干错字重新排印。胡玉缙、王欣夫：《四库全书总目提要补正》，中华书局，1964 年。
③ 范希曾：《评清史稿艺文志》，《史学杂志》，1929 年第 1 卷第 3 期。
④ 马太玄：《清史稿艺文志校勘记》，《燕京大学图书馆报》，1932 年第 23 期。

姚椿的《通艺阁文集》12 卷、《诗录》8 卷、《和陶诗》2 卷和黄爕清的《倚晴楼诗集》12 卷、《续集》4 卷，在"道光咸丰同治光绪宣统朝"又著录姚椿《通艺阁全集》43 卷和黄爕清《倚晴楼诗集》12 卷、《续集》4 卷(按，这种明显错误 1976 年校点本《清史稿》未予校正)。

《清史稿·艺文志》别集类著录的诗文别集，仅 980 余家(清朝诸王宗室诗文集附录于本传，不在此数内)，与实际数字相差甚远。范希曾在《评清史稿艺文志》一文中提到，他拟撰清经籍志 12 卷，附存疑 2 卷，备列版本类叙。可惜未见此书刊行。

光绪间，有将清朝未刊之书编为目录者，如朱记荣《国朝未刊遗书志略》、郑文焯《国朝著述未刊书目》等。这些书目，虽蒐罗未备，而且有些书后来有了刻本，但还是有一定的参考价值的。

三

清代诗文别集，至今虽无理想之总目，但近人曾从不同角度作过部分研究与编目，可供参考，今简略介绍如下。

1. 抗战前后，陈乃乾阅读了清代文集 1 153 种，其中 1 025 种载有碑传文，陈氏即据以编成《清代碑传文通检》；又将不载碑传文的 128 种文集，连同上述 1 025 种文集，编成《清代文集经眼目录》，附于《清代碑传文通检》之后。① 碑传文的收录时限很宽，凡明朝人卒于 1644 年(崇祯十七年)以后，及现代人生于 1911 年(宣统三年)以前见于清人文集者，一律收入。《清代文集经眼目录》的著录项目依次为：著者名、文集名、卷数、刊本，分《清代碑传文通检》采用之书与未采用之书两大部分编列。

2. 前北平图书馆 1935 年出版王重民、杨殿珣等编的《清代文集篇目分类索引》，收清代学者别集 428 种(其中有少数是由明入清或由清入民国的学者的别集)，总集 12 种，共计 440 种。该书将其中的文章篇目分作学术文、传记文、杂文三大部分编录，一一详注出处。书前有《所收文集目录》，列出文集名称、卷数、版本，并有《所收文集提要》。②

3. 张舜徽曾研读清人文集 1 100 余家，为其中 600 家撰写叙录，略述著者行事，评介书中要旨，汇为一编，是为《清人文集别录》。《清人文集别录》计 24 卷，略依著者时世先后排列，末附姓氏笔画索引。中华书局 1963 年初版，1980 年重印。

4. 郑云波、魏云卿编有《中国近代作家传记暨著述要目(初编)》(徐州师范学院 1964 年铅印)，收录活动在 1840—1919 年的作家 239 人，分"传记史料要目"和

---

① 陈乃乾：《清代碑传文通检》，中华书局，1959 年。有三项附录：异名表，生卒考异，清代文集经眼目录。
② 1965 年，中华书局将《清代文集篇目分类索引》重印。

"著述要目"两大部分(少数作家,只录其著述目,或只录传记目)。此编可补正者尚多,编者正在增订。

以上四书,编纂目的和体例各有不同,对清人别集的著录,数量不是很多。迄今为止,著录清人别集最丰富的是孙殿起的《贩书偶记》和上海图书馆的《中国丛书综录》。①

孙氏《贩书偶记》及其《续编》有三个主要特点:(1) 所收绝大部分是清代的著述,兼及辛亥革命以后至抗战前(约止于 1935 年)有关古代文化的著作。除版刻本、排印本外,还有编者目睹的稿本、钞本。(2) 凡是已见于《四库全书总目》的书,不再收录(除非是卷数、版本不同的),因此,它就成了补充《四库全书总目》的一部版本目录学专著。(3) 只收录单刻本。间有在丛书中者,必系初刊的单行本,或是抽印本。因此,它不具有丛书子目索引的作用,但恰可承担丛书子目索引所欠缺的功能。孙氏在北京经营书业数十年,《贩书偶记》著录的书,全经孙氏过目,资料翔实富赡。著录项目依次为:书名、卷数、著者籍贯、著者姓名、版本,偶附注语。该书正续编著录的清人别集,计 3 300 余家。

上海图书馆 1958—1959 年编的《中国丛书综录》,系根据全国 41 家图书馆收藏的 2 797 种丛书编辑而成,共分三册:《总目分类目录》、《子目分类目录》和《索引》。《子目分类目录》集部别集类所著录的清代诗文别集,计 2 800 余家。

《贩书偶记》只录单刻本,《中国丛书综录》只录丛书,似是互不重复,但实际上,许多古籍既有丛书本,又有单刻本,就家数而言,重复者不少。将《贩书偶记》与《中国丛书综录》所录清人别集对勘,去其重复,可得 5 000 余家。

四

正在编纂中的《全国古籍善本总目》,将为我们查考历代要籍提供极为珍贵的资料。但这是一部善本书目,并非全目,清代有许多清文别集不属善本收录范围。因此,《全国古籍善本书总目》集部别集类的清代部分,远不能反映清代别集全貌。为了给清代诗文的研究提供方便,目前亟须编纂一部清代诗文别集总目。清人别集多如繁星,要想在短时期内无一遗漏地全数著录是困难的,但先搞一部大体完整的目录是可能的。当然,要编纂这样一部大体完整的目录亦非易事。前面提到过的各种目录,固应充分利用,但仅依靠它们还不行,至少还应广泛搜集下列资料:

1. 利用地方志中的艺文志。但须注意,方志中的"艺文志",有两种体制:(1) 采辑诗文,实为地方性的诗文选集,如明清两朝的《江阴县志》均如此。这种体制的艺文志,于编纂别集总目作用不大。(2) 汇编该地历代学者的著作目录,即

---

① 《贩书偶记》初编于 1936 年出版,中华书局上海编辑所 1958 年校订重印;《续编》于 1980 年由上海古籍出版社出版。《中国丛书综录》共三册,中华书局上海编辑所 1959—1962 年版。

地方文献目录,如《江南通志·艺文志》、《苏州府志·艺文志》即是。此外,有些方志艺文志既录书目,又采诗文;或艺文志载诗文,书目入其他栏目。

显然,清代和民国初年编纂或续修的地方志中的书目部分,可为我们提供大量清人别集的资料线索。但是,并非所有方志均有艺文志,也并非所有方志艺文志均有书目,若盲目检寻,耗时必多。李濂镗有《方志艺文志汇目》①,正是为便于读者利用方志中的书目而编。《方志艺文志汇目》根据当时国立北平图书馆所藏方志编制而成,共揭示 1 295 种方志书目的具体出处。

又,1933 年出版的《国立北平图书馆方志目录》,线装四册。嘉兴谭其骧所撰凡例称:"金石目录之学时人所重,本编为切应此种需求起见,凡各志之有此二类者,并标出之。"例如在光绪九年刻本《苏州府志》下注:"此志卷一三六至一三九艺文(书目),卷一四〇至一四二金石。"这种著录体例极佳。但当时北平图书馆所藏方志 3 800 余种,与现存方志总数(8 000 多种)相比②,不足半数。我国从 1977 年起编纂《中国地方志联合目录》,已印出初稿征求意见。如果能像当年李濂镗那样,同时编个全国地方志艺文志汇目,那就更理想了。

2. 利用期刊中刊载的地方文献目录。例如江宁陈诒绂纂述《金陵艺文志》,连载于柳诒徵主编的《国风半月刊》四卷四期至六卷五、六期合刊(1934 年 2 月至 1935 年 3 月版),其中著录清代诗文别集甚多。

3. 利用单行的地方文献目录。如孙诒让《温州经籍志》,谨守朱彝尊《经义考》例,著录每种著作的作者、卷数、存佚(注明存、佚、阙、未见)并附原书序跋,间或系以孙氏考证之语。这种著录方式,参考价值较高。又如光绪间金武祥撰《江阴艺文志》,著录宋至清江阴人的著作,其中仅清人著作即有 300 家,诗文别集颇多。

有的地方文献书目,是方志的抽印本。如民国间丁祖荫重修《常昭合志》,于艺文一门,致力尤多。其中卷一八别出单行,题《常昭艺文志》,铅印线装六册,著录商周至明清常熟人著作,其中清代著作占四册。

新中国成立以来,各地陆续编印了一些地方文献目录。其中公开出版的如《安徽文献书目》(安徽人民出版社 1961 年版),收安徽省图书馆等五家图书馆收藏的安徽文献书目,自周朝起,至五四止,著录约 1 700 人的著作近 4 000 种。

4. 利用公私藏书目录。公共图书馆、博物馆、高校和科研单位图书馆的馆藏目录,有的只有卡片式目录,有的则有书本式目录印行。在书本式目录中,有的专门著录善本书,如《北京图书馆善本书目》、《上海图书馆善本书目》等,有的不限于善本,如《江苏省立国学图书馆现存书目》(按,国学图书馆系南京图书馆的前身)、《北京师范大学图书馆中文古籍书目》等。

---

① 李濂堂:《方志艺文志汇目》,《图书馆学季刊》,1993 年第 2 期。当时李濂镗在故宫博物院图书馆任事。
② 朱士嘉《中国地方志浅说》:"地方志是以行政单位为范围进行记录的。现存八千多种。"见《文献》1979 年第 1 辑。

私人藏书目录,如郑振铎(1898—1958)的《西谛书目》①,著录清人文集颇丰富。郑振铎有一段时间曾致力于清代文集的搜集,并于1944年编成清代文集目录,著录他收藏的清代文集836种(见古典文学出版社1956年版《劫中得书记》所附《清代文集目录序》及《跋》)。

5. 利用国外学者编纂的书目。如最近几年进口的日本《东京大学东洋文化研究所汉籍分类目录》(该所1973年版。上海图书馆及南京图书馆均入藏)、长泽规矩也编著的《和刻本汉籍分类目录》(汲古书院1977年版。上海图书馆入藏)等。

6. 利用专门性的书目。如胡文楷的《历代妇女著作考》(商务印书馆1957年版),著录汉魏至近代妇女作家4 000余人的著作,其中清代诗文别集很是丰富。编者取材于历代正史艺文志,各省通志和府州县志艺文志、列女传,各总集小传,各种传记资料、笔记,并参考了前人编纂的妇女著作目录,如单士厘《清闺秀艺文略》、冼玉清《广东女子艺文考》等。

7. 利用一些取材宏富的总集。如徐世昌编《晚晴簃诗汇》,选录清代诗人6 100余家之作;沈粹芬、黄人等编《清文汇》(原名《国朝文汇》),选录1 356家;叶恭绰编《全清词钞》,收清代词人(少数入民国)3 196家。以上各总集,大多数取材于各家别集(总集编者于作家名下已注明),但也有一部分作家并无别集传世。将以上三书著录的别集对勘,除去重复,可得别集6 000余家。

8. 新中国成立以来,影印或重新校点出版了一批清人别集。中华书局1980年出版了国家出版局版本图书馆编的《古籍目录》,收录1949年10月至1976年12月出版的各类古籍,可供参考。上海古籍出版社正陆续影印清人别集,总称"清人别集丛刊",使一些比较少见的清人别集得以流传。对这类影印本,也应注意著录。

总之,清人别集总目的收录范围,应包括现存的和已佚未见的清人别集。凡存佚不明者,亦应注明;版本的著录,应包括新中国成立以来的校注本、影印本;重要的稿本、钞本,若知其收藏者,则应详细注明,这样,才能使它在清代诗文研究工作中发挥更大的作用。

(原载《明清诗文研究丛刊》,1982年创刊号)

---

① 郑振铎同志逝世后不久,即由高君箴同志遵照他的遗志把全部藏书献给文化部,转送北京图书馆庋藏。西谛是郑振铎的笔名。《西谛书目》所收,以郑振铎藏书中的线装书为主。该书目于1963年由文物出版社出版。

我国网上的"馆藏目录"

　　馆藏目录是揭示一个图书馆所藏文献的检索工具。对辞书工作者来说,它的用途主要有两个方面:第一,便于找书。当我们需要查阅某一种书时,首先通过本单位图书馆的馆藏目录查找,如果本馆缺藏,则通过其他图书馆的馆藏目录查找。第二,便于调研。当我们想了解某一课题已经出版过哪些专著时,可通过一家或多家图书馆的馆藏目录搜集信息。

　　传统的馆藏目录的物质载体主要有两大类:一是书本式目录,二是卡片式目录。书本式目录的优点是可以大量印制,广泛传播,便于携带,缺点是不能及时反映新入藏的文献。卡片式目录的优点是可以随编随用,及时反映新入藏的文献,缺点是体积庞大,不便挪动,读者必须亲临其馆才能使用,而且翻检卡片十分费时。

　　随着计算机技术的发展,出现了机读目录(MARC),即利用计算机识读和处理的目录,它的载体是磁盘、磁带或光盘。许多图书馆将编目数据转换为机读记录,于是馆藏目录由传统的书本式、卡片式发展为机读型,这是馆藏目录的一次革命。

　　机读型馆藏目录的发展,大体经历了三个阶段:(1) 仅供馆内使用;(2) 以光盘等形式批量生产、发行;(3) 上网,出现了网上的馆藏目录。后者即本文所要讨论的内容。

　　近几年,许多图书馆纷纷上网。各图书馆的网站,除了介绍本馆概况、服务项目、专题资料以外,多有"馆藏目录检索"一项。如果你家的电脑已上网,并且已经知道若干图书馆的网址,那么,"秀才不出门"便可迅速知道远方的图书馆是否有自己所需要的图书。由于不少图书馆及时补充新的编目数据,这就让你能够不断获得新的出版信息。这一切是传统的书本式或卡片式目录无法比拟的。

　　但是,已上网的图书馆很多,难以一一记清它们的网址;再说,一长串的网址,输入时不胜其烦。是否有简便的方法呢?

　　简便的方法很多。笔者以为,利用清华大学的"国内上网图书馆"最方便。它的网址是:http:∥www.lib.tsinghua.edu.cn/chinese/otherlib/。

"国内上网图书馆"由清华大学图书馆编制,是 205 家图书馆网址的集成。①
当用户进入它的主页,便可见到 30 多个省市自治区的标目。用鼠标点击其中任何
一个地名,屏幕即显示该地已上网的图书馆一览表。假设点击"北京",即显示北
京地区已上网的 25 家图书馆的馆名:

1. 清华大学图书馆
2. 北京图书馆(中国国家图书馆)
3. 中国科学院文献情报中心
4. 北京大学图书馆及其英文版主页
5. 北京化工大学图书馆
6. 中国人民大学图书馆
7. 北京邮电大学图书馆
8. 北方交通大学图书馆
9. 北京医科大学图书馆
10. 北京语言文化大学图书馆
……

如果再点击"北京图书馆(中国国家图书馆)",便进入该馆的主页。在主页上点击
"文献检索"→"目录检索",便可查阅其馆藏目录。

目前各图书馆的机读目录所采用的检索软件并不统一,现仅以中国国家图书
馆的机读目录为例,说明机读目录的一般检索方法。

进入中国国家图书馆的"目录检索",可见如图 1 所示的页面。

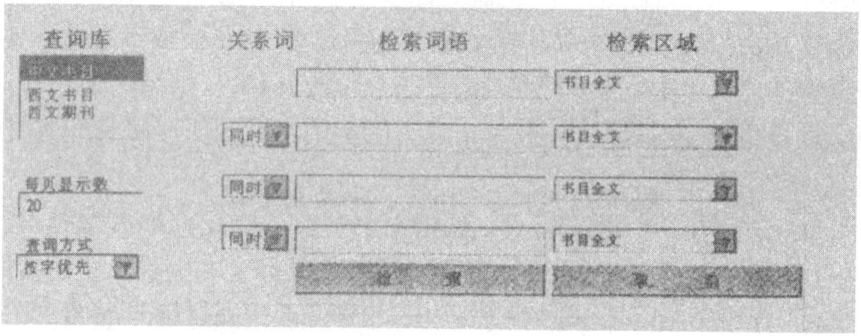

图 1 中国国家图书馆的"目录检索"界面

屏幕左上方为"查询库",用户可选择"中文书目"、"西文书目"或"西文期
刊"。

屏幕正中为"检索词语",下方为输入框,用户在此输入检索词。

屏幕右侧为"检索区域"。若点击"▼"按钮,即弹出下拉列表:

① 这是截至 2000 年 7 月份的统计。

```
书目全文
书名
作者
出版社
主题词
拼音首字母/索书号
```

如果用户选定"书目全文",则检索区域包括书名、作者、出版社、主题词、拼音首字母/索书号等所有字段;如果选定"书名",则检索区域仅限于书名字段;如果选定"作者",则检索区域仅限于作者字段,依此类推。

假定我们需要查找辞书学方面的书籍,而且要求书名中必须出现"辞书学"三字,可以先在"检索词语"框中输入"辞书学",然后在"检索区域"选择"书名",再按"检索"按钮。此时屏幕如图 2 所示。

第 1 条	■ 中国辞书学论文索引:1911～1989/上海辞书学会,辞书研究编辑部编 上海:上海辞书出版社 1990.11　170 页/19cm　92/Z89:H16/1
第 2 条	■ 辞书学辞典/杨祖希,徐庆凯主编 上海:学林出版社 1992.11　607 页/19cm　95/H16—16/1
条 3 条	■ 辞书学概论/林玉山主编 福州:海峡文艺出版社 1995　424 页/20cm　97/H06/6
第 4 条	■ 辞书学纲要/赵振铎著 成都:四川辞书出版社 1998　210 页/19cm　98/H06/8

图 2　选择词为"辞书学"的显示界面

以上显示的,仅是各书的简要信息。若需要获得某书的详细信息,可点击该书书名。例如,点击"辞书学辞典",则显示如图 3 的内容。

左下方的"相关"选项很重要,它可以帮助读者进一步扩大查找线索。假如读者不满足于已查到的四种辞书学书籍(已查到的四种,仅限于书名中有"辞书学"三字者,其实辞书学著作未必在书名中出现"辞书学"三字),则可以点击"相关分类"H16 或"相关主题"辞书,这时计算机便显示一批与"辞书学"相关的书籍,如刘叶秋《中国字典史略》、林玉山《中国辞书编纂史略》,等等。如果想知道国家图书馆是否收藏杨祖希的其他著作,则可点击"相关著者"杨祖希。

95 CI SHU XUE CI DIAN

H16—61 辞书学辞典/杨祖希,徐庆凯主编.—上海:学
1 林出版社,1992.11
607 页;19cm
ISBN 7-80510-740-8-(精装):$19.80
Ⅰ.辞… Ⅱ.①杨…②徐… Ⅲ.辞书－词典
Ⅳ.①H16 ②41.25

相关题名:
<u>辞书学辞典</u>
相关著者:
<u>杨祖希</u>　<u>徐庆凯</u>
相关主题:
<u>辞书</u>　<u>词典</u>
相关分类:
<u>H16</u>

图3 详查《辞书学辞典》的显示界面

中国国家图书馆的机读目录是支持布尔逻辑检索的。"关系词"一栏(见图1)便是供布尔逻辑检索之用。若点击"关系词"下的"▼"按钮,即弹出下拉列表:

同时
或者
非
邻近
紧跟

现对各"关系词"作一解说。

1."同时",即"逻辑与"(AND)。表示甲、乙两个检索词必须同时存在。

假定我们要查找一批成语词典,可将检索区域都设定为"书名",将检索词定为"成语",关系词定为"同时",再输入检索词"词典"(如图4)。

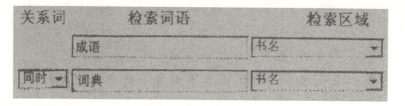

图4 关系词为"同时"时的情况举例

这显示的是需要一批书名中同时出现"成语"与"词典"的书。点击"检索"按钮,屏幕即显示《汉语成语小词典》、《汉语成语词典》、《汉语成语大词典》、《中国成语大词典》等 202 种。①

是否可以直接输入检索词"成语词典"呢?这固然可以,但检索到的仅限于书名中"成语词典"四字相连者,却不能命中《汉语成语小词典》、《中国成语大词典》等书。所以,要注意检索策略。

2."或者",即"逻辑或"(OR)。表示甲、乙两个检索词任何一个存在都可以(当然,甲和乙同时存在也可以)。

假定我们要查找一批辞书学著作,可将检索区域都设定为"书名",输入检索词"辞书学",即可检得若干辞书学著作(上文已举此例,见图 2)。但这样检索到的,只限于书名出现"辞书学"者,却不能命中以"词典学"或"辞典学"命名的书籍。因此,可利用关系词"或者",将检索式列为如图 5 所示形式。

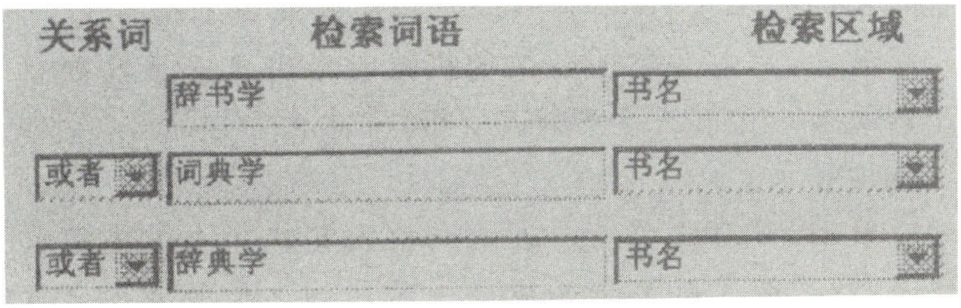

图 5　关系词为"或者"时的情况举例

这样,便可检得《中国辞书学论文索引》、《专科辞典学》、《现代词典学教程》、《辞书学辞典》、《辞书学概论》、《双语词典学导论》、《辞书学纲要》、《双语词典学专集》等书籍。可见,用"逻辑或"表达式,有助于提高查全率。

3."非",即"逻辑非"(NOT)。表示检索词甲必须存在,而不能有乙存在。

"逻辑非"表达式主要用于排除那些与检索意图无关的文献,提高查准率。但"逻辑非"有时会把有用的文献一起排除掉,因此不常用。

4."邻近"和"紧跟"。"邻近"表示检索词乙在检索词甲附近;"紧跟"表示检索词乙紧接着检索词甲。但这两种检索式在中国国家图书馆的机读目录中暂未实现,兹不赘述。

网上的馆藏目录为我们查找书籍提供了莫大的方便,这是有目共睹的事实。但在使用过程中,读者又往往感到美中不足。

第一,我国各图书馆的机读目录所采用的检索软件并不统一。例如,有的机读目录支持布尔逻辑检索,有的不支持;有的在书名字段允许检索词"任意一致",有

---

① 这一数字尚不包括《中国成语大辞典》、《成语典故辞典》等以"辞典"命名者。若将检索词"词典"换为"辞典",又可查到 43 种(2000 年 7 月 22 日检索所得)。

的则必须"前方一致"。为此,读者在使用之前,先得阅读该检索系统的使用说明(或称"帮助"),这就浪费了时间。

第二,目前多数图书馆的机读目录并未全面反映本馆的藏书。尤其是线装古籍和1950年前的平装书,多未编入机读目录。

第三,目前读者在网上只能检索某某图书馆有哪些藏书,却不能了解某种书被全国哪些图书馆收藏。也就是说,我国尚未在网上建立覆盖面广的、真正意义上的"联机图书馆中心"和"联合目录"。

第四,读者通过网上馆藏目录查到了自己需要的图书,所获取的只是书目信息,而不是全文("全文检索"尚未实现)。虽然,目前在某些网站也能读到一些书籍的全文,但数量少,远不能满足研究工作的需要。

据悉,有关专家已着手解决上述问题,某些项目已有可喜的进展。我们期待着丰收的日子早日到来。

(原载《辞书研究》,2001年第3期)

辞书学篇·

既在各科之外，又在各科之中

——谈《辞书研究》的一个特色

上海辞书出版社编辑出版的《辞书研究》创刊于 1979 年 4 月,很快就引起了国内外学术界的重视。这不是偶然的,因为它是我国第一个辞书学的学术刊物(辞书学的专门刊物,国外亦不多见),而且有许多特色引人注目。

辞书学的一个显著特点就是既在各科之外,又在各科之中。所谓"在各科之外",是就辞书学这门学科的独立性而言的。《辞书研究》所研究讨论的问题——辞书学,今天已自立于学术之林,不再是某一门学科的附庸。过去习惯于把辞书学附属于语言学,事实上不尽妥当。因为,语言学充其量只能管领中外语文词典的编纂与研究,而无法包容品种繁多的专科辞典和百科全书。辞书学的研究对象则涉及各类辞书,探讨其一般工作规律以及具体的编纂原则和方法等。《辞书研究》刊载的吕叔湘、陈原、罗竹风、陆宗达、于光远等人的论文,对辞书学的基础理论作了很有价值的探讨。

所谓"在各科之中",是就辞书学与其他各门学科的交叉渗透而言的。当前,辞书学正在日益紧密地与各门具体学科结合,产生了一批专科辞书,各自反映本学科的研究成果,供人们检索。从理论上说,有多少门学科,便应当而且可以有多少种专科辞书用以推动本学科的发展。但事实上,国内现有专科辞书的品种和数量远远跟不上各学科发展的需要,这说明我国目前专科辞书的编辑力量还比较薄弱(当然,还有出版印刷等方面的原因)。专科辞书的编纂者必须既要融会贯通地掌握本学科的知识,又要懂得辞书工作的一般规律。在这方面,《辞书研究》为促进学术交流作出了可贵的贡献。仅就《辞书研究》已出版的八辑作一统计,其中有关专科辞书的论文或评介文章已达 20 余篇,说明辞典工作在许多学科中有了可喜的进展。

顺便提个建议。《辞书研究》的编辑宗旨,在于"推动辞书编纂工作",着眼于一个"编"字,这当然是对的,但我以为还应兼顾一个"用"字,即承担起辅导广大读者使用辞书的责任。目前辞书的知识还不够普及,不少读书人还不善于有效地利用辞书,连有些大学生也不例外。如果《辞书研究》注意以一定的篇幅刊登这方面的文章,读者面将会更为广阔。

(原载《人民日报》,1981 年 9 月 1 日)

辞书学的绚丽园地

——介绍《辞书研究》

　　1985 年新春伊始,我收到新的一期《辞书研究》,第一篇是编辑部的短论《跨进辞书改革的新春》,文章提出了开创辞书事业新局面的设想,充满开拓进取精神,令人鼓舞。

　　《辞书研究》杂志由上海辞书出版社编辑出版,创刊于 1979 年春,至今已出版了 29 期。六年来,我是每期必读,全套珍藏,留下的一个深刻印象就是前面提到的这种开拓进取的精神。具体说来,又有学术性、百科性、知识性和资料性四个特点。

　　第一,最引人注目的是它的学术性。它是我国第一个辞书学的学术刊物。这种刊物,不但在国内是首创,国外亦不多见。辞书,已有悠久的历史,而辞书学,却是一门新兴学科。它研究各类辞书编纂的理论和实践,是多学科交叉渗透的边缘科学。《辞书研究》以勇于开拓的精神,在新开辟的辞书学学术园地上辛勤耕耘,向读者呈献一组组颇具新意的论文,如关于中外语文词典的比较研究,特种语文词典的研究,关于百科全书、专科词典和教学词典的研究,关于社会语言学、模糊语言学与辞书编纂问题,关于辞书编纂的中国化问题、现代化问题等。

　　第二,百科性。以往有些读者存在一种误解,以为辞书学仅仅是语言学的一个分支,因而《辞书研究》发表的论文只与语言学有关。事实不然,今天的辞书学已自立于学术之林,不再是某一门学科的附庸。请看《辞书研究》发表的文章,论及国际人物词典、政治经济学词典、法学词典、宗教词典、世界地名词典、名胜词典、纺织词典、化工词典、航空工业科技词典、医学百科全书、百科年鉴、科技手册等,绚丽多彩,显示了它的百科性。

　　第三,知识性。《辞书研究》不但有高深的论文,而且还辟有"辞书知识"栏,解释辞书学的名词术语,介绍辞书的版面编排、标引文献的功能等。值得一提的还有"我和词典"这个栏目,发表了许多文化教育界知名人士的短文,给人以丰富的知识,妙趣横生。如新闻界老前辈徐铸成谈治疗辞书的两种"癌病"从而使辞书延年益寿的问题,作家秦似谈正字正音问题,还有顾执中谈他和词典结下的良缘,宋振庭谈他"和辞书的一点瓜葛",可以说都是一篇篇优美的知识性散文。

　　第四,资料性。该刊有"古辞书"、"人物志"、"辞书资料"等栏目,介绍古今中外的辞书编纂家和辞书,有些资料系第一次系统发表,有长期保存的价值。该刊还有新中国成立以来出版辞书编目、词典学论文索引和"辞书架",提供辞书编辑、出版和研究的信息,有助于读者扩大视野。

老作家、教育家叶圣陶先生说:"《辞书研究》每期送来,我从中选看若干篇,知所未知,闻所未闻,受益的乐趣难以描摹。"我们不妨读一读《辞书研究》,共同领略一下"受益的乐趣"吧!

(原载香港《大公报》,1985 年 3 月 4 日)

中国古代专科辞书漫话

我国古代无专科辞书之名,而有专科辞书之实。在追溯专科辞书的历史渊源时,有几类图书是很值得研究的:一是谱录类图书,二是专门性类书,三是政书和学案。

一、谱录

"谱录"是我国古代图书分类系统中的一个类目,始见于宋代尤袤的《遂初堂书目》。清乾隆时编辑《四库全书》沿用其例,于子部"艺术类"之后立"谱录类",下分"器物之属"、"食谱之属"和"草木鸟兽虫鱼之属",共收书56种,附存目书99种。杨家骆曾对"谱录类"图书作过通俗的解释,说它们是"生物、制造品、饮食品的辞典",而其中"草木鸟兽虫鱼之属"是"动植物的一般辞典和某类专门辞典"。[1]杨家骆的解释有一定道理,但不够精确,因为在《四库全书》收录和存目的150余种谱录中,有一部分并无汇编性、系统性、检索性等特征,很难说它们是辞典。但有相当一部分确实具有专科辞典的功能,并且对后世专科辞书的编纂有直接影响。现举两例。

1. 两宋时期,许多学者在扩大史料的要求下,致力于古器物的研究,逐渐形成了以青铜器和石刻为主要研究对象的"金石学"(即我国考古学的前身),出现了一批摹绘与诠释古器物的谱录,如吕大临的《考古图》、官修的《宣和博古图》、洪遵的《泉志》等。这些书可说是图文并茂的古器物辞典。其中《泉志》一书,是我国现存最早的一部古钱学专著[2],也是一部简明的古钱辞典。

《泉志》共15卷,收录五代以前中外历代钱币300余种,分为正用品、伪品、刀布品等九类,采录诸家学说,对各钱币详加考证诠释。虽有附会失实之处,仍不失为研究古代钱币的重要专著。人们逐渐认识到,对古钱的形制、书体、重量等方面的研究,有助于考知历代政治、经济、文化状况,所以,古钱学日益受到重视,同类著作不断涌现。如明代胡我琨有《钱通》32卷,清代乾隆敕撰《钱录》16卷,李佐贤有

---

① 杨家骆:《四库全书学典》,世界书局,1946年。
② 这之前有南朝梁顾烜《钱谱》,唐封演《续钱谱》等,已佚。

《古泉汇》64卷。历代重要钱谱,达数十种,在资料上和编纂方法上,都为后来丁福保(1874—1952)编《古钱大辞典》奠定了基础。丁福保在20世纪30年代编的《古钱大辞典》,是研究古钱学的一部规模较大的专科辞书,全书12册,另拾遗一册。此书除"总论"外,分上下两编:上编分类列出古钱各图;下编将有关考证材料、各家钱谱学说分列于各钱之下。编者"依编纂辞典之通例,将各古钱之第一字,按笔画多少次第排列之,又别编通检一册,冠于卷首,俾学者便于检查"。(《古钱大辞典·例言》)

从《泉志》等历代钱谱到丁福保的《古钱大辞典》,是考古学领域内古代谱录逐步促成现代专科辞书编纂的一个具体事例。

2. 明代万历年间,山东王象晋撰《群芳谱》30卷,也是谱录类图书中较有代表性的一部。它分天、岁、谷、蔬、果、茶竹、桑麻葛棉、药、木、花、卉、鹤鱼等12谱,详细叙述各种生物的形态特征、培育方法和效用,其中有编者的亲身体验,更多的是文献资料的摘录,也有采访而得者。此书类似植物学辞书,但书中有鹤鱼谱,与书名不符,在资料和编排方面也存在不少问题。后来,清康熙时汪灏等人对《群芳谱》订讹补漏,改岁谱为天时谱,删去鹤鱼谱,从宫廷藏书中搜集了丰富的资料予以补充,成《广群芳谱》100卷。此书对每一植物,先详释其名状,然后列"汇考"项,征据事实;再列"集藻"项,列诗文辞赋;又有"别录"项,叙制用移植等事。体例较善。清道光间,吴其濬的《植物名实图考》刊行。全书分《图考》、《长编》两部分:《图考》(38卷),收载植物1 714种,分类编排,对各种植物择要记载其形状、性味、产地、用途(对药用价值尤为注意)等,并附有图形;《长编》(22卷)收植物838种,辑录经、史、子、集中有关植物的文献资料分系于各植物名下。编者广征博引,对前代草木谱录及各种专著颇多引录,并注意亲自考察访问,使这部著作具有重要参考价值。后来编辑出版的一些植物学辞书,如《植物学大辞典》(商务印书馆1918年版)、《中国植物图鉴》(开明书店原版,农业出版社1955年增补再版,1960年重印)等,对《植物名实图考》均多所借鉴。

从《群芳谱》、《广群芳谱》、《植物名实图考》到《植物学大辞典》等,是古代谱录与现代专科辞书的渊源关系的又一实例。

二、专门类书

我国古代的类书具有百科全书的功能,这已为中外学者所承认。但人们大多把注意力放在博采众类的综合性类书上,对专收一类(或侧重于某一方面)的专门类书,似乎还注意得不够。

综合性类书(如《太平御览》)相当于综合性百科全书,而专门类书(如《全芳备祖》)则具有专业性百科全书的性质。专门类书比综合类书少得多,在数量上未能形成对峙之势,但从辞书分类的角度而言,专门类书是独树一帜的。

专门类书有较强的针对性,它专供读者检索某一方面的问题。如《四库全书》

类书中的《元和姓纂》(唐代林宝撰)、《万姓统谱》(明代凌迪知撰),供查考姓氏、人名;而《古今同姓名录》和《同姓名录》,则是专为辨别历史上同名同姓的人物而编纂的,是人名辞典的一体。

我国历史上同名同姓的人很多,若不注意辨别,便会闹笑话。章炳麟在《古今同姓名大辞典题辞》说,"前世同时同姓名者,若韩信、严延年、刘歆之伦,史皆以类分辨。逮后世乃有混淆者……若仲尼弟子公孙龙与言'坚白'者,相去几二百岁,而张守节以为一人;益州刺史任安,监北军使者任安,汉书旧注未尝指为一人,近人亦强合之矣。"古人编纂的同姓名录有多种,《古今同姓名录》是现存最早的一部,此书系梁元帝萧绎撰,唐代陆善经续、元代叶森补。原本久佚,后从《永乐大典》辑出。体例是依姓分列,在每一姓名前冠以数字,表示同姓名者有几人,然后逐个说明。如:

二公孙龙

一孔子弟子。一白马非白者。吕不韦春秋。

十四刘章

一朱虚侯。一东野侯。中山靖王子。一略阳侯……(下略)

此书共列出古今同姓名 382 个,1 307 人(彭作桢《各国名书姓名人数比较表》)。到明代,有余寅撰《同姓名录》,清代有汪辉祖《九史同姓名略》、《三史同名录》,陈棻《同姓名谱》,刘长华《历代同姓名录》。今人彭作桢编的《古今同姓名大辞典》(好望书店1936 年版),就是在上述诸书的基础上修订增补而成的,共收上古至 20 世纪 30 年代前期同名同姓者 56 000 余人。从梁元帝的《古今同姓名录》到今人的《古今同姓名大辞典》,"同姓名录"这类专科辞书,经历了将近 1 400 年的发展过程。

又如,南宋陈景沂的《全芳备祖》,是我国古代专门类书中较有代表性的、影响较大的一部(王象晋编《群芳谱》,对此多所借鉴),成书于 13 世纪中叶。全书分前后两集,前集 27 卷,所记皆花;后集 30 卷,为果部、卉部、草部、木部、农桑部、蔬部、药部。编者对每物分"事实祖(始)"和"赋咏祖"编列资料。"事实祖"又分碎录、纪要、杂著三个子目,"赋咏祖"又分五言散句、七言散句、五言绝句、七言绝句等十个子目。该书汇集了大量植物学方面的资料,编排层次分明,是"世界最早的植物学辞典",比西方第一部系统描述植物的专著《植物史》早 300 年。①《全芳备祖》有宋刻本,宋以后从未再刊,只有钞本流传。日本珍藏的宋刻《全芳备祖》残卷是现存唯一的刻本,它的全部照片(450 余页)已于 1979 年由农业出版社将把它影印出版(所缺部分,配以钞本)。②

---

① 吴德铎:《一部日本珍藏的中国古书》,《人民日报》,1979 年 5 月 16 日。
② 吴德铎:《全芳备祖·跋》,《读书》,1982 年第 6 期。

再如，清康熙间陈元龙撰《格致镜原》100 卷，所载"皆博物之学，故曰'格致'；又每物必溯其本始，略如《事物纪原》，故曰'镜原'也"（《四库全书总目提要》）。全书分 30 大类：乾象、坤舆、身体、冠服、宫室、饮食、布帛、舟车、朝制、珍宝、文具、武备、礼器、乐器、耕织器物、日用器物、居处器物、香奁器物、燕赏器物、玩戏器物、谷、蔬、木、草、花、果、鸟、兽、水族、昆虫。它与一般类书不同：一般类书多注重排比诗赋，以供文士采撷辞藻之用；而《格致镜原》"专务考订以助格致之学"（《凡例》），着重辑录古籍中有关博物和工艺的记载。英国学者李约瑟博士在他的《中国科学技术史》中，对《格致镜原》提供的科技史料多所引录，并称它是"科技百科全书"。

三、政书和学案

"政书"和"学案"都是专史，兼具专科辞书性质。

政书专记典章制度，大都分类编排，颇似类书。蔡元培曾综合论述我国古代的字书、类书以及《通典》、《文献通考》等政书，认为："虽其书纯驳不同，体裁杂出，要皆辞典之属也。"（《植物学大辞典序》）《英国百科全书》在"东方的百科全书"一节中说："东方对百科全书的历史所作的贡献是另有一功的，出书的时间比西方早得多。"接着列举了中国魏晋以来 20 余部有代表性的百科全书式的典籍，其中就有《通典》、《文献通考》等政书。

《通典》是我国现存第一部专记历代典章制度沿革的大型政书，200 卷，唐代杜佑撰。他从群经诸史和文集、奏疏中博采文献资料，分食货、选举、职官、礼、乐、兵刑、州郡、边防八门，每门再分子目，对上古至唐代天宝末年的典章进行系统记叙，"详而不烦，简而有要，元元本本，皆为有用之实学"（《四库全书总目提要》）。这种著述体制，对后代影响很大，宋人郑樵《通志》中的"二十略"，实是取法《通典》并加以发展而成。

《文献通考》348 卷，宋末元初马端临撰。此书以《通典》为蓝本，从纵横两方面予以续补和扩充：纵的方面，《通典》记事自上古至唐代天宝末，《文献通考》则从上古至宋宁宗时；横的方面，《文献通考》门类更多更细，共 24 考：田赋、钱币、户口、职役、征榷、市籴、土贡、国用、选举、学校、职官、郊社、宗庙、王礼、乐、兵、刑、经籍、帝系、封建、象纬、物异、舆地、四裔。洋洋大观，堪称历代典制的专业性百科全书。

学案是系统记叙学派源流的学术思想史专著，首创于黄宗羲的《明儒学案》，其在编纂方法上很有特色。《明儒学案》将明代各学派按时代先后分列，对每一学派先以小序作概括的说明，然后列举该学派的代表人物，每人先列小传，再摘载其重要著作或语录。显然，这相当于明代学术流派和思想家传略辞典。后来，黄宗羲又撰《宋元学案》（未完成而卒，由黄百家、全祖望等续成），江藩撰的《汉学师承记》、《宋学渊源记》，唐鉴撰的《国朝学案小识》，徐世昌的门客撰的《清儒学案》，都具有学术思想辞书的性质。

我国古代一部分谱录类图书、专门类书和政书、学案既具有上述专科辞书的功能，也具有如下编纂上的特点：

1. 广采博收，考源述流

中国古代的"专科辞书"，对每一事物、每一名称大都努力究其原委，叙其流变。由于事物是不断发展的，有的事物本来没有，后来有了，同一事物，又往往有不同的名称，因而，在搜集文献时，就不能囿于古代经史名著，而要旁及稗编野乘，尤其要注意吸收不断涌现的新著。古代编纂家很重视这点，宋人洪遵说："余尝得古泉百有余品，则又旁考传记，下逮稗官所纪……"（《泉志序》）他并不满足于已掌握的实物资料，还广泛搜罗各类文献。清人陈元龙说：《格致镜原》"所引，以经史为主。但纪物既博，求类复详。或古无而今有，或雅弃而俗收。此种编丛书不得不旁及，俗说野乘不得不间采也"（《凡例》）。例如，在该书"乾象类"所附"浑天仪"条下，不仅引录《尚书大传》、马融《浑天说》以及《晋书·天文志》、《梁书》、《隋书》等史书中的有关资料，还引录了明末陈继儒笔记《太平清话》中的记载。

2. 品类繁多，细大不捐

既有某一学科范畴内包罗宏富者，又有单就某一方面详细编录者。例如，文物考古方面，既有《考古图》、《宣和博古图》这种兼录各类古器物的，又有《鼎录》、《泉志》、《砚谱》、《墨谱》这种专记某种器物的。又如植物学方面，既有《全芳备祖》这样"广收博采，实无忝全备之称"者（周中孚《郑堂读书记》），又有《竹谱》、《牡丹谱》、《荔枝谱》、《菊谱》、《海棠谱》、《笋谱》这种单录某种植物者。而同一植物，又往往有多种谱录，如牡丹谱有20余种，菊谱有近40种之多。

3. 辑存文献，摹绘图像

我国古代的"专科辞书"大都引录丰富的原始文献（一般是照录原文，也有经编者删节浓缩的）并注明出处，这就为后人搜集各科资料提供了极大方便。李约瑟博士在《中国科学技术史》中转述了伟烈亚力对《格致镜原》这部"科技百科全书"的评价，说"它是最有用的摘要"，同时提醒读者"注意其中的引文可能有错误"。李约瑟本人也说，《格致镜原》包含了丰富的引证材料的来源，"它说明所需要的资料可以在何处找到"。这正是我国古代类书的特点。

我国古代的谱录类图书，有一部分很注意摹绘图形（如《考古图》、《宣和博古图》、《墨谱》等），这正是"左图右书"优良传统的体现。宋代史学家郑樵说："古之学者，左图右书，不可偏废。"（《通志·总序》）又说，"见书不见图，闻其声不见其形；见图不见书，见其人不闻其语"，而左图右书，便能"索像于图，索理于书，故人亦易为学，学亦易为功"（《通志·图谱略》）。这是很有道理的。

4. 蝉联配套，一身两任

古代一些有价值的"专科辞书"问世后，后人往往竞相仿作或增订续补，使这种著述自成系统，蔚为大观。如唐代《通典》问世后，宋元便先后有《通志》和《文献通考》，是为"三通"。① 清乾隆时，对"三通"一续再续，编成《续通典》、《清朝通典》、《续通志》、《清朝通志》、《续文献通考》、《清朝文献通考》，与"三通"合称"九通"。清末民初刘锦藻又撰《清朝续文献通考》，与"九通"合称"十通"。虽然"十通"内容有重复之处(尤其乾隆时所续的六部)，但毕竟为人们查考上古至清末的典章制度提供了一整套内容丰富的专业性百科全书。又如，历代"会要"和"学案"也是蝉联配套的。

所谓"一身二任"，是指古代某些"专科辞书"，既是学术专著，又是工具书；既可供系统阅读(有可读性)，又可供临时查阅(有检索性)。如马端临的《文献通考》，除了分门别类地排比史料和前人、时人的议论外，还以按语形式阐述自己的学术见解。有些见解(如土地关系、兵制沿革诸方面)发前人所未发。所以，《文献通考》既是论述历代典章制度的专著，又是可供查考历代典章制度的工具书。又如黄宗羲的《明儒学案》，既是学术思想史专著，又是学术流派与思想家辞典。

上述特点，可供我们今天编纂专科辞书借鉴。但古代的"专科辞书"也有很多弱点，如：(1) 绝大部分是分类编排，而分类又往往欠妥，不便检索。后人为了弥补这一缺陷，采取了一些措施。例如新中国成立前商务印书馆排印《植物名实图考》(包括《长编》)时，汇录了《图考》和《长编》所载植物名，编了个总索引附于书后。(2) 18—19 世纪，西方的科学技术已有了迅速的发展，但我国在这段时间(清代中、后期)所编纂的专门类书、谱录等，对西方的新技术、新发明很少反映。(3) 我国古代一部分"专科辞书"，侧重于分类排比一些原始资料，作者很少作概括性的说明。这类"专科辞书"就提供原始资料而言，无疑是可取的，但从一般查阅而言，就失于冗繁堆砌了。

① 《通志》实是通史，但其中的二十略具政书性质。

《艺文类聚》概说

　　类书，是我国古代文化宝库里颇具特色的一种工具书。它将群书中可供参考的资料辑录出来，一般采用分类编排，成为一定时代、一定范围的知识总汇。它的性质实和辞典、百科全书同科；《英国百科全书》在介绍百科全书的历史时，列举了我国古代《艺文类聚》、《太平御览》等20余种著名类书；国外学者还把我国清代大型类书《古今图书集成》径称为"康熙百科全书"（K'ang Hsi Imperial Encyclopaedia）。从类书的包罗万象和便于检索这些特点来看，它们确与百科全书有相似之处。但现代百科全书大多是将各门学科的知识作概要介绍，而古代类书则是把原始文献分类辑存。正因为类书不是用编者自己的语言而是用前人的著述摘编成书的，这就使它在保存古代文献等方面起了特殊的作用。

　　我国类书源远流长，一般认为始于三国魏文帝时的《皇览》，魏晋以来，历代均有修撰，但大都散佚。在流传至今的早期类书之中，《艺文类聚》是较有代表性的、影响较大的一部。

一、《艺文类聚》的编纂

　　《艺文类聚》是唐高祖李渊在武德五年（622）下诏命欧阳询等人编纂的。① 关于它的成书年月，《唐会要》卷三六有详细记载："武德七年九月十七日，给事中欧阳询奉敕撰《艺文类聚》成，上之。"全书100卷，100余万字，从下诏到成书，三年还不满，工作效率较高，体例亦为后人所称道②，这是由多种因素造成的。

　　当时正是唐王朝建国初年，李渊父子一面继续用武力削平各地敌对的军事力量，一面大兴文治，安定民心，以巩固刚刚建立起来的李唐政权。武德五年，李渊发布《命萧瑀等修六代史诏》，修撰自魏至隋的历代史书，许多著名学者如颜师古、魏征、姚思廉、欧阳询都在任命之列。③ 同年，秘书丞令狐德棻奏请购募遗书，由朝廷

---

① 据《旧唐书·令狐德棻传》："（武德）五年，（令狐德棻）迁秘书丞，与侍中陈叔达等受诏撰《艺文类聚》。"
② 如《四库全书总目提要》称《类聚》："于诸类书中，体例最善。"
③ 《唐大诏令集》卷八一。

组织图书典籍的整理工作，"增置楷书，专令缮写"，于是，"数年间群书毕备"。①《艺文类聚》的编纂，是与大规模的修史工作和图籍整理工作同时进行的，这就有了重要的资料保证。

闻一多先生在《类书与诗》一文中提到唐代前期那一大批类书时说，那是"政府从百忙中抽调出许多第一流人才"编撰的(《闻一多全集·唐诗杂论》)。《艺文类聚》也不例外。据《旧唐书》载，参加《艺文类聚》编纂工作的，有欧阳询、裴矩、陈叔达、赵弘智、令狐德棻、袁朗等十余人。主编欧阳询(557—641)，字信本，潭州临湘(今湖南长沙)人，其父在陈朝任广州刺史，因谋反被诛，欧阳询后由著名文学家江总收养，江并"教以书记"。欧阳询"虽貌甚寝陋，而聪悟绝伦，读书即数行俱下，博览经史，尤精《三史》"，又以书法驰名，"笔力险劲，为一时之绝"(《旧唐书·欧阳询传》)。《艺文类聚》的其他编辑人员，如赵弘智"学通《三礼》、《史记》、《汉书》(《旧唐书·赵弘智传》)"，令狐德棻博涉文史，曾主持修撰《周书》等史，《旧唐书》说"武德已来创修撰之源，自德棻始也"。至于裴矩、袁朗等，也都是名重一时的文学之士。有一个精干的编辑班子，这无疑是《艺文类聚》得以顺利完成的组织保证。

在《艺文类聚》之前，从魏文帝时的《皇览》到虞世南的《北堂书钞》等，已有20余种类书问世②，其中颇有内容宏富之作。例如《皇览》，"撰集经传，随类相从(《三国志·魏书·文帝纪》)"，"合四十余部，部有数十篇，通合八百余万字"(《三国志·魏书·杨俊传》注引《魏略》)。又如梁代刘孝标撰《类苑》120卷，号称"天下之事，毕尽此书，无一物遗漏"。③ 有前人编撰类书的经验作借鉴，是《艺文类聚》顺利成书的又一重要因素。

二、《艺文类聚》的分部

类书可依其采辑资料的范围分作两种类型。一是广采博收的，近似于近代的综合性百科全书；一是专采一类的，近似于近代的专题百科全书。《艺文类聚》属前者，部类较全，分目较细，总计46部，727目。其分类体系及主要内容见表1。

表1 《艺文类聚》分类体系及主要内容

序号	部名	细目数	主要内容
1	天	13	有关天体与气象的资料。细目如天、日、月、风、雨、雾等。
2	岁时	21	有关时序节令的资料。如春、夏、秋、冬、寒食、伏、腊等。
3	地	8	有关地形地质的资料。如地、野、冈、岩、石等。

① 《唐会要》卷三五。

② 这20余种类书，绝大部分今已亡佚。详见张涤华《类书流别·存佚》。

③ 唐杜宝《大业杂记》(辑入宋晁载之《续谈助》，有丛书集成本)。说"无一物遗漏"显系夸大之辞，但包罗宏富恐是事实。

序号	部名	细目数	主要内容
4	州	12	有关冀州、荆州、交州等行政区划的资料。
5	郡	4	有关河南郡、会稽郡等行政区域的资料。
6	山	24	有关各地名山的资料。
7	水	23	有关江、湖、河、海、溪、泉、津、桥的资料。
8	符命	1	宣扬君权神授的资料(古以所谓吉祥的征兆附会成君主得天命的凭证,称之为符命)。
9	帝王	50	有关远古至南北朝历代主要帝王的资料。
10	后妃	1	有关皇后妃嫔的资料。
11	储宫	3	有关太子的资料(太子妃、公主附此)。
12	人	58	有关人体各部分以及人物活动、品德、心理的资料。如头、目、忠、游览、哀伤等。
13	礼	20	有关礼制的资料。如祭祀、学校、封禅、冠、婚等。
14	乐	13	有关音乐舞蹈的资料。如论乐、乐府、舞、歌、琴、筑等。
15	职官	43	有关官制的资料。如丞相、太尉、大司马、刺史等。
16	封爵	7	有关分封拜爵的资料。如功臣封、外戚封等。
17	治政	6	有关安邦治国的资料。如论政、善政、荐举等。
18	刑法	1	有关法制、刑律的资料。
19	杂文	15	有关经史和文体的资料。如经典、史传、诗、赋等(纸、笔、砚亦入此)。
20	武	2	有关将帅和战争的资料。
21	军器	10	有关兵器的资料。如剑、铗、弩、稍等。
22	居处	20	有关城坊和建筑的资料。如宫、坊、楼、城、宅舍等。
23	产业	11	有关经济生活的资料。如农、田、织、市、钱等。
24	衣冠	9	有关衣冠佩饰的资料。如衣冠、玦佩、巾帽、裘、带等。
25	仪饰	5	与礼仪制度有关的器物的资料。如节、黄钺等。
26	服饰	23	有关生活用品、装饰品的资料。如帐、屏风、簟、扇、钗、镜等。
27	舟车	2	有关舟、楫、车、马的资料。
28	食物	9	有关饮食的资料。如饼、肉、米、酒等。
29	杂器物	9	有关炊具、杂品的资料。如鼎、盘、杯等。
30	巧艺	12	有关技艺、游戏的资料。如射、书、画、围棋、投壶等。

序号	部名	细目数	主要内容
31	方术	5	有关医学卫生与占卜迷信的资料。
32	内典	2	有关佛教典籍与寺碑的资料。
33	灵异	4	有关神仙怪异的资料。
34	火	8	与烟火有关的资料。如火、烽燧、灯、烟等。
35	药香草	46	有关药物、香料、花草的资料。如药、草、藿香、芙蕖、萍等。
36	宝玉	13	有关金银财宝的资料。如金、银、玉、玛瑙等。
37	百谷	9	有关粮食等农作物的资料。如稻、豆、麻、麦等。
38	布帛	6	有关纺织品的资料。如素、绢、布等。
39	果	37	有关瓜果的资料。如李、桃、石榴、荔枝、瓜等。
40	木	42	有关树木的资料(兼及少量草本植物。竹亦入此)。
41	鸟	37	有关鸟类的资料。如鸟、鹤、孔雀、鹏鸟等。
42	兽	24	有关兽类的资料。如马、牛、豕、鼠等。
43	鳞介	12	有关水族动物的资料。如鱼、螺、乌贼等。
44	虫豸	15	有关昆虫等小动物的资料。如蝉、蝇、蜘蛛等。
45	祥瑞	25	古人以为吉祥的征兆的资料。如麟、凤凰、鼎等。
46	灾异	7	有关自然灾害的资料。如旱、蝗等。

在一定历史时期内产生的知识分类方法,大体上反映了该时期人们对自然科学与社会科学的认识的广度与深度。表1反映了唐代初年知识界对于宇宙和人类社会的认识水平。用今天的科学观点来衡量,它当然是很陈旧的。但为了熟练地从这部类书中索取有用的资料,我们还得熟悉这种分类体系。

《四库全书总目提要》曾指出《艺文类聚》的门目有"繁简失宜,分合未当"的缺点,如"山部"五岳不全,缺东岳泰山、北岳恒山;"帝王部"于魏、蜀、吴三国不录蜀汉;不恰当地把纸、笔、砚列入"杂文部";不宜在"武部"之外另立"军器部";针宜入"器物部"却列入"产业部",等等。这批评大体是对的,但在分类的问题上,《四库全书总目提要》流于就事论事,例子举了不少,却没有抓住症结所在。《艺文类聚》之所以在分类问题上出现这些混乱现象,主要是因为编者的分类标准处于一种游移的状态,他们对事物进行分类时未能始终抓住事物的主要的、本质的属性,而且种属关系不明,这就不可能建立一个科学的、逐层展开的分类系统。

三、《艺文类聚》的体例

虽然,在《艺文类聚》之前已有众多的类书可资借鉴,但欧阳询等人并非亦步亦趋、陈陈相因,而是有所创造,有所前进,这突出地表现在"分门类事,兼采前世诗赋铭颂文章附于逐目之后"的编纂体例上(宋晁公武《郡斋读书志》)。

欧阳询在《艺文类聚》的序言中概括了前代的文学总集和类书的不同特点,说明了《艺文类聚》的凡例:

> 《流别》、《文选》,专取其文;《皇览》、《遍略》,直书其事。文义既殊,寻检难一。爰诏撰其事且文,弃其浮杂,删其冗长,金箱玉印,比类相从⋯⋯事居其前,文列于后,俾夫览者易为功,作者资其用,可以折衷今古,宪章坟典云尔。

晋代挚虞的《文章流别集》和梁代萧统的《文选》,是将历代作品分类编排的文学总集。"专取其文"的"文",相当于"文学"。这些文学总集的出现,尤其是萧统"事出于沈思,义归乎翰藻"(《文选·序》)的文学标准的提出,反映了当时知识界的文学观念已逐步明确,文学已成为一个地位突出的独立部门。魏文帝时的《皇览》和梁代的《华林遍略》(今已佚),是我国的早期类书,它们的特点是"直书其事",以辑录经史诸子为主。可见,在欧阳询之前,总集与类书原是有"取文"与"书事"的分工的。到了欧阳询手里,却来了个"事居其前,文列于后"的处理。试以卷一九人部"言语"一目为例:

> 《释名》曰:言,宣也,宣彼此之意也。语,叙也,叙己所欲说述也。《说文》曰:直言曰言,论议曰语。《易》曰:君子出其言善,则千里之外应之;出其言不善,则千里之外违之。⋯⋯《庄子》曰:言者所以在意⋯⋯《吴志》曰:张尚,孙皓时为侍郎,以言语辩捷见知。⋯⋯[诗]梁昭明太子《大言诗》曰:⋯⋯梁殷钧《大言应令诗》曰:⋯⋯[赋]楚宋玉《大言赋》曰:⋯⋯晋傅咸《小语赋》曰:⋯⋯[赞]魏王粲《反金人赞》曰:⋯⋯[箴]晋苏彦《语箴》曰:⋯⋯[铭]周太庙《金人铭》曰:⋯⋯[论]晋欧阳建《言尽意论》曰:⋯⋯

"言语"一目约计2 600字(以上所录是经过删节的)。其中"事"的部分760字;"文"的部分1 800余字,有诗、赋以及各种体裁的文章。《艺文类聚》其余各目的体例,大致如此。明人胡应麟在剖析类书的不同体制时说:"如《初学》、《艺文》,兼载诗词,则近于集;《御览》、《元龟》,事实咸备,则邻于史。"①祁承爜也说:"如《艺文

---

① 见《少室山房笔丛》卷二九"九流绪论下"。《初学》指唐玄宗命徐坚等编《初学记》,成书后于《艺文类聚》100年。

类聚》之备载词赋,《合璧事类》之详引诗文,是皆'类'而'集'矣。"①初唐文坛承袭六朝的风气,欧阳询等人在类书中加大了文学的比重并使之独立化,从而形成了《艺文类聚》自身的特点,这正是当时的文学思潮在类书编纂工作中的反映。

《艺文类聚》在体例方面还有一个值得注意之处,那就是参见法(即引见法)的运用。当某项资料与两个类目都有关系时,编者根据关系的远近,在其中一个类目下略引该项资料,并于其下以注语指引读者参阅另一类目下的详细资料。例如关于鲁仲连立功拒赏的资料,于卷二一人部"让"目下仅录鲁仲连谢绝平原君封赏一事,并于其下注曰:"事具隐逸部";而在卷三六人部"隐逸"目下,除扼要摘录鲁仲连谢绝平原君封赏事外,又录鲁仲连谢绝田单封爵之事,较"让"目所引为详。又如卷二天部"雨"目之下,引《列仙传》仅一句:"赤松子者,神农时雨师也。"无具体内容,但注明"事具仙部"。在卷七八灵异部"仙道"目下,则辑录《列仙传》关于赤松子的具体述说。这种详略参见的编纂方法虽不是《艺文类聚》的首创,但它运用得很自觉、很普遍,既便于读者从不同的角度进行检索,又不必过多地扩大篇幅,这是很可称道的。

但在《艺文类聚》中,有时同一项资料先后在两个类目下出现,并无详略之别。如《晏子》载晏子劝止齐景公杀养马者一事,先见于卷二四人部"讽"目,下注"事具马部";在卷九三兽部"马"目下,这条资料再次出现,篇幅与文字大同小异。这就算不上是详略参见,而是同文复现,虽具有便于读者从不同途径进行检索的优点,却未免有点累赘。

四、《艺文类聚》的功用

历史上类书的编纂,主要有两个目的:一是便于帝王披阅浏览、以简驭繁(从《皇览》《御览》的命名,便可看出这点);二是供知识分子赋诗撰文时检索事类、采撷辞藻。《艺文类聚》的编纂,目的也不外乎此,欧阳询在序言中已讲得很明白。然而,《艺文类聚》的编纂目的和它留给后人的实际功用却并不完全一致。有些功用,恐怕是编者原先没有估计到的。

(一)用于辑佚。古籍在其流传过程中,散佚的数量是很大的。元人马端临说:"汉隋唐宋之史,俱有艺文志。然《汉志》所载之书,以《隋志》考之,十已亡其六七;以《宋志》考之隋唐,亦复如是。(《文献通考·经籍考序》)《艺文类聚》所引唐以前古书达1 431种②,到南宋陈振孙撰《直斋书录解题》时,已指出"其(指《艺文类聚》)所载诗文赋颂之属,多今世所无之文集"。到明代高儒撰《百川书志》时,感叹说:"(《艺文类聚》)载引诸集,今世罕传。汉魏六朝之文,独赖《文选》,此书之存,不然几至泯没无闻矣!二公有功斯文,猗欤盛哉!"到清乾隆朝编《四库全书》

---

① 见《澹生堂藏书约》。《合璧事类》系宋代类书。
② 这是据马念祖《水经注等八种古籍引用:书目汇编》的统计。

时,《四库全书总目提要》又指出:"隋以前遗文秘籍,迄今十九不存,得此一书(指《艺文类聚》)尚略资考证。"今人曾对《艺文类聚》所引的 1 400 多种古籍作过约略的分析,指出现存者所占比例不足百分之十。① 由于《艺文类聚》保存了今已散佚的千余种古籍的残玑断璧,所以明清以来的学者无不把它作为辑佚的宝藏。如明代冯惟讷编《古诗纪》时,就从《艺文类聚》中辑出了不少佚诗;清代严可均编《全上古三代秦汉三国六朝文》、王谟编《汉唐地理书钞》,都从《艺文类聚》中辑出了许多珍贵的文献。鲁迅先生《古小说钩沉》所录《裴子语林》、《俗说》、《列异传》、《幽明录》等已佚小说,有很多条目便是从《艺文类聚》中辑录的。

(二)用于考证。《艺文类聚》编者所引之书是唐以前的古本,因此,后人在考证、校勘工作中,每每把《艺文类聚》作为重要的材料依据。宋人彭叔夏写《文苑英华辨证》十卷,已充分利用《艺文类聚》,援引《艺文类聚》近 20 处,颇有所得。如《文苑英华》所收《骄阳赋》有"孙武之失,诮梁君之射乌"句,很是费解。彭叔夏证以《艺文类聚》所引《庄子》:"梁君出猎,见白雁群,下彀弩欲射之。道有行者,梁君谓行者止,行者不止,白雁群骇。梁君怒,欲射行者,其御公孙龙止之。……梁君乃与龙上车归。呼'万岁'。曰:'乐哉,人猎皆得禽兽,吾猎得善言而归。'"(卷六六产业部下·田猎)再证以《太平御览》所引刘向文,认为"孙武之失"当作"孙龙止矢","乌"当作"雁",其义方可解。

直至现代,《艺文类聚》仍是校勘时常用的书;在校勘汉魏六朝作品时,使用更为频繁,因为该书"文"的部分所引绝大部分是汉魏六朝的诗赋文章,而且引文多数比较完整,不像某些类书(如《北堂书钞》)随意割裂原文。

(三)用于检索。由于《艺文类聚》从古籍中"摘其菁华,采其指要",然后"比类相从"(欧阳询《艺文类聚·序》),这就为我们查找某些典故和语句的出处提供了很大的方便。如李贺诗《始为奉礼忆昌谷山居》有"犬书曾去洛"句,看来是用了一个与"犬"有关的典故,试查《艺文类聚》卷九四兽部"狗"目,果然查得《述异记》所载快犬黄耳往来于吴洛之间为陆机递送家书的传说。

《艺文类聚》还有其他功用,这里不赘述。

在使用《艺文类聚》时,还有几个需要注意的问题:

1. 我们今天所见到的《艺文类聚》,有宋人窜入的部分。南宋叶大庆已指出,《类聚》中有苏味道、李峤、沈佺期、宋之问诗,四人皆后于欧阳询,欧阳询不可能预收,是后人所加。② 其实窜入的还不止这四人的作品。③

2.《艺文类聚》所引诗文辞赋,虽比《北堂书钞》等类书完整,但亦有删削割裂者。欧阳询在序言中也说,他们是经过"弃其浮杂,删其冗长"的制作功夫的。

---

① 〔唐〕欧阳询撰,汪绍楹校:《艺文类聚·前言》,中华书局上海编辑所,1965 年。

② 详见《四库全书总目提要》引叶大庆《考古质疑》说。话也得说回来,尽管这是后人所加,但毕竟是南宋以前的人所见之诗,仍有重要的文献价值。

③ 详见汪绍楹《校艺文类聚序》。

3.《艺文类聚》引书,并非完全引自原书,可能有从其他类书辗转过录者。汪绍楹在《校艺文类聚序》中已引例说明。

五、《艺文类聚》的整理及其他

清代辑佚校勘之风大盛,对《艺文类聚》的使用率最高,但他们使用的只是几种明刻本。当时所能见到的最好本子,要算是明代冯舒的校宋本了,然而冯舒据以校勘的宋本,在校记完成后不久便不知去向了。1958年,上海图书馆喜获一宋绍兴本,中华书局上海编辑所即按原尺寸影印,于1959年出版,线装16册,上下两函,颇为精美。其后,汪绍楹用宋绍兴本作底本,校以冯舒校本和明刻各本等,并加断句,1965年仍由中华书局上海编辑所出版,精装两册,使用甚便。

为了更有效地使用《艺文类聚》这部百余万字的类书,需要有相应的工具书。马念祖编有《水经注等八种古籍引用书目汇编》①(以下简称《汇编》),把《水经注》、《文选李善注》、《艺文类聚》等八种古籍所引用的6 000多种古书按书名的笔画排列,并注明某书被八种古籍中的哪几种引用过。如果我们想知道某书是否被《艺文类聚》引用,即可查马念祖的《汇编》。但这本《汇编》并不能反映某书共被引用过多少次以及分别被引用在何书何卷。日本中津滨涉编有《艺文类聚引书引得(改订版)》,京都中文出版社1974年1月出版(赵国璋、方进《"汉学索引"草目》)。此《艺文类聚引书引得》可供读者查阅某书被《艺文类聚》引用过多少次,被引用在何处,其性质与我国1935年出版的《太平御览引得》(洪业等编)相仿。

(原载《辞书研究》,1980年第1期)

---

① 马念祖:《水经注等八种古籍引用书目汇编》,中华书局,1959年。

《针线》、《串珠》与辞书

《针线》

如果把一部学术著作中的专名或重要事项编成索引,附在该书之后,使读者便于查阅,这部书便具有较强的检索性。检索性是辞书的特征之一。因而,为学术著作编制"书后索引",使它与书前目录相辅而行,这实际上是使书籍"辞书化"的一种加工过程。

在国外,许多国家很早就重视书后索引的编制,重要的论著、教科书、资料性书籍大都附有索引,而我国在这方面的工作比较落后。20世纪二三十年代时,许多知识分子痛感书籍没有索引极碍读书治学之效率,强烈呼吁发行书籍应附索引,积极提倡学习外国先进的索引方法①,这对我国索引理论的研究和索引的编纂工作是有促进作用的。但当时有一个问题不大被人们所注意:我国古代究竟有没有书后索引,它叫什么名字? 国内外有的学者曾认为中国古代压根儿就没有索引,当然也就没有书后索引。这种看法是不符合事实的。

实际上,蔡烈先在1652年编成的《本草万方针线》(以下简称《万方针线》)就是书后索引。蔡氏称索引为"针线",这是一个十分形象的名称。《万方针线》是为李时珍《本草纲目》而编的。

大家知道,明代李时珍的医药学巨著《本草纲目》共52卷,收载药物1 800多种。他不但在各种药名下详注其产地、形态、性味、功用等,而且往往附录以该药为主药的历代方剂一个或多个,合计药方10 000多个。这些药方有很大的临床价值,但由于它们散载于各种药品之下,查找起来十分不便。清代初年,浙江山阴人蔡烈先深感《本草纲目》"卷篇繁赜,孰能悉记无遗?"考虑"各方浩浩茫茫,何法贯之乎?"(《本草万方针线·自叙》)于是下决心把10 000多个药方作一番穿针引线

---

① 万国鼎《索引与序列》(载于《图书馆学季刊》第2卷第3期,1928年版)、钱亚新《索引和索引法》(商务印书馆1930年版)对此论述颇详。又如,在1929年召开的中华图书馆协会第一次年会上,通过了万国鼎等提出的《通知书业于新出版图书统一标页数法及附加索引案》。

的工作,编出《万方针线》八卷,使人通过它可以得知:治疗某病有哪些药方,这些药方分别见于《本草纲目》某卷某处。

图1是《万方针线》的第一页①,它表明:治疗"寒热疟疾"的方剂见于《本草纲目》五卷五页、八卷二十三页、九卷六十六页……治疗"温疟不止"的方剂见于八卷二十三页、十四卷四页……

《万方针线》是按门类编排的,"遇病叩方者,首查门类,细审吻合,再查卷篇,应手而得"。编者为了防止读者漏检,往往"一病而载入两三门",例如"伤寒头痛,一入伤寒门,一入头痛门","心腹冷痛,一入心痛门,一入腹痛门,一入痼冷门"②,这相当于工具书编纂工作中的"互见法",是设身处地为读者着想的一种优良措施。

《万方针线》的妙处就在于"百病千方,顷刻可用",具有很强的检索性。嘉庆时的著名学者周中孚盛赞它是"李氏之功臣,而医家之向导也"。③正因为它有这样高的实用价值,所以

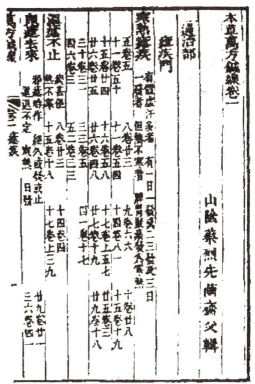

图1 《本草万方针线》书影

后人刊印李时珍《本草纲目》时,常把蔡氏《万方针线》附于书末,是名副其实的"书后索引"④,它使《本草纲目》"辞书化"了。

《串珠》

在语文词典的编纂工作中,人们常要利用语词索引。国外较早、较著名的语词索引如:斯特朗(1822—1894)的《圣经详细索引》(*Exhaustive Concordance of the Bible*)、巴特勒斯(1820—1905)的《最新莎士比亚辞汇大全》(*New and Complete Concordance Of Shakespeare*)。它们均称作 concordance,旧时有译作"堪靠灯"者。

① 这是据道光刻本影写的。
② 《本草万方针线·凡例》。
③ [清]周中孚:《郑堂读书记》卷四三,中华书局,1993年。
④ 梁家勉教授在《利用祖国目录学为农业科学服务的若干问题》(《学术研究》1963年第3期)一文中,提到《本草万方针线》,说它是我国"现存最古一部索引"。

在我国,这种性质的索引近半个世纪才逐渐多起来。它们或统称"引得"(如20世纪30年代燕京大学引得编纂处编的《毛诗引得》、《周易引得》等),或称"通检"(如顾颉刚编的《尚书通检》)。还有一个人们不大注意然而是颇有趣的名称——"串珠"。下面略作介绍:

60年前,有个叫蔡廷干的人,致力于老子《道德经》的研究。他慨叹"古今注《老》数十百家","读注愈多而理解愈晦",于是"尽弃旧注,专致力于经文,而有《串珠》之编"。[①] 他先将《老子》进行校点,计81章,5258字,其互不相同之字804个,蔡氏称之为"道德经不二字"。然后,他根据这804个"不二字"在经文中出现的先后,依次编上序列号。对每个字,都标明它被使用过多少次,并列出包含这个字的所有句子。蔡氏说:"初阅似嫌繁复,然细心体认,则字与字相策应,句与句相融通,章与章相衔接,散之则烂若千珍,合之则融成一片,故名曰《串珠》。"在《串珠》之后,还附有老子《道德经不二字目录》,实即笔画检字,使用甚便。例如,欲知"玄"字在《道德经》中出现的次数及所在章句,从《不二字目录》五画"玄"字下得知该字之序号为30,依序号即可从《串珠》中检得"玄"字。

图2是载有"玄"字的一页[②],它表示:"玄"字在《道德经》中共用12次,分别出现在第一章"同谓之玄"、"玄之又玄"、第六章"是谓玄牝"等句中。蔡廷干编《串珠》的本意是"以经证经",即通过类比、辨析的方法,探求《道德经》的字义,尤其是它们的哲学含义。当时,有人称赞蔡氏"虽不加一语诠释,而以经证经,字字皆原经之注脚,洵为老子之功臣"(孙宝琦《老解老·序》)。然而,更为引人注目的,倒是这种编纂方法——它实际上就是字词索引,属于"堪靠灯"(Concordance)的范畴。洪业说:"中国人为旧书作堪靠

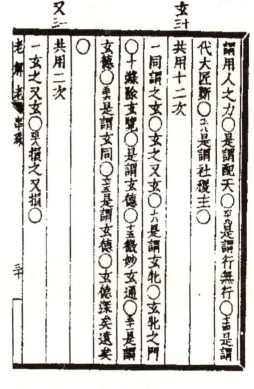

图2 《老解老·串珠》书影

---

① 《串珠》是蔡廷干所著《老解老》一书的主体部分。《老解老》全书共有五个部分:"读法"、"第一章笺释"、"老子道德经经文"、"老子道德经串珠"、"不二字目录"。1921年成书,1922年印行。

② 据《老解老》原版本影写。

灯,似当以此为最先。"①从某种意义上说,《串珠》也是一种词典,它专供查考某一作家、作品所用的字词,只不过它专以排比"书证"为能事,让读者自己从中体会字词的含义,编者不再撰写释义的条文。此外,由于《串珠》对每个字的出现次数都作了统计,这又使它带有"频率词典"的某些特点。②

针线、串珠和辞书

我国古代的书后索引以"针线"命名,早期的字词索引以"串珠"命名,它们又都是辞书的"亲属",这真是绝妙的巧合!它令人产生美好的联想:丝线要靠银针穿引,珍珠要用针线串联,人类的知识要用科学的方法组织和整理。辞书工作者的神圣职责就是在茫茫学海之中采撷那知识的珍珠,用辛勤的双手穿针引线,把粒粒珍珠连缀起来,便于人们"应手而得",从而让那珠镶玉嵌的科学皇冠放射出更加灿烂的异彩!

然而,辞书工作者本身,又是多么需要"针线"式和"串珠"式的书籍啊!

在我们面前摆着一个很现实的问题:在辞书编纂工作中,搜集资料、核对资料所耗费的时间常常超出了研究问题、撰写释文的时间。原因之一,便是我们的书籍资料缺乏"针线"式或"串珠"式的整理。随便举个例子:1957年中华书局复制重印的《宋会要辑稿》,史料价值很高,但卷帙浩繁,16开本精装八巨册,合计7 898页,编排比较杂乱,书前目录又十分简略。从这近8 000页的巨帙中查两条资料,动辄数小时。又如线装古籍中的诗文别集,常常是正集之外又有"续集"、"外集"、"后集"、"补编"之类,目录往往散见于各集,连个总目录也没有,检索之不便,可想而知。如果历史上有更多的蔡烈先,为重要的典籍编"针线"式的书后索引,我们今天的工作效率就会高得多。最近几年,书后索引逐渐多起来了,如中华书局影印胡刻本《文选》,附著者、篇目索引;排印《李太白集》、《杜诗详注》,附篇目索引。上海古籍出版社排印《国语》、《战国策》,附人名索引。这都是可喜的现象,可惜品种和数量还不够多,索引的严密性、便捷性也有待于提高。

出版界有的同志担心,为图书编制"书后索引"要耗费人力、时间、纸张,书价也要相应提高,不一定受读者欢迎。但事实是怎样的呢?仍以《本草纲目》为例,当蔡烈先为它编了《万方针线》之后,《万方针线》立即广为流传,大受欢迎。据古旧书店老职工说,旧时书贾将《万方针线》视为《本草纲目》不可分割的一部分。如果一部《本草纲目》不附以《万方针线》,便有"不全"之讥,不受欢迎。人们宁肯多花点钱买部附有《万方针线》的《本草纲目》。可见,书后索引是多么受重视。欧美学者有关书后索引的言论尤为激烈。1928年,万国鼎在《索引与序列》一文中曾引

① 洪业:《引得说》,前燕京大学引得编纂处,1932年。
② 关于"频率词典",参阅王德春《论词典的类型》中"特种词典"一节,《辞书研究》,1980年第1期。

录这样两个例子:英国人 Lord Campbell 创议向国会提案,凡出版书籍不附索引者,剥夺其版权。美国人 Horace Binney 也有同样的建议,并说:"有价值之书籍而无索引,则其为用,消失一半。盖若无索引以为向导,则书中最动人之思想或事实,于需要引证或继续考量时,欲其再现,几属不可能。"整天要和书籍资料打交道的辞书工作者,对于书后索引的重要性,体会更深,自不待言。

至于像《串珠》一类的字词索引,与语文辞典编纂工作的关系就更为直接。它们能帮助我们具体了解各类字词在重要著作中出现的频度,深入辨析同一字词在不同的上下文中含义的细微差别,迅速获得我们在撰写释文时所需要的书证。总而言之,字词索引的品种和数量越多,选词、释义、引例的效率就越高,科学性和严密性也就更强。近几年,有的辞书编纂单位有计划地组织字词索引的编写,这是广大辞书工作者的福音,但在技术力量、出版印刷等方面还存在不少具体问题,给索引的编辑出版带来一定的困难。我们渴望有关部门对此给予更大的关注,促进索引的编印。①

我国早期的索引出现在医书中的这一事实,是很发人深思的。谁都知道,救死扶伤,时间就是生命,要有紧迫感而不能有麻木感。蔡烈先正是怀着强烈的紧迫感、责任感为《本草纲目》编写《万方针线》的。编成以后,他欣慰地说:"有《本草》者不可无此《针线》,家家有《本草》,有此《针线》,百病千方,顷刻可用,人尽医矣。于以救人,不无小补。"对我们来说,编辞书者不可无索引,有索引则文献资料顷刻可用。蔡烈先为编《万方针线》付出了三年的艰苦劳动②,却为其他人赢得了不知多少宝贵的时间。我们要抢救文化遗产,要发展科学文化,不正需要加强紧迫感、责任感和发扬苦干精神吗?

(原载《辞书研究》,1980 年第 4 期)

---

① 若能运用电子计算机自动查频和编制索引,那当然更理想了。

② 《本草万方针线·自叙》:"是役也,自己丑三月起至壬辰二月止,瑜年者三,手录者三,乃始告厥成功。"

蔡元培的辞书学理论与实践

蔡元培(1868—1940),字鹤卿,号子民,浙江绍兴人,我国著名的民主革命家和教育家,也是在近代、现代辞书史上作出过可贵贡献的学者。

蔡元培于1902年创办中国教育会、爱国学社、爱国女学。1904年组织光复会,1905年加入同盟会。1912年任南京临时政府教育总长。他反对封建教育,提出改革教育的一系列主张并努力付诸实行。1917—1926年,任北京大学校长,支持新文化运动。1931年"九一八"事变后,他坚决主张抗日,与宋庆龄、杨杏佛、鲁迅等组织"中国民权保障同盟",奔走营救共产党人、抗日爱国人士。1940年在香港病逝。毛泽东从延安发出唁电,称蔡元培为"学界泰斗,人世楷模"。[①]

蔡元培青少年时期就热爱辞书,钻研文字音韵之学。他说16岁考取秀才后可以"自由读书",得益最大、受影响最深的书有三部,第一部就是朱骏声的《说文通训定声》。[②] 蔡元培对我国传统学术有深厚的根底,在清末曾任文字学、音韵学教员,后来又多次出国考察,善于吸收国外先进科学,博涉过众多的学术领域。[③] 这就促使他对语文辞书和各类专科辞书的研究,能站在时代的前列。蔡元培对辞书的功用、源流、编纂原则等问题都发表过很有价值的见解,并乐于为新辞书撰写序言和条目,以实际行动推动我国辞书事业的发展。本文拟就这些方面,作一概括的介绍。

一、辞书功用论

1. 辞书是社会学术发展状况的一面镜子

蔡元培说:"一社会学术之消长,观其各种辞典之有无与多寡而知之。"(《植物学大辞典序》)与此同时,学术界亦有"一国之文化,常与其辞书相比例"之说。[④] 辞书好比一面镜子,反映了一定历史阶段的科学文化状况。这给我们两点启示:第一,在历史研究中,不要忽视辞书所提供的生动材料。正如当代学者所说:"辞书是

---

① 毛泽东于蔡元培先生逝世时发出的唁电。原载重庆《新华日报》,1940年3月8日。
② 蔡元培:《我青年时代的读书生活》,《蔡元培选集》,中华书局,1959年,第324页。
③ 蔡尚思:《蔡元培学术思想传记》,棠棣出版社,1950年。
④ 陆尔奎:《辞源说略》。

一定时期的思想、科学、文化和语言发展状况的重要见证。"①第二，在研究辞书史时，不能就辞书论辞书，要联系各历史时期的社会特点、学术发展状况来考察。

2. 学术进步与辞书编纂互为因果

蔡元培所说的学术，是包括各种基础科学与应用科学在内的。在学术与辞书的关系问题上，他提出了精辟的"互为因果"说：

> 各国专门学术，无不各有其辞典，或繁或简，不一而足。盖当学术发展之期，专门学术之名词与术语，孳乳浸多，学者不胜其记忆，势不得不有资于检阅之书。既得检阅之书，则得以所节之心力与时间，增进其研究，而学术益以进步；学术愈进步，而前此所检阅者，又病其简浅而不适于用，则检阅之书，又不得不改编。互为因果，流转无已。此学术进步之社会，所以有种种专门之辞典也。（《植物学大辞典序》）

这里所说的"流转无已"，不是周而复始、循环反复，而是螺旋上升、前进不息。像他这样深刻认识与评价辞书的功用的人，在近代史上是不多的。他正是基于这样的认识，才在繁忙的革命活动与教育工作的同时，对祖国的辞书事业始终投以极大的关注。

3. 辞书影响语言与思想

蔡元培说："人类所以轶出于他动物者，由其有应变无穷之语言；语言之所以能应变而无穷者，由其有文字以为之记载；文字之记载，所以能互相通晓而无误，则字典之功也。"（《新字典序》）这是说字典有正字与规范语言之功。他又进一步阐述辞书与思想的关系：《说文解字》，亦一字典耳，而清世汉学家，至据以为微言大义之渊薮，非皆以其包罗众有，直凑单微故欤？方今书图浩博，识职分功，科学释名，类有专籍。我国作者，且别出辞书于字典之外，则字典之范围，狭于往者，然要其影响于语言思想者，固未尝不重且大也。"（《新字典序》）辛亥革命前数年，商务印书馆有感于《康熙字典》已不适应时代的需要，便编辑了《新字典》。蔡元培强调："（《新字典》）于国民之语言及思想，不无革新之影响，此则吾所敢断言者也。"（《新字典序》）

二、辞书源流论

蔡元培认为我国古代的字书、类书、政书等均属辞典范畴，并对它们的源流类别作了具体论述。他在1917年说："吾国旧学，说者尝分为义理、考据、词章三类。自义理一门，不尚强记外，其属于考据者，诂训则有自《尔雅》、《说文》以至《字典》、《经籍纂诂》诸书；掌故则有《通典》、《文献通考》、《五礼通考》以至《姓纂》、《地理

---

① 尚丁：《冷门与显学》，《辞书研究》，1982年第1期。

韵编》等书。① 其属于词章者,有《北堂书钞》以至《骈字类编》、《佩文韵府》诸书。至于《永乐大典》、《图书集成》之类,则亦毗于考据者。虽其书纯驳不同,体裁杂出,要皆辞典之属也。"(《植物学大辞典序》)1936年,他更明晰地把我国古代辞书分为两大系统:

> 吾国最古之辞书为《尔雅》,其后一方面演而为《广雅》、《骈雅》等小学书,一方面演而为《初学记》、《太平御览》等类书。(《辞海题词》)

这段话虽只有40余字,但包含着丰富、深刻的内容。我们知道,今本《尔雅》19篇不是一人一时之作,而是春秋至秦汉间学者们的集体创作。此书前三篇(释诂、释言、释训)解释一般词语,后16篇(释亲至释畜)解释百科词语。不难看出,《尔雅》已孕育着后世语文辞书与百科辞书的分工。值得注意的是,《尔雅》的后16篇——释亲、释宫、释器、释乐、释天、释地、释丘、释山、释水、释草、释木、释虫、释鱼、释鸟、释兽、释畜,反映了春秋至汉初这一历史时期人们知识分类的概念,是后世类书分类结构之滥觞。蔡元培在为《植物学大辞典》作序时说,我国古代各类辞典很丰富,但自然科学的专门辞典"素未发展",然而他又十分注意这一事实:"其稍稍萌芽者为博物学,如《尔雅》之释草、木、虫、鱼、鸟、兽及《本草》是也,而其中尤以植物为详。"接着以《本草纲目》与《尔雅》所载植物相比较,说明其源流与发展。

综上所述,《尔雅》兼有语文辞书与百科辞书性质,其后,我国辞书逐步形成两大系统:一是语文辞书(如《广雅》、《康熙字典》),一是百科辞书(如《太平御览》)与专科辞书(如《本草纲目》)。

三、辞书编纂方法论

1. 关于收词与释义

蔡元培认为辞书的编纂必须跟上时代的步伐,吸收新出字,同时注意收民间通用之字。例如,他在肯定《康熙字典》的历史功绩时,又指出其不足:"其书行世已二百余年,未加增改,不特科学界新出之字,概未收入,即市井通用者,亦间或不具。"(《新字典序》)故对《新字典》的编纂表示赞许。

在释义方面,他反对一味"直录古代字书"、"沿袭成语"而脱离"世用"、违背"学理"。他认为,同一名词术语往往有多种意义,词典的职责就是要把它们作确切的解释。蔡元培在为《哲学辞典》作序时,分析了中外哲学名词众说纷纭的原因:"思想演进,各就其主观之见解以释前人之文:此其一。后人深思独见,不愿自居创获,而托于前人以重其说:此其二。或别有创见,而无相当之辞以宣其意,强借成文以宣之:此其三。惟其如是,故哲学著作中往往同一辞,而用之者几乎一人一

---

① 《姓纂》,指唐代林宝撰的《元和姓纂》;《地理韵编》,指清代李兆洛撰的《历代地理志韵编今释》。

义,十人十义,令人迷离恍惚,莫知其真意之所在。"他认为,作为一部哲学辞典,就应当"网罗哲学上之名辞,列其歧义,载其沿革,使学者知各辞随人随时随学派随科目而异之义蕴者也。是以有哲学辞典,则研究哲学时可不为名辞所困"。其他专科词典当然也应该这样。

2. 编排方法问题

字典采用什么编排方法? 这是蔡元培十分注意的一个问题。他 1917 年为林玉堂(语堂)所著《汉字索引制》撰写的序文中说:"我国之字典既不易检,而电话簿、会员录之类,不立部首,专计画数者,其难检更甚。"①这是说,部首检字法查检已属不便,笔画检字法就更不方便了,因为汉字同笔画者大多,有些汉字的笔画又难以计算准确。

1926 年,蔡元培对我国古代字典的编排方法作了细致的比较分析。② 他说,每个汉字都有形、声、义"三原素",于是"古人排列文字的方法,也就分作三类":

(1)"按义排列的",如《尔雅》、《广雅》等。蔡元培认为这种编排法"大抵适于记诵,而不适于检查"。

(2)"按声排列的",如《广韵》、《集韵》等,蔡元培认为,"未习古韵的,检查也是不便"。

(3)"按形排列的",如《说文解字》、《康熙字典》等查检起来要比前两种方便些。但蔡元培同时又指出,《康熙字典》"是一部不彻底的书",并举例说:

若说是探求字原,则如出字在凵部,此字入匕部③,君字入口部,勿字入勹部之类,都是误的。若说是全按楷书,则如火又作灬而同入火部,手又作扌而同入手部。月与肉在偏旁上均作月而分作两部。

这确实是旧的部首系统的严重缺陷。

蔡元培很推崇四角号码检字法,因为这种检字法"完全抛弃字原的关系,纯从楷书的笔画上分析,作根本改革"。虽然四角号码检字法也有自身的弱点,但它确有直接、便捷等优点,所以,直到今天,许多出版物(尤其古籍索引)仍采用四角号码检字法,受到读者欢迎。至于"按声排列"的检字法,用古韵编排固然不便于一般读者,但在今天说来,用汉语拼音字母编排已是大势所趋。

四、为辞书编辑出版辛勤工作

蔡元培"为革命奋斗四十余年,为发展中国教育文化事业勋劳卓著"④,在辞书

---

① 高平叔:《蔡元培年谱》,中华书局,1980 年,第 39 页。
② 蔡元培:《四角号码检字法序》,王云五《四角号码检字法》,商务印书馆,1935 年。
③ 《康熙字典》中"此"字并非入匕部,"北"字才是入匕部,可能蔡文排印有误。
④ 中共中央于蔡元培先生逝世时发出的唁电。原载延安《新中华报》,1940 年 3 月 12 日。

事业方面,也付出了辛勤的劳动。今以时间为序,将他热心于辞书事业的主要活动简介如下:

1912 年 8 月 14 日,为商务印书馆《新字典》撰写序文。

1917 年 5 月 9 日,为林语堂《汉字索引制》撰写序文,论及字典检字法。

1917 年 9 月 10 日,为商务印书馆《植物学大辞典》撰写序文。

1925 年 4 月,为商务印书馆《哲学辞典》撰写序文。

1926 年 4 月 22 日,为商务印书馆《四角号码检字法》撰写序文,论及我国古代字典三种编排法之利弊。

1930 年 7 月,唐钺、朱经农、高觉敷主编的《教育大辞书》出版。蔡元培是该书特约编辑,撰写《美育》及《大学教育》两条目。

1936 年 6 月 14 日,为中华书局《辞海》题词。

今重点介绍蔡元培为《教育大辞书》撰写条目一事。

《教育大辞书》编于 1922—1928 年,1930 年由商务印书馆出版,16 开本,正文近 1 700 页,是一部规模较大的专科辞书。它介绍了古今中外各种教育学说,解释各种教育名词术语等。"凡较专门之条目皆分请专家担任撰述,多者数千言,少者亦数百字,每条各成一有组织之专篇,俾阅者易得要领。"(《凡例》)

蔡元培对美育有深入的研究。自民国元年以来,他不断提倡美育①,发表了《以美育代宗教说》、《美育实施的方法》等论文。他为《教育大辞书》所写的《美育》条目,是他多年来研究美育的结晶。该条目计 3 000 余字,先对"美育"作定性叙述:"美育者,应用美学之理论于教育,以陶养感情为目的者也。""教育之目的,在使人人有适当之行为,即以德育为中心是也。""美育者,与智育相辅而行,以图德育之完成者也。"接着作历史叙述,分别介绍中国古代与西洋的美育,并进行词源考证,说明"吾国'美育'之术语,即由德文之 Asthetische Erziehung 译出者也"。然后,从学校、家庭、社会三个方面具体说明美育的设施。条目的这种撰写方式,是百科全书型的。他所撰写的《大学教育》条目,近 3 000 字,叙述程序与《美育》相仿。

蔡元培的辞书学理论和他亲自撰写的辞书条目,是我国近代、现代辞书史上的一份宝贵遗产,对今天的辞书编纂工作仍有重要的参考价值。65 年前,蔡元培在为《植物学大辞典》作序时曾指出:

> 所望植物学以外各种学术辞典,继此而起,使无论研究何种学术者,皆得有类此之大辞典以供其检阅,而不必专乞灵于外籍,则于事诚便,而吾国学术进步之速率,亦缘是而增进矣。

---

① 舒新城:《近代中国教育思想史》第十章,湖南教育出版社,2010 年;蔡尚思:《蔡元培学术思想传记》,棠棣出版社,1950 年。

这段话情恳意切,表达了一位爱国学者渴望祖国辞书事业蓬勃发展的迫切心情。今天,我们欣喜地看到,蔡元培先生的遗愿,正在社会主义祖国逐步实现。但我们又感到,我们的工作应当做得更好些,更快些,才能无愧于前贤,无愧于当代,无愧于后人。

谨以拙文,纪念蔡元培先生诞生 115 周年,并就教于辞书界的同志们。

(原载《辞书研究》,1983 年第 1 期)

辞书的使用和传播

　　数月之前,笔者写了一篇短文,《既在各科之外,又在各科之中——谈〈辞书研究〉的一个特色》(文载《人民日报》,1981 年 9 月 1 日),同时提了一点建议:"《辞书研究》的编辑宗旨,在于'推动辞书编纂工作',着眼于一个'编'字,这当然是对的,但我以为还应兼顾一个'用'字,即承担起辅导广大读者使用辞书的责任。目前辞书的知识还不够普及,不少读书人还不善于有效地利用辞书,连有些大学生也不例外。"我这是有感而发的。但在那篇短文中,不可能把问题谈得很具体。本文拟专就辞书的"用"的问题谈点情况和看法。

一、从一些数字看问题

　　目前,我国的辞书事业有两个方面的问题是同样值得注意的:一方面是辞书的品种和数量太少,另一方面是已有的辞书没有得到充分的利用。为了解决前一方面的问题,广大辞书工作者近几年已经付出了艰苦的劳动并已取得了可喜的成绩。至于后一方面的问题,却还没有引起足够的重视。在部分同志的心目中,以为只要把辞书编出来、印出来(包括重印旧辞书),大家就自然会用,可以"无师自通"。似乎只有初识字的小学生,才需要老师教他们怎样查字典。事实不然。近两年,笔者在高校中文系先后两届三年级学生中进行了一些调查①,了解他们使用辞书和其他工具书的知识究竟如何。调查结果表明,不少大学生辞书知识比较贫乏,这主要表现在:

　　(一)对目前通行的各种古今辞书的各自特点缺乏了解。例如,问:《中华大字典》、旧版《辞源》、1979 年版《辞海》、《新华字典》、《说文解字》、《康熙字典》等六部辞书,哪一部收的单字最多? 结果在 98 名中文系三年级学生中,只有 25 名准确地答出是《中华大字典》(占 25.5%)。

　　(二)不知道一些学术价值较高的著名辞书的特殊功用。例如,问:在阅读唐宋诗词时,常遇到一些特殊的语词,如"隔是"、"尖新"之类,在《辞海》中查不到它

---

① 第一次的调查对象是 94 人,第二次是另外的 98 人。两次调查均以书面测试的方式进行。

们的解释,该查什么辞书为宜? 结果,在 98 名中只有 15 名学生知道该查《诗词曲语辞汇释》(占 15.3%)。

（三）对常用辞书的附录部分往往忽略。我们知道,辞书的附录是辞书的一个重要组成部分,如 1979 年版《辞海》有《中国工农红军长征图》、《中国历史纪年表》、《世界货币名称一览表》等十余种附录,这就扩大了一部辞书的适用面,提高了实用价值。但一般读者往往不善于充分利用这些附录,以致产生舍近求远的现象。例如,调查时出了这样一个题目:"某同学想查一查汉武帝在位期间先后使用过哪几个年号,但手头只有一部 1979 年版《辞海》合订本。请问:利用这部《辞海》能否解决他想解决的那个问题? 为什么?"结果,只有 25% 的学生明确地回答:"能,因为《辞海》附有中国历史纪年表。"

（四）对检字法的掌握不够熟练和全面。就笔者所接触的两届中文系三年级学生来看,他们对部首检字法一般能掌握,但熟练程度稍差。就拿数笔画来说,像"亞"这样难易程度中等的字,只有 49% 的学生能准确答出是八画,其他学生或答九画,或答十画,甚至有答作 11 画的。

对汉语拼音音序检字法,能熟练掌握者,占 44.9%;初步掌握,但不够熟练者,占 34.7%;基础很差或完全不懂者,占 20.4%。

对四角号码检字法,懂的人很少。有一届三年级学生,94 人当中只有 12 人熟练掌握;另一届三年级学生,98 人当中只有 1 人熟练掌握。

再如,不少辞书是按"地支"为序分编为 12 集的。但现在的青年,已有很多背不出子、丑、寅、卯、辰、巳、午、未、申、酉、戌、亥,这就影响了他们查辞书和某些工具书(如中国历史纪年表)的速度。笔者摸了一下底,在 98 名中文系三年级学生中,只有 12 名能准确地默写出"十二支"。

按理说,大学中文系高年级学生对各种语文辞典的使用知识应当比较丰富,但以上几个事例已初步说明:并非如此。值得注意的是,以上这些现象并不是存在于个别高校,而是比较普遍地存在于多数高校。笔者虽然没有(也不可能)进行全面的调查,但常有一些读者或同行来信,例如,中国人民大学有两位搞社会科学情报工作的同志来信说:"辞书的'用'的知识很需普及,很多大学生甚至研究工作者不会使用辞书。"他们也是在耳闻目睹了许多实例之后有感而发的。

辞书能给人以丰富的科学文化知识,是培养人才的重要工具之一。辞书的"编"的问题不解决,就谈不上"用",但"用"的知识不普及,也有碍辞书事业的繁荣,影响科学文化水平的提高。这是笔者想着重提出的第一个问题。

二、粗浅的分析

辞书知识的缺乏,主要责任不在青年学生身上,而是由各种原因造成的。现试做一些粗浅的分析。

（一）教育界有些同志对于辞书在传播知识、培养人才方面的重要作用体会不深，因而，没有把辞书知识的传授作为一个重要的教学内容来抓。相比之下，小学还比较重视，教师一般能注意教学生查《新华字典》和《汉语成语小词典》，可惜浅尝辄止，到初中阶段时，就有点放任自流了。本来，1979 年版高中《语文》课本第一册附有《字典和词典》专章（1981 年版《语文》课本仍有此附录），介绍了《新华字典》、《中华大字典》、《康熙字典》、《现代汉语词典》、《四角号码新词典》、《辞源》、《辞海》、《汉语成语小词典》、《词诠》、《中国人名大辞典》、《中国古今地名大辞典》等 11 种辞书，这是大好事，如果能切切实实地指导高中学生学会使用这 11 种辞书，或学会其中的七八种，那就很不错了。可惜能够达到这样的教学要求的中学极少。甭说中学，就是在大学文科中，教会学生熟练使用上述 11 种辞书的，也不多。

（二）在十年动乱期间，不少图书馆或私人所藏旧辞书作为"四旧"被扫掉，或被窃取，新辞书的编辑出版工作又横遭"四人帮"的干扰破坏。在相当长的一段时间里，从小学生到大学生都用一本《新华字典》，或加上一本《汉语成语小词典》。许多青年学生连《康熙字典》、《中华大字典》、《中国古今地名大辞典》等旧辞书都没有见过，辞书知识又怎能不贫乏？"四人帮"被粉碎以后，不少学校图书馆的元气也很难一下子完全恢复。就拿高中《语文》课本第一册所介绍的那 11 种辞书来说，能将其收藏齐全的中学恐怕并不多。因而，辞书知识的不够普及，还有个物质条件问题。

（三）最近两年，出版部门重印了一批有实用价值的旧辞书，陆续编印了一批新辞书，书店里各类辞书正逐步丰富，这是十分可喜的。但是，书店、图书馆和报刊对辞书的推广介绍做得不够及时、具体和深入，以致许多教师、学生和科技人员不了解最近出版了哪些与本专业密切相关的辞书。例如，有次我与一位地理教师谈起上海辞书出版社的《世界地名词典》，他竟说，这部词典他连听也没有听说过。有些基层图书馆在采购图书时，兴趣往往放在中外的"热门"小说上，对常用的辞书却不注意添置，以为可有可无。不久前，我在某单位的图书室里看报，遇到一个地名，想查查地名词典或《辞海》，但这个已有近 30 年历史的图书室里各种小说倒不少，就是没有一部辞典。有些图书馆则是另外一种情况，辞书不少，但"珍藏"起来了，不向读者介绍，知情的读者要查阅，手续又十分繁琐，令人生厌。这一切，都是不利于充分发挥辞书的功用，不利于辞书知识的普及的。

三、初步的尝试

我总认为，教师的职责不仅是在课堂上给学生传授具体的知识，还要培养学生在课外自己寻求知识的能力。学生在课外独立获取知识的途径很多，善于使用辞书和其他参考工具书就是其中的一条重要途径。

要学生养成使用辞书和其他参考工具书的良好习惯，不能停留在一般的号召上，而要有一定的课程保证和物质条件。在这里，我想谈谈自己近几年的一些尝试。

我是在江苏师范学院中文系从事古典文学的教学工作的。多年来,看到不少学生由于不善于利用辞书和查找文献资料,有碍他们自学能力和研究能力的提高,便从本人承担的古典文学教学时效中,挤出五分之一的时间,讲授一门辅助课程——古典文学文献检索。这门课程的主要内容是介绍古典文学及其相关学科的基础文献,讲授字典、词典、类书、书目、索引的使用方法。每周讲两教时,共讲18～20课时。为了加强实践,培养学生独立探索的能力,每次上课都布置若干习题(例如注释古文、查找人物传记资料等),要求学生在课外通过查阅辞书和其他参考工具书寻求答案,到下周上课时,教师当众提问。为了便于学生自学,我编了较为详细的教材——《古典文学文献检索》。我们还鼓励学生互教互学、能者为师。例如,有一届三年级学生,94 人当中只有 12 人会四角号码检字法,我就请这 12 位学生做小老师,分工辅导八个小组的同学学习四角号码检字法。遇有难题,我再作集体辅导。这样,只用了一个星期的课余时间,大部分学生就基本掌握了四角号码检字法。在一次四角号码的测验中,全年级总平均分数是 83.94 分。

传授辞书知识,离不开一定的物质条件,即要准备一定数量的辞书让学生亲手查阅。在这方面,我院图书馆给了我们有力的支持。他们把学生做习题需要用的各种辞书、参考书集中陈列在学生阅览室的专架上,以便利学生查阅。有两年,图书馆还派馆员来听文献检索课,这样,我们教到哪里,需要些什么书,他们心中有数,就能配合教学供应图书。当我们知道有新的辞书出版,建议图书馆采编组及时采购一定的数量时,他们总是努力满足我们的要求。

在各方面的配合下,自 1977 年以来,我们一直坚持开设这门辅助课程。大部分学生学习积极性很高,使用辞书和其他参考工具书的知识逐渐丰富,自学和从事早期研究的能力得到提高。关于开设这门课程的具体情况,笔者另有专文(载《教育研究》1981 年第 3 期),这里就不赘述了。

四、几点建议

为了充分发挥辞书在传播知识、培养人才方面的作用,笔者提几点很不成熟的建议:

(一)建议各级各类学校,把辞书知识的传授列入教学计划,并加强督促检查。有些地区的教育部门对这件事抓得较紧、较细,值得提倡。例如苏州市 1981 年初中招生考试语文试卷有这样一个题目:

用部首查字法查带点的字,并给带点的字选择一种恰当的解释:

要查的字	先查什么部首	再查几画	字典里的几种解释	应取哪种解释
例:震耳欲聋	欠	七	① 将要。② 想要,希望。③ 欲望。	①

要查的字	先查什么部首	再查几画	字典里的几种解释	应取哪种解释
疾驰而过			① 病，身体不舒服。② 痛苦。③ 快，迅速。④ 恨，痛恨。	
秉烛夜游			① 拿着，持。② 掌握，主持。③ 古代容量单位。	
疲倦不堪			① 可以，能，足以。② 承受，能支持。③ 地面突起处。	

从这道试题可以看出，他们对小学毕业生在辞书使用方面的基本要求是：（1）能判断一个字属于什么部首；（2）能准确地数出笔画；（3）能正确地选择义项。如果从初中、高中到大学，在辞书使用方面也都能提出具体切实的要求，并有课程保证，那对于培养学生自学的能力是很有好处的。但目前各校的做法颇不一致。就拿高等学校来说，有些学校有"工具书使用法"课程，有些学校则不开设，辞书知识的传授得不到应有的重视。照理说，高校学生不但要熟悉与本专业有关的各种辞书，还应当善于运用各种检索工具查找文献资料，及早进入研究领域。这是一个关系到早出人才、多出人才的问题，建议教育领导部门予以重视。[①]

（二）在师资培训工作中，应重视辞书理论的教学和使用辞书的基本功的训练。教师的辞典学水平提高了，才能更好地指导学生经常地、正确地使用辞书。

（三）在辞书的出版工作中，要注意版本形式的多样化。同一种辞书，除了出版一定数量的精装本外，应多出一些缩印本、平装本、袖珍本，尽量降低定价，以便使更多的中小型图书馆和个人有力量购买。像《辞海》，既有 1979 年版三卷本，又有缩印本，缩印本比三卷本便宜 30 多元，就很受欢迎。

（四）除了各级各类学校外，出版社、图书馆、文化馆等文化部门都应当做好辞书知识的宣传普及工作。宣传普及工作的方式方法可以生动活泼些，例如，举办青少年辞书知识竞赛就是一项有意义的活动。每次竞赛可先规定范围，竞赛内容可包括知识测试、查检速度等。这种活动可以由出版社与学校共同组织，以学生为对象；也可以由出版社与图书馆、青年宫等单位联合组织，更广泛地吸收社会各界青年参加，并对成绩优秀者给予奖励。

总之，我相信，社会上关心辞书的人多了，应用辞书的人多了，议论辞书的人多了，对辞书的质量的要求也就会越来越高，这对辞书的编纂工作必然是有力的促进。

（原载《辞书研究》，1982 年第 1 期）

[①] 潘树广：《大学开设文献检索课确有必要，亦有可能》，《人民日报》，1981 年 8 月 25 日。

辞书标引文献的功能

辞书的释文在揭示文献资料来源的问题上,有两种处理方式:

一种是,编者对单字或词目予以解释之后,基本上不注明文献资料的出处。如《新华字典》《现代汉语词典》,只是言简意赅地说明某字某词的意义(有几个义项者,则分别列举),一般不说明文献依据;所引例句,也不注明出处(不少例句是编者自拟的),又如《中国人名大辞典》《中国文学家辞典》,只是概述各人简历,并不注明传记资料的出处。

另一种是,编者在解释某字、某词目的同时,还注明文献依据。这类辞书不仅可以使读者从中直接获得有关的知识,而且还提供了文献资料的线索,使读者可以通过这线索去核实原始资料或进行"扩检",从而获得比条目本身所提供的更为丰富的知识。这就是辞书标引文献的功能。这一类型的辞书,我们不妨称之为"标引型"的辞书,以区别于上述那种"非标引型"的辞书。了解这类辞书标引文献的功能、充分利用这种功能,对读书治学是有好处的。下文举些事例,来说明这个问题。

一

中学《中国历史》课本在介绍北宋经济状况时,提到宋代画家张择端的《清明上河图》,并临摹了该画的局部。一位历史教师想查找张择端的传记资料和介绍《清明上河图》的文章,并了解这幅名画收藏在何处。要解决这个问题,查《中国人名大辞典》是不行的,因为该辞典对张择端只有 50 余字的介绍,没有详列有关资料的出处。如果查标引型的人名辞典,情况就不同了。例如查《中国美术家人名辞典》①(上海人民美术出版社 1981 年 12 月版),我们不但可从"张择端"这一条目中得知张择端的简历和《清明上河图》"今藏故宫博物院",而且从该条目的附注中得知资料来源:

①　俞剑华在该书《前言》中特地指出:"本书资料来源均注明出处,一大部分沿用类书,未能遍查原书,沿误之处,一定不少。"可见其实事求是的态度。

［清明上河图跋、图绘宝鉴、寓意编、严氏书画记、南濠文跋、铁网珊瑚、清河书画舫、东图玄览、孙退谷寓目记、历代名画跋、退庵题跋］

又如查《唐宋画家人名辞典》（中国古典艺术出版社 1958 年版），我们可以见到"张择端"这一条目附有十条详细的注释。从这些注释中，我们不但可以知道《寓意编》、《庚子销夏记》等古籍中有关张择端及《清明上河图》的记载，而且可以知道现代学者写的有关文章及其出处：

徐邦达:《从绘画馆陈列品看我国绘画的发展史》（载于《文物参考资料》，1954 年第 1 期）

郑振铎:《中国绘画的优秀传统》（载于《文物参考资料》，1954 年第 1 期）

臧华云:《谈清明上河图》（载于《文物参考资料》，1954 年第 1 期）

唐寰澄:《湮没了九百多年》（载于《新观察》，1954 年第 24 期）

还有其他，兹从略。

我们便可以根据它的标引，查找有关的文献，作进一步的钻研。①

二

有一些新出的辞书，编者很注意把新的研究成果吸收到条目释文中，并注明出处，这对读者帮助很大。如一位地理教师，想了解我国清代蒙古族数学家、天文学家明安图的生平与事业成就，查《中国大百科全书·天文学》（1980 年版），可从"明安图"条目中获知其简况，还可从"参考书目"栏得知：

李迪:《蒙古族科学家明安图》，内蒙古人民出版社，呼和浩特，1978。

又如有位文学爱好者，想了解丹麦著名童话作家安徒生的生平及有关研究资料，最初不知道从何着手，后来查《中国大百科全书·外国文学》（1982 年版），不但从阮坤撰写的"安徒生"条目中了解到这位丹麦作家的生平、创作（并有插图），还从"参考书目"栏中看到：

叶君健:《鞋匠的儿子》，北京，1978。

金近:《安徒生童话的成就》，《外国文学评论》（第 1 辑），北京，1979。

---

① 注明资料来源，这是《唐宋画家人名辞典》的一个显著优点，但校对不严谨，文字和数字颇有错误，这是缺点。

P. M. Mitchell, A History of Donish Literature, New York, 1971。
(米契尔:《丹麦文学史》,纽约,1971 年版)

　　以上都是比较新的文献资料。其中有专书,也有收在论文集中的单篇论文。专书容易被读者查到,收在论文集中的论文则往往不容易引起读者的注意,因而,辞书对这些论文的标引便具有特殊的意义。《中国大百科全书·凡例》说:"部分条目在释文之后附有参考书目,以便读者进一步了解本条目内容时选读。"该书前言指出:"这种百科性的参考工具书,可供读者作为进入各学科并向其深度和广度前进的桥梁和阶梯。"事实确是如此。

三

　　如果要查一些词语或句子的出处,我们自然首先想到要利用有关的字词索引或句子索引,但是,一些征引文献特别丰富的辞书,往往也可以供我们查找词语或句子的出处,如清人阮元主编的《经籍籑诂》、近人朱起凤的《辞通》、符定一的《联绵字典》等①,不但释义较完备,为查考词语的训释提供了方便,而且,由于征引书证详博,具备了标引文献的功能。

　　阮元主编的《经籍籑诂》,把上古到唐代的古籍中有关字义解释的材料(包括经、传、子、史本文,各家注释和重要字书的释义)收集起来,不避重复、不厌其烦地排比在各字头之下,这就使它兼具索引的部分功能。朱起凤的《辞通》,把 400 余种古籍(唐以前为主,唐宋以来较少)中同义异形的双音节词(词及词组)分组排列,所引书证极为丰富,且详注出处。符定一的《联绵字典》,以解释联绵字为主,但也收了大量不属于联绵字的其他双音节词,还有些虚词。此书取材于先秦至六朝典籍,以搜罗宏富著称。在词目之下,不嫌繁复地引录古籍中包含该词的句子,并详注书名、篇名。因而,此书标引文献的功能也是很显著的。

　　兹举一例。

　　试问:"以其昏昏,使人昭昭"见于何书? 从《辞通》中查"昏昏"或"昭昭"均可找到答案。如果查"昭昭",可以得见:

　　　　昭昭显明貌。(孟子)贤者以其○○。使人○○。今以其昏昏。使人○○。[汉书·谷永传]舍○○之白过。忽天地之明戒。[又·外戚孝武李夫人传]去彼○○。就冥冥兮。[老子]沌沌兮。俗人○○。我独昏昏。[庄子·达生]○○乎揭日月而行也。[尚书大传·周传]○○若日月之代明。[楚辞·九歌云中君]烂○○兮未央。(王注)○○明也[唐韩

① 上举三种书,最近都有新印本,不难求得。

愈获麟解]麟之为灵。〇〇也。[又答李翊书]〇〇然白黑分矣。

编者列出九个含有"昭昭"的句子，我们从中可知"以其昏昏，使人昭昭"语出《孟子》。

<h2 style="text-align:center">四</h2>

由上可以看出，标引型的辞书具有较强的学术性和实用性。它一方面向读者表明了各条目的文献依据，另一方面又为读者追溯原始文献提供了重要线索。但必须说明的是，辞书标引文献毕竟是举要的性质，而且受时间的局限。我们要深入研究某一问题，仅赖辞书所标引的文献是远远不够的，还得利用有关的书目索引。就拿上面所举张择端及其《清明上河图》这个例子来说，《唐宋画家人名辞典》所标引的文献资料都是 1958 年以前的，如果我们查《中国考古学文献目录》（文物出版社 1978 年版）中的"美术考古"类，又可获知一批重要书籍和文章的目录。如：文物出版社 1958 年出版的《清明上河图》（附郑振铎《清明上河图研究》），中国古典艺术出版社 1958 年出版的《清明上河图》（附徐邦达《宋张择端画〈清明上河图〉的说明考证》）、张安治的《张择端清明上河图研究》（朝花美术出版社 1962 年版）、孙崧年的《谈〈清明上河图〉——课本插图简介》（载于《历史教学》1962 年第 3 期），等等。又如关于安徒生的文献资料，远不止《中国大百科全书·外国文学》所列举的三种，我们通过《外国文学论文索引》，又可找到 50 余篇论文的出处。

还应当说明的是，辞书是否标引文献，是由辞书的性质和读者对象决定的，我们不能以此作为评定辞书优劣的标准。例如《新华字典》是本小型字典，主要供初等、中等文化程度的读者使用，应力求简明，没有必要罗列书证及出处，但它不失为一部经得起时间考验的、有特色的辞书。本文只是举例说明具有标引功能的辞书，让更多的读者了解它们，使辞书得到更为广泛的利用罢了。

（原载《辞书研究》，1983 年第 3 期）

文献检索与辞书事业

教育部下达过一个重要文件,要求全国各高等学校(包括社会科学和理、工、农、医各专业院校)采取切实措施,开设"文献检索与利用"课,向学生传授文献检索的基本知识,讲解主要工具书的内容、作用及使用方法,让学生具有获取与利用文献的技能,提高自学和独立研究的能力。这个文件的颁布,是我国高教战线的一件大事,也是辞书界的一件大事。

1984年上半年,我参加了全国高校首届社会科学文献检索师资培训班的教学工作,很受教育,感触颇多。本文仅就文献检索课程的开设与辞书事业的发展之间的关系问题,谈点看法。

关于文献检索课的教学内容,教育部文件作了如下具体规定:

(1) 文献与文献检索的基本知识;

(2) 主要检索工具的内容、结构及查找方法;

(3) 主要参考工具书的内容、作用及使用方法;

(4) 在上述内容的基础上,根据实际需要和可能的条件,适当增加阅读方法与技巧、文献整理与综述、情报分析研究,以及论文写作方法等内容。

我们从教育部规定的以上教学内容可以看出,书目、索引、辞书、百科全书、年鉴、手册等各类工具书在教学中占有重要地位。这样,必然在下述各个方面促进辞书事业的发展:

一、推动辞书知识大普及

目前辞书知识还不够普及,在大学生中也不例外。这主要表现在:(1) 对辞书在读书治学中的重要作用认识不足,使用不够经常与自觉;(2) 不了解与本专业有关的重要辞书有哪些,它们各自的特点如何;(3) 不熟悉辞书的排检法。① 过去,有些高校开设了"工具书使用法"一类的课程,向学生传授辞书等工具书的知识,但各校的做法很不一致。辞书知识的传授,没有"法定"的课程予以保证。现在情

---

① 潘树广:《大学开设文献检索课确有必要,亦有可能》,《人民日报》,1981年8月25日。潘树广:《辞书的使用和传播》,《辞书研究》,1982年第1期。

况不同了,教育部明文规定:"各高等学校(包括社会科学和理、工、农、医各专业院校)应当积极创造条件,开设《文献检索与利用》课。有条件的学校可作为必修课,不具备条件的学校可作为选修课或先开设专题讲座,然后逐步发展、完善。研究生更应该补上这一课。"从此,文献检索课将作为一门"法定"的课程,在全国各高等学校陆续开设。全国有 700 余所高等学校,每年接受辞书等工具书知识教育的大学生将可达 20 万以上,这是一个相当可观的数字。高等师范院校的毕业生把辞书知识传播到各中等学校,辞书知识的普及面就更可观了。这样有计划地、大面积地传播辞书知识是我国历史上从来没有过的。社会上对辞书的需要量也必然超过历史上任何一个时期。

前几年,教育家刘佛年曾指出很多学生不会查字典、不会查文献、缺乏自学能力的现象,希望引起教育界的注意。他说:"在学校里最重要的不是要学得多少的知识技能,而是学会一个会学习的能力,学会自己去学习的能力……没有自学能力,将来到社会上进一步发展就很困难"。① 现在,我们根据教育部文件的精神有计划地教会学生使用各类辞书,是提高学生的能力的有效措施之一,它对人才培养所起的作用是不可低估的。

二、促进辞书编纂出版系列化

辞书的"编"与"用"是相互促进的。社会对辞书的迫切需求,是辞书编纂出版的强大动力。由于各高等学校——包括社会科学和理、工、农、医各专业院校都普遍开设文献检索课,势必对辞书的编纂出版工作提出系列化的要求。这里所说的系列化,包括纵、横两个方面:

首先,从横的方面说,力求辞书的品种能覆盖各个知识领域,让各专业的学生都有适合于本专业的辞书可用。我国的辞书事业近年来有了很大发展,但离此要求尚远。巢峰同志曾说:"目前无论语文词典或专科词典,缺门甚多,大片空白,亟待填补。"对一些基本学科和对于四个现代化建设关系较大的学科,应尽快实现每一学科有一本实用的中型专科词典。"②这是两年前在研究如何开创辞书事业新局面时提出来的奋斗目标之一,今天,在全国高校将普遍开设文献检索课的形势下,实现这一目标就更有其现实性和紧迫性。全国高校已设置的专业有 1 000 多个,使这 1 000 多个专业的大学生都有适当的辞书可用,殊非易事,但必须为之努力奋斗,才能适应教育事业和科学技术的发展。我国老一辈的教育家早已有见及此,例如 1917 年蔡元培为《植物学大辞典》作序时,就曾大力提倡编纂各学科的"学术辞典",他说:"所望植物学以外各种学术辞典,继此而起,使无论研究何种学术者,皆得有类此之大辞典以供其检阅,而不必专乞灵于外籍,则于事诚便,而吾国学术进

---

① 刘佛年:《有关发展学生智力的一些问题》,《教育研究》,1981 年第 3 期。
② 巢峰:《积极开创辞书事业的新局面》,《辞书研究》,1983 年第 1 期。

步之速率,亦缘是而增进矣。"这一见解,经过 60 余年的时间考验,愈见其精辟。

其次,从纵的方面说,力求各类辞书不断修订、更新,跟上科学文化日新月异、知识不断更新的发展形势。高等学校科研力量比较集中,对新学科、新成果吸收得较快,对辞书的"新"的要求是强烈的。国外一些大型工具书一般相隔十年左右修订一次,这经验是可取的。我国 1979 年版《辞海》规划全面修订,这是符合读者的愿望的。中小型辞典比较灵活,修订的周期理应短些。

三、壮大了辞书评论队伍和研究队伍

评介各类辞书,是文献检索课的内容之一。教师为了对各类辞书评介得当,首先要深入钻研、比较分析。因此可以说,文献检索课的教师队伍,也是一支辞书评论队伍和研究队伍。文献检索是一门新的课程,原有师资缺乏,所以教育部文件指出:"可以从中青年教师中调一些热心这一工作,又有一定水平的人,从本校毕业生中选留一些有志于从事这一工作的人,从图书馆、情报室、资料室抽调一些适合于这一工作的人,经过适当的培训或进修,充实这门课的师资队伍。"1983 年,教育部高校图书馆工作委员会委托西安交通大学、西北农学院、南京医学院分别举办了理工、农、医专业的文献检索课师资培训班;1984 年,又委托苏州大学、南开大学等举办社会科学文献检索课师资培训班。通过陆续举办师资培训班,文献检索课的师资队伍不断壮大。使用辞书的人多了,评论辞书的人多了,研究辞书的人多了,必将有力推动辞书学的理论建设,促进辞书质量的提高和品种的增多。文献检索课的师资队伍,成了辞书编纂出版专业队伍的同盟军,协力推动辞书事业的发展。在大学生中,也必然会出现一批熟悉辞书、热爱辞书、立志献身辞书事业的人。新一代的辞书编纂家和评论家,将在他们中间涌现。

(原载《辞书研究》,1985 年第 1 期)

论辞书用户教育

在辞书学理论研究中,关于辞书用户教育问题尚较少触及。事实上,辞书用户教育的理论研究与实践活动对充分发挥辞书的社会功能、推动辞书学理论研究、繁荣辞书的出版发行,均有重要意义。它是辞书学和情报学研究中一个不可忽视的问题。

情报学家把那些在科研、生产、学习等各项活动中需要利用情报资料的人称为情报用户。但情报用户对图书情报机构所提供的情报资料和服务项目事先未必熟悉。所以,图书情报机构有责任通过多种渠道向用户宣传推广各类情报资料产品和有关设施的使用方法。图书情报学界称之为用户教育,或称用户培训。近年来,用户教育问题日益受到世界各国学者的重视。自 1979 年在英国剑桥召开第一届国际图书馆用户教育会议以来,每隔两年左右就召开一次国际性用户教育会议。

辞书是密集型情报载体之一。在情报检索(IR)的三大门类(数据检索、事实检索和文献检索)中,辞书都起着重要作用。因而,辞书的有效利用便成了情报学和辞书学交叉研究的内容。

一、辞书的当前用户和潜在用户

我国近几年辞书出版的品种和数量超过历史上任何一个时期,令人欣喜。但有两个现象引起了人们的注意:一是选题重复的较多,其中有些是粗制滥造之作,二是质量高的或有特色的辞书未被对口用户了解和利用。本节拟对后一现象作一剖析。

当代情报学把那些已经在利用图书情报机构提供的情报的用户称为"当前用户",把那些本来应该利用这种情报但尚未利用者称之为"潜在用户"。情报学家经过统计分析认为,潜在用户在数量上通常大大超过当前用户。

假如我们对辞书用户的情况作一调查分析,不难体会上述论断是符合实际的。

笔者为此曾作了一些调查和测试,现举一例。当《实用解字组词词典》(上海辞书出版社 1986 年版)和《简明汉语逆序词典》(知识出版社 1986 年版)在苏州新华书店上柜数月之后,恰巧某中学邀我去作《文献检索与青年智力开发》讲座,听众百余人,以边讲边提问的方式进行。我问:"书店里出售《简明汉语逆序词典》已有数月,谁能回答什么叫'逆序词典'?"绝大多数学生感到这问题来得突然,无从回答。静场片刻后,一学生举手,正确回答了逆序词典的体例特点。接着我说:"从逆序词典中查'静'字,可以得知'肃静'、'幽静'等一系列以'静'字收尾的词和它们的词义差别。但如果希望尽快查得一批以'静'字构成的词或词组(不限于词尾),该利用什么辞书?"在场学生均未能回答。于是我讲述了组词(构词)词典具有这种功能,例如从中查"静",可查得"静止"、"娴静"、"平心静气"等。学生兴趣极浓,将我介绍的辞书名记下,数日后,我再到书店,见《实用解字组词词典》和《简明汉语逆序词典》均已销售一空。

上述例子说明,许多中学生为了提高自己的构词能力和写作能力,是很需要构词词典和逆序词典的。但当他们尚未知道有这类辞书品种时,他们只是这类辞书的潜在用户,他们对这类辞书的需求就是潜在需求。辞书研究工作者应当随时敏锐地发现这种潜在需求,并有责任使辞书的潜在用户转化为当前用户。这种转化,主要通过辞书用户教育去促成。

二、辞书用户教育的社会效应

随着科学文化事业的发展,社会各类型群体对辞书用户教育问题日趋关切。以学生而言,不仅大学生渴望接受这种教育与培训(笔者曾撰文略述及此),中学生亦表现出极大的热情。笔者曾到中学开展辞书用户教育的试点,首次原拟吸收15名高二学生参加,结果报名者达110余人。有学生高兴地说:"没想到居然有这样一门学问,可以帮助我更快更好地从书籍中吸取营养。"

辞书用户教育对受教育者和辞书工作者双方都有重要意义。

1. 加速知识传播,促进智力发展

尚丁先生曾精炼而形象地描述辞书的特性:"它把丰富实用的知识体系组织在一个有限的体积里,它是日益完善的贮藏,传播新颖知识的大众化工具。"①但只有当人们知道各类辞书的存在并广泛使用它们的时候,辞书"传播新颖知识"的社会效应方能充分体现。而辞书用户教育的广泛开展,正是充分发挥辞书的良好社会效应、加速知识传播的重要保证。有位中学教师感慨地说:目前中学教材内容更新不快,注入式的教学方法仍占很大比重,导致不少学生知识面狭窄,自学能力和动手能力较差,很需要教他们学会使用辞书,让他们自己动手拓宽知识面。当这所中学组织部分学生进行辞书知识培训后,学生大开眼界。一位高二学生在学习心得中写道:"我过去最常用的是《新华字典》,但它只能帮我了解不认识的字,已不能满足我的求知欲了。参加这个小组后,我认识了《中国大百科全书》、《辞海》等以前只是耳闻、不曾目睹的书。第一次活动后,我把书架上爸爸的一套《辞源》抱了下来,翻了很长时间,真后悔没有早点和它交上朋友。"中学生过去对《中国大百科

① 尚丁:《断想·独白》,《辞书研究》,1981年第4期。

全书》等大型辞书望而却步,以为高不可攀或与己无关。但一旦当他们在教师指导下接触它、使用它之后,便会因为潜在需求得到满足而产生浓厚兴趣,由潜在用户变为当前用户,进而涉猎更多的辞书。这对摆脱传统教育模式的束缚,帮助青年发展智力很有好处。有位学生对过去僵化的学习方法进行反思后写道:过去好比是"坐在一条既有既定航道、又有既定速度的小船上,经不起风吹雨打;而文献检索是哥伦布的航帆、麦哲伦的船桨、郑和的罗盘,能迎着暴风雨去探求一个又一个新大陆"。对青年学生是这样,对广大科学文化工作者同样具有开阔眼界、及时吸收新成果、不断改善知识结构的作用。

2. 推动辞书学研究,优化辞书出版工作

积极开展辞书用户教育,必然有力推动辞书学研究,尤其是辞书的比较研究。因为在开展辞书用户教育的过程中,要对各类辞书进行广泛的调研,比较它们在内容和编纂工艺诸方面的特点或优缺点,以便针对不同的用户,可以介绍与之对口的辞书,这是一项深入细致而又需要有敏锐学术眼光的工作。著名学者、文献学家汪辟疆曾慨叹工具书鉴别之难。他40多年前撰写《中学国学用书叙目》,向中学生推荐42种书,其中25种是工具书。他意味深长地说:"工具之书以新出者为胜,亦以新出者为最滥,故选择亦至难。学子购书不易,得一书必求其实用,庶金钱时力不致虚糜,此最宜注意者也。"唯其"至难",而又"最宜注意",就要求我们对辞书编印和用户需求两个方面进行深入研究。开展辞书用户教育,还会从用户中获得大量信息反馈。这对提高辞书工作者的情报意识和编辑水平,具有不可低估的意义。各类辞书都将在用户的频繁披览中接受检验,优胜劣败,水涨船高,辞书事业将在公平竞争中蓬勃发展。

3. 扩大辞书销售,繁荣辞书市场

出书难,卖书难,出版学术书籍更难,这是当前出版界和作者议论得最多的话题之一。为摆脱这种困境,有些出版社动辄要作者包销,这虽能解决部分问题,但究非上策。应看到,学术书(包括中高档辞书)的销售量,除了发行体制等方面的因素外,主要取决于社会群体的科学文化水平。缓解出书难的方法与途径很多,如何有效地提高读者读书、选书、用书的水平,无疑是其中的一条重要途径。这就是上文论述过的问题,即如何通过用户教育把大量潜在用户转化为当前用户。用户对辞书了解得越多,辞书的销售量就越大,这是很简单的道理(本文开头已用实例说明)。常用辞书的销售赢得良好的社会效益和经济效益,便可养活一批专业面窄、印数少的辞书,辞书的品种、质量和学科覆盖面又可推向新水平,出现良性循环。

三、加强辞书用户教育的若干构想

加强辞书用户教育,要将普及与提高相结合。出版界、教育界、新闻界、科研机关以及图书馆、书店等部门应当共同关心、相互配合。尤其是辞书编辑出版部门,要主动多做工作。采取的方式可灵活多样。

1. 充分发挥出版社的教育职能。辞书编辑不仅要埋头编书,还要积极从事辞书用户教育。辞书专业出版社或综合性出版社的辞书编辑室,可单独举办(或与图书馆、科协联合举办)辞书知识讲座或层次稍高的短训班。

2. 出版社与书店协作,定期为营业员举办业务讲座,讲授辞书知识,介绍辞书品种。

3. 取得新闻单位的支持,在报刊上开辟栏目宣传普及辞书知识。例如有的报纸辟有"工具书妙用"栏目,效果较好。

4. 出版社与大中学校加强联系,尤其要与高校文献检索课教师保持经常性的联系。原教育部 1984 年曾下发《关于在高等学校开设〈文献检索与利用〉课的意见》,国家教委在 1985 年又下发《关于改进和发展文献课教学的几点意见》。文献检索课的一项重要内容是"主要参考工具书的内容、作用及使用方法",与辞书工作者关系密切。国家教委文件指出,文献检索课的开设,是"教育面向未来的一个组成部分"。据 1986 年的统计,全国已有 532 所高校开设文献检索课,听课学生达 23 万余人。该课程的专职与兼职教师有 1 608 人①,他们是从事辞书用户教育的一支基干队伍。如果各出版社及时向这批教师提供辞书出版的信息、资料,这对辞书知识的普及和新辞书的推广,必将起重要作用。

(原载《辞书研究》,1988 年第 4 期)

---

① 引自国家教委全国高校图书情报工作委员会副主任肖自力 1987 年 7 月在全国高校文献检索教学研讨会上的讲话。

试论标引型清代人名辞典的编纂

　　一部《中国古代人名大辞典》已列入全国《古籍整理出版规划》,计划在 1986 年至 1990 年出版。笔者以为,为编好这部大型的古代人名辞典,要进行多方面的工作,而加强人名辞典的断代研究,便是其中的一个重要方面。

　　最近几年,古籍整理、方志编写和辞书编纂工作正在普遍开展,人们在工作实践中时常感到:查考清代(尤其清末)的人名,往往比查考清代以前的人名困难。这是因为,史料的积累和系统整理需要有一个过程。清代以前的人物传记资料,经过历代的整理和检索工具的编制,已逐步形成比较完整的检索系统。清代则有所不同,正如清史专家戴逸所说,清史资料有"多"、"乱"、"散"三个特点。① 清代人物传记资料数量庞大,分散在各类史书、档案、碑版、文集、方志、谱牒、书目、笔记等文献中。前人对其中某些部分作过整理,但没有整理的居多;前人也编过一些清代人物的传记集、传略辞典和传记资料索引,为我们提供了方便并积累了可贵的经验,但迄今还没有一部带有汇总性的、规模较大而又体例较善的清代人名辞典。本文试论编写标引型清代人名辞典的若干理论问题与具体方案②,冀能对人名辞典的编纂工作有所裨益,论述失当之处则祈知者斧正。

一、清人传略辞典及有关参考工具书的已有成果

　　辞书的编纂和其他科学研究一样,有其连续性和继承性,在具体研究标引型《清代人名辞典》的编纂之前,有必要对清人传记参考工具书的已有成果作一回顾,这些成果包括清人传记集、清人传略辞书、清人传记资料索引等。我们从中可以得到有益的启示。

　　清朝人所编的清人传记参考工具书,有些经验是值得我们借鉴的,例如,重视第一手资料的辑集,就是重要的一条。这可以浙江嘉兴钱仪吉(1783—1850)编纂的《碑传集》为代表。《碑传集》采集了天命至嘉庆 200 年间 2 000 余人的碑版状记(旁及地志杂传),每人一篇或数篇不等。编排体例是:把人物分为 25 类,每类再按

---

① 戴逸:《谈清代书籍和史料的整理》,《光明日报》,1982 年 2 月 15 日。
② 关于标引型辞典,请参阅拙文《辞书标引文献的功能》,《辞书研究》,1983 年第 3 期。下文还将论及。

时代先后排列。

《碑传集》的一大特色是以采集神道碑、墓志铭、行状为主,且照录全文,注明出处。虽然碑传文大都隐恶扬善,不乏谀墓之作,但作者一般是传主的学生、故吏或亲友,对传主生卒年月、主要经历、交游、著述等方面的记载较为详细可靠,是重要的第一手资料,可补正史之不足。钱仪吉《碑传集》之作是有意模仿南宋杜大珪的《名臣碑传琬琰集》(见《碑传集》自序),是对重视第一手资料的优秀史学传统的继承。

大凡一种成功的编纂体制问世之后,便有人仿效赓续。继钱仪吉《碑传集》之后,有缪荃孙的《续碑传集》,又有闵尔昌的《碑传集补》(见表1)。

表1 《碑传集》、《续碑传集》、《碑传集补》内容简介

书名	卷数	编者	成书年代	所收人物活动年代	收录人数	编排类别
碑传集	160卷,又首尾各二卷	(清)钱仪吉	道光	天命至嘉庆末共200年	2 020余人	宗室 功臣 部院 大臣 宰辅 内阁九卿 翰詹 科道 曹司 督抚 河臣 监司 守令 校官 佐贰 杂职 武臣 忠节 逸民 理学 经学 文学 孝友 义行 方术 藩臣 列女 共25类
续碑传集	86卷	(清)缪荃孙	宣统	道光至光绪共90年	1 100余人	宰辅 部院大臣 翰詹 内阁 九卿 科道 曹属 督抚 河臣 监司 守令 校官 佐贰杂职 武臣 忠节 藩臣 客将 儒学 文学 孝友 义行 艺术 列女 共22类
碑传集补	60卷,又卷末一卷	(近)闵尔昌	1923年	清末为主,兼及道咸以前为前两书所遗漏者	800余人	宰辅 部院大臣 内阁 九卿 翰詹 科道 曹司 使臣 督抚 河臣 监司 守令 校官 佐贰杂职 武臣 忠节 逸民 理学 经学 畴人 文学 孝友 义行 艺术 党人 释道 列女 共26类

以上三部书辑集了清代近4 000名重要人物的碑传文,大都是重要的第一手资料,有相当一部分传记是《清史稿》所未载或虽载而过于简略的,故史料价值

较高。

继钱仪吉《碑传集》之后，出现了一部大型的清人传记资料汇编，这就是光绪年间李桓的《国朝耆献类征初编》720 卷，附《国朝贤媛初编》12 卷，合计 732 卷，分订 300 册。此书所收人物传记，起自清太祖天命元年(1616)，迄于清宣宗道光三十年(1850)，人数逾万，分 19 大类编排：宰辅、卿贰、词臣、谏臣、朗署、疆臣、监司、守令、僚佐、将帅、材武、忠义、孝友、儒行、经学、文艺、卓行、隐逸、方技。为便于读者寻检，附有《通检》十卷，将所收人名末字按韵编排；又有《满汉同姓名录》一卷。传记资料来源，既有清廷国史馆本传，亦有私家记述，往往同时排比若干资料，并注明出处，例如在姚鼐名下，排比的传记资料有：国史馆本传、毛岳生写的墓志铭、吴德旋写的墓表、李兆洛写的传记、陈用光写的行状、姚莹写的行状、唐鉴《国朝学案小识》的记载，最后转录张维屏《国朝诗人征略》中的资料。可见，《国朝耆献类征初编》也很重视第一手资料的辑集和文献来源的标注。

清代与民国初所编写的清人传记参考工具书，除了按传统习惯以收录官场人物为主以外，还比以往任何一个时代出现了更多的按专业特长分编的传记资料集。文学方面，有郑方坤《本朝名家诗钞小传》、张维屏《国朝诗人征略》等；绘画方面，有冯金伯《国朝画识》、李濬之《清画家诗史》等；书法篆刻方面，有震钧《国朝书人辑略》、汪启淑《飞鸿堂印人传》等。20 世纪 30 年代，蔡金重在编写《清代书画家字号引得》时，曾对《清画家诗史》、《国朝书画家笔录》、《国朝画识》、《墨香居画识》、《国朝书人辑略》、《八旗画录》、《清代画史补录》、《清画传辑佚三种》等八部书籍所收清朝书画家人数作了统计，达 5 787 人(重复者不计在内)。

关于科学家传记，有阮元主编的《畴人传》。这是一部名著，被学术界誉为中国第一部科学家传记集。它记录我国从上古到清代嘉庆四年已故的天文学家、数学家 243 人，附记对我国有影响的西洋科学家 37 人。其后，罗士琳于道光年间编成《续畴人传》，诸可宝于光绪年间编成《畴人传三编》，黄钟骏于清末编成《畴人传四编》。以上一编至四编，共计收录我国历代天文数学家 600 余人，附外国人 200余人。

关于学术思想家，清代还出现了"学案"这种兼具学术思想史与思想家传略辞典性质的书籍。它首创于黄宗羲的《明儒学案》。该书将明代各学派按时代先后分列，对每一学派先以小序作概括的说明，然后列举该学派的代表人物。每人先列小传，叙述其一生简历，再摘载其重要著作或语录。其后，黄宗羲又撰《宋元学案》，但只写了一部分，由其子黄百家和后学全祖望续成全书。在黄宗羲的影响下，产生了几部专述清代学术思想的学案：

嘉庆年间，江藩(1761—1830)写成《国朝汉学师承记》八卷，叙清初至乾嘉年间汉学家 57 人。道光初，江藩又写成《国朝宋学渊源记》二卷附一卷，主要记述"或处下位，或伏田间"的宋学家 39 人。江藩本人是汉学家，他这两本书宗汉抑宋的倾向较明显。道光末，唐鉴(1776—1861)写成《国朝学案小识》15 卷，着重叙宋学家,兼叙汉学家,共叙 261 人。唐鉴是宋学家,他的书主要宣传宋学。以上三书,总共提到清初至嘉庆思想家 357 人,去其重复,实际叙及 200 余人。尽管这三部书门户之见较深,但它们代表了我国学术思想家传略辞典的早期形式,在中国辞书史上有一定的地位。民国间,徐世昌(1855—1939)及其门客在上述《学案》的基础上,广泛利用了《碑传集》、《国朝耆献类征初编》、《畴人传》、《清史列传》等书中的资料,编成《清儒学案》208 卷,规模较大,叙清初至清末学术思想家 1 169 人,于1938 年刊行。此书虽学术性较差,摘录原著又多失当,但毕竟汇集了比较丰富的清代学术思想家的资料,其嘉庆以后的部分较有参考价值。

民国间出版的清代学术家传略辞典还有支伟成的《清代朴学大师列传》(上海泰东图书局 1925 年版)。清代的所谓"朴学",主要指名物训诂考据之学,而这部《清代朴学大师列传》,收录范围实际上超出狭义的"朴学",这从该书的分类便可得知。本书计有列传 370 余篇,分 25 类编排:朴学先导大师、北派经学家、吴派经学大师、吴派经学家、皖派经学大师、皖派经学家、常州派今文经学家、湖南派古今文兼采经学家、浙粤派汉宋兼采经学家、南北怀疑派两大家、小学大师、小学家、史学大师、作史学家、考史学家、地理学大师、地理学家、金石学家、校勘目录学家、诸子学家、治事学家、历算学大师、历算学家、博物学家等,提倡朴学诸显达。此书对资料的采择"不但只据传状,必取所著,悉心检阅,且证以当时或后来之评判,故有每撰一篇,检书至数十种者。匪云夸博,尚论昔贤,不敢不矜慎耳"(《清代朴学大师列传·凡例》),这种"矜慎"态度,是可取的。

值得一提的是,在要求提高妇女地位的思想影响下,清代与民国初年还出现了一些记录清朝女诗人事迹的传记资料集。成书较后、搜罗较富的是施淑仪的《清代闺阁诗人征略》十卷(附补遗),收录顺治至光绪女诗人 1 500 余名,"先详姓、里居、著述,次列事迹,而分注所引书名于下"。(《例言》)该书是属于标引型的。

20 世纪 30 年代至 40 年代前期,先后出版了两部影响较大的清代名人传略辞典,一是蔡冠洛编的《清代七百名人传》,一是美国 Arthur W. Hummel(恒慕义)主编的 *Eminent Chinese of the Ch'ing Period*(《清代名人传略》)。

蔡冠洛不满意于《清史列传》之注重为"显官"立传,而《国朝先正事略》又限于收录足以"取法"的人物;对《碑传集》,则"微病其杂",故有《清代七百名人传》之作(上海书局 1937 年版)。编者自称"不衷于一姓之私言,不囿于位望之尊卑,罗三百年之人物,楬櫫其事功学术,以待后人之评骘"。共撰写了清初至清末 700 余人的传记,每篇一二千字不等。全书分六编,每编为一类,每类再分小类,如下:

第一编　政治　政事　财务　教员　外交
第二编　军事　陆军　水师　边务
第三编　实业　水利　交通
第四编　学术　理学　朴学　艺事
第五编　艺术　文学　金石书画

此书有五项附录:(1) 清代大事年表;(2) 清代各朝名人分配表;(3) 清代名人地域分配表;(4) 清代名人分类统计表;(5) 清代名人异名谥法检查表。其中最值得注意的,是第二至第四项附录。作者列出各表,既是表明本书撰写人物传记兼顾到各个方面,又可供读者了解各类名人的分布情况。《清代名人分类统计表》见表2。

表 2　清代名人分类统计表

区域＼类属	政治	军事	实业	学术	艺术	革命党	总计
江苏	33	5	7	56	42	1	144
浙江	33	7		34	26	2	102
安徽	17	8	1	16	9		51
江西	10		2	4	7		23
湖南	12	28	1	4	3	3	51
湖北	4	1	1		3		9
四川	4	6	1	1	3	3	18
云南	2	1					3
贵州	1	1		1	2		5
福建	11	7		4	8		30
广东	11	5		2	1	5	24
广西	2	2		1	2	8	15
直隶	15	3		9	3		30
河南	9	3	3				15
山东	10	4	2	6	4		26
山西	6		1	2		1	10
陕西	3	4		4	1		12
甘肃	1	1					2
满州	35	83	7	2	1		128
蒙古	5	6					11
外国人	1	3	1				5
总计	225	178	27	146	115	23	714

这很可能是受梁启超曾提倡的"历史统计学"的影响。梁氏说:"历史统计学,

是用统计学的法则,拿数目来整理史料推论史迹。这个名称,是我和我几位朋友们杜撰的。严格地说,应该名为'史学上之统计的研究法'。"又说:"我多年想做一张表,将二十四史里头的人物分类。学者、文学家、政治家、军人、大盗,等等。每人看他本传第一句'某某地方人也。'因此研究某个时代多产某种人,某个地方多产某种人。"①蔡冠洛的《清代名人分类统计表》的精神与梁启超的设想相通。虽然,蔡氏表中的 714 个名人是蔡冠洛筛选的,带有较为浓厚的主观色彩,以此为基础作出的统计,也就不能很客观地反映清代各类名人的分布情况;但是,把历史统计学应用于传略辞书的编纂,却是有意义的尝试,对今天人名辞典的编纂有一定的启发性。

1963 年,香港远东图书公司曾将《清代七百名人传》影印;随后,台湾文海出版社亦将它影印,收入《近代中国史料丛刊》(沈云龙主编)。这部传略辞典在 30 年间一再翻印,说明它虽有缺点,但还有一定的实用价值。

美国华盛顿国家印刷局 1943—1944 年出版的《清代名人传略(1644—1912)》两卷,有传略 800 余篇,包括帝王、后妃、将军、政治家、文学艺术家等。其兄妹子侄、门生幕客,未立专传者,则附载于有关人物之下。专传与附传,共约 1 500 人,按英译名字母排列顺序。

这部传略辞典的条目,是由 50 名东西方学者在 1934—1942 年协作撰写的,主编是美国国会图书馆亚洲部主任恒慕义,实际出力最多的是美籍华人房兆楹、杜联哲夫妇。房、杜在 20 世纪 30 年代初编有《三十三种清代传记综合引得》(哈佛燕京学社引得编纂处 1932 年版),《清代名人传略》在编写过程中充分利用了这部《综合引得》提供的资料线索,主要参考书还有清朝官修的《八旗通志》、田继宗的《八十九种明代传记综合引得》、J·C·费尔古逊的《历代著录画目》(1934 年用中文出版)、谢国桢的《晚明史籍考》(1933 年版)等。

《清代名人传略》在取材上的一个特色,是吸收了国外学者的研究成果和用外文记载的原始资料,正如王重民指出的:"日本及欧美的汉学者,也作了一些清代名人的传记,纂译时也同样的采用了。可是清代是与欧美交通的时代,还有一部分史料是外国人用外国文字记下来的。""如明清之间的天主教士、在台湾与郑成功争雄的荷兰人、鸦片战争前后的东印度公司人与基督教的传教士、帮助太平天国与帮助扑灭太平天国的西洋人,对于中国人士都有很深的接触,都有详细的记载。这部传记又都把这些材料尽量的使用了。"②我们在专科辞书的编纂中,对于科学技术与世界历史方面的内容,一般比较注意查阅外文资料;而对于中国历史方面的内容,一般习惯于运用我国传统的史料,对外文史料有所忽略。这在史源的开拓上,不能不说是个缺陷。在这个问题上,《清代名人传略》对我们是有启发性的。

---

① 梁启超:《历史统计学》,《饮冰室合集》文集第十四册。

② 王重民:《清代名人》(书评),《图书季刊》新 5 卷第 1 期,前国立北平图书馆,1944 年。

《清代名人传略》是标引型的辞典,在各条目之后,均注明参考文献。如在"屈大均"条下注明:

[3/429/14a;7/38/12a;20/1/00(portrait);23/23/7a;P'an-yü hsien-chih(1911)18/15b;清代文字狱档 Ch'ing-tai wên-tzŭ-yütang,VOl.2;Goodrich,L.C.,The Literary Inquisition of Ch'ien-lung,pp.112-35;Chu Hsitsu 朱希祖,Ch'ü Ta-chün chuan(传)in 中山大学文史学研究所月刊 Chung-shan ta-hsüeh Wên-shih-hsiieh yen-chiu so yüeh-k'an,VOl.1,NO.5,May 25,1933;Nien-p'u of Li Yin-tu(李天生年谱 LiT'ien-shêng nien-p'u)in 关中丛书 Kuan-chung ts'ung-shu(1936);Ch'ên Po-t'ao 陈伯陶,胜朝粤东遗民录 Shêng-ch'ao Yüeh-tung i-min lu 1/25b.]

L. C. GOODRICH
FANG CHAO – YING

按,以上说明指(1)《国朝耆献类征(初编)》429卷14页上半面(按:第一个数字"3"就是《国朝耆献类征(初编)》的代号,详见《三十三种清代传记综合引得》书前的"传记表");(2)《国朝先正事略》38卷12页上半面;(3)《清代学者像传》第1卷;(4)《国朝诗人征略(初编)》23卷7页上半面;(5)《番禺县志》(1911年版)18卷15页下半面;(6)《清代文字狱档》第2卷;(7)L·C·古德里奇:《乾隆文字狱》112-135页;(8)朱希祖:《屈大均传》,载《中山大学文史学研究所月刊》1卷5期(1933年5月25日);(9)李天生(因笃)年谱,见《关中丛书》(1936);(10)陈伯陶:《胜朝粤东遗民录》1卷25页下半面。最后注明这一条目的撰稿人是L·C·古德里奇和房兆楹。

这是一部用现代方法编纂的清代传略辞典,有许多可取之处,但各条目水平高下不一,文笔也不尽一致。在文献的标引上,也存在着一定的缺陷,例如:编者首列《国朝耆献类征》429卷,其实,该卷所辑录的屈大均的传记资料只有一篇,系辑自钱林的《文献征存录》。与其列出《国朝耆献类征》这一间接材料,还不如径直列出《文献征存录》,以免模糊读者的视线。

20世纪30年代以来,随着索引等工具书日益为人们所重视,专为查考清代人名及传记资料的工具书也陆续出现。"工欲善其事,必先利其器",我们今天编辑清代人名辞典,可充分利用这些工具。兹试举数例。

杜联哲、房兆楹编的《三十三种清代传记综合引得》(以下简称《综合引得》,引得编纂处1932年版),是较为重要的一种。上文已提过,美国恒慕义主编的《清代名人传略》就曾充分利用过这部《综合引得》。《综合引得》所收的33种清代传记是：(1)《清史稿(列传之部)》;(2)《清史列传》;(3)《国朝耆献类征(初编)》;(4)《碑传集》;(5)《续碑传集》;(6)《碑传集补》;(7)《国朝先正事略》;(8)《中兴将帅别传》;(9)《从政观法录》;(10)《大清畿辅先哲(附烈女传)》;(11)《满洲名臣传》;(12)《汉名臣传》;(13)《国朝汉学师承记》;(14)《宋学渊源记》;(15)《颜李师承记》;(16)《清儒学案小识》;(17)《文献征存录》;(18)《国朝名臣言行录》;(19)《清画家诗史》;(20)《清代学者像传》;(21)《清代闺阁诗人征略》;(22)《国朝名家诗钞小传》;(23)《国朝诗人征略(初编)》;(24)《国朝诗人征略(二编)》;(25)《飞鸿堂印人传》;(26)《国朝书画家笔录》;(27)《国朝画识》;(28)《墨香居画识》;(29)《国朝书人辑略》;(30)《鹤征录》;(31)《鹤征后录》;(32)《己未词科录》;(33)《国史列传》(又名《满汉大臣列传》)。从上面这张书单可以看出,它们的确是重要的史籍和传记资料集,以此为基础编出的《综合引得》,已大体揭示了清代主要人物传记资料的出处。但《综合引得》也有明显的局限:(1)它着重收录政界与文学艺术界人物的传记资料集,对其他传记则有所忽略。如阮元等人的《畴人传》一编至四编,记我国历代天文家、数学家,其中清人占了很大的比重,《综合引得》可采而未采。(2)对清人文集、诗文总集中的传记资料未充分利用。(3)这33种传记,记载清末人物的不多。

近代著名史学家金毓黻受钱仪吉等人编辑《碑传集》的启发,曾有编辑《民国碑传集》之举。所收碑传,以卒于民国者为断,包括一部分主要活动在清末的人物。此集虽未见刊行,但它的《序例》和《篇目表》已发表在《国史馆馆刊》第一卷第二号(1948年版)。《篇目表》分"碑传主"、"篇题"、"作者"、"来源"四项,实是很有价值的目录索引,其中清末人物部分可供编写《清代人名辞典》的参考。

姜亮夫在20世纪30年代编有《历代名人年里碑传总表》,新中国成立后修订重版,更名为《历代人物年里碑传综表》,收录自孔子至卒于1919年的历代人物约12 000人。栏目有姓名、字号、籍贯、岁数、生卒年、备考,备考栏注明传记资料出处。此处收录清代人物约占三分之一,可供编写《清代人名辞典》的参考。来新夏有《〈历代人物年里碑传综表〉清人部分校记》[1],补正《历代人物年里碑传综表》清代人物部分的缺误60余条,应同时参看。

朱保炯、谢沛霖的《明清进士题名碑录索引》(上海古籍出版社1980年版),编录明清两代51 624名进士的姓名、籍贯、科年、甲第、名次。其中清代部分,比房兆楹、杜联喆编的《增校清朝进士题名碑录附引得》(引得编纂处1941年版)更便于查阅。它可供查考某某进士考中的年份及其籍贯,使研究人员根据其科年,确定其参与上层社会活动的时间,以便循此查考同时代人的记载;又可据其籍贯,向相应的地方志等资料追索传记。

钱实甫编的《清代职官年表》,精装四巨册(中华书局1982年版)。包括从中

① 中华书局总编室:《古籍整理出版情况简报》,中华书局,1981年第7期,1982年第1期。

央到地方的重要职官年表 49 种。虽然这部书着重以列表的方式记录清代各种职官的沿革和变动，但由于书后附有《人名录》，就使这部书兼具人名辞典的部分功能，可供我们编纂《清代人名辞典》的参考。

查考清人传记资料的工具书，尚有《清代文集篇目分类索引》传记文之部、《清代碑传文通检》等，下文还将论及。

二、对若干问题的分析与设想

综上所述，前人已编了若干种清人传记集、清人传略辞典和传记资料索引，并为我们积累了有益的经验。如：要从第一手资料入手，要兼顾各种身份、各种特长人物，要注意标引文献资料的出处，要善于从有关学科（例如历史学、统计学）中吸取营养等。这一切都为我们编写新的清代人名辞典提供了有利的条件。但要把这辞典编好，还要进一步解决一些理论问题和实际问题，诸如，如何处理检索性与可读性的关系，名人与非名人的关系，条目正文与标引栏的关系；如何进一步发掘史源；如何编排辞典条目的序列；等等。

（一）检索性与可读性

工具书一般是供人们在必要时检索查阅、解难释疑的，不是供人们系统阅读的，也就是说，"检索性"是工具书的重要特征。但有些工具书也可供系统阅读，这就是工具书的"可读性"。① 如何处理检索性与可读性的关系，这是编写《清代人名辞典》时必须仔细研究的问题。

就目前已有的清代人物传记工具书来看，大体有下列三种情况：

（1）只供检索，无可读性可言。如《三十三种清代传记综合引得》，它的功用是提供传记资料的出处，本身不能供人阅读。

（2）可读性与检索性并重。如前文已介绍的《国朝耆献类征初编》，汇集了一万多人的传记资料，每人一篇或数篇不等，供读者直接阅读。但全书有 700 余卷，一般读者从头至尾阅读是有困难的，为便于读者查阅，编者编有《通检》，将所收人名的最后一字按韵编排，这是有意识地加强检索性。再加上全书是按人物的身份分类编排的，这就为读者提供了"类序"和"音序"两条检索途径，有较强的检索性。

（3）可读性强，检索性弱。如支伟成的《清代朴学大师列传》，上下两册，收370 余人，先列"朴学先导大师列传"，然后按学派、专长分作 23 类编排，最后殿以"提倡朴学诸显达列传"，每类各有小序。此书可供系统阅读，读者依类阅读各篇传记之后可了解各学派的渊源流别。此书没有人名索引，读者只可"按类索人"，但一般读者不一定熟悉某人属某类，所以检索性较弱。

我们编写一部新的《清代人名辞典》，应以检索性为主，兼顾可读性。为加强

① 例如，《百科全书》在工具书中可读性是最高的。可参阅常政：《百科全书三题》，《辞书研究》，1980年第 4 期。

检索性,要做到以下三点:

（1）收录人数多,应超出已有的任何一部清代人物传略辞典。如果读者在使用这部辞典的过程中,经常查不到自己所需要查找的清代人物,那么这部辞典的检索功能显然是很弱的。

（2）有完善的检索系统。读者可以迅速地从辞典中找到自己所需要查找的人名。

（3）每个条目均应按照标引型辞书的要求,注明参考文献的出处,以便于读者追溯原始文献。

所谓兼顾可读性,就是要求各条目以简明扼要的语言概括人物的一生,使读者对人物有基本的了解。

（二）名人与"非名人"

人名辞典的编者在考虑收录哪些人物的时候,习惯着眼于名人。有些传略辞典的书名,就是以"名人"为题的,如《清代七百名人传》和《清代名人传略》等。诚然,作为一部断代的人名辞典,如果连这一时代最有名的人物都没有收录,那是不符合断代人名辞典所应具备的起码条件的。但是,如果只考虑名人,就会束缚自己的手脚,把许多应当收录的人物剔除了。

人们在阅读清代文献资料的过程中,造成阅读障碍的往往不是名人,倒是那些不太出名的人物。因为,既是名人,人们一般是熟悉的;即使不熟悉,也容易查到他们的资料。"非名人"则不同,正因为对他不熟悉,所以才需要通过人名辞典了解其生平,而许多人名辞典又偏偏不收这种"非名人",读者当然就很失望了。

商务印书馆1921年出版的《中国人名大辞典》尽管缺点很多,但它在60多年中之所以能印行十余版,原因之一就是收录人名超出以往任何一部辞典。此事对我们是一个启发。

人名辞典条目的收录与撰写,可以有两种选择,一种是"少而长",另一种是"多而短"。

所谓"少而长",是指人物收得少(着眼于著名人物),条目写得长。从美国20世纪40年代出版的《清代名人传略》到20世纪70年代出版的《明代名人传》(*Dictionary of Ming Biography*),可以看出这种"少而长"的趋势。上述两部传略辞典是姐妹篇,主要撰稿人都是房兆楹、杜联喆等。《明代名人传》收录的人数比《清代名人传略》少100人左右,而每篇传记(条目)的长度则增加将近一倍。

所谓"多而短",是指人物收得多(不限于名人),条目写得短,这可以商务印书馆的《中国人名大辞典》为代表。

对"少而长"与"多而短",我们很难评论孰优孰劣。前者所选,以名人为主,一个条目实是一篇文章,"可读性"强;后者所选,面广量大,"检索性"强。两者各有千秋。但就目前来说,更需要"多而短"这种,因为,"少而长"的清代人名辞典,过去已有过几种。最近,中国社会科学院历史研究所和中国人民大学清史研究所合编的《清朝人物传》,也已开始工作,计划收 2 000 余人,每传字数 2 000 ~ 5 000,也是属于"少而长"一类。但迄今为止,还没有一部"多而短"的清代人名辞典,所以说,更感需要。

我们今天编写一部新的《清代人名辞典》,不宜采取编写名人传略的办法,即先确定收录哪些著名人物,再撰写条目,而应当先广泛掌握资料线索,积累资料卡片,然后筛选出收录的人名。凡是自公元 1644 年至 1911 年间,在政治、经济、军事、学术思想、科学技术、文学艺术等领域有一定影响,并有较完整之事迹可寻者,均应在收录之列。估计收录人数三万左右。这"三万人"的估计,是参考了下列数字:

(1)《三十三种清代传记综合引得》共收清人 24 000 余名。虽然他们没有必要全部进入清代人名辞典,但这是一个很有参考价值的基本数字。

(2)陈乃乾的《清代碑传文通检》揭示了分散在 1 000 多种清人文集中的碑传文,被传者约计 13 000 人。

(3)《明清进士题名碑录索引》所列清朝历科进士名单,计有 27 000 余人。

(4)《历代妇女著作考》的清代部分,收录女学者、女作家 3 000 余人。

(5)《晚晴簃诗汇》收录清代诗人 6 000 余名。

上列五书只是举例而言之。五书所收人名,互有重复亦互有补充。还有地方志、地方性诗文总集、笔记野史中的传记资料,数量相当可观。由此看来,从浩如烟海的传记资料中筛选出三万人,是大体适当的。这三万人既包括了清代的名人,也包括一些虽然不是很著名,但在某些领域有一定影响的人。

(三)条目的正文与文献标引

科学处理条目的正文与标引栏的关系,是编好标引型的清代人名辞典的重要一环。

条目正文的撰写要求以马列主义毛泽东思想为指导,在充分占有材料、深入分析材料的基础上,准确反映历史人物的本来面貌。内容层次一般是:(1)姓名;(2)生卒年;(3)身份或头衔;(4)字号;(5)籍贯;(6)主要经历(包括科名与任官);(7)特长、主张或成就;(8)主要著作。由于历史人物的经历各有不同,现存的材料多寡有异,因而,每个条目不可能一律包括上述各项,条目长短亦不必强求一律,少则 100 字左右,多则 200 字左右,力求语言精练,抓住重点。

人名辞典条目的正文不同于评传,更不是年谱,它的任务只是告诉读者最基本的情况,而条目的标引栏,则是条目正文的延伸和深化。

标引型清代人名辞典的各个条目之下,均有标引栏,它担负着标引文献的责任,其重要性不亚于条目的正文。

具体说来,标引栏要起到两个方面的作用:其一,说明本条目的撰写曾参考了哪些主要文献,这是科学态度的体现;其二,告诉读者,若要进一步了解该人物,可以查阅哪些文献资料。

文献的标引,必须注意两个问题:

（1）力求标引最早的、第一手的资料。同一人物的传记资料，往往见于多种书籍之中，如果我们细加分析，便可发现：A 类书籍的记载是最早的；B 类书籍的记载虽然稍后，但与 A 类书籍记载有出入，或有新的补充；C 类书籍的记载，基本上是 A 类与 B 类的移录或简化，没有提供新的东西。在这种情况下，我们只需标引 A 类与 B 类，不必标引 C 类。从这点来说，标引栏是与一般索引不同的。索引应遵循"周遍性"原则，例如《三十三种清代传记综合引得》，在汤斌名下，注明 15 个出处，尽管这 15 个出处所记载的内容，有部分是重复的，编者并不删削，也不允许删削，这是索引的天职。而标引栏所标引的文献则是经过选择的，带有一定的指导性，并可使读者避免因为查找重复的资料而浪费时间，还可以节省标引栏的篇幅。

（2）力求提供新的信息，反映最新研究成果。例如，"洪昇"的标引栏应不遗漏章培恒的《洪昇年谱》（上海古籍出版社 1979 年版）；"赵执信"的标引栏应不遗漏徐植农的《赵执信年谱》（载于《明清诗文研究丛刊》1982 年第 2 辑），等等。

经常被引用的史书，可以用代号表示，以节省标引栏的篇幅。当然，在辞典前面或书末，应有详细的表格，说明代号所代表的书籍（包括著者、版本）。

根据以上设想，《清代人名辞典》共收三万人，各条目正文加上标引栏平均不超过 250 字。再加上辞典的附录，全书约计 900 万字，篇幅相当于《辞海》（1979 年版）的三分之二。

三、人名辞典的编纂与史源的发掘

详细占有材料是编好标引型《清代人名辞典》的关键。《清实录》、《东华录》、《清史列传》、《国朝先正事略》以及上文介绍过的清人传记集、传略辞典，当然是重要的参考材料，但仅依据这些材料是很不够的，还必须广泛地发掘史源，才能有效地提高辞典的质量。

提到发掘史源，就很自然地想到档案史料。清代档案数量庞大，过去只整理出版过很小一部分。仅中国第一历史档案馆所藏的清代档案，就有 900 多万件（册），包括清统治者尚在关外时期的满文老档到清末的文书。该馆出版《清代档案史料丛编》，每年出四期，两年共发表档案 1 100 件左右，按照这个速度，如果把该馆的全部档案发表，需要 18 000 年之久①，辽宁、台湾地区等保存的大量清代档案尚未计算在内。因而，我们今天只能在很有限的范围内利用清代档案。

除了档案以外，诗文总集、别集、书目、笔记、方志、宗谱等都有丰富的传记资源，现分述之。

（一）诗文总集中的小传

汇录多人诗文于一书者，称总集。清代至民国初辑刊的总集，数量与种类都超

① 当然，并非所有档案都需要整理出版。参阅戴逸：《谈清代书籍和史料的整理》，《光明日报》,1982
年 2 月 15 日。

过历史上任何一朝。依照总集的编辑惯例，在每一作者名下都系以小传，有的还把辑自各书的有关资料罗列于后。这些小传，有相当多的数量不见于官方史书，是编写《清代人名辞典》时不可忽视的史源。例如：乾隆年间，著名诗人沈德潜（1673—1769）编了一部《国朝诗别裁集》（即《清诗别裁集》），选录清初至乾隆间 990 余人的诗作，"诗人名下，未详生平者，只载其表字省份郡邑，与夫科目官位之有无。若传志可考，轶事可传，诗话可引，或详或略，辄缀评论，使读者得其诗品，并如遇其为人"（《凡例》）。沈德潜抱着"发潜阐幽"的宗旨，对那些"无名位者"，亦求其佳作并"志其生平"，保存了清代前期诗人的珍贵资料。到嘉庆年间，沈德潜的门人王昶（1725—1806）编《湖海诗传》，选 600 余名诗人的作品，以科第为次，起于康熙五十一年，迄于嘉庆八年，诗人名下系以传略、诗话。清代中期部分诗人及作品，他处无可考见者，赖此书得以保存。咸丰间，符葆森又辑成《国朝正雅集》，起乾隆丙辰鸿博科，迄咸丰朝，收录清代中后期诗人 2 000 余人，实是沈德潜《国朝诗别裁集》的续编。这三部互有联系的总集所载小传，去其重复，可得 3 000 人。民国间，徐世昌又编辑大型清诗总集《晚晴簃诗汇》（200 卷，目录二卷，附姓氏韵编），收录清代诗人 6 100 余家，保存了一些不知名的诗人的历史资料。

以上所举皆是诗歌总集，文章总集的数量也不少，如《皇朝经世文编》、《八旗文经》、《国朝文汇》等。其中《八旗文经》选录满洲、蒙古、汉军八旗人写的古文辞赋计 197 家，附《作者考》，保存了一些罕见的资料。词的方面，则有《国朝词综》、《全清词钞》等。

清代与民国初年还有大量的地方性总集，是全国性总集的重要补充。数以千万计的人物小传，在全国性的总集中找不到，却可以在地方性总集中找到。地方性总集的收录范围，有相当于一个省的，如《江苏诗征》、《江西诗征》；有以府、郡为范围的，如《四明清诗略》、《国朝杭郡诗辑》；有以一县为范围的，如《海虞诗苑》；有专收一地一姓之作的，如《桐城方氏诗辑》。

如果以地方性总集收录作品的时限来划分，则又可分"通代"与"断代"两种：

1. 通代类地方总集，如曾燠编辑的《江西诗征》（94 卷附刻一卷补遗一卷），收录江西一带自晋代至清代诗人的作品。从编写《清代人名辞典》的角度而言，我们所要注意的，当然只是其中的清代人物小传。

2. 断代类地方总集。其中以清代为断限的，为我们保存了大量清代作家的小传。以浙江为例，嘉庆年间，阮元督学浙江时编刊《两浙輶轩录》40 卷，收录两浙自清初至乾隆 3 000 余人的诗作，后又有补遗十卷，收 1 000 余人的诗作。阮元确定了"因人存诗，因诗存人"的编选宗旨，又说："诸大家宏编巨集行世已久者，略采数篇，以备一家；其有未刻遗稿者，转多录之，以防散佚。"他对中小作家及其作品尤为注意，这就为我们保存了许多珍贵的文献资料。到光绪年间，潘衍桐又编刊《两浙輶轩续录》54 卷补遗六卷。潘氏对"名家巨集"，只是"略采精华"；而对于"才丰遇啬"、"身名俱晦"之士，则"甄录从宽"，编辑宗旨一遵阮氏，计收 5 000 余人的诗作。

阮、潘两书,提供的浙江自清初至晚清诗人小传的数量相当可观。

阮元为各诗人撰写的小传,先是简明扼要地说明其字号、籍贯、科名、任职、诗文集名等,然后摘录志乘、传状、序跋、诗话等有关资料,采撷颇广。例如《两浙輶轩录》卷一,在王庭名下,先简要注明:"字言远,号迈人,嘉兴人,顺治己丑进士,广州知府,累官山西布政使,著秋闲、三仕、二西、漫余诸草。"然后引录《池北偶谈》、《曝书亭集》、《樵李诗系》、《梅里诗辑》、《定香亭笔谈》等书的记载。有些诗人,文献记载不多,则小传极为简短,不强求平衡。阮元为使读者"便于检阅",还编了《姓氏韵编》,冠于卷首,使该书具有了工具性。联系阮元《经籍籑诂》、《畴人传》等书的编纂,我们可以看出他是一个很有学术头脑的编纂家。

专载浙江清代诗人及其作品的总集,除了《两浙輶轩录》外,还有以府郡为收录范围的,如《四明清诗略》、《国朝杭郡诗辑》等。《四明清诗略》35 卷续稿八卷,收清初至宣统宁波府诗人 2 194 家。《国朝杭郡诗辑》初辑 32 卷、续辑 46 卷、三辑100 卷,共收清初到同光间杭郡诗人 7 900 余家。我们知道,清代浙江有 11 府 1厅,现仅宁波、杭州两地府一级的诗歌总集就收诗人万余。通过此例,可看出清代地方性总集为我们保存的传记资料和作品是何等丰富。

编写人名辞典的词条,注明生卒年代是最基本的要求,但事实上,许多人物的生卒年代已无法准确推算,甚至连一个约数也难以确定。有时地方性总集却能提供一些重要线索。例如《镜花缘》作者李汝珍的卒年,长期以来连个大约年份也难以考定。李汝珍是直隶大兴(今属北京市)人,曾寄寓江苏海州,研究者即根据这一线索查地方总集《朐海诗存》(1831 年编刻),发现书中《凡例》规定,不选活着的人,也不"借才异地",特别提到"久作寓公"的李汝珍等人,虽然"诗名籍甚",也"概所不录"。研究者分析,假使李汝珍在《朐海诗存》编刻之 1831 年还活着,编者就不必在凡例中郑重声明了。因此判断:李汝珍至迟死于 1830 年。

为便于查找清代总集中的人名,需要编辑人名索引。笔者前年曾与几位青年同志一起,编印了《清代诗人姓名录初编》,实际上只是《晚晴簃诗汇》和《近代诗钞》的人名索引,人名之后,注明表字、别号、集名、出处。虽然只收录 6 000 余人,用者已称便利。我们本拟继续编出《二编》、《三编》,后得知北京周绍良先生已以多年之力编制《清代总集人名索引》,遂作罢。周先生积累卡片约 30 万张,工程颇巨。

(二)清人文集中的传记资料

现存清人文集数量众多,文集中的碑传文、赠序、寿序、祭文等都是研究人物生平的重要参考资料。但这些资料很分散,如果不经过系统的调查和编制相应的检索工具,是难以使它们得到充分利用的,陈乃乾、王重民等老一辈学者,为了把清人文集中可供参考的资料揭示出来,曾付出艰苦的劳动。20 世纪 30 年代时,王重民、杨殿珣编《清代文集篇目分类索引》,把 440 种清代文集(别集 428 种,总集 12 种)中的文章分作学术文、传记文、杂文三大部分著录,其中传记文细分为碑传、赠序、寿序、哀祭、赞颂、杂类等小类，各小类再按被传者的姓氏笔画排列，为我们查找这440 种文集中的传记资料提供了方便。① 陈乃乾编有《清代碑传文通检》(中华书局 1959 年版)，此书把 1 025 种清人文集中的碑传文(兼及哀辞、祭文、记、序等可供参考者)一一揭示②，按被传者姓名笔画顺序排列。在被传者名下，列出字号、籍贯、生卒年、碑传文作者及其所载书名、卷数。如要查清代著名音韵学家江永的碑传文，在六画查到(见表 3)：

表 3　江永碑传文释例

姓名	字号	籍贯	生卒年	出处
江永	慎修	安徽婺源	康熙二〇年——乾隆二七年（1681—1762）	事略状(戴震：戴东原集一二) 传(钱大昕：潜研堂文集三九) 传（刘大櫆：海峰文集六） 传(余廷灿：存吾文稿三) 墓志铭(王昶：春融堂集五五)

上表说明，戴震撰有江永的事略状，见《戴东原集》卷一二，钱大昕、刘大櫆、余廷灿写过江永的传记，分别见于《潜研堂文集》卷三九、《海峰文集》卷六、《存吾文稿》卷三。王昶撰有江永的墓志铭，于《春融堂集》卷五五。《清代碑传文通检》收录面较宽，凡明人卒于 1644 年以后及近人生于 1911 年以前见于清人文集者，一律收入，共约 13 000 人。

如何从清人文集中发掘史料，王重民、陈乃乾等学者已为我们作出范例。但王重民的《清代文集篇目分类索引》所收文集仅 400 余种，陈乃乾的《清代碑传文通检》所收文集仅千余种(其中有一部分与王重民所收重复)，而实际上"南北各大图书馆所藏的清人文集，当在三千种以上"。③ 陈乃乾在 1958 年底曾说过："如果时间许可，我定当广泛搜罗，再作续编。"④可惜未能如愿。当前我们要进行这一工作，首先要对清人文集进行调查、编目⑤，再对照王重民《清代文集篇目分类索引·所收文集目录》和陈乃乾《清代文集经眼目录》，列出王、陈两书漏收的清人文集目录，然后有计划地从这些文集中搜集传记资料，仿照陈乃乾的方法编成《通检》。这是一项重要的基础工作。

近几年，许多图书馆为配合《中国古籍善本书目》的编纂，在整理善本书的同时，对不属于善本书目收录范围的图书也进行了清理，这就为清人文集的普查创造了条件。我们应充分利用这有利条件。

① 王重民，杨殿珣：《清代文集篇目分类索引》，前北平图书馆，1935 年，中华书局 1965 年重印。
② 陈乃乾阅读的清人文集，实际上是 1 153 种，但其中 128 种没有碑传文，所以《清代碑传文通检》采用的文集是 1 025 种。
③ 陈乃乾：《清代碑传文通检》编辑说明，中华书局，1959 年。
④ 同③。
⑤ 潘树广：《清代诗文别集目录述略》，《明清诗文研究丛刊》第 1 辑。

（三）书目提要中的传记资料

书目，是揭示与报导图书的工具。人们要查找图书、研究图书，就离不开书目。关于书目的这种功能，目录学家多有论述，人们也不难理解。但是，有一部分书目还能提供传记资料，对此，人们往往忽略。今天要编写新的清代人名辞典，对此切不可忽视。例如乾隆时纪昀等人撰写《四库全书总目提要》，不但对历代一万余种图书的内容得失、版本异同进行评论和考订，并且"先列作者之爵里以论世知人"，对"人品学术之醇疵"亦时有论述（《凡例》）。尤其清代的作者，由于距《四库全书总目提要》撰写者为时不远，《四库全书总目提要》对他们生平行实的记载就更具文献价值。又如《清朝文献通考》和《清朝续文献通考》中的《经籍考》部分，专记清代图书，虽然没有详细的提要，但附以考释之语，对作者的履历有扼要的介绍，亦有参考价值。

封建统治者歧视、排斥戏曲和通俗小说，《四库全书》不收录这方面的作品，它们的作者多湮没无闻。近代以来，许多学者致力于戏曲小说的研究，并编纂目录，著录版本，考订作者。如傅惜华的《清代杂剧全目》著录清代杂剧约 1 300 种，其中作者姓名可考者 550 种，附以作者小传。又如庄一拂的《古典戏曲存目汇考》著录历代戏曲 4 750 余种，凡能考证其作者里居事迹者，皆根据有关资料在作品之前略作介绍。曲艺方面，如谭正璧的《弹词叙录》叙录明清以来弹词作品 200 种，兼及作者生平的考证。小说方面，如孙楷第的《中国通俗小说书目》，凡作者姓名、字号、籍贯、简历可考者，一一注明。凡此均有助于清代人名辞典的编写。

近代还出现了若干种专门著录妇女著作的书目，其中以胡文楷的《历代妇女著作考》最为详备。此书历时 20 余年编成，共 20 卷，其中清代部分占 15 卷，收录清代女学者、女作家 3 000 余人，有作者小传，详列其著作、版本。虽然小传很简略，但注明资料出处，便于进一步查考。

（四）笔记野史中的人物资料

笔记野史是史料之渊薮。官方史书不载或歪曲记载的史事和人物，常赖笔记野史而保存其真面目。鲁迅先生曾说："历史上都写着中国的灵魂，指示着将来的命运，只因为涂饰太厚，废话太多，所以很不容易察出底细来。正如通过密叶投射在莓苔上面的月光，只看见点点的碎影。但如看野史和杂记，可更容易了然了，因为他们究竟不必太摆史官的架子"（《华盖集·忽然想到》）。史学家谢国桢为了查考清初浙江山阴诗人金埴的年历事迹，遍查《两浙𬨎轩录》、《绍兴府志》等书后均无所获，后读清代山阴人步青的笔记《霞外𢭩屑》，得见"越中前观巷金氏为前明巨戴，广宇鳞比，门有扁曰文宗柱史。……煜字子藏，进士。煜子埴字苑孙，一字小郯，自署会稽𪐷门"。从而把握金埴家世的线索。又从金埴的笔记《不下带编》中获知他的零星事迹，如：金埴的诗曾得到诗坛领袖王士禛的赏识，他与戏曲家洪昇、孔尚任来往甚密,曾受仇兆鳌之托协助校订《杜诗详注》。① 这都是重要的人物资料。

笔记野史往往记载着正统史书不屑记载的人物,如同治光绪间天悔生所著《金蹄逸史》,记载江苏弹词家张采芝等人的事迹,就是一例。

为了充分利用清代笔记中的文献资料,前北平图书馆在20世纪30年代曾编辑《清代文史笔记子目分类索引》。② 索引根据条目的性质分类,凡考释经籍者,按经、史、子、集四部分类编排,其余则分为政事、经济、人物传记等类。原计划分辑陆续出版,每辑收清代笔记30种,可惜此计划未能实现。

日本曾编印了若干种中国笔记索引,其中最有代表性的是《中国随笔索引》(1954年版)和《中国随笔杂著索引》(1960年版)。前者收唐代至清末民初随笔杂著97种,其中清代占一半;后者收36种,清代占三分之一。这些工具书都可拿来为我所用。但尚未编入索引的清代笔记尚多,如果选择一批史料价值较高的,把其中人名、地名、事项一一编成索引,那就不仅可以用作编写人名辞典的参考,对其他研究工作也有广泛的用途。

(五) 方志中的传记资料

地方志约占我国现存古籍总数的十分之一,有8 100多种,其中清代地方志5 587种,约占70%③,民国时修的地方志有1 000余种。④ 清代行政区划主要分省、府、县三级,现存清代22省的通志80多种,府志450种,县志3 659种。⑤ 此外还有厅志、关志、卫志、乡镇志等。方志中的传记资料集中在"人物"门,但在其他门类,如"职官"、"杂记"等门也有人物资料。

清代的地方志大都由地方官吏领衔纂修,由绅士、学者具体执笔。对于本朝、本地的人物,当然记载得特别详细。有许多清末的重要人物,在清代纂修的方志中还来不及记载,在民国续修的方志中则载入。所以,对民国方志的史料价值亦不可忽视。

地方志中保存了丰富的传记资料,但由于方志太多,传记资料常被"淹没"。例如史学名著《东华录》的作者蒋良骐是乾隆时国史馆的纂修。关于他的生平事迹,过去长期以为"文献失载",后来却在嘉庆续修广西《全州志》中发现了他的传记。1980年中华书局出版校点本《东华录》,便将此传附在书后。这个事例说明,为了充分揭示卷帙浩繁的地方志中的传记资料,为了提高查找的效率,需要编制方志人名索引。据方志学家朱士嘉说,我国最早的一部方志人名索引单行本,是《吴县志列传人名索引》(1939年铅印)。它为人们查找《吴县志》中的人名,提供了很

---

① 〔清〕金埴:《关于〈不下带编〉》,《光明日报》,1960年1月3日。
② 前北平图书馆编辑:《清代文史笔记子目分类索引》,《中华图书馆协会会报》,1936年第4期。
③ 朱士嘉:《清代地方志的史料价值》,《文史知识》,1983年第3-4期。
④ 朱士嘉:《宋元方志传记索引·前言》,中华书局,1963年。
⑤ 同③。

大的方便。可惜迄今为止,这类人名索引实在太少。方品光编有《福建通志传记兼艺文志索引》,1981 年油印,印数很少。据悉,福建师范大学图书馆正在编制《二十八种通志人名索引》①,北京大学古文献研究室开始编纂《中国地方志传记人名索引》。② 北大编的索引规模较大,一般采用县级以上方志,凡历代所修志书,不论稀见或通行版本,均广加征引。索引条目著录人物的姓氏、本名、字号、别名、时代、籍贯等项。这类索引对发掘方志中的传记资料很有用。

　　(六) 宗谱

　　宗谱的史料价值日益引起学术界的重视。它常与地方志相提并论,被誉为史料的两大巨流:宗谱是家族史、方志是地方史。宗谱体例不一,大体说来,有规约、族产、传记、艺文、谱系等部分。③ 其中关于人物的家世、生卒年月、科名、官阶、事迹的记载,常常是官方史书、地方志失载的,对编写人名辞典很有参考价值。

　　我国宗谱数量很多,仅从国家档案局的存目看已有 4 000 多种。④ 国外不少学者对我国的宗谱很感兴趣,例如 20 世纪 60 年代,日本东洋文库出版了多贺秋五郎的《宗谱的研究》,全书分解说、目录、资料三大部分,对我国的宗谱有深入的研究。美国犹他家谱协会(The Genealogical Society of Utah)从 1971 年以来,大量收集、摄制中国的家谱与地方志,每种家谱与方志都有一份底片存放在地下书库永久保存,另有一份正本供研究者在图书馆参考使用。该会收藏的中国家谱已超过 4 500 种,比哥伦比亚大学藏量多四倍。

　　我国宗谱的收藏很分散,查找不便。建议及早出版宗谱联合目录,以提高宗谱的利用率。

　　以上谈了史源的发掘问题,但资料收集后,还要进行细致的辨析,不可盲从。试举一例:《四库全书总目》卷一四四"小说家类存目"内《蚓庵琐语》一书的提要云:"国朝李王逋撰,王逋字肫枕,嘉兴人,是编记明末及国初见闻,皆其乡里中事……"其实《蚓庵琐语》的作者并非"李王逋",而是王逋。王逋是嘉兴人,嘉兴古称檇李,故该书作者署名"古檇李王逋"。《四库全书总目》编者误以"檇李"的"李"为姓。这是常识性的错误。嘉庆道光间,周中孚的《郑堂读书记》著录:"《蚓庵琐语》一卷(说铃后集本),国朝王逋撰(逋,字肫枕,嘉兴人),四库全书存目。其书凡六十条,皆记明末、国初所见闻之事,多属其乡所有……"这是对的。可是臧励和等编《中国人名大辞典》时,却沿袭了《四库全书总目》的错误。对这类问题,我们应当引以为戒。

　　① 　来新夏:《为清史研究进一言》,《清史研究通讯》,1983 年第 1 期。
　　② 　北京大学古文献研究室:《中国地方志传记人名索引》,《古籍整理出版情况简报》第 101 期,中华书局,1983 年 2 月 1 日。
　　③ 　崔建英:《重视族谱的史料价值》,《图书馆学通讯》,1979 年第 1 期。
　　④ 　同①。

四、最新研究成果的吸收与辞典的编排

近二三十年，尤其最近几年，清史的研究（包括清人传记资料的发现、整理与考订）有较大的进展，出了一批新的研究成果。这些成果在已经出版的清人传略辞典中（如我国1937年出版的《清代七百名人传》和美国1943—1944年出版的《清代名人传略》）还来不及吸收。今天我们编写新的《清代人名辞典》，必须充分吸收这些新的研究成果。为此，要善于利用有关检索工具，掌握新的信息。例如杨殿珣的《中国历代年谱总录》（书目文献出版社1980年11月版）就是重要的检索工具。它收录历代年谱3 015种（其中清代人物的年谱1 000余种），不论单行本、丛书本、发表于报刊或未经刊印的稿本、钞本，一概收录。考订人物生卒、事迹的书籍与文章，虽非年谱，亦予附载。我们查阅《中国历代年谱总录》可以发现，美国在编辑《清代名人传略》时忽略了的年谱资料和来不及利用的年谱资料是不少的。

近几年还举行过一些清史研究的重要会议，提交大会的论文和会议所讨论的问题中有一部分涉及清代人物的研究，也值得注意。

近几年出版的《中国历史学年鉴》、《史学情报》、《中国史研究动态》、《清史研究通讯》等，均有助于我们了解国内外的研究动态。我国编印的《国外出版中国学书目》、各图书馆外文新书目录、《国外社会科学论文索引》，日本编印的《东洋学文献类目》、《东方关系著书论文目录》，则有助于我们查考、利用国外出版的书籍与论文。善于利用国内外最新研究成果，才能使《清代人名辞典》编出新的水平。

（原载于《词典和词典编纂的学问》，上海辞书出版社，1985年）

史源学与辞书编纂

20 世纪 30 年代至 40 年代,陈垣先生曾大力倡导史源学研究。史源学的要义是追寻史学论著的史料来源,检验立论的依据,考正其中的讹误。半个世纪以来,史源学不但在历史学界享有盛誉,而且已扬起学术规范化的风帆,驶向了邻近学科的学术港湾,产生了广泛的影响。本文要讨论的就是史源学对辞书编纂的重要意义。

辞书是知识与信息的载体。传播科学的知识和准确的信息,是辞书工作者的神圣使命。辞书的释义,应当言之有据,引证无误,这与史源学追求的真实性、科学性是相通的。辞书工作者树立史源意识,加强溯源辨误的训练,无疑将有助于辞书质量的提高。

一、史源学的精神

20 世纪 30 年代至 40 年代,陈垣在北平师范大学、辅仁大学、北京大学讲授"史源学研究"(后更名为"史源学实习")课程。其教学方法是"择近代史学名著一二种,一一追寻其史源,考正其讹误"。具体步骤是先由陈垣从史学名著中选定若干篇章,然后布置学生"将文中人名、故事出处考出:晦者释之,误者正之。隔一星期将所考出者缀拾为文,如《某某文考释》或《书某某文后》等"。陈垣引导学生着重从以下几方面研究分析:

(1) 看其根据是否正确:版本异同,记载先后,征引繁简。

(2) 看其引证是否充分。

(3) 看其叙述有无错误:人名,地名,年代,数目,官名。

(4) 看其判断是否的确:计算,比例,推理。①

简言之,史源学的教学内容就是指导学生追寻前人史学论著立论的依据,找出其中史料征引、判断、推理等方面的失误,并分析其致误之由。为了给学生作示范,陈垣先写出范文。我们今天重读这些范文,不仅可以看出他追溯史源的熟练技巧

---

① 陈智超:《前言》,陈智超《陈垣史源学杂文》,人民出版社,1980 年。

和匡缪正误的深厚功力,更重要的是,从中可以领悟到其可贵的史学品格与史学精神。

陈垣选给学生"考正讹误"的著作并非平庸之作,而是"近代史学名著",如赵翼《廿二史札记》、顾炎武《日知录》、全祖望《鲒埼亭集》等。一般说来,从名著中挑毛病,难度较大,学生所受的教育和锻炼也更大。显然,这是在提倡从难、从严的治学精神,提倡不迷信名家的求实学风。

从史学名著中寻找错误,并非刻意去出前贤的丑,炫耀自己的高明;更不是广罗例证,以证明错误人人难免,而是为了"练习读史之能力,警惕著论之轻心"。①

要言之,史源学的精神体现在"对人"与"对己"两个方面。对他人而言,不轻信其结论,注意以事实检验其立论的可靠性;对自身而言,从中接受经验教训,"警惕著论之轻心"。这是"打破沙锅问到底"的执着追求,是求真、求实的科学精神,表现出恪守学术规范的高度自觉。

二、词条讹误的史源辨析

这里,试以若干辞书的词条为例,用史源学的方法"追寻其史源,考正其讹误",并分析讹误产生的原因。

(一) 疏于查证,轻下结论

如《辞源(修订本)》"刘敞"条:

> 【刘敞】 公元 1019—1068 年。宋临江新喻人。字原父,号公是。……著有《七经小传》、《春秋权衡》、《公是集》等。前两种今不传。

《辞源》说刘敞的《七经小传》、《春秋权衡》今已不传,论断严重失实。其实,这两种书均收入《通志堂经解》和《四库全书》,不难找到。如果《辞源》审稿人查对一下资料,就不会产生这样的错误。

又如朱柏庐(用纯),昆山人,所著《治家格言》旧时家喻户晓。关于他的生卒年,《辞源》、《辞海》均定为 1617—1688 年,误。这是未仔细核查原始资料所致。据《玉山朱氏遗书》所收朱柏庐《无欺录》(编年体杂记)和彭定求《朱先生用纯墓志铭》,可以确知柏庐生于明天启七年(1627)四月,卒于清康熙三十七年(1698)四月,享年 72 岁。昆山文物管理委员会据地方文献考定朱柏庐的生卒年,亦为 1627—1698 年(见《鹿城风采》)。

(二) 误读原文,以讹传讹

辞书讹误的产生,往往源于撰稿人对原始资料的错误理解,即误读。

例如,文献学家罗振常(罗振玉之弟)是周子美(延年)的岳父,周子美曾整理

---

① 陈智超:《前言》,陈智超《陈垣史源学杂文》,人民出版社,1980 年。

罗振常的题跋编为《善本书所见录》，这是老一辈文献工作者比较熟悉的事。但《中国目录学家辞典》（河南人民出版社 1988 年版）却说罗振常是周子美的舅父，周是罗的外甥。该辞典"罗振常"条云：

> （罗振常）爱书如命，每遇有宋元精刊、名家抄校，辄摩挲竟日不去手，俟心领神会，即郑重加以题跋。……后经其外甥周子美编订成《善本书所见录》四卷，付梓问世。

该《辞典》"周延年"又云：

> （周延年）字子美，浙江吴兴人。系罗振常的外甥，南浔嘉业藏书楼主任。

究竟是舅舅与外甥的关系，还是岳父与女婿的关系，这本来也不是件什么了不得的大事，但这是一个误读的典型事例。《辞典》之误，盖因误读了周子美的《善本书所见录·序》。《序》云：

> 《善本书所见录》四卷，为外舅邈园先生遗著。先生讳振常，字子经，晚号邈园。上虞罗氏，侨寓江苏之淮安，而籍贯未改也。……一九五七年八月二十日，周子美谨序于华东师大宿舍，时年六十有二。

周子美称罗振常为"外舅"，外舅即岳父。《尔雅·释亲》："妻之父为外舅。"但《辞典》编者以为"外舅"是舅父，于是说周是罗的外甥。后来齐鲁书社出版的《清代目录提要》"罗振常"条亦以讹传讹。

又如，《檀几丛书录要》收录《家训》一卷，系明末清初张习孔所撰。但《续修四库全书提要》却著录为："孔黄岳撰。"何以会如此？就因为误读了原书的署名。原书署"天都张习孔黄岳著"，"天都"为作者籍贯，"张习孔"是姓名，"黄岳"是别号。而《续修四库全书提要》却将姓名的末字与别号拼凑成"孔黄岳"。

又如，《中国地名大辞典》（原北平研究院 1930 年版）"郪"条释文：

> ［县名］春秋楚柤地；后入秦为郪。史记陈涉世家：葛婴将兵，徇蕲以东，攻郪下之。

《中国地名大辞典》说葛婴曾攻占郪县，并说明文献依据是《史记·陈涉世家》。其实辞典编者误读了《陈涉世家》。《陈涉世家》原文是：

> 陈胜自立为将军，吴广为都尉。攻大泽乡，收而攻蕲。蕲下，乃令符
> 离人葛婴将兵徇蕲以东。攻铚、酇、苦、柘、谯，皆下之。行收兵。比至
> 陈……

上文"攻铚、酇、苦"的主语仍是陈胜、吴广，细阅《史记》各卷有关起义部队进军路线的记载便可判明。《地名大辞典》误认主语为葛婴，故有葛婴攻蕲之误说，并误导后出之辞书。对此，笔者曾撰文辨正。①

上文所举误读之例，第一例为不明训诂，第二例为不明句逗，第三例为不明语法。

（三）对照失误，阴差阳错

这里所说的对照，指古今地名对照和中西历对照换算。

古今地名对照的失误，如《中国近现代人物名号大辞典》"赵元益"条：

> 【赵元益】（1840—1902）新阳人（今湖北京山）。字静涵，号高斋（有
> 《高斋丛刻》）。光绪举人。

赵元益为清末藏书家，喜刻书，常署"新阳赵元益校刊"。此新阳为江苏之新阳县，决非湖北之新阳（今京山）。江苏之新阳在今昆山。清雍正二年（1724），将新阳从昆山县中分出，与昆山县同城而治，至1912年又并入昆山县。中国古今地名相同者甚多，稍不留神，则张冠李戴。《中国近现代人物名号大辞典》的编者未能细审赵元益的传记资料，故有此误。《碑传集补》收录华世芳《表兄赵静涵小传》、丁福保《赵静涵先生家传》，可据以纠误。

中西历日对照换算的失误，如俞樾的生卒年，《中国大百科全书》语言文字卷和《辞源》均括注为1821—1906年，卒年误。俞樾卒于光绪三十二年十二月二十三日，查《中国史历日和中西历日对照表》，知该日已是公元1907年2月5日（《辞海》括注为1821—1907，正确）。阴历的十二月（有时是十一月下旬），往往已是阳历次年的一月或二月。因而，括注古人的生卒年，仅知年号纪年为某某年还不够，要力求考知其生卒的月、日，否则容易出错。

（四）调研未周，立论失实

如《辞源》"竹枝"条，义项（一）：

> 【竹枝】（一）乐府名。唐刘禹锡于贞元中在沅湘所创新词。见《刘
> 梦得集》九《竹枝词引》。其形式为七言绝句……参阅《乐府诗集》八一
> 《竹枝》。

① 潘树广：《"葛婴攻酇"辨》，《辞海通讯》，1982年第2期。

释文将刘禹锡创作竹枝词的时间和地点都搞错了。撰稿人虽已注明参见《竹枝词引》，但他对此未能准确解读。其实，刘禹锡在《竹枝词引》中已将时间、地点作了交代：

> 岁正月，余来建平，里中儿联歌《竹枝》，吹短笛击鼓以赴节。歌者扬袂睢舞，以曲多为贤。聆其音，中黄钟之羽。卒章激讦如吴声，虽伧伫不可分，而含思宛转，有《淇澳》之艳。昔屈原居沅、湘间，其民迎神词多鄙陋，乃为作《九歌》，到于今荆楚鼓舞之。故余亦作《竹枝词》九篇，俾善歌者扬之，附于末，后之聆巴歈，知变风之自焉。

建平，指夔州。晋置建平郡，其地在唐时夔州，此以古地名称唐地名。刘禹锡于长庆二年到达夔州，任刺史。"岁正月"即长庆二年正月。刘禹锡有《夔州刺史谢上表》，文末题"长庆二年正月五日"，可以互证。《竹枝词引》末句说"后之聆巴歈，知变风之自焉"，亦可说明《竹枝词》为巴地之歌。结论是：刘禹锡长庆初在夔州仿效民歌创作《竹枝词》（夔州在今四川东部奉节、巫山一带）。

而《辞源》说刘禹锡于贞元中在沅、湘创作《竹枝词》，误。贞元中刘氏任职于长安、渭南，并没有到沅、湘（在今湖南）。《竹枝词引》中确实提到"沅、湘间"，但那是指屈原作《九歌》，而不是指刘氏自己。

《辞源》又注明"参阅《乐府诗集》八一《竹枝》"。《乐府诗集》云："唐贞元中，刘禹锡在沅湘……作《竹枝》新辞九章。"原来《辞源》是沿《乐府诗集》之误，而《乐府诗集》之误又源于《新唐书·刘禹锡传》。宋人葛立方在《韵语阳秋》中早已指出《新唐书》和《乐府诗集》之误，他认为《竹枝词》中写到的地名、古迹都在夔州，应是刘禹锡任夔州刺史时所作。今人卞孝萱《刘禹锡年谱》对此已详加考证。如果《辞源》"竹枝"条的撰稿人能对前人及时贤的研究成果进行全面的调研，便可避免此类错误。

三、史源学给辞书工作者的启示

（一）追寻史源，须通目录之学

史源学的目的，是追寻史料的来源，判别立论的正误。为了广泛追寻史料的来源，就必须掌握查找史料的门径，尤其要掌握目录学的理论与方法。辞书编撰者缺乏目录学知识，往往是造成释义错误的直接原因。如上文所举《辞源》"刘敞"条，如果撰稿人能查阅《增订四库简明目录标注》、《中国丛书综录》等常用目录，就不会得出《七经小传》、《春秋权衡》"今不传"的错误结论。

辞书工作者不仅要善于利用传统的目录索引，还应当有敏锐的信息意识，注意利用 20 世纪 90 年代以来新出版的书目索引，不断扩大资料线索。例如《中国近现代人物名号大辞典》对文献学家黄任恒的生卒年括注为"？—1934 在世"，与事实出入较大。如果查《辛亥以来人物传记资料索引》(上海辞书出版社 1990 年版)可知，香港商务印书馆 20 世纪 70 年代出版的《艺林丛录》第 3 编载有鲁人的《广东历史文献学者黄任恒和他的遗著》。该文对黄任恒介绍甚详，谓黄氏生于 1876 年，卒于 1953 年，字秩南，世居广州河南区，有遗著 45 种，现藏其后裔处。

（二）辗转稗贩，系著述之大敌

史源学的核心是个"源"字，强调追本穷源。在辞书编纂中，强化这种"史源意识"，强调以第一手资料为根据，至关重要。差错的产生，往往是因为轻信第二手资料，不去核实原始资料所致。如《辞海》1979 年版"郯县"条云："秦置。……秦二世元年(公元前 209 年)陈胜、吴广起义，部将葛婴攻郯下之，即此。"这是沿袭了旧地名辞典之误(详上文)。后来编者查核原始资料，仔细分析《史记》的有关记载，再版时才得以更正。①

有些资料，仅靠书面记载不足以解决问题，还要向知情者了解。今年(1998年) 4 月，我读《清代目录提要》(齐鲁书社 1997 年版)对华东师范大学周子美先生的介绍，见书中赫然写道："(1896—1974)"，大为惊讶。1994 年，我从华东师范大学友人处得知，子美先生尚健在，怎么此书说他 1974 年就去世了？我再查其他书，见《中国目录学家辞典》也说他 1974 年去世。可知《清代目录提要》之说，盖源于此。为了解周先生近况，我立即打电话给上海图书馆历史文献中心主任王世伟同志询问，世伟同志再向知情者了解，证实周子美先生健在，103 岁。②

（三）正确解读，为立论之基础

查到史料，还必须正确解读史料。如果同一本书有不同的版本，首先要比较其异同，做好校勘工作。陈垣指导学生进行史源学实习，第一点要求是"看其根据是否正确"，而其中又把"版本异同"的考察列为第一项，可见其重视程度。梁启超说："许多古书，展转传抄传刻，讹舛不少，还有累代妄人，凭臆窜改，越发一塌糊涂。所以要想得正确的注释，非先行(或连带着)做一番校勘工夫不可。"否则的话，郢书燕说，"动成笑话，而真意愈晦。"③因此，正确的解读必须以可靠的文本为前提。

误读史料，必然得出错误的论断。上文所举数例，如将"外舅"理解为舅父，将"张习孔黄岳"读作"孔黄岳"，将主语陈胜、吴广误读为葛婴，均因缺乏训诂知识与古代文化知识，或因未能细读上下文所致。因此，强化阅读能力的训练，是提高辞书工作者素质的重要一环。

（四）精益求精，是辞书的生命

辞书被视为传播科学知识的"无言的老师"，编纂辞书历来是艰苦、严肃而神

---

① 潘树广：《"葛婴攻郯"辨》，《辞海通讯》，1982 年第 2 期。
② 本文寄出后，始惊悉周子美先生于 1998 年 10 月仙逝，在此谨致哀悼。
③ 梁启超：《中国近三百年学术史》第十四章，北京市中国书店，1985 年。

圣的事业。一批优秀的辞书之所以盛行不衰,就因为编者以崇高的社会责任感和历史使命感从事此项工作,精益求精、不断修订,在读者中赢得了良好的声誉。但毋庸讳言,由于忽视辞书编纂的学术规范,或是受急功近利的心态的支配,仓促从事,粗枝大叶,致使辞书中的讹误时有所见①,在不同程度上消解着辞书的学术生命。在"辞书热"余热未消的今天,冷静地总结经验教训,发扬史源学的科学精神,时时用"警惕著论之轻心"这七个字敲敲警钟,对辞书事业的健康发展是有现实意义的。

（原载《辞书研究》,1999 年第 2 期）

① 当然,还有粗制滥造、抄袭拼凑、欺世盗名之作,但那是另一种性质的问题,不属本文讨论的范围。

论工具书教材的结构体系

高等学校开设工具书使用法课程,是开展辞书用户教育的一个重要方面。自20世纪30年代以来,我国学者编著的工具书教材数以百计,对普及辞书及其他工具书的知识起了重要作用。

已有的工具书教材体例多样,但就其内容要素而言,主要有三个方面:(1)理论知识,总论工具书的定义、功用、类型、排检方法,以及鉴别与选择工具书的原则等;(2)书目信息,分门别类介绍各种工具书,列举书目,供读者采择;(3)应用方法,具体提示读者在解决某类问题时,可以利用何种工具书。

以上三方面的内容,并非每种工具书教材都兼备。有些教材侧重其中一个方面或两个方面;有些教材虽然三者兼备,但侧重面亦有所不同。由于内容重点不同、结构体系不同,从而形成不同的特色,但每种工具书教材都有其各自的优点与不足。兹择其要者,略加述评。

一、书目主体式结构

先扼要讲述有关工具书的知识,然后以绝大部分篇幅介绍各种类型的工具书(如书目、索引、字典、词典等)并分别列举书目。这类教材的特点是,对工具书的类型、源流辨析清晰,提供工具书的信息丰富。有的教材在列举工具书时,分清主次:对重要者展开介绍、辅以实例,对次要者扼要介绍或仅列其目,具有很强的指导性。如赵国璋先生的《语文工具书使用法》,是此类教材的佳构。但有的教材,连篇累牍地罗列大量工具书,不明主次,不分优劣,把工具书教材编成工具书目录;而且,不设专门篇章讲述综合利用各种工具书解决具体问题的方法,比较枯燥,对学生缺乏吸引力。

二、应用主体式结构

先扼要讲述有关工具书的知识,然后以绝大部分篇幅讲述解决各类问题的方法。其体例是以查找课题为纲,以工具书为目。如,查找图书应利用哪些工具书,查找人物资料应利用哪些工具书,查找法规条约应利用哪些工具书,等等。这种结构的教材,其优点是具体可感,便于入门,对学生的吸引力较强;不足之处是对工书的宏观论述和分类辨析比较薄弱。笔者的《书海求知》大体也属这种结构,所不同者,是按学科门类分编,以具体问题为目;对工具书知识不作总体介绍,只是在"分析"、"附记"中略述有关知识。虽然,笔者此书销量数万册,也得到不少表扬的话语,但我心里明白,把它作为教学参考书勉强可以,作为基本教材是不适合的。因为,这种结构体例不利于学生从总体上把握工具书的类型、功能,难以收到触类旁通、左右逢源的效果。把各种工具书分别归属于若干课题之下,容易造成一种思维定式,似乎某种工具书只能解决某方面的问题,而某类问题只能求助于某几种工具书。事实上,许多工具书往往既有主体功能,也有次生功能。例如,查考图书应利用书目,这话不错,但人物类工具书中也有书目资料;查人物资料应利用人名辞典、人名索引等工具书,这话也不错,但解题书目中也有人物资料。揭示图书是书目的主体功能,它还有提供人物资料(或资料线索)的次生功能。至于百科全书、百科年鉴、综合性辞典(如《辞海》),功能更为广泛,把它们框定在一定的功能范围之内,有削足适履之嫌。

三、书目—应用式两段结构

上编概述工具书知识,分类介绍各种工具书的特点并列举书目;下编以课题为纲,讲述解决某类问题可使用哪些工具书。如武汉大学编的《中文工具书使用法》(商务印书馆 1982 年版),即采用这种结构。它兼取"书目主体式"和"应用主体式"两种结构的长处,力图克服其不足,取得了较好的教学效果。但是,该教材对工具书的基本理论的阐述不够充分,上编"工具书概述"一章,在理论上比较单薄。

四、理论—书目—应用鼎式结构

近年来,把理论知识、书目信息、应用方法三者有机结合的工具书教材日见增多,如詹德优、李建民的《中文工具书概论》(1985 年版),王秀兰的《英文工具书》(1991 年版),王世伟的《中文工具书使用指南》(1993 年版),詹德优的《中文工具书导论》(1994 年版)等。《中文工具书概论》分为工具书绪论、工具书介绍、工具书使用三部分;《英文工具书》分为概论、工具、应用三篇;《中文工具书使用指南》分为综合论述、历史源流、检索方法三部分;《中文工具书导论》分为总论、分论、应用三篇。名称虽稍有不同,但有一个共同点:把基本理论独立划为一个部分,与书目信息、应用方法鼎足而立。这不是形式上的分割,而是在内容上加强了工具书基本理论的阐述,反映了学科意识的强化。

现以詹德优新出版的《中文工具书导论》(以下简称《导论》)为例,评述鼎式结构的工具书教材的特点。

《导论》的第一部分"总论篇",共分六章。除了一般工具书教材常有的概述性内容外,最值得注意的是"工具书研究概述"和"工具书的控制与检索"两章。前者实际上是工具书研究简史,计 17 000 余言。上溯先秦,下及当今,尤以近十几年的研究进展为评论重点。笔者以为,工具书使用法作为一门独立的课程,在理论与实践上均有其自身发展的历史。让教师和学生(尤其研究生)了解其历史与现状,对总结经验,加强该课程的建设,有重要意义。"工具书的控制与检索"一章,运用控制论的原理,将著录、评价工具书的文献组成有序的控制、检索工具书的系统,帮助学生从总体上把握、了解工具书,提高选择与利用工具书的效率。

《导论》的第二部分"分论篇",共分八章。分别论述各类型工具书的定义、特点、功用,并列举有代表性的工具书予以说明,提供书目信息。该篇的特点是精而新,所列工具书注意其典型性、先进性,说明作者对各类工具书作了深入的比较分析,慎于选择。《导论》及时介绍了一批新出版的高质量的工具书,如《辛亥以来人物传记资料索引》(1990年版)、《中国历代人物年谱考录》(1992年版)、《中国大百科全书》(1993年出齐)等。

《导论》的第三部分"应用篇",共分四章。该篇着重论述综合利用工具书的原理,以及查找资料的基本方法和途径。作者强调了工具书的个性和共性、独特性和多功能性,帮助读者深入细致地分析咨询课题,灵活机动地寻求答案。这对克服思维定式,拓展多维视野,具有重要的理论意义和实用价值。

《导论》的不足之处,是对电子版工具书着墨太少。朱天俊、李国新的《中文工具书教程》对电子版工具书列专章介绍(特邀陈光祚撰),很有必要。《导论》对有些书的分类欠妥,如在总集部分著录《词林纪事》,但其本质不属总集,而是纪事体词话。《导论》书末不附索引,也是一大憾事。王世伟的《中文工具书使用指南》附有内容索引,就很好。笔者以为,工具书教材附以内容索引,不仅便于读者查找,而且有助于揭示教材中理论、书目、应用三大部分的内在联系。

工具书教材的结构体系已呈多元化,各有特色。本文论述并不全面,亦无意于肯定哪种体系绝对的好,何况教材结构体系的选择,还要考虑不同的教学对象的具体需求。笔者想要说明的是,工具书教材的结构体系问题,不是个纯技术问题,更不是积木或魔方,可以随意组合。从众多学者数十年来辛勤探索的历程可以看出,工具书教材体系不断完善的过程,实际上是对工具书这门学问的课程体系与理论体系的认识不断深化的过程。学术界考察一门学科或课程是否成熟,衡量的标尺是:是否已形成理论体系与专门方法?是否已出现专家群体?是否已建立有关的教学研究单位或学术团体?是否有一系列的专著、教材问世?以此标尺来衡量工具书这门课程(或称学科),我们高兴地看到,她正在成熟,正在生气勃勃地发展。对那些不承认工具书是一门学问的议论,大可不必介怀。事实胜于空论,这是最简单的道理。

1994年秋于苏州大学

20 世纪的索引研究与编纂

索引是获取知识的工具,是捕捉信息的利器,是各项工作科学化和高效化的保障。近百年来,无数学者为索引的研究与编纂作出了默默的奉献。当我们欢庆人类在 20 世纪的各个领域取得辉煌成就的同时,不能忘记索引所起的作用。可以毫不夸张地说,如果没有索引,人类在 20 世纪不可能取得这样巨大的成就。

在 20 世纪行将过去的时候,回顾我国索引研究与编纂的历史,从中吸取有益的经验和精神力量,是一件很有意义的事。

一、索引运动的萌芽

20 世纪前期,是我国的传统学术向现代学术过渡的转型期。索引促成了这个过渡,而它也在这一过程中完成了自身的过渡——从古典索引走向现代索引。

索引的研究与编纂在我国已有悠久的历史。① 但现代意义的索引研究与编纂,则起源于 20 世纪初。"五四"前后至 20 世纪 20 年代后期,可以说是索引的自觉期。万国鼎曾以"索引运动"四字概括这一时期索引研究与编纂的自觉性。1928 年,他在《索引与序列》一文中,论述了索引的效用,介绍了欧美的索引。他既指出我国索引工作与欧美的差距,又盛赞清代章学诚、汪辉祖、阮元等人是索引的"先觉",并欣喜地指出,目前索引工作已日益为学术界所重视,"盖中国索引运动,已在萌芽矣。他日成绩,唯视吾人如何努力矣"。②

"五四"以来,提倡科学、提倡新文化的思潮猛烈地冲击着知识界。知识分子痛感陈旧落后的治学方法束缚了科学文化的发展,纷纷要求改革,要求进步。就其精神实质而言,当时的索引运动是大力提倡科学的治学方法,寻求提高科研效率的途径。

这一时期的索引运动究竟有哪些内容呢? 万国鼎《索引与序列》一文未作具体述评。现据当时的有关文献,试从三方面作一分析。

(一)理论研究的活跃

任何一个学术潮流的产生,都离不开理论的先导,索引运动亦然。索引运动是

① 潘树广:《古籍索引概论》,书目文献出版社,1985 年。
② 万国鼎:《索引与序列》,《图书馆学季刊》,1928 年第 3 期。

从索引功用论、排检方法论以及索引选题等问题的讨论拉开序幕的。

1917年，林语堂在《创设汉字索引制议》一文中论述了索引与学术演进的关系，他说："百年以还，欧洲学术可云浩博，然部勒区分一索即得者，则索引制之所赐也"，"近世学术演进，索引之用愈多，西人治事，几于无时无处不用索引以省时而便事。"①这篇文章在中国索引史上还有独特的地位：首次从日文引进"索引"这个术语。② 中国古代的索引有玉键、针线、韵编、检目、通检等名称，自此，"索引"作为文献学术语逐步为学术界普遍接受。③

大力提倡索引的，还有胡适、何炳松、陈垣等著名学者。胡适在1923年1月发表的《〈国学季刊〉发刊宣言》中说："不曾整理的材料，没有条理，不容易检寻，最能销磨学者有用的精神才力，最足阻碍学术的进步。若想学问进步增加速度，我们须想出法子来解放学者的精力，使他们的精力用在最经济的方面。"这个法子，就是将图书资料进行"索引式的整理"，"把一切大部的书或不容易查检的书，一概编成索引，使人人能用古书"。何炳松的见解尤为新颖，他说：

> 吾国旧日之硕学通儒，号称"腹笥"。聪明者一目十行，资钝者再三环诵。毕生尽力，所得几何。而在不学者观之，已如天上神仙，不可企及。实质所谓腹笥，即系无形之索引。所异者，一书纸上，一记脑中耳。今若将吾国载籍，编成索引，则凡百学子，皆可予取予求。有裨探寻，岂止事半功倍。④

他又进一步从学科之间交叉渗透的角度，说明图书分类并不能代替索引编纂。如《四库全书》虽将图书分为四部，每部又分为若干类，看似"若网在纲，探求已便"，但由于"经中有史，史中有经，子集有史有经"，读者还是不能迅速查得渗透在各类图书中的专题资料。为此，必须编出详细索引，以便"上下古今，昭然满目"，"一望可知"。他还提出"由简及繁"地编制中国古籍索引的方案，其选题思路至今仍有启迪意义。

陈垣1929年在燕京大学讲演时，慨叹我国"有长远的历史，丰富的史料，而无详细的索引"，认为这是"中国的四大怪事"之一。他呼吁大力编纂目录索引，使学人"研究学问时间极省而效能极高"。⑤

---

① 林语堂：《创设汉字索引制议》，《科学》，1917年第10期。
② 黄恩祝：《中国索引事业大事记》，葛永庆主编《索引的昨天今天和明天》，中国索引学会，1994年。有的学者则认为"索引"一词最早见于我国宋代文胜编的《大藏经随函索引》，但此书早佚，编排体例不明。此说可见：来新夏《古典目录学》，中华书局，1991年；又见：中国大百科全书（图书馆学情报学档案学卷）。
③ 虽然，索引后来还有"引得"等别名，但"索引"最终还是成为规范性的文献学术语。
④ 何炳松：《拟编中国旧籍索引例议》，《史地学报》，1925年第8期。
⑤ 陈垣：《中国史料的整理》，陈垣《陈垣史学论著选》，上海人民出版社，1981年。

当时,学者们在论述中国索引事业的现状时,常以欧美的索引为参照系。但他们又清醒地看到,中国不能照搬外国的理论与方法,因为中国的文献有其自身特点。何况汉字是方块字,不是拼音文字,这就给索引的排检带来很多困难。于是,如何制订适合中国典籍和汉字特点的索引法,就成了学术界热烈讨论的一个问题。

例如,林语堂指出按字形编排图书索引之不便,提出按"国音新韵"三十六韵母编制书名、人名索引。① 接着,刘复指出林语堂的索引法:"就理论方面说,自然是很有价值的。可惜在事实上,如要使用他那一套索引法,第一便要能说得北京话,第二要懂得旧音韵学上的开合齐撮等等话头,第三要懂得新音韵学上的舌前舌后等等话头。"太深,太烦。刘复认为"索引这一件事,总是愈简单愈好",于是提出一个自称"极笨极笨,说穿了一钱不值的索引法",其编码方法是取书名的字数为第一个码字(用汉字),然后取书名起首三字的笔画数,依次用阿拉伯数字记之。如《全上古三代秦汉三国六朝文》的编码是"十二635"。刘复的编码法虽然简单易学,但实行起来亦有困难。袁同礼在给刘复的信中指出两点:一是中国古籍的书名字数常游移不定,颇难计算;二是重码太多。林语堂、刘复、袁同礼三人各抒己见,是当时索引研究气氛活跃的一个生动事例。②

在杂志索引方面,刘纯的《杂志索引之需要及编制大纲》③、钱亚新的《杂志和索引》④等论文,对杂志索引的重要性作了理论说明,并在编纂方法上作了具体阐述。

(二)各类索引相继出版

专书逐字索引,有蔡廷干1921年编成的《老解老》。蔡氏编纂此书的本意是"以经证经",全书的主体是"经文"和"串珠"。"经文"系经过校点的老子《道德经》全文,"串珠"系将《道德经》中每个字出现的次数以及见于何章何句一一列出,属字词索引范畴,洪业称之为"堪靠灯"(Concordance)。洪业说:"中国人为旧书作堪靠灯,似当以此为最先。"⑤

书后索引,有杜定友为其所著《学校教育法》编的索引(1925年版),陈乃乾编的《四库全书总目索引》(1926年版)等。前者"将书中各种节目及重要之点,逐一提出",以笔画、笔法为序,是现代中文书籍最早附有书后索引的;后者将《四库全书总目提要》和《四库未收书目提要》所收书的作者名编为索引。

报刊索引,有清华政治学研究会编印的《政治书报指南》(1923年版)、北京清华学校教育学社编的《教育论文索引》(1924年版)、杜定友主编的《时报索引》

---

① 林语堂:《图书索引之新法》,《语丝》,1926年第76期。
② 刘复:《一个极笨极笨的索引法——写给袁守和(同礼)先生的信》,《语丝》,1926年,第78页。又见:《图书馆学季刊》,1926第1卷第2期。袁同礼复信亦见《图书馆学季刊》,1926年第1卷第2期。
③ 刘纯:《杂志索引之需要及编制大纲》,《中华图书馆协会会报》,1929年第4期。
④ 钱亚新:《杂志和索引》,《文华图书科季刊》,1929年第2期。
⑤ 洪业:《引得说》,哈佛燕京学社引得编纂处,1932年。

（1925 年版）、王重民编的《国学论文索引初编》（1929 年版）等。其中《时报索引》是我国现代最早的报纸索引。

（三）索引组织的建立和索引课程的开设

索引编纂的科学性要求和技术性要求很高，工作面广量大，需要有组织保障。1925 年成立的中华图书馆协会，对索引的编制曾起过组织与促进作用。在 1929 年召开的中华图书馆协会第一次年会上，又专门成立了"索引检字组"，约有 30 人参加，着重研究"完善之汉字排检法"。大会还通过了万国鼎、李小缘提出的《通知书业于新出版图书统一标页数法及附加索引案》。

此外，金陵大学图书馆曾于 1926 年组织"杂志索引合作社"。洪业主持的哈佛燕京学社引得编纂处，亦于 20 世纪 20 年代末开始筹办。

1928 年秋，万国鼎开始在金陵大学讲授"索引与序列"课。大学开设索引课程，这在国内尚属首次。

二、索引事业的奠基

20 世纪 20 年代的索引运动，唤起了人们索引意识的觉醒。现代意义的索引理论研究初露端倪，索引编纂初见成效，索引工作者开始组织起来。但较有分量的索引专著尚未出现，索引的品种和数量毕竟有限；关心索引事业的主要是图书馆学界的人士。到了 20 世纪 30 年代至 40 年代，这一局面大有改观，索引事业真正进入了全面奠基的时期。

（一）索引专著的问世

钱亚新《索引和索引法》（1930 年版）和洪业《引得说》（1932 年版）的相继出版，是我国索引事业进入奠基期的重要标志。

《索引和索引法》一书吸取国外的索引理论，并结合中国文献的实际，较全面地论述了书籍、杂志和报纸的索引。具体内容包括索引和索引法的定义，索引的功用和种类，索引编制的步骤、方法、注意事项等。杜定友在序言中指出，此书"是我国关于索引和索引法底第一部著作，我希望阅者不要等闲视之。我希望此书一出，对于著作界，学术界，有重大底影响，更希望出版界著作界即知即行，那末以后对于我们读书人，能够使用索引底方法，以节省时间，便于参考了。"1937 年，钱亚新又发表了《中国索引论著汇编初稿》，收录有关索引与索引法的著作和论文，兼录各种索引，并有提要，为 1936 年以前的索引研究与编纂作了总结性的工作。

洪业的《引得说》，分"何谓引得"、"中国字庋撷"和"引得编纂法"三大部分，重点论述中国古籍索引的编纂。洪业创办的引得编纂处 1930 年秋成立，即草拟《引得编纂手续纲要》贴在墙上，循此开展古籍索引的编纂工作。在头两年的工作实践中，《引得编纂手续纲要》不断修订。《引得说》可以说是前阶段编纂工作的总结，又是下阶段工作的纲领。其中关于索引编纂的十大环节——选书、选本、钩标、抄片、校片、编号、稿本、格式、校印、撰序的论述，熔科学性、理论性、实践性于一炉，精密周详,至今仍有很高的参考价值。

（二）索引编纂专门机构的建立

20世纪30年代至40年代成立的索引编纂机构,影响最大的是哈佛燕京学社引得编纂处和中法汉学研究所通检组。

引得编纂处于1930年秋成立于北京,由燕京大学历史系教授洪业任主任,编辑有田继综、聂崇岐（1933年任副主任）、李书春,另有经理、抄录员等,共计十余人。1941年12月太平洋事变,燕京大学被日寇封闭,引得编纂处工作被迫中断,1945年恢复工作,1951年停办。该处所编索引,总名"汉学引得丛刊"（Sinological Index Series）。自1931年至1950年,共计出版64种81册,分两个系列编号:一为引得,计41种50册,如《说苑引得》、《八十九种明代传记综合引得》等;一为引得特刊,计23种31册。特刊一般附有原文,是一次文献与二次文献的结合体,如《论语引得》、《杜诗引得》等。①

中法汉学研究所通检组1942年成立于北京。当时正逢引得编纂处工作中断,聂崇岐入通检组工作一个时期,是通检组的骨干。1947年由吴晓铃任通检组主任。1953年停办。通检组编辑出版的古籍索引总名"中法汉学研究所通检丛刊"（1948年改为"巴黎大学北平汉学研究所通检丛刊"）。自1943年至1952年,共计出版索引15种②,如《论衡通检》、《文心雕龙新书附通检》等。

以上两家的选题和编纂体例略有不同:

（1）引得编纂处选题重点为十三经、先秦诸子、前四史和传记类古籍;通检组选题重点为秦汉时期子部书,别史、杂史。

（2）引得编纂处所编者,群书索引占一定比重,如《艺文志二十种综合引得》、《四十七种宋代传记综合引得》等。通检组所编均为专书索引,无群书索引。

（3）引得编纂处采用自行创制的"中国字庋撷"检字法,而通检组采用读者熟悉的笔画检字法。

在20世纪30年代初至50年代初的20年间,以上两家索引编纂机构共计出版索引79种,占我国在1950年前出版的中文图书索引总数的一半以上。不但数量多,质量亦属上乘,成为文史哲工作者的常用工具书。60年代以来,我国大陆、台湾地区和美国、日本多次影印出版上述索引,亦可看出它们的价值和影响。

（三）各界学者共同关心索引事业

20世纪20年代,关心索引者主要是图书馆界人士,到20世纪30年代,形成了历史学、语言学、文学等各界人士共同关心索引事业的可喜局面。

洪业、聂崇岐、王钟翰都是著名的历史学家,吴晓铃是著名的戏剧家和语言学

① 王钟翰:《洪煨莲先生与引得编纂处》,《学林漫录》第8集,中华书局,1983年。
② 杨宝玉:《中法汉学研究所与巴黎大学汉学研究所所出通检丛刊述评》,《文教资料》,1986年第5期。又见:《北京大学学报》,1987年第4期。

家,他们分别主持过引得编纂处和通检组的工作,已如上述。

语言学家黎锦熙对索引也有浓厚的兴趣,20 世纪20 年代他与其他语言学家在中国大辞典编纂处经反复试验,觉得以"国音索引法"排列资料卡片最为方便:120多万张卡片,"随便调取哪一张卡片,至多只须用一分钟就可以找到。"1936 年,黎锦熙作了《关于索引的方法》的报告,大力提倡"国音索引法",认为此法之简便程度,"恐怕现行任何方法也做不到"。①

文学家郑振铎在1937 年写了8 000 余字的论文《索引的利用与编纂》。② 在论文的开头,对索引的功用作了深刻而形象的论述:

> "索引"的功用,在今日学术益趋专门化,书籍、刊物一天天地增多的时候,益显其重要。现在研究学术的人,已不能像过去学人们之专靠其过人的记忆力或博览的工夫了。
>
> 在今日而不知道利用"索引"的学人,恐怕是不会走上研究的正轨的。
>
> "索引"和专门的参考书目乃是学问的两盏引路的明灯。谁愿意在黑漆漆的夜里,摸索的走着呢?

接着,论文分专书索引、人名地名索引、书名索引、日报期刊及论文索引四个部分,对中国、日本和西方国家的百余种索引作了著录与述评,并对索引的编辑出版发表了五点意见:(1) 专书索引须附本书而行;(2) 索引的编纂贵在分工合作,各个编纂机构应有联合的通讯,统一规划,避免选题重复,并研讨编纂方法的改进;(3) 检字法的采用,应注意通行性;(4) 期刊论文索引所收期刊应"求全求备";(5) 降低索引的定价。

郑振铎的这篇论文和钱亚新1937 年发表的《中国索引论著汇编初稿》,同是20 世纪30 年代带有总结性的索引著述,但研究索引史者,对郑氏极少提及。郑氏还身体力行,编了《缀白裘索引》、《词林摘艳引剧目录及作者姓氏索引》等。郑氏对索引事业的贡献,是应当在索引史上写上一笔的。

(四) 观念的改变

过去人们对索引往往有两种偏见。一是认为索引编纂是簿录甲乙的简单劳动,人人可为;二是认为索引是"懒人用的低劣的拐杖",助长"辗转稗贩"的空疏学风,有碍实学的发展。中外学者都有过此类议论。③ 到了20 世纪30 年代,众多学者在使用索引、编纂索引的过程中,深切体会到索引实与学术发展相辅相成。郑振铎指出,"人名及地名索引为'索引'中比较容易编辑的一部分工作,但也非需要专

---

① 黎劭西:《关于索引的方法》,《中华图书馆协会会报》,1936 年第5 期。
② 郑振铎:《索引的利用与编纂》,《郑振铎古典文学论文集》,上海古籍出版社,1984 年。
③ 侯汉清:《索引法教程》,南京农业大学,1993 年。

门家的细心钩稽、分别条目不可的"。像清代学者汪辉祖《史姓韵编》，就因为误读"临川王义庆"，把"刘义庆"立目为"王义庆"；日本人编的《左传人名地名索引》，也有将非人名作为人名的错误。至于专书关键词索引，更是"最难着手"，因为"不仅要钩稽书中之人名、地名而已，且还须钩稽出书中的训诂、典章制度、专门名辞以及种种的事实、典故等等，故非专门家或对于那部书有专门研究的人不办，并非一二钞胥的工作。"进而强调："编著专书的索引，第一个条件，要对那部书有研究，第二个条件，要懂得'索引'的编纂方法，那并不是一件容易的事。"他特别推崇洪业主持编纂的《引得》（当时郑氏已见到 20 余种），认为那是"具有近代的索引之真正意义者"。①

文献学家王重民在 20 世纪 30 年代主持编纂《清代文集篇目分类索引》时，也清醒地看到索引编纂必须取得各学科专家的帮助。他曾约请顾颉刚审阅书经类，请余嘉锡审阅四书类，请刘盼遂审阅小学类，请谭其骧审阅地理类，请李俨审阅天文算法类，等等，纠正了原稿的一些错误。学者们还体会到，编纂索引有助于对文献进行深入的研究，从中发现问题。例如清代国史馆编写的清人列传与民国间撰写的《清史稿·列传》互有去取，同一人物亦有详略异同。清史专家孟森为了彻底搞清这一问题，便取国史馆列传的三种本子与《清史稿·列传》合编为索引——《清史传目通检》，除了理清各本的去取情况外，还发现了不少问题。如《清史稿》中乌什哈达、谢启昆、蓝鼎元三人的传记重复出现，"又有夫妇皆立传者，其妇事实，往往已见于夫传，列女传中再为专传，亦类似重复"。可见《清史稿》之粗疏。如果不编索引，这类问题是不容易一一发现的。

由于专家的提倡，许多青年学者也自发编纂索引，主动把这项工作与学术研究结合起来。如吴晗在 1931 年（当时 23 岁）写信给胡适说，研究古代史应该从两汉倒溯，但苦于事迹不集中，无法整理，所以"发心编一个《四史人名索引》"，"参《史姓韵编》而详其所略，略其所详"，把列有专传的人名和散见的人名一律编录，并附世系表、异名表、封爵表、同姓名录。他已写好四五万张卡片，经过两三遍校对，但遇到一些具体问题，即向胡适请教。②

（五）索引品种的增多和质量的提高

正因为各学科、各年龄段的学者都关注索引，索引在学术界的地位也日益提高，这就大大促进了索引品种的增多和质量的提高。

索引品种的增多，可从学科覆盖面和编纂体式两方面进行考察。

20 世纪 20 年代，索引的编纂主要集中在人文社会科学范围。进入 20 世纪 30 年代后，综合性的和自然科学范畴的索引明显增多。1930 年，上海《人文》杂志每期附有《最近杂志要目索引》。这是我国现代最早的一种按期出版的综合性杂志

① 郑振铎：《索引的利用与编纂》，郑振铎《郑振铎古典文学论文集》，上海古籍出版社，1984 年。
② 吴晗：《吴晗自传书信文集》，中国人事出版社，1993 年。又见：《新华文摘》，1994 年第 5 期。

索引。该索引创办之始,收国内杂志 80 余种,将篇目分为哲学、社会科学、自然科学、应用科学等类著录。随后,有南京中山文化教育馆编的《期刊索引》(1933 年创刊)、《日报索引》(1934 年创刊),广州岭南大学图书馆的《中文杂志索引》(1935 年版)等。上述综合性报刊索引,科技论文占有相当大的比重。自然科学方面的论文索引,有金陵大学的《农业论文索引》(正编 1933 年版,续编 1935 年版)、交通大学的《工程论文索引》(1935 年起陆续发行)、王庸等编的《中国地学论文索引》、中国水利工程学会的《水利论文索引》等。

从编纂体式看,有逐字索引、人名索引、地名索引、书名索引、篇目索引、句子索引、关键词索引等。特别值得注意的是关键词索引的大量出现——这是 20 世纪 30 年代至 40 年代索引领域的新景观。用洪业的话来说,关键词索引是把文献中的"重要字眼"立目(《引得说》)。这种索引的特点,是把文献中的知识单元逐一揭出来,深入、细致而又能抓住要点。在引得编纂处和中法汉学研究所通检组所编的索引中,关键词索引占了很大的比重。商务印书馆编辑出版的《十通索引》精装一册和《嘉庆重修一统志索引》线装十册,也是编排细密的关键词索引,至今仍有很大的实用价值。

这一时期索引质量的提高,主要表现在学术含量的增强。如引得编纂处编辑出版索引时,十分重视序言的撰写。序言论述被编索引的古籍的成书过程、版本源流、学术价值,既是学术论文,又是读书指导。撰序者多是专家学者,如洪业、聂崇岐、齐思和、周一良等。洪业所撰序言即达十余篇,其中《礼记引得序》、《春秋经传引得序》均洋洋数万言,前者实是礼学源流考,后者体大思精,新见迭出。聂崇岐的《艺文志二十种综合引得序》二万五千言,堪称中国目录学简史。可见,这些索引已是检索工具与学术论著的结合体。

当中国的索引事业打下厚实的基础、以蓬勃的生机向前发展时,日本帝国主义的铁蹄疯狂地践踏着中国的大好河山,学术索引的编纂出版遭到严重破坏。但延安地区的图书馆工作者仍为索引的编制艰苦地工作着。如延安中山图书馆为了配合宪政问题的研究,编印了《宪政论文索引》,还定期出版每月全国报纸杂志论著索引。①

三、索引事业的发展

1949 年中华人民共和国成立后,科学文化事业迅速发展,索引的编制也不例外。新中国的头几年,书目索引的编纂数不断增长。1949 年为 2 种,1951 年为 44 种,1953 年为 179 种,1955 年为 393 种,1956 年为 453 种。至 1957 年,累计为 2 364 种。②

---

① 林述:《抗日战争时期延安地区的图书馆事业概况》,《图书馆学通讯》,1959 年第 5 期。
② 李钟履:《从一些统计数字来看八年来的书目索引工作》,《图书馆学通讯》,1958 年第 3 期。

（一）党和政府重视索引工作，调动了索引工作者的积极性

1956 年，毛泽东发出"向科学进军"的号召，广大科学文化工作者欢欣鼓舞。同年 8 月，《人民日报》发表社论《向科学进军中的图书馆工作》，提出"应该积极地有计划地进行书目和索引的编制工作"。社论在强调书目索引的重要性时，还举了一个生动的事例："古脊椎生物学家杨钟健两三年来寻找两篇参考文章，直到今年，才在科学院图书馆里找到了，于是完成了他的论著。很明显的，要是科学院图书馆编印了书目，杨钟健的著作就不致推迟两三年了。"

周恩来在 1956 年主持制订我国第一个发展科学技术的长远规划时，即把情报工作的建立列为重要任务之一。接着在中国科学院成立了科学情报研究所，在国家技术委员会下设立了技术情报局，1958 年又将二者合并为中国科学技术情报研究所，对全国科技情报工作加强了领导，并出版各种文摘、索引。各专业部门及省市也相继建立了情报机构，编印各种文摘和索引。

由于党和政府对索引工作的重视，文献工作者不但加快了索引编纂的步伐，而且编著出版了介绍书目索引等工具书的专书，经验交流、理论研究也日趋活跃。如赵继生编的《科学技术参考书提要》(1958 年版)，将 1 554 种重要科技参考书分作七类介绍。编者认为"书目索引为治学的主要工具"，所以对这一类书籍"广为搜集"，评介尤详。又如，中国科学院 1959 年 11 月召开的第二次全院图书馆工作会议，中心内容是文献参考工作，并把"书目、索引、文摘的编制与供应"列为文献参考工作的第一项。会议交流了十余篇以索引编制为主要内容的论文，如科学技术情报研究所《介绍编制索引目录的方法和体会》、土壤研究所《文献索引编制过程中的几个问题》、历史研究所《我们在索引编制工作中的体会》等。[1]

（二）《汉语拼音方案》的颁布，推动了索引的改革

1958 年，《汉语拼音方案》(以下简称《方案》)经全国人民代表大会正式批准颁布。《方案》除了用于汉字注音和推广普通话之外，还有编制索引等多项用途。周恩来在《当前文字改革的任务》(1958 年 1 月 10 日)中指出："汉语拼音方案还有其他方面的各种用处，例如可以用来音译外国的人名地名和科学技术术语，可以在对外的文件、书报中音译中国的人名地名，可以用来编索引。"吴玉章也说，《方案》"可以解决编索引的问题"(《关于当前文字改革工作和汉语拼音方案的报告》)。1959 年，刘泽先《汉语拼音方案在科技方面的利用》一书出版，其中介绍了用汉语拼音编制索引的优点及具体方法。

人们在实践中日益体会到用汉语拼音编制索引的优点。例如中华医学会主办的十几个刊物，原先用"笔画法"编制医学文献索引。从 1959 年起，多数刊物改用汉语拼音方案编索引。该会 1961 年底广泛征求读者意见，读者对拼音排列法十分

---

① 中国科学院图书馆：《中国科学院图书馆通讯》，1959 年，11－12 合刊。

欢迎,于是中华医学会各刊物普遍采用了拼音排列法。①

　　自 1958 年至 1962 年,报刊上发表了大量讨论用汉语拼音方案编制索引的文章,如凌远征《应该采用拼音字母编制图书目录和索引》、胡大章《谈谈用拼音字母编排人名索引的方法和优点》、方晓白《谈谈用汉语拼音字母编制索引的问题》、湄公《ABC 快速索引》、严芝芳《拼音略写式快速索引法值得推广》等。这些文章分析了汉语拼音音序索引法易学易检、编排稳定、科学性强等优点。汉语拼音索引法日益为社会所重视,并为计算机汉字输入采用拼音编码法打下了基础。

　　(三) 高校工具书使用法课程的开设,促进了索引的研究与推广

　　20 世纪 50 年代至 60 年代前期,许多高校为了提高学生的自学能力和研究能力,开设了工具书使用法课程。索引的知识和各类索引的使用是工具书使用法的一项主要教学内容。当时,一些高校编印了该课程的教材,如西南师范学院吴则虞 1954 年编印的《中国工具书使用法》、南京师范学院赵国璋 1958 年至 1959 年编印的《语文工具书使用法》(1962 年修订重印)、陕西师范大学郭子直 1963 年编印的《工具书使用法》等。高校中一些对工具书研究有素的先生,还积极向社会普及索引等工具书的知识,如张涤华在《文汇报》连续发表《工具书简介》,何多源在《羊城晚报》连续发表《工具书杂谈》等。这些都有效地推动了索引的研究与推广。

　　(四) 索引编纂增强了计划性和协作性

　　国务院于 1958 年 2 月成立"古籍整理出版规划小组",齐燕铭任组长,制订了整理出版文史哲古籍的十年规划。1959 年,经规划小组讨论,并与高教部、北京大学协商,决定在北京大学中文系设置古典文献专业。古籍研究和古籍索引的编纂走上了有计划发展的道路。科技文献方面,中国科学技术情报研究所对各主要学科文摘、索引的编辑出版统一规划,初步形成了检索期刊的体系。

　　全国大协作编制高质量书目索引的一个典型事例是《中国丛书综录》的编纂。《中国丛书综录》是在全国 40 余所图书馆的通力协作下,在"前人所想象不到的极其有利的条件下进行的"。② 从草创到定稿,只用了一年又三个月。《中国丛书综录》收录丛书 2 797 种,不但在数量上超过以往任何一种丛书目录③,而且有极为详备的索引。读者可以从丛书书名、子目书名、子目著者等角度进行检索,并可获知丛书的收藏者。直至今天,《中国丛书综录》仍是古典文献工作者须臾不离的工具书。

　　(五) 索引的学科覆盖面扩大,质量逐步提高

　　在 20 世纪 30 年代至 40 年代,我国的索引编纂虽已广泛涉及人文社会科学和自然科学,但重点还是在人文社会科学方面。20 世纪 50 年代至 60 年代,学科覆盖

---

①　张本:《我们的杂志索引按拼音排列了》,《光明日报》,1962 年 3 月 21 日。

②　上海图书馆:《中国丛书综录前言》,中华书局上海编辑所,1959 年。

③　杨家骆 20 世纪 30 年代编的《丛书大辞典》所收丛书数虽然多于《中国丛书综录》,但前者并非据现存丛书著录,而是多据前人著录辗转移录,许多丛书今已不存,或不属丛书范围。

面有了很大的扩展。

自然科学方面,定期题录式索引在 1957 年主要有《物理期刊论文索引》和《化学期刊论文索引》两种。到 1964 年,发展到 56 种(其中定期出版者 39 种,不定期者 17 种),总称为《科技文献索引》,再分为"期刊"和"特种文献"两大类,每类又分为数学、物理、化学化工、生物学等。[①] 1966 年,中国科技情报所出版了 27 种文摘的年度主题索引。[②] 人文社会科学方面,如中国科学院历史研究所编的《中国史学论文索引(第一编)》和《史记研究的资料和论文索引》都很有特色。《中国史学论文索引》的正文分类编排,书末有"辅助索引",将人名、地名、朝代名、分类标题以及各种专名按笔画排列。这种详细的辅助索引,在以往的论文索引中是很少见的。《史记研究的资料和论文索引》视野开阔,不仅把我国古今学者研究《史记》的专著、笔记、论文等分类编排,还著录了外国学者的专著和论文。尤其值得称道的是,该索引还揭示唐宋元明笔记中有关史记的文字条目,启发和推动了当时为数不多的笔记索引的编纂。中国科学院语言研究所编的《中国语言学论文索引》甲乙编(科学出版社 1965 年版),收录 1900 年至 1963 年发表的语言学论文,时间跨度大,并附有著者姓名索引,改变了多数论文索引不附著者索引的状况。河北北京师范学院编的《中国古典文学研究论文索引》(中华书局 1964 年版),收录 1949 年以来发表的古典文学论文,并详细著录文献源(引用期刊报纸的名称、出版地、主办者、出版者、创刊日期等),也是比较严谨的索引。此外,还有陈乃乾的《清代碑传文通检》、朱士嘉的《宋元方志传记索引》等。

商务印书馆、中华书局整理出版的古籍多附索引,带了个好头。这突出表现在语言学、目录学、文学总集三类古籍中。

语言学古籍,如商务印书馆 1958—1959 年整理出版的《通俗编(附直语补证)》、《恒言录·恒言广证》、《迩言等五种》,均附索引。目录学古籍,如商务印书馆 1955 年起陆续整理出版的《汉书·艺文志》、《隋书·经籍志》等史志书目,中华书局出版的《四库全书总目》、《增订四库简明目录标注》,均附书名、人名索引。文学总集,如中华书局出版的《全唐诗》、《全宋词》、《文苑英华》,附作者索引;《全元散曲》,附作家姓名别号索引和作品曲牌索引。

这一时期还重印了一批新中国成立前出版的实用价值较大的索引,如叶圣陶的《十三经索引》,开明书店的《二十五史人名索引》,王重民、杨殿珣的《清代文集篇目分类索引》、杨殿珣的《石刻题跋索引》等。

报刊索引也有了很大的发展。1951 年,人民日报社编印《1950 年全国主要期刊重要资料索引》。同年,山东省立图书馆创刊《全国主要期刊重要资料索引》季刊,1955 年停刊。上海市报刊图书馆 1955 年起编印《全国主要期刊资料索引》双

---

① 袁翰青:《十五年来我国文献工作的蓬勃发展》,《图书馆》,1964 年第 3 期。
② 陈光祚:《科技文献检索》,武汉大学出版社,1985 年。

月刊,1956年增收报纸,改名《全国主要报刊资料索引》,每月一期。1958年上海图书馆接办,后又分为"哲学社会科学"和"自然技术科学"两个系列出版,成为我国收录报刊最多,适用范围最广、历史最悠久的报刊索引。此外,《人民日报》、《光明日报》、《解放军报》、《解放日报》、《文汇报》等大报都编印本报的索引。

(六)注意编译国外的索引,介绍国外索引工作的经验

如,中国人民大学编译出版《列宁全集索引(初稿)》(1956年版)和《马克思恩格斯全集主题索引》(1958年版),中共中央马克思恩格斯列宁斯大林著作编译局译《列宁全集索引》(人民出版社1963年版),陈可焜译《〈资本论〉索引》(日本长谷部文雄等编,三联书店1958年版)等。上述索引都注意用主题法或关键词法编制索引,这对我国学者启发甚大。当时报刊上发表《从〈列宁全集索引〉说起》(1956年版)、《介绍〈马克思恩格斯全集〉主题索引》(1958年版)等文章,对推广这些索引起了很好的作用。

1961年,《图书馆》发表《介绍几种全苏出版物登记局的现行书目索引》;1964年,《综合科技动态(情报工作)》先后发表《美国CA的索引工作》、《用字母穿孔计算机编制关键词索引》等文章,介绍了世界上比较先进的索引工作和索引方法,也开阔了我国索引工作者的视野。

正当我国的索引事业稳步发展之时,"文革"使我国人民遭受一场大灾难,索引工作也不例外。《全国主要报刊资料索引》等一大批检索期刊被迫停刊,许多有重要参考价值的索引虽已编好却不能付印。这时触目皆是者属于"密切配合中心运动"的索引。20世纪20年代兴起的索引运动,此时变成"运动索引"。但也要看到,在"文革"后期,一些有事业心和责任感的学者,在动辄得咎的处境中,仍默默无闻地为索引事业作艰苦的努力。如武汉大学图书馆学系在1974年初开设了"科技文献检索"课,编出试用教材,其中有不少论述索引的内容。1976年3月修订印行的《科技文献检索》,除介绍传统的科技文献索引法外,还较为详细地介绍了国际上新兴的"引文索引法"、"上下文关键词索引法"、"概念组配索引法"等。又如四川省哲学社会科学研究所和复旦大学1975年编印的《中国古代史论文资料索引(1949—1974)》,虽然打上了当时"评法批儒"的印记,但搜罗面广,毕竟填补了新中国成立后25年里古代史论文索引的空白。

四、索引事业的繁荣与索引学的建立

1976年10月,"四人帮"被粉碎,十年动乱结束。中国的索引事业复苏,并逐步走向繁荣。

(一)索引论著数量的增多和质量的提高

20世纪80年代以前,我国出版的索引的论著主要有钱亚新的《索引与索引法》和洪业的《引得说》两种。自20世纪80年代初至90年代中期,出版的索引论著有十余种(含编著、译著和论文集),如肖自力、李修宇、候汉清编译《分类目录主

题索引编制法》(书目文献出版社 1980 年版),笔者编著《古籍索引概论》(书目文献出版社 1984 年版),王知津、王津生译《索引的概念和方法》(书目文献出版社 1984 年版),傅兰生编《主题标引与索引技术》(科学技术文献出版社 1987 年版),赖茂生等译《索引编制工作手册》(北京大学出版 1988 年版),侯汉清编著《索引法教程》(南京农业大学 1993 年版)、《当代分类法主题法索引法研究》(书目文献出版社 1993 年版),黄恩祝著《应用索引学》(上海书店出版社 1993 年版),以及由葛永庆主编的系列丛书《索引研究论丛》等。

上述索引论著与 20 世纪 80 年代以前的索引论著相比,有两点明显的进步:一是传统的文献目录学与现代图书情报学相结合,学术视野开阔,理论色彩增强;二是计算机技术在索引编纂中的应用日益受到重视,论述不断深入。如侯汉清的《索引法教程》,分七章:导言、索引的类型、索引的编制技术、赋词索引法、抽词索引法、机编索引法、各类文献索引的编制。全书广泛论及古籍索引与现代文献索引、中国的索引和外国的索引、索引的传统编制技术和现代编制技术,对国外的索引理论和计算机技术的应用介绍尤详。

(二)索引知识空前大普及

20 世纪 80 年代以来,索引知识的普及程度超过了历史上任何一个时期。促成索引知识大普及的重要因素有二:其一,1979 年以来,中国图书馆学会和各省市图书馆学会相继成立,重视对读者进行书目索引的利用的教育。中国图书馆学会在 1990 年开展的二次文献评奖活动(这是历史上首见的全国性奖项),有力地推动了索引的编纂和宣传。其二,各高校普遍开设文献检索课。1984 年,教育部下发《印发〈关于在高等学校开设文献检索与利用课的意见〉的通知》;1985 年,国家教育委员会下发《印发〈关于改进和发展文献课教学的几点意见〉的通知》。自 1984 年至 1988 年,约有 130 万名大学生接受文献检索课的教育,而索引是其中的重要教学内容。1992 年,国家教委高等教育司颁发《文献检索课教学基本要求》,文献检索课的教学日益规范化并稳步发展。

(三)索引编辑出版的配套化和学术含量的增强

索引编辑出版的蝉联配套和优化,突出地表现在人名索引和传记资料综合索引方面。例如,1978 年,"二十四史"和《清史稿》的校点本全部出齐,与此同时,陆续出版《史记人名索引》、《汉书人名索引》等各史人名索引。这些专史人名索引的特点是细密,立有专传的人物和散见的人名一概收录。

又如,自 20 世纪 30 年代至 40 年代初,引得编纂处陆续出版了宋、辽、金、元、明、清各朝的传记资料综合索引,但宋以前和清以后的传记资料均无综合索引。1982 年和 1990 年,傅璇琮等编的《唐五代人物传记资料综合索引》和复旦大学历史系编的《辛亥以来人物传记资料索引》先后出版,填补了我国历史两头的空白。

有的高校发挥本校的优势,组织了专门机构,有计划地开展索引编纂工作。如北京大学图书馆于 1990 年 4 月成立"索引编纂研究部",计划编纂《中国近现代名人文集索引丛书》和《中国古籍索引丛书》，开展理论研究，并不定期编印《索引编纂研究工作报告》。

香港和台湾地区的学者也为索引的蝉联配套作出了重大贡献。早在 20 世纪 60 年代至 70 年代，香港黄福銮就编印了《史记索引》、《汉书索引》、《后汉书索引》、《三国志索引》。这套索引与前引得编纂处编的《史记及注释综合引得》等索引不同，它采用类书的分类方法，可以与引得编纂处提供的检索途径互为补充。又如，台湾地区昌彼得、王德毅等在 20 世纪 70 年代至 80 年代编印的《宋人传记资料索引》、《元人传记资料索引》、《明人传记资料索引》，既吸取了前引得编纂处编的《四十七种宋代传记综合引得》等索引的成果，又有很大的拓展。首先，文献源从史传类书籍扩大到别集、方志；其次，附列人物小传，这就使人名索引兼具人名辞典的功能。

索引的学术含量的增强，是这一时期索引的又一特点。这里所说的学术含量，包括两个方面：一是索引编纂过程中所投入的科研力量；二是研究成果在索引中直接反映的程度。《唐五代人物传记资料综合索引》是学者编索引的一个典型事例。傅璇琮等学者在研究唐代文学的过程中，深感唐代人物传记索引的重要，但已有的索引不能满足需要，便自己动手编。他们首先对各种书籍的史料价值进行深入的研究分析，确定以 83 种书籍作为文献源。在索引编纂过程中，对各书记载的异同进行考证，将考证成果写成《谈全唐文的修订》、《读全唐诗小札》、《宋元方志举正》、《两唐书校勘拾遗》等论文；又以小注形式，分别排印于索引各页的页末。总计有小注 1 810 条，平均每页 2.62 条。这些小注，实际上是学术笔记和校勘记，订正了许多史籍记载的讹误，体现了索引的学术水平。这部索引受到学术界的高度评价，并为其他索引编纂者树立了榜样。例如，《古今图书集成索引》等索引的编纂就深受其影响。

《辛亥以来人物传记资料索引》与上述索引又有所不同。它收录活动在 1911—1949 年的人物，这是一个报纸与期刊大量涌现的时期，文献源的选择再也不能局限于传统的书籍。为此，编者广采博收，引用大陆和港台地区的报刊达千余种，另有大量文集、回忆录、资料汇编等。由于这一时期的作家、学者有使用笔名的习惯，人名的考订就更为复杂。编者对同人异名和同名异人的问题作了大量的深入细致的考证，从而提高了索引的质量。

（四）索引编纂的标准化和品种的多样化

标准化是提高索引编纂质量、促进文献信息交流的重要一环。在计算机技术广泛应用、国际信息交流日益频繁的今天，标准化的实施尤为重要。20 世纪 80 年代以来，我国颁布了一系列与索引编纂有关的国家标准，如《检索期刊条目著录规则》、《检索期刊编辑总则》、《文献主题标引规则》（修订后改称《叙词标引规则》）等。许多索引陆续按照国家标准编制索引。如具有广泛影响的《全国报刊索引》，自 1991 年第 1 期起按照《检索期刊条目著录规则》进行著录，用计算机排版，并新增了"著者索引"和"题中人名分析索引"。索引的品种也日趋多样,最突出的事例是引文索引(Citation Index)的创刊。引文索引是20世纪60年代至70年代在国际上兴起的索引新品种,以美国的三大引文索引——《科学引文索引》(SCI)、《社会科学引文索引》(SSCI)、《艺术与人文科学引文索引》(A&HCI)为代表。这种索引疏理出一张张"引文网",可用来统计论文与期刊的引用率、检索相关的文献、研究学科间的交叉渗透,具有重要的学术价值和实用价值。但长期以来,我国没有真正意义上的引文索引。1995年,中国科学院文献情报中心编辑出版了《中国科学引文索引》,结束了中国没有自己的引文索引的历史。该索引收录我国出版的重要期刊300余种,内容涉及数、理、化、天、地、生、农、林、医及工程技术等各学科领域,每年出版四期,报道文献量三万余篇,为我国引文索引的研制开创了新局面。

另一方面,传统形式的索引也不断改革,推出了新的品种。如《文心雕龙》的专书索引,过去出版过两种,都是"堪靠灯"式的逐字逐词索引,细密详备,但有"眉毛胡子一把抓"之憾。朱迎平的《文心雕龙索引》则分为逐句索引、人名索引、书名篇名索引、语词索引(文论术语索引)四个部分,分别采用不同的标引方式,改变了过去一部索引一般只采用一种标引方式的惯例。这样做,可让读者有针对性地获取检索结果。又如,中国人民大学的《复印报刊资料》,本来是以提供一次文献为目的的出版物,而20世纪80年代以来,各分册除了定期选印若干文章的全文外,还附有索引,详细著录未被复印的文章的标题、著者、出处,这样,《复印报刊资料》集文章汇编与篇目索引于一身,成了一次文献和二次文献的结合体,受到广大用户的欢迎。

(五)计算机技术在索引工作中广泛应用

将计算机技术引进索引工作领域,在西方国家并非新鲜事。但中文文献与西文文献不同,汉字是方块字,又有简体、繁体、异体字,单音节词、多音节词等复杂问题,因而,运用计算机技术编制中文文献索引比西文文献艰难得多。我国的索引工作者和计算机工作者通力合作,攻克了一个又一个难关,为索引工作自动化作出了可贵的贡献。

20世纪80年代前期,我国学者用微机编制逐字索引,取得多项成果。如武汉大学中文系与计算机科学系协作研制《现代汉语语言资料索引》,将《骆驼祥子》、《雷雨》等现代文学名著全文输入微机,自动生成逐字索引,印成书本式检索工具,于1983年起陆续出版。中国社会科学院语言研究所姚兆炜用微机编制唐诗《寒山子诗》逐字索引,于1985年发表研制报告。至于中国社会科学院文研所研制的《全唐诗》数据库、江苏和深圳分别研制的《红楼梦》数据库、北京研制的《鲁迅全集》数据库、李晓光等研制的《史记》数据库等,功能已不限于逐字检索,具有成语检索、句段检索、专名检索、专题检索等功能。

自动标引的研究也取得了可喜的进展。对于中文文献来说,自动标引首先遇到的一大难题是自动分词的问题。对此,我国学者已提出多种方案①,有的已投入试用。如上海交通大学电脑应用技术研究所研制的《中文文献自动标引系统》,可以从科技文献的全文、文摘或标题中自动抽词,引起了索引学界的浓厚兴趣。

20 世纪 90 年代,不但出版了大量利用计算机编制的印刷型索引,而且出版了以磁盘或光盘为载体的"电子版索引",如中国科技信息研究所重庆分所 1992 年开始发行的《中国科技期刊篇名数据库》光盘版,上海图书馆 1995 年开始发行的《中文社科报刊篇名数据库》。后者收录全国报刊约 4 000 种,年录入文献 10 万条以上,先后以软盘、光盘的形式发行。截至 1999 年初,《中文社科报刊篇名数据库》已录入 1992 年底以来见于报刊的文章篇目 100 余万条,提供多途径检索。

1995 年 7 月,中国中文信息学会、国家古籍整理出版规划小组办公室、北京语言学院联合举办了"中国古籍整理研究出版现代化"国际会议,其中的一个重要话题就是古籍索引编制自动化问题。

1996 年 12 月,清华大学研制的《中国学术期刊(光盘版)》(CAJ-CD)创刊。这是我国第一个连续出版的大规模集成化的学术期刊全文检索系统,收载全国约 3 000 种学术期刊的全文,具有整刊检索、专项检索、全文检索等多项功能。全文检索是 CAJ-CD 的一大特色,用户任意输入一词,即可检索出光盘中所有包含该词的文献。

张琪玉先生所说:"数据库就是信息时代的索引。"②确实如此。20 世纪的索引,不但编纂方法日趋先进,载体形式也日新月异:从纸质载体发展为磁性载体(磁盘型数据库),又发展为光学载体(光盘型数据库)。自 1994 年我国正式加入因特网以来,我国学者研制的数据库纷纷上网。同时,中文"搜索引擎"(Search Engine)迅速发展,品种繁多,如"搜狐"、"网易"、"天网"等。其实,它们就是因特网上的索引。这一切都标志着索引编辑出版的新纪元的到来。

(六)索引学的建立

经过无数学者近一个世纪的艰苦探索,我国的索引学在 20 世纪 90 年代初基本建立起来了。其标志是:

第一,出现了索引学的专家群体,他们或著书立说,或在高等学校开设索引学课程,开展了广泛的学术交流;

第二,出版了一批索引学的专著,初步形成了索引学的理论体系和研究方法;

第三,建立了索引学的学术团体、研究机构,开展了有效的活动,在国内外产生了一定的影响。

在中国索引发展史上,中国索引学会的成立是绚丽的一页。

---

① 戴维民:《索引的历史发展与未来趋向》,《图书馆理论与实践》,1993 年第 3 期。葛永庆:《索引的昨天今天和明天》,中国索引学会,1994 年。

② 张琪玉:《关于索引学研究和索引工作开展的设想与建议》,《江苏图书馆学报》,1993 年第 1 期;葛永庆:《索引的昨天今天和明天》,中国索引学会,1994 年。

1988 年,葛永庆等热心于索引事业的同志,开始筹建中国索引学社。1989 年 9 月,中国索引学社成立。后又经国家新闻出版署审核,民政部批准,1991 年 12 月 24 日在华东师范大学正式成立了中国索引学会。顾廷龙任名誉理事长,蔡尚思、潘景郑、胡道静、王元化等 20 余位知名学者任学术顾问,袁运开任理事长,葛永庆任第一副理事长兼秘书长。这是我国第一个具有法人资格的全国性索引专业学术团体。索引学会以"真诚、求实、开拓、奉献"为办会宗旨,为大陆与港台地区索引学的学术交流架起了桥梁,并与美国、日本、加拿大、澳大利亚等国的学者开展了广泛的学术交流。

中国索引学会开展了一系列卓有成效的工作:1992 年至 1999 年,先后召开了四届年会暨学术讨论会,出版了 19 期《索引通讯》;1994 年举办了首次"全国索引成果展评会",展出了各种书本式索引、数据库、索引编制软件和索引专著,获奖成果 40 余项;1998 年,与人民日报社、解放军报社联合举办"全国新闻数据库与报纸索引技术研讨会";与国内有关单位合作编制了《中国人口与计划生育文献库》、《汉语主题词表(自然科学增订本)》轮排索引等;葛永庆主编的索引研究论丛已陆续出版《索引的昨天、今天和明天》、《论索引和索引法》、《索引工作自动化》、《索引技术与索引标准》、《报纸索引与新闻数据库》;先后举办索引理论与编纂方法培训班十余期。中国索引学会团结了一大批索引学专家和索引研究编纂工作者,会员从学会成立之初的 200 余人迅速发展到 1 200 余人,分布在 29 个省市自治区。

索引学会为何有这样大的吸引力? 除了学会理事会具有相当高的学术水平和组织能力之外,还在于索引这门学问自身的魅力。索引是获取知识的工具,它是伴随着人类知识的积累程度而产生、发展的。人类不断创造知识财富,又需要不断对浩浩无涯的知识进行汇集和有序的揭示,否则人类就不能高效地获取知识。索引的编纂,说到底就是对知识进行有序的揭示。人类的文明程度越高,积累的知识越丰富,越能深切体会索引的重要性。在世纪之交,人类正逐步进入知识经济时代。全世界的经济增长方式,比以往任何一个时期都更加依赖于知识的获取和创造性应用。索引作为获取知识的一种重要工具,在 21 世纪将会受到更广泛的重视,这是毋庸置疑的。

编辑出版篇

让大学生学点编辑出版知识
——开设编辑工艺课的尝试

高等学校是培养各类专门人才的摇篮。一个受过高等教育的人,要把自己的研究成果公之于世,大多要通过编辑出版这一渠道。但有些学生读书读到研究生阶段,还不了解誊写稿件的技术规格,不懂得插图处理和制版知识,不会使用校对符号。这对他们开展研究工作、发表研究成果是不利的。有鉴于此,苏州大学中文系从1986年开始,为学生开设编辑工艺课,并编印了编辑工艺教材。

该课程在本系开设,类似公共课性质,但对不同专业的学生有不同的要求。宣传文化专业与干部班作为必修课,师范专业作为选修课。教学时数为26课时左右(不包括练习时间)。

编辑工艺课的教学内容主要是:(一)稿件技术规格、编辑加工与校对,其中校对的练习较多;(二)图书编辑出版工艺流程与装帧设计,主要讲解我国的出版制度和出版社常用的表格、公文,介绍有关开本、版式、插图、封面设计、装订等知识,并组织学生开展图书装帧鉴赏活动;(三)报纸版面设计,讲授版面语言、编排手段等理论知识,并布置学生做画版样练习;(四)期刊装帧设计,讲解期刊封面的构图、用色、图片选择,期刊的开本与目录,视觉心理与版面设计等。

1986年,我们先给本系宣传文化专业与干部班开设此课,均进行考查。学生们对这门课较为满意。1987年初,作为选修课向师范专业学生开放,规定选修人数不能超过30名(因受设备与师资条件限制),结果有49人报名,大大超出规定人数。学生们为什么对编辑工艺课这样感兴趣,经调查分析,主要是因为:

第一,编辑工艺课符合学生的知识需求。大学生在校期间要写论文,有不少学生还经常投稿,他们很想知道稿件如何誊写才符合排印的要求。有些学生负责办油印报刊或黑板报,更需要版面设计等方面的知识。有的学生说:“我搞过编编印印的工作,现在经过编辑工艺课的学习,才发现以前的工作有很多是不规范的。”

第二,编辑工艺课符合学生的审美需要。编辑出版是一门科学,也是一门艺术。在装帧设计与版面美化诸方面,表现了编辑设计人员的审美意识,蕴含着丰富的美学原理。青年人爱美,但他们天天与图书报刊打交道,却不太注意处处有美神的踪影。编辑工艺课引导学生鉴赏版式之美、封面之美、整体设计之美,学生感到走进了一个新的艺术天地。

第三,大学生学点编辑出版知识,有利于今后的工作。中文系与新闻出版事业有一种传统的联系,有些毕业生是将分配到报社、出版社工作的,掌握编辑知识的重要性自不待言。大部分中文系毕业生是当教师,或是到机关当秘书、宣传干部,对这部分人来说,在校期间学点编辑出版知识也是有必要的,因为将来要指导学生办小报,或自己编印简报、学习资料,或发表作品。有学生说得好:"作为一个大学生,即使将来不是从事编辑工作,也应当懂得一些编辑知识,因为有可能搞创作或出版学术专著,这就要懂得如何按规范化的要求誊稿、校对等。"推而广之,理工农医等各专业的学生也应当学点编辑出版知识,这对于提高大学生的文化素质是很有好处的。

我过去主要从事文献学的教学和研究,最近兼教编辑课程,有朋友问我是否改变了专业方向,我说不是改变专业方向,而是充实专业内容,文献学与编辑学本来就是相互交叉、渗透的。以文献学的观点看,编辑出版这门学问,就是研究文献的加工与传播的学问。我过去主要教学生如何查找、利用文献,对文献的生产、加工、传播没有深入研究。因此,我要认真学习编辑出版的理论和方法,边学边教。这样,既可给学生多提供一些实用的知识,也可充实自己文献学的研究内容。渴望得到新闻出版界朋友们的支持和帮助。

(原载《上海出版工作》,1987 年第 4 期)

读《编辑记者一百人》

编辑和记者是怎样生活和工作的？他们的情操和追求是什么？这是多少带点神秘色彩而又为读者所关心的问题，但介绍编辑记者的专书过去出版得太少了。正因为如此，当我收到《编辑记者一百人》的样书时，有如获至宝之感，不顾酷暑与疲劳，连续用了三天的业余时间把它读完了。

此书由学林出版社欧阳文彬先生倡议，由王知伊、任嘉尧、张友济三先生任特约编辑，约请与被介绍者较为熟悉的作者撰写。它的突出优点是文献价值高，所据多为第一手材料。撰稿人与被介绍者的关系，或为亲属，如戈宝权写戈公振，邹嘉骊写邹韬奋，郑尔康写郑振铎等；或系同事、友人，如叶圣陶写徐调孚，冯英子写范长江，王知伊写黄嘉音等；或系师生关系，如许寅写顾执中、王扶写萧也牧等。本书所介绍的编辑记者，就时间而言，自清末至当代，上下百余年；就专长而言，既有一般书籍报刊的文字编辑，又有美术编辑、科普读物编辑、儿童文学编辑、古籍编辑、外文编辑、国内新闻记者、国际新闻记者、战地记者、摄影家、政论家等等。读之如闻其声，如见其行，神态各异，感人至深。

《编辑记者一百人》具体、生动地向读者介绍了我国老一辈编辑记者的传统美德。首先，是爱国爱民的浩然正气。邹韬奋"推母爱以爱我民族和人群"的题词，道出了所有正直的编辑记者的心声。他认为新闻记者应该成为"人民的喉舌"，不屈服于邪恶势力的非议和迫害，"我深信没有气骨的人不配主持有价值的刊物"，文字铿锵，掷地有声！抗战期间朱惺公编《大美晚报》副刊，同时连载《中华民族英雄专辑》和《汉奸史话》，对比强烈，敌伪恨之入骨，扬言要对朱执行"死刑"。朱撰文公开驳斥云："这年头，到死能挺直脊梁，是难能可贵的……余生为庸人，死为雄鬼，死于此时此地，诚甘之如饴矣！"敌伪暴徒用枪对准朱的太阳穴进行恫吓，朱岿然不动，终遭枪杀。视死如归，重如泰山！

传统美德的另一表现是奖掖后进的满腔热诚。叶圣陶严格执行亲自阅稿、择优采用的原则。只要是好作品，无名小卒的也一样采用，一样排在卷首。巴金早年编辑《文学丛刊》等书的方针是力求质量，不图虚名，新老作家一视同仁。当时还是青年学生的曹禺、何其芳等的处女作，就是巴金推荐发表的。韦君宜明确表示要"注目新人，不盲目崇拜名人"，默默无闻地培养了一批文学新人。

《编辑记者一百人》还介绍了编辑记者高度的事业心和聪明才智。如1928年，顾执中以明码密电使《新闻报》夺得张作霖撤离北京的独家新闻；1943年，赵敏恒巧妙地避开了新闻检查，率先报道了开罗会议，比美联社、合众社等早了14小时，轰动世界，传为新闻史上的佳话。值得注意的还有书中所介绍的科学的编辑思想，例如陈原拟订的一套编辑工作制度，包括审读和加工书稿的指导思想，为建设"编辑学"这门学科，提供了可贵的理论和方法。

　　本书仅介绍了一百人，应写而未写的还有很多，建议再出续作。本书在编排上以所介绍的人物的姓氏拼音为序，但又没有检索标识，检索颇为不便。如果能以人物活动的时序编排，书末附以汉语拼音索引，那就既可给读者以"史"的印象，又兼具工具性了。

（原载香港《大公报》，1985 年 8 月 12 日）

开明人，开明风
——读《我与开明》

　　开明书店（以下简称"开明"）的前身是章锡琛等创办的《新女性》杂志社，筹备于 1925 年，翌年改称为开明书店；1953 年与青年出版社合并为中国青年出版社。今年（1985 年）是开明书店创建 60 周年，中国出版工作者协会和中国青年出版社举行了隆重的纪念活动，并编辑纪念文集——《我与开明》，最近已由中国青年出版社出版。

　　我相信不少读者一见此书，都会产生一种亲切感。封面左上角印着一个熟悉的出版标记：一本写着"开明"两个大字的书，敞开的书页向着光芒四射的太阳。她不知引起过多少人对少年时代读书经历的回忆。

　　《我与开明》共收文章 68 篇，大体分作三类。第一类是作家、学者追忆与开明的深厚情谊的文章，第二类是缅怀已经作古的开明人物的文章，第三类是总结作家、学者自己在开明工作的实践经验的文章。文章绝大部分是最近约写的，与开明有关的一些老作家、老编辑无不满口应承，欣然命笔。据编者说，年近八旬的陈学昭和八五高龄的冰心两位老大姐交卷最早。

　　人们怀念开明，因为她有良好的店风，即被誉为"开明人"、"开明风"者。丁玲说："他们不趋时，不务利，只是要为祖国的文化事业贡献力量"，有着"认真、谦虚、无私、坚韧、孜孜不倦的工作精神"。秦牧回忆：他的第一本杂文集就是开明出的，当时很幼稚，连一本集子需作者自定书名也不知道，《秦牧杂文》这个书名是叶圣陶先生起的；有一次秦牧给《中学生》写稿，叶圣陶嫌字迹潦草，竟亲自代为誊抄一遍。开明的工作效率也是惊人的，例如硬面精印的大型画册《抗战八年木刻选集》，从开始接洽到装订成册，只花了两个月多一点儿。如果从稿齐算起，则只有 51 天。

　　人们怀念开明，因为她有出版家的胆识与气魄。仅以创建头十年为例，就出版了多种为现代文学史经常提到的作品，如丁玲的《在黑暗中》，巴金的《灭亡》、《新生》、《家》，茅盾的《幻灭》、《子夜》等。其中有几本是该作家的第一本集子，或是成名之作。开明出版的青少年读物《稻草人》、《木偶奇遇记》、《爱的教育》和《中学生》杂志,不知打动过多少青少年的心。陈原说:"《中学生》对于少年和青少年时期的我,是一座知识的宝库。"开明还出版了一批大型参考书、工具书和古籍,其中《二十五史补编》是确立开明书店学术地位的皇皇巨帙,《十三经索引》、《六十种曲》、《辞通》等,至今流传不衰,被人们交口称誉。

值得注意的是,《我和开明》还提供了不少鲜为人知或所知不详的新文学史料和出版史料。例如:冰心与叶圣陶这两位文学巨匠何时何地初次见面,见面是为何事。冰心前几年发表的文章有误差,这次写文章根据新核实的材料作了补正。又如语言学巨著《辞通》几经周折终由开明出版,此事成为出版史上的佳话。吴文祺《〈辞通〉与开明书店》一文对此事的介绍,比以往任何一篇文章都要系统而详细。

从《我和开明》中,我们还可以学到编辑出版工作的宝贵经验和许多做人的道理……不必多作介绍,还是请读者自己去看吧。

(原载香港《大公报》,1985年12月2日)

出版家蒋凤藻致叶昌炽手札的发现

蒋凤藻是清末著名的藏书家和出版家,生于道光二十五年(1845),字香生,江苏长洲(在今苏州)人。出身富商,捐资为官。光绪初,赴福建任福宁知府,结交藏书家周星诒,尽传其版本目录之学。福建是古代著名刻书、藏书中心,蒋氏见明清福建藏书家徐𤊸、谢肇淛、陈徵芝旧藏珍本多流落民间,遂留心访求,收藏日富。后周星诒因亏空公库获谴,无以偿还,蒋凤藻出资三千资助,星诒将所藏精本尽归蒋氏,于是蒋氏藏书蔚为大观。

蒋氏嗜书成癖,又喜校刊图书,所刊《铁华馆丛书》和《心矩斋丛书》驰誉士林。这两套丛书刊于光绪八年至十四年(1882—1888)。其时蒋氏在福建,具体校刻工作委托苏州版本目录学家叶昌炽(1849—1917)办理。为刻好丛书,蒋氏频繁致函叶昌炽,"一字异同,邮筒商榷,至于再三"(叶昌炽《藏书纪事诗》卷六),真实记录了他们的出版活动和出版思想。

1941年春,江苏省立苏州图书馆意外发现蒋氏致叶昌炽书札墨迹百余通,即收购入藏,并从中选出60余通,定名为《心矩斋尺牍》,收入《吴中文献小丛书》。1994年,笔者为撰写丛书提要,曾研读《心矩斋尺牍》,获益良多,但未及一睹尺牍原件,引为憾事。2000年5月,笔者忙中偷闲,至苏州图书馆古籍馆访求《心矩斋尺牍》原件。承古籍馆诸公热情接待,取出原件一大包,令我一饱眼福。手札未经装裱,次序稍乱,然历经百余年,至今保存完好,亦属不易。翻检一过,发现未刊入《吴中文献小丛书》者尚多;而刊入《吴中文献小丛书》者,1941年苏州图书馆以铅笔删节勾画之迹历历可见。

这批手札提供了其他文献未载或语焉不详的许多史料,颇具文献价值。兹略举数端。

一、关于蒋氏家世

蒋氏一生致力于藏书、刻书、编目,而著作不多,以致后人难以查考其家世。但手札中多处言及其先祖事迹。尤其是光绪八年《苏州府志》由江苏书局刊行后,蒋氏因府志未载其"先祖先严"事迹而"心有不平"。他致函叶昌炽,附先祖事略二纸,要求将"先祖先严合传"增附一页于孝义传后(叶昌炽曾在《苏州府志》馆协助其师冯桂芬修志)。从"事略"可知,其祖蒋贤佐,自唯亭迁居苏城,因娄门外砂湖不便行船,独力捐建石堤数十丈;又创建义塾,培养穷苦子弟。其父则办团练、建桥、修街、浚河,救贫济众云云。此"事略"仅见于手稿(见蒋凤藻手迹之一),未刊入《心矩斋尺牍》。蒋氏于其他信件中还提到,北宋蒋之奇(字颖叔)是其本支上祖,官至苏州知府,家谱中有遗像刊入。蒋氏欲编刊先世遗文留诸家祠(在苏州学士街),曾闻陈徵芝收藏蒋颖叔文集四册,今遍寻未获云。

二、关于蒋氏藏书

信札多叙及蒋氏藏书思想与藏书活动。他说:"窃思积钱与子孙,不如积德与子孙。而书籍传先哲之蕴,发后学之蒙,亦积善雅谈。""弟自悔幼年不肯读书,今特注意于斯,后诸人或可发愤一伸先志。"他认为,藏书需有财、识、际遇三个条件:

> 今知藏书二字,真不易易。盖非有财、有识,又有际遇,且须常在江南,数十年之心力,万金之财力,兼而有之,乃方得也。

蒋氏收藏典籍有明确的标准,重点是小学书和集部书。他说:"弟最喜小学诸书,不论古今人著,苟其罕见可珍,或本头之异乎流俗者,凡此校本足本之属,最足珍重。"又说:

> 弟性喜搜罗集部,计宋人集于《〈四库〉提要》中,已十得八九。此外元明人集,亦得六七。……唐人集部,明缮宋刊本最多,惟宋元人集明刊较少,冷家尤不易遇,所以钞刊兼收。而明人则非《简明目》中载者不收。史与子部,及明人集部,皆以《四库简明》为限制,而存目中者不收。惟经部,凡宋、元、明三朝经说,除朱子、王伯厚先生诸公之卓卓有名者收之,余则虽《简明》所录亦不收也。要之,古书惟明嘉靖前密行细字棉纸本乃收,今书则初印本足重。此弟收书之法。

他对名人手札亦情有独钟,云:"弟素喜检集名人手札。即我兄来札,弟亦一一检集。将来欲裱成一册,留为千载后佳话也。吴中多乾、嘉、道、咸间著述名家手札,如全谢山、杭董浦、厉樊榭、段懋堂、丁小疋、顾涧薲、戴东原诸公长札。盖小学、经史、金石家尺牍,往往辩论考订长札居多,最有意味。"此言甚是,我们今天正是从蒋氏的手札中获得了许多珍贵的资料。

蒋氏手札谈及他在福建购藏图书的数量:"弟今藏书虽未甚多,然大箱已四十余箧,而小箱亦六十余件。小箱约容二百本一箧,若大箱倍之。此指闽中现存者言之,凡在苏之本,又在外也。"可见蒋氏藏书数量相当可观。

蒋氏在手札中还广泛论及各种著作之精粗、版本之优劣,以及鉴别版本的方法,此不赘述。

三、关于丛书的编刊

蒋氏因编刊《铁华馆丛书》和《心矩斋丛书》而享有盛誉,但这两套丛书并无总序和跋语,今人未能详知其编辑宗旨、编刊经过乃至命名来由。可幸这批手札的发现,使我们得知其详。

手札表达了蒋凤藻对编刊丛书的总体看法:

> 所贵乎丛书者,宜多方访借藏家古书孤本刊行,汇此绝无仅有之珍,方是人间罕觏秘笈。……或本之与通行者迥殊,汇编丛刻,方为有识者推重。

蒋氏对《铁华馆丛书》和《心矩斋丛书》两套丛书的设计,有明确的分工:前者"专刊古书",用影刻的方法保存古籍珍本原貌,收书 6 种;后者则"以近著为主",他说:

> 今弟《心矩斋丛书》,总期经小学分上下两函,入于甲集;凡翼助史鉴,足资考订,如蔡云《人表考》,凡此类小品,已未刻者亦多,还希留意搜刊,俾与吴中掌故诸书,共入乙集,分上下函编也;再现刻《札朴》及《铁桥漫稿》……诚如兄云,俱是考订家言,不妨共入景集,分上下函装;并选汉魏以上佚书辑本,编次共刊,亦分上下函,而以闰集名之。弟如此共有八函,读书藏书者亦能共赏。即穷乡僻壤有此一部,亦可略具梗概。其中秘籍善本,条分理晰,简而赅,少而精,一脔已足,何取多乎?

从中可知,《心矩斋丛书》原计划分四集、八函,规模较大。虽然后来未按计划全部刊出,但已产生广泛影响。1925 年,苏州文学山房搜得该丛书版片十种,整理重印,吴梅序称:"《铁华馆》集版刻之古,《心矩斋》取学说之精。昔人谓藏书与读书其旨不同,先生殆二者兼之欤!"可见评价之高。

至于前者为何叫《铁华馆丛书》,从未见有文章叙及,而蒋氏在手札中亦有详细说明。原来,蒋氏忽见闽中寓所铁树开花,欣喜不已,致函叶昌炽云:"此间琼花习见不奇,此实百数十年不得一遇。故老传闻,谓千年一花,非累世称德之家,不能遇此,盖有非常大富贵兆云。"遂嘱叶昌炽将正在编刊的丛书命名为《铁华馆》,以"恭纪盛遇"。

四、关于蒋氏的出版思想

蒋氏的手札广泛论及图书编刊的选题、编辑加工、装帧设计、印刷、防伪等问题,体现了丰富的出版思想。笔者认为这是最有价值的部分。因为,就目前已出版的多种《中国出版史》来看,其内容多侧重于历代出版活动的叙述和出版成果的介绍,很少深入揭示历代出版家的出版思想。这可能有两方面的原因:一是出版学界对研究出版思想史的重要意义尚缺乏足够的认识;二是我国古代出版家多是实干家,他们以毕生精力制作了丰富多彩的出版物,却很少系统阐述自己的出版思想,以致有关出版思想的史料零碎而分散,后人难以系统搜寻。蒋凤藻大体也是这样,他出钱出力编刊了大量优秀图书,却没有写一卷阐述自己出版思想的理论专著。可幸的是,他在给叶昌炽的百余封信中,陆续表述了自己对出版工作的见解,为后人留下了一份珍贵的出版思想史料。现将其主要内容摘述如下:

1. 论选题

蒋氏反复强调要选择"有用之书"出版。他所说的"有用",是指"学问最正,考订最精",能成为"学者之资粮"者。同时,认为"物以罕为珍",反对尾随人后的一窝蜂选题,主张人无我有,填补空缺,推动文化学术的全面发展。

2. 论编校

蒋氏认为,整理出版古籍与编辑出版近人著作"一辙而两途",应当遵循不同的原则。若是整理出版古籍,"必以各本互校",力求恢复原著的本来面貌。而出版近人著作则不同,应对原著内容和文字方面的差错"随手刊正";对原著"编次体例未精者","更宜设法重编,以便学者"。

这样做,并非不尊重作者,恰恰是"爱人于微,而珍护于委屈中",可以成为"原书之功臣"(见手迹之二)。蒋氏在此强调了出版工作者的神圣职责,揭示了编辑加工的必要性。这些见解与现代编辑加工的理念已相当接近了。

蒋氏特别强调"争胜前人",坚信"后刊必胜于前"。如何才能争胜前人?关键是精心编校,"总期一时无可搜寻前人短处而止","不然,何所异于坊间射利之徒翻刊本乎?"他对校对的要求极严,要求"无一错讹","不然,恐误后学矣。"体现了可贵的精品意识和竞争意识。

3. 论装帧

蒋氏有关装帧设计的论述最多,广泛涉及版式、字体、用料乃至防伪等问题。他认为,书籍不仅要内容上乘、编校精良,且应求得"外观之美与写刊之精"。他指出:"板口为书品之本,而款式亦外观之要务。"为实现"外观之美",版式设计应掌握"盈缩相济"的总原则,即疏与密、长与短、宽与窄相辅相成,有张有弛。

关于刻书的字体,他主张要"劲拔"、"秀劲",要有"古趣",反对"俗熟气";小字与大字既要形成反差、对比,又要"黑白调匀",彼此协调。

关于用料,他主张"以棉纸香墨精印",但高档纸张价格昂贵,只宜制作少量精印本。若是大批量的印刷,就不得不仔细核算成本。开本大小的设计,应考虑到各类纸张的幅面规格,还要考虑到货源,"印书之纸,亦照不过最宽大者数种,方能裁用合算也。故必各种通行印书之纸,而得互相裁比,使其俱合算,则日后设遇某纸断货价昂,即有别纸代用,不受市商垄断之累。"可见,蒋凤藻是很有经济头脑的。至于印版的木料,他对黄杨最为推重:"闽中且有黄杨木板,精妙绝伦。翁氏《复初斋集》,即黄杨板,所以印过五千余部,神采依然。"

4. 论防伪

蒋氏对书贾作伪深恶痛绝。书贾作伪的常用手法是抽去原书序跋,用后出之本冒充古本。蒋氏认为,原书序跋常叙及成书与刻印时间,极为重要。但许多书籍的序跋往往另起一页编排,且其页码与目录、正文不相连贯,这就给书贾作伪打开了方便之门。为此,他主张"以序接目,以目接书,排比直下,并不另页间断",版心页码,亦连贯编排,以便"绝书贾抽删序跋之弊"。他试图改进编排与装订的方法,以达到防伪的目的,可谓用心良苦。

以上仅略举数端,但已不难看出蒋凤藻的出版思想相当丰富。他务求"争胜前人"的经营策略,"爱人于微"的精品意识,"赢缩相济"的设计思想,"恐误后学"的社会责任感,对今天的出版工作仍有深刻的启迪。

蒋凤藻的出版思想
——兼论出版思想史的研究

自 1985 年至今,我国已有近十种出版通史问世。这些论著无论在史料上或是在理论上,都给人们以深刻的启迪,有力地推动了出版学的繁荣和深入发展。笔者是这类论著的忠实读者,获益良多,同时又隐约感到一点不满足:以往的出版史研究,似偏重于历代出版家的出版活动和业绩,而对他们出版思想的论述则比较薄弱。

出版是一种产业,也是一种文化。黑格尔说:"人的一切文化之所以是人的文化,乃是由于思想在里面活动并曾经活动。"(《哲学史讲演录》)中国也有句老话,叫"行成于思"。科学的、先进的出版思想是历代优秀出版家赖以成功的内在因素。因此,我们不仅要研究历代出版家具体做了些什么,还应进一步分析他们为什么这样做。这种支配人类文化行为的思想,是在更高层次上的、具有更普遍的借鉴意义的精神财富。

笔者不揣浅陋,近年来致力于出版思想史料的钩沉与阐释。本文选择清末出版家蒋凤藻进行个案分析,以此作为引玉之砖。尚望同行不弃,赐以教言。

一、蒋凤藻事略

蒋凤藻是清末著名藏书家和出版家,生于道光二十五年(1845),字香生,江苏长洲(在今苏州)人。出身富商,捐资为官。光绪初,赴福建任福宁知府,结交藏书家周星诒,求教版本目录之学,学问大有长进。福建是古代著名刻书中心,传世古籍极为丰富。蒋氏见明清福建藏书家徐𤈷、谢肇淛、陈徵芝旧藏珍本多流落民间,遂留心访求,收藏日富。后周星诒因亏空公库获谴,无以偿还,蒋凤藻出资三千资助,星诒将所藏精本尽归蒋氏,于是蒋氏藏书蔚为大观。

蒋氏"嗜书成癖"[①],认为"从来各样玩好中,惟书最省,且亦惟书最资实用"。[②]他又爱校刊图书,认为这是"千古不朽之业",他用自己的薪俸,"每月提百金为刻

---

① 叶昌炽:《藏书纪事诗》卷六。
② 蒋凤藻:《心矩斋尺牍》。本文所引蒋凤藻言论,凡未注明出处者,均见《心矩斋尺牍》。

书计"。他校刊的图书,以《铁华馆丛书》和《心矩斋丛书》最为著名。这两套丛书的收录范围有所不同:《铁华馆丛书》"专刊古书",用影刻的方法保存古籍珍本原貌,收书六种;《心矩斋丛书》则"以近著为主",收书十种。①《铁华馆丛书》的编刊影响深远。例如叶圣陶和顾颉刚1911年在苏州草桥中学翻印古籍,就受了《铁华馆丛书》的影响。后来顾颉刚回忆说:"幼年豪兴,常欲集诸秘籍为一书,上攀汲古,下承铁华。"②在当时读书人的心目中,蒋氏的铁华馆是可以和明末的汲古阁媲美的。又如20世纪30年代商务印书馆编辑出版《丛书集成》,选定历代优秀丛书100部,《铁华馆丛书》即在其中。商务印书馆评价说:"是本皆据善本镌刻……虽为覆版,不下真迹。"(《丛书百部提要》)

上述两套丛书,刊于光绪八年至十四年(1882—1888)。其时蒋氏在福建,具体校刻工作委托苏州版本目录学家叶昌炽(1849—1917)办理。为刻好这批图书,两人通信频繁。蒋氏致叶氏的信函达百余件,广泛论及图书编刊的选题、编辑加工、装帧设计、防伪等问题。1941年春,这批信件为苏州图书馆购得。该馆从中选出60余件,定名为《心矩斋尺牍》,收入《吴中文献小丛书》。尺牍原件现藏于苏州图书馆古籍馆,是研究蒋凤藻出版活动和出版思想的重要文献。

蒋凤藻于光绪中叶逝世,留给世人的著述除上述各书外,尚有《铁华馆藏书目》和《铁华馆集部善本书目》等。

二、蒋凤藻论选题

选题,是出版者对于准备出版的图书的一种构想,是出版流程的第一个环节。选题质量的高低关系着出版工作的成败。蒋氏对此极为重视,反复强调要选"有用之书"。他所说的"有用",是指"学问最正,考订最精",能成为"学者之资粮"的书,如"小学诸书"、"近时名流目录校雠,以及经史考订家言"。小学(语言文字)类图书是读书的基础;目录学著作则是治学的指南。因此,蒋氏将它们置于选题计划的首位。

选题过程实是决策过程,它要求出版者充分了解图书市场现状和读者需求,更要有预见性和独到的眼光。蒋氏强调"物以罕为珍",反对尾随人后的一窝蜂选题。他提醒叶昌炽:

> 经学书,本朝所著多,而家刊将来必出。况有《学海堂》、《通志堂经解》等板俱在,足够后学资梁。惟国朝史学家少,其翼助正史之书亦少,更为当务之急。弟奉劝我兄,宜注力于史学,不必经学,盖物以罕为珍也。

---

① 《心矩斋丛书》为随收随刻,收书种数各家目录著录不一,或三五种,或七八种。笔者所见者为十种。
② 顾颉刚:《〈艺海一勺〉序》,商金林《叶圣陶年谱》,江苏教育出版社,1986年,第30页。

确实如此,《通志堂经解》收历代经学著作 140 种,有康熙、同治刻本;《学海堂经解》(即《皇清经解》)收清代经学著作 180 余种,有道光、同治刻本,数量已相当可观,且有越演越烈之势,而史学著作的出版则比较薄弱,所以蒋氏主张以史学为选题重点。果不出蒋氏所料,不久即有王先谦编刊的《皇清经解续编》问世,续收清人经学著作 200 余种。如果蒋氏不及时提出"注力于史学"的选题策略,必然"撞车"。

人无我有,填补空缺,推动文化学术的全方位发展,是蒋氏选题思想的要义。当他访得女作家陆莘行等人的若干作品后,即去函叶昌炽:"意欲再辑国初以来闺秀杂文数种,精选编刊两册,亦足珍玩。"他何以对女性杂文如此感兴趣? 只因以往流传的女性作品,绝大多数是诗歌,杂文很少见。他委托叶昌炽留意搜集这方面的作品:

> 盖从来女史中,诗尚有之,文则寥寥。如兄见友人案头有此小品,或其先世遗著,乞留意钞寄为幸。

同一著作有不同的版本,而版本又有优劣之分。选择什么版本,亦属古籍整理出版工作中的选题问题。蒋氏说"甄择所刻之书名易,而甄择各书所据之本头最难,而最要者也。"他大胆批评官修《四库全书》所收宋人曾氏《类说》是"误收",误就误在收了明万历以后闽刻六十卷本,这个版本"实系明人掺杂,转多十卷,而非旧观",不如旧钞五十卷本接近原貌。他认为万历后的刻本"窜改删节者多",而"嘉靖以前,无此恶习",故"宜多方访借藏家古书孤本刊行"。但他又指出,不能"偏袒古书",一味求古。如顾广圻、黄丕烈等人校勘过的古籍,"书贾独与宋板同珍",有"清朝宋本"之称,应优先考虑。总之,选择"校本足本"是一条重要原则。

三、蒋凤藻论编校

编辑加工和校勘是确保出版质量的关键。蒋氏认为,整理出版古籍与编辑出版近人著作是"一辙而两途",应当遵循不同的原则。若是整理出版古籍,"必以各本互校",力求恢复原著本来面貌。而出版近人著作则不同,应对原著内容和文字方面的差错"随手刊正";对原著"编次体例未精者","更宜设法重编,以便学者"。

应当说,蒋氏"一辙两途"之论是很有见地的。整理出版古籍好比修复文物,强调文物性,力求恢复原貌,以存古趣,我们只有"修复"的义务,而无"修改"的权利。但编辑出版近人著作,则强调适用性,着眼于加工提高,以利读者。对原著(包括原稿和原版)的"硬伤"和编排体例,可以而且应当修改。蒋氏认为,这样做并非不尊重作者,恰恰是"爱人于微,而珍护于委屈中",可以成为"原书之功臣"。他指出:

> 一人之精神有限,岂能毫无错误?

从来前人撰著,必待后人校订,故夫子所以删《书》、《诗》也。如此势必驾乎原刊之上,不独无虑耳食者之以后刊翻本见轻,且亦不致仅与原刊并道而驰也。

任何书稿都要编辑加工,经加工出版的图书应当比原稿质量更高;即使旧书再版,也不能满足于与旧版"并道而驰",而应当使之更为完美。蒋氏在此强调了出版工作者的神圣职责,揭示了编辑加工的必要性。这些见解与现代编辑加工的理念已相当接近了。

蒋氏身体力行,对图书编校工作中的每一环节都不放松。例如,关于书名的确定,他提出三条原则。一是应扼要揭示图书的内容,"盖一书之名,总应提纲挈领,确切毋移,斯称精善";二是要"世人一望而知";三是力求"有趣味"。上述三点可概括为确切、简明、生动,迄今仍可供我们作为拟定书名的借鉴。又如丛书的编排体例,他强调"加一总序及目录于首",这样既能表明编辑宗旨,又可便利读者翻检。再如校对,他要求"无一错讹,不然,恐误后学矣"。他在读样时,不仅注意校正错字,对排列格式也极为重视。有一次他发现标题位置不妥,即去函叶昌炽:

"杂事"二字,务望饬工挖改顶格为是,盖古法也。此后古书中,名题俱请仿照此例顶格为是。……故加二点于"杂事"之上,请即移在点处也。

他用加点的方法表示字符移动的位置,又怕对方不理解,再辅以文字说明。在校对符号尚无统一规定的时代,他不得不采用这种繁复的办法,我们从中也可看出蒋氏的一丝不苟。

蒋氏特别强调"争胜前人",坚信"后刊必胜于前"。如何才能争胜前人? 关键是精心编校。他提倡:

若近著非先辈手定之本,必自发凡条例起,至书中逐节比句,一字一笔,悉心忝酌,直视原本若㿟,总期一时无可搜寻前人短处而止。苟有未善,一一改正。即古书亦不能轻信一本,必借多本互校,择善自从。不然,何所异于坊间射利之徒翻刊本乎?

绝不能使自己的出版物降格为"坊间射利之徒"的翻刻本,这是一种可贵的精品意识和竞争意识,也体现了一名优秀出版家的社会责任感。

四、蒋凤藻论装帧

蒋氏有关装帧设计的论述最多,广泛涉及版式、字体、用料、装订乃至防伪等问题。

1. 论版式

版式,即版面的格式,古人或称"板式"。就线装古籍而言,版式是指书版的样式,包括版框、行款、书口(中缝)、白边等组成部分的布局结构。一本书的版式应当前后一致,一套丛书中各"子目"的版式亦应一致。蒋氏在规划编刊丛书之初,即提醒叶昌炽:"还望早定板式,免致临时张皇。"他的设计方案是:《铁华馆丛书》专收古籍珍本,采用影写技术,版式设计"概照祖本框式,丝毫不改",以存古貌。《心矩斋丛书》专收近人撰述,则要求"排松行款,分清眉目","若果双行夹注小字多者,如可改排,大字刊之",既便于雕版,又便于读者阅览。

蒋氏认为,书籍不仅要内容上乘、编校精良,且应求得"外观之美与写刊之精"。他指出:"板口为书品之本,而款式亦外观之要务。"为实现"外观之美",版式设计应掌握"盈缩相济"的总原则,即疏与密、长与短、宽与窄相辅相成,有张有弛,形成节奏感和韵律美。他说:"每见四周狭小之本,最是陋劣。"版框太大,天头地脚狭小,给人以压抑之感,且不便于读者批注,蒋氏最为憎恶。怎样才能加宽书边呢?他说:"板口狭则书边必宽,短乃头高。"总之,"小板印大本,更觉其妙;而大板印狭本,愈觉其陋。"他对行格界线的雕刻要求甚严,强调:

> 刊工必要精美,直格一丝不准稍断,此第一要诀。工手之优劣,全在此中分别也。愈细愈劲直为愈妙;细而不断一丝者,方见真本领。粗即人人能之,不必良工也。

2. 论字体

蒋氏说:"大凡刻字,半在写手,半在雕手。"他主张字体要"劲拔"、"秀劲",要有"古趣",反对"俗熟气"。他说:"窃念字体,惟颜肥欧瘦,两体受刻。此无他,劲拔结实故也。"他既肯定金氏"写刊之精",但又批评其"未能古趣盎然",认为这与使用的毛笔有关:"金君全用紫毫,运笔迅捷,是撇处偏锋太露,下笔过滑,转觉生梗,无含蓄委宛之势,即直处亦欠停顿故也。如能改换三紫七羊毫写,骨在肉中,自是得心应手,有神味矣。"他还注意到,雕手(刊工)与写手相比,有时雕手更重要。他说:"其刊工佳者,虽写平常,刊后印本佳甚。"他还研究刊工的刀法:

> 刊工有左右刀之分,一人兼者乃佳,即字体横直笔法,全要劲拔,笔笔肥瘦要匀。凡宋元板书,无横直肥瘦不匀之病,所以精雅也,即明板亦如此。若一肥瘦,便似灯笼上字,陋劣不堪矣。

蒋氏深知,适当变换字体是美化版面的重要手段。他说:"西汉文字古质劲拔","此由篆变隶之初,全以篆作隶。最爱其疏疏落落,存古趣也。"因此,他要求叶昌炽将书中所署刻书年月(即版本记录),用西汉五凤二年(前56)鲁庙砖石的字体刻印,以存古趣。他对书中双行夹注的小字尤为重视,强调"其小注千万笔笔要细若铁丝。盖宋元版夹注,必用细笔,无一肥者。展卷一览,方与大字黑白调匀也。"小字与大字既要形成反差、对比,又要"黑白调匀",彼此协调,这是符合形态美的辩证法的。

3. 论用料

纸、墨和印版是图书生产的主要材料。一本书的内容和编排再好,如果用料低劣,成品必然丑陋。同时,巧妙地选料、用料,做到物尽其用,又直接关系到生产成本,故不可不慎。蒋凤藻理想中的书籍,是"以棉纸香墨精印"。福建盛产纸张,蒋氏在福建任职,对各类纸张颇有研究。他喜爱"四周宽大"的印本,因而对尺寸宽大的上好棉料情有独钟。他致函叶昌炽:"兹托友人先购上好棉料三篓,每篓十五拖,(每拖)九十六张。而好棉料尺寸甚大,计每张可开八页尚宽云。"但高档纸张价格昂贵,只宜制作少量精印本。大批量的印刷,不得不仔细核算成本。蒋氏仔细对比了赛连和连四两种纸张,发现这两种纸每篓价格相同,但"连四每篓亦十五拖,每拖亦九十六张,而赛连则每拖一百九十余张,其他俱同。故计每篓多出纸张一倍有余耳。"可谓精打细算。至于开本大小的设计,应考虑到各类纸张的幅面规格,还要考虑到货源。蒋氏以生动的比喻说明这个问题:

> 盖从来纸有一定不易之尺寸,譬诸近人做玻璃窗格,必先以玻璃尺寸,合算做窗,方能得宜。不然,将来配换玻璃之难,而又费价也必矣。况纸有竹纸、连四、赛连、市料、半市、扇料等,名目不一。要之,印书之纸,亦照不过最宽大者数种,方能裁用合算也。故必各种通行印书之纸,而得互相裁比,使其俱合算,则日后设遇某纸断货价昂,即有别纸代用,不受市商垄断之累。

可见,蒋凤藻是很有经济头脑的。至于印版的木料,他对黄杨最为推重:"闽中且有黄杨木板,精妙绝伦。翁氏《复初斋集》,即黄杨板,所以印过五千余部,神采依然。"

4. 论装订与防伪

古籍的雕版印刷,一块版子印一张书页(单面),装订时先要将每页对折,"折页"和"齐线"是两道重要工序。蒋氏认为,"不用上下黑口,折订势难整齐",因此,主张"版心狭而又用上下长黑口",这样,折工就"不能随意歪扯乱折"。

蒋氏对书贾作伪深恶痛绝。书贾作伪的常用手法,是抽去原书序跋,用后出之本冒充古本。蒋氏认为,原书序跋常叙及成书与刻印时间,极为重要。但许多书籍的序跋往往另起一页编排,且其页码与目录、正文不相连贯,这就给书贾作伪打开了方便之门。为此,他主张"以序接目,以目接书,排比直下,并不另页间断",版心页码,亦连贯编排,以便"绝书贾抽删序跋之弊"。他试图改进编排与装订的方法,以达到防伪的目的,可谓用心良苦。

五、从蒋凤藻想到出版思想史的研究

在中国出版史上,蒋凤藻算不上是大家。但通过上述分析不难看出,他已广泛论及图书选题、编辑加工、装帧设计、印刷管理等问题,出版思想相当丰富。他务求"争胜前人"的经营策略,"爱人于微"的精品意识,"赢缩相济"的设计思想,"恐误后学"的社会责任感,对今天的出版工作仍有深刻的启迪。如果我们由点及面,把大、中、小出版家的出版思想史料进行系统的搜集、分析,那将是一笔多么可观的精神遗产!

出版思想是出版主体(编辑、印刷者、发行人以及参与出版活动的作者)对出版活动各环节、各要素的理性认识。正如毛泽东所说:"感性认识的材料积累多了,就会产生一个飞跃,变成了理性认识,这就是思想。"①历代出版家出版思想的精华,具有穿越时空的无限生命力,至今仍有借鉴价值,对培养新一代出版工作者也有重要的现实意义。问题是有关历代(尤其是古代)出版思想的史料极为分散,散见于史志、档案、文集、序跋、笔记、日记、书信、报刊、广告中,需要进行艰苦细致的钩沉与梳理。更要在梳理的基础上,站在当代出版理论的前沿予以科学的分析,系统阐述历代出版思想的形成和发展,探寻其发展规律。这是一种理性的追踪,它有助于从根本上把握历代出版活动的成因,推动出版史研究的深化。这是一项重要的基础研究,如同有了《经济史》还需要有《经济思想史》,有了《文学史》还需要有《文学思想史》一样。笔者深信,随着出版思想史研究的深入,出版学的理论体系将构建得更为完备。

(原载《编辑之友》,2001 年第 2 期)

---

① 毛泽东:《毛泽东著作选读》,下册,人民出版社,1986 年,第 839 页。

有关"校对"的若干史料

——兼论校对、校雠、校勘之异同

有些书籍在论及校对的历史时,认为古代称校对工作为"校雠"或"校勘",而"校对"则是出现得很晚的词汇。例如《校对手册》(科学出版社 1985 年第 2 版)说:"校对工作我国古代就有。古代的校对工作叫'校雠'(雠即仇)或'校勘'。"又如《辞源》(修订本),收录"校雠"、"校勘",却不收"校对"。按《辞源》的"出版说明":"收词一般止于鸦片战争(1840)。"此书不收"校对",表明编者将它视为鸦片战争以后出现的新词。再如,"古今兼收,源流并重"的《汉语大词典》,收有"校对"一词,并引明代《万历野获编》、清代《郎潜纪闻》、今人巴金《寒夜》为书证。这是追溯"校对"语源的一大进步,但《汉语大词典》援引的最早书证是明代后期的文献,未免过晚。

"校对"一词最早见于什么史籍?"校对"与"校雠"、"校勘"的含义是否一样?下文分述之。

一

"校对"一词,早在宋元时期的文献中已屡见,如:

(1)宋人程俱在《麟台故事·官联》中说:"元丰官制……校书郎四人,正字二人,校对书籍。"

(2)宋李攸《宋朝事实》卷九:"(元祐)五年,置集贤院学士并校对黄本书籍官员。"①

(3)宋江少虞《宋朝事实类苑》卷三一《词翰书籍·藏书之府》:"旧制,每日校对书籍功册叶背面二十一纸。"

(4)在《宋史》中,"校对"凡三见。卷一六四《职官四》:"(元祐)五年,置集贤院学士并校对黄本书籍官员。绍圣初,罢校对……"卷三四七《王涣之传》:"涣之,

---

① 北宋时期,为防止宫廷藏书被盗,将书籍"悉以黄纸为大册写之","自此,私家不敢辄藏"。见沈括《梦溪笔谈》卷一。

字彦舟……元祐中,为太学博士,校对黄本秘书。"

(5) 元陶宗仪《南村辍耕录》卷六"淳化祖石刻"条:"仓曹参军王文炳摹勒,校对无差。"

以上所引,第(1)至(4)条都是说宋代宫廷有官员专门负责校对书籍,元祐时(1086—1094)的王涣之就是这样的官员。第(5)条是说王文炳将名人墨迹摹勒上石时,校对得非常仔细。

二

《校对手册》说:"古代的校对工作叫'校雠'或'校勘'。"将校对、校雠、校勘视为同义词,这是不确切的,有辨析之必要。

1. 校对

《中国大百科全书·新闻出版》"校对"条定义为:"根据原稿或定本,核对并订正抄件或排版校样的工作过程,是保证出版物文字质量的重要环节之一。"笔者认为,这一定义是概括得比较全面的。它不仅是对现代出版流程中"校对"环节的科学定义,也可以用来解释古代的校对工作。在古典文献中,不仅频频出现"校对"一词(已如上述),而且对校对的操作过程也有详细记载。如清代乾隆皇帝命金简办理武英殿刻书事宜,金简提议用木活字排印,并于乾隆四十一年(1776)写成《武英殿聚珍版程式》,此书有专节解说校对,全文如下:

校 对

每版垫平之后,即印草样一张校阅。或有移改,以及错字,即时抽换,再刷清样。覆校妥,即可刷印。其换出之字,仍即贮于木柜内。

这是有关古代校对工作的重要史料,记录了一校、二校的过程,连所用词汇也与今天一致,如"校对"、"草样"(初校样)、"清样"、"覆校"等。

2. 校雠

"校雠"一词,始见于西汉刘向为《管子》、《晏子》等书所撰的叙录和他的《别录》。前人对此多所引录,本文不重复援引。这里要说明的是,校雠有狭义和广义之别。狭义的校雠,又称单纯的校雠①,是古籍整理中的一项基础工作。古书在流传过程中形成不同的本子,将一部书的不同本子及其相关文献进行比较分析,考订文字异同与篇章次第,校正勘误,整理出一个接近原稿的本子,这就是狭义的校雠。

广义的校雠泛指古籍整理的一系列工作,包括鉴别版本、校勘图籍、编撰目录、

① 见胡道静为《中国大百科全书·图书馆学情报学档案学》所撰"校雠学"条。

典藏群书等。宋人郑樵的《通志·校雠略》，清人章学诚的《校雠通义》，讲的就是广义的校雠。今人程千帆、徐有富所著《校雠广义》，分版本编、校勘编、目录编、典藏编四册（齐鲁书社 1988—1998 年版），是对广义校雠的全面论述。

3. 校勘

"校勘"一词在南北朝时期的文献中已出现。如梁代沈约《上言宜校勘谱籍》："宜选史传学士谙究流品者为左民郎、左民尚书，专共校勘。"①唐宋时期，"校勘"这一术语更为流行，校勘已成为一门专门的学问。其具体含义相当于上文所说的狭义的校雠。

由此可知，校对与校勘不同，与广义的校雠更不同。校对工作面对的是原稿（或定本）与校样，其主要职责是忠实于原稿②，比较单纯。而校勘工作则复杂得多，校勘人员面对的是一种书籍的各种传本，并无原稿或明确可靠的定本作为依据。他们的主要职责是将各种传本比较分析，订正差错，努力追溯原稿的面貌。

综上所述，可初步得出结论："校对"和"校雠"、"校勘"都是起源甚早的古代词汇。"校雠"出现最早，"校勘"和"校对"稍后。在早期，人们使用这些词汇确有界限不严、相互指称的情况，如以"校雠"指称校对，以"校对"指称校勘等。但后来，它们逐渐成为专门术语，各有所司，界限渐明。然而，校雠、校勘、校对的根本目的是一致的——保存文本的真面貌，力求出版物正确无误。借用唐人颜师古的话来说，就是"归其真正"（《汉书叙例》）。在出版史研究过程中，搜集校对的史料，辨析校对与校雠、校勘的异同，发扬"归其真正"的传统精神，是很有必要的。

（原载《出版史料》，2001 年第 1 辑）

---

① ［清］严可均辑：《全梁文》，卷二七，商务印书馆，1999 年。
② 当然，校对时也应当尽可能发现原稿的差错，这是更深一层的要求。现代出版业提倡校对人员在发现原稿差错时做出记号（称为"质疑"），提交编辑人员核定改正，但校对人员不能直接修改原稿。

《中国百科年鉴》的人物资料

——兼谈《中国百科年鉴》的索引

　　《中国百科年鉴》(以下简称《年鉴》)自 1980 年诞生之日起,即引起国内外学术界的广泛注意。随着时间的推移,它的多方面功用日益显示出来,越来越多的读者熟悉它、喜欢它。本文围绕《年鉴》在积累与传递人物资料方面的特殊功用,谈些粗浅的看法。

　　从事文史工作的同志常有这样的体会:查古代的人物资料,比较容易;查近代、现代的人物资料,尤其是查当代的人物资料,往往不那么顺手。因为,古代的人物资料,经历代不断地积累、整理、编纂,已逐步形成比较完备的检索系统;而活动时期越近的人物,资料越分散,还来不及作系统的整理,再加上"活着的人不入辞典"之类有形或无形的戒律束缚着人们的手脚,致使现代、当代人物资料的编纂长期处于半空白的状态。

　　这种状况近几年有所改变,如:《民国人物传》正陆续出版;《中国文学家辞典》、《中国艺术家辞典》、《中国科学家传略辞典》等几部人名辞典的现代部分,不仅收录已故人物,也收录在世人物。有许多过去难以稽索的人物资料,现在初步"有案可查"了。

　　但是,不论何种人名辞典,都有一定的稳定性,不可能频繁增补新的内容。恰恰在这方面,《年鉴》具有一般人名辞典所欠缺的功能:及时性、延续性和累积性。

　　试举一例:要想了解当代作家王蒙的简历,查《中国文学家辞典》现代第二分册(1979 年 5 月印)便可得知。但该辞典只写到他"1979 年调北京市文联从事专业创作"为止。至于王蒙在这以后的创作以及文学界对他的评论,《辞典》还来不及反映。如果查《中国百科年鉴》(中国大百科全书出版社 1981 年版)的索引,可以得见:

王蒙 437a,437c(图)

　　据以翻阅 437 页左栏,我们看到"王蒙近作表现手法的讨论"条目,该条目介绍了部分报刊就王蒙旨在进行艺术创新的六篇小说展开讨论的情况。而这六篇小说的篇名及文学界的反映,我们从《中国文学家辞典》是查不到的。在《年鉴》第437页右栏,还有王蒙的照片。

年鉴除在各栏目中编录了大量的在世人物资料以外,还有"逝世人物"专栏。1980年卷的"逝世人物"栏分两部分:第一部分根据1979年新华社、《人民日报》发表的有关新闻报道编写,介绍的都是1979年内逝世的人物,第二部分根据1977年6月至1979年12月新华社、《人民日报》有关新闻报道编写,介绍的都是在"四人帮"倒台之前逝世的人物。1981年卷"逝世人物"栏,从国内人物扩展到国外著名人物。

我在《社会科学文献检索百例》一书中特别提醒读者注意利用《年鉴》的"逝世人物"专栏,说:"这一专栏,具有人名辞典性质。以后逐年累积,将为查找当代已故的重要人物提供系统资料。"后来,我在《谈各种人名辞典的使用》(文载中国人民大学《资料工作通讯》1982年第1期)一文中,又提醒读者:"先查《年鉴》后面所附总索引,更为省时。"我们应当感谢索引的编制者,他们为读者查找散见于《年鉴》各页的人物资料和其他资料提供了极大的方便。索引的编制应当受到学术界的重视。今年春天,年逾古稀的钱亚新教授(我国现代第一部索引法专著的作者)写信给我说:"所谈索引编纂工作,完全是'为他人作嫁衣裳',其实,人生真正的意义,就要做到如此才好。您的两种著述中都能编有索引,方便使用的人,节约了大量的时间,功德无量,还是值得的。"我想,把这几句话转赠给《年鉴》索引的编者,是再恰当不过的。他们正是认识了"人生真正的意义",才乐于做这种繁琐细致、默默无闻的工作;他们牺牲了自己宝贵的时间,却为众人赢得了大量的时间。今年《读书》第六期发表了两篇与《年鉴》的索引有关的文章,一篇是张林娜写的,她在评论了近两年出版的《年鉴》后说:"除《中国百科年鉴》在书后附有按汉语拼音字母排列的索引外,其他均无索引,读者检索不便";另一篇是鲁海写的,说"《中国百科年鉴》附有书后索引,编得非常好。"可见,读者对《年鉴》的索引是十分欢迎的。

关于《年鉴》中的人物资料和书后索引,我想提三点建议:

第一,"逝世人物"栏似应注明各个人物资料的出处,以便读者在必要时查对和追踪更详细的资料;

第二,索引对《年鉴》内容的揭示还可以更细些。以王蒙为例,索引仅揭示该书第437页有他的资料,其实第434页亦应揭示(在第434页"文学主张"条目下,介绍了王蒙近年来发表的文章及其主要论点);

第三,索引的条目按汉语拼音字母音序排列,这是很好的。但现在仅以词条首字拼音的第一个字母标目,显得过粗,如果能标列音节,就更便于检索了。

(原载《年鉴通讯》,1982年第3期)

年鉴的多功能性

在我国的年鉴发展史上,1980 年是具有划时代意义的一年。在此以前,年鉴寥寥无几;在此以后,年鉴的品种和数量猛增,形成了"年鉴热"。对不少同志来说,年鉴是个新鲜事物,人们对它的功能还了解得不够全面。例如,有人以为年鉴相当于大事记的详化,只知从中查事实经过,不注意利用其中的人物资料,有人以为它既称之为年鉴,就只反映年内发生之事,忽略了它的回溯性;至于年鉴所具有的学科指南作用,同样注意得不够。这样,就无形中缩小了年鉴的作用。本文试就年鉴的多功能性问题作一初步的阐述。

一、年鉴的学科指南作用

年鉴除了综述若干学科或某一学科的年度进展之外,还时常辟有学科指南性质的栏目,这在专科年鉴中尤为突出。其内容不一,主要有:

1. 学科研究进展回顾

例如《中国哲学年鉴(1982)》有"建国以来哲学重要争论简介",回顾了新中国成立 30 多年间围绕 60 多个哲学问题所展开的论争。这样,就可以使学习和研究哲学的人免得事事从头摸索。

又如《中国历史学年鉴(1983)》有"建国以来中国近代史问题讨论简介",分总论、鸦片战争、洋务运动、北洋军阀等九个部分,既有对历史事件的讨论,又有对具体人物评价问题的论争。值得称道的是,编者在介绍不同的观点时,注明了参考文章和书目,为读者进一步钻研提供了线索。

2. 专业书刊介绍

无论从事何种专业的学习与研究,都要先了解该专业有些什么重要书刊,以便有计划地钻研。有些年鉴很重视编辑这方面的目录。如《中国新闻年鉴》,有专栏介绍新闻专业刊物,并有"建国前出版的新闻学书刊简目"、"建国后出版的新闻学书刊简目"、"港台出版的部分新闻学书刊简目"。又如《中国历史学年鉴(1984)》,有"1950—1982 年港台中国历史著作、资料目录",提供了关于港台历史著作的重要信息。

3. 入学试题、毕业论文题目选登

如《中国历史学年鉴(1979)》有"中国社会科学院历史研究所 1979 年中国通史专业研究生基础课试题"、"中国社会科学院近代史研究所 1979 年中国近代史专业研究生基础课试题"、"1979 年全国高等学校统一招生历史试题";《中国哲学年鉴(1982)》有"近年来招考哲学专业研究生试题选登"、"1981 年哲学专业研究生毕业论文题目";《中国新闻年鉴(1983)》有"1982 年攻读硕士学位新闻研究生入学试题"。

显然,上述内容具有学科指南的性质。它的情报性、累积性是一般专业教科书所难以具备的。

二、年鉴中的人物资料

年鉴不仅可供查事,还可供查人,而且在提供人物资料方面有其独到之处:及时性、延续性和累积性。例如《中国百科年鉴》除在各栏目中及时编录了大量在世人物最近活动情况的资料以外,还有"逝世人物"专栏。1980 年卷的"逝世人物"栏分两部分:第一部分根据 1979 年新华社、《人民日报》发表的有关新闻报道编写,介绍的都是 1979 年内逝世的人物;第二部分根据 1977 年 6 月至 1979 年 12 月新华社、《人民日报》有关新闻报道编写,介绍的都是在"四人帮"倒台之前逝世的人物。1981 年卷"逝世人物"栏,从国内人物扩展到国外著名人物。有许多人物活动的资料,在人名辞典中查不到,却可以在年鉴中查到。

有些专业性年鉴在编录人物资料时很注意系统性和专业性。如 1983 年版《中国新闻年鉴》的"新闻界名人介绍",选介了辛亥革命前的 133 名新闻界名人,以后还将系统地介绍辛亥革命以后的新闻界名人。主要介绍他们从事报刊活动的内容,其他事迹从略。《唐代文学研究年鉴》有"专家简介";《中国哲学年鉴(1983)》介绍了 70 名中国哲学界学者,除了简历外,主要介绍其学术专长、主要著作、近几年的科研情况、为研究生或本科生授课的情况等。从事哲学研究和学习的读者掌握了这些资料,有利于进行学术交流。

三、年鉴中的便览性内容

有些年鉴不仅从纵的方面依次编录本年大事,而且从横的方面详列便览性的内容,检索性很强。例如《世界知识年鉴》有"我国与外国建立的友好省(州)及友好城市一览表"、"各国(地区)面积、人口、首都、首都人口一览表";《中国新闻年鉴》不但详细介绍我国大陆各级新闻机构情况,还有"港、澳、台报纸简介",介绍港、澳、台地区 60 余种报纸的创刊日期、主要栏目和内容,社长、总编等;《中国文艺年鉴(1981)》有"文艺单位分类名录",分为表演艺术团体、艺术院校、文艺研究单位、电影单位、出版单位、文艺期刊、图博单位、其他等八个部分,包括 4 000 多个单位;《中国出版年鉴》有"全国出版局名录"、"全国出版社名录"、"全国印刷单位名录";《中国哲学年鉴(1982)》有"哲学界概况",包括:人员状况、研究机构、高等院校哲学系、学术团体、报刊等各个方面的概况。这些内容,甚便查考。

四、年鉴中的回溯性大事记

许多年鉴包含回溯性的大事记,例如:

《马克思主义哲学在中国传播和发展大事志(1899—1949)》,载于《中国哲学年鉴(1983)》。

《哲学大事记(1949—1980)》,载于《中国哲学年鉴(1982)》。

《1945—1977 世界经济大事记》,载于《世界经济年鉴(1979)》。

《1948—1978 年出版工作大事年表》,载于《中国出版年鉴(1980)》。

《中国电影大事年表(1949—1976)》,载于《中国电影年鉴(1981)》。

《中国电影纪事(1976.10—1980.12)》,载于《中国电影年鉴(1981)》。

以上只是随手引录的几个例子。这类回溯性的大事记,大部分刊载在各类年鉴的创刊号上。读者从一本年鉴中往往不仅可以查到一年的大事,还可以追溯历年的大事。这也是年鉴的功能得到扩大的实例。

本文从四个方面对年鉴的多功能性作了初步的阐述。就目前已出版的数十种年鉴看,并非所有年鉴都具备多功能性。有些年鉴,流于年度大事的流水账式的记录,缺少便览性、回溯性或学科指南等方面的功能。如果在年鉴的编辑工作中适当注意多功能性的发挥,将有助于年鉴质量的提高,读者是会欢迎的。

(原载《年鉴通讯》,1986 年第 1 期)

《五对照检字手册》^①序

近年来,我国各高校根据国家教育委员会的文件精神,普遍开设了文献检索与利用课,增强了大学生的情报意识,提高了他们查找文献资料和独立工作的能力。各种检索工具和参考工具书的使用率超过以往任何一个时期;图书馆的"上座率"也可说是盛况空前。但各种检索工具所采用的排检法不尽相同。仅就字顺排列而言,除传统的部首法和韵部排列法而外,还有笔画法、汉语拼音字母排列法、四角号码排列法等;同是四角号码法,又有旧码与新码之分。如果对这些排检法不熟悉,查找文献资料的效率便大受影响;要想全部熟练掌握上述诸法,又非朝夕所能办到。这就需要有一种检字手册作中介,让那些只懂得一两种检字法的读者可以从中查知其他几种检字法的编排序列。张意馨、董志翘同志的《五对照检字手册》(见图1)便是适应这种需要而编纂的中介型工具书。

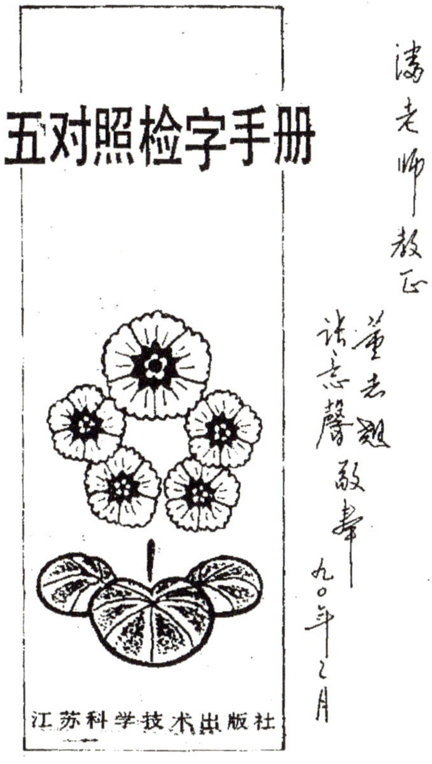

意馨、志翘两同志毕业于我校中文系。

图1 《五对照检字手册》封面

意馨同志专攻汉语拼音,志翘同志专攻文字音韵训诂之学,均好学深思,成绩斐然。1984年春原教育部委托我校举办全国首届社会科学文献检索课师资培训班,意馨同志讲授汉语拼音排检法,得到好评;1986年夏,我校举办全国语言文学文献培训班,志翘同志讲授语言学文献,深受欢迎。他们在教学实践中,更切身感受到文献

---

① 张意馨,董志翘:《五对照检字手册》,江苏科学技术出版社,1989年。

检索这门新兴课程的重要性,锐意为这门课程的建设添砖加瓦。《五对照检字手册》便是他俩经过刻苦努力而作出的可贵奉献。

我相信,大、中学生一定欢迎这本《手册》,因为它是检索工具的工具;广大图书资料工作者也一定会欢迎它,因为它是编制书目索引和开展咨询工作的助手。在文献检索课的教学中,它将会发挥显著的作用。

前人曾编过《检字一贯三》、《三字典引得》等工具书,目的也是解决不同检字法的对照问题。现在出版的《五对照检字手册》,功能大大超出上述两书。但是编纂工具书是十分艰苦、繁琐、细密的工作,稍稍考虑欠周或下笔疏忽,便不能尽如人意。我希望《五对照检字手册》出版后,编者能继续广泛征求各界意见,不断修订提高,使其再版时更为完善。

1989 年春

工具书的工具书
——《中国工具书大辞典》①序

　　人类不断创造丰富的知识财富,又不断要求对浩瀚无涯的知识进行集结、序化和优化。否则,古今知识财富均不可能被有效利用。

　　图书是知识的载体,而图书大家族中的工具书,则是默默履行着知识的集结、序化和优化神圣职责的忠实成员。

一

　　当社会的知识积累尚处于初级阶段、文化典籍尚不丰富时,人们仅靠口传身授、记忆背诵,已可从容地进行知识的传递、吸收和应用,那时,尚未产生对工具书的自觉需求。

　　当科学文化飞速发展,知识门类日益繁多,文献资料以几何级数激增时,人们用传统方式已难以有效地吸收知识,需要有特殊类型的图书帮助自己在较短时间内获得较多、较全面的知识,工具书便应运而生了。

　　所谓工具书,就是根据特定的需要,汇集某一范围的知识或资料,按一定方式编排,以备查考的图书。

　　与一般图书相比,工具书主要有三大特点:

　　第一,信息密集,这是就内容方面说的。工具书多数是在大量原始资料的基础上整理、提炼、加工而成的,所以,能提供丰富的知识或资料线索。

　　第二,编排有序,这是就形式方面说的。工具书均按一定的排检法编排,或用字顺法,或用分类法,或用主题法,或用时序法、地序法;或正文采用某种排检法,附以其他排检法,为读者提供两种或多种检索入口。

　　第三,查考为主,这是就编纂目的而言的。工具书主要供读者释疑解难时临时查考之用,而不是以供读者系统阅览为主要目的,故蔡元培曾称之为"检阅之书"

---

　　①　徐祖友,沈益:《中国工具书大辞典》,福建人民出版社,1990 年。

（见蔡元培为《植物学大辞典》所作序）。

当然，以上只是从总体上把握工具书与一般图书的相异点。事实上，两者并无不可逾越的鸿沟，常常是"你中有我，我中有你"。其他学者对此已多所论及，兹不赘述。

二

工具书的种类很多，按其主要职能划分，大体可分为语言性工具书、检索性工具书和参考性工具书三大类。

第一大类为语言性工具书，如字典、词典、字表（汇）、词表（汇）等。其中的主体部分，即通常所说的语文词典，是以一般词语（又称普通词语）为主要收录对象、着重对词义本身进行解释的工具书。语文词典可分为单语词典、双语词典和多语词典。词目和释文同用一种语言的词（字）典，称单语词典，如我国的《汉语大字典》、《汉语大词典》，英国的《牛津英语词典》（OED）等。词目和释文分属两种不同语言者，称双语词典，包括汉语与少数民族语言（如《汉蒙词典》），或汉语与外国语（如《汉英词典》）。还有多语词典，如清乾隆年间编的《五体清文鉴》，是满、藏、蒙、维吾尔、汉五种文字对照的分类词典。

要言之，语言性工具书的主要功用是提供语言文字知识，帮助读者扫除语言障碍，促进语言规范化。

第二大类为检索性工具书，或称线索工具书，包括书目、索引、文摘等。顾名思义，这类工具书的主要功用是提供文献资料的线索。读者凭借它们，可以迅速获得原先不知或所知不详的文献资料的名称和出处，从而追踪所需要的文献资料。

例如，凭借《八十年来史学书目》（中国社会科学出版社 1984 年版），可知1900—1980 年出版的中国人著译的史学著作有 12 400 多种；凭借《经济学著作要目》（经济科学出版社 1987 年版），可知 1949—1983 年我国出版的经济学书籍有1 000多种；凭借《中国语言学论文索引（乙编）》（商务印书馆 1983 年增订本），可知1950—1980年发表在国内 500 多种报刊上的论文有 12 000 多篇。著名作家和学者郑振铎早在 1937 年就说过：

> "索引"和专门的参考书目乃是学问的两盏引路的明灯。谁愿意在黑漆漆的夜里，摸索的走着呢？①

至于"文摘"，这里是指摘述文献主要内容，并著录其标题、著者、出处，按一定方式编排的检索工具，多数为连续出版。如美国的《化学文摘》（Chemical

---

① 郑振铎：《郑振铎古典文学论文集》，上海古籍出版社，1984 年，第 802 页。

Abstracts），是世界公认的权威性文摘，已有 80 多年历史。目前每周出版一期，摘用 150 多个国家和地区 56 种文字出版的文献资料，其中仅期刊就在 16 000 种以上。每篇文献详细著录其篇名、著者、著者所在单位和通讯地址、文献出处、主要内容等。每期正文分类编排，附关键词索引、著者索引等。此外还有分卷索引、五年累积索引等。全世界有 98% 的化学、化工文献被收入《化学文献》，其重要性可想而知。

要注意的是，本文所说的文摘，是指作为检索工具的文摘，而不是供一般浏览的通俗性文摘（如《读者文摘》）。目前我国供一般浏览的文摘较多，严格意义上的检索性文摘较少。

第三大类为参考性工具书，包括百科全书、类书、年鉴、专科辞典、手册、表谱、图录等。上文介绍过的检索性工具书，其主要功能是提供文献资料的线索；而这里介绍的参考性工具书，则是直接为读者提供具体的知识与资料。

例如《百科全书》，法国 18 世纪启蒙思想家狄德罗曾这样描述它的功用：

> 《百科全书》旨在收集天下学问，举其概要，陈于世人面前，并传之于后世，俾世代先人的劳动成果，不致淹没无存。（《百科全书》前言）

今天，《百科全书》已成为人们了解各学科最重要的知识和资料的基础工具书。

类书，是文献资料的分类辑存。《艺文类聚》、《太平御览》等类书被西方学者视为古代东方百科全书的代表，至今仍在辑佚、校勘、考证和检索诗文典故方面发挥着重要作用。

年鉴，是逐年编辑出版的，概述一年中事物的发展并汇集重要文献和统计资料的工具书，作家严文井称之为"昨天的记载，今天的镜子，明天的见证"（为《中国文艺年鉴》题词）。

专科辞典，是以一个或若干个学科中的专业词汇为收录对象，着重解释事物概念、专业知识的工具书，如《哲学大辞典》、《数学辞典》之类。

手册，是汇集某一专业或某一方面最常用的文献资料，介绍有关基础知识的工具书。多数手册专业针对性很强，如《摄影手册》、《财务会计手册》之类；有些手册涵盖面很宽，如《中华人民共和国资料手册（1949—1985）》（社会科学文献出版社 1986 年版）、《当代国外社会科学手册》（江苏人民出版社 1985 年版）等。

表谱，是用编年、表格等形式来揭示时间概念或历史事实的工具书。图录，是用图形来反映事物或人物形象的工具书。还有其他类型的参考性工具书，不一一列举。

三

工具书种类繁多，职能各有侧重，但从总体上说，其功用主要表现在三方面：

一是帮助青年学生提高自学能力,独立解决读书治学过程中遇到的疑难问题;二是帮助科学文化工作者及时获取新信息,广泛吸收已有成果,开拓多维视野,提高研究工作的起点和科学性;三是帮助读者提高工作、学习和研究的效率。

但长期以来,在如何看待工具书的问题上,存在着一些传统偏见。有人把系统读书与使用工具书对立起来,认为只有懒于系统读书的人,才会走捷径查工具书;或认为学问不多的人,才求助于工具书。事实上,确有人仅靠几本工具书"做学问",东抄西摘拼凑文章;也确有人表面上对工具书不屑一顾,实际上也经常埋头查工具书。问题不在于应不应该使用工具书,而在于如何正确使用工具书,如何把工具书放在恰当的位置上。一味依赖工具书、过分夸大工具书的作用是不对的;偏激地贬低工具书的作用也是有悖事理的。

我认为,首先要重视系统地读书,同时要提倡善于利用工具书,两者不应偏废,而应相辅相成,相互促进。美国工具书专家肖尔斯(Louis Shores)说:

> 使用工具书的频率与某人的受教育程度成正比。一个受教育较少的人很少查检参考源。具有讽刺意味的是,受教育愈多,使用工具书查找资料的机会也更多。(《图书馆学与情报学百科全书》)

一个人受教育程度越高,情报需求越强,越能清醒地看到自己知识结构欠缺的部分,越懂得利用工具书进一步开拓视野,追踪更详备的文献资料。

最令我佩服的是蔡元培先生对学术发展与工具书(蔡称之为"检阅之书")两者关系的宏观论析。1917年他在《植物学大辞典·序》中说:

> 盖当学术发展之期,专门学术之名词与术语、孳乳浸多,学者不胜其记忆,势不得不有资于检阅之书。既得检阅之书,则得以所节之心力与时间,增进其研究,而学术益以进步;学术愈进步,而前此所检阅者,又病其简浅而不适于用,则检阅之书,又不得不改编。互为因果,流转无已。

只有博古通今的学问家,才会对社会学术发展与工具书的关系,作出如此精辟的论断:"互为因果,流转无已"!

四

随着工具书品种和数量的日益增多,人们越来越陷入选择的困惑:解决某类问题,是否有相应的工具书可用呢? 在同类工具书中,选用哪几本较好呢? 也就是说,人们不仅需要工具书,还需要工具书的工具书。

国外历史悠久的"工具书的工具书",当推美国的《工具书指南》(*Guide to*

Reference Books）最著名。它被誉为美国参考咨询工作的"圣经"，初版于 1902 年，原名《工具书学习和使用指南》，至 1986 年已出至第 10 版。第 10 版收录各种文字（包括中文）的工具书 14 000 种。英国沃尔福特（A. J. Walford）编的《参考资料指南》（*Guide to Reference Material*），初版于 1959 年，至 1986 年出至第 4 版，收工具书 15 000 种（包括少量期刊），侧重于英国和西欧国家的出版物。英国图书馆学界对此书评价很高，甚至流传这样的话："Walford 对参考书研究贡献之大，犹如格雷（Gray）对解剖学的贡献。"

日本出版的这类工具书，则以日本图书馆协会编辑的《日本的参考图书·解说总览》（1980 年版）较为著名。

我国出版较早并且收录内容较丰富的"工具书的工具书"，当推广东何多源的《中文参考书指南》。该书为"岭南大学图书馆丛书"之一，1936 年初版，收书 1 300 多种；1939 年出增订版，收书 2 350 种。何氏所收的"参考书"，主要是工具书，兼及大部头的资料书。这部《中文参考书指南》的正文分类编排，附有提要，书后有书名、著者、类目索引，查阅甚便。

又如目录学家施廷镛主编的《文史哲工具书简介》（天津人民出版社 1980 年版），名为"简介"，实际上介绍较详。全书 55 万多字，收录工具书 1 300 多种。台湾地区出版的"工具书的工具书"也较多，其中较著名的是张锦郎编的《中文参考用书指引》，台湾文史哲出版社 1979 年初版，1983 年增订二版，增订版收书 2 849 种，但其中有提要的不到 1 000 种。

今天，我们高兴地看到，上海辞书出版社徐祖友、沈益编纂的《中国工具书大辞典》（福建人民出版社 1990 年版）问世了。这是"工具书的工具书"研究编纂的新成果。它所收的工具书时间跨度大，品种数量多，计收古代至 1986 年出版的工具书万余种，除著录书名、编撰者、出版者、出版时间、版式、篇幅外，大部分有内容介绍。书后还附有《工具书名词术语简释》、《辞书学论文要目》和《1987、1988、1989 年工具书简目》。

《中国工具书大辞典》的功用是十分显著的。第一，读者可根据它的指引，知道解决什么问题有什么工具书可用，从而提高工作效率，扩大视野。第二，各图书馆可用这本辞典作为采购工具书、建设参考阅览室的指南。第三，辞书史、文化史的研究者将非常欢迎本辞典，因为它提供了中国工具书的系统资料，而历代工具书又是一定时期的科学文化发展状况的缩影。第四，出版家也将欢迎本辞典，因为它将各种内容、各种体式的工具书井然有序地揭示出来，可供制订工具书选题时的决策参考。

特别要指出的是，自国家教委在 1984 年和 1985 年两次下发文件要求各大学普遍开设"文献检索与利用"课以来，广大师生对各类工具书的编辑出版工作空前关注。《中国工具书大辞典》必将成为"文献检索与利用"课的重要教学参考书。

1989 年春

编辑出版篇

《中国工具书大辞典续编》^①序

  《中国工具书大辞典》正编于 1990 年出版后,国内外报刊纷纷报道并给予充分肯定,首印 6 750 册迅速售罄。这说明知识界对"工具书的工具书"需求之强烈,也说明图书市场虽不景气,真正有学术价值和实用价值的书籍仍然是拥有读者、拥有市场的。

  《中国工具书大辞典》正编是我所喜欢并经常查阅的一部工具书。但随着时间的推移,便感到它不能满足我的信息需求了。正编正文收录的工具书截至 1986年,20 世纪 80 年代后期至 90 年代初出版的一大批工具书来不及反映,而这一时期正是我国工具书出版的繁荣期,迫切需要有总目予以系统著录。

  正因为工具书有信息密集、知识丰富、品种繁多、更新迅速的特点,当读者为解决某一问题需要查阅某类工具书时,总希望能找到同类书中最新、内容最丰富的一种。这就要求"工具书的工具书"能不断增补,及时反映工具书的出版情况,帮助读者迅速找到与本专业有关的新工具书。发达国家对此十分重视,如美国的《工具书指南》、英国的《参考资料指南》,都是平均每七八年修订增补一次。至于《美国工具书年鉴》(*American Reference Books Annual*),更是逐年著录美国新出版的工具书,并有选择地将新版书与旧版作对比,指出新版的优点。我国尚无《工具书年鉴》,但《中国工具书大辞典》如果能不间断地出版续编,亦能填补这方面的空白。

  一般说来,工具书的出版总是"后出转精"(粗制滥造者又当别论),《中国工具书大辞典续编》为我们提供了这方面的大量新信息。例如,查人物年谱时,过去常使用《中国历代年谱总录》(1980 年版)。《中国历代年谱总录》收录现存年谱3 015 种,反映谱主 1 829 人,资料堪称丰富,但它来不及反映 20 世纪 70 年代末以来新出版的年谱。如果查《中国工具书大辞典续编》,便可知道中华书局 1992 年出版了谢巍编撰的《中国历代人物年谱考录》。该书吸收了前出各书的成果并大量补充、考订,所收年谱截至 1983 年,时间跨度大,存佚兼收,共收年谱 6 259 种,反映谱主 4 010 人。类似这样后出转精的例子尚多。此外,一些连续出版的多卷本工

  ① 徐祖友,沈益:《中国工具书大辞典续编》,福建人民出版社,1996 年。

具书,如《中国大百科全书》、《汉语大字典》、《汉语大词典》等,《中国工具书大辞典》正编未能完整著录,续编则予以全面介绍。

因此,《中国工具书大辞典续编》的编纂出版,是一件十分有意义的工作,是徐祖友、沈益二先生孜孜不倦地搜集资料的心血结晶。希望今后继续编纂出版二编、三编,使之成为系统的工程、永恒的事业。

笔者在此还要向有魄力、有远见的福建人民出版社表示敬意,并建议:出版《中国工具书大辞典续编》的同时,重印正编,使还未买到正编的单位或个人得以补全。

1994 年初秋

编辑出版篇

《信息学导论》^①序

在信息已成为时代宠儿的今天,关于信息学的重要性已无须我多费口舌了。但在如何为各专业的大学生编著通用的信息学教材的问题上,本人有些感触,故不揣浅陋,略陈管见。

信息学作为一种科学理论,有其自身的理论体系并已形成专门的方法。尽管中外学者对此有种种不同的论述,但作为一部专著或教材,理应有自己的理论个性,应对信息理论作深层探讨并发表独立见解。如果把中外学者的论述拼凑在一起,扯上一大堆纠缠不清的术语和译文,叠床架屋,前后抵牾,这种著述有何学术价值可言?

信息学又是应用性很强的学科,应具备实践指导价值。尤其是作为各专业学生通用的信息学教材,应重视其可接受性,激发起学生学习信息学的热情,唤起他们将信息理论应用于本专业的创造性潜能。如果教材大发凿空之论,繁琐晦涩,令学生望而生厌,那就不利于信息学的普及,也削弱了信息学赖以提高的基础。

读了周毅、谭琤培二位编著的《信息学导论》,令我感受最深的是,作者既广泛吸收中外信息学研究成果,又摈弃了常见于某些信息学论著中的弊病,构建了独具特色的信息学理论框架,使本书兼具理论深度和应用价值。

作者对信息学本体作了深层的哲学思考,首次提出了信息学理论的覆盖能力问题,这对正确处理理论与实践的关系问题具有重要的方法论意义。作者创造性地把信息系统组织行为作为研究对象,提出了信息系统内在行为与外在行为的理论,并对市场经济环境下信息系统运行行为的合理化问题作了深入分析,具有原创性价值。因此,本书不仅适用于大专院校各专业公共课教学,对信息学专业的学生和研究人员亦颇具参考价值。

本书针对我国国情发表了一系列可贵的见解。如"信息秘密及其法律保护"一节,对实行改革开放的中国如何强化大众的保密意识和自我保护意识有积极的现实意义。"信息的交换"一章,对我国信息市场发展的动力机制的分析,对信息

① 周毅,谭琤培:《信息学导论》,苏州大学出版社,1995年。

市场规则的构建和信息产品责任等问题的论述,亦多探骊独得之见。但对当前某些有争议的热点问题,作者又表现出了应有的审慎。如关于信息高速公路,作者重在介绍其基本特征和各国的对策,没有武断地下结论,给读者留下了较大的思考空间。

本书的文风也是值得称道的。文风,实际上是学风与学问功底的反映。当前某些"论著"的文风,或华而不实,花拳绣腿;或故作艰深,概念混乱,观点隐晦,读者摸不清他们说了些什么(也许连他们自己也没有搞清)。据说这是护身符的一个新品种,其奥妙是使读者无法批评其观点。而本书的文风既深入浅出,又不浅薄俚俗;既蕴含深刻的思辨,又简洁明快,流畅顺达。我相信,广大读者是喜爱这样的文风的。

信息学适应人类社会的需要而诞生,又随着社会经济、科学文化的发展而不断发展,永无止境。我们期待作者在原有成果的基础上更上一层楼,不断修订、充实本书,同时写出更多的信息学新著,为本学科的健全和发展作出更大的贡献。

1995 年夏

《实用计算机信息检索》^①序

　　20 多年前,我曾在《文献检索与语文研究》中说:"电子计算机的应用,使检索工具的编制和文献资料的查找实现了自动化。我国在这方面还比较落后,但可以预期,我们的子孙后代,将不会像我们这样,为了借一本书而在图书馆里等上个把小时,为了查核几条资料而到处奔走了。"(《辞书研究》1979 年创刊号)真没想到,信息技术的发展速度比预料的快得多。不必等到"子孙后代",就在我们这一代,已享受到光盘检索和 Internet 带给我们的方便,这是十分幸运的事。

　　如今,全球经济活动正由工业经济向知识经济逐步过渡。知识经济是以高科技产业为第一产业支柱、以智力资源为主要依托的经济。人们比以往任何时期都更加重视知识与信息的迅速获取和利用。教育部 1998 年颁布《普通高等学校本科专业目录和专业介绍》,对 87.55%的专业明确规定了"掌握文献检索、资料查询的基本方法"或"运用现代信息技术获取相关信息的基本方法"的培养要求,各高校正积极加强文献检索或信息检索的课程建设和教材建设。我校邹忠民同志主编的《实用计算机信息检索》,为该课程的建设和发展作出了可贵的贡献。

　　本教材的一个鲜明特点是定位准确,针对性强。作者经过多年教学实践,对教学对象的特点和信息需求有深入的了解。本课程是为文、理、工各专业本科生和研究生开设的公共选修课,而不是为信息管理专业开设的专业课。因此,教材应当简明实用,重在操作,而不必在理论上对信息科学作过多、过深的阐述。当然,任何操作技能的传授都不能脱离一定的理论知识,但这种理论知识的阐述,应当紧紧围绕理论与实践的结合点进行。正是基于这样的定位,作者将全书设计为三大板块,即:计算机信息检索基础知识、中外重要数据库介绍和网络检索技术,重点鲜明,切于实用。

　　第二个特点是实例丰富,图文并茂。作者介绍各类数据库和网上资源的利用方法时,十分注意引用实例予以深入浅出的说明;所举之例,又多与学生的论文写作有关,令读者有亲切感。书中配以大量插图,形象直观,读者易于理解。

---

　　① 邹忠民,等:《实用计算机信息检索》,苏州大学出版社,2000 年。

第三个特点是推陈出新，信息及时。作为信息检索的教材，理应在信息意识方面作出示范，作者正是这样做的。细心的读者如果把这部教材和两三年前出版的同类教材作一比较，便可发现，一些陈旧的、实用性差的内容省略了，而对新的数据库(或原有数据库的新发展)、新的网站则作了详细的介绍。例如大型数据库《中国学术期刊》，既介绍其光盘版(CAJ－CD)的内容在 1999 年发展为九个专辑的情况，又介绍其检索功能的改进，还详细介绍其最新的网络版，帮助读者不断跟踪最新信息。

当我读完这部教材的书稿时，想起一件往事。1996 年 1 月，我去哈尔滨参加全国高校文献检索课教学研讨会。南方冶金学院的杨老师对我说，他在《人民日报》上读到两位记者写的一篇文章，文章认为，电子出版物的出现使文献检索课失去了存在的价值。杨老师对两记者的议论感到困惑，并在回校后将文章剪报寄给我。我深感，这篇文章反映了认识上的一些误区，颇有代表性，很有必要借此机会予以澄清。

两位记者说，他们上大学时曾经学过数十小时的文献检索课，很费劲。然而，"如今具备光盘检索条件的高等院校里，所谓'文献检索'课的全部内容，也就是花一个小时的时间回顾文献检索的历史，然后用 10 分钟的时间讲解光盘数据库的用法。电子出版物的出现，将一门复杂的课程简化得让它最终失去了存在的价值。"(《人民日报》，1995 年 11 月 23 日)这些议论幼稚得可爱。第一，两位记者把光盘检索技术看得太"简化"了。读者看了面前这部沉甸甸的教材就可知晓，光盘数据库的用法岂能只讲 10 分钟就让学生了解？它和其他学问一样，不下苦功是学不好的。第二，两位记者将光盘检索视为万能，以为它可以取代手工检索。其实，且不说仅有光盘检索，即使再加上网络检索，也不能完全取代手工检索。理由很简单，计算机检索的前提条件是将文献信息进行数字化处理，而目前尚有浩如烟海的文献信息(尤其是汉语文献)尚未制成光盘或尚未上网，还得靠书本式检索工具进行检索。因而，今天的大学生应同时学好"手检"和"机检"，这样才能如鱼得水、左右逢源。第三，两位记者概念混乱，把"文献检索课"与"光盘检索"对立起来，认为有了光盘检索，文献检索课便"失去了存在的价值"。殊不知，光盘检索本来就是文献检索课的一个重要组成部分，自从它在 20 世纪 90 年代初陆续走进各高校的课堂，便使文献检索课的内容更为丰富，更有吸引力。20 世纪 90 年代后期，文献检索课又增加了 Internet 的内容，更增强了现代感和生命力。所不同的是，部分院校将"文献检索课"改称"信息检索课"，是考虑到"信息"的含义比"文献"更广。"信息检索"是"文献检索"的拓展，而不是取消。

本教材的作者是我校图书馆的几位中青年同志。密切为教学服务，是苏州大学图书馆的优良传统。记得在 20 世纪 70 年代末，当我初次开设文献检索课时，图书馆的同志就给予主动的配合。他们把上课要用的图书送进课堂，把学生的实习用书集中陈列在阅览室专架上，并承担辅导工作，使我深受感动。我当时写了篇

《图书馆为教学服务的生动事例》,发表在江苏省图书馆学会的会刊上,说的就是苏州大学图书馆热情支持文献检索课的事例。从 20 世纪 80 年代中期开始,图书馆从协助开课转为独立开课。他们针对各院系不同的专业特点讲课,取得了良好的教学效果。尤其是最近几年,图书馆文献检索室大量更新设备,并对本校师生进行计算机检索的培训,深受师生欢迎。这本教材就是他们教学经验的总结和理论升华。古人云:"功崇惟志,业广惟勤。"我深信,文献检索室的同志们必将以不懈的努力取得更大的成绩。是为序。

2000 年 10 月

《中国考古学文献目录》评介

　　研究历史需要充分地掌握资料。历史资料主要有两种类型,一种叫文字资料
(又称文献史料),另一种叫实物史料(如石器、铜器、墓葬、建筑等)。实物史料可
补文字资料之不足,可与文字资料相互印证,有时还可纠正书面记载的谬误。利用
实物史料来研究人类社会历史的科学叫做考古学。新中国成立以后,我国具有悠
久历史的考古学获得了新的生命,以前所未有的规模和速度蓬勃发展,考古调查和
发掘不断取得新成果,珍贵文物大量发现,考古理论研究也推向了新的水平,全国
各种报刊杂志发表了数以千计的调查发掘报告和论文,各出版社出版了许多考古
专著。由于这些专著和论文出版分散,数量庞大,如果我们想查找某一方面的资
料,难免要耗费大量的时间和精力,这就很需要有一部目录索引,集中反映这方面
的成果,以供我们"按图索骥"。《中国考古学文献目录》的出版,便为我们提供了
"索骥"之"图"。

　　《中国考古学文献目录(1949—1966)》(以下简称《考古目录》)系中国社会科
学院考古研究所图书资料室编,文物出版社 1978 年 12 月出版,16 开,精装一册,
共 348 页。它收录了我国从 1949 年至 1966 年 6 月发表的考古学方面的论著资
料。全书分书目和报刊资料索引两大部分,书目部分收论著 537 种(著录书名、编
著者、出版单位和时间,大都注明开本和页数),报刊资料索引部分收文献 7 000
余条。

　　《考古目录》的书目部分分八大类编排:(一) 总类,(二) 田野考古资料,(三) 考
古学分论,(四) 考古学专论,(五) 美术考古,(六) 科学技术,(七) 文化生活,
(八) 历史地理与名胜古迹。如果学术界对某书曾发表过评介文章,则将书评的出
处附载于该书书名之下,例如:

　　　石刻题跋索引(增订本)　杨殿珣编　商务印书馆　1957 年 11 月
16 开　808 页
　　　书评:
　　　杨殿珣编著《石刻题跋索引》　邵友诚《考古通讯》　1958 年 3 期
77－78 页

《石刻题跋索引》对于研究古代石刻很有用处,但也存在着一定的缺点,读了书评,有助于我们正确地对待这部工具书。这种著录书名附载书评篇目的编纂体例是很值得提倡的。

《考古目录》的报刊资料索引部分,分11大类编排:(一)总类,(二)考古学分论,(三)考古学专论,(四)田野考古资料,(五)美术考古,(六)古代科学技术,(七)古代文化生活,(八)宗教遗迹与遗物,(九)少数民族地区考古,(十)历史地理与名胜古迹,(十一)中外关系与文化交流。索引总计引用期刊184种,报纸50种,论文和资料集39种,为我们提供了丰富的资料线索。

这部《考古目录》有一个显著的特点,即不仅收录严格意义的考古学范围之内的论著资料,还酌收若干相关学科的文献,如中国古代史、文化史、艺术史、科学技术史、历史地理学等方面的显著资料。正因为如此,《考古目录》就不仅仅是文物考古工作者常用的工具书,也可供研究科学技术史的同志、文学艺术工作者、教师或其他读者参考。试举数例:

例一,如果想查找一些美术史料以供创作时借鉴,可参考该书"书目"和"报刊资料索引"的"美术考古"部分。(注意:仅限于1949—1966年国内发表者,下同。)

例二,如果想了解有关唐代音乐的知识,从"文化生活"部分可以得知若干种音乐史专书和《唐代的音乐艺术》等数篇论文。

例三,现行中学语文课本中《活板》、《张衡传》、《甘薯疏序》等课文,都与古代科学技术有关。如果想查找有关资料,通过《考古目录》的"科学技术"部分可以得知:关于活字印刷,曾出版过《中国活字印刷史话》等专书,发表过《毕昇与活字印刷术》等文章;关于张衡和地动仪,曾发表过《张衡候风地动仪的复原研究》等文章……在备课时,若根据《考古目录》所提供的线索把这些资料找来钻研一番,可以帮助教师加深对课文的理解,丰富讲课的内容,提高学生的民族自豪感。

例四,如果你想了解有哪些专书或单篇文章介绍过南京的历史和名胜古迹,《考古目录》可以告诉你,有《南京史话》、《南京的名胜古迹》等专书,有《南京城的历史变迁》、《龙蟠虎踞古金陵》等文章。

例子不多举了,总之,《考古目录》的适用面是比较广的,希望读者们不要以为此书只对文物考古工作者有用而与之疏远。

《考古目录》也存在一定的缺点,如:

1. 对文献资料的取舍标准欠明确。如农业方面,既然收录了《我国古代农学发展概况和若干农学资料概述》等文章,却又不收《中国农学史》(科学出版社1959年版上册)、《中国农学书录》(农业出版社1964年版)这些重要专著。又如,同属商务印书馆在20世纪50年代重印的科技古籍,既然收录了《营造法式》,却又不录《考工记图》、《天工开物》等,均不知何故。

2. 文献资料的分类编排尚欠科学和细密。例如,关于南京西善桥南朝墓的砖刻,《对于南京西善桥南朝墓砖刻竹林七贤图的管见》一文编入"考古学分论·魏晋南北朝"部分,《南京西善桥南朝墓及其砖刻壁画》一文编入"田野考古·江苏"部分,而"美术考古"部分对上述文章都未予反映。如果能采用"互见"的方法分别予以揭示,将会给读者带来很大的方便。

3. 书末没有辅助索引,这是十分遗憾的。若能像科学出版社 1957 年出版的《中国史学论文索引》那样,把人名、地名、朝代名、原有标题以及各种专名编成辅助索引,那就便于读者进行多途径的检索,并且可以弥补原书在资料分类上存在的某些缺陷。

目录索引之类是读书治学的重要工具。目录索引的编制是一件繁重、细致、默默无闻却又是功德无量的工作,它"可以省掉许多人的暗中摸索之苦"(见郑振铎为孔另镜《中国小说史料》所作序)。而且,这一工作又是永无止境的,以《考古目录》而言,它所收录的文献资料截至 1966 年 6 月,从 1966 年到现在,又过了 13 年,文物考古战线又取得了很多新成果,需要有新的目录予以反映,我们希望考古研究所资料室的同志尽快编出《考古目录》的续编。同时,我们期待着出版部门出版更多的工具书,以满足广大读者向科学文化进军的迫切需要。

1979 年

(附注:《中国考古学文献目录》南京图书馆已入藏,书号:Z88:K8701)

《唐宋词风格论》推介

杨海明先生的《唐宋词风格论》，最近已由上海社会科学院出版社出版。这是我国第一部系统研究唐宋词风格、深入探讨唐宋词美感的专门著作。85岁高龄的著名词学大师唐圭璋教授为该书撰序，序言指出："自来治词学者，有词选、词论、词史、词集考订、词人年谱之作，然尚未见有专从风格入手作纵横谈者。海明此书，亦史亦论，寓史于论，实为首创。"道出此书价值之所在。全书分上下两编：上编为"唐宋词的'主体风格'及其变革"，分12章；下编为"杂论"，分四章。既有宏观论述，又有细密辨析。

将传统的词学与现代美学观、艺术观相结合是本书的显著特色，历来论唐宋词风格，习用"婉约"与"豪放"概括之，几成模式。海明先生认为如此尚不足以概括词苑中奇葩异卉的多彩风姿，遂提出"主体风格"与"变革型风格"之说，这是海明先生唐宋词风格论的要点。

著者吸取前人词论的精华，并根据词苑的实际情况，将唐宋词的主体风格归纳为五点：一是"真"，"'真'字是词骨"（况周颐语）；二是"艳"，所谓"词为艳科"；三是"深"，擅长揭示人们深层的精神世界；四是"婉"，曲尽人情，婉转细腻；五是"美"，尤其是语言之美，给人以视觉的美感和听觉的美感。

本书对唐宋词主体风格的研究，并不停留于表面的描述，而是广泛运用文艺学、历史学、社会心理学、民俗学等学科的理论与方法，对主体风格的形成和发展演变进行深入、细致的剖析。著者从时代、地域、文体这三个方面，论证了主体风格的成因；又从词体自身运动发展的规律着眼，阐述了主体风格的三次变态：第一次，柳永创制慢词，"放大"了主体风格；第二次，周邦彦等词人弥补柳词俚俗、发露的弱点，开创了缜密典丽的格律派的新词风；第三次，南宋姜夔、吴文英等人的"雅词"，是对主体风格的某种修正，技巧愈工，但却"精力不足"了。

本书对"变革型风格"的论述，令人耳目一新。著者着重从"以诗为词"和"以文为词"两个方面深入分析，颇有独到之处。例如苏东坡是"以诗为词"的代表，前人每每以"豪放"来概括苏词风格，著者以为既正确又不够准确，应从情深、思深（哲理性）和直率这三个方面来把握苏词的总特点。著者反对把风格问题看得简单化，列专章论述不同风格在一个作家身上的兼存和不同风格在一件作品中的交融,很有见地。

　　本书下编题为"杂论",其实不杂,贯穿着艺术辩证法的精神。著者论述唐宋词的雅与俗、刚与柔、疏与密、自然与雕琢,熔研究、评论和赏析于一炉,颇多精彩之笔。如对李清照敏锐细腻的艺术感觉的分析,对读者和作家"厌旧趋新"的审美心理的论述,都给人以深刻的启示。

　　海明先生在引言中谈到"建立唐宋词的风格学"的问题,我认为,本书就是"风格学"之力作,治词学者不可不读。

（原载香港《大公报》,1986 年 10 月 20 日）

散文艺术的可贵探索
——读《散文天地》

　　小说与诗歌似乎是当今文学大家族里的一对宠儿,评介文章多,传授其创作经验的书籍亦多;至于谈散文写作的书籍,便比较少了。为何源远流长的散文艺术,竟受如此之冷遇? 正当我困心衡虑之时,读到花城出版社新近出版的《散文天地》,精神为之一振。振奋之余,连向该书的作者范培松表示贺意,他却谦逊地说:"这不过是我从那淙淙流动的散文艺术的泉水旁取来的一杯水,给那些在散文创作道路上走得很累的文学青年解渴的。水是淡的,但我的心是诚的。"

　　我说,有诚则灵。不错,泉水是淡的,但此中有甘美与清香。它不仅可以解渴,还可以供人品尝,有益身心,给人以美的享受。

　　《散文天地》是花城出版社"写作自学丛书"之一,此书有一独到之处:作者是以生动的散文笔调写的。全书25讲,是25篇谈散文的散文,文笔流动,涉笔成趣。作者不是居高临下宣讲"散文作法",更不是煞有介事地传授"作文秘诀",而仿佛是和文学青年促膝谈心,切合他们的实际畅谈"应该怎样写"和"不能怎样写"的甘苦得失。随笔挥洒,但形散神不散;不刻意求全,但自成一说。全书贯穿着作者鲜明的散文观,这散文观可以用一个"活"字来概括——像奔泉那样活。

　　作者反对散文写作僵化、模式化,主张构思方法灵活多样。他很赞赏苏东坡的散文理论。东坡云:"吾文如万斛泉源,不择地而出。在平地滔滔汩汩,虽一日千里无难。及其与山石曲折,随物赋形而不可知也。所可知者,常行于所当行,常止于不可不止,如是而已矣。"散文是奔流的文学,应是喷出来的,而不应是挤出来的;要有真情实感,切忌矫情;要有个性,力避雷同。同样是写爱,冰心写对母之爱,老舍写对花之爱,杨朔写对海之爱,张洁写对手足亲情之爱,都是从各自内心流出来的爱,各有个性,妙在"异"上,所以感人肺腑。但是,即使是很有成就的散文家,如果作品中有那么一两处公式化的东西,也很刺眼。例如杨朔自从以"心醉"形容对海水的感受之后,又在其他作品中不断运用"醉"字:昆明使他"心醉";漓水使他"心醉"……范培松幽默地说:"这也醉,那也醉,读者就难以醉了。"

　　尤其可贵的是作者对散文美学做了有益的探讨。本书最后一组文章论述了散文的山水诗意美、合理美、和谐美、节奏美、色彩美、情趣美等。作者剖析了古今作家散文创作的丰富实例,与刘勰、王国维、歌德、黑格尔等中外学者的美学理论相印证,给人以深刻的启示。近年来,论述诗歌与艺术创作中的美学问题的论著不少,但探讨散文写作中的美学问题的论著却不多见。范培松以清新的文笔、多侧面地论述了散文美学,令人读后确有耳目一新之感。

当然,在散文的广阔天地之中,有待深入探讨的问题还很多,例如,如何探索散文发展的规律并从中汲取营养的问题,散文的风格差异性问题,散文创作与学问根底问题等。我们企望作者更上一层楼,发表更多、更好的散文论著。

(原载香港《大公报》,1985 年 4 月 16 日)

编辑出版篇

郁达夫研究的新突破

——谈《郁达夫评传》

文学评论家曾华鹏、范伯群的新著《郁达夫评传》,已由天津百花文艺出版社出版。

"评传"也者,既要"评",又要"传",评论公允,传记翔实,方为上品。两者之中,"评"尤为重要。然而,要对郁达夫充满矛盾的一生作出恰如其分的评价,殊非易事。没有深厚的学问根底和敏锐的艺术眼光,是无法全面评述这位"五四"新文学巨匠的。

曾华鹏、范伯群曾对郁达夫进行了长期研究。早在1957年,他们就在《人民文学》上发表了四万字的《郁达夫论》,引起了国内外学者的瞩目。捷克学者安娜·多勒诺娃在《论郁达夫文艺作品之特征》一书的序言中说:"曾华鹏、范伯群的《郁达夫论》是一篇相当详尽地论述郁达夫的论文。这篇论文比较集中地论述了郁达夫的政治态度和他的作品的进步的革命内容。"尔后20余年,关于郁达夫的资料又有许多新发现,郁氏的亲属和友人又发表了不少回忆文章,这为继续深入研究郁氏提供了极为有利的条件。

新出版的《郁达夫评传》计20万字,注重"评"和"传"相结合,作品内容评价和艺术分析相结合,比《郁达夫论》有了新的突破。全书共分六章:(一)论述郁氏创作前在生活、思想、艺术方面的准备;(二)论述郁氏留学日本十年的生活和思想,分析其第一部小说集《沉沦》的思想艺术特色;(三)评述郁氏回国初期创作作风的变化及其早期文艺思想;(四)论述郁氏在大革命前后的思想矛盾及其在创作上的反映;(五)评述郁氏在白色恐怖中移家杭州以后的苦闷和思想矛盾及其在创作上的反映;(六)评述郁氏赴闽任职、赴日讲学诸事,着重写抗战爆发后,郁氏在福州、武汉、新加坡等地宣传抗日,成为一名反抗侵略、捍卫民族尊严的爱国主义战士。最后是结束语,对郁氏异常复杂的一生作简要总结。

《郁达夫评传》给读者的第一个鲜明印象是资料翔实、主线分明、持论公允。近年来,中国大陆和港台地区以及日本、南洋的学者在郁达夫资料的收集、整理方面做了大量的工作,郁达夫的诗词、日记、书信以及发表在新加坡报刊上的文章,都有重大的发现。《郁达夫评传》的著者把这些新资料与原有资料进行综合研究,提出了许多真知灼见。例如,关于郁氏在 20 世纪 30 年代移家杭州的原因、赴闽任职的动机,学术界曾有不同的看法。《郁达夫评传》依据丰富的材料,作出了细致的分析、合理的解释,得到了学术界的好评。著者既剖析了郁氏性格的复杂性,揭示了他积极与消极、明朗与晦暗这两个矛盾着的侧面,又令人信服地理出了一条主线:"深沉的爱国主义和人道主义,像是整部乐曲的强音,整幅图画的主色,它是奔腾在郁达夫全部生活和创作中的主流。"这就廓清了笼罩在郁达夫研究上的浓云密雾,纠正了某些文学史著作对郁氏的不公正评价。

《郁达夫评传》的特点之二,是运用鲜明的美学观,对郁氏作品的艺术特色及其风格的演变作了清晰的论述。例如对郁氏早期小说中的感伤情绪、忧郁的艺术气氛应当如何评价,是一个很复杂的问题。《郁达夫评传》联系作家的环境、独特的经历和审美趣味、国外文艺思潮的影响等方面进行分析,论述比较深刻。又如,过去对郁达夫的游记和诗词尚缺乏系统的研究,《郁达夫评传》对这些作品的内容和艺术特色作了系统、细致的分析,并发表了独到的见解,这也是一个突破。

《郁达夫评传》的又一特点是学术性的与文学性的有机结合。全书不仅说理透辟,而且语言清新、文笔优美;既是一部论证缜密的学术论著,又是一部引人入胜的文学传记,实是评传中之上品。

(原载香港《大公报》,1985 年 6 月 3 日)

藏书史研究的新成果
——喜读徐雁、谭华军的新著

徐雁先生和谭华军女士整理、翻译的《清代藏书楼发展史》、《续补藏书楼纪事诗传》合刊本,最近已由辽宁人民出版社出版。

源远流长的中国藏书史是中国学术文化史的有机组成部分。最早对历代藏书故实进行全面搜集并系统述评者,当推清末苏州学者叶昌炽(1849—1917)。他的《藏书纪事诗》共记五代至清朝藏书家739人(据徐雁先生统计)。《藏书纪事诗》对各藏书家先以七言绝句总括其事,然后系以有关史料,附以叶氏按语,是我国第一部纪事诗体的藏书家传记,被誉为"书林之掌故,藏家之诗史"。此种别具一格的著述体式问世后,接踵仿效续补者不下八种,可惜有若干种已散佚,如广东著名藏书家莫伯骥的《藏书纪事诗补续》稿本,毁于日寇侵华的兵火之中。

为使《藏书纪事诗》续补之作得以流传,海峡两岸学者多年搜求与刊布。如台湾文海出版社20世纪70年代影印出版大型丛书《近代中国史料丛刊续编》时,收入广东藏书家徐绍棨所撰《广东藏书纪事诗》,并且不无遗憾地说:"尚有东莞伦明撰《辛亥以来藏书纪事诗》一卷,经寻访未得。我们馨香祝祷伦著有重现之一日。若天假机缘,亦归本馆出版,与此书合璧,自是使人生平欣慰的乐事。"

我们今日欣喜地看到,大陆徐雁和谭华军两位学者经多年搜求整理的《续补藏书纪事诗传》,不仅汇集东莞伦明之作,尚收录其余续补之作,堪称集大成者。本书有三大特点:

第一,网罗丰富。本书汇集了徐绍棨《广东藏书纪事诗》(凡诗61首,传54篇)、伦明《辛亥以来藏书纪事诗》(凡诗146首,传146篇)、王謇《续补藏书纪事诗》(凡诗126首,传126篇),并增辑了吴则虞等学者的部分藏书纪事诗和纪事传。总计收纪事诗351首,正传277人,附传35人。此外,还翻译了广东新会县谭卓垣先生的《清代藏书楼发展史》(1935年英文版),置于卷首。

第二,增补详密。本书不仅以注脚形式阐述原著语焉不详之处,还对著名藏书家的传记资料多所增补(另以【增补】标明)。

第三,检索方便。全书以传主标目,采自各书的纪事诗、纪事传均随传主集中排列,传主按姓氏笔画编排。

要言之,本书对研究有清以来 300 余年藏书楼的发展、典籍的流传、稿本的存佚、书业的兴衰、学者藏家的言行与学术风尚均有裨益,实为学术文化史之要籍。

(原载香港《大公报》,1989 年 4 月 17 日)

打开经济学宝库的钥匙
——评《经济文献检索与利用》

经济科学素有"社会科学的皇后"之称,历史悠久,文献丰富,发展迅猛,流派众多。每日每时,都有大量的经济信息从各方蜂拥而来,与国计民生关系极为密切。怎样才能从浩如烟海的经济文献中找到自己所需要的资料? 怎样才能掌握打开经济学宝库的钥匙? 这是经济界人士十分关切的问题。今年 2 月,四川科学技术出版社出版了《经济文献检索与利用》一书,洋洋 32 万言,为解决上述问题提供了方法,指点了门径。

该书由西南财经大学丁道谦先生主编,参加编写的还有冯家禄、吴忠耘、董建民、毛良佑四位先生。他们当中,有的是经济学界老前辈,有的精通图书馆学,有的通晓外文,各人通力协作,写出了我国第一部经济文献检索教材。

全书分九章:(一) 文献检索的意义和作用,(二) 经济文献的分类及其应用,(三) 检索文献的排检法,(四) 用百科全书查检经济文献,(五) 用中文字、词典查检经济文献,(六) 用外文词典查检经济文献,(七) 用目录索引文摘查检经济文献,(八) 用年鉴、手册和表谱、图录查检经济文献,(九) 检索文献的途径和方法。

该书各章既有理论的阐述和参考工具书的介绍,又有具体的查检实例。全书计有实例 100 多个,深入浅出,实用性强,是本书的一大特色。

本书的另一特色是古今兼顾,既讲述古代、近代的经济文献及其检索方法,又讲述当代的经济文献及检索方法,尤其注意介绍 20 世纪 80 年代以来新出版的参考工具书,如上海辞书出版社的《经济大辞典》,台湾地区出版的《世界商品市场辞典》,中国科学技术出版社的《中国经济特区及东南亚工商企业名录》等。

本书的又一特色是中外并重,即不仅介绍中国编辑出版的书籍,还介绍了大量的外文书籍,并对二者进行了仔细的分析比较。如在《百科全书经济条目的差异》一节中,把《美国百科全书》、《柯勒尔百科全书》、《不列颠百科全书》和《国际经济学百科全书》所列的 ECONOMICS 条目进行比较,俾读者体会其各有所长,各有所短,以便使用时取长补短。

美中不足的是,本书漏列了少量较重要的参考工具书,如赵迺抟先生的《披沙录》(北京大学出版社 1980 年版)就是一例。此书上集为《中国历代经世学者人名录》,下集为《中国经济思想文献要籍简介》,是研究经济思想史的重要工具,理应详细介绍。此外,有些书已有新版本,但本书只介绍了旧版,亦嫌不足。本书再版时,若能更正一些误植之字,补充一批新材料,并在书后附以书名索引,那对经济界的贡献就更大了。

(原载香港《大公报》,1986 年 5 月 12 日)

赞《古今图书集成索引》

　　中华书局和巴蜀书社影印出版清代大型类书《古今图书集成》（以下简称《集成》）后，又配套出版广西大学林仲湘等新编的《古今图书集成索引》。这部索引设计巧妙，细密周详，不仅为检索文献宝库《集成》提供了莫大方便，也为古籍索引的编纂提供了宝贵的经验。

　　康熙、雍正年间编撰的《集成》，是我国现存类书中规模最大的一部。它选辑了我国上古至清初以前的重要文献资料，共 1 万卷，约 1.6 亿字，依类分为 6 汇编、32 典、6 117 部。内容广泛涉及天文、地理、政治、经济、军事、文化、艺术、科技、人物、民俗等各个方面，是闻名遐迩的知识宝库，国外学者称之为"康熙百科全书"（*K'ang Hsi Imperial Encyclopaedia*）。因为它搜罗宏富，保存了部分已散佚的珍贵文献，又有数千幅精工绘制的插图，所以一向受到中外学者的重视。但由于它卷帙浩繁，所载事物太多，分类方法又与今人的分类概念有很大的差异，故常使读者难以迅速从中查得所需资料，许多珍贵文献不能被充分利用甚至被掩盖。这就需要有一部周密的索引来详尽揭示《集成》所包罗的每一个知识单元。

　　自 1907 年至 20 世纪 80 年代初，先后有俄、英、日、中等国学者为《集成》编印了七八种索引。但这些索引，有的仅是选取其中部分内容编制而成，有的只是把全书 6 000 多类目（部名）重新编排，在完整性和细密程度上，远不能满足读者多角度、多层次的检索需求。

　　林仲湘等编的《古今图书集成索引》，不但在科学性、实用性等方面超过了上述几种索引，而且是新中国建立以来编纂出版的一套规模最大的古籍专书索引。它分三巨册出版，已出版的第一册为 16 开本，共 1 470 余页，有以下三个显著特点：

　　一、总体设计科学。编者首先对《集成》的内容和体例进行了全面而透彻的研究分析，把握了"经纬交织"的特点，分别从"经线"和"纬线"两方面入手编制索引。所谓"经线"，即《集成》的 6 汇编、32 典、6 117 部。编者撰写了《经线要目简释》，把各汇编和各典的含义、范围加以诠释，并指明所含部数、卷数和所在册次，又编了详细的《部名索引》，以满足读者族性检索（依类寻检）的需求。所谓"纬线"，即《集成》各典各部所列项目，有汇考、总论、图、表、列传、艺文等。编者撰写了《纬线项目简释》，编制了《纬目出现频率一览表》《经纬目录》，泾渭分明，一目了然。

二、检索入口众多。编者为"纬线"设计编排了《图表索引》、《人物传记索引》、《职方典汇考索引》、《禽虫草木二典释名索引》等专项索引（还有艺文索引和引书索引，另行出版），专指性强，可满足读者多角度的检索需求。读者若要从中查某一事物的图像，或某一人物的传记，或某一地域的沿革，或某一动植物的名实，一索即得。

三、考证谨严细致。编者用力之勤，突出表现在对同姓名人物的甄别上。《集成》中同姓名人物的数量极大，如"王佐"共19条，分属4朝13人，编者一一考辨，分别注明朝代、贯籍、任职。考订之细，还表现在历法表谱的立目问题上。《集成》中的表谱多无表名，编者深入钻研古代天文知识，反复推敲，又请教北京天文馆的专家，才逐一定稿。再如，编者运用训诂学的理论与方法，对书中关键性词语逐一训释，梳理出它们之间的同义、近义、交叉或包容关系，从而为索引条目建立起左右逢源的参照系统，这一切都体现了编者良好的学术修养和处处为读者着想的良苦用心。

《古今图书集成索引》的编纂成功又一次证明了编纂索引是一项学术性、技术性很强的工作，又是十分艰苦、琐细的工作。没有深厚的学问根底和无私奉献的精神，是无法编出高质量的索引的。那种认为编索引是简单的机械劳动的观点，认为索引不登学术之堂的观点，都是片面的。

"一手抓扫黄，一手抓繁荣"，是广大文化工作者的心愿。在当前出版学术著作难、出版索引更难的局面下，中华书局和巴蜀书社毅然出版了这部大型的古籍索引，表现了出版家的魄力和远见卓识。我们衷心感谢出版社和编者为弘扬优秀文化传统、繁荣出版事业所作出的杰出贡献！

从《中国古今书名释义辞典》说开去

在辞书的编纂出版流程中,选题是第一个环节,也是决定辞书的价值和品位的重要前提。选题的好坏,取决于是否对社会需求作了深入分析,而社会需求是个动态性的概念,并有多层次、多视角的内涵。对社会的当前需求、表层需求较易把握,但是对社会的潜在需求、深层需求,则要经过深入细致的调研、分析才能把握。

辞书的社会需求,说到底,是众多读者群的知识需求

读者有求于辞书,无非是希望辞书能帮助他填补知识结构中的空白点或薄弱环节。辞书编者的一个重要任务,就是及时分析不同读者群的知识需求,从而规划自己的选题。

有时,读者对某一方面知识的需求已表现得相当强烈;有时则相反,明明其一方面的知识对某些读者群来说是很重要的,但读者的需求意识还比较朦胧,还没有强烈意识到它的重要性,这就要求辞书编纂出版工作者敏锐地捕捉这种潜在需求,并通过选题把这种需求明朗化、系统化。这就是辞书选题中的导向意识、拓展意识。

赵传仁等主编的《中国古今书名释义辞典》(山东友谊书社 1992 年版,以下简称《书名辞典》),就是经过较长时间的需求分析而确定的一个成功的选题。此书"专释古今难解书名"(《凡例》),共计解释了我国先秦至 1966 年"文革"之前 3 200 多种书的命名来由,并简介其作者和内容。我们说《书名辞典》选题角度好,有新意,是因为它有以下两方面的优点:

一、适应了不同层次读者群的特定的知识需求

先以中学生层次为例,1988 年全国高考语文试卷有这样一个题目:

古人文集题名,(A) 或称作者的字或号,(B) 或称其谥号,(C) 或称其官职,(D) 或称其籍贯。分别指出下面六种文集属哪一类。

①《临川先生文集》( )　　　②《范文正公文集》( )

③《稼轩长短句》( )　　　④《柳河东集》( )

⑤《王右丞集》( )　　　⑥《昌黎先生集》( )

这说明,书名知识是中学语文教学中已涉及的问题,中学生需要这方面的知识。

即使是文化层次很高的学者,也会对这部辞典感兴趣,因为有不少书的命名来由在原书序跋或有关的书目提要中是查不到的,正需要有集中解决这类问题的工具书。对图书资料工作者来说,这部辞典的功用就更直接了。

二、有丰富的知识含量

中国古今书籍的命名角度多种多样,涉及诸多知识领域。书名大体可分三大类:

(1)与书籍的内容有关。有的明确揭示书籍的性质、内容,如《全唐诗》、《修辞学发凡》。有的援引典故暗示书籍内容,如袁枚的小说集名《子不语》,典出《论语·述而》"子不语怪、力、乱、神",表示该集专记神怪故事;又如顾禄的《清嘉录》,典出晋陆机《吴趋行》"土风清且嘉",表示该书专记吴地风土民情。不少书名还寄寓某种深意,如文天祥的《指南录》,郭沫若的《女神》,茅盾的《子夜》等。

(2)与作者有关。或径以作者本名命名,如《杜审言集》;或以作者室名命名,如汪绂琴曲集名《立雪斋琴谱》;或以作者的官衔命名,如李白集名《李翰林集》;或以作者的表字、别号、籍贯、境遇、所爱之地、所抱之志向命名,等等。同一作者的诗文集可以有不同的取名角度,因而形成一集多名。如王安石的诗文集,有《临川先生文集》(以籍贯命名)、《王介甫先生集》(以字命名)、《半山诗钞》(以号命名)、《王荆公诗集》(以封号命名)、《王文公文集》(以谥号命名)等名目。古人的表字与本名往往有一定的意义联系,别号有一定的寓意,室名爱用典,探求其意蕴有助于知人论世。

(3)与成书情况有关。或表示成书时间,如俞正燮的《癸巳类稿》;或表示成书地点,如许浑的《丁卯集》;或表示成书过程,如陶宗仪的《南村辍耕录》,"南村"是号,"辍耕录"说明该书是作者在躬耕之余杂录而成的。

通过以上数例不难看出,书名之中有丰富的知识内涵。一般读者在接触《书名辞典》之前,也许并未意识到这一点;或仅略知一二,而缺乏系统、深入的了解。一经查阅《书名辞典》,便可体会书名之学广泛涉及语言、文学、典故、礼俗、历史、地理等方面的知识,从而激发起对书名的注意和钻研。《书名辞典》的收录范围不限于古籍,还包括现当代作品,这就使其知识容量进一步扩大。也就是说,"中国古今书名释义辞典"这一选题为编者传授广博的知识提供了用武之地。而广博的知识的传授,又始终以书名为枢纽。论题集中,知识面广,雅俗共赏,正是这一选题的成功之处。

有了好的选题,还要有周密的设计、严谨的释义作保障。《书名辞典》的编者在释义方面也是下了大工夫的,治学态度是谨严的。以下略举数例。

有些书系学人所习见或常用,但对其书名来历,却不易考知。如桐城派姚鼐的《惜抱轩诗文集》,系以书斋取名,但"惜抱"又有何出典?《书名辞典》的编者经请教安徽籍专家并反复查书，方考知系取陶潜《饮酒》之十五"若不委穷达，素抱深可惜"之意。又如，《聊斋志异》谁人不晓？但蒲松龄书室"聊斋"之"聊"是何意，却是不易答出的。从字书上看，"聊"有"耳鸣、寄托、姑且、乐"等义，此处取何义？《书名辞典》编者据蒲松龄《琴瑟乐》："叹人生容易老，总不如盖好聊斋书室为乐巢……吃一杯，乐陶陶，二三杯才能把那愁山推倒，这光景就是渔洋先生也办不到。"考知书斋名"聊"乃取"乐"义。

释义的严谨，还表现在对旧说不轻信。如清人黄景仁的诗文集《两当轩集》，系以其书斋之名名书。"两当"又是何意？景仁之孙黄志述《两当轩集考异》提到"先大父尝取《史通·隐晦》'以两当一'之语名轩"，则"两当"是"以两当一"之缩简，是黄景仁的谦词。但《书名辞典》编者经过查核，发现《两当轩集考异》有误，"以两当一"实出《史通·叙事》，便于释文中指出"'隐晦'是'叙事'之误"。《书名辞典》连文集作者后裔所提供的材料也不轻信，匡谬正误，可谓严谨。

但辞书是一种"遗憾的艺术"，《书名辞典》也不例外。笔者认为此书美中不足之处有三：

（1）有不当立目而立目者，与本书"专释古今难解书名"（《凡例》）的宗旨相悖。又分两种情况：一是书名含义鲜明，如《中国小说史略》、《冯至诗文选集》、《中国历代文论选》之类，不必立目而立目；二是不属书名，而属篇名或章节名，如鲁迅《摩罗诗力说》、刘熙载《书概》之类。《书概》仅是《艺概》这部书中的一部分。《书名辞典》已将《艺概》立目，又将《书概》立目，实无必要。

（2）有应当立目而未立目者。如未立《东华录》或《十一朝东华录》，仅立《光绪朝东华录》；未立《列朝诗集》，仅立《列朝诗集小传》，可谓顾小失大。《明实录》、《日知录》等需要解释书名的要籍未立目，亦是憾事。

（3）个别条目释文欠精确。如《本草万方针线》条，谓"本书是在《本草纲目》中因病求方的重要工具书"，说得笼统了些。它实际上是《本草纲目》的索引。《本草纲目》收药物1 800余种，并在有关药名下附载历代方剂，合计药方万余。由于这些药方散见于药名下，查阅不便，蔡烈先便编了按疾病门类编排的索引，使读者知道治疗某病有哪些药方，见于《本草纲目》某卷某处。蔡氏之作在我国索引发展史上有重要地位。《书名辞典》若能点明并扼要解说，可以为读者提供更多的知识。

在以鉴赏辞典热、成语辞典热、人名辞典热为表征的"辞典热"中，出了一批好书，也暴露了一些问题。人们议论得最多的是两个问题：一是选题重复或平庸，二是成书草率。选题重复、平庸的原因，当事人常归咎于信息不灵，说："如果早知道他们要出版这辞典，我们就换个选题了。"这话是大体不错的，却又是欠全面的。因为即使你掌握了全国辞书出版的动态，明白了不该编什么（避重复），还是没有解决该编什么的问题。好比避免了"撞车"，不等于解决了"行车"的质量和最佳方向。好的选题源于对社会需求的深层分析，有了好的选题，还要有一系列保证质量的措施。

还应强调的是,我们提倡选题的优化,不等于片面追求"爆冷门"。有时,题目本身并无惊人之处,但由于切入角度好,框架设计周详,释义科学缜密,同样能编出一部有特色的好辞典。上文论及的《书名辞典》便是一例。要说这部辞典的选题特别新颖,也不见得。因为,它的基本性质与书目提要同科。早在 2 000 多年前,西汉刘向整理皇家图书,撰写提要,对书名的研究便是其中一个重要内容,如他在《战国策·书录》中说:

> 中书本号,或曰《国策》,或曰《国事》,或曰《短长》,或曰《事语》,或曰《长书》,或曰《修书》。臣向以为战国时,游士辅所用之国,为之策谋,宜为《战国策》。

此后,历代编印的书目提要,乃至近年出版的《简明中国古籍辞典》、《简明古籍辞典》,对书名问题均有所涉及。但是,书目提要、古籍辞典对书籍的著录和介绍,均着眼于外部特征(书名、著者、版本等)和内容特征的总体把握,并不要求对各书的命名来由一律予以诠释。《书名辞典》则以传统目录学为背景,以书名问题为切入点,以古今包容的视野选词立目,以严谨的治学态度开展编纂工作,所以选题和释义都获得了成功。善于继承,又勇于开拓,是《书名辞典》给我们的重要启示。

(原载《辞书研究》,1993 年第 4 期)

诗化的江苏风物志，形象的地域小百科

——读《江苏竹枝词集》

赵明等编、赵朴初先生题写书名的《江苏竹枝词集》，2001 年由江苏教育出版社出版，这是古籍整理出版的又一优秀成果。

文人写作竹枝词的风气，起源于中唐诗人刘禹锡。他被声情并茂的巴渝民歌所打动，又受屈原仿楚地祭歌而作《九歌》的启发，于是拟作竹枝词，获得巨大成功。苏轼赞道："此奔轶绝尘，不可追也！"黄庭坚惊叹："梦得《竹枝》九章，词意高妙。"清人翁方纲进一步指出，竹枝词的精髓已经渗入刘氏的其他诗篇，"以《竹枝》歌谣之体，而造老杜诗史之地位。"（《石洲诗话》卷二）竹枝词在诗坛的地位，由此可见一斑。

自刘禹锡开此风气，历代文人踵事增华，创作了数以万计的竹枝词，形成了中国文学史上绵延传承的一脉，自成系统，独具特色。其形式，小巧玲珑，文辞清丽，音调优美；其内容，贴近百姓生活，传递士庶心声，展现民俗风情，具有浓郁的地方色彩。如果把全国各地历代竹枝词汇成一编，那呈现在读者面前的，将不仅是雅俗共赏的优美诗篇，也是反映千余年来各地风土人情的巨幅画卷。赵明、薛维源、孙珩三同志正是出于这样的考虑，在 20 世纪 90 年代初即已立下编纂《中国历代竹枝词总集》的宏愿。他们沉浸在烟波浩渺的文献之海中，以惊人的毅力和耐心，爬罗剔抉，条分缕析，积稿数尺。但这一类印数有限的图书，出版问题始终困扰着编者。可喜的是，江苏教育出版社以弘扬传统文化为己任，率先促成了江苏卷的出版，为文化界做了一件好事。

本书收录南宋至现代歌咏江苏的竹枝词 6 700 首，作者达 400 余人。他们当中有著名诗人，如杨万里、杨维桢、袁枚；有诗论家，如钟惺、王士桢、沈德潜；有词家，如陈维崧、朱彝尊；有史学家，如谈迁、王鸣盛；有书画家，如倪瓒、沈周；有戏曲家，如屠隆、尤侗、孔尚任；有小说家，如范烟桥等。他们以艺术家的眼光和史家的识力，写景咏物，言情寄志，针砭时事。歌咏之不足，更附以小注，可以证史，可以补史。江苏全境，东至海门，西至徐淮，南至苏、锡、常，北至连云港，处处有"竹枝"。这是诗化的江苏风物志，又是形象化的地域小百科。

本书的编纂体例,颇具匠心。鉴于竹枝词具有鲜明的地方特色,故全书以地区为序编排。同一地区内,题材相同或相近者相对集中,以便检阅。作者名下系以小传,以作知人论世之助。所收竹枝词,均一一详注出处,恪守学术规范。竹枝词多有序、跋、注,有助于读者理解原诗,故本书予以保留。保留原注极为重要,因为竹枝词原注的价值,是不亚于诗歌的。施蛰存先生说过:"宋元以后,出现了各种地方性竹枝词,往往是数十首到一二百首的大规模组诗。每首诗后附有注释,记录了各地山川、名胜、风俗人情,以至方言、俚语。这一类的竹枝词,已不是以诗为主,而是以注为主了。这些注文,就是民俗学的好资料。"(《关于"竹枝词"》)本书最后附有作者索引,这也是考虑得很周到的。因本书正文按地区编排,便于按地查阅,却不便于按人查阅。何况,同一作者的作品又往往散见于两三处(如尤侗,为虎丘、沧浪、吴江等地写过竹枝词)。有了作者索引,便可解决这一问题。

我与本书三位编者交往的时间,短则 20 余年,长的已有 30 余年了。他们供职于苏州大学图书馆特藏部,业务精通,服务优质,这是有口皆碑的。三位同志还孜孜不倦地从事文献学的理论研究和文献编纂工作,主持或参与编纂的书籍达十余种,如《清史稿人名索引》、《中国历代人物图像索引》、《历代笔记书论汇编》、《文献学辞典》、《中国文学大辞典》、《中国文学史料学》等。如今,他们又以《江苏竹枝词集》作为新世纪的献礼,令我钦佩不已。我希望,《中国历代竹枝词总集》的其他分卷,能陆续问世;更希望在此基础之上,写出《竹枝词史略》,为分体文学史开拓新的品种。

电子书刊的检索功能

——兼评《中国出版年鉴》光盘

近几年,我国许多大型丛书、多卷本工具书或报刊合订本,已陆续制作成光盘(CD－ROM),如《四库全书》、《古今图书集成》、《中国大百科全书》、《人民画报(50年合订本)》、《中国出版年鉴(1980—2000)》等。这些电子书刊以其体积小、容量大而深受读者青睐。如《四库全书》收书3 400余种,36 000余册,本需一座藏书楼存贮,而制成光盘仅百余张,用办公桌的一个抽屉即可存放;《中国大百科全书》74册,制成光盘仅4张(1.1版),可放入衣袋随身携带。在十多年前,这是不敢想象的事。

然而,随着电子书刊的日渐增多,读者对它的要求也越来越高。人们已不满足于书刊光盘仅以"体积小、容量大"取胜,还要求它具有完备的检索系统和强大的检索功能。如果我们从检索功能的角度对已出版的书刊光盘进行分类,大体可分为以下四个基本类型。

(1)单一浏览型。主要指那些用图像扫描方式制成的光盘,如武汉大学出版社出版的文渊阁《四库全书》图像版光盘、超星公司首期推出的《中国古典文学经典系列》光盘。这类光盘实际上只是印刷型图书的载体转换,是原书的"翻版",其优点是保存原书面貌,缺点是检索途径单一。由于它提供的检索途径仅仅是书名、册次、页次,或书名、卷次等外表特征,所以只适合于按册或按篇卷浏览,无法深入其内容进行专指性检索。

(2)词目标引型。研制者先对书中的知识单元用主题词标引,并按一定的方式整序,以便供读者分类浏览,或键入主题词进行专指检索。电子辞书一般采用这种制作方式,制作工艺比上一种复杂,但提供的检索途径多。如《中国大百科全书》光盘,读者可以通过"条目分类目录"进行分类浏览;也可以选定"条目主题词目录",键入条目名称或主题词进行专指检索。不过,《中国大百科全书》光盘不具备逐字检索的功能,读者不能通过它了解某字某词在全书出现的次数和位置。

(3)逐字检索型。这类光盘可满足读者逐字检索的需求,是严格意义的全文检索数据库。如北京瀚海电子文献处理中心研制的《国学宝典》光盘,收录中国古籍 400 余种,中国现代著作和外国典籍 100 余种,所收图书均支持逐字检索和统计。例如,选定《清史稿》的查找功能,键入人名"方苞",计算机屏幕即可依次显示含有"方苞"的段落;如果选择统计功能,即可统计出"方苞"在《清史稿》中共出现44 次。可见,这种电子图书以检索细密见长,它可以统计出每个字词在某书中出现的次数(词频),并显示其所处位置。但是,仅有逐字检索的功能还不够,因为它"主次不分"。例如,它可以统计出"方苞"在《清史稿》中出现 44 次,但不能立即显示各次的重要程度或信息量的多少。也就是说,它不能立即告诉读者,何处出现的是方苞的完整传记或较完整的事迹,何处仅是在他人的传记中被提及。

(4) 综合型。这类光盘几乎兼有上述光盘的各种检索途径,可满足读者进行分类检索、专题检索、逐字检索等。《中国出版年鉴(1980—2000)》光盘版就是这类光盘的代表。下文拟对该光盘的检索功能作一分析评论,并对同类光盘的改进略陈管见。

《中国出版年鉴(1980—2000)》光盘版由"金报兴图"公司研制,中国年鉴出版社出版,将 20 册《年鉴》近 4 000 万字的资料压缩在一张光盘之中。该年鉴虽创刊于 1980 年,但有许多回溯性的内容(如大事记、统计资料等),所以它反映的内容实际上跨越了半个世纪,成为我国出版行业的大型资料库。如何将分散在 20 册年鉴中的近 4 000 万字资料巧妙地组织起来,便于读者查找,需要有独具匠心的设计思路。笔者揣摩其思路,是顺着"族性检索"和"特性检索"两大系列展开的,以下分述之。

一、族性检索

族性检索指研制人员按类别或专题组织资料,便于读者分类浏览并获取所需资料。《中国出版年鉴》光盘的"分类检索"和"专题检索"部分,便是为满足读者族性检索的需求而设。

读者用鼠标点击"分类检索",屏幕即显示"特载"、"概况"、"人物"、"出版工作论点摘编"、"图书评介"、"出版工作报刊资料索引"等 16 大类的类目,这些类目是以各年度《年鉴》的栏目为基础设定的。读者点击所需类目,屏幕即显示该类目的子目,点击子目,便可获得所需资料。至于"专题检索",包括"新中国出版 50年"、"中国韬奋出版奖"、"出版单位名录"等 7 个专题,供读者选择。

二、特性检索

特性检索是专指性很强的检索途径。《中国出版年鉴》光盘的"简单检索"和"高级检索"部分,便是为满足读者特性检索的需求而设。

1. 简单检索

读者输入一个关键词,并选定检索范围,计算机即显示包含该关键词的文献。例如,读者需要查找有关"电子出版物"的资料,先输入关键词"电子出版物",再选定检索范围("栏目"、"标题"或"正文"),点击"检索"按钮,计算机即统计出命中的文献数量,并详细列出检索结果(见表1)。

表1　在《中国出版年鉴》中检索"电子出版物"的情况

序次	检索内容 [关键词]	检索范围	命中记录数	检索结果举例
Ⅰ	电子出版物	栏目	55	全国光盘复制工作会议在广州举行 卷期次:中国出版年鉴1997年 栏目:纪事 类目:音像与电子出版物
Ⅱ	电子出版物	标题	21	国家电子出版物评奖办法 卷期次:中国出版年鉴2000年 栏目:法规文件 类目:音像、电子
Ⅲ	电子出版物	正文	324	第五届北京国际图书博览会 卷期次:中国出版年鉴1995年 栏目:纪事 类目:书展、书市 作者:张延华

(注:为节省篇幅,表格中"检索结果举例"一栏以简略方式表示)

　　如果在检索结果中点击所需文章(或条目)的标题,即可显示正文,并可打印。

　　上表序次Ⅱ说明,在《中国出版年鉴》近4 000万字的资料中,标题中出现"电子出版物"5个字的文章或条目共21篇(条)。当然,标题中并未出现"电子出版物"而内容实与电子出版物有关的资料还有许多,这从序次Ⅰ和Ⅲ可以看出。

　　最有意思的是序次Ⅲ,它表明在正文中出现关键词"电子出版物"的文章或条目共有324篇(条)。在这324篇(条)中,"电子出版物"出现的次数(词频)并不一样,有的可能只出现1次,有的可能出现10次以上。例如,在《第五届北京国际图书博览会》一文中,"电子出版物"仅出现1次;而在《加强管理,促进繁荣》一文中则出现25次之多。显然,有关"电子出版物"的信息量,后文比前文大得多。由此可见,词频分析在全文检索中具有区分主次的作用。《中国出版年鉴》光盘的研制者考虑及此,特意设置了"词频"选择功能,实为高明之举。在"词频"对话框中,读者可以选择"无"(对关键词出现次数不作限定,1次及1次以上都需要),也可以选择"2"(必须出现2次及2次以上),直至选"10"。

　　例如,以"电子出版物"为关键词,以"正文"为检索范围,依次选择不同的词频,命中记录数量见表2。

表2 "电子出版物"词频检索情况

关键词	电子出版物			检索范围			正文		
词频	无	2	3	4	5	6	7	8	9	10
命中记录	324	178	117	83	62	52	36	31	26	22

　　随着词频的逐渐增大,命中文献的篇数越来越少,但与检索目标"电子出版物"的相关程度(即切题程度)却越来越大。现列出词频为"10"(含10以上)的文章或条目的标题,略作分析:

　　(1)迎接电子出版物的挑战(概况)

　　(2)关于加强电子出版物管理的通知(法规文件)

　　(3)加强管理,促进繁荣(概况)

　　(4)1995年"扫黄打非"工作综述(概况)

　　(5)新闻出版署党组举办电子出版讲座(纪事)

　　(6)我国电子出版物的发展现状与前景(论点摘编)

　　(7)1996年音像电子出版工作概述(概况)

　　(8)电子出版物管理暂行规定(法规文件)

　　(9)关于对出版和复制境外电子出版物和计算机软件进行著作权授权合同登记和认证的通知(法规文件)

　　(10)电子出版须解决的重要问题(论点摘编)

　　(11)音像、电子出版工作(报刊资料索引,1996)

　　(12)山东省(概况,1997)

　　(13)电子出版物管理规定(法规文件)

　　(14)音像、电子出版工作(报刊资料索引,1997)

　　(15)1998年音像和电子出版工作综述(概况)

　　(16)河北省(概况,1998)

　　(17)国家新闻出版署(国家版权局)职能配置、内设机构和人员编制规定(法规文件)

　　(18)回眸新中国的音像电子出版业(专文)

　　(19)1999年音像和电子出版物出版工作综述(概况)

　　(20)福建省(概况,1999)

　　(21)国家电子出版物评奖办法(法规文件)

　　(22)音像、电子出版工作(报刊资料索引,1999)

　　以上22篇(条)的正文出现关键词"电子出版物"都在10次以上,对我们开展电子出版物研究都有重要参考价值。但在这22篇(条)的标题中,完整出现"电子出版物"5个字的只有8篇。由此可见,标题是正文内容的高度概括,但标题不可能全部反映正文的主要内容。因而,当读者需要查找某一方面的资料时,不能将检索范围仅限于标题,还要深入到正文之中。标题检索与正文检索互补,才能提高查全率。《中国出版年鉴》光盘支持正文的全文检索,同时又用词频选择的方法(实即"加权法")区分文献内容与检索目标的相关程度,这种考虑是很周到的。

该光盘还有"二次检索"的功能,即:当读者进行简单检索之后,如果感到检索结果过于宽泛,可以对已有的检索结果给出限定条件,进行二次检索,使检索结果细化。"二次检索"可以重复多次,形成逐次检索。

2. 高级检索

高级检索又称"复合检索"或"跨字段检索"。《中国出版年鉴》光盘支持读者在不同的检索范围(字段)输入检索词,并按一定的逻辑关系("与"、"或")进行检索。例如,读者提出两个检索条件:(1) 要求从《中国出版年鉴》中找出吴道弘写的文章;(2) 要求文章正文中出现"出版史",且必须出现两次或两次以上。以上两个条件要求同时满足,逻辑关系是"与"。上述检索意图见表3。

表3　高级检索情况

检索条件	检索范围	检索词	词频	逻辑关系
条件1	作者	吴道弘	不限	与
条件2	正文	出版史	2	

将上述检索意图输入计算机后,即找出《出版史研究类获奖论文综述》等两篇文章。如果将条件2的词频改为"不限",则找出的文章增至4篇。如果把上述例子中的逻辑关系改为"或",则表达的意图变成:满足(1)、(2)两个条件中的任何一个都可以。如按这样的要求输入计算机,找出的文章达69篇。可见,"高级检索"表达的检索意图比"简单检索"更复杂、更细致,操作起来也复杂些,适合专业人员选用。

通过以上比较分析,我们可以看出《中国出版年鉴》光盘确实是吸取了其他光盘的优点,后出转精,检索途径多,功能强,为今后书刊光盘的制作提供了宝贵的经验。但也有美中不足之处,主要表现在:

该光盘将20册《中国出版年鉴》的内容混合编排、重新组织,这当然很有必要,因为,读者并不希望光盘版仅仅是印刷版的毫无创意的拼合,而要求它成为新的有机体。然而,《中国出版年鉴》印刷版毕竟是连续出版物,每个年度有每个年度的时代气息和独特风貌,读者也希望光盘版能够提供年度检索的途径。但目前的光盘版不能提供这种途径,读者无法从中获得阅读年度版时所产生的独特感受。为此,笔者建议光盘增加年度检索的功能,具体方法是:列出每一年度的目录,并将各标题与相应的正文链接。由于绝大部分正文在光盘中业已存在,这样做所占用的空间不会太大。

(原载《中国出版》,2001年第7期)

散文杂著篇

文品与人品

　　我爱读朱自清先生的文章,这不仅是因为他的作品文情并茂、细腻清新,还因为从中可以感受到他正直而崇高的人格魅力。朱自清的文品和人品是完美统一的,正如他的学生余冠英所说,和朱先生相处得愈久,他的品格高洁之处就发现得愈多;对他的文章也要细读、多读,"久读才能发现那些常言常语中的至情至理,才能发现那些矜慎中的创造性,稳健中的进步性,才能发现那些精炼中的生动,平淡中的绚烂。"

　　在现代文学史上,文品和人品完美结合的作家很多。鲁迅的硬骨头精神,叶圣陶的温厚严谨,巴金的敢讲真话,冰心的赤诚之爱……他们风格各异,又都是文如其人,体现出高尚的道德情操。他们都是语言大师,在写作上一丝不苟,这与他们严肃认真的人生态度是一致的。我相信,青年朋友们一定和我有共同的感受。

　　但文坛上有人提倡文学创作要"躲避崇高",这就奇怪了。崇高既然是在现实生活中存在的,为什么不去亲近它、弘扬它,反而要躲避它? 历史上一切优秀作品之所以受到人们的喜爱,不正因为它们歌颂了崇高、鞭挞了丑恶吗? 我们尊敬那些优秀的作家,不正因为他们自身也具备高尚的人格吗?

　　书实在太多了,一生不可能读完。且不说古书浩如烟海,就拿新书来说,我国目前每年出版的新书就达六万种以上。即使你一天能读完一种,一生充其量也只能读三万多种。也就是说,一年出版的新书,一生也读不完。那么,中学生首先应读哪些书呢? 我以为首先要读那些文品和人品完美结合的作家写的书。读这些书不仅可以学到许多写作方法,提高写作能力,还可以学到许多做人的道理。

　　好的文章能提高人的精神境界,有了高尚的精神境界才能写出真正意义上的好文章。追求文品与人品的完善,理应是我们终生奋斗的目标。这就是我对青年朋友们的新春寄语。

1998 年 2 月

（原载《中学生佳作丛书·名家寄语》,上海科学普及出版社,1998 年）

张衡的才与德

　　张衡是东汉杰出的文学家,又是古代杰出的科学家。在文学上,他的《二京赋》是汉代京都大赋"长篇之极轨";他的《归田赋》等小赋,推动了汉赋由散体大赋到抒情小赋的转变;他的《同声歌》、《四愁诗》,对五言诗、七言诗的形成起了重大作用。在艺术方面,他是东汉著名的几位画家之一。在天文学方面,他正确解释了月食的成因,创制了世界上最早利用水利带动的浑天仪。在地学方面,他发明了地动仪,揭开了地震科学的新纪元。在科学和文化的许多领域中,他的贡献都具有开创性的意义。

　　张衡之所以在文学与科学上作出如此卓越的成就,固然有历史条件与社会因素,但更值得注意的是他有高尚的道德观,有百折不挠的事业心。他是一个对权位与利禄看得很淡的人,写了《应问》来表明他的志向,其中有如下铿锵的警句:"君子不患位之不尊,而患德之不崇;不耻禄之不夥(多),而耻智之不博。"(《后汉书·张衡传》)他看重"德"与"智",这便是张衡的道德观,是他行动的准则。

　　如果我们把张衡的为人处世与他自己制定的道德准则作一对照,便可看出他是表里如一的。例如,在东汉时期,举孝廉是求仕进者的必由之路,但张衡不就,以十年时间写他的《二京赋》向统治阶级发出"水所以载舟,亦所以覆舟"的劝谏。邓太后之兄——大将军邓骘欣赏张衡的才能,一再召他任官,但张衡却专心致志地钻研他的天文历算去了。后来张衡先后两次任太史令,这虽是无权无势的职务,但为他进行科学研究提供了有利条件,所以他安心地在太史令任上完成了浑天仪、地动仪等伟大发明,写出了《灵宪》、《算罔论》等学术论著。

　　当然,张衡并不是一味反对做官,问题是为什么而做官以及如何做官。晚年他出任河间相,执法如山,严惩豪强奸党,为百姓做了些好事,这与他的"崇德"思想是一致的。

　　范晔在《张衡传》中,借用《礼记》"德成而上,艺成而下"一语,说明张衡"德"、"艺"(才技)兼备,这一评论是有道理的。

(原载《光明日报》,1983 年 3 月 5 日)

《吉林高校图书馆》创刊十周年刊庆寄语

　　《吉林高校图书馆》创刊已有十年,可我一睹它的风采,还是最近两年的事。这可能与苏州离长春太远有关,但主要应归咎于我的情报意识不强。1990 年初夏,我第一次较系统地披览它,很快就被它的特色所吸引,颇有相见恨晚之感。

　　学术性和实用性结合是该刊物的一大特色。这里刊发的,没有那种"理论色彩"浓得化不开的冗文,大多是有的放矢、有血有肉的中短篇。文虽短,但往往探骊得珠,闪烁着学术思想的珠光,给人以启迪,并能用以指导实际工作。

　　作为一种图书馆学杂志,文章的虚与实、长与短表面看是个技术问题,实际上反映了主办人的编辑思想。陆机《文赋》说:"要辞达而理举,故无取乎冗长。"《吉林高校图书馆》编委会深得"辞"与"理"之要义,令我钦佩。

　　编委会的同志们辛勤耕耘十载,出刊 40 期,平均每期约 30 篇文章,合计千余篇。编委会为吉林省高校图书馆的成员提供了如此广阔的园地,这是令人羡慕的事。

　　笔者不在图书馆工作,由于"文献检索课"这根热线的牵引而与图书馆结下了不解之缘,也使我对图书馆员的功绩和甘苦有更多的了解。记得 1982 年,在中国图书馆学会第三次科学讨论会上,我说过这样的话:利用图书馆提供的文献资料写出论文和专书,却又反过来瞧不起图书馆工作,这是忘恩负义,我们不能做忘恩负义之人。据说,此语颇得一些同志的共鸣。其实,这是一句极平常的话,也许"平平淡淡才是真",而真话是能引起思维共振的。

　　图书馆员身居文献情报的宝地,又广泛接触各个用户,这是从事学术研究的有利条件。事实上,老一辈的和年富力强的图书馆工作者已做出一批优秀的研究成果。但外界总有种偏见,认为图书馆员擅长于"簿属甲乙"的具体工作,却不善于从事科学研究。造成这种"印象"的原因有主客观诸因素,其中一个重要因素是缺乏发表图书馆学论文的园地。同时,图书馆学论文也确实难写。如果写得太实,旁人会讥之为没有理论性、学术性;写得太虚,又会受到"空洞而不实用"的责难。《吉林高校图书馆》的可贵之处正在于:既提供了广阔的园地,又在学术性与实用性的结合上起了榜样作用。当然,学术性与实用性的结合,是几代人也做不完的题目。企盼在新的一年中,编委会与作者们共同努力,将这种结合推向更高的层位。

（原载《吉林高校图书馆》,1992 年第 1 期）

书与序

写了书,请前辈学者作序,或请名人作序,是习见的。而请晚辈作序,请学生作序,则甚少见。在我所接触的人和事中,迄今仅遇一例,而且是感我肺腑的一例。

前不久,收到友人惠世荣自天津寄来一本新书——未来出版社出版的《文史工具书入门》。此书并非世荣所撰,而是他的老师、83 岁高龄的郭子直教授所著。粗看书名,并无新奇之处,但细读世荣写的序言和这部 45 万字的著作,我的心情便不能平静了。

还得把历史的时针拨回到 30 年前。

当时,世荣就读于陕西师大中文系。副校长郭琦根据原教育部文件精神,决定在中文系高年级增设"工具书使用法"课程,请郭子直先生授课。时处 20 世纪 60 年代初,该课程尚在初创阶段。郭先生自编讲义,不断吸收新成果。前后讲课 6 次,讲义修订 6 次,从 50 余页增至 450 余页。这是一门培养学生自学和研究能力的科学方法课,引起了莘莘学子的浓厚兴趣。世荣担任这门课的课代表,不但刻苦钻研,还帮郭先生跑印刷厂,校对讲义。不料"文革"开始,郭子直先生被迫离校,郭琦亦因支持其人其课而增加了一条"罪状"。世荣怀着失意的心情,离开了故乡西安。

在那不堪回首的年代,向学生传授知识有罪,支持教师认真教书、编书也有罪。这对当今青年来说,简直是不可理解的,可这是事实。但我们确又看到另一个事实:凡是有价值的东西、代表人类文明与进步的东西,总具有顽强的生命力。

"文革"结束,拨乱反正,郭先生重返大学讲坛,惠世荣则考取武汉大学研究生,攻读图书情报专业,毕业后分配到天津工作。1984 年,原教育部颁布文件,要求各大学开设文献检索课,指导学生使用各种检索工具和参考工具书,以提高自学能力和研究能力。1985 年,国家教委再次颁布文件,要求各大学改进和发展文献检索课。国家最高教育行政部门为一门课程接连颁布两个文件,这在我国教育史上是少见的,足见对该课程的重视。

未来出版社独具慧眼,请郭先生对原讲义进行修改补充,以适应大学教育和社会上广大求知青年自学的需要。此时郭先生年事已高,约请李岩协助,以数年之力修订书稿。全书分 10 讲,深入浅出地讲授查考生字难词、古今图书、论文资料、人物传记、历史年代、地理沿革、典章制度等方面知识的方法,将学术性、知识性、实用性成功地结合起来。

书稿修订成功,郭先生始终没有忘记30年前支持他开设工具书课程的郭琦同志,也没有忘记他当年的好学生、课代表惠世荣。他先后请郭琦、惠世荣作序,全出于一片真情。

论年龄,郭先生大惠世荣30余岁;论资历,郭先生早年攻读于北京大学,师事名家沈兼士、唐兰,早已是语言文字学教授了。学术前辈请后辈作序,可谓不同流俗。而惠世荣呢,虽然研究范围已大为拓展,图书情报学著作不断问世,但他没有忘记最早的领路人。他在序中真诚地说:"饮水思源,那些有关检索的最基本知识却正是郭先生给的,正是他,引导我长久地从事这项有意义的工作。"尚有可贵者,作为学生,他并没有对师长一味评功摆好,序言在充分肯定此书的贡献的同时,也具体地(而不是敷衍地)指出美中不足之处,这也是常人难以做到的。

在学风、文风和世风不尽如人意的时候,读了《文史工具书入门》和序言,更感到其中体现的人格力量和精神境界的可贵,不禁感慨系之。谨就此文,一吐为快。

(原载《书与人》,1995年第2期)

《梦溪笔谈·采草药》的朴素辩证思想

　　我国历史上的儒家学派受唯心主义、形而上学的哲学观所支配,迷信天命,鄙视农工,自然科学知识贫乏得可怜。他们有时似乎也在那里高谈天文地理、数学医术,但不是提出荒谬绝伦的命题,就是肆意歪曲已有的科学成果,将其纳入孔学的教义,为其"克己复礼"的反动政治路线服务。

　　历史上的法家人物站在新兴地主阶级的立场上,坚持前进,勇于革新,提倡耕战,比较重视人民群众的发明创造,具有朴素的唯物主义和辩证法思想。他们当中的科学家,受唯物主义的哲学观所支配,这就促使他们在科学上作出超越前人的成就。北宋时期的杰出科学家沈括在《梦溪笔谈》一书中,有多处批驳了儒家的陈腐观点,动摇了儒家学派的哲学支柱——唯心论和形而上学,表露了朴素的辩证法色彩。其中《采草药》一文是具有代表性的一篇,内容主要是论述中草药的采收季节问题。

一

　　中草药学是我国劳动人民几千年来在同疾病作斗争的实践中创造出来的。关于各种草药适时采收的问题,是中草药学中的一个重要课题。在老药农中至今还流传着"正月茵陈二月蒿,三月蒿子当柴烧"的谚语,这是用变化发展的观点,生动具体地说明了植物性生药的有效成分和采收时间的密切关系。

　　沈括是一个善于吸取人民群众的实践经验的学者,他在《采草药》中指出:"古法采草药多用二月、八月,此殊未当。但二月草已芽,八月苗未枯,采掇者易辨识耳;在药则未为良时。"这就是说,规定二月、八月采药,不过是采收的人易于辨认草药而已,对于药物的疗效来说,却不一定是良好季节。他认为草药的采集,不能机械地按照儒家"经典",一成不变地"限以时月",而必须考虑下列各种因素:

　　1. 药用植物的根、叶、芽、花、实,各有不同的生长成熟期,其有效成分最充足之时各不相同,因此应根据入药部分的生长情况来确定采收的时间。同样是采根入药,也要区别宿根植物与非宿根植物的不同:宿根植物应在长出新的茎叶之前采根,因为这时养分都聚藏在根部;如果不是宿根植物,就应当"候苗成而未有花时采",因为这时根部已经长足却又尚未衰败。

2. "地势高下之不同",会导致植物生长发育迟早的不同。前人有"人间四月芳菲尽,山寺桃花始盛开"的诗句,说明高山比平地开花迟。因此,采药时间的选择,还必须考虑到地理因素。

3. 同一植物有不同的品种,不同的品种有不同的特性,它们生长成熟的季节各不相同。沈括举了两个例子:有一种笙作笋,有二月生的,有三、四月间生的,也有五月生的;稻有七月熟的,有八九月间熟的,也有十月熟的。从中可见沈括平素是比较注意农事的。

4. 同一植物南、北方的生长成熟季节有所不同。因此,采药的季节也有差异。

5. 同一块土地上的庄稼,由于"人力之不同",长势也就不同。沈括所说的"粪溉者先芽"、"后种者晚实",很强调"人力"的作用,这是从人民群众农业生产的实践经验中概括出来的。

沈括从以上五个方面,辩证地分析了采药季节所必须考虑的各种因素,最后归结为"岂可一切拘以定月"的反问,无情地嘲笑了形而上学的采药"古法",表现了法家的科学态度和战斗精神。

二

如前所述,那种规定在二月和八月采药的"古法",就其思想方法来说,是形而上学的自然观。它以孤立的、静止的思维方式看待自然界,"自然界的任何变化、任何发展都被否定了。"如果死守着这种"古法"去采药,必然要陷入重重矛盾而不能自拔。事实证明,只有用辩证的思维形式,用事物的相互联系、相互作用,以及事物的变化和发展的观点去考察、分析草药的采集季节问题,才能得出科学的结论,并收到预期的效果。沈括在采药这个问题上,能注意到事物的内在和外在因素,能区别对待不同的对象,注意到事物的可变性,重视"人力"的作用,等等。这在当时来说是难能可贵的,是法家的唯物主义思想在自然科学领域的具体体现。

沈括之所以能冲破"法古无过"的儒家教条,首先是他十分重视劳动人民在长期与大自然作斗争的过程中所积累的丰富经验,善于从中汲取营养;其次是王安石变法对当时科学界所产生的深刻影响。当时一些医家在王安石革新精神的感召下,纷纷起来批判"儒医"的陈旧说教,出现了活跃的学术争鸣局面。沈括就是这次革新浪潮中的一名实干家。他积极参加王安石的变法运动,踏踏实实地进行科学研究,把自己的科学实践与当时的政治斗争紧密地联系在一起。今天我们研究和总结历史上法家促进自然科学发展的丰富事例,对照儒家用唯心主义、形而上学的绳索绞杀广大人民的发明创造的种种罪行,将有助于我们进一步理解"思想上政治上的路线正确与否是决定一切的"这一伟大真理,深入认识科学技术的发展关键在于要有一条正确的思想政治路线。

三

我们在肯定《采草药》这篇具有朴素的唯物主义和辩证法思想的文章的同时，也应该看到沈括所处的时代和阶级的局限性。他的辩证法思想只能是朴素的、不彻底的，他还不能自觉地、系统地运用辩证法的哲理去分析复杂的客观事物。例如《采草药》中说："用叶者，取叶初长足时……用实者，成实时采"，都只是通例，没有掌握事物的特殊本质；比如，药用桑叶就不应在"初长足时"采集，而应在深秋下霜后采收；枳实应在果实未成熟时采，如果一定要等到成熟时再采，就变成枳壳了。

恩格斯指出："只有辩证法能够帮助自然科学战胜理论困难。"今天，人类对医药学和其他学科的研究已推进到一个新的高度。但是，如果没有马克思主义的自然辩证法做为武器，没有一条正确的政治路线和思想路线，仍旧有陷入形而上学的危险。

让我们高举唯物辩证法的战斗旗帜，用马克思主义占领自然科学阵地，巩固和加强无产阶级专政，争取社会主义革命和社会主义建设的新胜利！

（本文有删节，与原苏州市大庆药店药工徐德荣合撰，原载《群众医学》，1975 年第 2 期）

顾炎武·统计方法·计算机

　　顾炎武说,他写《日知录》好比"采铜于山",是用矿石冶炼而成,决不用废铜回炉以充数。他又说原稿写了很多,但若发现"古人先我而有者",则删削之。这种追本穷源、崇尚创见的精神在《日知录》中随处可见。如《日知录》卷六《檀弓》条论及了古代指示代词的演变:

> 《论语》之言"斯"者七十,而不言"此";《檀弓》之言"斯"者五十有三,而言"此"者一而已;《大学》成于曾氏之门人,而一卷之中言"此"者十有九。语音轻重之间,而世代之别,从可知已。　　[原注]《尔雅》曰:"兹、斯,此也。"今考《尚书》多言"兹",《论语》多言"斯",《大学》以后之书,多言"此"。

　　这则笔记只有 64 个字,连同原注也不过 92 字,但它的学术含量是多么厚重!顾氏必须一丝不苟地将《论语》全文中的指示代词逐一统计,然后用同样的方法对《礼记·檀弓》、《大学》等文献进行统计分析,才能写出这不足百字的笔记,此其一。《论语》、《礼记》都是古代知识分子必读之书,为什么别人没有从中发现"斯"、"此"的用法问题,而顾炎武却发现了呢? 可见顾氏具有敏锐过人的学术眼光,善于发现问题,此其二。

　　"《论语》中有几个'此'字?"——对这个猝不及防的问题,恐怕连饱学之士也会被考住。20 世纪 20 年代,胡适在《文法的研究法》中,讲了个有趣的故事:

> 清朝康熙皇帝游江南时,有一天,他改了装,独自出门游玩。他走到一条巷口,看见一个小孩子眼望着墙上写的"此路不通"四个字。皇帝问道:"你认得这几个字吗?"那孩子答道:"第二个是'子路'的'路'字,第三个是'不亦说乎'的'不'字,第四个是'天下之通丧'的'通'字。只有头一个字我不曾读过。"皇帝心里奇怪,便问他读过什么书。他说读过《论语》。皇帝心里更奇怪了:难道一部《论语》里没有一个"此"字吗? 他回到行宫,翻开《论语》细看,果然没有一个"此"字。皇帝便把随驾的一班

翰林叫来,问他们《论语》里共有几个"此"字。他们有的说七八十个,有的说三四十个,有的说二三十个! 皇帝大笑。

　　这个故事,可以说是顾炎武那段笔记的"通俗演义"。胡适讲了这个故事,然后引了顾氏"《论语》之言斯者七十"这段笔记(但未引原注,其实原注也相当重要),说明"语言文字是时时变易的,时时演化的",提倡用"历史的研究法"去辅助"归纳的研究法"。

　　顾炎武以历史的、发展的观念,在共时性研究的基础上,对古汉语进行历时性研究,采用了统计的方法。在"统计语言学"已相当成熟的今天,这种统计用字频率的方法已很习见,但在300多年前,顾氏的观念和方法是处于前沿地位的。问题是,当时还没有《论语引得》、《尚书通检》这一类工具书,更没有《论语全文数据库》等计算机软件,顾炎武只能亲自动手,硬是一个字、一个字地统计,耗时之巨,工作之艰辛,可以想见。

　　顾炎武说"《论语》之言'斯'者七十,而不言'此'",我尝试用引得编纂处 1940 年出版的《论语引得》与之核对。《论语引得》的统计结果是:"斯"字出现 71 次,"此"字出现 0 次,与顾炎武的统计基本相同。细微的差别在于:《论语引得》统计的"斯"字比顾炎武统计的多一个。这不奇怪,因为版本有差异。《论语引得》在"再斯可矣"句下特地加注:"再斯一作再思。"如果用"再思"的版本统计,则"斯"字出现 70 次。可见,顾炎武的统计相当准确。

　　前辈学者做学问就是这样的踏实、刻苦、精细,这使我联想起杨伯峻先生的《论语词典》。20 世纪 50 年代,杨先生在撰述《论语译注》之先,曾对《论语》的每一字、每一词进行深入研究,编有《论语词典》一稿,为译注工作打下了坚实基础。《论语译注》完稿后,《论语词典》便被搁置一旁。后来吕叔湘先生向他建议,可以仿效苏联《普希金词典》的体例,标注每词每义的出现次数,予以出版。于是杨先生将《论语词典》未定稿加以整理,附于《论语译注》之后。我从《论语词典》查"斯"字,亦为 71 次。当然,杨先生当时编这本词典,也只能是手工操作。

　　现在情况大不相同了,我们不仅拥有大量书目、索引一类的工具书,还有许多"全文数据库"可用(如中国社科院文学研究所计算机室早在 20 世纪 80 年代中期就研制了《论语》全文数据库)。利用计算机查阅"全文数据库",既可方便地查到所需文献的原文,又可迅速统计每个字、词出现的频率,并可打印,省却许多抄写工夫。

　　我忽发奇想:假如顾炎武生活在今天,有计算机做他的助手,定可腾出许多时间思考问题,多写几部《日知录》吧。但我忽又感到纳闷:如今工具是先进了,却为何很难见到像《日知录》这样有分量的学术新著问世呢?

(原载《书与人》,2000 年第 4 期)

也谈"三重证据法"

《文汇读书周报》2000 年 12 月 30 日刊载了傅杰先生的《三重证据法》一文,补正饶宗颐先生"三重证据法"之说,并援引李济在 20 世纪 60 年代发表的论文为证,说明许多史学家早已有"三重证据"的观念与方法,只是他们未立"三重"之名而已。傅先生的文章简明扼要,言之有据。但他所介绍的只是学术界对"三重证据法"的一种见解,即:将纸上的材料、地下有字的材料、地下无字的材料三者互证。事实上,许多学者对"三重证据法"还提出过第二种见解,傅文未涉及,笔者在此略作补充,并将两种见解作一比较。

第二种见解的明确提出,约在 20 世纪 90 年代中期。代表性的论文有:叶舒宪 1994 年发表的《人类学"三重证据法"与考据学的更新》(《诗经的文化阐释》自序),陈东辉 1996 年发表的《试述古汉语研究中的三重证据法》(《传统文化与现代化》,1996 年第 3 期),以及《文艺研究》1997 年第 1 期以"文学人类学"为栏题发表傅道彬等学者的一组论文。这些论文主要讨论古代文学和古汉语研究领域运用"三重证据法"的问题,论述的角度各有侧重,观点也不尽相同,但精神是相通的,即在王国维的"二重证据"("纸上之材料"与"地下之新材料")之外,再提出第三重证据——"活材料"、"活化石",或称"活态文化",笔者姑且将其概称为"地上的活材料"。

比较以上两种见解,笔者以为第一种见解所称的"三重证据",实质上仍是"二重";而第二种见解才是真正意义上的"三重"。因为,第一种见解将地下的材料再分为"有字"与"无字",这是细化了,但它们毕竟同属"地下"的范围。王国维说"地下之新材料",陈寅恪说"地下之实物",也都没有将其限定为有字的实物而排斥无字的实物。事实上,历史学家对"有字"和"无字"的实物都是给予极大关注的。例如,早在 1926 年,顾颉刚考察河南发现的大批古物后感叹:"若能再发见若干,从器物的铭文里漏出古代的事迹,从器物的图画里漏出古人的想象,在古史的研究上真不知道可以获得多少裨益。"(1926 年为《古史辨》第一册所作序)这里所说的"器物的铭文",是指有字的;"器物的图画",是指无字的。因此,第一种见解所称的"三重证据",实际上是"二重证据"的具体化和严密化而已,其基本思路是以古证古。

而第二种见解则不同,他们提出的第三重证据是地上的活材料,其基本思路是以今证古。例如,通过对现代各地区某些后进群体的考察,追寻远古人类的思维特点、文化状况、心理结构(即文化人类学家经常采用的"田野作业");探寻当今城乡宗教信仰、民俗风情的原始意义,对古代作品作出深层的文化阐释;用现代方言、谚语与古音古义相互释证等。

　　需要指出的是,"三重证据法"作为一个方法论术语,虽然是20世纪末才明确提出的,但作为一种研究方法,早已有之。梁启超就是理论先行者之一,1923年,他在《治国学的两条大路》的演讲中说:"我国幅员广漠,种族复杂。数千年前之初民的社会组织,与现代号称最进步的组织,同时并存。试到各省区的穷乡僻壤,更进一步入到苗子、番子居住的地方,再拿二十四史里蛮夷传所记的风俗来参证,我们可以看见现代社会学者许多想象的事项,或者证实,或者要加修正。……我们若从这方面精密研究,真是最有趣味的事。"又如1926年,鲁迅在《中国文学史略》(后更名为《汉文学史纲要》)中论及诗歌起源时,先说"试察今之蛮民",又说"证以今日之野人,揆之人间之心理",论证《吕氏春秋》关于"葛天氏之乐"的记述"较近于事理"。梁启超和鲁迅都运用了地上的活材料"以今证古",只不过当时未立"第三重证据"之名而已。

　　其实,"以今证古"之法,还可以追溯得更早。汉代经学家郑玄在笺释《诗经》时就曾运用此法。《诗经·终风》中"寤言不寐,愿言则嚏"两句,毛传云:"嚏,跲也。"跲,是窒碍、牵绊的意思。郑玄不同意毛传,认为这里的"嚏",就是"不敢嚏咳之嚏"(即打喷嚏)。郑玄解释诗意说:"我其忧悼而不能寐,汝思我心如是,我则嚏也。今俗,人嚏云:'人道我'。此古之遗语也。"这真是太妙了!两句难解的诗被郑玄讲得通达生动。(直到现在,民间还有这样的习俗:打了喷嚏,就说"有人牵挂我了",或"有人在说我了"。)唐人孔颖达对郑玄这种笺释方法给予肯定,并进一步发挥说:"以俗之所传,有验于事,可以取之。《左传》每引'谚曰',《诗》称'人亦有言',是古有用俗之验。"这是说,以今俗验证古事的方法在先秦典籍中已有先例,可谓源远流长了。

释"乃令史官记地动所从方起"

范晔《后汉书·张衡传》在说明地动仪的灵验时,举了一个生动的事例:

> 尝一龙机发而地不觉动,京师学者咸怪其无征。后数日驿至,果地震陇西,于是皆服其妙,自此以后,乃令史官记地动所从方起。

上文最后一句,高中语文课本仅注"所从方起"四字说:"从哪方面起"①,对整个句子未作串讲。这个句子看似平常,其实颇费斟酌。有些参考书将此句译为:"从此以后,(皇帝)才命令史官记载地动发生在什么地方。"于在春译为:"从此以后,就规定国史官员遇到地震记载上震源在哪里。"②以上两种翻译,都给读者这样的印象:似乎陇西地震以前,朝廷并没有规定史官作地震记录;陇西地震后,朝廷才命令史官把记录地震的任务承担起来。这样理解显然与史实不符。

众所周知,在汉代以前,史官早有把地震作为重要"灾异"记录下来的习惯,我们今天从《春秋》、《左传》、《国语》等先秦史籍中可以看到大量的地震记录。③ 根据我国古代史官的传统职守,并联系《后汉书·张衡传》的上下文来分析,我以为原文有语意的省略,若将语意补足,则是:"自此以后,乃令史官[以之]记地动所从方起。"("之"指地动仪。全句意思是:从此以后,朝廷就命令史官用这地动仪记录地震发生的方位。)也就是说,起初人们对张衡地动仪的灵验程度还有怀疑,自从陇西地震实测成功后④,京师学者"皆服其妙",地动仪的科学性才得到了朝廷的承认,地动仪才开始被用于实际观测。这件事标志着人类进入了用仪器观测地震的新纪元。

(原载《江苏师院学报》,1979 年第 3 期)

---

① 全日制十年制学校高中课本《语文》第 3 册,人民教育出版社,1979 年。
② 于在春:《文言散文的普通话翻译》,上海教育出版社,1979 年。
③ 中国科学地震工作委员会历史组:《中国地震资料年表》,科学出版社,1956 年。
④ 这次陇西地震,震中距京师洛阳大约 700 公里。张衡的地动仪居然能准确地测出,可见它的灵敏度相当高。

"葛婴攻酂"辨

　　1979 年版《辞海》[酂县]条第一义说:"秦置。治所在今河南永城西酂县乡。元至元八年(1271)废。秦二世元年(公元前 209)陈胜、吴广起义,部将葛婴攻酂下之,即此。"文中"葛婴攻酂"之说是错的,理由如下。

　　考《史记》全书共有五处提到葛婴,其中与进军路线有关者有三处:

　　　　(1)陈胜自立为将军,吴广为都尉。攻大泽乡,收而攻蕲。蕲下,乃令符离人葛婴将兵徇蕲以东,攻铚、酂、苦、柘、谯皆下之。(《史记》卷四八《陈涉世家》。中华书局 1959 年点校本,下同。)
　　　　(2)葛婴至东城,立襄疆为楚王。(《陈涉世家》)
　　　　(3)葛婴为涉徇九江,立襄疆为楚王。(卷一六《秦楚之际月表》)

　　综合分析以上三则材料,并查考上述古县的地理位置,可知起义军在攻占蕲县后,即分兵两路,一路向西北(铚、酂、苦、柘、谯和陈县均在蕲县以西或西北),一路向东南。在上引第一则资料中,"攻铚、酂、苦……"的主语应是陈胜吴广,他们率领起义军主力向西北方向进军,经铚、酂等县攻占陈县,在陈县建立了中国历史上第一个农民革命政权。至于葛婴,则是受陈胜的派遣,向蕲县以东发展,后来到达东城(见上引资料二、三则。东城属九江郡,在蕲县东南)。这本来是很清楚的事。但是,过去有人忽略了《陈涉世家》中"葛婴至东城"这一段重要下文,又未能仔细分析当时各县的方位和战争形势,错以为"攻铚,酂……"的主语是葛婴,故有"葛婴攻酂"之误说。如 1930 年版《中国地名大辞典》便有此误,1979 年版《辞海》在这个问题上也失误了。为了不使释文作太大的改动,建议将"部将葛婴"四字删去即可。

　　　　《辞海通讯》编者按:潘树广同志的意见是正确的,再版时将修改为"陈胜、吴广起义军攻酂下之"。

(原载《辞海通讯》,1982 年第 2 期)

《甘薯疏序》的出处

　　《甘薯疏序》是明末徐光启为其农学著作《甘薯疏》所写的序言,最近被选入全日制十年制学校初中课本《语文》第六册。语文课本的第一条注释说:"选自明人王象晋《群芳谱·谷谱》",这是错的。《甘薯疏序》不见于《群芳谱·谷谱》,而是在《群芳谱·蔬谱二》之中。

　　中华书局上海编辑所1962年12月版《中华活叶文选》90号所载《甘薯疏序》的"说明"云:"这篇序文保存在《群芳谱·谷谱》卷二里"。语文课本的错误可能即承此而来。

　　今年修订再版的《中华活叶文选》对这一错误未予订正。最近《语文战线》等书刊在提到《甘薯疏序》时,仍说它"在《群芳谱·谷谱》中保存",以讹传讹,皆因未稽考原始资料所致。

　　王重民先生辑校的《徐光启集》(中华书局上海编辑所1963年12月版)收录了《甘薯疏序》,并附校记云:"据《二如亭群芳谱蔬部》卷二迻录,用《古今图书集成草木典》卷五十四校,《集成》与《群芳谱》脱误相同,盖《集成》据《群芳谱》。"正确地说明了《甘薯疏序》的出处。

　　《甘薯疏》是徐光启在万历年间为推广甘薯(即山芋)而编撰的,它表现了不为"风土说"所囿的进步农学观和勇于实践的可贵精神。可惜此书已失传,仅有吉光片羽遗存于《群芳谱》之中。

　　《群芳谱》系明末王象晋所编,成书时间略后于《甘薯疏》,全书分天、岁、谷、蔬、果、茶竹、桑麻葛棉、药、木、花、卉、鹤鱼等12谱,介绍各种生物的形态特征、培育方法和效用。其中有王象晋本人的亲身体验,但更多的是从文献记载中摘抄的典故艺文,颇似类书。《甘薯疏序》就是作为"丽藻"而被收录在《群芳谱·蔬谱二》的"甘薯"目下的。清康熙间编纂大型类书《古今图书集成》时,在"博物汇编"的"草木典"中也收录了《甘薯疏序》。

　　王重民说:"徐光启的《甘薯疏序》我最初仅知道《古今图书集成》内有全文,不知道最早的出处是王象晋的《群芳谱》,新集内得以依据《群芳谱》迻录,也是看了梁家勉教授的一篇论文以后才改正过来的。"(《徐光启集·凡例》)这种实事求是、严肃认真的治学态度是可敬的。

(原载《江苏师院学报》,1979年第3期)

《掾曹名臣录》撰者考
——兼谈《四库全书存目丛书》的一点失误

《掾曹名臣录》是明代正德九年(1514)编成的一部传记集,有明刻本传世。掾曹,指官署中负辅佐之责的属官。本书专收明代出身于掾曹而最终成为名臣的人物的传记,传主计13人:刘敏、李友直、徐晞、杨时习、况锺、平思忠、胡鼎、王堂、曾仍、刘本道、王恺、单安仁、李质。虽然所录人物不多,但这是明人编撰的明人传记集,编者与传主距时不远,史料价值较高,故为史家所重。如1935年燕京大学引得编纂处编《八十九种明代传记综合引得》,《掾曹名臣录》即在采录之列。

但是,关于此书的撰者,各家著录不一:

其一,著录王鸿儒撰,见《千顷堂书目》、《明史艺文志》、《中国丛书综录》。

其二,著录王琼撰,见《四库全书总目》史部传记类存目三、《郑堂读书记》卷二三。

其三,著录王凝斋撰,见《说郛续》、《四库全书总目》子部杂家类存目八《烟霞小说》提要、《八十九明代传记综合引得·传记表》。

以上三说,《四库全书总目》兼有两说,前后矛盾:其史部《掾曹名臣录》提要称"明王琼撰",而子部《烟霞小说》提要则称"王凝斋《名臣录》"(按,《掾曹名臣录》是《烟霞小说》的子目)。如果凝斋是王琼的号,这还算不上是前后抵牾,问题在于,凝斋并非王琼的号,王琼与王凝斋是两人。

今考,凝斋是王鸿儒的号。王鸿儒系颇有名望的学者,黄宗羲《明儒学案·河东学案》载录,题"文庄王凝斋先生鸿儒"(文庄为谥号),小传称:"王鸿儒,字懋学,号凝斋,河南南阳人。"并采录其《凝斋笔语》。

可见,上文列举对《掾曹名臣录》撰者的三种说法,实际上只涉及两人:一是王鸿儒,一是王琼。王鸿儒,成化二十三年(1487)进士;王琼,字德华,号晋溪,太原人,成化二十年(1484)进士。两人都姓王,进士题名年份又相近,故易混淆。但只要仔细查考文献,便可确认《掾曹名臣录》的作者是王鸿儒,而不是王琼。理由有二:

首先,《掾曹名臣录》卷首有"正德九年岁在甲戌夏六月望日王凝斋序",序云:

"正德癸酉,余承乏南京户部侍郎……阴观诸司掾吏有知琴书、可教诲者,因录我朝名士出于掾曹至显宦者数人为一卷以示,皆有勃然兴起之色,乃知人性果不相远,一脱故习,至君子不难矣。"王凝斋即王鸿儒,已如上述。序中自述其编撰动机甚明。

其次,序称其正德癸酉(即正德八年,1513)任南京户部侍郎,此与《明史》卷一八五王鸿儒传所述正相符合。而王琼是正德八年任户部尚书(见《明史》卷一九八王琼传)。

对《掾曹名臣录》一书的著录,错误最多的是周中孚的《郑堂读书记》。周氏云:

> 《掾曹名臣录》一卷,明王琼撰。琼,字德华,号凝斋,太原人,成化丙戌进士,官至吏部尚书,谥恭襄。正统癸酉,凝斋方官南京户部侍郎,兼摄尚书,阴观诸司掾吏,有知琴书可教诲者,因录明以来名士出于掾曹至显宦者以示。所录刘敏、李友直、徐晞、杨时习、况钟、平思忠、胡鼎福、王堂、曾伃、刘本道、王恺、平安仁、李质,凡十三人,各为之传,前有自序……(商务印书馆1959年排印本《郑堂读书记》)

《郑堂读书记》将《掾曹名臣录》的作者误题为王琼,将"凝斋"误为王琼的号,将"正德"误为"正统",将"单安仁"误为"平安仁",将"胡鼎"误为"胡鼎福"。其中个别差错可能是手民误植,但有些舛误显然是周氏原稿之误。如将王鸿儒与王琼的事迹交错混淆,将"胡鼎"误为"胡鼎福"之类。考《掾曹名臣录》自序列出13人的爵里,其中有"胡鼎福州侯官人官七品阶从侍郎",周氏未予细审,将"胡鼎"与"福州"之"福"连读,故有"胡鼎福"之误。

齐鲁书社于20世纪90年代影印出版《四库全书存目丛书》,收入《掾曹名臣录》(用中国科学院图书馆藏明刻本),题"[明]王琼撰",并附四库馆臣所撰提要,是沿袭《四库全书总目提要》之误。又:《四库全书存目丛书》将丛书《烟霞小说》全文收录(用北京图书馆藏明刻本),而《烟霞小说》中有《掾曹名臣录》。笔者将中国科学院图书馆藏明刻本《掾曹名臣录》与北京图书馆藏《烟霞小说》中的《掾曹名臣录》比勘,发现其行款、刻工完全一致,系用同一版片印成。这说明,《四库全书存目丛书》重复收录了用同一版片印成的《掾曹名臣录》,实无必要,理应用参见法处理。

(原载《图书馆杂志》,2001年第2期)

人文科学与素质教育
——兼论能力培养问题

　　素质教育包括思想素质、道德素质、心理素质、业务素质、审美素质乃至健身等方面的教育。人文科学(主要指文史哲)在素质教育中的重要性,已日渐为人们所认识。为了充分发挥人文科学在素质教育中的作用,我们应当走出认识的误区,为它创造一个健康发展的良好环境;而人文科学自身也要不断更新内容、改革教学。

　　人文科学追求真、善、美。它不仅是一个知识体系,也是一个价值体系。它教人如何认识自己、认识世界,区分善与恶、美与丑,追问生命的价值,培养高尚的情操,呼唤历史使命感和社会责任感,从根本上提高人的素质。高校人文科学教学效果的体现,是潜移默化的,而不是立竿见影的;是渐进的,而不是速效的。

　　在高等教育中,一味要求人文科学像技术科学那样即学即用,直接服务于当前的经济建设,甚至要求它创造出可观的经济效益,是认识上的一个误区。因为它违背了人文学科的学科规律,也未能从根本上认识人文科学的作用。我认为,就一个学校而言,注意基础学科和应用学科的合理布局,强调应用学科的建设与发展,是符合当前以经济建设为中心的社会需求的。但不问学科的性质、特点,一概要求它们高举"应用"的旗帜,则是荒唐的。

　　在人文科学内部,对不同的专业(或课程)也应当区别对待。有的专业应用性较强(如新闻、文秘),起步较晚,师资力量较弱,要求这些专业加快建设,强化应用,确有必要。但对古代文学、汉语史这些基础学科,就不能一味要求它们直接为现实服务。否则,其结果必然是对学科建设的干扰。回顾"文革"当中一切以阶级斗争为中心,"评法批儒",评《红楼梦》,批《水浒传》,古典文学为"现实政治"服务真可谓够直接的了,结果成了"四人帮"的舆论工具。这个教训不应忘却。当今,以经济建设为中心,又有人提出要使古典文学"直接实现其经济效益的研究层面"。据说山东有一个成功的例证,就是在《水浒传》故事发生地开辟"《水浒传》旅游线",开发"景阳冈陈酿",赚了大把钱。① 河北也不甘落后,凭借一条站不住脚的

---

① 张学峰:《学术研究与经济开发——对古典文学研究困境的思考》,《文学遗产》,1989 年第 5 期。

孤证,挖空心思"论证"曹雪芹的籍贯不在辽阳而在河北丰润,还通过中央电视台大力宣传丰润的"曹雪芹家酒"。① 这已经不是古典文学研究,而是广告炒作,对古代文学学科的自身建设无益。请出梁山好汉和曹雪芹充当推销员,虽然与当年评《红楼梦》、批《水浒传》表现形式不同,但实质都是实用主义:一个是政治实用主义,一个是经济实用主义。②

如何提高全民族的素质,正确处理人文科学与科技、经济的关系,其实是一个老话题。近百年来,无数思想家为此作了艰难的探索,有许多见解至今仍闪烁着理性的光芒。

梁启超早在20世纪20年代就说过,中国人的思想在50年间经历了三个时期。第一个时期,认为中国之所以落后,是因为"器物"不如外国,只要引进外国的坚船利炮,便可富强,于是兴起洋务运动。第二个时期,甲午战争惨败,宣告洋务运动破产,维新派认为中国之所以失败,是因为"政制不良",于是大倡"西政",搞变法维新。第三个时期,自上而下的变法流产了,开始"从文化根本上感觉不足",认识到"社会文化是整套的,要拿旧心理运用新制度,决计不可能",必须"要求全人格的觉悟"(《五十年中国进化概论》)。推进全人格的觉悟,拿今天的话来说,就是全面提高国民素质。加强人文教育,对提高国民素质具有重要意义。

发展人文教育是一个系统而持久的工程。用急功近利的手段阉割人文科学,或是以狭隘的"有用"、"无用"的眼光看待人文科学,都是有害的。就文学艺术而言,鲁迅在论述其功用时曾说:若论发家致富,文学不如工商;论获取功名利禄,文学还比不上一纸毕业文凭。文学艺术的根本作用是"发扬真美","涵养人之神思";它的任务,不是直接求取"实利",而是培育人的"精魂"。人是不能没有精魂的,否则,"生其躯壳,死其精魂,其人虽生,而人生之道失"。因此,文学艺术是一种"不用之用",看似无用,其实有唤起"国人新生"之大用(《摩罗诗力说》、《拟播布美术意见书》)。

发展人文科学,加强素质教育,又是实施"可持续发展战略"的重要一环。"可持续发展"是一种新的社会发展观,不同于传统的社会发展观。传统的社会发展观以工业化的程度衡量社会发展水平,是一种工业文明发展观;而"可持续发展"是一种生态文明的发展观,它要求正确处理人与自然、个人与群体、精神与物质、今世与后世的关系,保证人类具有长远的、持续发展的能力。为了实现可持续发展,不仅需要经济环境的优化,还需要生态环境和人文环境的优化。在这里,树立全新的人文理性价值观显得尤为重要。人文理性价值观呼唤道德责任,反对向自然和社会进行毫无节制的索取;提倡尊重他人,保护自然,关心未来,以求得共同的协调的发展。而这一切正是人文科学的题中之意。

① 刘世德:《评红学中的"丰润说"》,《文学遗产》,1995年第5期。
② 董健:《人文不可无文——谈谈人文学科的学风问题》,《书与人》,1997年第6期。

为了推动人文科学的发展，人文科学自身必须不断更新内容、改革教学。目前高等学校人文专业的教育，存在两个亟待解决的问题：一是内容陈旧，二是忽视能力培养。

人文科学中的许多专业已有悠久的历史，积累丰富，这是它的优势；但积习太深，又往往成为包袱。如何不断更新教学内容是传统学科面临的一个重要课题。黑格尔说："传统并不仅仅是一个管家婆，只是把她所接受过来的忠实地保存着，然后毫不改变地保存着并传给后代"，而是"生命洋溢的，有如一道洪流"。① 传统学科的教学，不能够只是原封不动地复制已有的东西，而应当以现代意识重新审视已有的成果，把精华部分保存下来，并不断从本土和域外吸取新的成果，在发展中获得新的存在价值。为了不断更新教学内容，对教师本人而言，必须强化信息意识；对教学管理部门而言，要为教师及时获取信息提供良好的设施，包括丰富的藏书和计算机互联网络。

注重能力的培养是素质教育的一个重要方面。人文专业的教育要把"接受—模仿"的教学模式转变为"接受—创造"的教学路向。

一味灌输知识，让学生亦步亦趋，是"接受—模仿"式的教学。这突出表现在毕业论文的写作上：其一，本科生到了四年级还不会独立选题，依赖教师开列一批可供选择的题目；其二，选题往往是一些别人已论述过的问题，缺乏新意；其三，论文写作过程不是从第一手资料入手，而是把别人发表过的文章稍加归纳（甚至剽窃），毫无创见。总之，利用别人的观点和材料去"解决"别人已经解决过的问题，是目前毕业论文写作中的常见病，反映了学生研究能力的欠缺。这种现象不仅存在于本科生中，在研究生中也并不少见。

科学研究的过程实际上就是不断发现问题、解决问题的过程。问题的来源主要有两个方面，一是前人发现但尚未解决或未彻底解决的问题，二是自己在社会实践或读书学习过程中发现的问题。如何启发学生发现问题、思考问题、独立地解决问题，是能力培养的一个重要方面，也是使我们的教学向"接受—创造"型转化的重要途径。

1997 年 12 月 10 日

① ［德］黑格尔：《哲学史讲演录》第 1 卷，三联书店，1956 年。

用全文数据库查核"语典"释例

古籍的全文数据库有许多是能够满足"逐字检索"的。用这种数据库查核"语典"(有来历出处的词语),最为快捷。如:

王安石诗《书湖阴先生壁》:"茅檐长扫净无苔,花木成畦手自栽。一水护田将绿绕,两山排闼送青来。"钱锺书《宋诗选注》注:"这两句是王安石的修辞技巧的有名例子。'护田'和'排闼'都从《汉书》里来,所谓'史对史','汉人语对汉人语'(叶梦得《石林诗话》卷中、曾季狸《艇斋诗话》)。"①

请查核:'护田'和'排闼'是否都出自《汉书》?

可利用《汉书》全文数据库查核。《汉书》全文数据库有多种,现使用1999年12月版《国学宝典》光盘:插入光盘,逐级进入"中国典籍库"→"史部"→"汉书",选正文第1卷,按F3键(查找功能键),出现"请输入查找文字"框,在框内输入"排闼",按回车键,此时计算机自动从《汉书》第1卷开始逐卷查找"排闼"。约两秒,屏幕即显示含有"排闼"的那一页("排闼"两字以蓝色背景显示)。该句为:

十余日,哙乃排闼直入,大臣随之。(《汉书》卷四一《樊郦滕灌傅靳周传》)

再按F5键(继续查找),屏幕显示"文件结束"。由此可知,"排闼"在《汉书》中仅出现一次。

用同样的方法,在《汉书》全文数据库中查"护田",但没有查到。

结论一:《宋诗选注》说"'护田'和'排闼'都从《汉书》里来",这是不确切的。

分析:既然是"史对史"、"汉人语对汉人语",若不见于《汉书》,则可能见于《史记》。改查《史记》全文数据库(同样用《国学宝典》光盘),查"护田",查得一处:

而仑头有田卒数百人,因置使者护田积粟,以给使外国者。(《史记》

---

① 钱锺书:《宋诗选注》,人民文学出版社,1997年重印本,第48页。

卷一二三《大宛列传》)

再查"排闼",亦查得一处:

十余日,哙乃排闼直入,大臣随之。(《史记》卷九五《樊郦滕灌列
传》)

可见,"排闼"一词,始见于《史记》,后见于《汉书》,而后者袭用前者。
结论二:"护田"、"排闼"均出自《史记》。
尚可进一步探究《宋诗选注》致误的原因。有两种可能:一是《石林诗话》、《艇
斋诗话》已有此误,《宋诗选注》承袭其误;二是《石林》、《艇斋》均不误,是钱锺书先
生记忆失误。为此,需要查《石林诗话》、《艇斋诗话》原文。

荆公诗用法甚严,尤精于对偶。尝云,用汉人语,止可以汉人语对,若
参以异代语,便不相类。如"一水护田将绿去,两山排闼送青来"之类,皆
汉人语也。此法惟公用之不觉拘窘卑凡。(《石林诗话》)

荆公诗及四六,法度甚严。汤进之丞相尝云:"经对经,史对史,释氏
事对释氏事,道家事对道家事。"此说甚然。(《艇斋诗话》)

由此可知,《石林诗话》和《艇斋诗话》只是说王安石精于对偶,法度甚严,以汉
人语对汉人语,以史对史,并没有说"护田"和"排闼"都出自《汉书》。
结论三:《宋诗选注》差错的产生,并非《石林诗话》和《艇斋诗话》的误导,而是
钱锺书先生记忆失误。

自序和自述篇
·

《书海求知》自序

初编自序

在茫茫书海之中,怎样才能迅速查到自己所需要的文献资料? 如何掌握科学的求知方法? 这是广大文化教育工作者和刻苦好学的青年都很关心的问题。

我们常可看到这种情况:有的同志想搜集某一方面的论文资料,或解决某一疑难问题,兴致勃勃地跑到图书馆里去,但面对数以万计的图书资料,又茫然不知从何处入手。这是因为缺乏文献检索的基础知识。最近几年,我作了一些调查,发现不少文科学生缺乏检索能力,有碍于他们早日成才。为了培养学生的检索能力,我进行了一些教学实验,并写了两本书。一本是《古典文学文献检索》,专论古典文学文献及其利用方法;另一本是《社会科学文献检索百例》,内容涉及十几个学科领域。前者是通论性质,专业性较强,篇幅也较长(30 万字);后者从具体问题出发,以简明实用为原则,在理论上不多作阐述,篇幅只有十余万字,便于一般读者阅读。

《社会科学文献检索百例》写于 1980 年冬至 1981 年春,由江苏省图书馆学会内部印行。《书海求知——文科文献检索方法释例》(知识出版社 1984 年初版)便是以它为基础增补、修订的,主要做了三个方面的工作:(1) 删去旧作中的部分实例;(2) 对保留的实例进行修改;(3) 增补 30 余例。在修订中,尤其注意介绍近两年出版的《中国大百科全书》各分卷,《中国百科年鉴》、《中国哲学年鉴》、《中国电影年鉴》等各种综合性和专业性年鉴,因为它们能帮助我们贮存系统知识,并源源不断地提供各学科的新的信息,是我们进行文献检索的良师益友。

在学习和工作中遇到的检索课题是极其丰富生动的,本书所涉及的仅是其中很小的一部分。而且,文献检索并不是一把万能钥匙,不能依赖它去打开所有知识之门。渊博的学问根底要靠我们平日系统地、认真地读书,不能什么问题都靠临时检索获得解决。我们既要注意检索能力的培养,又要坚持系统读书,加强实践,这样才能加速知识化的进程。本书所能提供给读者的东西,毕竟很有限,也难免有错误之处,望同志们不吝赐教。

北京大学朱天俊先生在百忙中为拙书作序,中国大百科全书出版社上海分社葛永庆同志对本书的修订和索引的编制给予许多具体帮助。在此,一并致以衷心的感谢。

1983 年早春

续编自序

《书海求知》正编出版于 1984 年春,正值全国高校首届社会科学文献检索课师资培训班在我校举办,拙书作为教学参考书发给每位学员。学员来自 20 个省市自治区的 36 所高校,使我有机会在教学中广泛听取各种意见和要求,感到有必要写一本续编,扩大学科面,增加一批实例,以适应更多的读者的需要。这一想法得到了出版社的支持,经过两年陆续搜集资料和写作,续编脱稿了。

《书海求知——文科文献检索方法释例续编》(知识出版社 1987 年版)主要从两个方面进行增补:第一,增加了逻辑学、伦理学、心理学、社会学、档案学以及新闻、出版等类目;第二,补充介绍了一批重要的参考书和工具书,其中以近几年出版的为主。

续编增设"综合"一类,从总的方面介绍文科的治学方法问题和文献资料的查找方法,不隶属于某一具体学科。

有关中国古典文学和古籍索引方面的内容,续编很少涉及,因为拙书《古典文学文献及其检索》、《古籍索引概论》已先后由陕西人民出版社和书目文献出版社出版,续编尽量避免与之重复。

在续编写作过程中,得到诸美芬同志很多帮助,最后又承她誊清了全部书稿。

拙书虽然出版了续编,但书海无涯,个人见闻有限,疏漏之处一定不少,祈读者教正。

1986 年 2 月

《古典文学文献及其检索》例言

钻研中国古典文学,要以马列主义、毛泽东思想为指导,要具备一定的阅读能力、分析能力和检索古典文学文献资料的能力。向文科学生传授文献目录学的基础知识,培养他们的检索能力,有助于他们及早进入研究领域,提高科研起点。《古典文学文献及其检索》(陕西人民出版社 1984 年版)便是为此目的而编写的教材。编例如下:

(1)培养检索能力,要从学科体系着眼,从文献总体入手。为此,本书的上编分门别类地介绍了古典文学的基础文献和研究资料,试图让读者对这门学科的文献总体和研究整理的主要成果有个基本的了解。

(2)古典文学与历史学、目录学、古汉语、考古学等相关学科互相交叉、互相渗透。为此,本书中编介绍了这些相关学科的重要文献资料及利用方法,阐述了它们在古典文学研究工作中的作用,试图帮助读者扩大视野、启迪智慧。

(3)文献检索是实践性很强的一门学问。为此,本书下编介绍了常用的检索工具,并以检索课题为单元,讲述解决实际问题的具体途径,试图帮助读者掌握一些科学的求知方法,提高工作效率。

上述三编有机联系,而以文献为主,工具书为辅。

(4)本书着重介绍了资料性较强、文献价值较高的图书。所列版本以通行易得者为主,尤其注意介绍近数十年来经过整理校点的图书。所收各书大体到 1982 年上半年为止。某些书尚在编纂中,本书亦根据有关资料予以报导,以帮助读者了解一些研究动态。

(5)本书对各图书资料的介绍,着重从文献学的角度著录其编撰者、版本,揭示其资料价值。题解文字不强求平衡,有话则长,无话则短。某些书仅录其书名、作者、出版者与出版时间。对文学古籍的思想内容与艺术特色一般不作介绍,因各家文学史对此已有阐述。

(6)本书的行文和结构兼顾可读性与检索性。读者可逐章阅读,以对本书的基本观点和提供的文献资料获得系统的印象;亦可利用书末索引,临时从中查阅某一方面的问题。

本人主要从事古典文学的教学,对文献目录之学并无专深研究,只是近年来看到不少大学生由于缺乏这方面的知识,有碍智能的发展,便于 1977 年着手编写教材,力图把传统的文献目录学与现代图书情报学结合起来,试行开设古典文学文献检索课,作为帮助学生提高自学与研究古典文学能力的一门辅助课程。中央教育科学研究所《教育研究》杂志曾刊载我的教学实验报告,《人民日报》曾发表我关于大学开设文献检索课的建议书,不少读者来信表示支持并索取教材,这对我是莫大的鼓励。本教材迭经修订增补,曾得到上海辞书出版社图书馆、上海图书馆、北京图书馆、南京图书馆和本校图书馆的大力支持。钱仲联教授多次垂教,无私惠示重要资料 30 则。南京师院图书馆赵国璋馆长曾给我许多具体帮助。在教学试验过程中,还得到朱孔怀同志的支持和配合。陕西人民出版社对本书的出版极为关怀和重视,派责任编辑郭文镐同志专程来校协助定稿,辛苦工作达一月之久。复旦大学王运熙教授在百忙中为拙书作序。在此,一并表示衷心的感谢。

由于自己才疏学浅,见闻不广,书中定然存在不少问题,渴望同志们不吝赐教。

1982 年 10 月

《古籍索引概论》自序

　　古籍索引是从事文史研究的重要工具,而编纂古籍索引又是当前古籍整理工作的一项重要内容,因而,关于古籍索引的评介、研究与编纂已日益为学术界所重视。

　　《古籍索引概论》(书目文献出版社 1985 年版)试图对我国古籍索引的形成和发展作一简要回顾,对它的基本结构、类别、功用、使用方法进行具体介绍,并就古籍索引的编纂问题略陈管见。书后有《古籍索引要目》,分类著录明清以来国内外编辑出版的古籍索引 550 余种。为便于读者检索,书后有辅助索引,编录本书提到的重要书名、概念、术语和“附录”中收录的所有古籍索引。

　　我国第一部索引论著的作者、年逾八旬的钱亚新教授对本书的编著极为关心。钱老对本书的写作提纲提出了很宝贵的意见,本书草稿完成后,他又细致审阅全稿,提出具体而精辟的意见,并撰写序言。老专家顾廷龙先生为本书封面题了字。在此,一并表示衷心的感谢。

1983 年 10 月

《中国文学语言学文献指南》编译说明

　　《中国文学语言学文献指南》(陕西人民出版社 1988 年版)以日本早稻田大学中国文学会编印的《中国文学语学文献案内》(1984 年第二次修订本)为基础编译、增补而成,收录中国(包括台湾和香港地区)、日本和西方国家编辑出版的中国文学、语言学参考工具书 1 300 余种。

　　早稻田大学的《中国文学语学文献案内》(以下简称《案内》),是为日本攻读中国语言文学的大学生、研究生编印的导读书目,初版于 1979 年。《案内》收录的图书,以中文版、日文版为主,亦有少量西文版,共计 1 100 余种。由于它搜罗面广、信息密集而又篇幅短小,很受日本读者欢迎。自初版到 1984 年,已修订再版三次。

　　《案内》对中国读者也有较高的参考价值表现如下:

　　(1) 可供了解中国、日本和西方国家编辑出版的中国文学、语言学的重要参考工具书,掌握信息、开阔视野,并可按图索骥、参考利用;

　　(2) 供语言文学工作者和出版社编印工具书时拟订选题的参考;

　　(3) 了解日本学术界研究中国文学、语言学的旨趣所在。

　　为此,我们对《案内》进行编译和增补。现将有关问题说明如下:

　　(1)《案内》为日文,夹杂西文,现译为汉语;

　　(2)《案内》收录图书 1 100 余种,时间下限为 1984 年初,现增补 240 余种,时间跨度延至 1985 年底,间及 1986 年初。凡增补者,在书名右上角缀以星号;

　　(3)《案内》著录的图书,一般只有书名、编著者、出版年、出版者四项,没有提要,只对少数图书附以注语。现对 550 余种图书附以提要或说明,增强知识性与可读性。凡原本有注者,加"原注"二字标明;凡无"原注"二字者,均系我们增补的提要或说明;

　　(4)《案内》的第九部分《索引》,原按书名日语五十音顺排列,现按汉语拼音音序排列,以便于我国读者查检;

　　(5)《案内》所收录的图书资料,有一部分已很陈旧,有些已被更好的新书所取代,但为了尊重原作,同时为了给读者保留一些历史资料,我们原则上只增不删;

　　(6)《案内》对所收图书的分类、标目与编排,有些地方与我国读者的习惯不符,但为了保留原作的框架样式,我们原则上不作大的改动;

（7）对《案内》中的一些明显错误，我们尽量做了订正。如《唐代的散文作家》（平冈武夫等编）题下注语，系《唐代的诗人》的注语的误植；又如《文心雕龙新书（附通检）》（1952 年版）与《文心雕龙通检》（1952 年版）实为一书，《案内》重复著录。此类疏忽，已予订正。但由于我们掌握的资料有限，尤其有部分海外版图书我们未见到，不可能一一校订，请读者鉴谅；

（8）本书的参见符号沿用《案内》的标记，用箭头（→）表示。

本书由潘树广、黄镇伟各译补其半，最后由潘树广统稿。由于水平所限，编译稿可能有不少错漏，祈海内外学者不吝赐正。

最后，衷心感谢日本早稻田大学文学部向我们提供了《案内》1984 年第二次修订本。假如此项编译工作能为中外文化交流的雄伟乐章增添一个音符，我们将感到无比欣慰。

1986 年 6 月

《语言文学文献检索与利用》前言

《语言文学文献检索与利用》(武汉大学出版社 1988 年版)是全国高等学校图书情报工作委员会委托编写的文献课系列教材之一,主要供中文系学生使用,亦可供外语系学生参考。

全书分上编、下编和附编三大部分。上编共六章,是总论性质,讲述语言文学文献检索的基本理论和基础知识;下编前六章是分论性质,讲述语言文学各分支学科和相关学科文献资料的查找方法,最后两章讲述计算机检索、资料积累和论文写作的初步知识。附编是国内外语言文学期刊选目。

本书的雏形是《语言文学文献检索纲要》(潘树广编,苏州大学 1985—1986 年油印),曾用作 1986 年 7 月举办的语言文学文献培训班教材,学员来自 27 个省、市、自治区,使我们有机会广泛听取宝贵的意见。这次在《语言文学文献检索纲要》的基础上作了大幅度的增补和修订。增补和修订过程中注意了四个问题:(1)强化专业特色,增加了《语言文学期刊与报纸》等章节和具有专业针对性的附录;(2)不局限于狭义的工具书的讲述,注意介绍原始文献(如汇纂型资料书)的功用;(3)以中文工具书为主,兼及重要的外文工具书;(4)努力反映最新成果,包括新出版的语言文学参考工具书刊的介绍和计算机在语言文学文献检索中应用情况的概述等。

本教材主要供本科二、三年级学生使用,介绍的图书资料以重要、常用、易得者为主,十分专深或不易借阅者一般不介绍。

因篇幅有限,本书对具体课题的检索过程与技巧不详细描述。有关这方面的内容可参考《书海求知——文科文献检索方法释例》正、续编(潘树广编著,知识出版社 1984 年、1987 年版)。

本书由苏州大学潘树广主编并撰写大部分章节,参加编写的有陆玲芳、戴庆钰、秦健民。

本书承华东师范大学图书馆学情报学系罗友松副教授和苏州大学外语系主任贺哈定副教授认真审阅了全稿并提出宝贵意见,又承香港中文大学中国文化研究所许礼平先生热情提供台港地区语言文学期刊的资料。卷末的书名索引是张意馨同志协助编写的。在此,一并表示衷心的感谢。

1987 年 8 月

《艺术文献检索与利用》前言

　　《艺术文献检索与利用》(浙江美术学院出版社1989年版)是国家教委全国高校图书情报工作委员会文献课教材编审委员会组织编写的系列教材之一,主要供高校艺术专业二、三年级学生使用,亦可供文艺工作者作为进修提高的参考读物。

　　"文献检索与利用"是一门新兴学科,是最近几年才在我国各类大学普遍推广的一门工具性和方法论课程。它的主要内容是指导文理各科学生运用科学的方法、迅速查得与本专业有关的文献资料,随时掌握本学科与相关学科的发展动向,增强情报意识,开拓多维视野,改善知识结构,从而提高文化素质和研究能力,发挥创造才能。

　　国家教委先后在1984年和1985年发布文件,要求各高校普遍开设文献检索课,并对教学要点作了明确规定。本教材便是根据有关指示精神编写的。

　　本教材分上、中、下三编和附编,上编是总论,讲述艺术文献检索的基本原理和方法,介绍检索工具、参考工具书和非书资料(Non-book Materials)的类型及其在艺术工作中的利用。中编是分论,分别阐述美学和造型艺术、音乐、舞蹈、戏剧、戏曲、电影、电视等艺术门类的基本特征、重要参考书和文献信息的获取途径。下编是目录编,列举上、中编已论及的和未及详列的艺术工具书与艺术报刊要目,它是上、中编的序化和延伸。附编是全国艺术院校和艺术研究机构名录。

　　鉴于艺术文献和艺术工作的特殊性,本教材的论述范围不限于狭义的"文献检索"。除检索工具外,还适当介绍艺术专业知识、艺术专著和艺术报刊。考虑到艺术专业学生的可接受性,本教材尽量避免过于专深的文献学、情报学概念术语的阐释。介绍的图书资料以重要、常用、易得者为主。

　　本教材是在全国高校文献检索与利用课系列教材编审委员会的具体组织与指导下编写的,是有关院校团结协作的产物。特别要指出的是,吉林艺术学院的崔永久、陶筱延同志为开设艺术文献检索课和倡议本教材的编写做了许多工作,可谓"筚路蓝缕,以启山林",作出了可贵的贡献。

　　本教材编写过程和分工情况如下:

　　1988年12月,潘树广、陶筱延、倪明、陈家驹、刘秀乡、李梅、陈文静在苏州大学召开教材编写工作会议,制订了本教材的编写大纲,确定了分工。会后,各编委分头执笔,陆续将草稿寄至苏州,由主编潘树广初改。

1989 年 3 月,在苏州大学召开改稿会议,与会者有潘树广、陶筱延、倪明、陈家驹、刘秀乡、李梅、郭青。主编与各编委协商修改,完成初稿,并由主编统改全稿。

本书编委共八人,各编委分工执笔情况(按所写章节次序排列):

潘树广(苏州大学)第一、二、三、五章

陶筱延、崔永久(吉林艺术学院)第四、十一、十二章及附编

倪明(浙江美术学院)第六章

陈家驹(上海音乐学院)第七章

刘秀乡(北京舞蹈学院)第八章

李梅(中央戏剧学院)第九章

郭青(北京电影学院)第十章

陈文静参加了第十章第一节部分内容的撰写。赵善芝、张康媛曾为目录编、附编做过部分工作。倪明、陈家驹、刘秀乡、李梅、郭青根据各自馆藏为目录编提供了部分资料。陈家驹复校了全书的外文部分并对第四章若干技术资料作了订补。

本教材是在艺术界许多老前辈的关怀和鼓励下编写的。中国文联主席曹禺先生热情题写书名,著名艺术家贺绿汀、吴晓邦、白杨、凌子风、于是之、古元、肖峰等先生挥毫题词,寓意深刻。钱仁康、罗友松两位教授认真审阅了全稿并提出了宝贵意见。浙江美术学院白仁海、上海音乐学院孙维权、北京舞蹈学院吕艺生、许定中、中央戏剧学院孙家铨、田守文、北京电影学院陈文静、吕世平等同志十分关心本教材的编写,并给予有力支持。浙江美术学院出版社毛翔先副社长亲自部署本书的出版工作,使之得以提前问世,及时供各校教学使用。在此,一并表示衷心的感谢。

1989 年初夏

《中国文学史料学》前言

　　《中国文学史料学》(黄山书社 1992 年版)是根据《国家社会科学基金课题指南(1988)》立项的科研成果。

　　中国文学史料学是探讨中国文学史料研究和利用的理论与方法的学科,是中国文学史研究的基础学科之一。这门学科的主要任务是为文学史研究提供客观依据。

　　中国历代学者对文学史料的搜集、鉴别、整理等问题的研究,已有 2 000 多年的漫长历史。但文学史料学作为一门学科,其完整的理论体系至今仍在不断探讨和逐步完善的过程中。

　　"中国文学史料"是一个历时性的概念,它不限于指称中国古代文学史料,还涵盖了中国近代与现代的文学史料。中国文学史料学是理论性、应用性紧密结合的学科。它的主要内容有:中国文学史料学基础理论研究,文学史料搜集方法的研究,鉴别方法的研究,编纂方法的研究,中国文学史料学发展历史的研究,以及对文学史料整理研究成果的评介等。

　　近数十年尤其是最近几年,文学史料研究领域不断引入新的研究方法和技术手段,而传统方法中的精华部分仍具有强大的生命力。传统方法与现代方法是载动文学史料学驶向新高度的两个巨轮。

　　基于上述认识,我们将本书分为有机联系的八编。第一编为通论,论中国文学史料学的性质、任务、内容结构,中国文学史料学的历史、现状与世界性趋势;第二编为史源论,论文学史料的来源与分布、史料的层位及其价值评判、实物史料与口述史料在史源探索中的重要地位;第三编为检索方法论,论史料检索的原理、方法、技能,检索的基本思路、常用工具与拓展性原则;第四编为鉴别方法论,论史料的外层鉴别(版本、辨伪等)与内容鉴别;第五、六编为文学史料分论,分类评介古代、近代、现代文学史料的集结性成果;第七编为编纂方法论,论文学史料编纂的选题与编前调研,标点、校勘、辑佚、注释的方法,汇编、总集、别集、年谱、书目、索引的编纂,以及书稿规格、版式批注、校对等技术性问题;第八编为现代技术应用论,论现代技术在文学史料整理研究工作中的应用,介绍复印、缩微、录音、录像、电子计算机技术等。另附有中国文学史料整理与研究工作大事记(上古至 1991 年)和本书关键词索引。

　　本书由潘树广主编，主要执笔人是(按执笔字数由多至少为序)：潘树广、黄镇伟、曹林娣、涂小马、陈桂声、赵明。前三人为本书编委。参加编写的还有邹忠民、薛维源。

　　徐馥、赵明搜集整理了部分现代文学资料，施勇勤、刘双魁提供了她们研究郑振铎的文献学思想、宋人所撰文学家年谱的成果，戴庆钰提供了研制古典文学研究方法论机读数据库的部分成果，程家钧、陆玲芳、秦健民搜集并翻译了部分外文资料。

　　本书承复旦大学贾植芳教授审稿并作序，我们衷心致谢，并感到十分荣幸。贾先生是在海内外享有盛誉的比较文学专家，并主持编写了影响深远的大型文学研究资料丛书，对文学史料建设作出了杰出贡献。贾先生将史料积累与理论研究如此完美地结合，令人钦佩，是文学史料学研究工作者的楷模。

　　本书力图反映我国(包括台湾、香港地区)和国外学者的最新研究成果。引用或论及的文献资料，时间截至 1990 年底，间及 1991 年。但囿于见闻，疏漏之处恐有不少，立论亦未必妥当，祈请同行专家和广大读者匡谬正误。

1991 年秋

《粤语概论》自序

本教材初印于 1992 年 2 月,计 200 册。100 册供我校中文系用,另 100 册供苏州市中山业余学校用。但它的编印可说是我心血来潮的产物。

1991 年 11 月,我完成了国家社会科学基金研究课题《中国文学史料学》的主编工作。那是我的第九部书,写完后已感心力交瘁,很想调剂一下身心。此时,正值粤语歌、粤语广告、粤菜以及香港影视、服饰、糕点等汹涌北上,伴随而至的是粤语热。人们以一种好奇、困惑或是认同的心态审视这种文化现象,似乎从中领略到了一种别具品格的南国之风,也勾起了我浓重的思乡怀旧之情。羊城、珠江、越秀山、荔枝湾、豪爽的民风、绚丽的文化,一件件,一幕幕,萦绕脑际,彼伏此起。同年 12 月,我向系领导提出举办"粤语与粤文化短训班"的设想并得到支持。

1992 年元月初,我着手编《粤语概论》,当月完成。紧接着是招生,报名者达 56 人,来自中外合资企业、大中小学、医院、宾馆、饭店等。3 月 30 日晚开学,我和外语系同乡马肇容副教授主讲,我系有关教师热心配合,粤语概论、口语训练、粤文化专题三方面的教学内容交叉进行,共计上课 23 个晚上。6 月 15 日晚举行结业典礼,学员畅谈收获,师生同台演出,在《大展宏图》的粤语歌声中圆满结束。原计划接着举办第二期短训班,因太忙而未能进行。

最近,我系为适应人才市场的需要,增设了"涉外文秘"等专业,系领导嘱我开设粤语课。我对原教材作了些整理、补充,共分三个部分。第一是理论部分——粤语概论;第二是实践部分——口语训练,配以录音带进行教学;第三是粤文化部分,包括器乐曲(广东音乐)、歌曲和饮食文化。另外,印发了暨南大学陈慧英等粤语专家编的《普通话广州话字音对照表》供同学查阅。

1993 年春

《编辑学》^①自序

本书初稿印于 1986 年,分八章,讲述书、报、刊的编辑,供校内教学之用。去年增订为十章,印发给新闻学专业的本科生和文献学方向的研究生。现在公开出版,再次修订,扩充为 12 章。

本书第一章至第三章是总论部分,论述编辑学的几个基本理论问题和编辑人员应具备的思想素质、业务素质和基本技能。第四章至第 11 章是分论部分,分别讲述图书、报纸和期刊的编辑。第 12 章简述计算机技术给编辑出版工作带来的变化。

以往新闻学专业开设的编辑课程一般只讲授报纸编辑。笔者认为,报纸编辑与书刊编辑虽各自有其特点,但在理论与方法上也有许多共通之处。将书、报、刊编辑结合起来讲授,有助于学生贯通理解和拓宽视野,也有利于学生适应不同岗位的工作。本书的编写正是基于这一认识。

编辑学与文献学是近缘学科。用文献学的眼光观察编辑活动,有助于理解的深化,因而,本书某些章节是把编辑学与文献学结合起来论述的。

为便于自学,这次修订时,各章增加了"提示"和思考练习题,还补充了一些插图。

本书一定还有许多不足之处,敬请同志们指正。

1997 年 3 月

---

① 潘树广:《编辑学》,苏州大学出版社,1997 年。

《古代文学研究导论——理论与方法的思考》^①前言

　　我国的古代文学研究已有两千多年的历史。古往今来的学者对古代文学研究的理论与方法开展了许多有益的探索，也进行过无数的论争。这种探索和论争是对古代文学的"研究之研究"，是一个说不完道不尽的话题。我们无意于对古代文学研究的理论与方法作系统的阐释和全面的理论构建，只想围绕自己教学和研究中的实际感受，从若干侧面作些事实梳理与理论思考。

　　全书分 16 章。起首两章是引论部分，主要论述古代文学研究中的实证研究与理论研究，传统方法与新方法之间的辩证关系，以及方法的层次等问题；第 3 至 6 章，是对近百年来古代文学研究的回顾与思考；第 7 至 14 章，评介传统的和现代的理论模式与研究方法；第 15 至 16 章，是对古代文学研究的总体思考与展望。

　　回顾本书的写作，从酝酿到成书已近十年了。1988 年，我开始给中文系高年级学生和研究生开设"古典文学研究导论"课，这是和我的另一门课"文学文献学基础"相辅而行的。"文献学基础"主要解决如何占有资料的问题，"研究导论"主要探讨如何驾驭资料撰写论文。当时的"研究导论"课，主要是概述近百年来古典文学的研究历程，讲授研究工作的一般程序、方法和基本要求，试图为学生撰写论文提供些帮助。1992 年秋，国家教委公布了人文社会科学研究"八五"规划课题指南，其中有"古代文学研究的理论与方法"一项。我感到该课题与我的"古典文学导论"课有相通之处，便申报了该课题，有幸获准。但"研究导论"课的内容与该课题毕竟有较大的距离，以我个人之力亦难以完成这一课题。于是我们组成课题组，拟定大纲，切磋琢磨，分工执笔。本书不采用"主编制"而是用并列署名的方式，旨在尊重各人的见解，不刻意追求观点的趋同。我不敢有什么奢望，假如本书的出版能给初涉古代文学研究领域的年轻同志一些启示，能为古代文学的学科建设提供一点建筑材料，已经是喜出望外的事了。

　　本书由三人执笔，潘树广写第 1 至 8 章，黄镇伟写第 12 至 15 章；包礼祥写第 9、第 10、第 11、第 16 章。涂小马校改了第 9、第 10 两章。又，1993 年至 1994 年，研

　潘树广：《古代文学研究导论——理论与方法的思考》，安徽文艺出版社，1998 年。

自
序
和
自
述
篇

●

355

究生童斌、王建先后写出学年论文《1988 年以来古典文学研究方法问题讨论述评》和《近现代西方学术思潮对中国古典文学研究方法的影响》,本书采用了其中部分观点和材料。

　　本书的写作还得到应启后、孙景尧两位教授的热情帮助。他们分别审阅了第 16 章第一节和第 11 章,提出了许多宝贵的意见。安徽文艺出版社本着弘扬传统文化、促进学术繁荣的精神,对本书的出版给予了极大的支持。在此,一并表示诚挚的谢意。

1997 年 11 月

《文献学纲要》①前言

　　文献是"记录有知识的一切载体"。文献学的核心内容是研究知识与信息的科学组织和有效利用。当人类正面临知识经济的挑战时,文献学从来没有像今天这样受到高度重视。因为,全球经济的增长方式比以往任何一个时期都更加依赖于知识的获取和创造性利用,而文献学的根本任务正是促进知识的获取手段和利用方式的科学化与高效化。

　　然而,关于文献学的学科体系,历来有"古典"与"现代"之别。古典文献学以古籍为主要研究对象,以目录学、版本学、校勘学为三大支柱,以文、史、哲为主要学科领域。现代文献学则以日新月异的多语种文献为主要研究对象,以现代信息技术尤其是计算机网络为依托,活动领域遍及自然科学与社会科学各学科,但更关注理、工、农、医、政、经、法。就专家群体而言,"古典"与"现代"形成两支队伍,有各自的研究机构和出版物。两支队伍各有强项,也各有弱项。

　　事实上,古典文献学与现代文献学两者虽有差异,但也有许多共通之处。首先,它们的研究对象都是文献——知识的载体。其次,两者的研究内容都是文献的搜集、加工、传播、利用,有共同的规律可循。再次,两者的根本任务都是实现知识的科学组织和有效利用。最后,在实际工作中,两支队伍也经常优势互补。现代文献学家所接触的文献,常涉及传统文化的内容,如果缺乏古典文献知识,便难以保障研究工作顺利进行;古典文献学家想要改变传统手工检索的低效局面,必须取得现代文献学家的帮助。至于研制古典文献全文数据库,更要古典文献学家和现代文献学家携手合作。

　　时代呼唤古典文献学与现代文献学的交融!

　　笔者在 20 世纪 80 年代中期开始探讨古典文献学与现代文献学的交融问题,部分想法已体现在《语言文学文献检索与利用》和《艺术文献检索与利用》两书中。但上述两书均属专科文献学范畴,且着眼于"文献检索",而文献检索仅仅是文献学的一个分支。1999 年初,我与黄镇伟、涂小马两位同志商议,重新编著一本文献

① 潘树广:《文献学纲要》,广西师范大学出版社,2000 年。

学。其构想是:第一,以"大文献学"的思路写作,力求古典文献学与现代文献学融会贯通。我们深感,"古典文献学"注重古典文献的获取与整理,"现代文献学"注重追踪急剧增长的新文献。前者以静态知识为主,后者以动态信息为主。但不论前者或后者,研究对象都是知识的载体。若舍弃前者,将会消解文化底蕴,与素质教育相悖;忽视后者,则会疏离现实需要,与时代步伐脱节。只有将两者融会贯通,方能建立文献学的完整体系。第二,涉及的专业文献以人文社会科学为主,兼及部分自然科学文献。第三,不限于论述文献检索,努力构建完整的文献学学科框架,但应当以文献检索为重点内容。因为,这部分内容最切合现实需要。教育部1998年在调整全国高校专业设置的同时,对87.55%的专业都明确提出了"掌握文献检索的基本方法"的培养要求。第四,必须反映20世纪90年代以来文献学理论研究成果和技术成果。

现在这本《文献学纲要》就是按以上设想编著的。全书分八章,依次为:文献与文献学的基本理论知识,文献的外在形态与内容分类,文献的整序、揭示、检索、鉴别、整理、典藏与传播,计算机技术在文献生产与检索中的应用等。文献学的内容极为丰富,学科体系庞大而复杂,我们这本26万字的书,只是文献学的要点。对有些内容论述稍详,有些内容则点到为止,不深入展开。我们在书名上加了"纲要"二字,其用意即在于此。

本书编著分工如下:潘树广设计大纲,撰写第一、四、五、八章,并审改全稿;黄镇伟撰写第二、七章;涂小马撰写第三、六章。在撰写过程中,参考、引用了前辈和时贤的许多著作,已在各章注释和书后参考文献中列出。其中第八章经武汉大学陈光祚教授审改,苏州大学、南通师范学院两校文献检索教研室的严大香、端木艺同志也对初稿提出了宝贵的意见,广西师范大学出版社对本书的及时出版也给予了极大的支持,在此一并鸣谢。

当我们完成这部书稿时,新世纪的钟声即将敲响。知识的竞争将是21世纪的世纪之争。假如本书确能为读者在获取知识时给予某些方法上的启迪,那将是我们得到的最美好的回报。

2000 年 1 月

漫谈读书和写书

那是 1961 年夏天，素有"火炉"之称的南京和往常一样热。我们这些即将毕业的中文系学生踏着被烈日晒得有些松软的柏油路，分头到老师家中道别，并请老师在纪念册上题词。徐复教授用钢笔在我的纪念册上写了"锲而不舍，金石可镂"八个字。段熙仲教授拿着纪念册思索片刻，然后用毛笔写了"树基欲广，植根欲深，华实斯茂"12 个字。段老才思敏捷，巧妙地把我的名字重新组合，为我读书治学指点门径。其实，我在家中属"树"字辈，"广"字与"树"字并无必然联系，但经段老点化，却成了哲理性的治学格言。

此事虽已过去 26 年，但我始终铭记在心。去年寒假，南京师范大学有学生来访问我这个老校友，问我母校的老师给我最大的影响是什么，我说是学风，就是全面打基础，锲而不舍，深入钻研。

在四年的大学生活中，几位老师一直以这种治学思想影响着我，使我懂得了大学阶段是全面打基础的时期，不宜"偏食"。尽管我的兴趣很早就偏向于中国古典文学，但我对中国现代文学、外国文学和语言学等学科的书籍并未放松阅读，而且有意识地多参加一些学术活动，扩大阅读面。为了学好文艺学和美学，我除了阅读中外文学名著外，还看了一些音乐、美术方面的书籍并练习谱曲、绘画。这样，既扩大了知识面，又加深了对本专业（语言文学）的理解。后来我写《书海求知》正、续编（知识出版社版），除了语言文学方面的内容外，还涉及哲学、历史、音乐、美术等十多个学科的文献资料查找方法，这主要就是靠大学阶段打下的基础。

大学毕业后，我在苏州大学（原江苏师范学院）教了 20 多年的古典文学课，始终没有放松文献学的学习和研究。既读古典文学方面的书，又读文献学方面的书，已成了我多年来的习惯。《古典文学文献及其检索》（陕西人民出版社版）和《古籍索引概论》（书目文献出版社版）两本书的编著，就是这样读书、钻研所取得的一点成果。

我在《古典文学文献及其检索》等书的编著过程中，注意了两个方面的问题：一是学科之间的交叉渗透，二是传统方法与现代方法的结合。而这两个注意点，都是在平日读书学习中逐渐形成的。

专业之间是有分工的，但并非绝缘。如果人为地在学科与学科之间砌起道道高墙,就会遮挡自己的视线,束缚自己的脚步。有些书与笔者所从事的专业的关系,可说是"道是无关却有关",应善于从中吸取营养。例如竺可桢等写的《物候学》是一部生物气候学著作,看似与古典文学专业无关,但我曾津津有味地把它读完,因为该书中的"唐宋大诗人诗中的物候"、"物候的古今差异"等部分,对我们阅读和理解古典诗歌很有启发。我在读书过程中遇到的这类例子很多,这给了我深刻的启示:要提高研究水平,必须扩大视野。不仅要注意社会科学范畴内各学科之间的关联性,还要注意社会科学与自然科学之间的交叉、渗透,因而,我在写《古典文学文献及其检索》一书时,不惜以三分之一的篇幅介绍相关学科的图书资料,并阐述古典文学与历史科学、语言学、考古学乃至科技史的关系。

"古典文学文献学"这一研究内容决定了我所接触的主要是传统的文献目录学。这是重要的基础,没有这基础便是无本之木。但随着研究的深入,便感到只有将传统的文献目录学与现代图书情报学相结合,才能增强活力,适应信息社会的需要。于是我用了不少时间研读《科技文献检索》、《国外科技文献资料的检索》等书籍。这些书虽然谈的是现代科技方面的内容,但有不少东西可供文科文献检索借鉴。我在写《古典文学文献及其检索》一书时,注意吸收现代图书情报学的某些理论和方法,加强该书的科学性、情报性和应用性,使之更切合当前高等教育的需要,1986 年,国家教育委员会已将此书列为高等学校文科教材。

我深感读书治学切忌以偏概全。现在有些研究传统方法的同志看不惯研究现代方法的同志,认为他们赶时髦;有些研究现代方法的同志又瞧不起研究传统方法的同志,认为那一套全都陈旧过时。其实平心而论,双方都有优点,也都有弱点,应当彼此取长补短才对。去年,北京大学学海社几位学生要我写几句勉励的话,我写道:"洞视八极,有师承而无门户之见;博采众长,有胆识而无浮华之风"。勉励他们只有发扬这种风格,才能获得丰硕的学术成果。

总之,要经常剖析自己的知识结构,及时发现薄弱环节,有计划地读书研究,才能不断有所收获。

(原载《书林》,1987 年第 8 期)

我与文学文献学

从 1961 年走上工作岗位到现在的 36 年间,我的"户口"一直在古代文学教研室。单位没有变过,专业也没有变过,但教学内容和研究方向却有所变动。最初教古代散文、汉魏六朝文学,后来才选定文学文献学作为我的主要研究方向。

一、与文学文献学结缘

文学文献学是探讨文学文献的研究和利用的理论与方法的学科。这门学科的主要任务是为文学研究提供客观依据。从事此项研究,需要花费大量时间从事文献的搜集整理和比较鉴别。不少青年认为这是一门枯燥乏味的学问,我却对此情有独钟。这也许与我本人的性格有关。我自小性格较为沉静,喜欢潜心读书;并无倚马万言的才气,却有循序渐进的耐心,爱做些实实在在的事。文献学研究需要严谨的态度、冷静的思考、缜密的求证,这与我的性格一拍即合。读大学时,唐圭璋、孙望、徐复、段熙仲、赵国璋等先生均精于文献学,他们执著的事业心、严谨的治学态度和实事求是的科学方法,给了我深刻的影响。不过,当时我只是把他们传授的文献学知识作为治学的工具与方法,并没有想到把这门学问作为自己的研究方向。

走上教学岗位之初,我依然只是把文献学作为自己治学的工具。凭借文献学的理论与方法的指引,在 20 世纪 60 年代前期较为扎实地读了一些书。每有所得,兴味便更浓。自己循此路子治学有所收获,很自然地就把文献学的一套方法贯穿在古代文学教学之中,并向学生宣传文献学方法的重要性,引起了部分学生的兴趣,我很感欣慰。但好景不长,"文化大革命"的灾难降临,正常的教学秩序被严重破坏了。

"文革"后,正常的高考制度得以恢复,77 级和 78 级学生相继入学。他们大多是"老三届",在"文革"中饱受知识饥荒之苦,考入大学后如饥似渴地汲取知识,但往往不得其法,自学能力和科研能力较差。于是,我从自己承担的古代文学教学时数中抽出五分之一的时间,给他们讲授文学文献学的知识,其内容以目录学为重点,讲解查找和利用文献资料的方法,并布置数量较多的练习,以提高他们的实际应用能力。这样取得了较好的教学效果。有位江阴籍的学生,曾读过《嘉靖江阴县志》,从中抄录了百余首历代诗人咏江阴的诗歌,但不知道怎样了解这些诗人(尤其是不著名的诗人)的生平。学了文献知识后,他很快就查到了这些诗人的传记资料,非常兴奋。还有个学生爱读诗话,但由于对古代诗话的总体面貌不了解,读书有一定的盲目性。学了目录学知识后,找到了查阅古代诗话的钥匙,眼界开阔了。她高兴地写道:"目录学给我展现了一个广阔而又灿烂的世界,它是通向学问之海的金桥。"这两个事例在今天看来实在是太平常了。但是 20 世纪 70 年代末的大学生,每当遇到此类事,却像发现新大陆那样兴奋。他们强烈的求知欲望深深地感染了我,促使我思考如何进一步完善文学文献学的教学和研究。

促使我把主要精力投向文学文献学的另一原因是我在教学和研究的过程中日益体会到文献学对古代文学学科建设的重要性。这重要性的确认,是由古代文学的学科特点所决定的。古代文学的研究对象是历史上的文学活动与文学现象。但历史已成过去,研究者所凭借的只是历史的遗留物——文献、实物与口述史料,其中又以文献为大宗。文献在流传过程中不断散佚、错乱,真伪杂陈,必须进行艰苦的搜集、梳理、鉴别和考证,这正是文献学的研究内容。离开文献学的根基,一切理论概括或鉴赏分析都成了无源之水,无根之木,这方面的教训不胜枚举。

现实的需要和理性的驱使,加上对自己的知识结构的分析,我把主要研究方向定位在文学文献学,从此与她结下了不解之缘。

二、研究文学文献学的最初成果

《古典文学文献及其检索》是我有关文学文献学的第一部著作。此书于 1979年内部油印,广泛听取意见后,1981 年修订并铅印。后又再次修订,于 1984 年公开出版。在写这本书的过程中,我着重探讨了专科性、交叉性和实用性三个问题。循此思路落笔,便形成了《古典文学文献及其检索》的上、中、下三编。

文学文献学属专科文献学性质。它与文献学概论(或称普通文献学)有所不同,应体现专科文献的特点。为此,我在本书的上编先勾勒古籍的总体面貌,然后分门别类地评介古代文学的基础文献和研究资料,包括总集、别集、诗文评、词集与词话、戏曲与小说等。对重要的文学古籍,介绍其成书过程、价值、特点和前人研究整理的主要成果,列举主要版本,或提示使用时应注意的问题。

文学文献并非孤立存在,它与其他学科文献交叉渗透。研究古代文学,固应以文学文献为主体,但如果画地为牢,则有碍于研究的深入。史学、语言学与文学是近缘学科,其关系之密切自不待言;即或自然科学,也与文学研究有千丝万缕的关系。例如,竺可桢、宛敏渭的《物候学》是一部生物气候学著作,看似与古代文学研究无关,但此书在论述物候的古今差异和地势差异时,援引了大量古代诗文进行论证,常使古代文学研究工作者深受启迪。杜甫《杜鹃》诗云:"东川无杜鹃",但抗日战争时期到过重庆的人都知道那里有很多杜鹃,夜啼不已,这又如何理解?《物候学》对此作了科学而详细的解释。王之涣《凉州词》首句"黄河远上白云间",一本作"黄沙直上白云间",究竟何者为善?《物候学》认为原诗应是"黄沙直上",因为

"这是很合乎凉州以西玉门关一带春天情况的",并引其他唐诗佐证;又认为"黄河远上"系后人擅改,这样一改,"便使这句诗和河西走廊的地理与物候两不对头"。当然,文学不同于自然科学,也不同于历史,但这些学科的文献可以启发我们的思路,开拓我们的多维视野,这是毋庸置疑的。基于这一认识,我在《古典文学文献及其检索》的中编,以"相关学科文献概说"为题,分五章论述古代文学研究与历史学、目录学、语言学、考古学、自然科学相互渗透与促进的关系,并列举重要的文献资料及利用方法。

文学文献学属实证研究范畴,实践性、应用性很强。为此,我在《古典文学文献及其检索》的下编中具体介绍了检索工具与检索方法,并以"怎样了解国外研究中国古典文学的一些动态"一章收尾,以利于中外文化交流。

此书出版后,反响尚可,被国家教委列为高等学校文科教材。又因为此书有较多篇幅论及学科间的交叉渗透,获得新加坡"林大芽教授渗进法研究奖"。这都是我事先没有料到的。

三、寻求古典文献学与现代文献学的沟通

1984 年,原教育部颁发文件,要求各高等学校普遍开设"文献检索"课,以提高学生的自学能力和研究能力;1986 年,国家教委批准成立全国高校文献检索课系列教材编审委员会,组织编写文、理、工、农、医各学科的文献检索教材。我有幸忝列其中,有更多的机会与从事现代文献工作的专家进行学术交流,从现代文献学中汲取养分,促进了知识更新。

"文献检索"是现代文献学(documentation)的一个分支,与传统的文献学(古典文献学)有内在联系,也有明显的区别。传统文献学以目录、版本、校雠为研究重点,重视古典文献的整理、考证、编纂;现代文献学则把不断涌现的新文献的搜集、整理、传播、利用作为研究重点,重视文献工作的标准化、自动化,与信息科学、计算机技术息息相关。在我国,研究古典文献学与研究现代文献学的人员基本上分属两支队伍:前者主要活动在文史研究领域,后者主要活跃在图书情报界和科技界。两支队伍各有优势和不足:前者熟悉传统文化,但不太善于利用现代技术手段高效地获取和处理国内外的文献信息;后者熟悉现代技术手段和外语,但对中国传统文化比较陌生,当他们运用现代技术手段来处理古典文献时,往往力不从心。事实上,两支队伍又有内在联系:都以文献——记录有知识和信息的载体——为研究对象,都以文献的全面性、存真度和有效传播为追求目标,并且在孜孜追求的过程中,总结了一套行之有效的理论和方法。而这些理论和方法在很多方面又有共通之处,只不过以往缺少对话,疏于沟通。如果两支队伍加强交流,优势互补,定能使文献学研究的整体水平提高一大步。

因此,我认为文学文献学的研究应树立"大文献观念"。专业可以有分工,但在观念上应当具有古今贯通、中外交融、文理渗透的视野和气度,努力促进古典文

献学与现代文献学的结合。我在 1987—1989 年主编《语言文学文献检索与利用》和《艺术文献检索与利用》两本书时,便努力贯穿这一思路。例如,既研究以纸张为载体的传统的印刷型文献,又研究以感光材料和磁性材料为载体的缩微型、音像型、机读型文献;既研究传统的手工检索,又研究计算机检索;既注意以中文检索工具为主,又注意重要的外文检索工具。在阐述文献学的概念、术语时,也力求做到沟通古今。如"目录"一词,古典文献学主要指图书目录、金石目录;近代报刊业勃兴,报刊目录大量涌现,"目录"的内涵有所扩大;现代文献学的"目录"概念又扩展到 non-book materials(非书资料),包括音像资料目录、缩微品目录、机读件目录等等。又如,"主题法"是现代文献学术语,一般认为"主题法"开创于 1856 年的英国;但我国明代《永乐大典》采用的"用韵以统字,用字以系事"的排检方法,已具有主题法性质,比英国早 400 余年。用"大文献学观念"从事研究可以使视野开阔。为了把计算机技术引进文学文献学研究领域,我还与资料室、计算机系的同志合作,研制了《中国古典文学研究方法论信息库》软件(1990 年通过鉴定)。

四、从文学文献学到文学史料学

1988 年,国家社会科学基金会颁布"课题指南",向全国"招标",其中有"文学史料学"这一选题。我对此选题有浓厚兴趣,经过认真论证,向社科基金会递交了课题申请书,很快获得批准,我和课题组的同志投入了紧张的工作。

我国有悠久的史料学研究传统。近半个世纪以来,已出版过十余种以"史料学"命名的著作。但这些著作,或是史料学概论,或是断代史料学,或是其他学科(如哲学)的史料学,尚无"中国文学史料学"问世。即便是史学范畴或哲学范畴的史料学著作,也主要侧重于具体史料的介绍,理论阐述比较薄弱,完整的史料学学科体系或理论体系尚未建立。因而,撰写《中国文学史料学》首先要解决两个问题:第一,研究对象的时间跨度问题,是限于古代文学史料,还是涵盖古代、近代、现代文学史料;第二,如何构建中国文学史料学的学科体系与理论框架。

由于专业分工的不同,古代文学研究者关心古代史料,现代文学研究者重视现代史料,划疆而治,这是很自然的。我们不可能要求一个人同时精通古代、近代和现代文学史料。然而从文学史料学这一学科的整体性建设考虑,就不应把眼光局限于某一时段。因为,研究古代、近代或现代文学史料,其理论与方法虽有差异,但也有共通之处。完整意义的"中国文学史料",理应是一个历时性的概念,视古今为一个整体。用古今贯通的观念把握研究对象,才能在更高的理论层次上探讨其共同规律,才有更强的方法论意义。为此,我们决定把古代、近代、现代文学史料融会贯通,进行整体性的研究与论述。

至于文学史料学的学科体系,我们在吸取海内外学者研究成果的基础上,提出从五个方面进行学科构建,即:文学史料学基础理论的研究、文学史料搜集方法的研究、鉴别方法的研究、编纂方法的研究、文学史料学发展历史的研究。然后,我们把《中国文学史料学》一书设定为以下八编:第一编为通论,论中国文学史料学的性质、任务、发展历史及其世界性趋势;第二编为史源论,论文学史料的来源与分布,史料层位的划分及其价值评判;第三编为检索方法论,论史料检索的原理、方法与拓展性原则;第四编为鉴别方法论,论史料的外层鉴别与内容鉴别;第五、第六编为文学史料分论,分类评介古代、近代、现代文学史料的集结性成果;第七编为编纂方法论,论文学史料编纂的原则与操作方法;第八编为现代技术应用论,论缩微、计算机技术等现代手段在文学史料整理研究工作中的应用。书末附有中国文学史料研究与整理工作大事记(先秦至 1911 年)。

如何将实证研究与理论思辨结合是写作本书的一大难点。相对而言,在史料学研究领域,实证方面有较多的成果可以借鉴,理论方面则比较薄弱,需要对已有的、较为零散的观点重新审视,进行深层的哲学思考,提出自己的见解。例如:西方学者在对史料进行价值评判时,习惯于把史料划分为"同时代"、"非同时代"两大类,或者划分为"原料"、"次料"两大类。这两种划分方法曾对我国史学界发生过较大影响。但是,这两种分类法都有明显的局限:其一,在理论表述上,常表现为游移不定,没有准确的指向;其二,在方法上,把注意力投向史料形成的时间序列,或现存史料的先后次序,而忽略了史料记载者对该项史实是否直接感知。我认为,对史料进行价值评判时,既要考虑时间序列,又要注意空间位置、感知关系。因此,我们借用了"层位"这一地质学术语,分别指称来自不同的时间与空间关系的文学史料;将文学史料划分为三个层位,并对三个层位的文学史料进行分析评价。我们还专立"史料问题的哲学思考"一节,从客观实在与能动反映的关系、客体与主体的关系,对"史实"与"史料"、"史料"与"史著"等两两相对的范畴进行深层剖析,并努力将这些理论思辨贯穿全书。此书于 1992 年出版,1995 年获国家教委人文社会科学研究优秀成果二等奖。

然而,这些探索仅仅是初步的。不论是文学文献学,还是文学史料学,其完整的理论体系至今仍在不断探索和逐步完善的过程中。我愿与同行学者和年轻朋友们共同努力,为弘扬中华民族传统文化贡献自己微薄的力量。

(原载《文史知识》,1997 年第 5 期)

将勤补拙，锲而不舍

我是个并不聪颖的人。记得儿时，母亲常对我说"将勤补拙"，她认为我拙钝，所以要用加倍的勤奋来弥补。知子莫如母，"将勤补拙"确是我的真实写照。小时候是这样，中年以后仍是这样。1988 年，一家杂志发表了一篇对我的专访，说我"不属于那种倚马万言的人"，真是说到点子上了。

青年朋友问我，我那些书是怎样写出来的。我说主要靠两点：一是环境熏陶，二是将勤补拙。

我 10 岁至 17 岁在上海读高小和中学，住处离福州路很近。福州路是有名的文化街，书店很多，全是开架销售，读者可以自由翻阅，环境又安静雅洁，使人感受到浓郁的文化气息。我常在书店流连忘返，浏览文学、科技、音乐和美术等书刊，逐渐培养了广泛的兴趣，也激发了强烈的写作欲望，勤奋练笔。盼望有朝一日，自己写的东西也能印在书刊上。13 岁那年（1952），商务印书馆的《新儿童世界》杂志发表了我的第一篇文章。文章只有 500 多字，稚嫩极了，但此事在我脑海中留下了深深的印记。记得我拿着稿费通知单去商务印书馆领款时，柜台比我高，我踮起脚尖领了一万一千元稿费（旧币，相当于现在一元一角）。这点稿费现在看来微不足道，但那时东西便宜，这点钱可以买十几册少儿读物，或者吃二十几次早点。更重要的是，小小的成功进一步激发了我的写作兴趣，我甚至想自己办杂志了。

14 岁那年，我和几个同学商量办个《谊讯》杂志，经费由大家凑。编辑部就设在我家，还正儿八经地刻了个"谊讯编辑部"的图章。杂志是油印的，32 开本，编辑加工、版面设计都由我负责。我对办杂志毫无经验，于是用笨办法从福州路文化街买来一些杂志和《人物画的基本作法》之类的书籍，模仿着设计版面和绘制插图，然后送到誊印社去刻印。文化街为我提供了良好的学习环境。只要勤学，便能从那里学到许多课堂上学不到的东西。

从初三至高中毕业，我是在上海格致中学度过的。这是以科学传统闻名的百年老校，有两个特点：一是师资力量强，教学质量高，好几位专业课教师都有著作出版，这些都时时激起我向科学进军的热情。二是学校鼓励学生发挥各自的特长，在丰富多彩的课外活动中培养独立工作的能力。班主任只抓大的方面，具体工作放手让学生干部去干。我承担黑板报总编辑、国乐队指挥等工作。这些工作占了我不少时间,但培养了我独立工作的能力和综合思维的能力,从此养成了在繁忙中挤时间学习的习惯。

1957年,我考入南京师范学院中文系学习。这个新环境给我最大的影响是老师们严谨、求实的治学精神。徐复先生赠我八个字:"锲而不舍,金石可镂";段熙仲先生赠我12个字:"树基欲广,植根欲深,华实斯茂";老师们一贯教育我们:只有全面打基础,锲而不舍,深入钻研,才能有收获。

当时的大学生活有三多:政治运动多,社会工作多,劳动多。好在我在中学时已养成"见缝插针"看书学习的习惯,尚能适应。我曾到吴调公先生家里看他的学术卡片,求教做卡片的方法。我平时身上总带着一些卡片,看到有用的资料或自己有什么心得体会,随时记在卡片上,过一段时间就分类整理,插入自己糊的卡片盒内,其乐无穷。尽管我的兴趣主要在中国古典文学方面,但对其他学科也不放松,参加了语言学、外国文学科研小组,又向赵国璋先生学习文献学知识。后来我走上工作岗位,写《书海求知》,主编《艺术文献检索与利用》等书,涉及十几个学科的文献资料的查找方法,这主要就是靠中学和大学阶段打下的基础。

大学毕业分配时,我填写的第一志愿是到中等师范学校当教师。我感到教师对我的影响太大了,我也希望自己能当个合格的教师。领导找我谈话,说南京各剧团缺十名编导,问我是否愿意去剧团工作。我说,文艺是我的业余爱好,不想把它作为终身职业。后因江苏师院(今苏州大学)中文系需要教师,便将我分配到该校工作,教古代文学。

走上工作岗位不到五年,便遇上十年动乱。"文革"后,我仍教古代文学。当时学生们学习热情极高,令我欣慰;但他们自学能力和研究能力较差,又令我忧虑。我曾在三年级学生中作了一次测试,发现有84%的学生不懂得查找古典文学研究论文的科学方法,有92.6%的学生不知道查找人物传记资料的有效途径。我便挤出部分课时,给学生讲授文献检索知识,并出了一批习题让他们独立完成,受到了学生的欢迎。1981年夏,我在太湖疗养院疗养,看到刘毅夫发表在《人民日报》上的文章,指出目前有相当多的科技人员不懂文献检索,这对我国科技事业的发展极为不利,建议高等学校开设文献检索课。我也写了《大学开设文献检索课确有必要,亦有可能》一文,从文科角度阐述这个问题。《人民日报》很快就发表了我的文章。与此同时,高等学校许多同志的呼吁和教学试验,引起了教育部有关领导的重视。1983年,教育部召开了专门会议,并于1984年下发了在高校开设文献检索课的文件,于是文献检索课在各高校普遍推广。我写的《古典文学文献及其检索》,被国家教委列为高校文科教材。

当时,我同时开设古典文学和文献检索等课,还有繁重的科研任务,工作是相当紧张的。我制订了详细的工作计划,每月、每天都有具体要求,休假日也不例外。当天任务没完成,就"开夜车",工作至凌晨是常有的事。1983年,住在上海的母亲中风住院,我经常奔走于苏、沪两地。火车很挤,没有座位,无法看书写字,我就请内弟为我特制了一个手提木箱，既可放资料，又可当凳子，在火车上照常工作。我决心把"文革"耽误的时间夺回来。从1981年至1991年的十年间，除了给本科生、研究生上课外，还写了十本书。自1985年至今，获国家教委和省级奖励共六次。

有青年朋友问我，治学要注意什么问题。我的体会是，在全面打基础的前提下，确定一个轴心，再逐步向外拓展，不断强化这个轴心。要注意学科之间的交叉渗透，重视传统方法与现代方法的结合，不可画地为牢。1986年，北京大学学海社的学生和我座谈，并要我写些勉励的话，我写道："洞视八极，有师承而无门户之见；博采众长，有胆识而无浮华之风"，表述的也是这层意思。

青年朋友问我：在经济大潮中如何处理好经济发展与学术研究的关系？我说：这个问题太大了！经济与学术，两者关系处理得好，可以比翼齐飞；处理不好，可能两败俱伤。这是由政府决策部门考虑和统筹规划的问题。当然，个人也有责任，每个人都应在大千世界中找准自己的位置。人是要有点精神的，要有独具个性的人生追求。我的原则是：努力与时代同步，不求与时尚同流。时尚，或称花样翻新的时髦，不必趋之若鹜；对知识更新的时代步伐，则鞭策自己努力赶上去。例如，我过去在文献检索课和编辑课上，都讲到引进计算机技术的重要性，但只是在理论上强调，我自己并不会操作计算机，深感落伍了，于是决心学计算机。当时我已年过半百，又是文科出身，困难很多。我老老实实和青年学生一起参加培训班，日夜钻研，将勤补拙，总算初步掌握了操作方法。

该学的东西太多了，总感到时间不够，我仍将锲而不舍。

（原载《江苏学人随笔》，南京大学出版社，1997年）

文字之交，贵在知心

——回忆与《辞书研究》的交往

我曾经与 30 余种报刊打过交道，但《辞书研究》留给我的印象最深。编辑们高超的组稿艺术，执着的学术追求，诚挚的待人态度，使我感受到一种可贵的人文精神和人格魅力。

我和《辞书研究》结缘，实出偶然。犹记 1978 年 5 月学术解冻之初，我在杭州大学举办的科学讨论会上结识了上海辞书出版社王知伊先生。王先生曾是开明书店《中学生》杂志的专职编辑，这时已年届花甲。他谈起在沪从事编辑出版工作的往事，我也谈及少时在沪读书、写稿的经历。他虽然比我年长 20 余岁，但从不以长辈自居，我们二人非常投缘。会后我回苏州参加本校的科学讨论会，把油印的发言稿寄给他一份留念。事隔半年，突然收到他的来信（见图 1），说辞书出版社拟创刊《辞书研究》季刊，他已将我的油印稿推介于该刊，并已决定在创刊号上刊用，问我有无重要修订。我当时是一名"老助教"，人微言轻，一份油印稿竟如此受到重视，实感意外。我将稿子改定后寄去，并附信表示感谢。他却回信说："文字之交，贵在知心，当荷同感。"可谓推心置腹。数月后，我收到刊有拙文的《辞书研究》创刊号（1979 年 4 月）和王先生的又一封约稿信。他说《辞书研究》由三位同志负责编辑，他不在其中，只是协助组稿、看稿而已。他希望我在《艺文类聚》等四种古籍中"任择一种，予以评述"。我又感到意外：他所列举的四种古

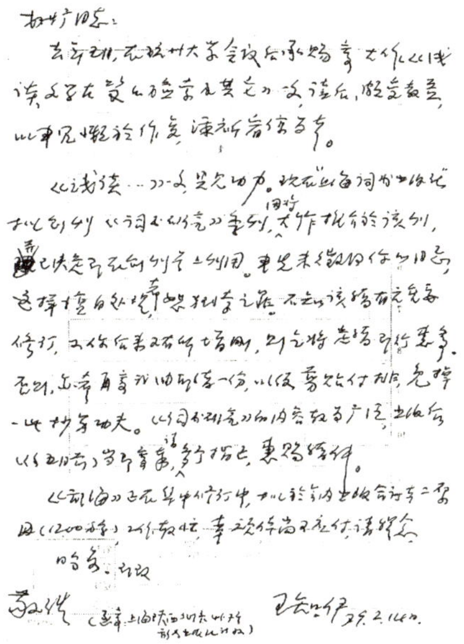

图 1　王知伊先生的来信

籍,正是我的研究兴趣所在,他怎么会了解得这样具体呢? 我立即赶写了一篇《〈艺文类聚〉概说》寄去。1979 年 12 月,我收到《辞书研究》寄来的"1980 年度特约撰稿人"聘书和公函,说编辑部将按期寄赠本刊和有关资料,希望我年内至少寄去一篇论文,并望今后多联系,云云。事后我才知道,特约撰稿人共有 20 余位。一年一聘,不搞"终身制"。这种保证稿源质量和增强办刊活力的特约制度,一直延续至今。

我第一次拜访《辞书研究》编辑部是在 1979 年底。王知伊先生带我到辞书出版社老楼的一角,把编辑部全体成员向我逐一介绍——尚丁、耿庸、屠基治,即王先生信中所说的"三位同志",也就是他们自称的"三个老头"。编辑部很小,也很简陋,但工作效率极高。每期 20 万字的杂志,办得富赡活泼,雅俗共赏,迅即引起海内外学术界的广泛关注。

从此,我便与《辞书研究》结下了不解之缘,并逐渐领略到他那独特的办刊风格和编辑"章法"。现胪列数端。

其一,有信必复,事事落实。凡寄去稿件,不出数日便可得到一张"收条":"某月来稿收到,一待读毕,当另函告处理意见。"事无巨细,三位老先生都亲笔来函;有时更郑重其事,三位依次签名。

其二,编务公开,互通情报。我经常收到编辑部的《〈辞书研究〉简报》,每期一般只有四页,而信息量甚大。诸如,收稿统计分析、来稿采用率统计、发行情况、国内外反映、读者或作者的来信等。有些内容颇具文献价值,如叶圣陶先生 1981 年 2 月 20 日写信给编辑部说:"我觉得现在可有可无的杂志不少,而贵刊是非有不可的好杂志。"信中还谈到《现代汉语八百词》、《汉语大词典》等。此事 1986 年版的《叶圣陶年谱》漏录,可补。

其三,思维敏捷,组稿得法。编辑部针对学术动态,陆续编印"编辑计划"、"参考选题",一般号召与个别约稿相结合。大体每期有一两篇主要论文,在全局上起指导作用;每期又组织一个"专辑",成为这一期的内容重心,如"收词研究专辑"、"百科全书编纂研究专辑"之类。又有"我和词典"、"辞书学知识"等固定栏目。《辞书研究》以其独特的学术魅力吸引了大批作者为其写稿。其中有初露头角的中青年学者,也有叶圣陶、王力、吕叔湘、周祖谟、蔡尚思、谭其骧、姜椿芳、于光远、陈原等一批德高望重的著名学者。

其四,尊重作者,开诚相见。编辑对作者绝无居高临下之态,但对来稿的不足之处又能坦诚指出。例如耿庸有次约我写篇较长的论文,我先将论文提纲寄去征求意见,他回信说:"选题很好。只希望后半部分('如何编')对具体方案作应有的理论阐述。前半部分的评介则想必是在雄厚的理论基础上。"耿庸真不愧是一位擅长理性思辨的学者,这一婉转的提示使我大受启发。我深感与《辞书研究》交往的过程,就是学习和提高的过程。

其五,既办刊,又办"会"。这里所说的"会",指的是辞书学会和学术讨论会。

早在 1982 年,《辞书研究》就促成了上海辞书学会的成立,尔后又促进了中国辞书学会的成立。1988 年,编辑部倡议召开了首届全国辞书学研讨会。此后,全国辞书学研讨会接连不断,《辞书研究》实开风气之先。尚丁和杨祖希等先生还热心举办"辞书学讲座",将辞书学的普及与提高相结合。在选择主讲人时,不搞论资排辈。不才如我,亦在邀请之列。他们办讲座的态度,比大学教务处还要认真细致,先是来函说明讲座的宗旨,并寄来先前办讲座的资料,要求主讲人写出讲授提纲。然后对提纲内容反复磋商,改定后印发给听讲者。举行讲座那天,杨祖希、尚丁两先生亲自主持会议并热情迎送。会后又以普通听众的身份谈感想、提建议。虚怀若谷,一丝不苟。

其六,既出刊,又出书。作为《辞书研究》的延伸,他们陆续编辑出版《辞书研究丛书》,已出《辞书和信息》、《词典和词典编纂的学问》、《疑难字词辨析集》、《词典论》、《汉语新词词典》、《中国辞书学论文索引》等。编辑部人手如此之少,做的事情却如此之多,实在令人钦佩。

现在,《辞书研究》已是"第二代"的编辑了。他们继承"老辞研"的传统:人手少,效率高,广交朋友,锐意进取。在世纪之交,他们正孜孜不倦地书写《辞书研究》的新篇章。

数日前,我收到《辞书研究》寄来的 1999 年度特约撰稿人聘书。屈指一算,我们的交往已足足 20 年了! 此时,王知伊先生 20 年前来信所说的"文字之交,贵在知心"八个字骤然浮现脑际,令我感慨不已。我想,《辞书研究》昭示于世人的最可贵的品格就在于做读者和作者的知心人,这正是学术杂志的生命所系。

衷心祝愿《辞书研究》越办越好!

（原载《文汇读书周报》,1999 年 3 月 27 日,又收入《我与上海出版》,学林出版社,1999 年）

写歌的回忆

我校(苏州大学)《大学新闻》约我写篇回忆苏大往事的文章,我该从何处落笔呢?

一阵歌声轻轻飘来,令我猛然想起俄罗斯的一句谚语:"故事是编造的,歌曲是真实的。"好,就让歌曲伴我掇拾记忆的碎片吧。

收稻忙

下乡劳动是20世纪60年代大学师生的重要一课。夏收夏种或秋收秋种,每年大体下乡一两次。"劳动光荣"的观念已渗透在血液中。

1963年,是我到江苏师院任教的第三个年头。这年10月,中文系师生卷起铺盖奔赴市郊横塘公社割稻。生产队安排我们住在一间大屋里,大家在地上铺上稻草,蒙上被单,这就是床了。白天和社员一起劳动,晚上教师、学生一律睡地铺,党总支部书记也和我们挤在一块儿睡。这是当时提倡的一种好风气,叫"三同"——同吃、同住、同劳动。

当时,我们刚从"三年困难"的阴影中走出来,放眼金灿灿的一派丰收景象,无比兴奋。兴奋之余,便忍不住动笔。张老师写了《扁担谣》,盛老师写了《横塘劳动戏为绝句》。我呢,熄灯以后,半卧在草铺上,左手握电筒,右手执笔,用苏州方言写了首表演唱《收稻忙》。我说不清脑海里首先萌发的是歌词,还是旋律,它们似乎是在激情的推动下同时涌出的。

第二天,我和几个学生在田头试唱这首歌,社员们兴致勃勃地听我们唱,并帮助我改正歌词中的苏州方言。第三天晚上,在油灯下排练,四周围着一群大人和小孩。许多学生说不准苏州话,就向近旁的社员请教。

我真佩服农村儿童的模仿力和记忆力。在联欢会上正式演出时,我们在台上唱,他们在台下和,此起彼伏,气氛热烈。原来,我们平时排练,他们在一旁默默记诵,有些孩子竟将四段歌词全部背出来了。

学王杰

这里说的不是台湾歌星王杰,而是 1965 年在江苏舍己救人的解放军英雄王杰。

1965 年 7 月,苏州的干部和我校部分师生组成工作队,去昆山开展社会主义教育运动。我被派到城北公社企事业工作队,共七八人,其中中文系师生三人。11 月份,全国掀起学王杰的热潮,工作队也不例外。当时的大学生,对学英雄的活动是很虔诚的。一位姓徐的学生写了歌颂王杰的诗《一心为革命》,写得不错。恰逢中国音乐家协会江苏分会征集歌颂王杰的歌曲,我决定为《一心为革命》谱曲。徐很高兴,以"余咏"为笔名,并解释道,"余"是"徐"的半边,"余咏"就是"我要歌唱"。

我用三天时间谱好曲,11 月 12 日寄往音协江苏分会。12 月 19 日我去昆山新华书店,见到刚出版的歌曲集《学王杰,干革命》,翻开一看,我们创作的歌曲排在第三首,惊喜不已。屈指一算,从寄稿到见书,才 38 天。如此高效,实属少见。12 月 26 日,收到江苏人民出版社的稿费通知单和稿费 8 元(词 3 元,曲 5 元)。我和余咏商量,用这稿费请我们工作队的同志去昆山著名的奥灶馆吃卤鸭面。当时东西便宜,饱餐之后稿费尚有剩余。

后来读了《江苏文艺》的报道,才知道歌曲集的编选过程:南艺音乐系、南师音乐系、省歌舞团等单位和业余作者共创作了 200 多首歌曲。音协江苏分会经过研究、试唱,共选出 18 首编成此集。我当时是 26 岁的小助教,余咏是三年级学生,都不是音乐专业的,在音协中更无熟人,是地地道道的无名小辈,而我们的作品居然被选中并很快发表了。每当回想此事,都感叹当时文艺界和出版界风气的淳厚。

校歌

1992 年 6 月下旬,袁副校长和宣传部傅部长对我说,为了迎接校庆,我校开展了校歌征稿活动。现已收到歌词四篇,曲一首,但都不太理想,希望我尽快写一篇歌词。我接受了任务,用一周时间写出初稿,领导和部分教师传阅后认为总体不错,但有的词语太古奥(如"上庠"),我根据大家的意见作了修改。

下一步是谱曲。参加谱曲的有我校教师和苏州音协的音乐工作者。我也谱了一首,采用二段体曲式。第一乐段为二四节拍,先由男声以高亢的音调领唱"东吴胜境,人杰地灵",点明苏州大学的历史渊源和人文环境。接着领唱与合唱交相呼应,表现全校师生铭记校训、大展宏图的志向。第二乐段转为三四节拍,旋律流动、抒情,由女声主唱,营造校园气氛。"红楼绿茵,波光塔影",概括描写苏州大学的代表性建筑;"师生同心,两岸弦歌应",一语双关,既指苏州大学位于外城河两岸,又指海峡两岸的东吴大学和苏州大学本是同根生。歌曲的结尾部分,混声、女声、男声交替出现,自豪、坚定,表现遍布五洲的校友同心同德,再铸世纪辉煌的豪迈气概。

到9月底,校宣传部共收到九首校歌。经试唱、初选,选出三首,交校长会议投票评选。最后,我作词谱曲的校歌被选中。学校印发歌纸9 000份,并在《苏州大学校刊》第178期(校庆特刊)上发表,校歌迅即在校园内传唱。

学生处小刘负责校庆文艺演出,她要我在大会最后指挥4 000人的校歌大合唱,并作了具体安排:先由校铜管乐队和各院系分别练习,演出时一次合成。我很担心:事先不集中练一次,届时会不会砸锅?结果,各项组织工作井井有条,各院系师生表现出高度的纪律性。10月22日,在苏州市体育馆,4 000人的校歌大合唱成功地一次合成,将大会推向了高潮。

《苏州大学校歌》将历史感和现代感有机结合,言志与抒情水乳交融,曲调雄壮而优美,深受全校师生的喜爱,并成为全校隆重庆典或歌咏比赛的常用曲目。

1992年10月22日苏州大学40周年校庆,潘树广指挥全体学生唱校歌

苏 州 大 学 校 歌

潘树广 词曲

1=F 2/4 3/4

2/4 中速 开阔地

（男）东吴 胜境，人杰 地灵，（合）母校 育群英。

（男）团 结、 勤奋、（合）求 实、创 新，校训铭记 心。

流动地 （男）：m a lalalala

（女）：红楼 绿茵， 波 光 塔影；

lalalala a lalalala lalalala

师生 同心， 两岸 弦歌 应。

自豪地

（合）苏州大学， 源远流 长，（女）桃李 新枝看 不尽。

（男）东风化 雨， 春华秋 实，（合）五洲 校友共奋 进，

慢

进， 五洲 校友 共奋 进！

——原载《苏州大学校刊》第 178 期（校庆特刊），1992 年 10 月 17 日

漫步在文献丛林

　　我的工作岗位虽然不在图书馆,但由于长期从事文献学的教学与研究,早就与图书馆结下了不解之缘。我对图书馆界怀着深深的敬意,图书馆界也把我看成自己人。《江苏图书馆学报》聘我为编委,又约我为"学者之路"专栏撰稿,这都是将我视为知己的证明,为此我感到荣幸。

　　我并非出生于书香门第,没有条件像许多学者那样自幼受家庭藏书的沾溉。在治学道路上给我深刻影响的是学校、书店和图书馆。

一

　　本人祖籍广东新会。先父经商,往来于广东、上海、香港等地。1940 年 1 月,我出生在上海广慈医院,排行第六。四五岁时,二姐教我念书,但教了不久,就不见踪影了。后来才知道,先前参加新四军的大哥把二姐、四哥一起带去抗日了。1945 年抗战胜利,父亲兴奋地在客厅里挂起各式彩旗,但我并没有看见兄妹们回家,甚至连信也没有。1946 年我在上海澄衷小学读完一年级,随父母返回故乡广东,先后在新会潮连和广州读书,领略了美丽的南国风光和多彩的岭南文化。1948 年又去上海,父亲把我送到广东人办的私立岭南小学寄宿。我家住在市中心,而岭南小学远在江湾高境庙,每周要坐小火车来回。当时我才 9 岁,父亲怎么放心让我去乡间学校寄宿呢? 我不知道父亲当时是怎么想的,也许是广东人信赖广东人办的学校的缘故。但对我而言,这是自幼培养独立生活能力的开端。在上海岭南小学读到四年级,又随父母到广州。1949 年 10 月广州解放,抗战时参军的哥哥、姐姐陆续来信了,全家兴奋不已。

　　1950 年又去上海,仍住在上海河南中路、南京路附近。这里离福州路很近,福州路是著名的文化街,书店鳞次栉比,书刊琳琅满目,我常漫步在文献丛林之中,流连忘返。文化街激起我对书刊的浓厚兴趣,也培养了我的动手能力。记得有次买了本有关家庭实验室的书,我就照书上讲的配备了必要的工具,装配了一只简易的有线电报机。读初一时,在福州路买来商务印书馆出版的《新儿童世界》杂志,我见上面有"大家写"专栏,心想,别人可以发表文章,我为什么不能呢? 我写了篇记叙文寄去,竟然发表了。我欣喜若狂,带着稿费通知单去商务印书馆。当时我只有13岁,商务印书馆的账台比我高,我踮起脚尖领了1.1万元稿费(旧人民币)。这次小小的成功,进一步激发了我写作的兴趣,甚至想自己办杂志。

1952年,我就读的岭南中学改为上海市幼儿师范学校,附设初中部。1953年夏天初中部停办,同班同学分别转至各校,彼此十分想念,我们决定办个杂志《谊讯》,编辑部就设在我家。我不知天高地厚,正儿八经刻了个"谊讯编辑部"的图章,负责编辑设计、绘制插图。杂志的开本和版式模仿《新儿童世界》,划好版样就送到誊印社去刻印,装订后寄发各地。一天,派出所民警突然到我家,询问办杂志的事,我把三期《谊讯》都给他看了。民警看后没说什么,笑眯眯地走了。后来才知道,事因《谊讯》的刊名是某同学请他的语文老师题写的,而这老师被查出有政治问题,于是《谊讯》被怀疑是这老师指使办的反动杂志。事实上,杂志的内容是交流学习心得、抒发同窗之情、表扬好人好事。民警叔叔看见这样健康向上的内容,自然是笑眯眯的,没事了。

二

1953年秋,我转学到上海格致中学读初三。每天上学放学,必经福州路文化街,阅读书刊的机会更多了。这时我迷上了绘画,买了不少美术书,自学水彩、速写、漫画。我初中毕业时报考浙江美术学院附中,初试考静物素描并提交绘画习作,被录取了,很兴奋,但复试考文化课,我被淘汰了。我各科成绩平平,自然竞争不过众多对手。我再抓紧复习,终于考取了格致中学读高中。

格致中学创办于1874年,是以科学传统闻名的老校,藏书相当丰富。20世纪50年代的格致中学有两个鲜明特点:一是师资力量强,教学质量高。好几位老师有著作出版,连音乐老师也经常发表他译配的苏联歌曲。每当我们在图书馆读到老师的作品,钦佩之情便油然而生。二是学校鼓励学生发挥各自的特长,在丰富多彩的课外活动中培养独立工作的能力。班主任只抓大的方面,具体工作放手让学生干部去干,许多活动是学生自发搞起来的。记得有几位同学对中文拉丁化兴趣特浓,自发组织了讨论会,边讲解边在黑板上书写拉丁化新文字,俨然在作学术报告。文体活动也很活跃,凡遇球赛、演出、画展,一呼百应。我担任校黑板报总编辑、国乐队指挥等工作,这些工作占了我不少时间,但培养了独立工作和综合思维的能力。高二时,我班决定以下乡劳动为题材,创作歌舞剧《在劳动中成长》,集体编剧,我负责作曲和指挥。我和同学壮着胆子,带着剧本和曲谱闯入上海歌剧舞剧院请教。作曲家商易和蔼地接待了我们,并提笔修改曲谱。后来,此歌舞剧被选拔参加全市中学生会演,在上海艺术剧场演出,全班十分自豪。格致中学这种充满创造精神和艺术气氛的环境,使我受益无穷。

三

1957年，我考入南京师范学院中文系学习。这个新环境给我最大的影响是老师们严谨、求实的治学精神。徐复先生赠我八个字："锲而不舍，金石可镂"；段熙仲先生赠我12个字："树基欲广，植根欲深，华实斯茂"；老师们一贯教育我们：只有全面打基础，锲而不舍，深入钻研，才能有收获。

当时的大学生活有三多：政治运动多，社会工作多，劳动多。好在我在中学时已养成"见缝插针"看书学习的习惯，尚能适应。我曾到吴调公先生家里，阅读他的学术卡片，求教做卡片的方法。我平时身上总带着一些卡片，看到有用的资料，或自己有什么心得体会，随时记在卡片上，过一段时间就分类整理，插入自己糊的卡片盒内，其乐无穷。尽管我的兴趣主要在中国古典文学方面，但对其他学科也不放松。我参加了语言学、外国文学科研小组，又向赵国璋先生学习文献学知识，深感这是治学的津梁，获益良多。后来我走上工作岗位，写《书海求知》，主编《艺术文献检索与利用》等书，涉及十几个学科的文献资料的查找方法，这主要就是靠中学和大学阶段打下的基础。

大学毕业分配时，我填写的第一志愿是到中等师范学校当教师。我感到教师对我的影响太大了，我也希望自己能当个合格的教师。领导找我谈话，说南京各剧团缺十名编导，问我是否愿去剧团工作。我说，文艺是我的业余爱好，但不想把它作为终身职业。后因江苏师院(今苏州大学)中文系需要教师，便将我分配到这里工作，直至如今。

四

1961年秋到中文系报到后，领导问我希望教什么课。我觉得古代文学绚丽多彩、博大精深，表示了选择该专业的意愿，于是我被分配在古代文学教研室。开头五年，我读了不少书，写了许多札记，认真备课、讲课，生活很充实。但好景不长，"文革"十年，人民遭殃，一切都打乱了。1976年粉碎"四人帮"后，人们重新看到了希望。当时流行一句话：把"四人帮"耽搁的时间夺回来！我正是以此激励自己，夜以继日地工作。

20世纪70年代后期，我除了教古代文学之外，还从事文献学的教学与研究。我之所以选定文献学作为自己的研究方向，一是因为读大学时已爱上这一学科，二是把它作为自己打好基础的途径，三是通过它向学生传授治学的方法。1977年，我编出教材《查阅文史资料基本知识十讲》，仅三万余字，内容属传统文献学范畴。我对它不甚满意，深感文献学要发展，必须从科技领域和国外的检索工具中吸取养料。为此，我用了很多时间研读《科技文献检索》、《国外科技文献资料的检索》等书,并去上海查阅了不少日本出版的工具书。1978 年 7 月,我在本系举办的科学讨论会上作了《浅谈文学古籍的检索及其他》的报告。上海辞书出版社的资深编辑王知伊先生看了我的发言稿,很感兴趣,决定刊用。我将它修改加工为《文献检索与语文研究》一文,发表在《辞书研究》1979 年创刊号上。这篇文章论及文献检索的传统方法与现代方法,介绍了不少日本工具书,并对计算机检索进行了展望。这在当时来说,算是比较超前的了。

五

1979 年,我完成了 15 万字的《古代文献资料的检索》教材油印稿,带到南京征求意见。我请南京图书馆邱克勤先生陪同,首次拜访仰慕已久的钱亚新先生。钱先生说,这本教材比已见的工具书使用法讲义深入了一步,但希望正式出版时在书后附索引。他感慨地说:"索引这个问题,我已经呼吁了整整 50 年了。"后来,我根据各位专家的意见,对教材进行增补和修订,定名为《古典文学文献及其检索》,1984 年由陕西人民出版社出版。此书分三编:上编"古典文学文献概说",中编"相关学科文献概说",下编"检索工具与检索方法",书后附详细的索引。1986 年,此书被国家教委列为高等学校文科教材;1989 年,获中国图书馆学会颁发的特别奖。

我的主攻方向是古典文学文献,同时关注社会科学其他领域的文献。1981 年春,我在江苏省图书馆学会邱克勤、王学熙等同志的关心下,完成了《社会科学文献检索百例》一书,由学会出版。后经增订,定名为《书海求知——文科文献检索方法释例》,1984 年由知识出版社出版。日本学者将其译为日文,更名为《中国学参考事典》,由东京凯风社出版。日本《东方》杂志称此书为"图书馆、大学必备书"。1987 年,我又写出《书海求知续编》,仍由知识出版社出版。1988 年,《书海求知》正、续编有幸被列为"上海市振兴中华读书活动推荐书目"推荐的 47 种书之一。

六

1981 年夏,我在太湖疗养院疗养,读到刘毅夫发表在《人民日报》上的《建议高等院校开设情报学和文献检索课》一文,该文从科技队伍的现状谈到高等学校开设文献检索课的必要性,我读后很有同感,于是写了《大学开设文献检索课确有必要,亦有可能》一文,结合自己 1977 年以来讲授文献检索的体会,从文科角度阐述这个问题。《人民日报》很快就发表了我的文章。1982 年,我写了《论文科检索能力的培养》,被江苏省图书馆学会推荐参加中国图书馆学会第三次科学讨论会。会议期间,书目文献出版社副总编韩承铎先生约我商谈《古籍索引概论》书稿事。我于1983 年 9 月完稿,钱亚新先生欣然作序。1983 年 10 月,教育部全国高校图书馆工作委员会在北京大学召开"文献检索与利用课"专题研讨会,我被邀出席,并作了

《六年来讲授文献检索课的回顾》的发言。我在会议上结识了从事各学科文献检索课教学的许多专家,拓宽了视野,强化了文理渗透的意识。1984 年,教育部下发了《关于在高等学校开设〈文献检索与利用〉课的意见》,文献检索课在各高校蓬勃发展。1984 年春,苏州大学受教育部图工委委托,举办全国高校首届社会科学文献检索师资培训班,指定赵国璋、朱天俊两位先生和我负责教学工作。此后,我又三次受国家教委图工委委托举办培训班。前后四次办班,为全国 28 个省、市、自治区培训社会科学文献检索课教师 210 余人。

1986 年,我受聘为全国高校文献检索课系列教材编审委员会委员,分管经济、语言文学和艺术类文献课教材的编写,并主编了《语言文学文献检索与利用》(1988 年版)、《艺术文献检索与利用》(1989 年版)。1987 年,赵国璋、朱天俊两位先生和我主编的《社会科学文献检索》由北京大学出版社出版。此书被国家教委列为高校文科教材,1992 年获国家教委优秀教材二等奖。赵国璋先生又邀我一起主编《文献学辞典》,此书于 1991 年出版。1992 年,我被邀参加《文献检索课教学基本要求》的起草工作,这一文件于 1992 年 4 月由国家教委高教司颁布。1993 年,我被高教司聘任为文献检索课教学指导小组成员;同年,获国务院颁发的政府特殊津贴。

七

20 世纪 90 年代,我主持了三个课题的研究。第一个课题是国家社会科学基金项目《中国文学史料学》。我认为,完整意义的"中国文学史料",理应是一个历时性的概念,视古今为一个整体。用古今贯通的观念把握研究对象,才能在更高的理论层次上探讨其共同规律,才有更强的方法论意义。为此,课题组决定把古代、近代、现代文学史料融会贯通,构建完整的中国文学史料学学科体系。循此思路,全书分为通论、史源论、检索方法论、鉴别方法论、文学史料分论(上、下)、编纂方法论、现代技术应用论,共八编,103 万字,1992 年由黄山书社出版。此书出版后,得到学术界的认可,新华社 1993 年 5 月 5 日电讯指出:"这是我国第一部通论古代、近代、现代文学史料的专著,被有关专家认为是一部有开创性和奠基意义的著作。"1995 年,获国家教委颁发的人文社会科学研究优秀成果二等奖。

第二个课题是国家教委"八五"规划项目《古代文学研究导论——理论与方法的思考》,由黄镇伟、包礼祥协助完成,安徽文艺出版社 1998 年出版,28 万字。该书以近百年来的古代文学研究为考察对象,对各种理论模式与研究方法进行分析评价,提出"实证研究与理论研究结合,传统方法与现代方法会通"的基本思路,并对健全和发展古代文学研究提出建设性意见。《光明日报》1999 年 7 月 30 日载文指出:"《古代文学研究导论》是对古代文学研究的研究,是部高品位的学术著作","给研究者以切实的指导"。

第三个课题是《中国古籍提要·丛书卷》,这是 1993 年受国务院古籍整理出版规划小组委托主编的,现已完成大半。

在这三个课题的研究过程中,我考虑得最多的问题是如何将实证研究和理论研究结合起来。文献工作者以实证研究为主,同时要强化理论思维,否则,就会像章学诚所批评的那样:"有如桑蚕食叶而不能抽丝。"(《与汪龙庄书》)实证研究是理论研究的基础,理论研究是实证研究的升华并指导实证研究,两者相辅相成,缺一不可。

八

当我在文献丛林中探索时,还经常思考这样一个问题:文献学历来有"古典文献学"与"现代文献学"之分,前者以古籍为主要研究对象,以目录学、版本学、校勘学为三大支柱;后者以急剧增长的多语种文献为主要研究对象,以现代信息技术尤其是计算机网络为依托。"古典"与"现代"形成两支研究队伍,各有强项与弱项。学科的分割与学术队伍的划疆而治,不利于健全和发展完整意义的文献学学科体系。事实上,古典文献学与现代文献学虽有差异,但两者的研究对象都是文献——知识与信息的载体,两者的根本任务、研究内容、研究手段与方法都存在着质的共通性。为此,应当树立"大文献学"的观念,将"古典"与"现代"融会贯通,结为一体。我循此思路,制订了《文献学纲要》的编著计划,请黄镇伟、涂小马协同工作,于 2000 年 1 月完稿。现在,此书已由广西师范大学出版社出版。我恳切希望图书馆学界和文献学界的朋友们不吝赐教,帮助我在文献学学科建设中迈出新的一步。

(原载《江苏图书馆学报》,2000 年第 6 期)

增补篇·

索引话旧

加强索引及其他参考工具书的研究与编纂、大力普及文献检索的知识，是关系到提高民族文化、促进现代化建设的一个重要课题。可惜，对于这个问题，现在出版界、读书界都不够重视。有索引的书很少，关心索引、乐意编纂索引的更不多。前些年，我曾拜访过我国第一部索引法专书的作者钱亚新老先生，这位年逾古稀的老教授颇有感慨地说："索引这个问题，我已经呼吁了整整 50 年了"，"我现在要提第一条意见，就是希望把教材中提到的书名、人名编成索引附在书后"。北京图书馆杨殿珣老先生也说："各门学科的深入研究，必须依靠专科目录和索引，不然，就要从头做起，事倍功半。"年岁稍轻的一辈，现在也逐渐认识到索引的需要并大声呼吁了。《读书》1979 年第 11 期刊登宋宁的一篇短文说：

> 建议今后出版的一切学术著作都附上索引……从整个社会来讲，书后附有索引是节省人力的措施。

但是，要进一步推动索引的研究、编纂与印制，还有许多具体问题要解决：思想认识问题、技术力量问题、纸张经费问题……有些出版印刷部门，热衷于印"畅销小说"或其他"热门"书，对于一些重要的索引与学术资料却不感兴趣，认为这些东西排版麻烦、印数有限、无利可图。

我们在这里着重回顾 20 世纪 20 年代至 40 年代我国对索引的研究和编纂，看看前人在那时艰苦的条件下如何对待这种读书工具。新中国成立以后各方面的条件远远胜过过去，文化学术日臻繁荣，自应更加重视索引，把这方面的工作做得更好。

如今人们恐怕很少注意到，在中国现代文化史上曾有过"索引运动"。然而，这个运动是确实存在的，也是值得纪念的。

"索引运动"这一提法，始于万国鼎先生。万氏系江苏武进人，曾任商务印书馆编辑、金陵大学图书馆研究部主任等职。1928 年，他在《索引与序列》一文中，一方面指出我国索引工作与欧美的差距，另一方面又盛赞清代章学诚、汪辉祖等人是索引研究的"先觉"，并且欣喜地指出，目前索引工作已日益为学术界所重视，"盖中国索引运动,已在萌芽矣。他日成绩,惟视吾人如何努力耳。"

"五四"以来,提倡科学、提倡新文化的思潮猛烈地冲击着知识界。许多知识分子痛感陈旧落后的治学方法束缚着科学文化的发展,纷纷要求改革,要求进步。当时的所谓"索引运动",就其主要精神而言,实际上是大力提倡科学的读书方法,探寻提高学习和研究效率的途径。

20世纪20年代的"索引运动"究竟有哪些成绩呢?根据有关资料,可以从三个方面作一概括介绍:

一、各类索引相继问世

如杜定友在其所著《学校教育指导法》(中华书局1925年版)一书之末,附以索引,这是现代中文书籍中最早附有"书后索引"的。不久,上海大东书局影印《四库全书总目提要》,附陈乃乾编的著者索引,深受欢迎。杂志方面,《教育论文索引》、《国学论文索引》等是我国早期的专题论文索引。杜定友主编的《时报索引》(1925年)则是我国现代最早的报纸索引。

值得一提的,还有蔡廷干在1921年为老子《道德经》而编的《老解老》一书。它是《道德经》的"一字索引"。

二、理论研究的活跃

欧美、日本的索引法对中国的索引编制无疑起了很大的促进作用,但外国的经验不能照搬。如何制订与中国典籍和汉字特点相适应的索引法,就成了学术界热烈讨论的一个问题。1925年,《史地学报》发表了何炳松的《拟编中国旧籍索引例议》。其中说:"吾国旧日之硕学通儒,号称'腹笥'。聪明者一目十行,资钝者再三环诵。毕生尽力,所得几何。而在不学者观之,已如天上神仙,不可企及。实则所谓腹笥,即系无形之索引。所异者,一书纸上,一记脑中耳。今若将吾国载籍,编成索引,则凡百学子,皆可予取予求。有裨探寻,岂止事半功倍。"何氏又指出,《四库全书》虽将图书分为四部,每部又分为若干类,看似"若网在纲,探求已便",但这样还不能代替索引,因为"经中有史,史中有经。子集有史有经"。这实际上是从学科之间交叉渗透的角度,来阐述编制索引的必要性。

1926年,林语堂在《语丝》第76期上发表了《图书索引之新法》,提出按韵母编制书目、人名索引的新方案。接着,刘复(半农)在《语丝》第78期上发表了给袁同礼的信,指出林语堂的索引新法不够简便,并提出了一个新方案。袁同礼在回信中,又直率地指出刘复的索引法的弱点。这是当时索引研究气氛活跃的一个生动事例。

三、有关组织的建立和索引课程的开设

1925年成立的中华图书馆协会,对索引的编制曾起过组织与促进作用。例如

王重民编《国学论文索引》,"中途辍业,颇为可惜",中华图书馆协会便委托北海图书馆继续其事,终于编竣。1929年召开的中华图书馆协会第一次年会,组织了专门讨论索引检字的小组,大会还通过了万国鼎、李小缘提出的《通知书业于新出版图书统一标页数法及附加索引案》。

1928年秋,万国鼎讲授"索引与序列"课程,这在国内尚属初次,颇受学术界瞩目。

20世纪30年代初,索引研究的专书《索引和索引法》和《引得说》先后出版。

《索引和索引法》由钱亚新著,商务印书馆1930年出版。这部著作对索引和索引法的定义以及索引的功用、种类、编纂法作了详细的介绍,文笔生动,思路细密。杜定友热情指出,此书"是我国关于索引和索引法的第一部著作,我希望阅者,不要等闲视之。"1937年,钱亚新又发表了《中国索引论著汇编初稿》,为1936年以前的索引编纂与研究作了一番总结性的工作。

《引得说》由洪业著,前燕京大学引得编纂处1932年出版,分"何谓引得"、"中国字庋撷"和"引得编纂法"三大部分。洪业等发明的"中国字庋撷"检字法,实践证明难以推广,但他们制订的编纂索引的一整套步骤、手续,直到今天仍有一定的参考价值。

这一时期出现的影响较大的索引有:《最近杂志要目索引》、《心理学论文索引》、《文学论文索引》、《中国地学论文索引》等。《最近杂志要目索引》是我国现代最早的一种按期出版的综合性杂志索引,1930年创刊(附于上海《人文》杂志之后)。古籍方面,王重民、杨殿珣的《清代文集篇目分类索引》,商务印书馆的《佩文韵府索引》、《十通索引》等,是著名的大型索引。杨殿珣的《石刻题跋索引》(商务印书馆1941年版),则是我国现代第一部有关石刻资料的索引巨制。前燕京大学引得编纂处和中法汉学研究所编纂的古籍索引,达70余种,为研究古典文献提供了很大的方便。

这个时期的索引工作,有以下显著特点:

(1)理论研究和编纂实践结合得较好。如钱亚新一面从事于索引的理论研究,写出有影响的专书和单篇论文,一面亲自动手,编出《太平御览索引》等索引。又如前燕京大学引得编纂处的《引得说》可说是一次理论总结,也是他们1932年以后的工作的指南。

(2)埋头苦干,讲究实效。例如叶圣陶任编辑时,深感查核"十三经"之不便,遂与其母、妻、内姑母等一起编《十三经索引》。叶圣陶回忆道:

> 寒夜一灯,指僵若失,夏炎罢扇,汗湿衣衫,顾皆为之弗倦。友人戏谓此家庭手工业也。

但这"家庭手工业"效率不低,一部1700余页的索引,一年半就完成了。又如施廷镛主编的《丛书子目书名索引》,篇幅颇为可观(子目四万余),体例也较严密,得到朱自清的赞扬。但这样一部大书,五六个人用七个月的时间就完成了。再如燕京大学引得编纂处,只有十几名工作人员,但在头十年里(1930—1940年),就编了50种索引。

(3)目录学家、语言学家共同关心索引工作。这时有好几位目录学家扩大了传统的目录学的研究范围,把现代索引法作为目录学的一个重要部分进行研究。如汪辟疆的《目录学研究》,内有《丛书之源流类别及其编索引法》一篇,强调索引是"治学者不可少之要籍",发表了自拟的《丛书书目索引略例》。又如姚名达的《中国目录学史》,亦有各处论及索引问题。

特别值得指出的是,抗日战争时期,延安地区的图书馆工作者在编制索引方面也做了大量工作。如1940年,延安中山图书馆为了配合当时关于宪政问题的研究,编印了《宪政论文选集》、《宪政论文索引》等。以后又出版了每月全国报纸杂志论著索引(定期刊物)。

(原载《读书》,1982年第6期)

南师忆旧三题

从 1957 年到 1961 年,我在南京师院(今南京师范大学)中文系度过了四年难忘的大学生活。毕业至今,已逾 40 年。在迎接母校百年校庆的喜庆日子里,无数往事萦绕脑际。今选择三题,草成此文,以表思念母校与恩师之情。

一、入学

1957 年,我国高校计划录取新生数为 107 000 人,是新中国成立以来最少的一次。所以,我们这批"57 届"高中毕业生在等待录取通知书时,心情比较紧张。等到 8 月下旬,我终于收到了南京师范学院的录取通知书,还有南师团委、学生会一封热情洋溢的信。信中说:

> 亲爱的新伙伴:
>
> 你已经被人民的高等师范学校录取了。相信你现在的心情一定是被兴奋、激动和一种强烈的责任感所占领,这的确是一个幸福的时刻。让我们以最热烈的心情祝贺你考上了我院,特别是热烈地欢迎你参加我们的学习队伍。
>
> 是的,朋友,从现在起,你已经是一个大学生、一个南师的主人了。我们南师——也许你已来过,也许你只从照片上认识她——是一个环境优美、学习条件很好的学校。记得有一位日本朋友把我们的学校誉之为"世界上最美丽的学校"。的确是这样,不久以后,当你在南师第一次放下自己的行装的时候,一定会被这里的一切深深地吸引着,而使你不得不深深地爱上她……

当我踏入南师之初,最令我心动的是那幽雅的林荫道、碧绿的大草坪、宫殿式的建筑和悠扬的钢琴声(见图 1)。琴声是从音乐系的琴房中传出的,琴房就在大校门林荫道的左侧,而林荫道的右侧就是图书馆。这样,你进出大门都能听到琴声,在图书馆看书也能听到琴声。有若隐若现的琴声陪伴看书,增添了几许诗意。

图1　20世纪50年代摄制的"南师风光"系列照片

与此宁静祥和的校园气氛形成强烈反差的,是"反右派斗争"的浓浓的火药味。1957年秋,大学里的"反右"已接近尾声,但"批斗会"仍经常召开,"反右"大字报和大幅标语随处可见。校系领导安排新生到斗批会现场旁听,被批斗者大部分是高年级的学生。我们这些刚从中学来的大学生,望着被批斗的脸色苍白的大哥、大姐,心情有几分紧张,也有几分迷惘。这可以说是进入大学后的第一堂政治课,大部分新生第一次领教了政治斗争的威慑力。

当然,那时参加的会议不完全是充满火药味的。例如,听院长陈鹤琴教授作报告就很轻松。他是著名的幼儿教育家,作起报告来,诙谐通俗,实事求是。例如:他说健康的要诀是"四得":吃得进,放得下,睡得着,拉得出。并说他就能做到"四得",在公共汽车上也可以抓紧时间睡觉,再大的事也放得下,没有心事也就容易睡得着。当时陈院长已66岁,鹤发童颜,个子不高,平易近人,常与学生同乐。有一次开大会,他肩扛木枪,跳起了儿童舞蹈"我是一个小兵丁"。还有一次开舞会,他亲自扮演圣诞老人。我们这些新同学,看到这一切都感到非常新鲜。

二、学风

南师中文系的学风以严谨、求实著称,治学讲究从根本上做起,力戒空疏之论。这种学风的形成,源于老师的言传身教。系主任孙望教授是作家,又擅长唐诗研究。他撰写的《元次山年谱》和编校的《元次山集》,先后出版于1957年和1960年,正是我们在南师读书的时候。他一贯主张"重资料、重考证,知人论世,不事侈谈",这两部书就是他的治学思想的体现。后来读到他的《全唐诗补逸》,更叹服先生用力之勤。唐圭璋教授研究宋词,先从校词、辑词入手,然后论词。20世纪30年代完成《全宋词》初稿后,才进入理论研究,发表《温韦词之比较》、《论梦窗词》等论文。唐老给我们讲宋词,质朴无华,从不架空分析。也许与自身的不幸遭遇有关,他讲授那些表现苦难生活与伤感情怀的词最为投入，常情不自禁地说："苦呀！苦呀！"他是用心血讲词，话语不多，点到为止，但我们都可从中领悟到丰富的内涵。徐复教授教古代汉语，特点是精炼而深刻。他善于选取典型例句，用图解法分析语法结构，把复杂的句子剖析得清清楚楚，使学生收到举一反三之效。又如他讲《汉书·苏武传》中"蹈其背以出血"一句，综合运用历史、民俗、训诂的知识，发表独到的见解，至今记忆犹新。有次我去阅览室，读到徐老的《秦会要订补》，更佩服其治学之严谨。

在教师的影响下，我们的学习都非常踏实。虽然那时政治运动多，动不动就搞批判，但我们内心深处对老师是相当尊重的。上课认真地记笔记，课后还要对笔记。我记得，周福昌就是记笔记的好手，记得全，字又好，我们都喜欢借他的笔记核对。这样的学习方法，不是很死板，没有创造性吗？不然，因为我们明白，首先要把教师传授的知识接受过来，打好基础，才谈得上创造。没有积累，何来创造？事实上，我们的思想是很活跃的，班里成立了几个科研小组，发表了不少文章，如宋代文学小组郁贤皓、周福昌写的论柳永的文章发表在《光明日报》(1960)，语言学小组写的论语言发展内因的文章发表在《中国语文》(1961)。再如金为民，善于独立思考，笃信实事求是，不同意当时一些极"左"言论和做法，常发表不同的意见。后来，终于在《光明日报》发表《关于时代精神的几点疑问——与姚文元商榷》，被《人民日报》转载，受到全国性的批判，那是 1964 年的事了。

我毕业告别南师到苏州任教后，还经常受到恩师的指导。例如 1978 年秋，为迎接江苏师院(今苏州大学)校庆学术报告活动，我写了篇论述"古语今留"(即古语遗存)的论文，感到没有把握，便寄给徐复先生征求意见。信是 10 月 10 日寄出的，20日就收到回信。回信写在《汉语大词典》编委会专用稿纸上(见图2)：

项自上海开词书会议回宁，得读大著《古语今留》一稿，有所发明，无任钦佩。略有润色，只供参考而已。粤语各例，尤为新颖，在科学讨论会上可作适当阐发，如能印成单册，盼能寄示，以供采择。此间古代汉语研究生三名，已于上周入学，粤人王继如系 1966 年毕业生，每谈及粤语，用以考证《广韵》各书，大有启发，愿弟平时多加留意，写成札记，适当时可以写出论文

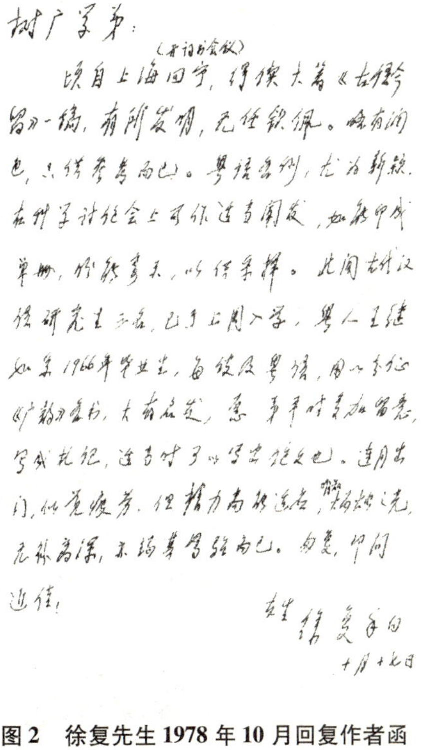

图2 徐复先生 1978 年 10 月回复作者函

也。连月出门,似觉疲劳,但精力尚能适应,明知炳烛之光,无补高深,亦竭其驽骀而已。匆复,即问近佳!

我那篇文章8 000余字,徐老修改加工达30余处,有文字与标点的订正,有内容的补充,更多的是使句子表达的意思更精确、更规范。如原稿"广州话读音近古",改为"广州话的读音保留了古音";原稿"'唯权是夺'就是吸取了古汉语的句法",徐老将"吸取"改为"套用"。徐老修改得如此认真,令我感动不已。信中关于治学方法、治学精神的指导,令我受益无穷。

又如1982年,我的书稿《古典文学文献及其检索》正在修改定稿,听说唐圭璋先生的《词话丛编》增补本即将出版,又听说他的《宋词纪事》亦将出版,我想在我的书中及时反映这重要信息,但又不知其详,于是写信问唐老。唐老很快就回信告诉我:《词话丛编》原收60种,近增入25种,共85种,将由中华书局出版。关于《宋词纪事》,他说"是抗战前旧稿,重在以宋证宋"。唐老确立"以宋证宋"的编撰宗旨,着眼于第一手材料,并且严格引用原文,一一详注出处,正体现了他追本穷源、振叶寻根的治学精神,也使得清人的《词林纪事》和《本事词》相形见绌。

三、文娱

我们中文系57级甲班的班风好,大家都很用功,但不是书呆子,课余文化娱乐活动丰富多彩。冯仲华擅长书法,爱读名家字帖,写得一手好字。我买了新书,包了封面,总爱请他写书名。齐昆擅长绘画,常画速写,其水平不亚于美术专业工作者。有次我写了篇文章介绍院文工团的活动,用他画的《花伞舞》速写作为插图(见图3)。文章和插图发表在1959年9月25日的《南师校刊》上,这份校刊我至今珍藏。郁贤皓是越剧迷,能把越剧各流派讲得头头是道,常在宿舍里自吟自唱。金为民爱读文艺理论书籍,对戏剧理论钻研得很深,曾在部队从事文化工作,于是大家推举他担任我班文娱委员。

图3 齐昆速写《花伞舞》(原载1959年《南师校刊》)

团支书李锁华、班长贡炳坤都很重视班级文娱工作，带头参加各项活动，加上金为民善于组织，全班的文娱活动就有板有眼地开展了。金为民在班里组建了"海鸥文工团"，全班50多人，几乎人人参加。文工团又分为若干队或组，其中话剧朗诵队报名人数最多，有32人。那些没有文娱特长而又乐于服务的同学，组成了"后台工作组"，专门负责抄台词、借道具、搞布景。全班迅速掀起了排练节目的热潮，并于1958年11月底举办了一次文娱晚会，两个多小时表演了21个节目，有话剧《十三陵水库畅想曲》片段，集体朗诵《海燕》，还有独唱、独奏、表演唱、锡剧、管弦乐合奏，等等。

我班海鸥文工团还编出三幕四场话剧《分歧》，向全院公演。该剧由金为民根据杨沫《青春之歌》的部分情节改编，全部角色均由我班同学扮演。张连珠扮演林道静，金为民扮演余永泽，我扮演卢嘉川。1958年12月底，该剧在大礼堂演出成功，深受好评。获得好评的主要原因有二：其一，当时我们才读二年级，一个低年级的班级能够改编并演出这样一出长达两个多小时的话剧，实属不易。其二，虽然我们是业余演出，但能按专业的要求精益求精。尤其是金为民，他精于戏剧，动辄按"斯坦尼斯拉夫斯基演剧体系"要求大家，不放过一个细节，取得了良好的剧场效果。例如第一幕有林道静炒菜的一个细节，"后台工作组"硬是事先生好煤炉，烧热油锅，当林道静把菜倒进油锅，一下子吱拉拉地直冒油烟，极为逼真，令观众赞叹。

以上谈的只是我班的情况，至于全院的文娱活动，则更为丰富。1959年，我担任南师学生会文化部副部长之后，对这方面的情况有了更全面的了解。南师的文娱骨干集中在学生会的"课余文工团"。文工团成立于1959年3月，有100多人，分戏剧队、舞蹈队、合唱队、民族乐队、手风琴队等。为迎接国庆十周年，各队积极排练节目。戏剧队为了把歌颂服务性行业的话剧《相亲记》演得更好，特地到玄武湖食堂当招待员，晚上突然大雨如注，但他们还是坚持工作。为了挑选一个反映新中国成立前民众苦难的剧本，戏剧队专程拜访南京大学陈瘦竹教授和我院沈蔚德副教授，听取他们的意见，赶排田汉的剧本《获虎之夜》。民族乐队的伴奏任务已经很重，但他们还是抽出部分同学排练广东音乐、琵琶二胡二重奏等。舞蹈队的创作热情很高，舞剧《姑嫂鸟》是根据优美的神话传说编成的；舞蹈《花伞舞》是观看了新闻纪录片后改编的，把江南水乡妇女热爱春天、热爱生活的意境表现得绚丽动人。文工团的国庆汇报演出取得成功后，又吸引了一大批文娱骨干。1959年10月底文工团招生，报名的同学多达500余人，录取了100余人。至此，文工团扩大为250余人，水平也显著提高，先后在"一二·九"和元旦演出了两台精彩的节目，有声乐、器乐、舞蹈、话剧、京剧、锡剧、越剧、黄梅戏等。其中优秀的节目被推荐参加南京市大中学生文艺会演，舞蹈《春江花月夜》获奖。

当时，已进入"三年困难"时期，但全院的文娱活动仍持续发展。突出的例子是大联唱《人民教师颂》的创作和演出。大联唱由中文系学生作词，音乐系师生作曲,作品分六个部分,表演形式有领唱、合唱、二重唱、小演唱等。1960 年 4 月,院学生会文工团正式演出《人民教师颂》,旋律优美,歌声嘹亮,表现了热爱教育事业、不怕艰难险阻的奋发精神。这种奋发向上的精神,正是南师人的精神。

作者(中)与同班校友盛立民(右)、王曼丽(左)摄于南京师范大学仙林校区

(2001 年 3 月毕业 40 周年纪念)

顾廷龙先生二三事

昆明之行

文献学家顾廷龙先生的道德文章,我青年时代就仰慕不已;但有幸与顾老相见,已是人到中年了。那是 1982 年 10 月,我去昆明参加中国图书馆学会第三次科学讨论会,见到一位七八十岁的长者,他讲话带着浓浓的苏州口音。朱天俊先生介绍说,这位就是顾老,上海图书馆馆长。

顾老宽厚、谦和,有大家的风范,却没有一点架子。会议期间游石林,顾老游兴很高,和我们边走边谈。途中遇雨,大家未带伞,顾老就把手帕盖在头顶遮雨,穿梭于奇山怪石之间。一天,顾老为《中国古籍善本书目》的事去云南图书馆看古籍,当时我正在搜集清人诗文集未刊稿本抄本,便随顾老前往。顾老是《中国古籍善本书目》的主编,我问起此书的进展,顾老感慨地说,进展慢,困难多。由于经办人不熟悉业务,各馆上报的卡片存在问题较多;编委会向有关单位调阅资料,往往迟迟没有回音,缺乏大协作的精神。顾老深情地回忆起 20 世纪 50 年代全国 40 多家图书馆合作编写《中国丛书综录》的盛况。他说,那时协作精神好,凡要求各图书馆上报材料,他们都能迅速响应,而且工作质量高。所以,《中国丛书综录》只用了一年多的时间就编出来了。

昆明会议后一个多月,即 1982 年 12 月初,我去常熟参加江苏省图书馆学会第三次科学讨论会,又见到顾廷龙先生。他很关心江苏省图书馆学会的工作,以 79 岁的高龄亲赴常熟开会,并为学会会刊题写刊名。

两次题签

顾廷龙先生是文献学家,又是著名的书法家。常见顾老为图书题签,温厚端凝,神韵超逸。1984 年,我完成《古籍索引概论》书稿,便去函请顾老题签。很快就收到顾老回信(见图 1),附题签两幅,并在其中一幅右上角画圈,表示选取该幅为宜。1990 年,赵国璋先生和我主编的《文献学辞典》打出清样,我 2 月 11 日致函顾老,请求用篆书或隶书题签,并落款钤印。当时顾老自沪赴京度春节,于农历除夕在京题字,共两式(见图2),并来信说明:"篆书者印里封,行楷作外面书签,不要署名。兹写两式奉正。记得张秀民先生印刷时即如此处理。"考虑得十分周到。

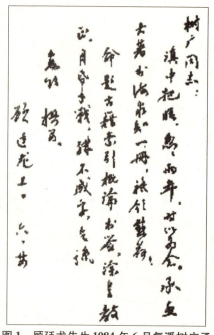

图1　顾廷龙先生1984年6月复潘树广函

图2　顾廷龙先生1990年1月为
《文献学辞典》题签

指导《中国古籍提要·丛书卷》

　　1993年,原国务院古籍整理出版规划小组秘书长傅璇琮先生委托我担任《中国古籍提要·丛书卷》主编,我邀请全国各地的同行撰稿。经过两年的努力,提要初稿已完成1 000余篇,我们感到有必要聘请几位目录学家任顾问,指导丛书提要的撰写,审阅部分稿件。我们首先想到的就是顾廷龙先生。我从顾棽女士处得知①,顾老尚在北京,便于1995年9月发函至京,请顾老任《中国古籍提要·丛书卷》顾问,同时寄去曹培根同志写的《合众图书馆丛书》提要初稿,并附上我的两则初审意见,请顾老审定。我的两则初审意见是:(1) 提要未强调合众图书馆是在日寇侵华之时,我国志士仁人为抢救文化遗产而艰苦创立者;(2) 对《合众图书馆丛书》子目的文献价值,欠具体深入的评价。以上两点,均应补充。我知道,顾老在

---

① 顾棽是顾廷龙先生的侄女,曾任教于苏州市第八中学,与我妻子诸美芬同在物理教研组。

1939 年随叶景葵、张元济等知名人士创办合众图书馆,并具体经手《合众图书馆丛书》的编刊,他是一定会对提要作出具体指导的。

不出所料,信发出半个多月,便收到顾老长达三页的回信(见图 3),附寄经他修改的提要稿。来信欣然允任顾问,对合众图书馆及《合众图书馆丛书》作了详细介绍,并对提要的撰写作了具体指导。

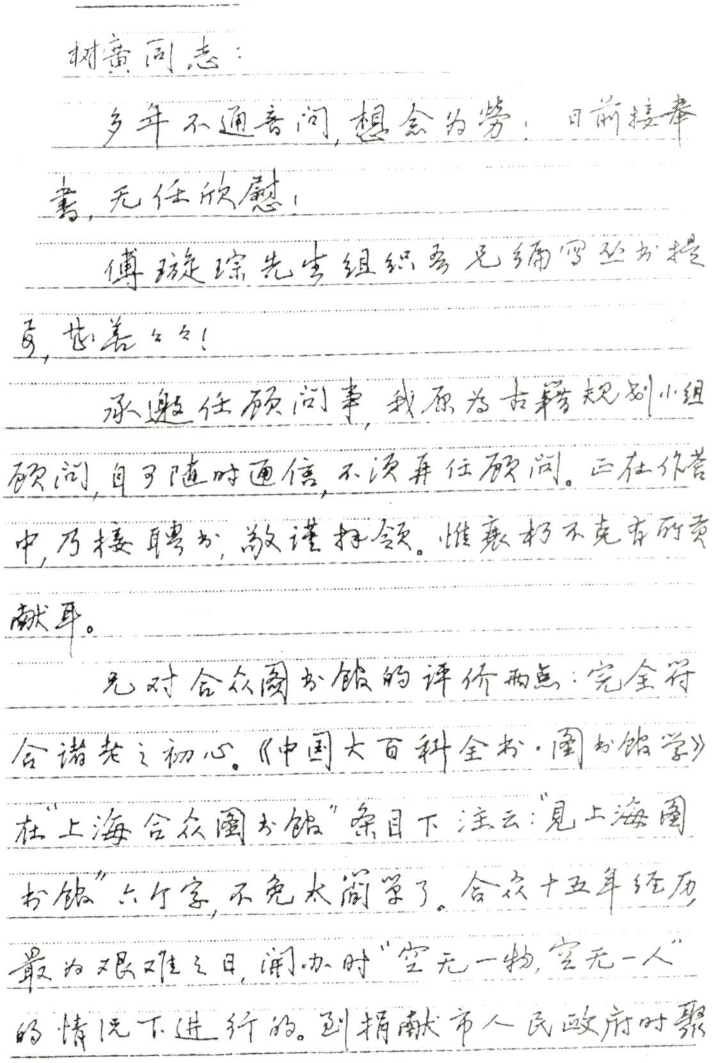

图 3　顾廷龙先生回信节选

树广同志：

多年不通音问，想念为劳！日前接奉手书，无任欣慰！

傅璇琮先生组织吾兄编写丛书提要，甚善甚善！

承邀任顾问事，我原为古籍规划小组顾问，自可随时通信，不须再任顾问。正在作答中，乃接聘书，敬谨拜领。唯衰朽不克有所贡献耳。

兄对合众图书馆的评价两点，完全符合诸老之初心。《中国大百科全书·图书馆学》在"上海合众图书馆"条目下注云："见上海图书馆"六个字，不免太简单了。合众十五年经历，最为艰难之日，开办时在"空无一物，空无一人"的情况下进行。到捐献市人民政府时聚书三十万册。捐献后改名历史文献图书馆，我们编印了一册《中国现代革命史料目录初稿》，解放初中宣部同志说，你们有远见。此原公立图书馆不能做的事。十四年的时间不短，而且经历的困难时期。"见上海图书馆"一语，太简单了，太轻松了。吾兄他日有暇希望另写一篇公正之评价，则幸甚！

关于《合众图书馆丛书》，这是逐一积累起来，不是一次印成的。第一种是排印的，当时初创，图书馆创办人之一叶景葵，他收书，重抄、校、稿本，有愿将稿本逐渐印出。第一种清仁和罗以智的《恬养斋文钞》，第二种至六种皆有关书画者，李英年捐资，他爱好书画者。焦循、丁晏、江藩三人著作是几位扬州营银钱者出资。照相石印印不起了，由我写药水纸直接上石者。图书馆的财力日绌，社会上物价日涨。抗战胜利后第二集印了一种也是江都人著作，江都营银钱者捐资。时局动荡，物价飞涨，当时我亦苦中作乐也。前年上海书店辑印丛书集成补编，我劝他们采纳，可惜他们看不上眼。只有吾兄赏识之，幸何如之！

丛书提要应如何做法，与单种书不同。鄙意丛书提要，只可概述，有的重点介绍。例如《合众图书馆丛书》撰跋诸人，如张元济撰《吉云居书画续录》跋，介绍陈骥德较详确。叶景葵撰《闽中书画录》跋，亦可介绍，其他可略。子目是否需要全列？大部的丛书，子目较多的如何？假如提要单独出版，详列子目是好的，如印在每种丛书之前，则觉重复了。请考虑一模式，或称丛书提要编例。不成熟的意见，仅供参考。曹先生前请代问好。顺颂著安。

弟顾廷龙上　1995.10.4

顾荽现尚在苏州否？念念。

当时顾老已 92 岁高龄，来信笔力遒劲，气势雄浑，并表现出惊人的记忆力。我们收到这封极具文献价值和指导意义的信，无不欣喜雀跃，深受鼓舞，当即回信致谢。

复印家谱寄赠

清康熙中顾嗣立(秀野先生)辑刊丛书《闾邱辨囿》,收唐、元二朝著述十种。我的研究生亢学军撰写该丛书的提要,涉及顾嗣立生卒年考订、丛书命名来由与丛书内容的揭示等问题。顾嗣立是顾廷龙先生的先祖,于是我在1996年7月2日致函顾老,附《闾邱辨囿》提要初稿,请他审改。一个月后,收到顾老回信,信中说:

前奉7月2日大函,因病因事,稽复至歉!旋又承见惠稿费,不胜感愧!谢谢!以后万勿再有所赐。

关于《闾邱辨囿》一书,寒舍仅有一册,迭经变迁,不知何去?兹承亢学军同志写了提要,甚感!

兹从家谱中检得《秀野公行述》及艺文中所收著述目,供参考。

我昔写过秀野公著述目,载香港大公报纪念专册,找到抽印本即寄奉。

亢先生均此问好不另。

当时正值盛夏,顾老抱病从《重修顾氏家谱》中选印了20页资料寄来,释疑解惑,解衣衣人。信中提到的"见惠稿费"是指《合众图书馆丛书》提要的审稿费,区区100元,这是按规定支付的,但顾老声明"以后万勿再有所赐"。见微而知著,从这些小事,也可看出顾老宽怀大度的长者风范。

1998年8月,顾老仙逝,享年95岁。他的一生,几乎经历了整个20世纪。

2002年1月

《枕中秘》三题

丛书《枕中秘》,明末卫泳辑,明末刻本。所收均篇幅短小之作,计 25 种。其中三种为宋人撰,22 种为明人著述。

一、辑者卫泳事迹

卫泳,字永叔,其事迹未见史书专传载录。清初王晫《今世说》记及卫氏兄弟,虽极为简略,亦弥足珍贵。该书卷四"赏誉"云:

> 吴门之有永叔兄弟,犹建安之有二丁,平原之有二陆,时人号称"双珠"。
> 永叔,姓卫,名泳,一称懒仙。江南苏州人。落落穆穆,端介自守,群
> 推笃行之士。

"二丁"当指汉末建安时的丁仪、丁廙兄弟,"二陆"指西晋的陆机、陆云。从上述记载可知,卫泳文品、人品均好,时人评价甚高,只可惜其事迹今日可知者太少。

卫泳生卒不详。《枕中秘》卷首有卫泳识语云:"丁卯夏日,避暑竹窝。检阅群书,随手抄录,即便成帙。"可知是书编于明天启七年(1627)。又,根据王晫《今世说·例言》:"是集名贤,断自本朝为准。间有文章事业,显于胜国,而卒于本朝者,要不可不谓今之人也,亦为采入。"可见,卫泳清初尚在人世,否则不属《今世说》收录范围。

二、《中国古籍善本书目·丛部》著录之误

《中国丛书综录》未收《枕中秘》,而《中国古籍善本书目·丛部》收录。《中国古籍善本书目·丛部》著录:"枕中秘二十二种二十二卷。"误,应是 25 种,遗落最后《食谱》、《清供》、《儒禅》三种。讹误产生的原因可能是受此书卷首《枕中秘编目》的误导。《枕中秘编目》只列出前 22 种的名目,漏列最后三种,《中国古籍善本书目·丛部》的编者也跟着漏列了。其实,正文是 25 种,一种也不缺;卫泳所撰的《刻枕中秘致语》也清清楚楚讲述了 25 种书的编辑缘起。

子目的作者,《中国古籍善本书目·丛部》著录亦有误。如将《读书观》与《护

书》的作者著录为"卫泳辑",均误。上述两书,前者为明人陈继儒撰,后者为明人屠本畯撰。《读书观》又称《读书十六观》,收入《水边林下》《说郛续》,又见于《四库全书存目丛书》。此书记叙读书掌故,漫谈读书乐趣,指点读书门径,颇为著名,后人有续作。至于《护书》,卷端有屠本畯识语,说明其写作缘起。《中国古籍善本书目·丛部》的编者未细审,故有此误。又如《绘妙》,应是茅一相撰,而《中国古籍善本书目·丛部》著录为卫泳辑。

三、为高洪钧先生拾补两字

冯梦龙与卫泳之父翼明交好,作《枕中秘跋语》,自称"通家弟"。跋语谓《枕中秘》所纂"皆逸士之雅谭,文人之清课,俗肠不能作,亦未许俗眼看";又谓"宜任永叔读尽天下奇书,成一博物君子,勿但以八股拘束,作俗秀才出身也。"

高洪钧先生辑《冯梦龙集》(河北人民出版社 1992 年版),在卷八轶文编收录《枕中秘跋语》,其中缺二字:"翼明世其家学,手校□□纂之……"可能高先生看到的《枕中秘》是北京大学藏本,此二字漫漶不可辨。我看到的是《四库全书存目丛书》影印北师大藏本,此二字甚清晰,为"而编"二字,今为高先生补之。

（原载《丛书通讯》,1999 年第 2 期）

从《秋禾书话》到《书房文影》

从 1994 年到 2001 年,徐雁接连出版了《秋禾书话》、《雁斋书灯录》、《书房文影》,每部都有个"书"字,我称之为徐氏读书随笔三部曲。

一

《秋禾书话》共 75 篇,是徐雁撰写书话开头十年的成果结集,分"书山零岩"、"书城札记"两辑。"书山零岩"为书话、书评之作,"书城札记"是有关藏书史的一组文章。徐雁喜爱藏书和撰写书话,系受唐弢先生《晦庵书话》的深刻影响,并得到唐先生的亲自指点。我们既可看出《秋禾书话》与《晦庵书话》的传承关系,又可体味到徐雁笔下的"书话"内容拓展了,体式丰富了。他把书话写作与藏书史研究、地域文化研究结合起来,给书话带来了新的气象。

《雁斋书灯录》共 64 篇,分"秋禾书话"、"雁斋书后"、"书香盈邑"三辑。我注意到,"秋禾书话"本是书名,现已变为栏目名称,别出"雁斋书后"与之对应。徐雁说,他发现苏轼最喜欢以"书……后"的体式来发表读书感想,并认为这是"中国式品书文字",于是"尝试着把东坡式'书后'与晦庵式'书话'这两种古今文字,作一文体上的自觉分流"。与"书话"相比,"书后"更多的是谈读书之后的体会和感受,却不以批判分析为己任。简言之,"书后"必须有自我,有读书人的真精神,能抒发真情实感。如读《李方舟传》之后,对"文革"十年民族浩劫的控诉;读《"官司"惊动中南海》之后,对官场腐败的抨击和对"现行政治制度中的隐患"的忧虑。第三辑"书香盈邑",主要介绍大陆、香港、台湾报刊读书园地和"爱书家"事迹。

《书房文影》共 65 篇,分"怀旧书房"、"艺文印象"、"访书屐痕"三辑。"怀旧书房"是对一批怀旧书籍的品评,"艺文印象"是对文艺、文献类书籍的品评,而"访书屐痕",则是记叙访书经历、介绍各地书肆的一组散文。正如作者自己所说:"《书房文影》,是我首次较为自觉地运用印象批评的方法来读评新书旧籍的一部文集。"徐雁并没有在本书中对印象批评的方法作具体阐析,根据我读《书房文影》后的领会,印象性书评并不追求对书籍全面的分析和评价,而是将客观介绍与主观感受有机结合起来,尤其注意凭借书评阐述作者的学术积累和艺术感觉,通过细心观察所得的印象,揭示书籍的内在价值,抒发读书人的思想情感,散文色彩更鲜明。印象性书评与西方新闻界流行的"印象性报道"有点类似,这种报道手法的特点是在报道事实的同时,写出评者的意见,抒发评者的感情,这种议论和抒情又是事实的注释和报道的深化。

二

可以看出,徐雁的读书随笔三部曲是逐步拓展和深化的。其实,他近几年的著述不限于此,还有《南京的书香》(1996 年版)、《沧桑书城》(1999 年版)、《到书海看潮》(1999 年版),以及参与主编的《中国读书大辞典》(1992 年版)等。无一例外地,每部著述都有个"书"字,徐雁似乎离开了书就没法活了。

徐雁与我的交往,也是从书开始的。记得 1983 年元月,正在北京大学图书馆学系读三年级的徐雁,通过朱天俊先生的介绍,首次给我来信,索取拙著《社会科学文献检索百例》。这是一本仅有 140 多页的小册子,很不起眼,而徐雁却以敏锐的感觉捕捉到了。更令我惊奇的是,小册子中的一句话又引起了他的注意。我在书中提到:"今人王謇又有《续补藏书纪事诗》,记清末以来藏书家 120 余人。"他来信问我是否有此书,我说有一油印本,是我系学生王宗轼所赠,为洪驾时的刻写本。他索借,我即挂号寄去。后来他告诉我,这个本子优于别本。1989 年,我收到徐雁和谭华军整理的《续补藏书纪事诗传》(辽宁人民出版社 1988 年版),见书中充分吸收了王謇《续补藏书纪事诗》的成果,而校勘则以洪驾时的油印本为底本。足见其爱书之深,读书之细,书感之敏锐——"书感"一词,是我杜撰,从音乐界常用的"乐感"套用而来。良好的乐感,是成为一个音乐人才的先决条件;而敏锐的书感,则是从事文献学研究和书评写作的基础。

1984 年,徐雁大学毕业,被分配到国家教育最高行政机关工作。为了能在业余时间多读点书,他竟在办公室备了一张折叠床,暮放朝收,夜以继日地读书写作。但机关的氛围与徐雁的读书志趣颇不协调,他终于悟出古人所说"原来官场不读书"之深刻道理,于是在 1989 年毅然告别官场,到出版社当编辑去了(《雁斋书灯录自序》)。他脱离机关,也是与书有关。此举表明,徐雁已到了"书癖不可医"的地步,很傻。在别人看来,能够在国家行政机关工作,是梦寐以求、求之不得的事。假如徐雁不脱离机关,现在至少可以当个处长什么的。以"京官"的身份去基层指导工作,前呼后拥,可以听到一片奉承之声,感觉真是好极了。但他不要这种"官感",要的是"书感"。

三

有"书感"还不够,尚须有积累。

无论是读《秋禾书话》或是《书房文影》,我脑海中时常浮现徐雁近 20 年投身学术活动的一个个镜头。由此想到，他的读书随笔之所以能自成一家，是虚心向学、辛勤积累的结果。早在 1983 年，我就陆续收到徐雁寄来北京大学学海社的社刊《学海》杂志，得知学海社是图书馆学、中文、历史、哲学等系学生自愿结社的学术团体，以研究中国文化为己任，成立于 1982 年 11 月，徐雁是首任社长。学海社的一个显著特点是虚心向校内外的学者求教，博采众长。他们聘请了王力、宗白华、冯友兰、蔡尚思、张舜徽、顾廷龙、阴法鲁等一批著名学者担任顾问和各科导师，编印社刊和《北京大学学海丛书》，举办学术讲座、论文交流等一系列活动。徐雁除了在这些活动中夯实根基外，又正逢图书馆学系教学改革，要求学生选修第二专业的课程，于是他去中文系学习，提高了文学修养和驾驭文字的能力。徐雁的书评既有学术深度，又有书卷气和辞章美，实源于早年打下的基础。

例如徐雁在《应从岭海数中原》中评《岭南文化》一书，既肯定其有助于人们完整、全面地认识中国文化史，并"为岭南社会的现代化建设提供有力的区域社会史借鉴和人文地理学的依据"，又指出其两点不足：一是"没有在（岭南文化）独异的形象方面作出成功论证，二是在研究方法与手段方面，缺乏广泛的比较研究。"徐雁认为，对岭南文化的考察，既不应轻视同"中原文化"、"江南文化"的比较，更不可忽视同"岭海文化"的辨析。由于上述两点不足，"直接导致了在涉论'岭南文化的现状与前瞻'这一课题时，理论上颇为苍白，实践上较为单薄"。在当前广告式书评充斥报刊的时候，读到如此直率、中肯的批评，可谓耳目一新。徐雁之所以能对《岭南文化》作出深刻的批评，实由于他本人在 20 世纪 80 年代就对地域文化尤其江南文化作过较系统的研究。诚如萧乾先生所说，书评家"要具有充足的知识和鉴赏力，对实际生活又怀有莫大兴趣"（《书评研究》）。

又如徐雁 1989 年在《吴中文献时时盛》中评《苏州杂志》，在肯定杂志编者的勇气和才气的同时，对已设置的栏目体系提出批评：

> 杂志之"杂"，应是文章、文体之杂，而不在相对应的栏目数量之杂（或多）。纵览《苏州杂志》已设的各种栏目，论者以为普遍失诸庞杂，有的文章似不应入主栏目，有的主栏目可考虑改为副栏，有的栏目则交叉重复，缺乏特色，应予调整。

接着，徐雁具体而微地提出了栏目调整方案，并进一步提出，《苏州杂志》已版几期努力发掘苏州文化遗存、宣传苏州文化景观的文章，这当然是有益的，但意义更为深远的是要积极组约一批"绍续苏州文化精神和魅力、光大苏州文化传统和风气的文章"，"增辟文化导向性质明确的主栏或副栏"。徐雁在读大学时已有编杂志的经历，毕业之初曾去中国人民大学出版社见习，后又去南京大学出版社当编辑。我想，如果徐雁没有多年编辑实践的积累，是不可能发表以上这番有关编辑思想与编辑业务的非常专业的议论的。

四

仅有积累还不够,还要有思想、有思辨力,这样才能写出优秀的读书随笔。我这里所说的思想,主要指学理的思考和现实的思考。

例如徐雁在《秋禾书话》中论述叶德辉的《书林清话》,并没有就事论事评介此书的具体内容,而是侧重分析叶氏在中国书史方法论方面的贡献。徐雁认为,叶德辉通过对古典目录价值的开发、近代科学方法的应用和中国书史学科体系的奠定三个方面的努力,建立了自己的方法论。"也正是基于这一层意义,《书林清话》才开启了'后学之派'"。类似这种学理的思考,强化了读书随笔的学术色彩。

至于对现实的思考,《书房文影》(2001 年版)强于《秋禾书话》(1994 年版)和《雁斋书灯录》(1998 年版)。也许随着阅历的丰富,他对现实问题考虑得更多、更深了。令我拍案称绝的,是《书房文影》中评论怀念老大学的图书的一组文章。评《老武大的故事》时,徐雁笔锋一转,大谈"学统"。他说,"人有血统,国有政统",一所老大学最堪宝贵的资产,"是由一届又一届的师生所造就出来,然后又为后来者所谨守不渝的珍贵学统"。又说:

> 执掌校政之人或为学统的维护者或为破坏者,两者必居其一,这恐怕可以说是中国近代教育史上的一个规律了。
>
> 既然"文化大革命"曾经让所有的老大学都沦丧过原存的特色、旧有的品格,甚至有的已经失传绝响已久,那么在如今建设若干所"有国际影响的高水平大学"的喧嚷声中,去读一读《老大学故事丛书》和《中华学府随笔》丛书,重温包括老武大、老北大、老清华等校的深厚学统,似乎不应该被认为是会误"砍柴工"的事。

更妙的是《海上学人漫记》的书评,正文不足 2 000 字,补注却有千余字。正文在勾勒上海旧日各大学的教授、名士的风采和博学之后,感叹道:"读书至此,忽慨当今学府之中,门墙之内,既无真名士,亦少风雅客","以至于名利客你挨我挤,熙来攘往"。接着,加了条补注,用自己的话和他人的话说明"中国高等教育生态环境已进入一个新的'恶化期'",其具体表现是:学术过分量化,学术创造沦为商品生产;学校和学者围着行政部门转,各种非学术活动盛行,不正之风愈刮愈烈;有的大学趁合并之机一次性评出 40 多个博士生导师,"教授"泛滥,而中国现行的"官本位体制"是导致"教授贬值"的一大原因。可谓一语中的,入木三分。

但徐雁也有上当受骗的时候，例如他在 1992 年 9 月写的《读书之乐》一文（见《秋禾书话》），引录了坎曼尔《教子》诗的两句。其实，20 世纪 70 年代初公之于世的所谓唐代诗人坎曼尔的《教子》等诗，全是伪作。《文学评论》1991 年第 3 期发表了杨镰的长篇辨伪文章，事实确凿，《新华文摘》1991 年第 10 期转载。徐雁未注意及此，故有此误，可见读书不可不慎。

2002 年元月

《学林漫笔》自序

　　《学林漫笔》选录本人1979年以来写的随笔杂考和其他短篇文章90余篇,其中将近一半是在六宅头写的,其余是迁居到苏州大学东区以后写的。

　　说起六宅头,那是20世纪30年代初东吴大学建造的教师住宅小区,在今苏州大学本部南端小河畔,绿树围绕,小径通幽。我对六宅头有一种特殊的感情,因为曾在那里住过16年,是我一家三口的最早落脚之处,也是我科研起步之地。两年前,为建造法学院,六宅头被全部拆除,曾在那里住过的教师无不惋惜,有的还抢在拆毁之前赶去拍照留念,可见大家对它感情之深。

　　我1961年毕业分配至江苏师院(今苏州大学)任教,在单身教工宿舍住了11年。1972年,妻子将要分娩,我终于申请到六宅头5号楼下一间十余平方米的房间。六宅头共有6个门牌号,原本每个门号只住一户人家,两层楼房,上下各两间。后来住房紧张,六宅头5号住进四户人家,颇热闹。我家没有厨房,只能在楼梯底下放个炉子烧饭。当时妻子在常熟教书,来苏州生下女儿潘欣,产假满后就抱着女儿去常熟上班了。潘欣5岁那年,我把她送到本校托儿所全托,妻子仍在常熟,而我在西山"开门办学"。一家三口,分在三个地方,六宅头那房间经常空关着。直到1976年下半年,妻子调来苏州,一家三口才团聚。1977年,六宅头的教工兴奋地传播着一条消息,说是工资已15年未动,最近要加薪了。果然,我的工资从每月53.40元加到59.40元。也就是在这一年,全国高校恢复统一考试的招生制度,77级和78级学生相继入学,学校面貌大变,六宅头周围更热闹了。

　　不久,学校恢复职称评定制度。1979年4月,我被评为讲师,已是40岁的人了。当时流行一句口号:把"四人帮"耽误的时间夺回来!六宅头与图书馆相邻,为我争分夺秒提供了极为有利的条件。我最早的几本书,如《社会科学文献检索百例》(以下简称《百例》)、《古典文学文献及其检索》、《古籍索引概论》,都是在六宅头写的。当需要查对资料时,跨几步就到图书馆,下雨天不用带伞。家人见我夜以继日写书,既关心和支持,又不忍心。记得写《百例》时,常工作至深夜。潘欣那时才10岁,已朦胧懂得"百例"是个什么概念,半夜醒来,见我未睡,总是问:"爸爸,还有几例呀?"她盼我尽快写满百例,早点睡觉。

　　在六宅头除了写书,还写了不少随笔之类的短文。每篇短文的背后,大都有些值得回忆的东西。例如发表在《光明日报》上的《张衡的才与德》，虽不足千字，却是我教了几遍《后汉书·张衡传》之后才悟出的真切感受。那篇《"葛婴攻鄷"辨》，是纠正1979年版《辞海》一词条之误的文章。稿子寄给上海辞书出版社，出版社虚怀若谷，立即将它发表在《辞海通讯》上，并加了按语，说我的意见正确，"再版时将修改"，再版时果然修改了。在《江苏青年》(今《风流一代》)连载的《语言趣谈》十余篇，原题《趣味语言学》，编辑部认为这题目太严肃，就把它改了。当时我担心同事笑我写这种普及文章没出息，就用笔名"苏广"发表。近来听友人说，此类学术普及文章有更大的读者面，这次编集时就把它们收了进去。1982年，中国大百科全书出版社上海分社葛永庆先生来信，说他在《读书》上读到我的《索引话旧》，很感兴趣，因为他正在编辑《中国百科年鉴》的索引，希望多交流。不久，他到六宅头看我，两人一见如故。后来他是我《书海求知》一书的责任编辑，我协助他创办中国索引学会，两人经常联系，已有20年了。

1985年与妻子、女儿摄于六宅头

1985年，校方同意我的申请，将六宅头一个14平方米的房间归我使用，我的住房从一间增加到两间。46岁时，我终于有了自己的书房。1986年，被冻结了两年的职称评定工作解冻，我当上副教授。1988年夏，学校分房，我分得东区9幢的一个大户，于是我家告别六宅头，搬进三室一厅的新居，建筑面积为75.38平方米。1988年底，我被评为教授。1989年，香港亲戚来访，进入我的新居，惊奇地说："好大！好大！我去北京拜访过几位教授，住房没有这么大。"说着，从不同角度拍了几张照片，说是要带回香港给我的堂姐看看，让她高兴高兴。谁知过了七八年，评价标准大变，客人进屋，多数说："太小！太小！该换大的了。"我坚持不换，感到够用就行，搬家实在太麻烦了。在东区新居，我完成了《中国文学史料学》、《古代文学研究导论》、《文献学纲要》等著作，也写了不少随笔和论文。

本书所收的文章，大部分曾公开发表，文末均已注明发表时间及出处；有十篇文章是首次发表，文末注明完稿时间。

全书分为三辑。第一辑"学问与人生"，又分两组。一组是对古今人物生平、著作、学术思想的考证与评论，试图揭示他们的学术成就与人生经历、道德情操之间的联系。另一组是我本人的自述性文字，半数是应报刊之约撰写的。

第二辑"文学与文献"，所占篇幅最多，这与我的研究兴趣有关。1987年，我招收首届硕士生时，研究方向定为"文学文献学"；1996年招收首届博士生时，研究方向定为"文学文献学"与"古典文学研究方法论"。文学与文献既是我的主攻方向，写的文章也就多些。这一辑又分为五组，依次为文学、语言、文献、计算机文献检索、古籍丛书研究。

第三辑"书评与书序",又分两组,一组是为友人著作写的书评与序言,另一组是自序。

去年十月,《六朝松随笔文库》主编向我约稿时,明确规定要有50幅插图;年底又补充通知,要有插图80幅左右。我起先有点不理解,也有点怕麻烦,后来想起"左图右书,不可偏废"的古训,又听说如今读者确实欢迎图文并茂的书,于是自己找,托人找,找来与文章内容相关的书影、墨迹、照片、绘画等八九十幅。女婿又特地为我买来扫描仪,使我加快了工作进度,总算如期完成了书稿。

谨以此书献给关心我的亲人、朋友和同行们。

2002 年 2 月

纸质工具书与电子工具书

人类不断创造丰富的知识财富,又不断要求对浩瀚无涯的知识资源进行集结、序化和优化。否则,古今知识财富均不可能被有效利用。

工具书便是担负知识资源的集结、序化和优化的神圣任务的特种图书。

随着科学技术的发展,工具书自身的载体也在发生变化——由纸质载体向磁性载体、光学载体发展,电子工具书陆续问世。目前,已呈现纸质工具书与电子工具书并驾齐驱的发展趋势。

本文将简述电子工具书与纸质工具书的共同特点,分析纸质工具书的类别与功用,择要介绍近来出版的中文电子工具书,并将电子工具书与纸质工具书作一比较。

一、工具书的性质与特点

当社会的知识积累尚处于初级阶段,文化典籍尚不丰富时,人们靠口传身授、记忆背诵,已可从容不迫地进行知识的传递、吸收和应用,尚未产生对工具书的自觉需求。

当科学文化飞速发展,知识门类日益繁多,文献资料以几何级数激增时,人们用传统的方式已难以有效地吸收知识,需要有特殊类型的图书帮助自己在较短时间内获得较多、较全面的知识,工具书便应运而生了。

工具书就是根据特定的需要汇集某一范围的知识或资料,按一定方式编排,以备查考的图书。

与普通图书相比,工具书主要有三大特点:

(1) 资料密集,这是就内容方面说的;

(2) 编排有序,这是就形式方面说的;

(3) 查考为主,这是就用途方面说的。

蔡元培称工具书为"检阅之书",并对社会学术发展与工具书"互为因果"的关系作出深刻论述:

盖当学术发展之期,专门学术之名词与术语,孳乳浸多,学者不胜其记忆,势不得不有资于检阅之书。既得检阅之书,则得以所节之心力与时间,增进其研究,而学术益以进步;学术愈进步,而前此所检阅者,又病其简浅而不适于用,则检阅之书,又不得不改编。互为因果,流转无已。

(《植物学大辞典序》,1917 年)

二、纸质工具书的类别与功用

以纸张为载体,用书写或印刷方式制作的工具书,谓之纸质工具书。纸质工具书已有将近 2 000 年的历史,至今盛行不衰。

纸质工具书种类繁多,若按其主要职能划分,大体可分为语言性工具书、检索性工具书、参考性工具书三大类。

(1)语言性工具书,即通常所说的语文词典,是以普通词汇(与专业词汇相对而言)为主要收录对象,侧重对词义本身进行解释的工具书。又可分为单语词典(如《汉语大字典》、《汉语大词典》)、双语词典(如《汉英词典》)等。其主要任务是提供语言文字知识,帮助读者扫除语言障碍,促进语言规范化。

(2)线索性工具书,又称检索性工具书,包括书目、索引、文摘等。这类工具书的主要任务是提供文献资料的线索。读者凭借它们,可以迅速获得原先不知或所知不详的文献资料的名称或出处,从而追踪所需要的文献资料。试举一例:十余年前,香港友人托我寻找清人蒋和撰《汉碑隶体举要》,我通过书目《中国丛书综录》得知此书收入丛书《蒋氏游艺秘录》中,并得知此丛书为乾隆五十九年(1794)刊本,收藏在北京图书馆、清华大学图书馆、复旦大学图书馆等处,于是我就近与复旦大学图书馆联系,委托该馆据缩微胶片复制。可以想见,如果没有《中国丛书综录》提供线索,不知要浪费多少时间。

(3)参考性工具书,包括百科全书、类书、年鉴、专科辞典、手册、表谱、图录等等。这类工具书的共同特点是直接为读者提供具体的知识与资料,不像线索性工具书仅以提供线索为主要职责。

当然,上述语言性工具书也可以提供具体的知识与资料,所以有学者将语言性工具书也划归参考性工具书。但笔者认为,语言性工具书所提供的知识与资料主要在语言文字方面,而且这类工具书数量特多,实有另立一类之必要。

工具书种类繁多,职能各有侧重,但从总体而言,其功用主要体现在三个方面:

(1)帮助青年学生提高自学能力,独立解决读书治学中遇到的疑难问题;

(2)帮助研究人员及时掌握研究动态,广泛吸收已有成果,开拓多维视野,提高研究工作的起点和科学性;

(3)节省时间,提高工作效率。

工具书是重要的,但不是万能的。我们既提倡善于使用工具书,又提倡系统读书,特别要注意培养思考能力和善于提出问题的能力,这样才有可能在科学研究上有所发明。试举一例如下。

顾炎武《日知录》卷六《檀弓》条,论及古代指示代词的演变:

> 《论语》之言"斯"者七十,而不言"此";《檀弓》之言"斯"者五十有三,而言"此"者一而已;《大学》成于曾氏之门人,而一卷之中言"此"者十有九。语音轻重之间,而世代之别,从可知已。[原注]《尔雅》曰:"兹、斯,此也。"今考《尚书》多言"兹",《论语》多言"斯",《大学》以后之书,多言"此"。

顾炎武必须一丝不苟将《论语》全文中的指示代词逐一统计,然后用同样的方法对《礼记·檀弓》、《大学》等文献进行统计分析,才能写出这则笔记。当时还没有《论语引得》、《尚书通检》一类的工具书,更没有电脑,否则,顾炎武可以省出大量时间,作更为深入的思考,此其一;《论语》、《礼记》都是古代学人必读之书,为何他人并未从中发现"斯"、"此"的用法问题,而顾炎武却发现了呢?可见顾氏具有敏锐过人的学术眼光,善于发现问题,此其二。生当今日,工具书种类繁多,电脑已很普及,如果再加上善于积累、善于思考,定可以在学术研究上取得更大成绩。

三、电子工具书概说

电子工具书出现于 20 世纪 80 年代,90 年代迅速发展。目前出版的电子工具书,多数从纸质工具书转换而来,以光盘形式出售。这种工具书不能直接通过肉眼来阅读,必须借助于计算机(或专用的阅读器)方能阅读,所以又称"机读工具书"。

现从词典、百科全书、年鉴、类书等类型的中文电子工具书中,各选一种予以介绍,以见电子工具书的基本特点。

1.《汉语大词典》光盘 1.0 版

汉语大词典出版社、商务印书馆(香港)有限公司 1998 年出版。

印刷版的《汉语大词典》共 13 卷(其中检字表及附录 1 卷),由罗竹风主编,上海辞书出版社 1986 年出版第 1 卷,汉语大词典出版社 1988 年起出版第 2 卷及以后各卷。这是一部"古今兼收,源流并重"的大型语文词典。收词目 37 万条。

光盘 1.0 版是基于视窗 95(简体中文版)开发的,将印刷版的绝大部分内容浓缩在一张光盘上,查询项目分字、词、成语三大类。

单字的查询,可以直接输入汉字查询,也可以通过部首、音读、笔顺等检索方式查询。每个单字均可发声(可选择女声或男声)。

词和成语的查询,可以直接输入词条、成语查询,也可以通过词条首字的部首、音读、总笔画数查询。

直接输入词条时,可以加"通配符"(? 或 ＊)进行匹配查询。"?"代表一个汉字,"＊"代表一个或多个汉字。

例如,输入"? 爱",可以查得"博爱"、"偏爱"、"割爱"、"敬爱"、"恩爱"、"错爱"等一连串双音节词;如果输入" ＊爱",除了查得上述双音节词之外,还可查得"屋乌之爱"、"洁身自爱"、"相连爱"等多音节词。

又如,输入"？雷 ＊耳",可查到"如雷灌耳"、"捷雷不及掩耳"、"疾雷不及塞耳"等。

但是,光盘 1.0 版将印刷版各词条的例证(书证)删去,是一重大缺陷。

2.《中国大百科全书》图文数据光盘

北京东方鼎电子有限公司制作,中国大百科全书出版社 1999 年 1 月出版。

印刷版的《中国大百科全书》是我国第一套大型综合性现代百科全书,由姜椿芳任总编辑,中国大百科全书出版社 1980—1993 年版,共 74 卷(册),收条目77 859 个,计 12 568 万字,图片近 5 万幅。

图文数据光盘共有光盘 24 张(第 24 张为总索引)。该光盘采用超文本数据库结构来揭示各条目之间的逻辑关系,相关条目之间可跳转检索。读者可将查得之内容保存或打印。

另有《中国大百科全书》光盘 1.1 版(2000 年 10 月版),共 4 张光盘,内容同上,但不能将查得之内容保存和打印。最近又出版 1.2 版,更新了局部内容,并可打印。

3.《中国出版年鉴(1980—2000)》光盘

印刷版《中国出版年鉴》创刊于 1980 年,截至 2000 年,共计 21 年,20 册(其中1990—1991 年度合一册),逐年反映图书出版情况与出版界大事。

《中国出版年鉴(1980—2000)》光盘版由北京"金报兴图"信息工程技术公司研制,中国出版年鉴社出版,将 20 册《中国出版年鉴》近 4 000 万字的资料压缩在一张光盘之中。

读者可以点击"分类检索"与"专题检索"的菜单进行浏览,也可以选择标题、作者、正文等检索范围,在"检索内容"框内输入检索词进行检索。

该系统还提供"词频"统计功能,读者可以设定词频,以便控制所检文献之切题程度。

4.《古今图书集成》图文数据光盘

清代康熙、雍正年间编印的《古今图书集成》,是我国现存最大的古类书,海外学者称之为"康熙百科全书"。全书 1.6 亿字,篇幅相当于《不列颠百科全书》5 倍多。《古今图书集成》分门别类地辑录了上古到明末清初大量的文献资料,引书达六七千种,有重要的参考价值。

广西金海湾电子音像出版社、广西师范大学出版社 1999 年出版的《古今图书集成》光盘,全套 28 张(含索引盘 1 张),以图形版形式再现《古今图书集成》的最初版本——雍正六年武英殿铜活字本的面貌。索引盘包括 30 多个子库,如:人物传记数据库、药方数据库、动物数据库、植物数据库、食品数据库等。

以上列举的电子工具书都是以光盘形式出版的。此外还有网络版的工具书,本文不论。

四、电子工具书与纸质工具书之比较

与纸质工具书相比,电子工具书有如下优点:

(1)体积小,容量大,易于携带和收藏。如印刷版《中国大百科全书》,全套有74厚册,而光盘版(1.1版)只有4张光盘。

(2)检索途径多、速度快,组配灵活。如《汉语大词典》光盘允许读者利用通配符进行各种方式的匹配查询,这是纸质工具书无法做到的。

(3)便于记录查阅的结果。查阅纸质工具书时,要用笔抄录所需内容,或送到复印室复印;而查阅电子工具书时,可以直接打印,或复制在磁盘上。

(4)可以通过互联网络,实现异地的高速传输与检索。然而,电子工具书必须借助计算机(或阅读器)才能阅读,这就需要一笔经费投入。同时,不同版本的电子工具书对运行环境有不同的要求,也会给阅读带来不便。再说,阅读电子工具书对视力的影响较大。总之,纸质工具书的质感以及查阅时的独特感受和情趣,是电子工具书不能全部给予的。

在相当长的时期内,电子工具书和纸质工具书将长期共存,优势互补。

2002年4月

附录

·

潘树广著述目录

1.《古典文学文献及其检索》 潘树广著

该书由陕西人民出版社 1984 年 4 月出版,1990 年 10 月第 5 次印刷,累计精装印数 3 900 册,平装印数 15 800 册。王运熙序。

该书被国家教委列为高等学校文科教材。

1985 年 2 月,获江苏省哲学社会科学优秀成果奖三等奖。

1989 年 5 月,获新加坡林大芽教授"渗进法"研究奖二等奖。

1989 年 10 月,获中国图书馆学会图书馆学情报学奖特别奖。

2.《书海求知——文科文献检索方法释例》 潘树广著

该书由知识出版社 1984 年 1 月出版,1987 年 12 月第 4 次印刷,累计印数 50 000 册。朱天俊序。

1986 年 12 月,获苏州市科协优秀学术论著奖一等奖。

1988 年 3 月,日本东京凯风社出版日译本,更名为《中国学参考事典》。

日本《东方》杂志 1988 年第 3 期"出版消息"称此书为"图书馆、大学必备书"。

3.《古籍索引概论》 潘树广著

该书由书目文献出版社 1985 年 6 月出版,印数 15 300 册。钱亚新序。顾廷龙题写书名。

1988 年 3 月,被江苏省哲学社会科学优秀成果评奖委员会评为优秀作品。

1988 年 5 月,获苏州市哲学社会科学优秀成果奖三等奖。

1994 年 8 月,参加"全国索引成果展评会",获中国索引学会颁发的优秀成果奖。

香港《大公报》1985 年 12 月 2 日载文指出,此书"是新中国成立后有关古籍索引的第一本专门论著"。

4.《书海求知——文科文献检索方法释例(续编)》 潘树广著

该书由知识出版社 1987 年 7 月出版,印数 25 000 册。

《书海求知》正续编是"1988 年度上海市振兴中华读书活动推荐书目"推荐的

47 种书之一。

5.《社会科学文献检索》 赵国璋、朱天俊、潘树广主编

该书由北京大学出版社 1987 年 5 月出版,1990 年 9 月第 4 次印刷,累计印数 43 200 册。2004 年 10 月出版增订本。

该书被国家教委列为高等学校文科教材。

1988 年 3 月,获江苏省哲学社会科学优秀成果奖三等奖。

1992 年 11 月,获国家教委优秀教材奖二等奖。

6.《中国文学语言学文献指南》 潘树广、黄镇伟编译

该书由陕西人民出版社 1988 年 4 月出版,印数 2 000 册。

1990 年 12 月,获中国图书馆学会二次文献成果奖。

7. 语言文学文献检索与利用》 潘树广主编

该书由武汉大学出版社 1988 年 9 月出版,印数 5 000 册。

该书被国家教委高校图工委列为全国高校文献检索课系列教材。

8.《艺术文献检索与利用》 潘树广主编

该书由浙江美术学院出版社 1989 年 8 月出版,印数 5 000 册。曹禺题写书名。贺绿汀、吴晓邦、白杨、凌子风、于是之、古元、肖峰题词。贺绿汀的题词:"打开艺术宝库的钥匙"。古元题词:"学艺指南"。

该书被国家教委高校图工委列为全国高校文献检索课系列教材。

9.《文献学辞典》 赵国璋、潘树广主编

该书由江西教育出版社 1991 年 1 月出版,印数 4 300 册。顾廷龙、潘景郑题写书名。

广陵书社 2005 年 12 月出版增订本,名为《文献学大辞典》。

10.《中国文学史料学》 潘树广主编

该书由黄山书社 1992 年 8 月出版,印数 4 000 册。贾植芳序。

该书为国家社会科学基金项目。

1993 年 8 月,获安徽省 1992 年度优秀图书一等奖。

1994 年 7 月,获江苏省人民政府颁发的哲学社会科学优秀成果二等奖。

1995 年,获国家教委颁发的人文、社会科学研究优秀成果二等奖。

新华社 1993 年 5 月 5 日报道《中国文学史料学》出版的消息,说此书"被有关专家认为是一部有开创性和奠基意义的著作"。

台北五南图书出版有限公司 1996 年 12 月出版繁体字版;华东师范大学出版社 2012 年 2 月出版增订本。

11.《编辑学》　潘树广编著

该书由苏州大学出版社 1997 年 5 月出版,1998 年 8 月第 2 次印刷,累计印数 11 000 册,修订本于 2002 年 8 月出版,31.8 万字,累计印刷 4 次,共 23 000 册。

12.《古代文学研究导论——理论与方法的思考》　潘树广、黄镇伟、包礼祥著

该书由安徽文艺出版社 1998 年 6 月出版,印数 1 500 册,被列为国家教委人文社会科学研究"八五"规划项目。

1999 年 12 月,获安徽图书奖三等奖。

2000 年 10 月,获江苏省普通高校第三届人文社会科学研究成果三等奖。

13.《文献学纲要》　潘树广、黄镇伟、涂小马著

该书由广西师范大学出版社 2000 年 8 月出版,印数 3 000 册。2005 年 9 月出版增订本。

14.《学林漫笔》　潘树广著

该书将由东南大学出版社 2002 年 5 月出版。

15.《中国古代丛书名著提要》　潘树广主编

该书将由广西师范大学出版社于 2012 年出版。

潘树广文章目录

1.《种玉蜀黍的经过》,《新儿童世界》第 98 期,商务印书馆,1952 年,第 32 页。(时年 13 岁)

2.《关于放弃校刊稿费的信》,《南师校刊》,1958 年 12 月 5 日。

3.《让我们的课余生活过得丰富多彩》,《共青团员》,1959 年创刊号。(该刊由共青团南京师院委员会主编,16 开铅印)

4.《大年夜》,《南师校刊》,1959 年。

5.《墙报——经常开展批评与自我批评的武器》(附漫画),《共青团员》,1959 年第 2 期。(以共青团语二(1)支部名义发表)

6.《领袖的光辉形象,激励着我们前进——读〈跟随毛主席长征〉》,《共青团员》,1959 年第 3 期。

7.《学习札记》,《南师校刊》。

8.《谈复习笔记》,《南师校刊》。

9.《载歌载舞迎国庆,艺术之花满园开》,《南师校刊》,1959 年 9 月 25 日。

10.《学生课余文工团调整组织排练节目》,《南师校刊》,1959 年 1 月 20 日。(与魏家骏合写)

11.《中文系加强基本训练》,《南师校刊》。(与郁贤皓合写)

12.《为党的教育事业而纵情歌唱——介绍〈人民教师颂〉》,《南师校刊》,1960 年 4 月 26 日。

13.《劳动——歌曲的土壤》,《教学通讯》,1963 年第 6 期。(该刊由江苏师院教务处主办,32 开铅印)

14.《收稻忙》(表演唱,作词谱曲),《教学通讯》,1963 年第 6 期。

15.《中文系教工的园地——〈星火〉墙报》,《教学通讯》,1963 年第 6 期。

16.《使用"提问卡"的体会》,《教学通讯》,1964 年第 7 期。

17.《教改促进了学生的全面发展——中二在教改中》,《教学通讯》,1964 年第 17 期。

18.《让文娱活动为促进学生全面发展服务》,《教学通讯》,1964 年第 18 期。

19.《部分师生在横塘开展业余教育活动》,《教学通讯》,1965 年第 25 期。

20.《一心为革命》(谱曲),中国音乐家协会江苏分会编《学王杰,干革命》,江苏人民出版社,1965 年。

21.《沈括〈梦溪笔谈·采草药〉的朴素辩证法》,《江苏师院学报》,1974 年第 3 期。(与徐德荣共同署名)

22.《〈梦溪笔谈·采草药〉的朴素辩证思想》,《群众医学》,1975 年第 2 期。

23.《浅谈古代文学文献资料的检索》,《江苏师院学报(哲学社会科学版)》,1978 年第 2 期;又载于中国科学院《图书馆工作》,1978 年第 4 期。

24.《文献检索与语文研究》,《辞书研究》1979 年创刊号,上海辞书出版社,英国"LEXICOGRAPHY IN CHINA"(University of Exeter,1986)著录。

25.《〈甘薯疏序〉的出处》,《江苏师院学报》,1979 年第 3 期。

26.《释"乃令史官记地动所从方起"》,《江苏师院学报》,1979 年第 3 期。

27.《〈中国考古学文献目录〉评介》,《书评》,1979 年第 4 期。

28.《〈白云泉〉注释》,《新华日报》,1980 年 2 月 13 日。

29.《宾语前置歌诀》,《语文月刊》,1980 年第 1,2 期合刊。

30.《江苏师院图书馆为教学服务的生动事例》,《江苏图书馆工作》,1980 年第 2 期。

31.《文史咨询工作百例(一)》,《江苏图书馆工作》,1980 年第 3 期。

32.《文史咨询工作百例(二)》,《江苏图书馆工作》,1980 年第 4 期。

33.《明末戏曲中的苏州织工斗争》,《江苏戏曲》,1980 年第 4 期。

34.《〈艺文类聚〉概说》,《辞书研究》,1980 年第 1 期。《新华月报(文摘版)》1980 年 11 月摘载;又收入武汉大学《中文工具书使用法参考资料》。日本《东洋学文献类目》(1980 年度)著录。英国"LEXICOGRAPHY IN CHINA"(University of Exeter,1986)著录。

35.《语言趣谈》(13 篇,连载),《江苏青年》,1980 年第 2-8 期。

36.《颜容》,《江苏戏曲》,1980 年第 8 期。

37.《阿丑》,《江苏戏曲》,1980 年第 10 期。

38.《索引需要提高质量》,《古籍整理出版情况简报》,1980 年第 6 期。

39.《〈针线〉、〈串珠〉与辞书》,《辞书研究》,1980 年第 4 期。日本《东洋学文献类目》(1980 年度)著录。

40.《古代文学教学中的能力培养问题》,中央教育科学研究所《教育研究》,1981 年第 3 期。《教育研究》编者按:"在大学文科教学中同样存在着单纯注入而忽视能力培养的问题。潘树广同志在古代文学教学中抓能力培养,这对我们大学文科教学是一个启发。"

41.《五十年来我国对索引的研究(节选)》,《江苏省图书馆学会 1980 年科学讨论会论文选集》。中国图书馆学会会刊《图书馆学通讯》1981 年第 2 期摘载,题为《谈谈近年来我国的索引工作》。日本《东洋学文献类目》(1981 年度)著录。

42.《明末苏州织工斗争在文学上的反映》,《江苏师院学报(哲学社会科学版)》,1981 年第 3 期。

43.《词典学论文索引补编》,《辞书研究》,1981 年第 3 期。日本《东洋学文献类目》(1971 年度)著录。

44.《大学开设文献检索课确有必要,亦有可能》,《人民日报》,1981 年 9 月 25 日。

45.《既在各科之外,又在各科之中》,《人民日报》,1981 年 9 月 1 日。

46.《辞书的使用和传播》,《辞书研究》,1982 年第 1 期。日本《东洋学文献类目》(1982 年度)著录。英国"LEXICOGRAPHY IN CHINA"(University of Exeter, 1986)著录。

47.《谈各种人名辞典的使用》,中国人民大学《资料工作通讯》,1982 年第 1 期。

48.《钱仲联教授的〈人境庐诗草笺注〉在黄遵宪故居展出》,《江苏师院校刊》,1982 年 4 月 15 日。(笔名穗文)

49.《关于〈二十四史同姓名录〉问题致毕于洁的信》,中国人民大学《资料工作通讯》,1982 年第 3 期。

50.《戏剧文献答问(一、二)》,《江苏戏剧》,1982 年第 3 期。

51.《"葛婴攻鄟"辨》,《辞海通讯》,1982 年第 2 期。本文指出 1979 年版《辞海》"鄟县"条的错误。上海辞书出版社按语:"潘树广同志的意见是正确的,再版时将修改。"

52.《索引话旧》,《读书》,1982 年第 6 期。

53.《清代诗文别集目录述略》,《明清诗文研究丛刊》,1982 年创刊号。

54.《〈年鉴〉的人物资料》,《年鉴通讯》,中国大百科全书出版社上海分社,1982 年第 3 期。

55.《〈历代职官表〉与官制史料》,《文史知识》,1982 年第 11 期。又收入《怎样读历史古籍》(中华书局,1994 年)。

56.《中国古代专科辞书漫话》,《辞书研究》,1982 年第 6 期。日本《东洋学文献类目》(1982 年度)著录。

57.《论文科检索能力的培养》,《江苏图书馆工作》,1982 年第 4 期。又收入《江苏省图书馆学会第三次科学讨论会论文选集》(1993 年印)。《用户培训文集》(全国高校图书馆工作委员会 1984 年印)。摘要收入《中国图书馆学会第三次科学讨论会论文摘要》,书目文献出版社,第 85－86 页。本文是在中国图书馆学会第三次科学讨论会(1982 年 10 月 29 日—11 月 2 日,昆明)上的发言。

58.《蔡元培的辞书学理论与实践》,《辞书研究》,1983 年第 1 期。

59.《张衡的才与德》,《光明日报》,1983 年 3 月 5 日。

60.《辞书标引文献的功能》,《辞书研究》,1983 年第 3 期。

61.《谈〈镜花缘〉》,《中国古代通俗小说阅读提示》,江苏人民出版社,1983 年。

62.《六年来讲授文献检索课的回顾》,《大学图书馆通讯》,1983 年第 10 期。这是在教育部高校图书馆工作委员会召开的高校文献检索课研讨会(1983 年 10 月,北京)上的发言。

63.《高校文献检索课研讨会散记》,《苏州大学校刊》,1983 年 12 月 21 日。

64.《万历苏州织工斗争在文学上的反映》,《文学遗产增刊》,1983 年第 15 辑。

65.《文献检索与辞书事业》,《辞书研究》,1985 年第 1 期。

66.《分两段开设文献检索课的尝试》,《文教资料》,1985 年第 1 期。

67.《辞书学的绚丽园地》,香港《大公报》,1985 年 3 月 4 日。

68.《散文艺术的可贵探索》,香港《大公报》,1985 年 4 月 16 日。

69.《近代文学文献工作琐议》,《中国近代文学研究》第 2 辑,广东人民出版社,1985 年,第 196 - 209 页。

70.《郁达夫研究的新突破》,香港《大公报》,1985 年 6 月 3 日。(笔名欣然)

71.《全国高校文献检索课研讨会简况》,苏州大学中文系《学术信息》,1985 年第 2 期。

72.《读〈编辑记者一百人〉》,香港《大公报》,1985 年 9 月 12 日。

73.《试论标引型清代人名辞典的编纂》,《词典和词典编纂的学问》,上海辞书出版社,1985 年,第 299 - 329 页。

74.《文科文献检索教材的更新问题》,《大学图书馆通讯》,1985 年第 5 期。这是在全国高校文献检索课教学研讨和工作会议(1985 年 6 月 6 日 - 11 日,青岛)上的发言。

75.《人物资料在文献中的分布》,《情报资料工作》,1985 年第 6 期。

76.《国外中国学家介绍:竹治贞夫》,《文教资料》,1985 年第 6 期。

77.《开明人,开明风》,香港《大公报》,1985 年 12 月 2 日。

78.《积累资料的意义与若干方法》,《江苏图书馆学报》,1986 年第 1 期。

79.《年鉴的多功能性》,《年鉴通讯》,1986 年第 1 期。

80.《打开经济学宝库的钥匙》,香港《大公报》,1986 年 5 月 12 日。

81.《〈经济文献检索与利用〉评介》,《情报资料工作》,1986 年第 4 期。

82.《〈唐宋词风格论〉推介》,香港《大公报》,1986 年 10 月 20 日。

83.《竹治贞夫及其楚辞研究》,中国社会科学院《文学研究参考》,1986 年第 11 期。

84.《喜读〈唐宋词风格论〉》,苏州大学校刊,1986 年 12 月 15 日。(笔名夏朗)

85.《介绍〈药酒与膏滋〉》,香港《大公报》,1986 年 12 月 29 日。(笔名夏朗)

86.《日本青年学者松冈荣志印象记》,《文教资料》,1987 年第 1 期。

87.《竹治贞夫的汉学史研究》,《文教资料》,1987 年第 1 期。

88.《唐代作家年谱综录》,《唐代文学研究年鉴(1985)》,陕西人民出版社,1987 年,第 340 – 363 页。

89.《文献课要加强基础理论建设》,《文教资料》,1987 年第 3 期。

90.《让大学生学点编辑出版知识——开设〈编辑工艺〉课的尝试》,《上海出版工作》,1987 年第 4 期。

91.《漫谈读书和写书》,《书林》,1987 年第 8 期。

92.《古文书目举要》,《古文鉴赏辞典》,江苏文艺出版社,1987 年,第 1673 – 1707 页。

93.《有助于丰富词汇的新辞书》,《苏州日报》,1988 年 3 月 13 日。(笔名苏广)

94.《苏州十中开展文献检索培训》,《文教资料》,1988 年第 2 期。

95.《书山学海的向导》,《苏州日报》,1988 年 5 月 8 日。(笔名苏广)

96.《论辞书用户教育》,《辞书研究》,1988 年第 4 期。又载于《年鉴通讯》第 1,2 期合刊。

97.《日语版〈中国学参考事典〉序》,日本东京凯风社,1988 年,第 3 – 4 页。

98.《日本工具书漫录:〈中国文学语言学文献指南〉》(第二次修订本),《书刊导报》,1988 年 8 月 11 日。

99.《〈经济科学工具书指南〉》,《辞书研究》,1989 年第 2 期。(笔名苏广)

100.《藏书史研究的新成果》,香港《大公报》,1989 年 4 月 17 日。

101.《〈五对照检字手册〉序》,《五对照检字手册》,江苏科学技术出版社,1989 年,第 1 – 2 页。

102.《全国高校文献检索课教材教法研讨培训班纪实》,全国高校图工委秘书处《简报》,1989 年第 7 期。(笔名曾巍)

103.《我校文献检索课现状与展望》,《苏州大学校刊》,1990 年 2 月 26 日。

104.《工具书的工具书——〈中国工具书大辞典〉序》,《辞书研究》,1990 年第 4 期。(徐祖友、沈益:《中国工具书大辞典》,福建人民出版社,1990 年)

105.《全国高校文科文献课建设调研报告》,《大学图书馆学报》,1991 年第 1,2 期合刊。

106.《〈中国工具书大辞典〉小议》,《文教资料》,1991 年第 4 期。

107.《〈中国工具书大辞典〉的几个特点》,《文汇读书周报》,1991 年 12 月 14 日。

108.《刊庆寄语》,《吉林高校图书馆》,1992 年第 1 期。

109.《史料学与文学史料学》,《文教资料》,1992 年第 2 期。

110.《苏州大学校歌》(作词谱曲),《苏州大学校刊》,1992 年 10 月 17 日。

111.《贯彻〈文献检索课教学基本要求〉研讨培训班在苏州大学举办》,《大学图书馆学报》,1993 年第 1 期。(笔名曾巍)

112.《从〈中国古今书名释义辞典〉说开去》,《辞书研究》,1993 年第 4 期。

113.《五十年来我国对索引的研究(全文)》,中国索引学会《索引研究论丛:索引的昨天、今天和明天》,1994年,第110-132页。

114.《文学史料的层位》,《作家报》,1994年12月10日。

115.《书与序》,《书与人》,1995年第2期。

116.《"丛书"等16条》(丛书、全集、文集、总集、别集、论文集、资料汇编、方志、年谱、表谱、文献检索、民国时期总书目、中国丛书综录、中国古籍善本书目、中国文献西译书目、东洋学文献类目),《当代社会科学大词典》,南京大学出版社,1995年。

117.《苦中得甜更味浓》,《苏州日报》,1995年8月23日。(笔名夏朗)

118.《〈信息学导论〉序》,《信息学导论》,苏州大学出版社,1995年。

119.《"昭昧詹言"等25条》,共8 000字(昭昧詹言、东方树、射鹰楼诗话、艺概、刘熙载、复堂词话、湘绮楼说诗、蒿庵论词、冯煦、白雨斋词话、陈廷焯、石遗室诗话、陈衍、蕙风词话、况周颐、雪桥诗话、杨钟羲、人间词话、境界说、台湾诗乘、十朝诗乘、清词玉屑、无尽庵诗话、辨诗、兼于阁诗话),《诗词曲知识辞典》,广东人民出版社,1995年。

120.《绝处逢生 百折不挠——20年癌症患者鞠承祖医师的足迹》,《中国医药报》,1996年1月2日。(笔名夏朗)

121.《丛书提要编撰与丛书研究考辨》,《中国古籍总目提要编纂工作情况简报》,1996年第2期4月。

122.《文科文献课的计算机检索教学问题》,《大学图书馆学报》,1996年第2期。

123.《试论独撰丛书》,《古籍整理出版情况简报》,1996年第5期。

124.《〈中国工具书大辞典·续编〉序》,《中国工具书大辞典·续编》,福建人民出版社,1996年。

125.《论工具书教材的结构体系》,《辞书研究》,1996年第3期。

126.《我与文学文献学》,《文史知识》,1997年5期。

127.《将勤补拙 锲而不舍》,《江苏学人随笔》,南京大学出版社,1997年,第282-286页。

128.《追求文品与人品的完美结合》,《太阳花》,上海科学普及出版社,1998年,第1-3页。

129.《人文科学与素质教育——兼论能力培养问题》,《抓住机遇,迎接挑战——苏州大学教育思想讨论文集》,苏州大学出版社,1998年,第36-40页。

130.《梁启超与丛书——为纪念戊戌变法一百周年而作》,《中国典籍与文化》,1998年第4期。(与吕明涛合作)

131.《论古代文学研究中的文献学方法》,《常熟高专学报》,1999年第1期。

132.《史源学与辞书编纂》,《辞书研究》,1999年第2期。

133.《文字之交　贵在知心——纪念〈辞书研究〉创刊二十周年》,《文汇读书周报》,1999 年 3 月 27 日;又载于《我与上海出版》,学林出版社,1999 年。

134.《丛书杂考》,1999 年《学林漫录》第 14 集,第 107 – 115 页。

135.《关于文献检索课悄然升温的思考》,《大学图书馆学报》,1999 年第 6 期。

136.《20 世纪的索引研究与编纂》,《图书馆杂志:理论学术年刊(1999 年)》,第 247 – 274 页。

137.《写歌的回忆》,《大学新闻》,1999 年 11 月 12 日。

138.《大文献学散论》,《图书馆工作与研究》,2000 年第 3 期。中国人民大学《复印报刊资料》G9《图书馆学·信息科学·资料工作》,2000 年第 8 期全文转载。

139.《〈中国索引综录〉序》,《中国索引综录》,上海辞书出版社,2000 年,第 1 – 17 页。

140.《顾炎武·统计方法·计算机》,《书与人》,2000 年第 4 期。

141.《出版家蒋凤藻致叶昌炽手札的发现》,《文教资料》,2000 年第 5 期。

142.《论古典文献学与现代文献学的交融》,《苏州大学学报》,2000 年第 4 期。中国人民大学《复印报刊资料》G9《图书馆学·信息科学·资料工作》,2001 年第 1 期全文转载,《新华文摘》有题录。

143.《漫步在文献丛林》,《江苏图书馆学报》,2000 年第 6 期。

144.《〈实用计算机信息检索〉序》,《实用计算机信息检索》,苏州大学出版社,2000 年。

145.《续修四库提要的四种版本》,《古籍研究》,2001 年第 1 期。

146.《〈掾曹名臣录〉撰者考——兼谈〈四库全书存目丛书〉的一点失误》,《图书馆杂志》,2001 年第 2 期。

147.《〈江苏竹枝词集〉序》,《江苏竹枝词集》,江苏教育出版社,2001 年,第 1 – 2 页。

148.《明遗民黄周星及其"佚曲"》,《文学遗产》,2001 年第 2 期。

149.《蒋凤藻的出版思想——兼论出版思想史的研究》,《编辑之友》,2001 年第 2 期。

150.《我国网上的"馆藏目录"》,《辞书研究》,2001 年第 3 期。

151.《文献检索教材建设的新进展——兼评〈实用计算机信息检索〉》,《江苏图书馆学报》,2001 年第 3 期。

152.《有关"校对"的若干史料》,《出版史料》,2001 年第 1 辑。

153.《诗化的江苏风物志,形象的地域小百科——读〈江苏竹枝词集〉》,《书与人》,2001 年第 4 期。

154.《电子书刊的检索功能——兼评〈中国出版年鉴〉光盘》,《中国出版》,2001 年第 7 期。

155.《〈烟霞小说〉考》,《文献》,2001 年第 4 期。

156.《南师忆旧三题》,《南京师范大学学报》,2002 年 5 月 20 日。《扬子晚报》2002 年 9 月 2 日 B8 版摘载。

157.《双庆抒怀》,《苏图通讯》,2000 年第 3 期。

158.《也谈"三重证据法"》,《学林漫笔》,2002 年。

159.《在太湖疗养院写的"豆腐干"》,《学林漫笔》,2002 年。

160.《童年影话》,《学林漫笔》,2002 年。

161.《顾廷龙先生二三事》,《学林漫笔》,2002 年。

162.《我国网上的"联合目录"》,《学林漫笔》,2002 年。

163.《〈枕中秘〉三题》,《学林漫笔》,2002 年。

164.《去数字图书馆走一趟》,《学林漫笔》,2002 年。

165.《从〈秋禾书话〉到〈书房文影〉》,《学林漫笔》,2002 年。

166.《中国古代的索引》,《中国索引》,2003 年第 1 期。

潘树广自订年谱①
（1940.1—1996.1）

1940 年（1 岁）

1 月 2 日(农历己卯年 11 月 23 日)出生于上海广慈医院。排行第六。父潘金亨,字绍祖,号寿彭。广东省新会县人,后经商至上海。据族谱:潘家原籍宋北京大名府大名县二十九里,后迁汴梁(今开封),复迁南雄珠玑巷(在今广东韶关)。远祖潘柱崖为南宋骠骑上将军骑都尉,生三子:德有、仁有、富有。宋末,柱崖公护宋帝至广东新会崖山死节。德有、富有别迁,仁有就居新会,隐姓埋名。明初,潘铭初(仁有之后)择新会潮连狮山之旁安居,开基创业,是为始祖。传至先父潘金亨,为十七世祖。住潮连乡坦边村,宅名潘本立堂。大母容焕笑,荷塘人。亲母黄巧苏,顺德人。长兄树鸿(斌献),二姐础馨,三姐础群,四兄树芬(斌华),五兄树栋。弟树富(1948 年生)。是时家住上海河南中路 541 弄(吉祥里)22 号。

1942 年（3 岁）

长兄树鸿自沪至苏北高邮参加新四军(18 旅),更名斌献。

1944 年（5 岁）

在家由二姐础馨教读书。

1945 年（6 岁）

5 月,二姐础馨参军。7 月,四兄树芬参军,更名斌华。是年,进上海私立澄衷小学读一年级,任班长。

1946 年（7 岁）

在上海澄衷小学读完一年级,随父母返故乡新会潮连,见祖母。在潮连,先读私塾,后入德馨小学。是年,三姐础群因患肺结核在沪逝世。

① 该部分内容为潘树广整理日记所得,仅代表个人观点。该部分所写的"我校",即江苏师范学院,1982 年,改称为苏州大学。

1947 年（8 岁）

在潮连乡德馨小学读二年级。

1948 年（9 岁）

从潮连到广州，又从广州到上海。进上海岭南小学读三年级。该校在江湾高境庙,为广东人所办。读到四年级上学期,全家又到广州,住杨巷路杨仁西5号。

其间,曾去香港。

是年,弟树富出生于上海。

1949 年（10 岁）

在广州懿群小学读书,参加童子军。

10 月 14 日,广州解放。

因患神经官能症,在家,先后请两位家庭教师授课。转学至光扬小学。

1950 年（11 岁）

全家到上海。

在岭南小学读六年级。

1951 年（12 岁）

7 月,在岭南小学毕业。入岭南中学读初一。

1952 年（13 岁）

5 月,父亲逝世。

夏,读完初一。岭南中小学改为上海市幼儿师范学校,原初二、初三暂附属于幼儿师范。

8 月 16 日,习作《种玉蜀黍的经过》发表于商务印书馆《新儿童世界》第 98 期,这是公开发表的第一篇文章。后去河南中路商务印书馆领取稿酬一万一千元(旧币)。

10 月 29 日,加入中国少年先锋队,任中队副。

1953 年（14 岁）

夏,代表学校参加上海市第三届少年先锋队夏令营。任物理课小组长。全营游泳比赛获第二名。请作家包蕾题词,请张乐平在纪念册上画三毛。

秋,因幼儿师范附属初中部停办,转学至格致中学读初三。任格致中学国乐队副队长。

是年,原幼师附中初二校友刊物《谊讯》创刊。负责组稿、编辑、划版并送誉印社油印。

1954 年（15 岁）

秋，在格致中学初中毕业。与刘柏贤报考浙江美术学院附中，初试绘画录取，复试落榜。报考格致中学高中，录取，编入高一（3）班。

8 月 28 日，五兄树栋进新力仪器制造厂当学徒，月薪 20 元，一年满师。

下半年，因肺疾休养一月半，病愈复学。

1955 年（16 岁）

1 月，上海人民广播电台《广播歌选》杂志 1 月号《致读者和作者》称："本刊以往的校对工作做得便很粗糙……正如本市的一位读者潘树广来信所批评：'你们每期差不多都有更正栏，但更正栏中还有错误，真可谓一错再错，这是令人感到非常不满的！由此可见，你们的工作尚有疏忽之处。'我们诚恳地接受这一批评。"

暑期，常去八仙桥佛教青年会，在大雄书店读佛学书籍或听讲座。

是年，在格致中学读高一下、高二上。

1956 年（17 岁）

1 月 29 日，加入新民主主义青年团的申请由分支团员大会通过，入团介绍人为方廷健、陈国泰。

5 月 6 日，参加黄浦区贯彻三好积极分子大会。

6 月 2 日，在上海艺术剧场参加"1956 年上海市中等以上学校学生文艺会演"，本班演出歌剧《在劳动中成长》。剧本由方廷健与我执笔，我作曲并指挥，刘柏贤主演。曾请教上海歌剧院作曲家商易。

8 月 22 日，被选为团支部委员。

10 月 20 日，参加黄浦区团代会。

是年，任校黑板报总编辑，校国乐队副队长，本班团支部宣传委员。

1957 年（18 岁）

2 月，大母在沪逝世。

4 月，面临毕业，与同班同学方廷健、刘柏贤、周铭孝、吴燕飞等游杭州。

7 月，在格致中学高中毕业，校长尹敏签发毕业证书。

报考大学，报名号：30286。

8 月，接南京师范学院录取通知书。

秋，入南京师范学院中文系学习。当时教育家陈鹤琴教授任院长。

中文系新生 200 名，分四个班，我在 1 班。因新宿舍未竣工，全系一年级男生暂住丁字大楼。郑薇青任年级主任。

担任南京师范学院广播站编辑。

1958 年（19 岁）

上半年，任团支部宣传委员。

秋，为《南师校刊》写稿，被采用。

11 月，在共青团南师第三届代表大会上被表扬为优秀团员。

同月，领取南京市射击运动俱乐部"普通射手证"（008424 号）理论测验及格，考核射击：50 米，卧，5 发，中 40 环。

12 月 5 日，《南师校刊》刊登了我致编辑室关于放弃稿费的信。

冬，本班文娱委员金为民将杨沫《青春之歌》部分情节改编为三幕四场话剧《分歧》。我扮演卢嘉川，张连珠扮演林道静，金为民扮演余永泽。在校礼堂进行 1959 年元旦献礼演出。

1959 年（20 岁）

1 月，《让我们的课余生活过得丰富多彩》载于本校《共青团员》杂志创刊号。

3 月 1 日，《墙报——经常开展批评与自我批评的武器》（附漫画）载于《共青团员》1959 年第 2 期。（以共青团语二(1)支部名义发表）

3 月 15 日，去书店买《毛泽东论文艺》等书，在衬页上记下："这一天全市动员，围歼麻雀。"

3 月，南京师范学院第七届学生会执委会组成。任学生会文化部副部长。

同月，学习小组与金启华先生去玄武湖活动并合影。

春，《大年夜》载于《南师校刊》。

4 月 7 日至 5 月 16 日，4 次就诊于南京神经精神病防治院，被诊断为患"精神衰弱"。

5 月 1 日，《领袖的光辉形象，激励着我们前进——读〈跟随毛主席长征〉》载于《共青团员》1959 年第 3 期。

5 月 2 日，全班至中山陵活动并合影。

5 月 4 日，受共青团南师委员会、南师学生会表扬，获"红专积极分子"称号。

夏，《学习札记》《谈复习笔记》等载于《南师校刊》。

8 月 2 日，与刘柏贤合影于同济大学。

9 月 1 日，南京师范学院 1959 年国庆节筹备委员会成立，任宣传组成员。

9 月 25 日，《载歌载舞迎国庆，艺术之花满园开》刊于《南师校刊》。此文 1 200 字，稿酬 1.5 元。

11 月 20 日，《学生课余文工团调整组织排练节目》（与魏家骏合作），载于《南师校刊》。

1960 年（21 岁）

1 月，撰文报道院文工团《春江花月夜》参加南京市学生文艺会演获奖。

春,在南京师院中文系读三年级下。继续任学生会文化部副部长,组织《人民教师颂》大联唱的创作和排演。由中文系学生作词,音乐系师生作曲,院学生文工团排演。

4月2日,集体去雨花台,参观烈士史料陈列室。

4月13日,《人民教师颂》上演,温建平院长等观看演出。

4月26日,《为党的教育事业而纵情歌唱——介绍〈人民教师颂〉》载于《南师校刊》。

秋,读四年级上。

是年底,院学生会干部中毕业班同学返回各系。我任本班团支部副书记、班主席。

1961年(22岁)

夏,填写分配志愿表,第一志愿为中等师范学校教师。领导问,江苏省各剧团需要编导,有十个名额,是否愿去。本人婉拒。后被分到江苏师范学院。

6月28日,全班拍毕业照。

8月上旬,告别师长。徐复教授题赠:"锲而不舍,金石可镂"。段熙仲教授题赠:"树基欲广,植根愈深,华实斯茂"。

8月下旬,分配至江苏师范学院中文系任教。"大学毕业生试用期",月薪44元。

8月30日,与分配在同系工作的盛立民、卜仲康等去虎丘剑池并留影。

9月,分在古代文学教研组,钱仲联先生为教研组长。承担古代散文的辅导工作,并讲授若干古代散文。

10月,母亲来苏州,游虎丘、拙政园等园林。

11月,五兄潘树栋、表兄欧阳绍文来苏,游天平山。

冬,带本系58级(毕业班)詹世琅小组至苏州铁路中学实习,住该校。

1962年(23岁)

2月9日,农历正月初五,与盛立民作上海市郊之游,至罗店、嘉定、南翔。

春,初上讲坛,给中文系60级(二年级)讲古代散文《过秦论》等。三个班百数十人在阶梯教室上课,沈颜闿、徐永端同时任教。

5月,大哥斌献与大嫂携少洪自广州返大连,在沪逗留数日。我自苏州返沪。29日,去虹口公园午餐、留影。

7月13日,与母亲乘民主13号轮去大连大哥处。

8月4日,自大连去长春二姐础馨处。

9月,在江苏师范学院试用一年期满,转正为"高行17级",月薪53.40元(此工资延续15年,至1977年始加薪至59.40元)。

1963 年（24 岁）

7 月 1 日，本系教师在开明剧院参加苏州市教育工作者 1963 年"七一"会演，指挥演出大合唱。

10 月 21 日至 11 月 7 日，与学生去横塘公社参加秋收劳动，党总支书记邵玉彬与师生同睡地铺。我创作表演唱《收稻忙》，用苏州方言作词并谱曲。62 级周其良等演出。

秋，党委宣传部从各系、各部门抽调师生组成《年青的一代》（四幕话剧）剧组。我扮萧继业，李辰民扮林育生，马巧新扮倩如，蔡希杰扮林坚，钱愈德扮林岚，周其良扮李荣生，廖慧予扮萧奶奶。演出获得成功。期间，撰写《萧继业日记》、《演萧继业，学萧继业》，发表于中文系教工《星火》墙报。

12 月 25 日，《劳动——歌曲的土壤》（附表演唱《收稻忙》）、《中文系教工的园地——〈星火〉墙报》载于本校《教学通讯》第 6 期。该刊为 32 开铅印本，由教务处刘涤民编辑。

是年，在 59 级（袁沧洲、张炳文班）、61 级（范培松班）、62 级（周其良班）讲古代散文并辅导，主讲教师为芮和师。

是年，复旦大学郭绍虞、刘大杰两位教授来系讲学。向郭老请教有关古代文学批评问题。

1964 年（25 岁）

1 月 15 日，《使用"提问卡"的体会》载于《教学通讯》第 7 期。

3 月 20 日至 5 月 20 日，至吴县跨塘公社杨家门大队参加农村社会主义教育运动。

3 月 24 日，谱曲《公社青少年之歌》（文莘彦词），油印。

3 月 27 日，改词谱曲《"四清"很要紧》（江苏省《冬学课本》原词）。

5 月 28 日，参加中国音乐家协会江苏分会苏州小组扩大会议。

7 月，在中文系 62 级（我任该班班主任）进行教改调查。

7 月，指挥中文系 60 级毕业演出，节目是《毛主席诗词联唱》。

9 月 21 日上午 9 时 55 分，弟树富赴新疆建设兵团。

9 月 22 日，《教改促进了学生的全面发展——中二在教改中》载于《教学通讯》第 17 期。

9 月，为毛主席诗词谱曲《七绝——为女民兵题照》，收入《毛主席诗词歌曲选》（江苏师范学院文娱活动指导组油印）。

11 月 14 日，《让文娱活动为促进学生全面发展服务》刊于《教学通讯》第 18 期。

12 月，参加农村社会主义教育运动工作队集训，人人进行"三查"——查阶级、查思想、查作风，我因"出身不好"、"社会关系复杂"、"有海外关系"，与吴建国、薛守贤等一起调离工作队,去市郊劳动。

1965 年（26 岁）

年初,随中文、政教、历史、物理等系 70 名师生至市郊横塘公社劳动锻炼。协助公社办业余教育。

1 月 10 日,在横塘,谱曲《迎新春,贺新年》(阎肃词),未刊。

2 月,横塘公社召开业余教育工作会议,我院师生受公社奖励。

3 月 29 日,《部分师生在横塘开展业余教育活动》载于《教学通讯》第 25 期,介绍目前已办起 8 所业余学校,遍及 16 个生产队,1 个工厂。

7 月,因中央颁布"二十三条",某些"左"的偏向得到纠正,我得以参加社教工作队。16 日,去昆山城北公社企事业单位开展社会主义教育运动,住城北卫生院附近。工作队长是陆琴,学院党委宣传部长刘照在我队蹲点。学生有梁登舟、徐允明等。

秋,王杰事迹颁布,中国音协江苏分会号召创作歌曲歌颂王杰。徐允明(笔名"余咏")作词《一心为革命》,我谱曲,投寄音协江苏分会和《昆山文艺》。音协江苏分会征得歌曲 200 余首,经选择、试唱,采用 18 首编为歌曲集《学王杰,干革命》(《江苏文艺》1966 年 1 期报道),《一心为革命》在其中。《昆山文艺》亦录用并在昆山县广播站教唱。

12 月,《一心为革命》载于歌曲集《学王杰,干革命》(中国音乐家协会江苏分会编,江苏人民出版社 1965 年 12 月出版,印行 10 万册)。稿费共 8 元(词 3 元,曲 5 元),用此款请本工作队同志到昆山奥灶馆吃面。

是年,任中文系教工团支部委员。

1966 年（27 岁）

3 月 28 日,昆山社教结束,乘校车返苏州。

春夏之交,创作独唱歌曲《师院民兵多雄壮》,由校文工团演出。

夏,"文化大革命"和全国大串联开始。到上海。

11 月,第一次到北京。23 日,随中文系部分红卫兵从北京出发,开始"长征",步行万余里,经狼牙山等地到太原。原计划到延安,因中央发出停止串联的通知,自太原乘车返苏州。

12 月,参加本校文艺宣传队,拉手风琴。

1967 年（28 岁）

元旦,文艺宣传队在开明剧院演出《为人民服务》等节目。

2 月,文艺宣传队经调整,定名"风雷激"。

6 月上旬,苏州两派分裂,发生武斗。因在校门口阻止抓人,被打,并"押送"至铁路司机学校关了一夜,翌日放归,就医。

6月中下旬,"风雷激"在虎丘公社巡回演出,住茶花大队。17日,队员与人武部参谋老丁合影。合影者有:郭志田、潘树广、徐郁宾(后名郁涛)、左文秀(后名左飙)、费祖宁、王士强、陈顺琴、诸美芬、葛秀芳、管钰民。后去娄葑公社新升大队、新湖大队演出。

7月20日,我校"风雷激"、"韶山"和苏州医学院"东方红"三支宣传队,代表苏州市红代会(筹)赴无锡演出。

7月24日,苏州发生大规模武斗。"风雷激"和"韶山"从无锡回到苏州市郊长青公社,不能进城。两队合并,定名"战地黄花",在城外宣传演出。

7月下旬至年底,先后住银行学校、农校、冶金厂、朱家庄党校、金城旅社、第五中学等处。

11月,"战地黄花"14日赴无锡演出,住缫丝一厂。23日演出途中发生车祸,左文秀、支胜生重伤住院。29日全队返苏州,左文秀、支胜生转6307部队卫生科治疗。

1968年(29岁)

春节,在虎丘公社度过。与新华书店联系,送书下乡,为社员写春联。

3月,根据周恩来总理的指示,苏州两大派达成协议,停止武斗,实现大联合,滞留城外的师生陆续返校。

夏,暂调入"乘胜前进"创作组,与苏州医学院有关教师、市文工团范广勋等住苏州饭店。

9月,工人宣传队进驻学校。

11月,"战地黄花"赴吴江同里公社、金家坝公社演出。

1969年(30岁)

1月26日至2月1日,随苏州专区、苏州市革委会慰问团前往南通农场,向知识青年作慰问演出。

4月8日,与五兄树栋、侄儿维周去阳澄湖畔跨塘公社杨家门大队,探望5年前结识的社员。

4月至6月,在尹山湖农场劳动,并协助农村中学编写"革命文艺课"试用教材。

7月6日至28日,随江苏省革命委员会对上山下乡知识青年慰问团前往黄海农场、云台农场、云台林场等军垦农场慰问并演出。28日在新建成的南京长江大桥留影。

8月,编出"革命文艺"教材,由本院印刷厂铅印,32开,正文159面。

10月前后,学校开始"复课闹革命"。

1970 年（31 岁）

1 月,与诸美芬在红旗区委会登记结婚。结婚证于 1 月 22 日签发。凭结婚证方可在前进食品商店购买糖果 1 斤。

同月,随中文系"战备疏散"至吴江同里镇。

春,弟树富自新疆返沪探亲。

4 月 7 日,全家在沪合影。

8 月,美芬分配至常熟工作,先到杨园公社劳动锻炼。

冬,在苏州市绸缎炼染厂劳动。

1971 年（32 岁）

春节后,全院开展清查"五一六"运动,所有师生员工集中住宿,所谓"关门打狗"。

2 月 24 日,美芬头胎难产,在苏州市第一人民医院抢救。足月男婴 7 斤 2 两,窒息而亡。

4 月,美芬调至常熟"五七干校"。

4 月至 5 月,我被派往江苏省组织的纪念"五·七"指示"讲用团",去南京等地。返校后,又被派到清查"五一六"专案组。

9 月,因在专案组中精神极度紧张与矛盾,神经官能症复发。27 日,由蔡希杰陪同,至上海市精神病防治院门诊,被诊断为"强迫性神经官能症"。住上海家中养病、门诊至 11 月。

1972 年（33 岁）

1 月,随中文系在虎丘公社,为制订教学计划、编写教材事征求意见。

春,开始招收工农兵学员。编写《乐理知识》教材,准备上"革命文艺课"。

3 月,美芬至江苏省常熟中学任教。

5 月 4 日,中文系首届工农兵学员开始上文化课。

8 月,《乐理知识》油印完成,正文 6 章,附录 5 项,16 开,89 页。

9 月 26 日下午,女儿潘欣出生于苏州第一人民医院,6 斤 4 两。

9 月,随首届工农兵学员(72 级)至苏州人民纺织厂"开门办学"。

10 月,应苏州市工代会小毕、老李之邀,为工人业余音乐创作学习班讲授作曲、和声、器乐课。学员有王双(长江五金厂)等。工代会将学员创作成果编为《工人业余创作歌曲选》(1973 年 1 月油印)。

年底,负责中文系古代文学教研组工作。组织同仁着手编《中国古代文学》教材。执笔者有:钱仲联先生和唐文、尤振中、吴企明、潘树广。

1973 年（34 岁）

4 月,为古代文学教材编写事去无锡梅村中学征求意见。其时中文系学生在该校见习。老同学许伯铭在该校任教,见面畅谈。

夏,古代文学教研组编写的《中国古代文学》第一册(先秦—两汉文学)由本校印刷厂印出。32 开铅印,正文 410 页。

8 月 22 号,赴宁听杨荣国关于儒法斗争的报告。

秋,《中国古代文学》第二册(魏晋—唐五代文学)印出。32 开铅印,正文 566 面。

冬,随 72 级(杨杏南、廖大国班)至虎丘花锦大队开门办学,我住张长惕家。利用王世琛墓被发掘,讲授工具书的使用方法、地下资料与书面资料的查证。

1974 年(35 岁)

春,《中国古代文学》第三册(宋元明清文学)印出。32 开铅印,正文 560 页。至此,三厚册出齐,正文合计 1 536 面,111 万字。

6 月,与部分师生搞"评法批儒",评注《荀子·劝学》。分头去苏州人民纺织厂、虎丘花锦大队、驻苏部队开座谈会。

夏,《〈荀子·劝学〉评注》(节选)刊于《江苏师院学报》1974 年第 1 期。署名"时声"("师生"的谐音)。

9 月 1 日,《光明日报》头版头条报道"江苏师范学院中文系师生结合教育革命与工农兵一起评注荀子《劝学》篇"。

9 月,上级下达评注《李贺诗选》的任务。组织部分教师、73 级(姚鹤鸣等)与人民纺织厂组成评注小组。

12 月 20 日,《沈括〈梦溪笔谈·采草药〉的朴素辩证法》载于《江苏师院学报(哲学社会科学版)》1974 年第 3 期。与苏州大庆药店老药工徐德荣联合署名。

1975 年(36 岁)

春,随 73 级(张意馨等)至常熟冶塘公社参加社会主义教育运动。教师有王迈、杨杏南等。着手编写《工具书使用法》大纲。

3 月,《〈梦溪笔谈·采草药〉的朴素辩证思想》载于《群众医学》丛刊,1975 年第 2 期,与徐德荣共同署名。

10 月 20 日,根据"学朝农"(朝阳农学院)的精神,中文系 75 级"社来社去"试点班(蒋黄龙班)全体师生到西山开门办学,住电厂废址。

下半年,组织部分师生编注《陆游诗选注》,我执笔其中 20 篇。上海人民出版社古籍编辑室徐稷香、曹中孚等负责此事。

1976 年(37 岁)

春,我在西山,美芬在常熟,潘欣在苏州本校托儿所全托。

4 月,潘欣突患中毒性菌痢,在儿童医院抢救,昏迷三日三夜,转危为安。

7月,为美芬调动工作事去常熟,手续办妥。

8月,美芬调来苏州第八中学。

11月,分别给中文系74级(吴培华班)和75级"社来社去"班(蒋黄龙班)讲授古代汉语,至翌年元月。

是年,设计《中国古代语文》教材框架,组织组内同仁编写。教材分若干单元,每单元由文学史、作品选、古汉语、工具书四部分组成,油印。张永鑫所写甚多。

1977年(38岁)

2月至8月,给75级"社来社去"班讲授古代文学和文史工具书,用《中国古代语文》作教材。

5月至年底,全院开展"三大讲":大讲"四人帮"的罪行,大讲与"四人帮"斗争的意义,大讲与"四人帮"作斗争的经验、教训。同时清查与"四人帮"有关的人和事。

夏,编出《查阅文史资料基础知识十讲》,3万余字,油印。

9月,给中文系一年制"社来社去"班24人(府天林班)讲授古代文学和查阅文史资料基本知识。翌年1月结束。

1978年(39岁)

4月,吕叔湘来苏召开语言学会议,前往听讲。

4月至5月,给中文系77级上文艺选修课。

4月至6月,在苏州市教师进修学校讲授古代作品选7次。

5月20日至28日,与卜仲康在杭州大学参加哲学社会科学讨论会,住屏风山。结识上海出版界前辈王知伊先生。会后至上海查资料数日。

7月6日下午,在中文系科学讨论会上作《浅谈文学古籍的检索及其他》的报告。论文油印分发。寄王知伊先生一份。

8月10日,《浅谈古代文学文献资料的检索》载于《江苏师院学报(哲学社会科学版)》1978年第2期。稿酬30元,上缴。

9月,给中文系76级(徐思源班)讲授古代文学,至翌年8月。

10月10日,寄论文稿《古语今留及其在教学中的利用》给南京徐复教授征求意见。20日收到徐先生复函云:"《古语今留》一稿,有所发明,无任钦佩。略有润色,只供参考而已。粤语各例,尤为新颖,在科学讨论会上可作适当阐发。如能印成单册,盼能寄示,以供采择。此间古代汉语研究生三名,已于上周入学,粤人王继如系1966年毕业生,每谈及粤语,用以旁证《广韵》各书,大有启发。愿弟平时多加留意,写成札记,适当时可以写出论文也。"

10月24日下午,参加26周年校庆学术报告活动,在中文系作《"古语遗存"及其在教学中的利用》报告。

10月,在苏州市图书馆讲课,题目为:《关于文献检索的几个问题》。

12月25日,《古代文学资料检索的几个问题》载于中国科学院图书馆《图书馆工作》1978年第4期,稿酬39元。

1979年（40岁）

2月16日,收王知伊先生信,信中告知《辞书研究》将创刊,拟将我的油印论文《检索》发表。

2月,受教研组推派,在全系教学经验交流会上发言:在教学过程中对学生进行学习方法指导的问题。

4月6日至11日,在沪。去上海图书馆、辞书出版社图书馆查阅资料,拜访王知伊先生。去古籍出版社问《陆游诗选注》事,何满子接待。

4月,评为讲师。

同月,《文献检索与语文研究》载于上海辞书出版社《辞书研究》1979年第1辑（创刊号）,稿酬56元。

7月,与五兄树栋去长春参加二姐夫唐国栋追悼会。

夏,完成《古代文献资料的检索》,油印,16开,正文172面,附录44面。8月下旬印出。

9月25日,王知伊先生来函为《辞书研究》约稿,希望写评介《艺文类聚》的论文。

9月,给中文系76级(徐思源班)讲"古代文献检索"课,至翌年元月。

同月,为钱仲联先生的硕士研究生陈少松、王英志讲授"古代文献"课。至翌年元月。

同月,《〈甘薯疏序〉的出处》和《释"乃令史官记地动所从方起"》载于《江苏师院学报(哲学社会科学版)》1979年第3期,稿酬8元。

11月28日,赴宁,由郁贤皓安排在南京师范学院招待所住宿。正逢现实主义问题讨论会在南京师范学院召开。

11月29日上午,与董志翘(在南师进修)至赵国璋先生家拜访,征求对《古代文献资料的检索》的意见。赵先生说,他对其中"文字资料与实物资料"部分最感兴趣,曾想写而未写成。下午,拜访徐复先生。至南京图书馆,结识邱克勤先生。

11月30日,全天在南京图书馆蟠龙里书库查阅古籍目录。

12月1日,去长乐路拜访老同学金为民。傍晚,由邱克勤陪同,首次拜访钱亚新先生。钱先生说,《古代文献资料的检索》比已见的工具书使用法讲义又深入了一步。希望出版时在书后附索引。关于索引,他在50年前就呼吁了。又说,中国人习惯于读书而不会用书。

12月2日,与周福昌在郁贤皓家进午餐,畅谈。返招待所,杨海明来访。其时杨正师从唐圭璋先生攻读硕士学位。

12月4日,去《江苏青年》编辑部见盛宏基,交《趣味语言学》稿4篇(后根据编辑部意见,定名《语言趣谈》)。晚,江苏人民出版社徐宗文、俞柏洪来访。赵国璋先生来,就《古代文献资料的检索》的修改加工事宜交谈良久。

12月5日,去南京大学看日本出版的中国古籍索引。中午,《新华日报》记者赵力田为"古诗吟江苏"专栏约稿。

12月6日上午,在山西路南京图书馆古籍部看书。下午去《江苏戏曲》编辑部与蔡敦勇等交谈。晚,在金为民家畅谈。

12月7日上午,听赵国璋先生课。中午在王荣芬先生家进餐。

12月8日上午,去郁贤皓、赵国璋先生家。中午离宁返苏州。

12月15日,《江苏青年》盛宏基函告:决定连载《语言趣谈》,望再寄稿若干。

12月30日,受本校图书馆委托,赴沪到外文书店、古籍书店和出版社购书。火车票单程1.50元。在沪购得《东洋学文献类目》等书。去思南路王知伊先生家拜访。

12月31日,由王知伊先生陪同,拜访《辞书研究》编辑部全体成员:尚丁、郑炳中(耿庸)、屠基础三位先生。

12月,被上海辞书出版社《辞书研究》聘为特约撰稿人。

同月,《〈中国考古学文献目录〉评介》载于《书评》(南京图书馆编印)1979年第4期。

是年,先后为苏州市图书馆、丝绸工学院工艺美术系、文化局讲课,共十次。去苏州市工人文化宫作讲座两次,讲《阿房宫赋》、《前赤壁赋》。

1980年(41岁)

1月,杨殿珣先生嘱其媳金雅琴来索取《古典文献资料的检索》两册,谓友人托要。去函杨殿珣先生,并寄赠江苏师院馆藏年谱目录。

同月,广州解放路浣英四姑及其外孙小文来。陪至虎丘、狮子林等处游览。

同月,参加江苏省图书馆学会。

2月13日,《白居易〈白云泉〉注绎》载于《新华日报》"古诗吟江苏"专栏,笔名苏广,稿酬5元。

同日,收杨殿珣先生函,告知所编《中国历代年谱总录》年内可出版。

2月15日,《语言趣谈》开始连载,笔名苏广。《语言的古迹》、《"走马"与"跑马"》载于《江苏青年》1980年第2期。稿酬8元。

2月28日,《宾语前置歌诀》载于《语文月刊》(广西)1980年第1,2期合刊。稿酬8元。

2月,《〈艺文类聚〉概说》载于《辞书研究》1980年第1辑。稿酬56元。

同月,去函《江苏青年》,谓《"走马"与"跑马"》编辑改稿出语病,要求更正。复函谓第3期已出,不再更正。

2月至7月,为恢复高考后第一批入学的中文系77级本科和78级专科班讲授"汉魏至南北朝文学及古代文献检索"。

3月15日,语言趣谈《从"不远千里"说起》、《也谈"春风又绿江南岸"》载于《江苏青年》1980年第3期,稿酬10元。

4月5日,《明末戏曲中的苏州织工斗争》载于《江苏戏曲》1980年第4期,稿酬20元。原题为《明末苏州织工斗争在戏曲中的反映》,编辑改题不妥,正文末句亦改得不通。

4月15日,《语言趣谈》之《看了〈屈原〉以后》、《汤的温度》载于《江苏青年》1980年第4期,稿酬6元。

初夏,堂姐础贤自香港来沪,础安姐作陪。邀我去无锡、宜兴二日游。

5月15日,《语言趣谈》之《"七十二家房客"种种》、《"相"字的两种用法》载于《江苏青年》1980年第5期,稿酬10元。

5月,完成《五十年来我国对索引的研究》,江苏省图书馆学会1980年科学讨论会论文,油印。全文分6个部分,2万字,16开,22页。另有《五四以来索引论著要目系年》草稿,未付印。

同月,《江苏师院图书馆为教学服务的生动事例》载于《江苏图书馆工作》1980年第2期。

6月15日,《语言趣谈〈之《词序变化之妙》、《闹了笑话之后》载于《江苏青年》1980年第6期,稿费10元。

7月7日,杨殿珣先生来函询问我校收藏的两种年谱的版本。

7月12日,赴宁参加高考阅卷。因精神衰弱,无法坚持,获准中途返苏州。在宁期间,遇黄月琼(时在南京化学公司二中任教)。去郁贤皓和王荣芬、邱克勤先生家。

7月15日,《语言趣谈》之《兄弟＝?》、《唐伯虎写对联》载于《江苏青年》1980年第7期,稿酬15元。

7月21日,致函陕西人民出版社王平凡、姜民生,联系《古代文学文献检索》出版一事。王、姜7月24日即回信,表示"我们很愿意纳入出版计划"。

7月26日赴宁,参加江苏省图书馆学会1980年年会暨科学讨论会。与会代表180人,收到论文149篇,推选9人在大会上宣读论文要点。我宣读《五十年来我国对索引的研究》。8月1日返苏州。

8月12日,与潘欣赴沪。去辞书出版社看望王知伊先生,买《辞海》1979年版缩印本(22.20元)。去彭浦新村看盛立民。

8月15日,《语言趣谈》之《谈谈动词》载于《江苏青年》1980年第8期,稿酬10元。连载至此结束,累计13篇。

8月,《颜容》(戏曲史料选注)载于《江苏戏曲》1980年第8期。

9月,为78级学生讲授秦汉至南北朝文学和古代文献检索,至翌年元月。

同月，《文史咨询工作百例(一)》载于《江苏图书馆工作》1980年第3期，稿酬18元。

10月15日，《索引需要提高质量》载于中华书局《古籍整理出版情况简报》1980年第6期，稿酬12元。

10月，《阿丑》(戏曲史料选注)载于《江苏戏曲》1980年第10期，稿酬5元。

11月，《新华月报·文摘版》转载《〈艺文类聚〉概说》。

同月，《文史咨询工作百例(二)》载于《江苏图书馆工作》1980年第4期，稿酬25元。

12月，《〈针线〉〈串珠〉与辞书》载于《辞书研究》1980年第4辑，稿酬30元。

下半年，以《古代文献资料的检索》为基础，夜以继日撰写书稿《古代文学文献检索》。

是年，编印《古典文学论文选讲》，教学用。

1981年（42岁）

2月24日，寄《古代文学文献检索》书稿至陕西人民出版社。

3月，《在古文教学中也要注意培养能力》一文载于中央教育科学研究所《教育研究》1981年第3期。编者加按语云："在大学文科教学中同样存在着单纯注入而忽视能力培养的问题。潘树广同志在古代文学教学中抓能力培养，这对我们文科教学是一个启发。此文原题为《古代文学教学中的能力培养问题》。"稿酬42元。

同月，《文史咨询工作百例(三)》载于《江苏图书馆工作》1981年第1期。稿酬6元。

4月，《五十年来我国对索引的研究》载《江苏省图书馆学会1980年科学讨论会论文选集》。编辑删去原文的第一、二部分。

5月3日，参加钱仲联先生主持的明清诗文研究室成立仪式。李鹤皋副院长，图书馆江村馆长，本系领导芮和师、应启后出席。77级学生马卫中等5人参加工作。钱先生宣布翌日起开展《清诗纪事》的编纂。

同月，在明清诗文研究室工作。赴沪为明清诗文研究室采购图书。指导78级学生刘百生等编《明清诗文研究论文索引(1900—1980)》，油印。

6月30日，《谈谈近年来我国的索引工作》载于《图书馆学通讯》1981年第2期。此系编辑根据江苏省图书馆学会提供的油印论文《五十年来我国对索引的研究》节选而成。发表费5元。

6月，指导学生为明清诗文研究室编《清代诗人姓名录初编》，油印，16开，203页。

7月14日，去无锡太湖疗养院疗养。入院时119市斤。疗养期十余日。疗养期间，继续制《古典文学名篇索引》卡片，每日20～50张。读7月7日《人民日报》载刘毅夫《建议高等院校开设情报学和文献检索课》，该文就科技队伍情况立论。

7月22日,起草《大学开设文献检索课确有必要,亦有可能》稿,就文科立论。7月22日,自无锡寄稿往《人民日报》,附录对学生进行能力测试的资料。7月25日,写完《"葛婴攻酂"辨》。

8月25日,《大学开设文献检索课确有必要,亦有可能》载于《人民日报》。稿酬10元。

8月,《词典学论文索引补编》载于《辞书研究》1981年第3期。

8月底至9月,陆续收到扬州江苏石油指挥部汽车修理厂王宗恒、昆明王家桥云南冶炼厂孙石青、徐州矿务局庞庄矿校孙国权、北京财贸学院办公室张一德信。都是看了报刊上的有关文章后,来信询问文献检索事。我一一复信。

9月1日,《既在各科之外,又在各科之中——谈〈辞书研究〉的一个特色》载于《人民日报》。稿酬15元。

9月11日,教材《古典文学文献检索》在本校铅印完毕,并装订好一部分。本人购54册,印刷厂以加印费优惠收款,计55.33元。此书32开,443页。封面自行设计、绘制。由教务处教材科负责内部发行,出售560余册,每册2.10元。教材科支付稿酬65.56元(按纯利的30%付酬,龚飞钰核算,江静11月2日批准)。

9月18日,收到江苏省图书馆学会寄来的《社会科学文献检索百例》校样。

9月25日,收到陕西人民出版社姜民生信,谓《古典文学文献检索》书稿拟采用。

9月至翌年元月,给79级讲授秦汉至南北朝文学、古典文学文献检索。

10月,协助钱仲联先生编辑《明清诗文研究丛刊》,筹办印刷事。无锡春远印刷厂来人洽谈。

11月,《社会科学文献检索百例》(图书馆学小丛书之四)由江苏省图书馆学会出版。铅印,大32开,146页。定价每册0.70元。稿酬120元。

12月19日,收到《社会科学文献检索百例》样书20册。

12月,郁贤皓自宁来苏,卜仲康陪同来家叙谈。赠每人《古典文学文献检索》一册。

冬,《明末苏州织工斗争在文学上的反映》载于《江苏师院学报》1981年第3期。稿酬28元。

1982年(43岁)

1月5日,去无锡春远印刷厂,联系《明清诗文研究丛刊》排印事。

1月,与潘欣赴沪过春节。美芬与郭枫年初一抵沪。31日返苏州。

2月,《辞书的使用和传播》载于《辞书研究》1982年第1期。稿酬44元。样书26日上午收到。见姓名前冠以"副教授"衔,甚气恼。27日上午到上海《辞书研究》编辑部,声明本人是讲师,要求公开更正。郑炳中(耿庸)接待。更正载于第3期。

2月28日上午9时18分,在沪乘49次特快列车赴广州参加黄遵宪研究学术交流会。

3月1日下午6时,许到广州,华南师院派人接站,暂歇财校招待所。晚,至解放路拜访四姑浣英,见到阔别30余年之表弟高彭龄。

3月2日上午,至堂姐础安家,见外甥女家敏、家慧。下午与四姑同往员村大表姐家。

3月3日,到解放路高家,见表妹鸾慧。下午与表弟彭龄逛高大街等市场。晚,与础安姐去堂兄树楠家。

3月4日晨,乘旅游车赴梅州,行程11小时,下午6时抵地委招待所。

3月5日,在梅州出席黄遵宪故居人境庐修复落成剪彩典礼。中午宴会。

3月6日至9日,参加黄遵宪研究学术交流会。王瑶等学者作学术报告。结识华南师院钟贤培、管林,中山大学张正吾,浙江社科院陈铭等。会后,取道潮州、汕头返广州。在潮州参观韩文公祠。

3月14日,返抵广州。

3月15日,晚自广州乘船至江门。

3月16日晨4时半,抵江门,摆渡至故乡潮连。到祖屋,见伯娘。上午,去狮山祭拜先祖母和二伯父墓,祭拜二叔公、二叔婆墓。去龙岭山,祭拜先父墓。中午,在堂妹础鸣家吃饭。

3月17日清晨,与亲友到巷头市新茶楼饮茶。过河至荷塘础秀姐家,与秀姐、姐夫、侄儿返潮连。中午,由伯娘安排,拜土地,拜潘门堂上历代祖先,拜门神。亲友共进午餐。下午,照相、翻拍祖父母遗像和潘本立堂门牌。去桢哥(潘君实)家,阅《潮连乡志》(铅印一厚册)、《坦边村志》(抄本两厚册)和潘氏族谱。晚饭后辞行,伯娘给利是一封,拜天神、祖先。去江门,9时乘船返广州。

3月21日,自广州返沪,在沪两日。24日返苏州。

3月,外语系曹国权转告,北大朱天俊先生索《古典文学文献检索》。当月寄出。

同月,《谈各种人名辞典的使用》载于中国人民大学《资料工作通讯》1982年第1期。稿酬64元。

同月,《戏剧文献答问(一)》载于《江苏戏剧》1982年第1期。稿酬30元。

3月至7月,为钱仲联先生的硕士生朱则杰、刘诚、马亚中、赵杏根讲授明清文献。

4月15日,《钱仲联教授的〈人境庐诗草笺注〉在黄遵宪故居展出》载于江苏师院校刊。

4月,《"葛婴攻鄻"辨》载于上海辞书出版社《辞海通讯》1982年第2期。稿酬5元。此文指出《辞海》1979年版的一个错误。编者按语云:"潘树广同志的意见是正确的,再版时将修改。"

同月,与尤振中等去无锡春远印刷厂,校对《明清诗文研究丛刊》第 1 辑。

同月,历史系程德祺转告,中华书局《文史知识》编辑部杨牧之希望我为该刊写稿。

5 月,《清代诗文别集目录述略》及学术动态两则载于《明清诗文研究丛刊》第 1 辑。稿酬 37 元。

6 月,复旦大学王运熙、顾易生两教授来我系主持陈少松、王英志的硕士论文答辩。陪同参观样本书库。钱仲联先生请中文系赠两教授《古典文学文献检索》(本校印)。

同月,陕西人民出版社杨启伦带来姜民生信,谓《古典文学文献检索》已列入今年重点书发稿计划。

同月,《索引话旧》载于《读书》1982 年 6 期。此文原题《现代索引小史》,约6 000字,去年 4 月寄该刊王焱。被节选为 3 000 字,改为今题。稿酬 32 元。

同月,中国大百科全书出版社上海分社葛永庆首次来信,谓从《图书馆学通讯》和《读书》中读到我有关索引的文章,望介绍有关索引的资料,并为《年鉴通讯》写稿。

同月,《戏剧文献答问(二)》载于《江苏戏剧》1982 年第 6 期,稿酬 26 元。印刷错误达 21 处,去函要求更正。

同月,赴沪。大哥斌献来苏州。

7 月,杨殿珣先生来函,为钱仲联先生发表的《文廷式著作表》补充资料四则。

同月,中华书局《文史知识》编辑部杨牧之来函,约写评介《历代职官表》之文。

8 月 6 日,与潘欣赴沪。去古籍出版社看王海根,去辞书出版社看王知伊先生。葛永庆来访。13 日返苏州。

8 月 23 日,郁贤皓来我家。

8 月 26 日,致函王运熙先生,请其为《古典文学文献检索》作序。

8 月,江苏省图书馆学会向全省会员征集论文,共得 190 篇。经评审,选出 3 篇向全国学会推荐。《论文科检索能力的培养》入选。

9 月 5 日,收到王运熙先生复函,同意为《古典文学文献检索》作序(序言于 10月寄达苏州)。

9 月下旬,陕西人民出版社郭文镐来苏州,对《古典文学文献检索》进行编辑加工。研究认为,书名改为《古典文学文献及其检索》更切合该书内容。

9 月,给中文系 80 级讲授“古典文学文献检索”,至翌年 1 月。同月,《〈年鉴〉的人物资料》载于中国大百科全书出版社《年鉴通讯》1982 年第 3 期。

同月,与毕于洁关于《二十四史同姓名录》的通信载于中国人民大学《资料工作通讯》1982 年第 3 期。

10 月 21 日,《古典文学文献及其检索》编辑加工完毕。下午,与郭文镐在十梓街邮局将书稿寄往陕西人民出版社。

10月24日,赴沪。26日,去葛永庆家。27日,自上海乘车至昆明,硬卧票价49.40元。

10月29日至11月2日,在昆明参加中国图书馆学会第三次科学讨论会,提交论文《论文科检索能力的培养》。与顾廷龙、彭斐章、朱天俊、谢灼华等学者首次见面。书目文献出版社副总编韩承铎先生找我谈《古籍索引概论》书稿事。

11月3日,从昆明乘机返沪。第二军医大学叶铭同机。5日去葛永庆家。6日去王运熙先生家。

11月7日,返苏州,正逢《明清诗文研究丛刊》第2辑校样到。

11月12日,北京毕于洁来访。

11月中下旬,为苏州大学承办的江苏省高校图书馆业务干部进修班讲授文史哲工具书,计6个上午,20余课时。葛永庆来听课并讲课。与他研究修改《社会科学文献检索百例》并由知识出版社公开出版事。

11月,《〈历代职官表〉与官制史料》载于中华书局《文史知识》1982年第11期,稿酬49元。

同月,《中国古代专科辞书漫话》载于《辞书研究》1982年第6期,稿酬48元。

12月2日,中国人民大学《资料工作通讯》编辑部孙黎明来访。

12月6日,赴常熟参加江苏省图书馆学会第三次科学讨论会。中午,去城郊探望王丹鹤夫妇。潘欣幼时,托丹鹤之妻照看。赠丹鹤之妻、女(彩英)绒线。晚,与孙珩、张意馨去周方、蔡钰芳家。

12月7日,江苏省图书馆学会第三次科学讨论会开幕,顾廷龙、邱克勤等前辈与会。致函王运熙先生,谈撰写古典文学研究方法导论之设想。会议10日结束,因课务在身,提前在9日返苏州。

12月12日,接葛永庆信,得知《社会科学文献检索百例》拟于翌年一季度发稿。

12月18日,接书目文献出版社公函,谓基本同意《古籍索引概论》写作计划。

12月21日,接钱亚新先生函,建议我写《新索引学》。收王运熙先生寄赠《怎样学好大学文科——专家学者谈治学经验》,并附信,支持撰写"方法导论"之设想,认为这将是"别开生面之作"。

12月31日,致函钱亚新先生贺年,附《古籍索引概论》目录征求意见。

12月,《清人诗文集未刊稿本抄本知见目(选目之一)》载于《明清诗文研究丛刊》第2辑。此系钱仲联先生倡议编撰,我负责资料搜集与编辑。参加资料搜集者有何振球、马亚中、马卫中。以明清诗文研究室名义发表。稿酬32元,我与振球、亚中、卫中各取5元,余12元上缴研究室。

同月,《论文科检索能力的培养》载于《江苏省图书馆工作》1982年第4期,后收入《江苏省图书馆学会第三次科学讨论会论文选集》(江苏省图书馆学会1983年10月印)。

同月,向江苏省图书馆学会购《社会科学文献检索百例》7 册,每册 0.70 元,邮费 0.10 元,共 5 元。

冬,受钱仲联先生委托,与沈桂英、夏淡人两师傅联系,油印与装订《梦苕庵诗存》,翌年 6 月完成。

是年,江苏师范学院更名为苏州大学。

1983 年（44 岁）

1 月 3 日,收钱亚新先生信,谓"大札是我生平收到最有意义的贺年信"。对《古籍索引概论》目录提出修改意见。

1 月 19 日,收北京大学图书馆学系学生徐雁信,索《社会科学文献检索百例》。23 日复信并寄《百例》一册。

1 月,《蔡元培的辞书学理论与实践》载于《辞书研究》1983 年第 1 期,稿酬 43 元。

2 月 24 日,致函北大朱天俊先生,请其为《书海求知》作序,并告知黄镇伟即日启程至北大图书馆学系进修。

2 月 5 日至 8 日,在沪。中下旬再次赴沪,交《书海求知》书稿。

2 月下旬,唐健来苏州。

3 月,开始为《清诗纪事》写卡片。

3 月 4 日,大哥大嫂来苏州,逗留两日。

3 月 5 日,《张衡的才与德》载于《光明日报》。稿酬 8 元。

3 月 8 日,收《光明日报》张又君先生信及样报两张。

3 月 11 日,耿庸先生来函,约写长篇论文,供辞书研究丛书采择。

3 月 30 日,葛永庆自沪来苏州,共商《书海求知》定稿并编书后索引。4 月 5 日结束。其间收到朱天俊先生寄来序言。葛永庆带走王运熙先生为《古典文学文献及其检索》所作的序,拟交《文汇报》。

3 月,获学校颁发的"五讲四美"积极分子奖状。

同月,《加强基础工作,深入理论研究》载于《江苏图书馆工作》1983 年第 1 期。稿酬 3 元。

4 月 25 日,《文汇报》夏树材寄来王运熙先生序言的清样,附信。

5 月 9 日,王运熙先生为《古典文学文献及其检索》所作序载于《文汇报》,题为《文献学是一门重要的必修学科》。

5 月,《辞书标引文献的功能》载于《辞书研究》1983 年第 3 期。

6 月 4 日,收葛永庆信,告知《书海求知》已于 6 月 1 日发稿。收尚丁信,约我为上海辞书学会讲课。

6 月 18 日,赴沪。19 日,参加母校格致中学 110 周年校庆活动。20 日返苏州。

6 月 27 日,张正吾、管林、陈铭来苏州。28 日陪三位游园林。

6月,《谈〈镜花缘〉》载于《中国古代通俗小说阅读提示》(江苏人民出版社1983年6月版)。该稿系吴汝煜约写。稿酬54元。

3月至7月,给钱仲联先生的博士生裴世俊、赵永纪讲授清诗文献。

7月23日,黄镇伟陪徐雁来访。

8月3日,陕西省国营五二三厂郭贵善来信,告知《古典文学文献及其检索》已打出清样。

8月5日,赴沪,为撰写《古籍索引概论》查核资料。13日返苏州,带回彩电一台。该机委托五兄7月4日购于上海华侨商店,松下14寸,1 050元,侨汇券80张。

8月19日,收陕西人民出版社寄来《古典文学文献及其检索》清样。9月13日校毕寄还。

8月,为本校图书馆部分工作人员讲授目录学概论数次,6人参加考查。

9月20日,收上海知识出版社寄来《书海求知》清样。10月1日校毕,2日送葛永庆家。

9月25日,《古籍索引概论》正文完成,寄钱亚新先生审阅并作序。

9月28日,系领导告知,钱仲联先生不同意我赴沪为上海辞书学会作学术报告。钱事先未与我打招呼,便以潘工作繁忙、无法分身为由,请中文系9月23日发函至上海谢绝。

9月,给中文系81级讲授古典文学文献检索,至翌年元月。

10月2日,赴沪,刘诚为我买好去北京的车票。

10月3日,下午乘13次列车赴京。车上遇第二军医大学叶铭和中央电视台主持人宋世雄。

10月4日至10日,在北京大学勺园参加教育部全国图书馆工作委员会召开的"文献检索与利用"课专题研讨会。庄守经、肖自力主持。主持人说,教育部领导召开这样的专题研讨会是第一次。会上交流经验,讨论修改图工委起草的关于在高校开设文献检索课的文件(翌年春,该文件由高教司颁发)。秘书处嘱我在全体会议上发言,介绍6年来讲授文献检索课的情况、体会。与肖自力、刘凤泰研究翌年上半年在我校举办首届社会科学文献检索师资培训班之事。

10月10日,去书目文献出版社,杨扬接待。韩承铎外出开会,未遇。

10月12日,离京返苏州。

10月15日,赴沪,探望母亲。母亲中风,偏瘫、失语,住入上海仁济医院(第三人民医院)。

10月16日,致函江苏省图书馆学会,祝贺汪长炳、钱亚新二老80寿辰暨从事图书馆工作60周年。

10月25日,郭文镐与姜民生来苏州,28日离苏。

10月29日,赴沪,去医院照料母亲,11月7日返苏州。

11 月 23 日,赴沪。树富弟已于 22 日深夜赶到上海。

11 月 24 日,母亲不幸于 14 时 11 分逝世,享年 73 岁。

11 月 27 日下午 1 时,为母亲开追悼会。

12 月 3 日,自沪返苏州。

12 月 12 日,收到郭文镐寄来《古典文学文献及其检索》二校样。

12 月 17 日,全国清诗讨论会在苏州饭店召开。与钟贤培至松鹤楼小叙。钟诚意邀我至华南师大工作,谓该校正缺文献学教师。若调去,住房、职称问题均可解决。

12 月 12 日,《高校文献检索课研讨会散记》载于《苏州大学校刊》。稿酬 3 元。

12 月,《六年来讲授文献检索课的回顾》载于全国高校图工委《大学图书馆通讯》1983 年第 10 期。稿酬 36 元。

12 月,离开明清诗文研究室,回古代文学教研室。系领导嘱我除上课外,兼任中文系资料室副主任。我力辞副主任之职,表示可协助资料室工作,但不接手钥匙与账目。自此,大体每天在资料室坐班半天。鼓励资料室成员在做好基础工作的前提下,编资料,搞科研,写论文,出成果。陈一明亦兼管资料室。

12 月,教育部全国高校图工委发函苏州大学,委托举办全国高校首届文献检索师资培训班,指定南京师大赵国璋、北京大学朱天俊、苏州大学潘树广负责教学工作。

1984 年(45 岁)

1 月 3 日,《古籍索引概论》誊清,300 格稿纸 390 页,寄书目给文献出版社。

1 月 12 日,与赵国璋、朱天俊、王长恭在苏州大学召开全国高校首届文献检索师训班筹备会,15 日结束。

1 月,《书海求知——文科文献检索方法释例》由知识出版社出版。13.3 万字。初版 3 万册。样书 3 月 28 日见到。稿酬通知单 4 月 28 日收到。基本稿酬 906.50元,印数稿酬 81.59 元,共 988.09 元。缴个人所得税 37.62 元,实得 958.47 元。每册定价 0.63 元。

同月,编制《中文系教师文献资料需求意见表》,印发给教师。

2 月 4 日(大年初四),晚,腹剧痛,外语系教师陆升、包济平送我至苏州第一人民医院,诊断为急性阑尾炎、穿孔,立即手术。13 日出院。因手术不善,创口红肿。18 日急诊排脓。创口 4 个月不愈合,三天两头由黄恒炳踩“黄鱼车”送去医院换药。

2 月,与中文系资料室同仁编印的油印刊物《教研信息》创刊。每期 6 ~ 7 张蜡纸。至 1987 年 11 月,已出到 34 期。

3 月下旬,书目文献出版社韩承铎先生来苏参加“中图法”华东片会议。前往拜访,问《古籍索引概论》事,得知责任编辑为刘卓英。

3月28日,全国高校首届社会科学文献检索师资培训班在苏州大学开学。学员37人,来自20个省市自治区的36所高校。我因刀口未愈,坐着讲课。5月8日结业。

4月,《古典文学文献及其检索》由陕西人民出版社出版。37.33万字。平装印数6 200册,定价2.60元;精装印数3 900册,定价3.10元。样书8月收到。稿酬8月30日收到。应得3 077元,800元以上部分抽20%个人所得税(455.4元),实得2 621.67元。

4月,托五兄在沪购得宫灯牌袖珍收录机,139元。用以学日语。

5月5日,上海《书讯报》报道《书海求知》出版消息。

5月25日,《光明日报》报道《书海求知》出版消息。

5月,安徽省高校图工委来函,邀我为该省举办的文献检索师资培训班上课。我寄上讲课计划。(后因二次开刀,未能成行)

同月,刘卓英寄还《古籍索引概论》书稿,供我编书后索引,并对正文做些修改加工。6月8日改毕,11日寄去。300格稿纸430页。

6月3日,《解放日报》报道《书海求知》出版。

6月13日,再次住院。18日由胡振雄医师主刀,切除腹壁窦道。27日出院。

6月17日,接陕西五二三厂郭贵善信,得知《古典文学文献及其检索》印毕。

6月27日,收到顾廷龙先生为《古籍索引概论》封面题字,并信。

6月30日,《人民日报》报道《书海求知》出版消息。

6月,正式向本校组织部负责人郑薇青提出调往华南师大。

7月11日,收陕西五二三厂郭贵善寄来两册赶装出来的《古典文学文献及其检索》。暂用深绿漆布精装,无扉页。

7月,郑薇青告知中文系主任范伯群不肯放我去华南师大。

8月3日,收到陕西人民出版社寄来《古典文学文献及其检索》平装样书10册。20日收到精装样书8册。

8月28日,《光明日报》报道《古典文学文献及其检索》出版消息,指出此书三个特点。

9月10日,收韩承铎先生信,知《古籍索引概论》已发排。

9月20日,见《社科新书目》116期刊出《古籍索引概论》征订通知。

9月,改编合唱曲,指挥师生大合唱,国庆演出。

10月8日,致函钟贤培,寄去要求调往华南师大的报告。

10月29日,北京大学白化文先生与中华书局王瑞来来访。

10月31日,应邀至上海书店,研究编纂《〈申报〉索引》事。经理俞子林、出版科长刘华庭接待。

10月,华南师大向苏州大学发出商调潘树广的函件。

10月至12月,给中文系82级讲授语言文学文献检索。

11 月 5 日,向范伯群递交要求调往华南师大的报告。

11 月 8 日,去人事处与杨明谈话,要求调动。

11 月 9 日,与人事处长刘有儒谈话,要求调动。袁沧洲到我家,说系里研究过,不同意我调离。

12 月 4 日,见中文系收到的教育部(84)教文材办字 029 通知及其附件——《高等学校中文专业教材编选计划(1984—1990)(征求意见稿)》,计划中将我的《古典文学文献检索》列入计划。

12 月 19 日,郭贵善托胡海峰(从陕西五二三厂调来苏州印刷厂)带来唐三彩及书三册。

1985 年(46 岁)

1 月 6 日,为编《〈申报〉索引》事,赴沪参加上海书店召开的会议。9 日返苏州。

1 月 14 日,香港《大公报》发表张国瀛评介《古典文学文献及其检索》之文。

1 月 15 日,赴宁,与赵国璋、朱天俊、王长恭研究《社会科学文献检索》的编写问题。与朱天俊、王长恭拜访钱亚新先生。在南京师大图书馆看书。拜访王荣芬先生、郁贤皓、李锁华。赵先生与我商议编写《文献学辞典》事。

1 月,张小影《一部学习中国古典文学的入门书——〈古典文学文献及其检索〉出版》载于中国人民大学《资料工作通讯》1985 年第 1 期。

同月,《文献检索与辞书事业》载于《辞书研究》1985 年 1 期。稿酬 38 元。

1 月至 2 月,编写《语言文学文献检索纲要》,油印,16 开,52 页,供中文系二、三年级用。

2 月 5 日,香港《大公报》马国权先生首次来信。

2 月 16 日,下午去公园会堂参加授奖大会。《古典文学文献及其检索》获江苏省哲学社会科学优秀成果三等奖。

2 月 26 日,收吴功正信,约写古代散文书目。

2 月,《分两段开设文献检索课的尝试》载于《文教资料简报》1985 年第 2 期。稿酬 18 元。

同月,《博览群书》1985 年第 2 期发表舒林《〈书海求知——文科文献检索方法释例〉简介》。

2 月,校方同意将六宅头 5 号楼上 14 平方米的房间划归我使用。至此,住房方从一间扩为两间,有了书房。

3 月 4 日,《辞书学的绚丽园地——介绍〈辞书研究〉》载于香港《大公报》。稿酬:人民币 19.97 元,有侨汇券。

同日,收到刘卓英寄来《古籍索引概论》二校样。11 日校毕寄还。

3 月 6 日,范伯群在全系教师会上宣布:陈一明任中文系办公室主任,黄镇伟为资料室负责人,潘树广是顾问性质,参加领导资料室。

3 月 11 日,收到上海知识出版社汇来《书海求知》重印稿酬 35.28 元。重印 5 000 册(30 001—35 000)。

3 月 18 日,与内弟诸滋源乘便车赴沪取 104 立升松下冰箱。系托五兄在上海华侨商店购得。920 元(含商店代办费 20 元),侨汇券 150 张,上海运费 6 元。

3 月 22 日,教育部刘凤泰来校,叙谈。

3 月 22 日,收葛永庆信,得知《书海求知·续编》选题计划获知识出版社批准。

3 月 27 日,上海书店刘华庭来访,邀我任《〈申报〉索引》编委,婉言谢绝。

3 月,《世界图书》1985 年第 3 期发表朱建亮等《几部有关中文文科工具书的专著述评》,其中详介《书海求知》。

3 月至 7 月,给中文系 82 级讲授古典文学文献(选修)。给 83 级 3 班(宣传文化班)讲授语言文学文献。

4 月 11 日,收美国耶鲁大学东亚图书馆函,谓国际书店的《书海求知》已脱销,欲以台湾版《中文工具书指引》交换。12 日寄去《书海求知》。

4 月 12 日,收日本大学青山宏教授寄来《〈花间集〉索引》,附信。

4 月 16 日,《散文艺术的可贵探索——读〈散文天地〉》载于香港《大公报》,笔名欣然。稿酬 23.58 元,有侨汇券。

4 月 16 日,寄日本竹治贞夫博士《古典文学文献及其检索》。

4 月 28 日,赵国璋先生自宁来,共拟《文献学辞典》编写计划及凡例。

5 月 11 日,收日本竹治贞夫博士信,谓《古典文学文献及其检索》"规模雄伟,解说详悉"。

5 月,复旦大学顾易生先生来苏州大学参加清诗会议,来舍间叙谈。

6 月 3 日,《郁达夫研究的新突破——谈〈郁达夫评传〉》载于香港《大公报》,笔名欣然。稿酬 26.78 元,有侨汇券。

6 月 4 日,乘车赴青岛,车票 35.30 元。参加全国高校文献检索课教学研讨和工作会议。此会由全国高校图工委与中国科技情报学会联合召开,6 日至 11 日举行。正式代表 55 人,列席代表数十人。提交论文《文科文献检索教材的更新问题》,并大会发言。送自编教材三种参展。12 日乘船返上海,船票 19.30 元。

6 月 14 日,与葛永庆在中国大百科全书出版社上海分社听辞书学讲座。杨祖希、尚丁两位先生约我为上海辞书学会作关于文献学与辞书学的学术报告。

6 月 16 日,乘旅游汽车返苏。写会议简况交系,收入系编《学术信息》第 2 期。首次接出版局方厚枢先生来信,寄赠《中国出版年鉴》、《出版通讯》。

6 月,《试论标引型清代人名辞典的编纂》载于《词典和词典编纂的学问》(《辞书研究丛书》,上海辞书出版社,1985 年)。稿酬 332 元。

同月,《古籍索引概论》由书目文献出版社出版,17.6 万字,印数 1.53 万册,定价 1.10 元。样书 9 月 30 日收到。稿酬 11 月 26 日收到。稿酬应得 1621.80 元,扣除个人所得税 164.36 元,实得 1457.44 元。作者可按七五折购书 100 册。

7 月 2 日,陕西人民出版社姜民生来,嘱我陪同拜访钱仲联先生。

7 月 8 日,收五兄信,得知侄儿维周大学毕业留在上海科技大学工作。

7 月中旬,侄女潘美卿、外甥女吴家敏自广州到沪,维周陪同来苏州,24 日返沪。

7 月 30 日,日本大学青山宏教授来访,与范建明接站。当晚宴请,范伯群陪同。31 日,陪青山游虎丘、寒山寺、西园。8 月 1 日,游宝带桥、碑刻博物馆、古旧书店、拙政园、北寺塔。

8 月 2 日,《人民政协报》刊出《古籍索引概论》出版预告。

8 月 8 日,去虹桥机场乘机至桂林讲学。广西师范大学举办社会科学文献检索暑期讲习班,刘梓森主持。与复旦沈宝顺居一室。湖南师范大学毛巧玲亦往讲课。该班 8 月 1 日开学,25 日结业。学员 53 人,来自 18 省高校(《文教资料》1985 年第 6 期有报道)。8 月 23 日乘机返上海,24 日返苏州。

8 月 25 日,《读〈编辑记者一百人〉》载于香港《大公报》。稿酬 26.52 元,有侨汇券。

8 月 25 日,收日本衣川强教授寄来《宋元学案人名字号别名索引》。

9 月 8 日,《书海求知·续编》开始动笔。宜兴川埠 83016 部队张万夫师长来访。张对古代兵法感兴趣,有书稿在陕西人民出版社。

9 月 20 日,徐雁来访,告知《社会科学文献检索》已列入国家教委教材编选计划。

9 月 27 日,收日本青山宏教授寄来《孟浩然诗索引》。

9 月 30 日,上午去人民商场为潘欣买卡西欧电子琴。收到刘卓英寄来《古籍索引概论》样书 20 册。

9 月,《文科文献检索教材的更新问题》载于《大学图书馆通讯》1985 年第 5 期,稿酬 32 元。

同月,《近代文学文献工作琐议》载于《中国近代文学研究》第 2 辑(广东人民出版社 1985 年 9 月版)。稿酬 103.03 元。

9 月,上两门课:给钱仲联先生的硕士生严明、沈宁生,吴企明的硕士生罗时进、邓红梅讲授文献学;给中文系 83 级讲授语言文学文献。至翌年 1 月。

10 月 2 日,系主任范伯群与我谈话,拟将我破格申报正教授。(大学职称评定冻结两年多后开始解冻。)

10 月 2 日,日本京都大学清水茂教授寄赠《中国目录学》复印件,并信。收到日本早稻田大学古屋昭弘讲师寄赠《李商隐诗索引》、《中国文学语学文献案内》。

10 月 12 日,收到日本青山宏教授寄赠《日本中国学会报》中"学界展望"复印件。

10 月 16 日,系办公室同志告知,复旦大学王运熙、章培恒两教授审阅我的著作后,同意我破格提升为正教授。范培松与我及曹林娣谈成立文献教研室(或研究室)事。

10月29日,收到日本衣川强教授寄来《宋代文官俸给制度》中译本(台湾商务印书馆"人人文库"之一)。

11月5日,日本东京学艺大学松冈荣志副教授来访。设家宴,邀日本华侨李惠然夫妇同来。松冈已将《书海求知》译为日文。

11月19日,收到国家教委高校文科教材办公室寄来《高等学校中文类专业教材编选计划(1985—1990)》、《高等学校图书、情报学类专业教材编选计划(1985—1990)》,《古典文学文献检索》和《社会科学文献检索》正式列入该计划。

11月21日,赴沪。下午2时在巨鹿路上海作家协会礼堂作《文献学与辞书学》学术报告。杨祖希先生主持,尚丁先生出席。吕生荣、葛民,首届社科文献师训班学员沈宝顺、王惠芳等来听讲。侄儿维周同去。

11月22日上午,陪五兄去二军大,通过叶铭介绍门诊,与金大夫联系做CT检查。下午,与五兄去他的研究所,然后去医院探望刘柏贤。柏贤在武汉工伤断指,来沪手术。24日乘汽车返苏州。

11月29日,收到中国中日关系史研究会批准我为会员的通知。

11月,《书海何处觅人物——谈人物资料在文献中的分布》载于《情报资料工作》1985年第6期。稿酬45元。此文原题为《人物资料在文献中的分布》,编辑改为今题。

12月1日,先母逝世两周年,家祭。

同日,收葛永庆信,告知《书海求知·续编》翌年二季度发稿。

12月2日,《开明人,开明风——读〈我与开明〉》载于香港《大公报》。稿酬26.45元。同版发表葛永庆的《〈古籍索引概论〉推介》。

12月22日,收到国家教委高校文科教材办公室寄来《高等学校档案学专业教材编选计划(1985—1990)》,《社会科学文献检索》亦列入该计划。

12月26日,近午,复旦王运熙先生来。

12月28日,《无锡日报》发表汤振海的《手执金钥匙的人——访〈书海求知〉的作者潘树广》。

12月,《国外中国学家介绍:竹治贞夫(附著作目录)》载于《文教资料》1985年第6期。

是年,《中国百科年鉴(1985)》有"全国高校首届社会科学文献检索师资培训班"专条,报道1984年3月28日至5月8日在苏州大学办的班。此条原始资料由我提供,发表时署名"尤宜"(友谊的谐音)。稿酬16元。正式列入计划。

1986年 (47岁)

1月3日,当选为苏州市图书馆学会第二届理事会理事。

1月9日下午,参加职称外语考试。选考日语。

1月14日,收到日本松冈荣志信,附东京凯风社预告《书海求知》日译本将出版的广告。

1月中旬,得知日语职称考试成绩评定为良好。

1月30日,去第一人民医院,请潘行元医师拔牙。

2月3日,《苏州报》发表汤振海(笔名海漾)撰《学海求知有快艇》,介绍《书海求知》及日译本事。

2月6日,《书海求知·续编》完稿,寄托葛永庆。300格稿纸,序及目录15页,正文430页,书后索引待编。

2月9日(大年初一)下午,诸清芬等亲戚来。大年初二下午,去拙政园拍照。

2月11日(大年初三)下午,胡龙才医师来。初六晚,与美芬、潘欣回访。

2月20日,尤振中陪南京师大金启华、扬州师院李廷先两先生来访。21日晚请金、李、尤来家便宴。

2月,为编撰《编辑工艺——文献加工与传播》作材料准备,并写好章目。

同月,暑期语言文学文献班招生筹备工作开始。3月6日发招生通知407份。

同月,作为82级"古典文学文献"选修课的实习项目,组织顾海平、张曦等学生编写《古典文学研究书目》。(后未能成书)

3月1日上午,范伯群来,告知破格提升正教授事未成功。先评副教授,两三年后再评正。下午党委书记江村来劝慰。

3月4日傍晚,李惠然陪日本富山大学副教授气泽保规来访。

3月5日下午,参加原中文系党总支书记李荫生同志追悼会。

3月13日,日本早稻田大学中文系三年级学生鳟泽彰夫(古屋昭弘的学生)来访。15日上午,听我给83(3)班上古典文学文献课。15日晚,俀维周来。16日,与维周陪鳟泽游碑林、沧浪亭等地。

3月24日,陈少松夫妇来告辞。陈攻读硕士毕业后,留明清诗文研究室工作,爱人亦调来。因遇颇多不快事,要求调离。

3月31日,去苏州图书馆为武汉大学苏州函授站讲课。与黄镇伟、戴庆钰轮流讲数次。

3月,《年鉴的多功能性》载于《年鉴通讯》1986年第1期。稿酬24元。

同月,《积累资料的意义与若干方法》载于《江苏图书馆学报》1986年第1期,稿酬43元。

同月,开始编译《中国文学语言学文献指南》。与黄镇伟合作。

3月至7月,上两门课:给83级学生讲授古典文学文献,选修;给84级学生讲授语言文学文献。

4月9日,江西教育出版社赵子循来。10日开会,研究《文献学辞典》事。

4月13日,赴沪。14日,乘波音737飞成都(4522航班)。误点,晚8时半才起飞。11 时 5 分抵成都,住一晚 2.50 元。(苏州至上海火车票 2.70 元;上海至成都机票 152 元。)

4 月 13 日晨到西南财经大学,为全国财经院校经济文献检索课教学研讨班讲课。该班 3 月 31 日至 5 月 10 日举办,学员 40 余人。董建民、吴忠耘具体操办。

讲课之余,拜访刘开扬先生,参观四川大学(见卿三祥),游草堂、武侯祠。20 日,庄守经、肖自力来西南财经大学。肖与我谈文献课教材事至深夜。

4 月 21 日下午 3 时 8 分,乘 238 次车赴西安。

4 月 22 日上午 9 时 17 分,到西安,郭文镐接站。住莲湖饭店。中午,陈华昌副总编与姜民生、郭文镐在钟楼饭店宴请。在西安 4 日,郭陪我游碑林、骊山、秦陵、兵马俑、半坡村、华清池,郭、姜与我骑车游小雁塔、大雁塔、乐游原、青龙寺空海纪念堂。25 日午,王平凡、姜民生、郭文镐在钟楼饭店宴请。去设计科拜访装帧艺术家王艺光,得封面若干。25 日傍晚乘车离西安。26 日晚 9 时 11 分返抵苏州。

4 月,评定为副教授。

同月,《论文科检索能力的培养》摘要载于《中国图书馆学会第三次科学讨论会论文摘要》(书目文献出版社出版)。

5 月 6 日,给中文系 85 级作学术讲座,题目为:大学生的情报意识与检索能力培养问题。13 日,继续讲。

5 月 9 日,葛永庆夫妇来,11 日返沪。

5 月 12 日,《打开经济宝库的钥匙——评〈经济文献检索与利用〉》载于香港《大公报》。稿酬 22.48 元。

5 月 22 日,王知伊先生之子王有朋来访,告知其父来苏,住饮马桥金狮巷(王知伊之姐家)。23 日前往拜访。王先生希望我去新建的宁波大学任系副主任,说老友裘克安主持该大学,正需要人才。

5 月,受范广勋、张里里夫妇之托,为其女找家庭教师。经外语系介绍,找梁丽英担任。每小时 1.50 元,每月 40 元。

6 月 1 日,陕西人民出版社郭文镐、姜民生来访。2 日 10 时,请郭、姜与黄镇伟来家吃饭。12 时 30 分,我乘车至车站,赴宁开会。

6 月 2 日下午,至宁,参加全国高校文献课教材编写研讨会。住南京医学院招待所,与华东师大罗友松先生居一室。各地代表 40 余人。2 日晚,参加肖自力召开的领导小组(由小组长组成)会议,与会者有谢天吉、葛冠雄、江乃武、吴观国、陈光祚等。3 日开幕式,7 日结束。在宁期间,拜访赵国璋、郁贤皓。8 日返苏。

6 月 10 日,收到日本竹治贞夫寄赠《中国文学之比较文学的研究》。

6 月 21 日,复旦大学中文系王运熙、徐鹏、陈允吉等 8 位先生来苏与我系各教研室主任和部分教师座谈。

6 月 30 日至 7 月 7 日,受国家教委文科教材办公室委托,赵国璋、朱天俊、潘树广主编的《社会科学文献检索》教材审稿会在苏州大学举行。徐雁主其事。参会代表：王运熙、来新夏、朱强（全国高校图工委）、孙黎明、梁林德（中国人民大学）、涂宗涛（天津社科院）、葛永庆、张君炎、詹德优、朱一清（安徽大学）、倪波、陆振岳，北京大学出版社责任编辑胡双宝，教材编者赵国璋、潘树广、王长恭、华人德（朱天俊因故未能到会）。唐锡伦、赵明负责会务。

7月11日，收到日本早稻田大学松浦友久寄赠《中国诗歌原论》。

7月14日，《中国文学语言学文献指南》编译完毕，寄陕西人民出版社。300格稿纸470页。

7月18日，设便宴迎接赵国璋、朱天俊、王长恭来苏参加《社会科学文献检索》改稿定稿会，并为徐雁饯行。改稿会议数日，会后又改稿数日，甚艰苦。

7月25日至8月15日，举办语言文学文献培训班。学员95人，来自27个省市自治区近80所大专院校及科研、出版单位。结业证书印有肖自力、王运熙、赵国璋、朱天俊题词。贾植芳先生出席结业典礼并讲话，发结业证。黄镇伟为该班写详细报道《文献检索课的新尝试》，发表于《大学图书馆通讯》1987年第3期，编者按语指出该班四个特点。

7月，《〈经济文献检索与利用〉评介》载于《情报资料工作》1986年第4期，稿酬13元。

8月23日，中午赴宁，与赵国璋、王长恭谈《文献学辞典》等事。24日自宁赴京。

8月25日，去北京大学勺园报到，参加文献检索课系列教材编审委员会第一次会议暨成立会议。会议26日至28日举行。编审委员会由9人组成：肖自力（主任委员）、江乃武（常务）、朱天俊、来新夏、吴观国、陈光祚、谢天吉、葛冠雄、潘树广。除来新夏委托钟守真出席外，其余编委均出席。全国高校图工委李晓明、罗丽，武汉大学出版社肖作铭出席会议，庄守经看望了与会者。会议确定由我联系师专文科分册、经济分册，主编语言文学分册。会议期间，应北京大学学海社罗平之邀，参加学海社座谈会，并题词：

洞视八极　有师承而无门户之见
博采众长　有胆识而无浮华之风

8月29日，徐雁陪同，去国家教委见刘凤泰、田敬诚。去中国人民大学书报资料中心见孙黎明、王燕华、吴尚宇。去国家出版局见方厚枢。去中国人民大学见任双燕。

8月30日至9月1日，在北大图书馆看书。去何冠义家。

9月2日下午，乘车离京返苏。

9月12日，苏州大学校刊报道《19位教授副教授增补为硕士生导师》，我指导的专业为中国古代文学。

9月15日，得知省教委批给《古典文学研究导论》科研资助款1 000元。

9月16日下午，参加市侨联组织的游园活动。

9月21日,参加我校侨联组织的活动——游览吴江同里退思园。

9月22日,收到徐雁寄来国家教委高校文科教材办公室《情况反映》第37期,上面有报道《社会科学文献检索》审稿会在苏州大学召开一事。

9月26日晚,参加中文系办"金秋晚会",演出个人节目。

9月27日,完成《编辑工艺——文献加工与传播》,送誊印社打印。

9月至翌年1月,先后上三门课:给中文系84(3)班讲授语言文学文献;给86(4)班(劳改干部班)讲授编报学;给83(3)班讲授编辑工艺。

10月2日,二姐础馨来苏,住数日。

10月8日上午,交范伯群关于我系上计算机项目的材料。下午全系教师会上,范谈及成立文献研究室的打算。招标,号召青年教师学电脑。9日,得知陈汉英报名学电脑,系里拟再派戴庆钰去学。

10月11日,国家教委高教一司科研处陈尚志来校召开座谈会,校方嘱我汇报与钱培德协作搞计算机项目一事。我谈了要改变科研"四分家"(文理分家、古今分家、中外分家、理论与实践分家)现状,提出研制明清笔记文学资料库、古典文学研究方法论信息库的设想。

10月17日,去研究生办公室取招生目录,我计划招文学文献学方向硕士生三名。

10月20日,《〈唐宋词风格论〉推介》载于香港《大公报》。稿酬28.54元。

10月21日,应钟贤培之约,开始为《古代诗词知识辞典》近代部分撰写词条。同日,徐雁来苏参加档案会议。

10月25日,收国家教委全国高校图工委寄来聘书,聘为"文献检索与利用"课系列教材编审委员会委员。

10月27日,上海人民出版社《书林》杂志王善初、龚维才来访,王约我写有关读书治学体会的文章。

10月28日,《编辑工艺》装订好第一本。打印112页,铅印附录14页。

10月31日,参加教工排球赛,中文系对财经学院。

11月1日、3日、7日、8日,排球赛先后对图书馆、物理系、化学系、政教系。

11月3日,"编辑工艺"第一次上课。

11月13日,完成钟贤培委托撰写的《古代诗词知识辞典》词条25条,寄去。

11月14日,科研处陆鼎一处长主持会议,中文系、计算机系(筹)协商协作项目事。与会者有:范伯群、勇振益、潘树广、戴庆钰、陈汉英、高岳兴、钱培德。

11月18日,开始设计《语言文学文献检索与利用》的框架。

11月21日,见全国高校1987年秋季教材征订目录,《社会科学文献检索》在其中。

11月23日,编本人著作目录。26日送去打印。

11月29日,上午在招待所参加苏州中日关系史研究会,被选为理事。

11 月 30 日,中华书局王瑞来夫妇来访。

11 月,《竹治贞夫及其〈楚辞〉研究》载于中国社会科学院文研所《文学研究参考》1986 年第 11 期,稿酬 30 元。

12 月 1 日,收《辞书研究》编辑部转来英国埃克塞特大学 1986 年版《中国的辞书(辞典与相关文献的目录)》(LEXICOGRAPHY IN CHINA:Bibliography of Dictionaries and Related Literature),该书著录我辞书学论文 7 篇。

同日,收国家教委(86)教文材办字 072 号文:《关于同意〈古典文学文献及其检索〉出版的通知》,将该书正式列为国家教委组织编选的高等学校文科教材。

12 月 5 日,校统战部李鹤云告:中国致公党苏州负责人赵铣先生来,意欲发展我加入致公党。

12 月 9 日,收全国高校图工委寄来获奖证书复印件:国家科委授予全国高校图工委"在高校开设文献检索与利用课的组织与推广"项目科技情报成果三等奖(1986 年 10 月颁发),附图工委证明:"潘树广同志曾为此作出过一定贡献"。

12 月 9 日,中华书局程毅中先生来访。

12 月 11 日,去常熟苏州师专,参加赵国璋先生主持的《社会科学文献检索与利用(师专分册)》定稿会议。

12 月 12 日,下午自常熟返苏州,知中午致公党赵铣先生来访未遇,即去信致歉。

12 月 15 日,收宁波大学裘克安先生信,附申请调入宁波大学的表格。1 月 1 日复信,表格未寄。

同日,赵国璋先生来苏,主持召开《文献学辞典》编纂工作会议。

12 月 18 日,科研处批下《编辑工艺》资助款 400 元。

12 月 22 日,中午赴南通,参加全国高校文献检索课系列教材编审委员会第二次全会,住文峰饭店。与会者有:肖自力、江乃武、吴观国、陈光祚、谢天吉和潘树广。

钟守真代表来新夏出席。会议期间,左飙、支胜生先后来访。27 日返苏,知我校学生当日游行。

12 月 29 日,《介绍〈药酒与膏滋〉》载于香港《大公报》,笔名夏朗。

12 月 30 日,应邀参加中国致公党苏州市工作委员会召开的会议。

是年,家中开始使用液化气罐。

1987 年 (48 岁)

1 月 12 日,知识出版社张振声来,草签《书海求知·续编》出版发行协议书。出版社保证今年 6 月 30 日前出版,印 3 万册。除新华书店订数及出版社留存外,我全部包销。(后因出版逾期,改印 2.5 万册,书店订数 0.4 万册,社留 0.1 万册,我包销 2 万册。为配套易于出售,重印正编,包销 0.26 万册,后又添印 0.8 万册,亦包销。)

1月19日,去园林路苏州民俗博物馆参加茶话会。

1月21日,收格致中学老同学潘祖奇信,约请年初一在她家聚会。祖奇在上海科教电影制片厂工作。(后因无法抽身,未去。)

1月27日(小年夜)外甥唐健来。

1月31日(大年初三)下午,参加致公党联欢会。

2月6日,收郭文镐信,知《中国文学语言学文献指南》已发排。

2月7日,徐雁夫妇来访。

2月9日,侄儿维周、侄女玉婷来。11日离苏。

2月11日,致公党赵铣老先生来访,给我入党申请书两张。(后考虑再三,未参加。)

2月13日,开始审《社会科学文献检索与利用(师专分册)》书稿。17日审毕。18日,曹培根来,将书稿送南京。

同日,研究生考试开始。

2月19日,去校办、科研处,查到国家教委1986年11月21日批准给予《古典文学文献检索》编审补助费1 000元的函件。

2月21日,开始写《语言文学文献检索与利用》。

2月22日下午,徐雁夫妇来,晚离苏。

2月,《日本青年学者松冈荣志印象记》、《竹治贞夫的汉学史研究》载于《文教资料》1987年1期,稿酬30元。

同月,《唐代作家年谱综录》载于《唐代文学研究年鉴(1985)》(陕西人民出版社1987年2月版),稿酬210元。

同月,第三次印"新会潘氏稿笺",蓝格1万张,红格0.2万张。

2月至7月,分别给中文系85(1)、(2)班讲授语言文学文献。给84级讲授编辑工艺(3个班合上,1班和2班选修,3班必修)。指导毕业论文:中文本科樊其华(《历代同题材戏曲综录》)、夜大学吴伟民(《左思》)、常熟夜大学汤丽华(《左传》)。

3月3日,收到香港中文大学许礼平信并《〈中国语文〉索引》、《中国语文研究》期刊。

3月5日,批改研究生入学试卷。内弟诸滋源代购友谊牌双缸洗衣机(517元),送至家中。

3月10日,受文献检索系列教材编审委员会委托,召集天津商学院惠世荣、中南财经大学周子希、西南财经大学吴忠耘、北京经济学院周嘉硕、湖南财经学院王定芳开《经济文献检索与利用》编写工作会议,确定惠世荣任主编。会议12日结束。

3月14日,赵国璋、施孝适、邹鑫华来。15日上午,召开《文献学辞典》编纂工作会议。

3月14日,去研究生办公室看考试成绩。共15人报考我的研究方向:刘双魁、沈绿茵、黄镇伟、鲍良红、陈其弟、简紫鋆、黄建荣、赵斯安、施勇勤、赵翠玲、刘中华、徐传国、卫永芬、于京荟、谷遇春。考生来自全国各地,仅两三人勉强过线。

3月19日,收日本大学青山宏教授寄来《温庭筠歌诗索引》。

3月30日,收葛永庆寄来《书海求知·续编》校样。4月4日校毕,5日请王尧带到上海。

3月,《中国古典文学研究方法论信息库》课题组中文系、计算机系两方面成员互相作报告,交流思路。我讲本项目的性质、工作流程、功能等。

4月4日晚,开始校对《社会科学文献检索》我写的部分。7日校毕寄北京。

4月5日,清明,家祭。

4月11日,《文汇读书周报》发表《茫茫书海指迷津——介绍潘树广编著的〈书海求知〉》,云清(葛永庆)撰,介绍正、续编。

4月14日,孙景尧陪广西大学林仲湘来访。

4月18日,参加苏州市科学技术协会召开的授奖大会。《书海求知》获一等奖,证书1202号,落款1986年12月。

4月19日,陈允吉来访。

4月20日,研究生导师开会,部署复试事项。决定我明年再招三名研究生,其中一名在职。

4月27日,李惠然陪日本关东女子高等学校教师小野来访。

4月29日,五嫂丽娟、侄儿维周来,30日返沪。

4月,《让大学生学点编辑出版知识——开设〈编辑工艺〉课的尝试》载于《上海出版工作》1987年第4期。

5月1日,收杭州大学中文系文献专业应届毕业生涂小马信,谓报考杭大古籍所研究生,成绩过线,但该所临时缩减名额,要求转来。陆宗城附笔,并附洪湛侯先生信。

同日,日本小筑佑司来访。小筑系早稻田大学古屋昭弘的学生,时在南京师范大学留学。

5月3日,收香港《大公报》汇来人民币21.41元,注明"12/2稿酬",不知是哪篇文章。

同日,涂小马持洪湛侯先生信来访。

5月8日,研究生复试,有:刘双魁、施勇勤、涂小马。

同日,外甥唐康来。为调查青年价值观事,要求我系部分学生答卷。12日离苏。

5月9日,湖南财经学院派人送来王定芳申报副高职材料,要我评审。

5月14日,侄儿小洪、王新夫妇来。在苏4日。

5月,《社会科学文献检索》(赵国璋、朱天俊、潘树广主编)由北京大学出版社出版,样书4册于8月19日收到。版权页:1987年5月第1版,335千字,印数12 000册,定价2.60元。稿酬9月5日收到。稿酬标准为每千字14元。全书稿酬4 578元,加印数稿酬10%,共5 035.80元。我得稿酬645元,主编费100元,合计745元。

6月5日,《文献课要加强基础理论建设》载于《文教资料》1987年3期。

6月10日,李惠然陪小野携酒来,共饮。

6月17日,收到葛永庆信,谓《书海求知·续编》征订只有4 000册。

6月18日,参加我校召开的图书系列职称评审会议。

6月25日,去医学院招待所参加省教委召开的教师以外各系列的中级职称评审会议。任图书系列评委会主任委员。27日中午会议结束。

6月29日,与潘欣到常州乘车赴长春。7月1日晨到长春。见二姐础馨,唐康、杨白丽夫妇及其女唐莹,唐健、于鲁和夫妇及其子唐麟。

7月3日,自长春赴哈尔滨。4日,在哈尔滨工业大学参加全国高校图工委召开的文献课系列教材编审委员会第三次会议,全体委员出席。会议两天。5日,国家教委副主任杨海波接见编委会成员。

7月6日至10日,在哈工大参加全国高校文献检索与利用课教学研讨会,到会代表177人。大会组织了观摩教学,山东工业大学陈寿祖教授和我分别作教学示范。我讲文献的生产、加工与传播。会议组织松花江一日游。会议概况载于《大学图书馆通讯》1987年第5期。另出论文集《高等学校文献检索与利用课程教学研究》(肖自力主编,哈尔滨工业大学出版社1988年版)。

哈尔滨会议期间,去亲戚潘锦绫家,见其丈夫、女儿。与二姐、潘欣去太阳岛划船。

7月12日,再赴长春。12日至15日,在东北师大参加王余光著《中国历史文献学》(高等学校文科教材)讨论会。国家教委魏晓波、徐雁,武汉大学出版社肖作铭、严红参加会议。与北京师大瞿林东教授住一室。与赵国璋先生拜访吴枫教授。带潘欣随会议代表游览伪满皇宫、丰满发电站等地。接美芬来信,知潘欣考取重点中学——苏州十中(高中)。

7月17日,赴大连。在大哥斌献家住一周。带潘欣去"赶海"、游泳、拾贝。去夏家河游泳、划船。

7月23日晨,乘长更号轮返沪,24日夜抵达。五兄来接。维周已去广东。在沪4日,拜访葛永庆。28日返苏。

7月,《书海求知·续编》由知识出版社出版,8月19日收到样书1册,9月1日收到10册。版权页:1987年7月第1版,123千字,印数25 000册,定价1.20元。稿酬11月7日由出版社张振声送来家中。标准为每千字12元,基本稿酬1 284元,印数稿酬179.76元,资料费63.84元,合计1 527.60元,交个人收入调节税 145.52 元,实得 1 382.08 元。

8 月 8 日,接北大出版社胡双宝信,得知《社会科学文献检索》已出版。

8 月 11 日,完成《语言文学文献检索与利用》正文部分。

8 月 19 日,收到《社会科学文献检索》样书和《书海求知·续编》样书。

8 月 25 日,完成《语言文学文献检索与利用》全稿,交陆玲芳复印,然后送贺哈定、罗友松审阅。

8 月,《漫谈读书和写书》载于上海人民出版社《书林》1987 年第 8 期。

9 月 3 日,收到郭文镐寄来《中国文学语言学文献指南》校样,16 日校毕,17 日寄还。

9 月 7 日,知识出版社以载重货车运来《书海求知》正编 2 600 册,续编 20 000 册,要我包销。另续编 100 册,优惠作者七折购买。卷入繁重的包销工作达半年有余。

9 月 11 日,研究生施勇勤、刘双魁、涂小马报到。12 日宣布教学计划,15 日正式上课——文献学基础。

9 月 18 日,向财务处借款 1.5 万元,汇至知识出版社。

9 月 22 日,全天在丝绸工学院开职称评审会议。

9 月 25 日晚,中文系开迎新联欢会,我指挥大合唱,并唱粤语歌曲《霍元甲》和《万水千山总是情》。

9 月至学期末,上四门课:中文系 86(3)班,语言文学文献课;87 级研究生 7 人(唐宋诗词方向研究生钱锡生、王冠军、陈昌宁、夏备龙,文献学方向研究生施勇勤、刘双魁、涂小马),文学文献学课;文献学方向研究生 3 人,文献学实践课;中文系函授生,文献检索课。

10 月 4 日,参加校侨联组织的活动,去太仓浏河参观。

10 月 5 日,受聘为江苏省高校图书资料专业高级职务评审委员会委员。

10 月 7 日、8 日、9 日、12 日、14 日、15 日、16 日下午,与物理、数学、财经等院系比赛排球。

10 月 10 日至 30 日,我系通知申报职称,我递交申请教授的报告,系派人送科研成果给复旦大学王运熙、贾植芳两教授评审,均同意提升。30 日,系领导告:院里投票时,约 18 人出席,我得 11 票,过半数,但按全体评委计数(缺席数人),则以一票之差未通过。

10 月 11 日,寄《语言文学文献检索与利用》给肖自力审查。肖审查后于 11 月径寄武汉大学出版社。

10 月 12 日,给法学院文献检索选修班讲"大学生的情报意识和积累资料的科学方法"(张绍靖负责该班教学)。

10 月 14 日晚,维周来,15 日晨离苏。

10 月 17 日,系学生会干部朱亚辉、常林波送来奖状,上写:"风度翩翩,气质高雅;才华横溢,指挥潇洒;说说唱唱,别有风味,'金秋'文艺晚会上的一颗明星。——中文系分团委、学生会 1987 年 9 月"。

10 月 19 日,与化学系曹阳教授赴宁参加江苏省高级职称评审会,随车托运《书海求知·续编》600 册,手提 50 册。当晚拜访赵国璋先生。20 日往古文献所拜访李灵年等。21 日晚,应邀为中文系文献专业学生作"文献的加工与传播"报告。23 日评审会议结束。24 日上午,与古文献所同志座谈,赵国璋先生主持。24 日下午去金陵职业大学作学术报告,梁松协助。24 日晚,拜访王荣芬先生,拜访老同学李锁华。25 日上午,我系 83(3)班毕业分配在宁的唐健、胡洁、汪国培、周蕾、张博、梁勇、朱晓来南山宾馆叙谈。10 时,去黄月琼家。晚,返抵苏州。

11 月 1 日,应葛永庆之邀,赴沪在华东师大为全国年鉴编纂研讨班讲课。当晚访罗友松先生。2 日下午,讲课,题目为:年鉴编者的情报意识与检索能力。该班买了《书海求知·续编》若干。3 日,去复旦大学,沈宝顺接待。去复旦图书馆,与副馆长王明根、吕慧芳及古籍部负责人吴格叙谈。晚宿复旦。4 日,去华东师大。下午返苏。

11 月 6 日,北京大学孙钦善先生的研究生陈捷来访。

11 月 7 日,知识出版社张振声送稿费来。签订加印、包销《书海求知》正编 8 000 册之协议。

11 月 9 日,上午给苏州职业大学干部班讲授文献检索课。讲数次,10 课时,12 月 7 日结束。下午遇十中图书馆于红,谈及在中学普及文献检索知识一事。

11 月 10 日,开始给我系函授班(宜兴林德意班)讲授文献检索课。

11 月 12 日,向财务处第二次借款 3 900 元,汇知识出版社。

同日晚,郭文镐来,请郭与罗时进一起吃饭。

11 月 27 日,下午 3 时半,去十中作"检索能力与智力开发"报告,出售《书海求知·续编》。大教室爆满,会后有同学要求在书上签名。

11 月,《古文书目举要》载于《古文鉴赏辞典》(江苏文艺出版社 1987 年 11 月版),稿酬 340 元。1988 年 5 月收到样书。

12 月 1 日,上午三、四节课,给研究生谈辞典语言问题,要求文言化的白话文,白话化的文言文,力求典雅。

12 月 3 日上午,拔牙。下午 1 时半去医院,左牙排脓。3 时,在十中开始对 18 名高二学生进行文献检索知识技能培训。这 18 名学生是该校教师从 180 名报名者中挑选出来的。

12 月 7 日,收到郭文镐寄来《古典文学文献及其检索》第二次印本 4 册(平装)。版权页:1987 年 9 月第 2 次印刷,印数 6 201—10 000 册,定价 3.65 元。封面标明"高等学校文科教材",出版社所写后记说明经国家教委批准,作为高等学校文科教材重印出版,改正了初版中几个误排字。重印稿酬 61.66 元(12 月 22 日收到)。

12 月 9 日,去无锡教育学院中文科讲课。张永鑫接站。中午在张家吃饭。下午2时讲文献检索,中文科副主任唐再兴主持。见南京师范大学时老同学周福昌。无锡市郊区党委宣传部长(我校中文系校友)接我去他家吃晚饭,谢学良、卫静亦来。10日中午返苏。

12月13日,乘9时31分开出的火车赴长春。车上批阅文献课考查卷,统计分数。晚点近一小时,14日晚7时到长春。江乃武接站,住吉林农业大学。15日,去二姐础馨家。16日,参加文献课系列教材编审委员会第四次会议,肖自力主持。东北师范大学王继祥、长春邮电学院张祥来看与会者,18日晚,离长春,曲晓璠赶到车站相送。20日上午到常州,转车返苏。

12月21日,冬至夜,邀研究生施勇勤、刘双魁、涂小马来家吃饭。

12月24日,下午3时许,应学生会之邀,参加"学通社"成立大会。

12月26日晚,《书海求知》正编重印本8 000册从常熟运抵苏州。

12月29日,《苏州日报》董聿安约稿(拟设"工具书妙用"专栏)。

12月31日,收香港许礼平来信,谓已辞去香港中文大学之职,就职于问学社。

1988年(49岁)

1月3日,去苏州图书馆参加武汉大学图书情报学院苏州函授站结业典礼(大专),函授站赠石英钟一只。

1月4日,收五兄树栋上海来信,附广州杨巷路祖屋房契复印件。

1月7日,收知识出版社(上海)印数稿酬通知单:《书海求知》正编1版4次(40 001-50 000),印数稿酬36.26元。

1月10日,上午去常熟图书馆,仲伟行接待。下午作有关文献检索的报告,以《书海求知·续编》为课本。

1月13日,苏州大学学生通讯社送来顾问聘书。

1月15日下午,在苏州第十中学主持文献检索知识竞赛,施、刘、涂三研究生协助。苏州日报董聿安、苏州人民广播电台钟勤华、苏州电视台均来采访。电台、电视台16日播放,《苏州日报》发表董的特写《书海求知春意闹》。《文教资料》1988年第2期发表4篇有关十中开展文献检索培训的文章。

1月16日赴沪,晚,在南京东路新华书店展销厅作"情报意识与智力开发"的报告,同时出售《书海求知·续编》。副经理梁爱玲、学术书苑主任陈木林、副主任严钟麟接待。该店对进货有详细统计,据严说,1984年以来,《书海求知》已进货2 000余册(这次进200套未计在内),销售势头好。17日晨,与兄、嫂、维周在新雅饮早茶。去淮海路买马裤呢西装大衣,138元。下午乘5时15分火车返苏。

2月4日,完成《文献检索引论》(大纲及习题),供全校公共选修课用。5日送去打印。

2月15日,丁耀良告:《语文报》同意为《书海求知》免费登广告,春节后刊出。

2月17日(大年初一)上午在系里团拜,然后去岳母家。

2月19日,收香港《大公报》汇来人民币21.50元,注明"14/4读书版稿酬",不知是哪篇文章的稿酬。

2月21日,开始起草《古典文学研究导论》大纲。

2月22日,《语文报》刊出《书海求知》广告,27日收到购书汇单两张,28日收到6张,此后日渐增多。

2月27日,苏州职教中等学校图书情报专业校友会送来《松鹤图》匾。

3月3日晚,开始给全校上"文献检索引论"选修课,报名者达170人。学生来自财经学院和政治、数学、外语、物理、历史等系,热情高涨。

3月15日,收到日本东京凯风社寄来《中国学レファレンス事典》(《中国学参考事典》)样书1册(潘树广编著,松冈荣志编译)。此系《书海求知》的日译本。版权页署"1988年3月15日初版第一刷发行",与我收到样书的日期相同。卷首有我写的日译本序。

3月18日,去第一人民医院,潘行元医师为我拔牙。

3月28日,赴沪,在上海辞书出版社参加"首届全国辞书学研讨会"(29日至31日)。与黑龙江大学辞书研究所郑述谱住一室。会议代表共19人。我提交的论文是《论辞书用户教育》,并在会上提出,辞书学尚应包括辞书的编、研、教、用的研究(《辞书研究》1988年第4期对该会有详细报道)。徐祖友嘱我为《中国工具书大辞典》作序。

3月,《社会科学文献检索》获江苏省人民政府颁发的第二次哲学社会科学优秀成果三等奖(苏社科奖字第020061号)。

3月,《古籍索引概论》获江苏省第二次哲学社会科学优秀成果评奖优秀作品证书(苏社科评字第02042号)。

3月,《书海求知·续编》的包销,由于《语文报》的广告,邮购汇单源源寄来。有数日日收汇单百余张,更有日收300张者。邮购总数近3 000套。至此,艰苦不堪的包销总算完成,且略有超出。小结:

《书海求知·正编》第3次印本,每册1.15元,包销2 600册(七五折);

《书海求知·正编》第4次印本,每册1.30元,包销8 000册(七五折);

《书海求知·续编》,每册1.20元,包销20 000册(七八折)。

共计30 600册,28 762.50元,分三次向本校财务处借款。借款全部还清,并赚3 000余元。上缴中文系1 000元(陈一明经收),我与黄镇伟各分得800元,其余留作基金并分发各种劳务费。此事黄镇伟出力最多,亦极细致。如此繁琐的账目,竟未出错。

3月至7月,上四门课:文献检索导论,全校选修;编辑工艺,中文85(1)、85(2)选修,86(3)必修;语言文学文献,中文86(1)、86(2);文献学名著选读,研究生。

4月16日下午,应邀给地方志培训班讲课。

4月19日,在招待所餐厅举行答谢宴会,感谢为《书海求知》包销出大力的朋友们。每桌 120 元。

4 月,得知报考我的文学文献编辑学研究方向研究生的考生共 10 人:王维兵、张同刚、梁松、徐文蕴、王新华、潘莉、刘世生、胡以诺、张翌鸣、端木艺。计划招三人,但无一人过线,十分可惜。

同月,审阅惠世荣主编的《经济文献检索与利用》。

同月,《苏州十中开展文献检索培训》载于《文教资料》1988 年第 2 期,笔名牟汴苇。稿酬 10 元。

5 月 2 日,上海《书讯报》刊出"1988 年度上海市振兴中华读书活动推荐书目",推荐 47 种书,《书海求知》在其中。

5 月 3 日,经校长办公会议研究,批准成立"苏州大学文献研究室"(苏大科字〔88〕第 31 号文),潘树广任研究室主任。

5 月 8 日,《书山学海的向导》载于《苏州日报》"工具书妙用"栏。稿酬 3 元(须去报社领取,迄今未领)。

5 月 9 日,范伯群陪美国比较文学专家迪尼(Deeney)教授来访。迪尼汉名李达三,现任香港中文大学比较文学研究组主任。

5 月 11 日下午,杭州大学八四级(毕业班)文献专业 17 名学生在教师带领下来访,我在资料室发表谈话:文献学研究要注入新的血液。在扎实打好传统文献学基础的同时,注意学科间的交叉渗透和中国文献世界化的趋势。《杭州大学报》1988 年 6 月 15 日报导了这次会面,但所举书名有误。

5 月 12 日上午,应苏南图书研究会会长何嘉逊之邀,在苏州新华书店作论文写作辅导报告:(1)出版发行在人类知识交流系统中的特殊地位,(2)研究工作者应具备的素质,(3)论文写作。出论文选题 22 项。听讲者来自南京、镇江、无锡、常州、苏州等地。江苏省出版工作者协会赵副会长、苏州新华书店何嘉逊书记、周经理接待。

同日,刻就文献研究室公章和我的私章(财务处开支票用)。

5 月 18 日,送印《苏州大学文献研究室工作简报》第一、二、三期。

5 月 23 日,晚,古代文学教研室同仁在得月楼为徐永端饯行(赴美探亲)。

5 月 26 日,本系青年教师蒋乐群来访。他将于 6 月 1 日赴日攻读博士学位,托我写信给日本友人,对他多关照。交他 10 套《书海求知》到日本送人。

5 月 27 日至 30 日,文献检索课系列教材编审委员会第五次会议在苏州大学召开,肖自力主持。除江乃武外,其他 8 名编委均到会。武汉大学出版社赵捷、大连理工大学出版社王君仁出席会议。与肖研究文献研究室培训文献课师资一事。28 日下午,陪罗丽、王君仁、谢天吉游虎丘、留园、寒山寺,李苏兰开车。30 日,去常熟,苏州师专热情接待。游铁琴铜剑楼、兴福寺。会议期间,根据我校教材科的通知,请副编审赵捷对《编辑工艺》写出鉴定意见,向国家教委推荐。(同年,国家教委将此讲义列入高校内部交流目录,该目录公开出版。)

5月31日,外语系陆玲芳、秦建民,图书馆赵明均表示乐意参加文献研究室。

5月,华东师范大学发来聘书,聘我为图书馆学专业张金芳的硕士学位论文答辩导师(后因无法抽身而未去)。

同月,《古籍索引概论》获苏州市人民政府颁发的苏州市哲学社会科学优秀成果三等奖(苏社科奖字第0029号)。

6月2日,向校科研处申报科研项目《近百年中国古典文学研究纪事》。

6月6日,湖南师大周寅宾来访,晚,设家宴接待。陪周到钱仲联先生家,周请钱为其书作序。

6月12日,陕西人民出版社副总编辑刘善继及其夫人来访。

6月14日,见苏州大学文献研究室账号已批下:6101490243—31,交通银行苏州支行。经营范围:科技咨询、图书资料、人才培养。开具证明去刻账号章。

6月17日,我系通知我申报文献学硕士点,填草表。指导教师是我、章锡良、陈君谋。(后我见硕士学位专业目录中并无广义的文献学,未交表格。)

6月21日,上午去苏州市图书馆为武汉大学苏州函授站讲课(本科段)。下午,东北师大《古籍整理研究学刊》编辑部侯占虎来访。

同日,送印《文献研究室工作简报》第4期。

同日,收陕西人民出版社汇来《古典文学文献及其检索》1988年第3次印刷印数稿酬12.98元。

6月23日,侄儿维周来,中午拍照。晚,去范建明家,托带印章石、书籍交日本青山宏等。

6月24日,中午赴宁,与历史系段本洛同车。晚,住南京审计学院。25日参加省图书系列职称评审会议。26日住南京师大南山宾馆。27日,赵国璋先生与李成杭、江庆柏、陆林、邹鑫华、谢秉洪来研究《文献学辞典》事。商定:7月10日交齐所有未写之稿,7月25日审完全部词条,8月或9月定稿交出版社,严格履行约稿合同。28日返苏州。

7月6日,收陕西人民出版社寄来《中国文学语言学文献指南》样书2册。11日再收到7册,并附账目。此书版权页:1988年4月第1版,165千字,印数2000册,定价2.1元。稿酬为每千字11元,共1815元。我与黄镇伟每人907.50元。每人扣所得税21.50元,得886元。两人共得1772元。扣除八折包销1000册款1680元,两人实共得现金92元。(7月22日收到汇款,实为239.84元。根据黄镇伟提议,他取119.84元,我取120元。)

7月9日,晚上完成《文献学辞典》中我所承担的词条,共计111条。

7月11日,写国家社会科学基金研究课题《中国文学史料学》申报书,至凌晨2时。

7月14日,申请住房者根据分数多少选房,我选中东区9幢502室(大户)。

7月16日,收到北京大学出版社寄来《社会科学文献检索》第二次印本样书两册(其中一册给华人德)。版权页:12 001—22 200 册,定价 3 元(涨 0.40 元)。补印初印本封面遗漏的"主编"两字。我得印数稿酬 36 元(8 月 1 日收到)。

7 月 17 日,全家去新居(东区 9 - 502)打扫。据实地测量,使用面积:54.1507 平方米。其中:大房间 13.2065 平方米,中房间 11.0352 平方米,小房间 7.623 平方米,客厅 9.96 平方米,卫生间 3 平方米,厨房 3.705 平方米,过道 2.145 平方米,北阳台 1.5 平方米,南阳台 1.976 平方米。

7 月 22 日,收赵国璋先生信,谓江西教育出版社赵子循来信,催《文献学辞典》交稿。国璋先生欲延期交稿,我当即回信,力主遵守合同,准时交稿(合同规定 1988 年 9 月交稿)。7 月 25 日,收全国高校图工委李晓明信,拟拨款 100 元作为文献研究室开办费,并同意我室受托举办文献检索课教材教法研讨培训班。

7 月,《论辞书用户教育》载于《辞书研究》1988 年第 4 期。稿酬 63 元。

8 月 5 日,李成杭自宁来苏,我与黄镇伟、李成杭共商《文献学辞典》按时交稿之措施:集中在苏州统稿。

8 月 8 日,购春花吸尘器,262 元。

8 月 10 日,中午赴宁,住南师大南山宾馆,床位价涨至每日 20 元。晚,南师大图书馆刁天逸馆长、赵国璋先生、吴观国先生先后来访。11 日赴连云港,为南师大主办的全国高校社会科学文献检索课教学研讨班讲课。学员 51 人。去钱锡生家拜访。游花果山。15 日晨 6 时乘长途汽车离连云港,下午 7 时 40 分抵苏州饮马桥。

8 月 11 日,《日本工具书漫录:〈中国文学语言学文献指南〉(第二次修订本)》载于《书刊导报》(第 214 期)。稿酬 13 元。

8 月 20 日,晚 6 时许,张华华单位(铁库)派汽车和工人来帮助搬家。全家住进新居。

8 月 23 日,收到武汉大学出版社寄来《语言文学文献检索与利用》二校样。9 月 3 日校毕,以快件寄还。

8 月,《大学图书馆通讯》1988 年第 4 期刊出苏州大学文献研究室成立的消息:"该室的研究方向和主要任务是:受国家教委图书情报工作委员会委托,编写文献检索教材与有关情报信息,推广文献检索课;接受企业事业单位委托,开展咨询服务与专题研究;编著翻译文献学论著,与国内外有关机构开展学术交流;培养文献学、文献检索与编辑学各种人才等。潘树广任该研究室主任。"

9 月 5 日,完成《古典文学研究导论(教学大纲与参考文献)》,送印。大纲打印,文献胶印。

9 月 10 日,上午一、二节给苏州职业大学干部班讲授文献检索课。讲数次,10 月 4 日结束。

9 月 11 日,南京师大李成杭、邹鑫华携《文献学辞典》稿来。借函授生宿舍底楼一房间作卧室兼工作室,黄镇伟、赵明与李、邹集中力量统稿,研究生施、刘、涂协助。黄镇伟发现不少条目落空,突击补写。我起草前言,誉清凡例。月底完成正文全稿。李、邹10月1日带《文献学辞典》正本回南京,底稿留苏州。

9月12日,《古典文学研究导论(教学大纲与参考文献)》印刷装订完毕,共2 000页。

9月16日,第一次上古典文学研究导论课。

9月18日,复阅《中国文学语言学文献指南》,发现若干错误。29日刻出勘误表,夹在包销的每本书中。

9月19日,写申报正教授的报告,交系办公室。这是第三次申报。

9月23日,收到陕西人民出版社郭文镐信,谓《中国文学语言学文献指南》已开调拨单,只寄出946册,不足部分(54册)待有书再寄,或退款。

9月26日,《中国文学语言学文献指南》运到,10大包。30日发一部分给选修的学生,发现有的书缺页。

9月28日,致函校党委书记、校长,对前两次评审正教授工作中对我的不公正待遇提出意见。

9月至学期末,主要上三门课:语言文学文献,87(3)班;古典文学研究导论,85级和86级,选修;文献学名著选读,研究生。

10月5日,《中国文学语言学文献指南》征订单陆续寄发。

10月8日晚,参加中文系金秋晚会,与潘欣同台演出。

10月10日,起草好《近百年中国古代近代文学研究纪事》(原不包括近代,后加)的实施计划和卡片制作样式,布置三研究生开展工作。(该项目省教委10月批下资助款600元。)

同日,收武汉大学出版社陶佳珞信,告知《语言文学文献检索与利用》通过新华书店回笼订数为688册。

同日下午,为我校举办的全国地方志编纂培训班讲修志人员的检索能力培养问题。

10月12日晨,乘校车至无锡,为郊区职工大学讲情报检索课。当日回校,即在本系作申报教授的述职报告13分30秒(规定不超过15分钟)。

10月20日,再赴无锡讲课。

10月28日,黄镇伟赴宁,取《文献学辞典》稿。29日送江西教育出版社。

10月29日下午,去苏州职业大学讲"文献检索与竞争能力"。11月9日继续讲。这是为智力竞赛作准备。

10月31日上午,去第一人民医院作灌肠钡透,张医生认为降结肠有问题,应住院开刀。鞠承祖医师请陈学仁、丁主任再作检查。11月1日作低张灌肠检查,认为降结肠"狭窄"系肠扭曲所致,不必开刀。

10月,得知由于错过了上报研究生招生计划的时间(系里上报时,我不知),我次年不招生。为此,梁松欲报名而未能如愿。

11月2日,黄镇伟送《文献学辞典》稿至南昌后,返苏州。说赵子循抽查辞典稿后,表示满意。

11月5日,去第一人民医院请赵孟医师作纤维镜结肠检查,郭晓葵协助。检查甚痛苦。结论:"结肠轻度炎症",不必切片检查。

11月15日晚,去专家楼看望美国俄亥俄州大学美籍华人薛凤生、陈慕勤夫妇,约陈明日讲学。16日下午,陈在图书馆视听室作学术报告,效果甚好。

11月17日,中午赴宁,下午在码头换船票,晚9时乘船赴武汉开会。船上遇吴观国。起草文献检索课教材教法研讨培训班招生通知。19日下午1时抵武汉,住水利学院外宾招待所。刘柏贤来访,一起去他家,见介子和他们的两个儿子。

11月20日,在武汉参加文献检索课系列教材编审委员会第六次会议,委员9人全到齐。21日,确定《艺术文献检索与利用》由我主编,申报此选题的吉林艺术学院图书馆陶筱延做辅助工作,不设副主编。陶佳珞(《语言文学文献检索与利用》的责任编辑)来访。22日,陶陪我去武汉大学出版社,见肖作铭、严红。肖邀我到他家,吃面,参观校园。会议期间,肠胃不适,赵捷陪我看病。22日会议结束,23日中午与吴观国同船去南京。24日抵南京,在吴家吃晚饭,住南京医学院招待所。25日中午乘车返苏。

11月25日下午,返抵苏州,见潘耀昌发自美国的信,询问有关《点石斋画报》吴友如的资料。

11月28日,收国家社会科学基金会办公室的拨款通知书,知我7月申报的《中国文学史料学》项目被批准,资助总额为1.5万元,当年先拨1万元。

11月,收到北京大学白化文先生的信,谓《中国文学语言学文献指南》收到,极好。汇来33.60元,购16册,其中2册为北京大学图书馆学系资料室购。

同月,《情报资料工作》1988年第6期发表小河(戴庆钰)的《文献丛林中的探索者——记苏州大学文献研究室主任潘树广》。

12月2日,收到葛永庆信,同意我起草的《中国索引学社章程》。

同日上午,去第一人民医院检查鼻窦,陆主任嘱我活检。(6日取切片报告,为慢性鼻炎。)

同日下午,为我校举办的全国方志编纂培训班讲课。

12月7日下午,在苏州职业大学主持文献检索智力竞赛。

12月9日,开始设计《艺术文献检索与利用》编写计划。14日完成编写大纲。

12月12日,致函中国大百科全书出版社上海分社,聘葛永庆为苏州大学文献研究室特约研究员。

12月13日,为包销1 000册《语言文学文献检索与利用》,印好800张征订单,15日开始陆续寄发。

12月20日,日间,陶筱延陪中央戏剧学院李梅来访。晚,陶陪上海音乐学院陈家驹、北京舞蹈学院刘秀乡来访。

12月20日至23日,主持召开《艺术文献检索与利用》编写工作会议。参加者有:陶筱延、倪明、陈家驹、刘秀乡、李梅、陈文静。讨论通过了编写大纲,确定了分工。

12月24日下午,去苏州市公证处办公证手续,委托堂兄潘树楠在广州办理杨巷路房产继承一事。

12月28日清晨,诸滋荣与郭枫来,告知美芬的外婆不幸逝世。美芬与我去吊唁。30日去火化场与外婆遗体告别。

12月30日,《艺术文献检索与利用》编写说明与章节目录印出。31日寄发各执笔人及全国高校图工委。

12月,江苏省高校高级职称评委会批准我为教授。(12月24日批准)

同月,申畅等编《中国目录学家辞典》由河南人民出版社出版,收录我的小传和目录学著作,略有误差。

1989年(50岁)

1月3日,去苏州市公证处取回公证书,付款11元。下午寄到广州潘维周处,附身份证件,亲属证明。

1月5日,黄积华托黄镇伟给我《中国文学语言学文献指南》稿酬800元(包销1 000册售出所得款抵稿费后所得),连同去年所得之120元,共920元。

同日,付印《苏州大学文献研究室工作简报》第5期,6日印出。

1月6日,起草《中国文学史料学》编写大纲。9日誊清。

1月9日,收到倪明寄来《艺术文献检索与利用》部分稿件,并油画家肖峰题词。14日收齐倪稿。

1月10日下午,《中国文学史料学》课题组召开第一次会议。参加者有:潘树广、黄镇伟、曹林娣、陈桂声、徐福、赵明、秦建民,以及研究生施勇勤、刘双魁、涂小马。陆玲芳因事未出席。讨论编写大纲,作初步分工。

1月13日,"全国高校文献检索课教材教法研讨培训班"招生通知开始发出。2月下旬大量发出。

1月15日,开始写《艺术文献检索与利用》我所承担的部分。2月15日完稿。

1月19日,收倪明信,告知浙江美术学院出版社愿接受出版《艺术文献检索与利用》。

1月23日,收到李梅信,附曹禺在医院中为《艺术文献检索与利用》题写的书名。

1月24日,收到吉林艺术学院寄来"非书资料"一章稿。

1月26日,刘双魁来,布置她春节后赴武汉大学出版社催书、取书、寄书的具体事宜。

1月27日,倪明自杭州来,与他研究改稿及出版事宜。我陆续改稿,倪陆续誊稿,至 2 月 2 日结束。2 月 3 日倪离苏。

2 月 3 日,收北京电影学院郭青寄来凌子风为《艺术文献检索与利用》题词。

2 月 4 日,收北京舞蹈学院刘秀乡寄来舞蹈章稿,并吴晓邦题词。收陶筱延、崔永久信,要求陶筱延当副主编。

2 月 6 日,大年初一,陈家驹送来音乐部分全稿,并贺绿汀题词。

2 月 9 日,收郭青寄来电影草稿。

2 月 14 日午,葛永庆来,研究中国索引学社一系列问题。晚饭后离苏州。

2 月 20 日,收葛永庆寄来《年鉴通讯》稿费通知单。知葛将油印论文《论辞书用户教育》载于《年鉴通讯》1988 年第 1,2 期合刊。全文 4 000 字,千字 12 元,计48 元。

同日,收陈家驹寄来白杨题词。

2 月 21 日,收刘双魁自武汉来电,告知《语言文学文献检索与利用》已出版。

2 月 22 日晚,财院张文贤之子张涛来,为赴加拿大留学事,要我在推荐书上签字。

2 月,陆续审改各执笔人寄来的《艺术文献检索与利用》草稿。

3 月 6 日,收刘双魁自武汉寄来《语言文学文献检索与利用》100 册,正好赶上中文 87(1)、87(2)班上课之需。版权页:1988 年 9 月第 1 版,印数 5 000 册。253 千字,定价 2.20 元。12 月 18 日才收到稿酬,总额 2 944.15 元,出版社扣去汇费29.25 元,实汇来 2 914.90 元(其中 200 元是贺哈定、罗友松的审稿费)。我得主编费 271.49 元、写稿费 1 599.81 元,共 1 871.30 元。此书作者包销 2 000 册,1989 年11 月售完。包销按七八折计,共收款 3 432 元。毛利 968 元,扣除各种杂支及赠人、留存之书,约盈余 200 元。

3 月 7 日,主持召开《艺术文献检索与利用》改稿会议。到会者有:陶筱延、陈家驹(携未婚妻王建珍来协助工作)、刘秀乡、李梅、郭青、倪明(18 日下午到)。9日游香雪海、灵岩山,三研究生同去。10 日中午聚餐。13 日,与陶筱延、刘秀乡、李梅、陈家驹、郭青参观戴庆钰操作《中国古典文学研究方法论信息库》,部分同志写用户报告。会议期间,各艺术院校作者对陶要当副主编一事持反对意见。

3 月 14 日,赴宁,住南京农学院,参加职称评审会。15 日午,与赵国璋先生谈《文献学辞典》事。晚与王长恭谈 6 月办班事。17 日上午,曹阳来,谈两小时。中午返苏州。

3 月 19 日至 27 日,统改《艺术文献检索与利用》书稿,复印。27 日下午陈家驹来,带复印稿至沪请钱仁康、罗友松审稿。

3 月 30 日,收武汉陶佳珞寄来《语言文学文献检索与利用》样书 20 册。

同日,下午在外语系 170 室为我校举办的方志编纂培训班讲课。

3 月,为左大钺、王定芳主编的《经济科学工具书指南》写的书讯,刊于《辞书研究》1989 年 2 期,笔名苏广。

3月至7月,给中文87(1)、(2)班上语言文学文献检索课。指导魏文俊、张爱东本科毕业论文。

4月1日,收陕西人民出版社汇来《古典文学文献检索》印数稿酬32.45元(1989年第4次印刷)。

4月3日,上午参加学校召开的学位问题会议。会后我系研究增设硕士点事,领导望我申报文献学硕士点,我提出中国古典文献学人才似已"过剩",而古今兼包的文献学在学位目录上又没有"户口",图书馆学硕士点却又划归理科,所以不宜申报。

4月5日,清明,祭祖。

同日,收到陶筱延寄来木刻家古元题词。

4月8日,《文艺报》刊出李梅撰《〈艺术文献检索与利用〉编撰完毕》。

4月10日,收到华东师范大学罗友松信,邀我5月25至27日赴沪参加他的研究生林申清硕士学位论文《文献与文献学探要》的答辩。15日复信表示遵命。(后接全国高校图工委通知:5月23日至26日在京开会,故告知罗先生届时不能赴沪。结果北京会议亦因政治风波而未开成。)

4月17日,《藏书史研究的新成果——喜读徐雁、谭华军的新著》刊于香港《大公报》,稿酬58.50元(1990年2月19日收到香港《大公报》广州办事处寄来)。

4月18日,陈家驹来,协助整理《艺术文献检索与利用》。陶筱延的非书资料部分,问题甚多。嘱刘双魁查对资料。陈22日与我商改前言后,离苏。

4月26日午,携《艺术文献检索与利用》书稿赴京送审。27日午近2时抵京,徐雁接站。正逢大学生游行,受阻近两小时。住国家教委附近的实验中学招待所地下室。28日晨,肖自力驱车接去人口情报中心(肖已调任该中心党委书记兼主任)。去北大见李晓明,然后去朱天俊先生家吃面。29日上午,郭青、李梅、刘秀乡来招待所,我给各人《艺术文献》征订单(订单共印1 000份)。李因事先走。我请郭、刘在江苏风味餐厅进午餐。30日上午,徐陪我去国家教委拜访马樟根副司长,请他为6月培训班讲课,并对学位目录未为文献学独立立目提意见。看田敬诚。中午、晚上与徐雁在教委附近玉山居吃饭。5月1日晨,郭青来,带我去李梅家,陈文静亦在,5月2日晨,肖接我去人口中心谈《艺术文献》事。近午,刘秀乡接我们去她婆家吃饭,见其公婆李洪明、左盛华,其夫李葵。晚,李葵夫妇来招待所。5月3日晨,郭青的丈夫小韩送票来。上午李梅、徐雁先后来。徐送我到车站,15时32分开车。4日中午1时许抵苏,黄镇伟接站。返苏后,根据肖的意见修改《艺术文献》,并赶编6月办班用的教材。

4月,文化部《艺术教育》1989年第2期刊出《〈艺术文献检索与利用〉即将出版》。(样刊6月20日方收到)

5月11日下午,为我校举办的方志编纂培训班讲课。

5月14日,晚,与涂小马在南门乘船赴杭。15日晨到杭州,去浙江美术学院见倪明和白仁海馆长。上午与浙江美院出版社毛翔先副社长和贾培尧商谈出版事宜,并确定白仁海任责任编辑。中午,毛副社长宴请。傍晚去倪明家,见其妻、女。在倪家晚餐后,去贾培尧家交协议书。去潘耀昌家,耀昌在美国,二婶在上海,只汪珍琦及其子文光在家。住浙江美院招待所。16日上午洪波先生来访。与出版社程志华、郭怡恒去大众美术印刷厂联系出版业务,与技术员宋吟娟商议排版要求。晚,俞美霞来访,洪湛侯先生与涂小马、陈玉兰来。17日,汪珍琦派车送我至车站。

5月17日中午,抵苏州。得知我校学生罢课,刘双魁上课(教学实践)未上成。

同日,收到全国高校图工委函,通知我5月23日至26日在京开会(21日又来电通知改期)。

5月24日下午,校领导召开教授会议,请教授们联名发表要求学生复课的公开信,被与会者否决。

5月27日,全校体检。我上午检查,基本正常。29日查牙,6月1日做B超,未见明显异常。

5月30日,徐雁夫妇到苏州,联系7—8月间国家教委在苏州大学开教材会议事。

5月,《古典文学文献及其检索》获新加坡林大芽教授"渗进法"研究奖二等奖。奖金200元。(1989年12月30日收到奖状、奖金)

6月3日,"全国高校文献检索课教材教法研讨培训班"学员开始报到。在"六四事件"前夕,交通不畅的情况下,今天报到者仍达40余人。

6月4日上午,培训班举行开学典礼,张圻福校长致辞。16日下午举行结业典礼。此次办班,名额60人,报名人数64人,实到59人。学员来自全国25个省市自治区的50余所高校。因交通受阻,原定来讲课的朱天俊等先生未能来,外邀教师只有王长恭、葛永庆、沈宝顺。

6月4日,香港许礼平近11时来访,中午我家请他在招待所餐厅吃饭,然后叫小车接至家中,拍照留念。4时半,陪他乘小车至文物商店购对联数幅以及兰花帖,共2 760元,优惠160元,实2 600元。晚,在姑苏饭店进餐,与许同来的台湾远流出版公司王荣文、郝广才以及户外生活出版社陈先生在座。根据许的建议,赠王荣文我写的书7本。

6月19日,上海《书讯报》头版刊出陈家驹写的《艺术文献检索与利用》即将出版的消息。

6月30日,收浙江美术出版社转来大众美术印刷厂《艺术文献检索与利用》一校样及宋吟娟信。

7月1日,中国索引学社筹备处编印的《简报》第1期在沪出版。

7月3日,范培松嘱我填写国家教委下发的专家库表格。

7月10日下午2时,离校乘车赴杭,晚8时45分抵杭,倪明来接,住省军区第二招待所。11日上午,去大众厂谈印刷业务。回,校阅《艺术文献》封面及扉页、图版。经再三考虑,为顾全大局,在扉页后作者名单加副主编陶小延。晚,涂小马、陈玉兰来,领校对任务。12 日,陈家驹与王建珍到,校对。13 日晚,浙江美院设宴招待,王先强副书记、教务处徐永强处长、图书馆白馆长在座。在餐厅遇北京电影学院张客,向他打听郭青情况并托致问候。15 日去水利印刷厂校阅封面、图版。17 日返苏。

7 月 20 日下午至 22 日上午,在华侨饭店参加苏州市第三届归侨、侨眷代表大会。蔡焕年、李惠然、程战铭和我参加。

7 月 24 日下午,为本校高师本科函授班讲授文献检索课。25 日上午继续。

7 月 27 日,请岳父之弟浦叔叔(自广东来)吃饭。岳父母、大伯、伯母、诸滋源、郭枫、薛峰、诸琦、诸玮都来。

8 月 1 日,填妥《归侨、侨眷知识分子登记表》,一式三份,交校统战部。附信一式两份,分别给统战部、郑薇青,谈任务繁重,要求从研究生中留助手。

8 月 14 日,《大众美术报》刊出《我国第一部艺术文献指南出版》。(我以笔名龚鸣供稿)

同日,徐雁为筹备全国高校教材会议事来苏州,下午到我家。

8 月 15 日,上海《新民晚报》刊出《艺术文献检索与利用》出版的消息。(陈家驹供稿)

8 月 18 日,收倪明信,告知《艺术文献检索与利用》已送杭州望江厂装订。

8 月 21 日,参加国家教委高教司召开的全国高等学校"八五"教材建设规划工作座谈会。22 日,徐雁陪同拜访高教司王镭副司长。王系医学教授,曾师从老舍、吴晓邦学艺,去过西藏三年,写过藏医、法医方面的书,是学者型人物。会间,受范伯群之托,向高教司教材处孟祖贵处长询问自学考试教材《中国现代文学史》的编写问题。25 日开总结会议,王镭在总结报告中谈到:应给青年教师编参考书,例如学会查资料就是其中一个方面,像潘教授所研究的那样。

8 月 28 日,购活动藤躺椅一只,39.60 元。8 月,《江苏省高等学校教授录》由南京大学出版社出版,收录潘树广。

9 月 1 日,涂小马自杭州托运 231 册《艺术文献检索与利用》至苏州。此书版权页:1989 年 8 月第 1 版,印数 5 000 册。240 千字,插图 21 幅,定价 3.50 元。稿酬为每千字 18 元,全书文字稿酬 4 500 元。我得款数:文字稿 925 元,图 1 幅 4 元,主编费 358 元,三校费 50 元,应得 1 337 元。

扣除所得税 107.40 元(537 × 20% = 107.40),三校费 50 元(给陈家驹、涂小马),实得 1 179.60 元(1989 年 12 月 4 日收到,倪明经手寄来)。另,此书以七五折包销 2 000 册,苏州大学负责汇总订单,倪明、陈家驹负责发货,于当年 12 月 12 日全售出,纯利 870.51 元,支付各发行人劳务费及文献研究室集体劳务提成,节余 87.01 元。

9 月 4 日晚,首次在新教学楼 205 室为苏州大学夜大学中文系 87 级 48 名学员上文献检索课。

9月5日，收钟贤培信，告知《古代诗词知识辞典》已校对完毕。我将此事告知周秦(他为该辞典写了部分条目)。

9月6日，发信姜礼尚校长，要求从研究生中留助手，并约时间面谈。15日下午4时许与姜面谈，姜只同意留一人。

9月13日上午，到诸滋源来，告知连襟郭春荣去世的噩耗，即与滋源、郭枫随春荣之妹赴莘塔郭家。下午4时许，去平望，在殡仪馆与春荣遗体告别，甚怆。夜宿莘塔。14日晨，随南京汽车公司便车返苏。

9月14日，《苏州大学(校刊)》刊出辰水(勇振益)撰《我国第一部艺术文献指南〈艺术文献检索与利用〉出版》。

9月20日上午，在日语教研室与日本东京学艺大学荒尾祯秀副教授面谈，吴少煖、李惠然陪同。荒尾带来松冈荣志信，告知《书海求知》日译本再版。荒尾要我开列参考书目。

9月23日，交文献研究室近期工作汇报给科研处李辰民副处长。

同日，收到日本竹治贞夫博士寄来《近世阿波汉学史研究》一厚册。

9月24日，写信给我校党委组织部，要求留两研究生当助手。25日将信交郑薇青。

9月27日清晨，二姐础馨来，住数日。

9月，《五对照检字手册·序》发表。《五对照检字手册》系张意馨、董志翘编，江苏科学技术出版社1989年9月版。

同月，辅导我系排演大合唱，为《没有共产党就没有新中国》编配和声。

同月，《全国高校文献检索课教材教法研讨培训班纪实》载全国高校图工委铅印《简报》总第54期，笔名曾巍。

9月至学期末，上三门课：夜大学中文87级，文献检索；中文88(3)班，语言文学文献；全校公选课(财院、历史系、外语系、政治系)，85人，文献检索导论。指导武汉大学图书情报学院苏州函授站本科生毕业论文，5人：常熟高专2人(陈永进、王××)，上海师大1人(许大猷)，苏州第四人民医院1人(邹志宏)，我校1人(王海)。

10月2日，香港《大公报》刊出薛毅《打开艺术宝库的钥匙——读〈艺术文献检索与利用〉》。

10月7日，托荒尾副教授带书到日本赠友人：赠松岗荣志《艺术文献检索与利用》；赠古屋昭弘《语言文学文献检索与利用》、《中国文学语言学文献指南》，并请他转交松浦友久、鳟泽彰夫各一册《中国文学语言学文献指南》；赠青山宏《语言文学文献检索与利用》。

10月17日，文献研究室开始收到中国索引学社社员会费。

10月18日晚，开始在物理楼给全校四院系上文献检索导论课，徐斯年来听课。

10 月 28 日，近午，五兄、五嫂和维周来。住东区接待站。

同日下午，在南林饭店宫灯厅参加我校夜大学中文专业优秀学员发奖仪式暨联欢活动（陈建军班）。

10 月 29 日下午，与五兄树栋等去岳母家。晚，他们返沪。

10 月，《古典文学文献及其检索》获中国图书馆学会颁发的图书馆学、情报学特别奖。（奖状 1990 年 4 月收到）

11 月 3 日，为我校举办的方志编纂培训班讲课。讲课费 30 元，讲义《修志人员文献检索能力的培养问题》（四通打印 16 开 14 页）编纂费 45 元。

11 月 6 日下午，侄维周、侄女建萍来，晚返沪。

11 月 18 日中午，江南社会学院俞德茂与该校图书馆李馆长随车来，接我去作情报检索报告。院长及罗书记接待。下午 2 时至 4 时 45 分作报告。

11 月 20 日，收日本早稻田大学古屋昭弘 11 月 10 日信，说《中国文学语言学文献指南》"对我们编的书进行增订工作，比原来方便得多。松浦先生以及全体中文系教师都感谢你们。"

11 月 21 日，收日本竹治贞夫博士为索引学社的题词。

11 月 22 日，范培松与我谈研究生招生事（1990 年度），说我与严迪昌的明清文学方向合一个名额，谁成绩好录取谁。名额紧张，中文系只有 4 个名额。

同日，晚，全校选修课《文献检索导论》结束。同学们热情高涨，报以热烈掌声。

11 月 24 日，研究生招生办顾剑萍告诉我，昨校长召集会议，删去一些分不出去的研究生专业，中文系增一名额。这样，我与严可各招一名。（后因吴企明要求招一名唐宋诗词研究生，便变成三个方向招两名）

同日，收香港马国权为中国索引学社的题词。

11 月 25 日下午 2 时 25 分，乘火车赴天津。26 日中午 11 时 25 分到达。

11 月 27 日至 29 日，在天津南开大学参加文献检索课系列教材编审委员会第七次扩大会议。因肖自力已调往人口中心，这是最后一次参加编审委员会会议。国家教委条件装备司副司长马樟根、处长董哲潜出席会议。除编审委员会九人外，余向春、侯汉清、徐鑫武与会。会议责成江乃武、朱天俊和我主持调研我国高校情报用户教育现状，并拟订了若干子课题。我分工调研全国高校文科文献课的建设。会议期间，请肖自力资助中国索引学社，肖表示请学社编纂近百年中国人口学资料索引，以课题费的方式进行资助。我草拟了编纂计划交与肖。惠世荣 27 日晚来访。侯汉清给我看他为中国大百科全书写的几条有关索引的条目，征求意见。陈光祚给我看他写的论文稿《文献流的整序、测度与导向——关于目录学研究对象的再思考》，颇有新意。

11 月 30 日上午 8 时，离南开去火车站，惠世荣赶到车站送行。9 时整开车，12 月 1 日 5 时 50 分抵苏。

12 月 1 日，见王知伊先生治丧委员会寄来的讣告，惊闻王知伊先生于 11 月 23

日仙逝,享年 72 岁。去邮局发唁电。

12 月 4 日,侄女玉婷与孙安伟旅行结婚,晚到我家。7 日离开苏州。

12 月 5 日,荒尾祯秀自日本回,带来松冈荣志给我的《书海求知》日译本第二次印本。

12 月 7 日上午,去招待所大会议室为江苏省高校系图书资料室经验交流会暨工作研讨会作了半小时报告,然后解答与会代表提的问题。

12 月 18 日,见苏州大学 1990 年度攻读硕士学位研究生招生简章,我招的研究方向是文献编辑学。

12 月 23 日,收到香港许礼平寄来的《名人翰墨》创刊广告。

12 月 24 日上午,与黄镇伟乘长途汽车去昆山,在震川园参加中国索引学社(筹)第一次办公会议,昆山文管会陈兆弘接待。葛永庆、嵇果煌、林申清参加会议,庄吉(兆弘之子)协助会务。会议交流情况,讨论章程、人事安排等问题。当晚返苏。

12 月 25 日,致函武汉大学彭斐章教授,请他任中国索引学社顾问。彭先生 1990 年 1 月初复信同意。

12 月 27 日下午,与黄镇伟去大儒巷,每人买了一只石英管取暖器。

12 月 29 日,收到徐雁函,约我为《当代社会科学大辞典》撰写文献学方面的条目。(徐已调至南京大学出版社工作)

1990 年 (51 岁)

1 月 4 日,研究生答辩。答辩委员会:贾植芳、曾华鹏、王永健、徐斯年、潘树广。施勇勤的硕士学位论文《郑振铎对文学文献学的贡献》全票通过。

1 月 9 日下午,参加学校召开的研究生招生命题工作会议。得知我校上年(1989)仅招硕士生 24 名,走入低谷。当年招 40 名。

1 月 10 日,葛永庆与上海人民出版社历史室朱子思来,研究中国索引学社事,黄镇伟在座。中午,四人在东区食堂进餐。

1 月 15 日,在电教室召开《中国古典文学研究方法论信息库》鉴定会。复旦大学陈允吉主持。鉴定委员 7 人:陈允吉、钟元凯、王长恭、金学智以及环保学院、苏州市情报研究所等单位的同志。沈雷洪副校长讲话。会议开一天,中文系近 10 位教师参加。与会者对该项目表示满意,鉴定顺利通过。(《计算机世界》3 月 21 日报道)

1 月 15 日,致函顾廷龙先生,请为《文献学辞典》题字。2 月 2 日收到题签,隶、篆各一条。

1 月 22 日,收到钱亚新先生治丧小组讣告。先生于 1 月 17 日仙逝,享年 88 岁。中午,发唁电。

1 月,阅读有关史料学的书籍、资料,制卡片。

2月12日上午,惊闻尤振中肺部手术情况不佳,下午去医院探望。18日,振中兄不幸去世。22日,参加追悼会。

2月14日,修改完毕征集到的6篇有关索引的文章,下午寄王长恭,请他在《文教资料》发表时,注明中国索引学社(筹)供稿。

2月16日,编好《编辑工艺》参考资料,附印。

2月24日上午,去研究生办交试题,得知文献编辑学方向有王新华报名。

2月26日下午,陪教育心理教研室朱永新去十中,朱为高二(3)班作有关考试心理的报告。这是应潘欣的班主任的要求而安排的活动。

同日,《我校文献检索课现状与展望》刊于《苏州大学校刊》。稿酬15元。

2月,继续阅读有关史料学的书籍、资料,制卡片。

同月,《大学图书馆学报》1990年第1期刊出《〈艺术文献检索与利用〉出版》,我以笔名文毅供稿。

2月至学期末,讲两门课:88(1)、88(2)班,语言文学文献检索;87(3)班(展亚平班),编辑工艺。指导毕业论文:中文系本科卞亚华,夜大学中文专业卜鉴明。

3月1日,收潘耀昌信,询问有关清代幕府的资料和犹太人的资料。晚,复信解答。

3月5日,开始校对《文献学辞典》。

3月18日,中国大百科全书出版社上海分社嵇果煌来,传达15日在华东师范大学召开的索引学社筹委会会议情况(我与黄镇伟因太忙未参加会议),并带来学社社员名录。

3月中旬,与涂小马陆续寄出全国高校文科文献检索课抽样调研表,计31份。

3月24日,施勇勤自沪回,讲述因空军政治学院接受她去工作之事变卦,她另找工作单位的情况。她偶见上海出版印刷专科学校招聘教师,抱着试试看的心情去联系,较顺利。她在该校看到我写的书,接待者对我有所了解,等等。

3月,继续阅读有关史料学的书籍、资料,制卡片,整理卡片。31日正式动笔写《中国文学史料学》我所承担的部分。

同月,陈荣富等主编的《当代中国社会科学学者大辞典》由浙江大学出版社出版,收录潘树广。

同月,陈东辉的《试评〈语言文学文献检索与利用〉》一文刊于《浙江高校图书情报工作》1990年第2期(总第8期)。

4月11日,《中国文学史料学》课题领导小组(我、黄镇伟、曹林娣)开会,调整了编写计划,研究了署名等问题。潘树广、黄、曹为编委,潘树广系主编,扉页署名。写作超过10万字者,为主要执笔人,在扉页上署名;不满10万字者,扉页上不署名,只在前言中说明。

4月15日,一早参加系运动会开幕式。曹林娣说,她的北大老同学王克谦在黄山书社当编辑,曾在她家见到《中国文学史料学》的编写计划,欲接受出版。我与黄镇伟研究后,请曹去信联系。

4月20日下午2时,在新教学楼为全国方志编纂培训班讲课,并介绍张、董的《五对照检字手册》。张意馨携《五对照检字手册》至教室出售。

4月23日,收铜山县郑集中学陈洪仁信,说当年报考研究生,第一志愿填南京师范大学,恐难录取;第二志愿填我,望能转入我处。(后因分数未过线,未能录取)。

4月28日,得知涂小马的未婚妻陈玉兰不可能留在杭州,小马分入杭州无望,要求留在我系。

5月2日,收到辽宁经济研究中心来函,说在《南洋商报》见到评介《艺术文献检索与利用》的文章,欲购此书。随信寄来文章复印件。此文实系转载香港《大公报》薛毅文,但用简体字排。(《南洋商报》盖新加坡或马来西亚出版)

5月4日,报考研究生试卷阅卷工作今日进行。因王新华缺考(王已从南京调来苏州),我无卷可阅。

5月5日中午,去车站接参加答辩的郁贤皓、吴新雷等。晚,与郁拜访郑薇青、俞明。

5月6日,硕士生答辩。答辩委员会成员为:陈多、郁贤皓、吴新雷、王永健和潘树广。陈、郁任主席。涂小马、刘双魁、钟明奇三人毕业论文均通过。中午,系里宴请。晚,应启后、陈一明、卜仲康、张鹄和我宴请郁。

5月9日,天津大学范铮来系找我,未遇,留条。下午去招待所拜访范,未遇,留条。

同日,晚,涂小马、陈玉兰送来结婚喜糖。

5月19日,黄镇伟告诉我,他刚从南京开会回来,江苏省成立文献检索教学研究会,我被推为理事。

5月31日,致函葛永庆,再次表示我不担任中国索引学社社长。

6月4日,收到惠世荣汇来《经济文献检索与利用》审稿费83元。

同日,收黄山书社王克谦信,望我将《中国文学史料学》交该社出版。

同日,头晕,去医务室量血压,150/100,小李医生嘱我休息一周。

6月6日,复查血压,更高:160/100。

6月8日上午,上海大学文学院文献信息管理系三教师来访,了解文献检索课开课情况。下午,长春邮电学院图书馆副馆长张祥琯来访。

6月11日,去医务室复查血压,140/90。

6月12日,八中要美芬参加人口普查,诱发视网膜炎复发。上午涂小马陪我去八中找校长张耀林请假,并就职称评定与工作安排问题与张交涉。

同日,我写的《〈中国文学史料学〉研究进展》打印好,送有关领导和执笔人。

6月22日上午,严迪昌、吴企明和我主持研究生复试。范培松在此之前表示,我可在复试的两考生中选一人。若选不中,则将名额让出。我考虑到朱、徐两考生均未报文献学志愿,决定让出名额。23 日,范对我说,次年我可招两人。

6 月 26 日,着手进行《文献学辞典》的三校。7 月 4 日完成。

6 月 27 日上午,参加研究生毕业典礼。全校毕业研究生共 80 余人。拍照。

中午,请施勇勤、刘双魁、涂小马到开明西餐厅吃西餐,祝贺他们毕业。

6 月 30 日,得知《情报资料工作》1990 年第 3 期(5 月 25 日出版)发表署名为"黄祖礼"的《简评〈艺术文献检索与利用〉》,并寄来稿费。黄镇伟收到收发室通知单,认为文章非他所写,将单退回。我反复回忆,方记起去年给《情报资料工作》寄此稿,用"黄祖礼"之笔名(黄助理之谐音),黄亦记起我当时与他说过此事。请黄将稿酬 18 元买实用品分送收发室小曹、系办公室徐红和黄恒炳。

同日,晚,参加我校夜大学中文专业结业典礼,并唱粤语歌。

7 月 3 日下午,涂小马在系里试讲(留校的业务审查),内容为干支纪年。

7 月 7 日,潘欣参加高考。气候炎热之极。9 日考毕。

7 月 15 日,致函日本东方书店安井正幸,索取《东方》杂志。31 日首次收到,此后逐月收到。

7 月 19 日,黄镇伟为《文献学辞典》核红事赴南昌。27 日回。

7 月 26 日上午,参加我系 64 届甲班(陈少松、顾浩班)校友会。晚,聚餐。

7 月 27 日上午,去十中了解潘欣高考成绩,总分为 395 分,十分意外。下午,与潘欣再去十中,知分数确如此。当年考分普遍低,市大专最低分数线为 400。

同日,王余光与钱婉约首次来我家,赠我《影响中国历史的三十本书》,回赠《艺术文献检索与利用》。

7 月,《工具书的工具书》(《中国工具书大辞典》序)载于《辞书研究》1990 年第 4 期,稿酬 110 元。《中国工具书大辞典》1990 年 11 月由福建人民出版社出版,该社又寄来 114 元。

8 月 8 日,收全国高校图书情报工作指导委员会(以下简称图工委)通知,21 日至 25 日在北京召开有关调研报告的会议。19 日复电,告知不能与会。

8 月 27 日,吴培华告知,财院函授普通班分数线 380 分,潘欣 395 分,可过线。

尹恺德主编的《中国当代社会科学人物》由重庆大学出版社出版,收录潘树广。

9 月 12 日,完成徐雁托写的《当代社会科学大辞典》词条 17 条。13 日交黄镇伟寄宁。

9 月 20 日下午,施勇勤自沪来,说已在上海出版印刷专科学校出版系工作,安排她上编辑学概论、出版学概论。但本学期无课,去上海人民出版社实践。

同日,与潘欣去公园会堂参加市侨联举办的联欢会,有本市侨界的节目和上海市侨联艺术团(童自荣、沈小岑等)演出的节目。

9 月 26 日,系科研秘书通知:下年招两名文学文献学研究生。

同日,晚,与美芬、潘欣去大礼堂参加中文系文艺晚会。我演出"有奖听歌",气氛颇热烈。

9 月 27 日下午,参加校统战部举办的文艺茶会,我为马巧新手风琴伴奏。

9 月 29 日,系科研秘书嘱填学术带头人表格。30 日交系办。

9 月至学期末,上两门课:87(1)班、87(2)班,编辑工艺,选修;唐宋文学研究方向研究生赵梅、朱浴宇,文学文献学。

10 月 3 日,潘欣收到财院函授普通班(财会)的录取通知。

10 月 5 日中午,与工学院钱振雄、财务处傅子麟同往南京参加职称评审会。住南京航空学院。我参加图书资料系列的评审,6 日上午开会,7 日下午 4 时结束,共评中级职称 47 人,高级职称 16 人。8 日午离南京,下午 1 时 45 分抵苏。

10 月 9 日,省重点学科检查组的领导和专家来校。我系古代文学、现代文学等学科申报重点学科。下午,专家组来系参观成果展览并开会提问。唐文问如何使语言学为古典文学研究服务的问题,我做了回答。17 日,系行政通报,我系古代文学、现代文学被评为江苏省重点学科。

10 月 10 日,晚饭后去东区 4 幢 305 室杨效山家,拜访从北京来的杨殿珣先生,赠《中国文学语言学文献指南》一册。

10 月 11 日,去苏州图书馆参加图书馆学会学员代表会议,受聘为学术顾问,领取聘书。

10 月 13 日,去我校专家门诊请崔医生看消化道病,开中药。坚持服用一阶段后,有好转。11 月 9 日,指出我体质属寒性,宜吃生晒参、红茶,不宜吃西洋参、绿茶。

10 月 22 日晚,乘船赴杭。23 日晨抵杭,住西子饭店,参加全国高校文献课课程建设研讨会。东道主是浙江大学余向春。中午,俞美霞与陈东辉、杨雨蕾来访。晚,潘耀昌来访。

10 月 24 日上午,研讨会开幕式。正式代表 39 人,列席代表 19 人。李晓明致开幕词。编审委员会成员、浙大领导在主席台就座。编审委员会决定近期的主要工作是按大学科制订文献课教学基本要求,我负责起草文科类。26 日,游览灵山幻境、竹径、虎跑等地。

10 月 27 日下午 1 时,许返抵苏州。马卫中找我,说管林夫妇昨抵苏。晚,与范培松去东吴饭店拜访管林夫妇。28 日,与卫中陪管林夫妇游盘门、民俗博物馆等地;中午,我在校招待所宴请。

10 月 30 日,收到格致中学校友会苏州分会联系人孙常龙信。

同日,下午为我校举办的全国方志编纂培训班讲课。

11 月 4 日,岳父母来家吃螃蟹。

11 月 7 日,系里布置填写国家教委发下的教师信息表。晚,去花苑饭店看徐祖友,徐告知《中国工具书大辞典》将出版的消息。我与徐谈明年涂小马去《辞书研究》编辑部见习一事。

11 月 8 日,去系,黄镇伟谈在华东师大参加中国索引学社筹委会的情况。

11月9日,87级女生王建说要报考我的研究生。根据她的成绩,可能免试保送。13日再与我谈此事。15日,在王递交的免试申请书上签字同意。

11月10日下午,参加校长和研究生部主任主持召开的全校研究生工作会议。12日下午,在系里开会。24日,再在校里开总结会议。

11月14日,去苏州市自学考试办公室为潘欣报名:英语专科段。受寒,不适。17日,因咳嗽厉害,医嘱透视,诊断为炎症。

11月26日,收陕西人民出版社汇来《古典文学文献及其检索》“再版印酬”77.88元。(1990年10月第5次印刷,印数12 801—15 800册,定价4.90元)

同日晚,史小娟陪王建来。王说,父母反对她读研究生,理由是读研究生吃亏。王27日上午去电,父母仍不同意。王找我,哭。又写信给我,说不能读了,表示很难过。

11月29日,黄镇伟说,人口情报中心与中国索引学社正研究签协议事,情报中心拟先汇1 500元来。

11月30日上午,87级童斌、柳应明与我谈报考研究生事,均表示第一志愿报文学文献学。

12月2日,刘元蓉突患白血病不幸逝世。6日下午,参加追悼会。

12月18日,去研究生部,得知报考我的文学文献学研究方向的有陈洪仁、李曼泓、童斌、柳应明、陈雷,共5人。

12月30日,黄镇伟告知:文献研究室账号已并入书刊发行组账号,账上有5 000余元。户名:苏州大学书刊发行组(文献室),开户行:交通银行苏州支行,账号:6101490003 - 40。

12月,肖国良等主编的《当代中青年社会科学家辞典》由长春出版社出版,收录潘树广。

12月,《中国文学语言学文献指南》获中国图书馆学会颁发的“二次文献成果奖”。(证书1991年3月11日收到)

1991年(52岁)

1月2日,收北京大学出版社胡双宝寄来《社会科学文献检索》重印稿酬130元(另有130元托我交华人德)。这是1990年1月第3次印本,印数22 201—28 200册,定价5.65元。

1月7日,收葛永庆寄来中国索引学社《简报》第2期(1990年12月15日出版)。

同日,收到香港寄来《光华》杂志。该刊系台湾所办。不知何人所寄。

1月8日,清晨,空腹至第一人民医院验血——血流变。(上月胸闷不适,12月13日就诊于一院神经内科,医生在送验单上写“脑动脉硬化”)12日取化验结果,谓血流很慢。

1月9日,阅改委托涂小马修订的《文献检索导论(教学纲要)》,并写前言。这是全校公选课所用讲义,我始编于1988年初,迭经修改。这次请小马再补充些新材料。

1月26日下午,参加校统战部召开的春节联欢会,我为他人伴奏,并演唱香港电视连续剧《霍元甲》主题歌。

1月29日上午,与黄镇伟、曹林娣、涂小马开会研究加快《中国文学史料学》写作进度一事。决定6月完成上册,11月完成下册。

1月31日,上午在校招待所参加省里来人召开的座谈会,了解归侨、侨眷保护法落实情况。

2月2日上午,赴沪。维周正好昨晚从广州回沪。五兄树栋与我详谈香港北辰果子厂有限公司的情况。下午,五兄、维周陪我买日本理光傻瓜照相机。晚,五兄全家卡拉OK热。3日,侄女健萍陪我上街购衣物。用新照相机拍照。中午离沪,下午抵苏。

2月5日,动员美芬上街购衣。在人民商场购上衣一件,121元。购裤料四块。

2月11日,维周一早来,带来洗衣机计时器。与维周、潘欣上街购物。在校园内拍照。维周当晚返沪。

2月22日,收到江西教育出版社寄来《文献学辞典》样书两册。版权页:赵国璋、潘树广主编,136万字,1991年1月第1版,印数4 300册,定价15.50元。全书稿酬总额39 168元(3月18日收到)。我得数额:正文稿酬872.80元,前言、凡例、简称表、主编费1 887.90元,总计2 760.70元(4月20日领取)。

2月24日,完成我所承担的《中国文学史料学》第一编初稿。经修改补充,3月14日起陆续交赵明誊清。

2月26日,起草文献检索课教学基本要求(文科)。3月1日起,寄全国高校图工委、编审委员会有关同志和有关高校。

3月8日,见到国家教委高教司1990年12月28日《关于部分教材编审补助费的通知》:"委托高等教育出版社,于1990年10月23日汇往你校经费1 000元,系我委'七五'计划内《古典文学文献及其检索》教材编审补助费。请准予上述教材主编报销。"我校校办今年1月26日收此文。沈副校长、陆处长、薛咏英已阅,财务处3月2日退还机要室。

3月10日,日本松冈荣志带了几名学生访问钱仲联先生,我陪同。11日,松冈等参观我校古籍部,今井佳子拿着她在日本内山书店买的《书海求知》要我签名。

3月11日晚,刘双魁和爱人来访,送结婚喜糖。

3月17日,开始写《中国文学史料学》史源论部分。
同日下午,葛永庆自沪来,取中国人口情报中心汇来的部分经费(700元)。

3月19日,美芬的大伯母不幸去世,全家去吊唁。20日下午,与遗体告别。

3月22日,写《中国文学史料学》中有关史料问题的哲学思考。

3 月 23 日,去天益生中药店配保心丸。

3 月 26 日,写《中国文学史料学》中有关史料的层位问题。这是我比较分析了国内外有关论著后,借用地质学术语提出的一个新的史料学概念术语。

3 月,《全国高校文科文献课建设调研报告》载于《大学图书馆学报》1991 年第 1,2 期合刊(3 月 15 日出版)。稿酬 82 元。

3 月至学期末,上两门课:89(1)、(2)班(分小班上课),语言文学文献检索;全校公选课(财院,政治系、历史系),文献检索导论。指导本科生王欣、李莉、俞祝强写毕业论文。

4 月 4 日,收到日本松浦友久委托辽宁教育出版社王之江寄来《中国诗歌原理》中译本(孙昌武、郑天刚译)。

4 月 8 日,收五兄树栋信,惊悉四姑潘焕仙去世。

4 月 9 日,下午赴沪。晚,上海大学文学院陆惠鸿、郜明陪朱天俊、王长恭和我共进晚餐。10 日和 11 日上午,参加文献信息管理系主持的"社科文献检索课程建设"研讨会。首次与华东师大陈誉、复旦大学吴浩坤、空军政治学院张琪玉相见。

4 月 11 日下午,去南苏州路家中见五兄,吃早晚饭。五兄、健萍叫出租车送我到车站,10.80 元。晚上回到苏州家中。

4 月 13 日,凌厉下午来访。她当时在靖江教育局教研室工作。

4 月 14 日,去校医院体检,陈易人等名医来。做 B 超等检查。

4 月 22 日,前日晚起腹胀不适,是日晨坚持给 89(2)班上课。课后,该班王建(与 87 级的王建同名同姓)等学生与我一起拍照。中午,不适更甚。

4 月 24 日,应校学生通讯社之邀,下午在新教学楼讲编辑工艺课程。

4 月 25 日,上午,与黄山书社王克谦在系主任办公室商谈《中国文学史料学》出版事。黄镇伟、曹林娣、涂小马先后来参加商谈。

4 月 29 日,收到 89(1)班胡佳的条子,希望报考我的研究生。

5 月 2 日,傍晚,南京师大张瑗来访,带来赵国璋先生信。我陪他拜访尤振中夫人刘翠霞。

5 月 6 日中午,曹培根来。他的《汉语史料学》申报青年社会科学基金,要我写推荐意见,我当即写好。

5 月 8 日上午,研究生招生复试。考生童斌、陈洪仁。陈自徐州赶来。陈考试已过线,但铜山县教育局不同意放陈,陈说返徐后再交涉。(结果仍未读成)

5 月 13 日,贾植芳先生来苏州。我送《中国文学史料学》部分书稿请他审阅,请他写审稿意见和序言。

5 月 20 日,致函顾廷龙先生,代江西教育出版社汇去题字费 200 元(顾先生、潘景郑先生各 100 元)。

5 月 22 日,孙黎明来苏州开会,我中午去葑门招待所拜访。她原是《情报资料工作》编辑部主任,今在《党建》杂志工作。

5月至6月,陆续审改各执笔人交来的《中国文学史料学》稿。

6月1日下午,总支书记倪均强与学生会主席刘芳来,要我指导我系师生大合唱(参加校比赛)。

6月2日,吴培华、姚鹤鸣、张鹄等教师自发为应启后夫妇庆祝60岁生日,晚在东吴饭店聚餐,连我共11人。

6月3日,贾植芳先生来苏,前去拜访。贾先生说,因去庐山,审稿意见尚未写。又说,我的书他看过,因我申报教授的材料是他写评审意见的。

6月4日,完成《中国文学史料学》上册我所承担的部分。

6月10日,写好《中国文学史料学》誊稿规格要求的文件,复印数份,以便各人誊稿格式一致。

6月18日,我家电话装好,通话。分机号码884。已付安装费500元,以后尚需逐月交维修费10元。

6月22日上午,参加我系87级毕业联欢会,气氛热烈。我唱粤语歌《万水千山总是情》,卜仲康和同学们随节拍跳交谊舞。

同日晚,87级王建来告别,赠稻草人小礼品,并说,她分到常熟高专教语音。

6月25日,写《中国文学史料学》前言。

6月26日中午,去吴县大会堂参加歌咏比赛。我指挥我系师生唱《没有共产党就没有新中国》、《在希望的田野上》,后者有伴舞。

7月2日,复印我设计的《中国文学史料学》封面草样。

7月4日下午,全校各系召开紧急会议:因水灾,提前于明日放假。

7月5日中午,发现裤后血迹,全家大惊。下午去第一人民医院检查,吴龙医师找出了出血点,认为不必灌肠拍片,观察两天再说。后按我校陈永生医师嘱连续验三次小便,未见异常。

7月10日,与黄镇伟、曹林娣开会研究《中国文学史料学》事,明确下册9月底交稿。

7月9日至11日,根据各校反馈意见,修改文献检索课教学基本要求(文科),誊清、复印,寄全国高校图工委。

7月12日,开始写《中国文学史料学》下册我所承担的部分。

同日下午,在校招待所参加我系66届校友会。我曾任该班班主任。晚,聚餐。

7月15日,在人民商场称体重,59公斤(连鞋),颇瘦。

7月16日,嘱潘欣根据我在古籍目录上做的记号制卡片。17日,郭樱来住,亦请她制卡片。

7月19日,赴宁,参加南京师范大学中文系61届校友会,郁贤皓、李锁华等操持此事。61届分四个班。在20日的大会上,我代表1班发言。21日,游雨花台、秦淮河、贡院、夫子庙。去王荣芬先生家,邻居告知王先生因心脏病住院抢救。即赶往胸科医院六病区。已转院,未能见到。21日晚,聚餐。22日上午离宁。下午2

时许返抵家中。

7 月 28 日,帮岳母搬家。从卫道观前搬到彩香一村。

同日,黄镇伟送《中国文学史料学》上册书稿至黄山书社。

7 月 30 日晚,大学同班同学徐浑来访。

8 月 4 日晚,管钰民带其子来,谈录取我校事。

8 月 5 日,涂小马从上海取来贾植芳先生审阅《中国文学史料学》的审稿意见和序言。

8 月 8 日,盛立民夫妇携女儿、女婿、外孙女来苏数日,我去招待所看望,聚餐。11 日,他们来我家。

8 月 12 日,装闭路电视电线。

8 月 19 日,去第一人民医院探望何孔鲁(因肝病开刀)、卜仲康(因消瘦而住院检查)。

8 月 26 日,陆湘怀与我谈申报优秀教材的事,我表示不申报。31 日徐斯年来电动员我申报,决定申报《艺术文献检索与利用》。

8 月 28 日,五兄树栋来电话,告知九舅父黄子云在安徽逝世的噩耗。

8 月,《〈中国工具书大辞典〉小议》载于《文教资料》(双月刊)1991 年第 4 期,稿酬 9 元。

9 月 6 日,参加本校召开的教师节奖励大会暨 30 年教龄教师大会,领取苏州市教育局、中国教育工会苏州市委员会颁发的荣誉证书。证书上写:"祝贺您为教育事业辛勤工作 30 年"。

9 月 10 日,参加本校研究生开学典礼。今年我招收硕士生一名——童斌。

9 月至学期末,上 4 门课:研究生童斌,文学文献学基础;研究生童斌,文献学名著选读;88(3)班,编辑工艺;全校公选课(因上学期选课者太多,财院一部分学生挪至本学期上),文献检索导论。

10 月 9 日,大哥、大嫂来苏州,住我家。11 日,兄、嫂、美芬、潘欣和我一起参加中文系迎新联欢会,我演唱粤语歌。13 日,兄嫂离苏赴沪。

10 月 23 日,华南师范大学钟贤培夫妇来苏。晚,在招待所设宴招待,马卫中、涂小马、陈玉兰陪同。

10 月 31 日下午,在我校举办的全国方志培训班给 90 余名学员讲课。

11 月 7 日,黄山书社寄来《中国文学史料学》上册校样。

11 月 14 日,完成《中国文学史料学》下册本人所承担的部分。17 日,下册以特快专递寄往黄山书社,邮资 50 余元。23 日寄出上册校对件,特快专递,20 余元。

11 月 23 日下午,参加苏州大学归国华侨联合会会议。党委副书记郑薇青、市侨联庄主席与会。校侨联主席蔡焌年作 1986 年侨联成立以来的工作总结。并举行换届选举。李惠然当选主席,程战铭和我当选副主席。

11 月 29 日,中国大百科全书出版社上海分社葛永庆、嵇果煌为索引学社事来苏。晚,便宴招待。

12月7日,草拟"粤语与粤文化短训班"开班设想。

12月11日,根据系领导布置,下午在全系教师会议上作关于培养研究生问题的发言。

12月14日,《解放日报》发表贾植芳为《中国文学史料学》所作序——《一部跨越古今的会通之作》。

同日,《〈中国工具书大辞典〉的几个特点》载于《文汇读书周报》第2版。

12月21日,收到南京大学文献情报系主任邹志仁信,邀我去南京大学作短期学术交流。收到高等教育出版社何毓玲来信,邀我任《古代汉语百科辞典》的专题主编。

同日,中午与潘欣赴沪,二姐亦在沪。22日返苏州,带回香港北辰公司所分款。

12月24日,赴沪,在华东师范大学参加中国索引学会(中国索引学会的前身为中国索引学社,1991年改名为中国索引学会)成立大会,并致词。当天赶回苏州。

1992年（53岁）

1月5日,动笔编《粤语概论》教材,本月15日完稿。

1月12日下午,校统战部召开迎春联欢会。我演唱粤语歌《凭着爱》。

1月,《辞书研究》1992年第1期发表陈玉兰的《〈文献学辞典〉的编纂特色与不足》。

2月27日,收到黄山书社寄来《中国文学史料学》下册校样。

2月,《刊庆寄语》载于《吉林高校图书馆》1992年第1期。

3月5日,赴宁讲学。南京大学出版社徐雁、文献情报系郑建明接站。晚,文献情报系副主任徐有富、徐雁等陪同在南京大学餐厅进餐。6日上午,与文献情报系部分教师座谈,徐有富主持,倪波、王继如、何小清、谭华军等参加。会后,系主任邹志仁陪同参观微机房、实验室。中午,吴观国来共进午餐。下午,作学术报告《中国文献学的现状与前景》。先是安排在小教室,后因人多坐不下,改在大阶梯教室作报告。晚,文献情报系宴请。

3月7日,上午先后拜访赵国璋先生、郁贤皓学兄。中午,郁携酒在南京大学小吃部宴请,叙谈甚欢。晚,返抵苏州。

3月8日,收到黄山书社寄来《中国文学史料学》上册三校样(但494页至599页出版社尚未三校)。

3月14日,收到《高校古籍整理研究学者名录》(北京师范大学出版社1991年10月版),刊有我的小传、照片;在《全国高等学校古籍整理研究教学、科研机构一览表》中,列有苏州大学文献研究室。同时收到《高校古籍整理十年》(江西高校出版社1991年10月版),其中著录我写的一些书。

3 月 20 日,江苏省教育委员会签发高级专业技术职务资格证书:"潘树广,男,出生年月:1940 年 1 月,任职资格:教授,任职资格时间:1988 年 12 月"(苏教职改字第 360088007 号)。

3 月 24 日,去苏州市图书馆参加市图书馆学会论文评议会。

3 月 30 日晚,粤语与粤文化短训班举行开学典礼。学员实到 50 人。

3 月至学期末,上两门课:(1) 研究生童斌,文献编辑;(2) 89 级昆曲班,艺术文献学。指导 88 级本科生顾惠娟毕业论文一篇。

4 月 10 日晚,美国印第安纳大学金赛研究所周炼红女士来访,询问有关《素娥篇》的问题。

4 月 21 日,赴宁,住南京师范大学南山宾馆 310 室,与朱天俊先生在一起。21 日,参加国家教委全国高校图工委、高教司召开的"文献检索课程教学基本要求"定稿会议。条件装备司副司长高炳章、高教司文科处阎志坚、图工委李晓明和罗丽与会。我与余向春、葛冠雄、王长恭负责"基本要求"的归纳、修改、定稿。与王长恭负责会议纪要的撰写。写本次会议报道。会议 24 日结束。25 日返苏。会议期间,拜余向春为师,学气功。

4 月,《史料学与文学史料学》载于《文教资料》1992 年第 2 期。稿酬 78 元(7 月 9 日收到)。

同月,《文教资料》1992 年第 2 期发表何连华的《取精用弘　由博返约——评〈文献学辞典〉》。

同月,收到中国索引学会聘为学术顾问的聘书。附函:"中国索引学会经主管业务部门国家新闻出版署审核,中央民政部注册登记,已于 1991 年 12 月 24 日在沪正式成立。"

5 月 11 日中午,去白云饭店与肖自力叙谈。他自京来苏开会。

5 月 19 日晚,金陵之声广播电台记者周瑞玉、青年作家薛冰来访。赠他们每人一册《艺术文献检索与利用》。

5 月,收到武汉大学研究生学位论文评阅人聘书。该校 92 届图书馆学专业研究生雷永立硕士学位论文题目:《中国近代辞书与文化》。

5 月 26 日,发明信片给上海杨祖希先生,感谢惠赠《专科辞典学》。去信北京高等教育出版社何毓玲,催问她约稿之《古代汉语百科词典》相关事宜。

8 月,《中国文学史料学》由黄山书社出版,全二册。版权页:潘树广主编,103 万字,印数:4 000 册,定价:平装 16 元,精装 21.50 元。

9 月至学期末,上两门课:(1) 研究生童斌,古典文学研究导论;(2) 唐宋文学研究生王晓骊、进修生王成、胡寿梅,中国文学史料学。

10 月 17 日,我作词、作曲的《苏州大学校歌》载于《苏州大学校刊》总第 423 期(校庆特刊)。

10 月 22 日上午,在市体育馆参加校庆大会。我指挥全体学生唱校歌,铜管乐队伴奏。

10 月 27 日,文献教研室受全国高校图工委委托举办的"全国高校贯彻《文献检索课教学基本要求》研讨培训班"开学。主讲教师:吴观国、朱天俊、王长恭、潘树广。11 月 7 日结业。学员 42 人,来自 17 个省市自治区。为该班编印的材料有:《〈文献检索课教学基本要求〉有关文件与参考材料》(潘树广编)、《我国文献检索教学与研究发展概述》(黄镇伟编)、《社会科学文献检索论著题录》(黄镇伟编)。

11 月,《社会科学文献检索》获国家教委颁发的第二届普通高等学校优秀教材二等奖(证书编号:教优 2099)。

12 月 7 日,赴沪,住华东师范大学。8 日,参加中国索引学会首届年会暨学术讨论会。

12 月 10 日,《文学报》报道了"《中国文学史料学》出版的消息"。

当年,江苏省教育志编纂委员会编《江苏省当代教育人名录(普通高等教育部分)》由河海大学出版社出版,载潘树广主要获奖情况。

1993 年(54 岁)

1 月,获苏州大学颁发的荣誉证书:"'文科文献检索课的建设与改革'荣获一九九二年优秀教学成果一等奖。"

3 月至学期末,上课:91(1)班,语言文学文献检索;90 级,中国文学史料学,选修;89 级,编辑与装帧,讲座。编讲义:《编辑与装帧》,16 开,30 页;中国文学史料学选修课习题及参考资料。8 开,7 页。指导 89 级本科生薛涛毕业论文一篇。

4 月 17 日,《作家报》发表宋炳辉对《中国文学史料学》的评论文章:《传统学科的集成与创意》。指出:"尤其值得称道的是,著者认为中国文学史料是一个历时性的概念,因此并不限于中国古代文学史料,还应涵盖近代与现代文学史料,这就结束了传统文学史料研究中的古、近、现代文学划疆而治的局面,贯古通今,从整体上全面考察此学科的历代发展,因此被文学史料学专家认为是一部跨越古今的会通之作,对中国文学史料学的研究向前跨越一大步,是一个新的起点,对学科的健全发展也具有开创和奠基意义。"

4 月,《苏州大学学报(哲学社会科学版)》1993 年第 2 期发表曹培根的《一部有奠基意义的文学史料学专著——〈中国文学史料学〉评介》。文章指出:"书中新见迭出,具创新意义。如史源论借用地质学术语'层位'来指称来自不同时间与空间的史料,并对史料进行科学的划分,便于人们在纵横交叉、左右联系的史料中进行价值评判和合理利用。"

5 月 5 日,新华社发布电讯《〈中国文学史料学〉出版》说:"由著名文献学专家潘树广教授主编的《中国文学史料学》一书已由黄山书社出版。这是我国第一部通论古代、近代、现代文学史料的专著,被有关专家认为是一部有开创性和奠基意义的著作。""全书思路清晰,资料翔实,立足于历史的高度,充满思辨色彩。中华文学史料学会会长贾植芳教授称其是'对中国文学史料学进行整体性的历史考察与方法研究的重要学术成果,具有重大的理论意义和实用价值。'"(新华社《新华每日电讯》1993 年 5 月 6 日)

5 月 8 日,《文艺报》报道了《中国文学史料学》出版的消息。

5 月,王余光、徐雁主编的《中国读书大辞典》由南京大学出版社出版。其中"名人读书录·名人读书生活"部类有"潘树广读书"条目。《书海求知》、《古典文学文献及其检索》、《古籍索引概论》、《社会科学文献检索》、《中国文学语言学文献指南》、《语言文学文献检索与利用》、《文献学辞典》、《中国文学史料学》均列专条介绍。

5 月,《博览群书》1993 年第 5 期发表仲君的《文学史料的会通和深层探索——读〈中国文学史料学〉》。

7 月 5 日,国家教委高等教育司颁发《关于成立文献检索课教学指导小组的通知》(教高司〔1993〕108 号)。通知说:"文献检索课教学指导小组由部分长期从事文献检索课教学和科研工作的专家组成,小组成员由国家教委高教司聘任。"并附小组成员名单:"顾问:吴观国、谢天吉、来新夏,委员:江乃武、朱天俊、陈光祚、葛冠雄、潘树广、侯汉清、熊第志、余向春、王长恭、李晓明。"

7 月,《从〈中国古今书名释义辞典〉说开去》载于《辞书研究》1993 年第 4 期。稿酬 118 元。

8 月,《文学遗产》1993 年第 4 期发表陈东辉的书评《发掘与开拓——评潘树广主编〈中国文学史料学〉》。

9 月 10 日上午,应邀在物理楼 113 室给中文系 93 级新生 100 余人(师范 81 人,非师范 24 人)作报告一个多小时。内容:(1) 我的大学生活。(2) 迎新赠言三句:① 自立,才能自强;② 与时代同步,不必与时尚同步;③ 勤奋求知,善于求知。蒋青芳是该年级的班主任。

9 月,获江苏省教育委员会颁发的"一九九三年江苏省普通高等学校优秀教学成果获奖证书"。项目:文科文献检索课的建设与改革。等级:省级二等。江苏省教育委员会 1993 年 9 月 10 日签发,编号:93052。

9 月至学期末,上 3 门课:(1) 研究生王建、亢学军,文献学名著选读;(2) 研究生王建、亢学军,其他方向研究生杨旭辉、傅存良,进修生王双、李晓燕、杨丽忠,文学文献学基础。(3) 92 级外经班,粤语(韩国旁听生一名)。

1994 年 (55 岁)

1 月,获国务院颁发的"政府特殊津贴证书":"潘树广同志:为了表彰您为发展我国高等教育事业作出的突出贡献,特决定从九三年十月起发给政府特殊津贴并颁发证书。中华人民共和国国务院 一九九四年元月三日"(政府特殊津贴第〔93〕9320030 号)

3 月,《五十年来我国对索引的研究》全文载于《索引研究论丛:索引的昨天、今天和明天》(中国索引学会 1994 年 3 月版)。

3 月,收到中国索引学会寄来聘书,聘我为《20 世纪中国学术论著目录索引丛书》副主编、编委。

3 月至学期末,上课:(1) 研究生王建、亢学军,文献学名著选读;(2) 研究生王建、亢学军,文献编辑;(3) 92 级涉外文秘班,粤语。(4) 90 级毕业班,装帧艺术与桌面印刷系统,讲座。编写并自行打印《装帧艺术与桌面印刷系统》讲义,8 000 字。指导本科生史利群、薛红静毕业论文。

4 月 8 日,获苏州市第十中学荣誉证书:"潘树广先生一贯热衷教育事业,以关心后代、造就人才为己任,无私馈赠图书一套(中国文学史料学),谨表衷心感谢!"

5 月 10 日下午,童斌硕士学位论文答辩。

5 月,《中国现代社会科学家大辞典》由书海出版社出版,收录潘树广。

7 月,《中国文学史料学》获江苏省人民政府颁发的第四次哲学社会科学优秀成果二等奖(苏社科奖第 040055 号)。

9 月 12 日,参加苏州市侨代会。

9 月,获苏州市归国华侨联合会颁发的荣誉证书:"热心侨联工作,评为先进个人。"

9 月至学期末,上四门课:① 研究生王建、亢学军,文献学名著选读;② 研究生王建、亢学军,古典文学研究导论;③ 唐宋文学研究方向研究生薛玉坤、薛蕾,古典文学文献学;④ 93(1)班,语言文学文献检索。

12 月 3 日,参加全校"一二·九"爱我中华大合唱比赛。

12 月 10 日,《文学史料的层位》载于《作家报》总第 326 期。稿酬 57 元。

12 月,收到广西高等学校师资培训中心聘为客座教授的聘书(1994 年 11 月 21 日签发)。

12 月 30 日中午,取道上海赴桂林讲学。在火车上跨入 1995 年。

1995 年 (56 岁)

1 月 1 日,上午 6 时 54 分准点抵桂林。广西师范大学李冬贵、何林夏来接。住该校留学生招待所南楼。

1 月 3 日至 7 日,在广西高等学校师资培训中心文献检索课教师硕士课程班讲课。主要讲文献生产概论,7 日上午讲文献检索课教师的进修与科研等问题。

1 月 7 日,晚乘车离桂,取道上海返苏。

1996 年 (57 岁)

1 月 29 日,经江苏省学位委员会审核批准为中国古代文学专业博士生指导教师。(江苏省学位委员会文件,苏学位字〔1996〕1 号:《关于公布有关省属高校博士生指导教师审核结果的通知》)

潘树广年谱（续订）①
（1993.3—2003.8）

1993 年（54 岁）

3 月 2 日，起草丛书提要编撰总则。下午，与黄镇伟一起去取黄山书社寄来的稿酬 18 100.64 元，3 日寄给贾植芳 120 元序言的稿酬。

3 月 29 日，去丝绸工艺局培训中心讲《编辑工艺》，讲课费 50 元。

4 月 30 日晚 6 点，乘火车去北京，与傅璇琮等人谈丛书提要一事。

5 月 4 日，在北京大学参加《读书大辞典》品评会。

7 月 25 日，去黄山为空军政治学院举办的文献检索课讲课。

8 月 2 日上午，从铜陵乘火车返苏州。3 天讲课费 300 元。

9 月 26 日，下午 2 时 30 分在物理楼 201 室参加物理系第四期计算机培训班。

10 月 6 日，物理实验楼机房。第一次真正地学习计算机操作，很感兴趣，心情愉快。

10 月 30 日下午，买物理系组装的台式电脑，型号为准 386，计 6 400 元。王建用黄鱼车运回。

12 月 12 日，与黄镇伟到北京参加国家古籍整理规划小组会议，住梅迪亚宾馆。

12 月 29 日，与黄镇伟、涂小马商定出《丛书通讯》。

1994 年（55 岁）

4 月 8 日，上午 8 时 30 分在十中作"中学图书馆藏书建设与阅读指导"的报告，赠十中《中国文学史料学》一套。校长颁发荣誉证书，讲课费 100 元。

7 月 12 日，参加 84 届校友会。

7 月 25 日至 8 月 9 日，在北京、天津查丛书资料。

8 月 13 日，参加中文系 64 届乙班校友会。

11 月 19 日，完成《丛书通讯》第 11 期。

12 月 10 日，岳父脑梗塞并发肺炎，住第四人民医院。

① 该年谱由潘树广先生的夫人诸美芬根据潘先生的日记续订而成。

1995 年 (56 岁)

1 月 30 日,大年夜,买大白兔奶糖送四院值班医护人员,与美芬在四院陪岳父吃年夜饭。

2 月 17 日至学期末,上课:涉外文秘班,粤语;93(4)班,文献检索课。

2 月 27 日早上,岳父在四院病逝。

3 月 3 日下午,中文系全体教工会议,党委书记宣布中文系改为文学院。

3 月 28 日,《书与序》载于《书与人》1995 年第 2 期,稿酬 75 元。

4 月 29 日,"战地黄花"宣传队成员潘树广、诸美芬、顾玉英、沈兆裕、费祖宁、支胜生、葛秀芳、吴锡珍、左文秀、高茂生、张志行、倪碧如、管钰民在苏州华侨饭店聚会。4 月 30 日,参观校本部、东区及敬文图书馆,并拍照留念。

7 月 1 日,上午 8 时 30 分全院开会,领导讲话,朱栋霖谈到教授中我给专科生、本科生上课最多。

7 月 17 日,读《古籍新书目》,见"黄山书社部分获奖书目(二)",其中《中国文学史料学(上、下)》(1992 年版)1993 年获皖版图书一等奖。

8 月 17 日至 24 日,与黄镇伟在北京中华书局参加丛书卷会议。

8 月 23 日,《苏州日报》载《苦中得甜更味浓》,系我写鞠承祖与病魔顽强斗争的文章,笔名夏朗。

8 月 25 日,邮购《中国当代艺术界名人录》(第二卷),书中收录潘树广。

8 月 27 日,开始写《古代文学研究导论:理论与方法》,合著者黄镇伟、包礼祥。

11 月 11 日 8 时 15 分,去吴江日报社,讲"报纸编辑学的若干问题",4 小时酬金 500 元。

12 月 20 日下午 3 时,在北京人民大会堂参加"全国高等学校首届人文社会科学研究优秀成果颁奖大会",《中国文学史料学》获二等奖。

12 月 27 日,收到《辞书研究》"1996 年特约撰稿人"聘书。

12 月 30 日,将发表在《丛书通讯》上的几篇考证文章集为《丛书杂考》。

1995 年完成《丛书提要》数篇,丛书包括:《檀几丛书》、《寒松阁集》、《写礼庼遗著四种》、《艺海一勺》、《铁华馆丛书》、《心矩斋丛书》。全年出《丛书通讯》12 期。

1996 年 (57 岁)

1 月 11 日、12 日参加在哈尔滨召开的"文献检索指导小组会议",会后参观冰灯和松花江雪雕,坐马拉雪车。

1 月 26 日,黄镇伟从南京带回《当代社会科学大辞典》,附徐雁便条,谓我写 8 000 字,每千字 24 元,稿酬 192 元。

2 月 8 日,参加系"新闻与广告专业自学考试课程设置问题"的会议。

3 月至学期末,上课 93(3)班、95(4)班,粤语课;95 级硕士生,文学史料学。

3 月 21 日,在存菊堂付东区购房款,计 12 319.43 元。

4 月,《丛书提要编纂与丛书研究考辨》载于《中国古籍总目提要编纂工作情况简报》第 2 期(1996 年 4 月);《文科文献课的计算机检索教学问题》载于《大学图书馆学报》(1996 年第 2 期,稿酬 72 元)。

5 月,《试论独撰丛书》载于《古籍整理出版情况简报》(1996 年第 5 期),稿酬 150 元;《论工具书教材的结构体系》载于《辞书研究》1996 年第 3 期,稿酬 102 元。

5 月 9 日,参加硕士研究生王建、亢学军答辩。

5 月 10 日,主持硕士新生复试。

5 月 22 日,参加博士新生复试。

5 月 25 日,参加母校格致中学校庆,送《中国文学史料学》一套。

7 月 13 日,下午参加中文系 86 届校友会。

9 月至学期末,上课:① 93(3)班,编辑学。② 成教学院新闻专业专升本班,编辑学。③ 96 级硕士研究生陈刚、葛怀东,博士生包礼祥,文献编辑学、古典文学研究方法论。

9 月 13 日下午,参加迎接硕士新生会议。我对同学谈了四点希望:(1) 优化知识结构。(2) 及早进入研究状态。(3) 处理好做学问与做人的关系。(4) 注意健康。

9 月 25 日下午,市委礼堂参加侨联中秋、国庆联欢会。

10 月 11 日,《〈中国工具书大辞典·续编〉序》载于《中国工具书大辞典·续编》(福建人民出版社 1996 年 5 月版),稿酬 150 元。

10 月 12 日,上午 8 时整,南师中文系 57(1)班校友聚会,实到 27 人。下午游怡园。晚上开联欢会,我主持。13 日游天平山,下午结束。

11 月 15 日,收到《中国古典诗词曲知识辞典》中我写的 7 260 字的稿酬 208 元。

11 月 15 至 21 日,为数学系排练大合唱并彩排,21 日晚演出获得成功。

11 月 23 日,与潘欣、涂小马去常熟参加王建、潘冬梅婚礼。

11 月 9 至 24 日,完成丛书提要 5 篇,丛书包括:《三经晋注》、《对树书屋丛刻》、《高斋丛书》、《全州蒋氏丛刻》、《寓园丛书》。

12 月 25 日,新闻自学考试(本科)设 9 门课,我写《编辑学》教材,由苏州大学出版社出版。

12 月,台北五南图书出版有限公司出版繁体字版《中国文学史料学》,稿费 5 562 美元。

1996 年编印《丛书通讯》12 期。

1997 年(58 岁)

1 月 1 日,看《索引研究论丛》,发现蔡尚思文章中引用我的《古籍索引概论》。

晚,看电视转播的维也纳新年音乐会。

1 月 15 日,《编辑学》列入自学考试用教材,要求 3 月 10 日前提交考试大纲,3 月底交全部书稿。因此必须每天写 1 000 字以上才能按时完成任务。另,指导吴国琴、季晓敏毕业论文。

1 月 17 日,上午 8 时 30 分,参加苏州市图书馆春节座谈会。

1 月 24 日,因编辑学自学考试大纲要求提前交,开始写考试大纲。

1 月 31 日,打印考试大纲正本一份,副本一份,全文 1.65 万字,平均每天 2 000 字。

2 月 14 日至 18 日,为南通市教委中文教育研究生班上中国文学史料学课程。

2 月 26 日至学期结束,上课:(1)古代文学、古汉语专业研究生及陈刚、葛怀东、包礼祥,古典文献学、文献学名著选读。(2)涉外文秘班,粤语。

3 月 20 日,《编辑学》书稿完成。在写书过程中,潘欣帮助电脑打印,美芬校对书稿。

4 月 10 日,苏州市、区高校侨联联合召开侨界迎九七香港回归祖国茶话会,在南园宾馆翠竹轩举行。我在会上发言,会后接受电视台单独采访。

4 月 11 日,早上苏州广播电台播出前一日侨联会议的消息。吴铭播音说:苏州大学侨联副主席潘树广教授用"复地庆珠还"的诗句表达了他的激动心情。他同时表示,回归祖国后的香港将更加繁荣昌盛,其国际金融、贸易中心的地位将更加巩固。

4 月 17 日下午 1 时 20 分,到达一中,给语文教师讲了 4 个问题:信息意识,规范化意识,品位意识,现代科技意识。

5 月 11 日,女儿潘欣出嫁。晚在得月楼举行婚宴。

5 月 21 日,下午 3 时 30 分,参加文学院读书节开幕式并发言。

5 月,《编辑学》(苏州大学出版社)出版,稿费合计 4 518 元,扣税 506 元,实得 4 012 元。5 月 26 日,拿到样书一册。《我与文学文献学》载于《文史知识》1997 年第 5 期,稿酬 174 元。

6 月 4 日,组织研究生论文答辩。

6 月 6 日,与黄镇伟乘 T15 次列车赴宁波,参加古籍整理会议。

7 月 3 日,涂小马谈南京会议自考命题事。

7 月 5 日,开始出编辑学自考试题。至 7 月 26 日完成题卡 317 张。

7 月 12 日上午 8 时 30 分,参加中文师范 87 届聚会。

7 月 19 日,参加 66 届校友会。

7 月 20 日,参加南通硕士班课程结业典礼。

8 月 18 日,将我和涂小马出的全部自考题卡 600 张编好总码,由美芬抄完。

8 月 20 日,出编辑学自考试卷,27 日将试卷、题卡交成教学院小芮。

9 月 1 日至学期末,上课:(1)硕士生陈刚、葛怀东,古典文学研究方法论。(2)博士生吕明涛,文献编纂学。(3)外语学院旅游英语 4 年级,粤语。(4)现代文秘与公务管理研究生班,社科文献学。

10月12日,白化文夫妇来访,我送《编辑学》一册。白说我的《书海求知》在北京大学出借率很高。

10月17日,收到杨抗美寄来《古籍索引概论》1994年获索引学会奖的奖状。

10月,成教学院发《编辑学》自考大纲稿费、命题费。自考命题费:每套试题100元,三份共300元;题卡每张2.5元,600张共1500元;合计1800元,成教学院留240元,实得1560元,与涂小马平分,每人780元。另领得大纲稿费550元。

11月17日,《古典文学研究方法论》书稿完成(潘树广、黄镇伟、包礼祥合著)。与黄镇伟乘晚上10时59分的火车赴合肥商谈出版事宜。18日早上7时许抵合肥,入住新闻出版培训中心。格致中学好友方廷健陪我们游包孝肃公墓园,票价10元。18日下午3时与责任编辑王克谦商定《方法论》出版事。我送王克谦《编辑学》一册,台湾版《中国文学史料学》两本。

11月21日上午8时30分,在钟楼303室参加苏州大学图书情报工作委员会会议,宣读新一届图工委名单,我是该委委员。我就图书馆布局大调整的问题发表意见。

12月10日下午2时,在逸夫楼大会议室参加教务处主持的教育思想讨论会。我的发言为《人文科学与素质教育——兼论研究能力的培养》。

12月,《将勤补拙 锲而不舍》载于《江苏学人随笔》(南京大学出版社,1997年)。1997年共编印《丛书通讯》6期。

1998年(59岁)

1月6日,参加韩国学生金渊洙博士学位论文答辩。今天接上海栋哥电,告知大连大哥于5日早上4时突发心脏病去世。7日发唁电给大嫂,寄300元。

1月8日,写《〈清代传记丛刊索引〉与〈三十三种清代传记综合引得〉之比较》。

1月15日下午2时,有线电视台记者黄健、王刚来采访。我说了苏州书店多的文化原因:有悠久的文化传统,深厚的文化底蕴。苏州历史上书店多,20世纪30—50年代有50家;状元多,清代有26名状元,超过清代全部状元数的1/5。书店为学者的成长创造了良好的文化环境,而文人学者的涌现,又能促进书业发展,两者互为因果。我还谈了应当善于经营,以及沟通信息的问题。

1月20日,应安徽教育出版社童总编之要求,为该社招聘编辑命题。

1月23日,王克谦寄来《古代文学研究导论》校样。至2月18日校对完成。

2月6日,与涂小马去无锡参加自考命题会议,任务是补充题卡,出6份卷子。

2月24日至学期末,上课:(1)古代文学专业研究生,文献学。(2)博士生吕明涛,古代文学研究方法论。(3)新闻专升本,编辑学。

3月12日下午,与陈刚、葛怀东、吕明涛、包礼祥等4位研究生游览沧浪亭、碑刻博物馆。

5月5日,《人文科学与素质教育——兼论能力培养问题》载于《抓住机遇迎接挑战》,苏州大学出版社,1998年。

5月20日,《追求文品与人品的完美结合》载于《太阳花》,上海科学普及出版社,1998年。

5月27日,赴常熟高专作学术报告《世纪之交谈读书》。

5月28日下午3时50分,参加文学院第二届读书节开幕式,我会后就"读什么书"的问题接受采访,介绍钱穆的书单。

6月2日,去南京参加江苏哲学社会科学"九五"规划增补课题会议。

6月6日晚6时45分,准时到学术报告厅作报告。厅内坐满人,还有人站着。我讲的题目是《书,艰难的选择》:(1)为何说书的选择是艰难的;(2)我的读书生活;(3)如何选书;(4)既要读,又要写。讲完后,新闻系小记者围着采访。

6月10日,拿到《中国文学史料学》国家教委奖金2 000元,校配套奖金1 600元,分配给各作者。

6月,出版《古代文学研究导论——理论与方法的思考》,安徽文艺出版社,1998年,稿费7 317.79元。

7月11日,去南通给研究生班上课,7月23日回苏州。

7月24日,南通师专聘我为兼职教授,填写登记表。

8月31日,救灾捐款。

8月31日至学期末,上课:(1)外语学院旅游英语班,粤语。(2)新闻96级,编辑学(博士生吕明涛旁听)。(3)博士生王建,计算机文献检索。(4)基地班、师范班,论文写作。

9月23日至28日,在天津参加"全国古代文学古典文献学博士点新世纪学科展望及信息交流座谈会"。傅璇琮主持开幕式。我在大组讨论会上发言,谈了两个问题:(1)近20年来的成就,有有形的,有无形的。无形的是指观念的进步,学术独立精神的强化。(2)古代文学与文献学有天然的近缘关系。

10月5日,收湖北大学王兆鹏信,说已收到《古代文学研究导论》书。认为"理论上自成体系,方法论具操作性,文献资料极其丰富……已让门下研究生传阅。"

11月1日至6日,与吕明涛在北京图书馆看书。共看书9种:(1)古语遗录(胶),(2)史位存著书(4册),(3)瞿聘君全集(两函16册),(4)夏为堂集(胶),(5)审巘集(一函10册),(6)嘉会堂集(胶),(7)沈西雍先生遗著五种(胶),(8)环碧斋集(胶),(9)童氏杂著(胶)。

11月9日晚6时30分,在东文107室为新生作报告。讲了3个问题:一要改变学习方法,二要善于选择书刊,三要掌握现代技术。

11月11日,广东省自考委要求命题,我接受了"报纸编辑学"的命题任务。

12月4日上午,去苏州市会议中心,参加"苏州市侨界纪念改革开放20周年主题会",我的发言是《侨界的新生 学术的春天》。

12月9日下午,全校"纪念三中全会20周年"大合唱比赛。我指挥文学院唱《众人划桨开大船》、《走进新时代》,获一等奖。

12月,《梁启超与丛书》载于《中国典籍与文化》1998年第4期(与吕明涛合写),稿酬161元。

1998年,写丛书提要:《双梅景闇丛书》、《崇雅堂丛书》、《西政丛书》、《奚囊广要》、《艳雪斋丛书》、《枕中秘》。编印《丛书通讯》6期,校阅各撰稿人来稿。

1999年(60岁)

1月2日,虚岁60岁,与家人共12人在东校区教工餐厅庆祝生日。

1月13日,江西自考办委托命题《报纸编辑学》。

1月14日下午2时,在东吴饭店主持苏州大学第三届归国华侨联合会成立大会。

1月,《论古代文学研究中的文献学方法》载于《常熟高专学报》1999年第1期。稿酬250元。

3月6日,晚在聚星楼生日聚餐,我和镇伟、包礼祥、涂小马、吕明涛、葛怀东、陈刚、王建合影留念。

3月8日至学期末,上课:(1)博士生王建,文献学文献名著选读。(2)古代文学及汉语专业硕士生,文学文献学基础课。

3月24日,与黄镇伟、涂小马商定共同编写一部简明的、贯通古今的《文献学纲要》。

3月27日,《文字之交 贵在知心——回忆与〈辞书研究〉的交往》,载于《文汇读书周报》,1999年3月27日,稿酬250元。又收入《我与上海出版》(学林出版社,1999年),稿酬170元。

4月5日晚,去电徐祖友,他说:《文字之交 贵在知心》发表后,耿庸给他电话,为我还记得他们老人们而感到高兴。

4月,《丛书杂考》载于《学林漫录》14辑,中华书局1999年4月,稿酬284元。《史源学与辞书编纂》载于《辞书研究》1999年第2期,稿酬204元。

4月16日下午2时,硕士生陈刚、葛怀东论文答辩。

5月17日,主持硕士生许金华、徐从根、刘希庆论文答辩。

5月18日上午,参加陈玉兰、曹辛华博士论文答辩。

5月19日,博士生招生复试。

5月21日,我的博士生包礼祥论文答辩,郭豫适主持。郭先生对答辩极其认真,既是答辩会,又是学术讨论会。与会者对包文评价颇高。

5月27日下午2时,在南园宾馆翠竹轩参加苏州市侨界迎澳门回归主题会。

6月3日上午,参加汉语史方向硕士生赵雪梅、曹炜论文答辩。

6月9日,收王知伊之子王有朋信,信中说:"前见《文汇读书周报》您写的《文字之交 贵在知心》,提到先父,感情至切。我们兄妹读后都很感动。当年您来我家,与先父晤谈的情景,似就在眼前。时间真快,一晃,先父过世竟然有10年了。谢谢您还始终记着他。"

6月9日晚6时,去电视台,作为嘉宾参加单强主持的"市民广场"节目,谈读书。

6月23日,福建人民出版社约写《中国出版史》。与吕明涛、包礼祥、王建商量后准备写《中国出版思想史》。

8月15日,按原定计划完成《文献学纲要》我承担部分的初稿,共10.2万字。

9月16日至学期末,上课:(1)97级新闻专业,编辑学。(2)博士生戚福康,文献编纂学,计算机检索。

9月21日,在市统战部领取省侨办、人事厅、侨联联合颁发的"归侨侨眷先进个人奖励证书",奖金400元。

9月28日晚,在东文107室为我院新生作《积累与创造》报告。

10月3日晚8时30分,潘欣在妇幼保健院剖宫产一女婴,重8斤。

10月20日下午3时,在市一中为学生作"光盘检索"科普报告。

10月23日,给南通市委组织部办的现代文秘与公务管理研究生课程班讲"文献学"课程。

10月27日下午3时,在十六中作"光盘检索"科普报告,演示《改革开放20年文献库光盘》,效果很好。

10月,《关于文献检索课悄然升温的思考》载于《大学图书馆学报》1999年第6期,稿酬80元。《20世纪的索引研究与编纂》载于《图书馆杂志——理论学术年刊》1999年增刊,稿酬700元,该文获中国索引学会第四届年会暨学术讨论会一等奖。

11月,《写歌的回忆》载于《大学新闻》,1999年11月12日。

11月27日,东吴饭店参加中文系64届丙班校友会。

12月7日,参加苏州市第五次归侨侨眷代表大会。

12月27日,收到《辞书研究》聘书,为该刊2000年特约撰稿人。

12月,获曾宪梓教育基金会优秀教师奖三等奖。《古代文学研究导论》获安徽图书奖三等奖。

1999年完成丛书提要9篇,出《丛书通讯》6期。

2000年(61岁)

1月10日,去上海,陈家驹陪同去百脑汇买NEC笔记本电脑一台,机器17 800元,解调器600元,合计18 400元。

1月21日上午,参加韩国学生李昌铉博士学位论文答辩。

2月8日,收广西师范大学出版社何林夏寄来《文献学纲要》出版合同。2月11日将书稿和签署的合同寄回广西师范大学出版社。

2月29日至学期末,上课:(1)硕士生,文学文献学基础。(2)博士生戚福康,文献学名著精读。(3)新闻研究生班,编辑学。

3月7日,收到《江苏省图书馆学报》聘我为编委的聘书。

3月18日,博士招生命题。

3月29日,参加职称评定测评会。

4月29日,去张家港参加陈刚的婚礼。

5月1日上午9时,去东吴饭店参加江苏师院中文系六年制六四届校友会。

5月8日,全天主持古代文学专业的硕士生复试。

5月14日,参加博士生招生复试。

5月17日下午2时30分,博士生吕明涛论文答辩,主席郭豫适。

5月18日,百年校庆。上午8时到系。10时,看苏州电视台转播庆祝大会实况。大会最后是艺术学院演唱校歌。前半段用东吴大学老校歌,后半段用我写的新校歌,结合倒也巧妙,这样做也策略(有台湾东吴大学的代表前来参加会议)。

5月18日,广西师范大学出版社罗文波来电,说书稿质量高,没改动多少,问封面设计要求。我说要具有学术性,庄重些。

5月25日,主持硕士研究生论文答辩,答辩者有:王鹏、许春燕、崔小春、陈娟、尤亮。

5月26日晚8时,给镇江专升本新闻班上课,讲《编辑工作与光盘检索》。

5月28日上午8时,在东吴饭店主持侨联会议,请庄荣辉(市侨联老主席)作《归侨侨眷权益保护法》辅导报告。会后参观苏大百年校庆展览会。见我有三本书在展厅:《古典文学文献及其检索》、《社会科学文献检索》、《中国文学史料学》。

5月29日,《大文献学散论》载于《图书馆工作与研究》2000年第3期。稿酬60元。

5月30日,写《笨伯学电脑》讲义,给镇伟、张鹄。张鹄来电说,写得生动、通俗。

6月1日,早晨,痰中有血丝。

6月5日,滋源来电,岳母住入金闾医院。下午4时30分,与美芬前去探望,晚11时回。

6月6日晨6时,张华华来电,说岳母零点左右去世。与美芬去彩香一村,写挽联:"忆慈颜心伤五内,抚遗物泪洒千行。"

6月12日9时,在复旦大学参加夏广兴博士论文答辩。复旦发评审费100元,答辩费70元,车费80元,共计250元。

6月19日,广西师范大学出版社寄来《文献学纲要》校样,附信(责任编辑罗文波),说此书既有学术价值,又实用,编辑此书感到荣幸。

7月16日至21日，为苏州市中文教育研究生班上《古代文学研究导论》课。

7月26日，乘8时15分的火车赴沪，到格致中学，参加"吴淑娴老师诞辰100周年纪念会"。周铭孝主持。我在会上读刘伯贤写的对联：

砥节砺行东风化雨铁骨铮铮为学子一生辛劳；

薪尽火传春华秋实硕果累累献国家百世流芳。

7月，《中国索引综录》序，（上海辞书出版社，2000年），稿酬400元。《顾炎武·统计方法·计算机》载于《书与人》2000年第4期。

8月7日下午4时，上视女足与江苏女足比赛（全国女足联赛）在苏州大学东区球场进行，上海二台转播。我既看转播又看窗外的实况，颇有趣。

8月，《文献学纲要》由广西师范大学出版社2000年8月出版。稿酬扣去买书的钱，收到9500余元。文学院发"立项奖"5000元。

9月1日至学期末，上课：（1）新闻班，编辑学。（2）硕士生朱琴、冯敏、李志远，博士金振华，文献编纂、文献研究方法论。

9月9日上午，在大礼堂参加本科生开学典礼，我代表教师发言，中心是：打好基础，大胆创新。下午2时，研究生开学典礼，会后与博士生金振华、硕士生朱琴、冯敏、李志远见面，提出打好基础、多出成果、品学兼优的要求。

9月27日，谷宗渠来电，说已为我在搜狐建了个网站，打开看到搞得不错。

9月29日，决定把我的个人网站定名为"广轩"，并搭起框架。

10月4日中午，一家人去太湖畔，看国际特技飞行表演，飞机低空穿越太湖大桥桥洞。我和美芬极少有这样的郊游。

10月，《出版家蒋凤藻致叶昌炽手扎的发现》载于《文教资料》2000年第5期，稿酬58元。《论古典文献学与现代文献学的交融》载于《苏州大学学报》2000年第4期，稿酬180元。《古代文学研究导论》获"江苏省普通高等学校第三届人文科学研究成果奖三等奖"。

12月15日，上午9时，至苏州医学院参加苏州市图书馆学会"双庆"纪念会。我作简短发言，题目为："双庆"抒怀。

12月，《漫步在文献丛林》载于《江苏图书馆学报》2000年第6期，稿酬200元。为《实用计算机信息检索》（苏州大学出版社，2000年）作序，写序和审稿费共1000元。

12月30日，晨，痰中有鲜血。

2001年（62岁）

1月3日上午，去校医院拍片检查，无事。

1月16日上午9时，去苏大附一院放射科拍片查肺，无异常。

1月19日上午，写《关于修订〈社会科学文献检索的几点意见〉》。

1月21日，写"机读文献"（修订《社会科学文献检索》）。

2月5日，打印《中国出版思想史》研究进度安排。

2月19日至学期末，上课：(1)古代、现当代文学研究生，历代学术。(2)硕士生朱琴、冯敏、李志远、博士生金振华，文献学名著选读、历代学术笔记选读。

2月20日，"211"工程检查团来我校，我演示了《古代文学方法论信息库》和上海"SKBK全国报刊索引数据库"，效果甚好。

同日，周建军帮我解决简体字转繁体字打印问题。

2月，《〈掾曹名臣录〉撰者考》载于《图书馆杂志》2001年第2期。稿酬60元。

3月9日下午，与崔梅芳、藤淑婉乘车赴宁参加南师毕业40周年校友会。

3月10日晨，去电赵国璋先生家，请他参加校友会。与郁贤皓去徐复先生家，接他来开会。上午9时，在南师100号楼开会、拍照。与会的还有许汝祉、现任文学院马副院长。下午参观明代碑材(并非碑林)、长江二桥、南师仙林新校区。

3月11日下午2时，到赵国璋先生家，与王长恭一起研讨《社会科学文献检索》的修订。我的建议是：保留特色，吐故纳新，简明扼要，突出重点。

3月16日下午2时，开学位委员会议，讨论杨新敏、徐国源、苏简亚申报硕导一事。会后问马亚中赴台讲学安排。

3月，《续修四库提要的四种版本》载于《古籍研究》2001年第1期，稿酬58元。

3月23日，收到中共江苏省委宣传部聘书，受聘为江苏省"十五"规划专家库成员。

3月，为《江苏竹枝词集》(江苏教育出版社，2001年)作序。

同月，《黄周星及其"佚曲"》载于《文学遗产》2001年第2期，稿酬145元。

4月3日上午9时，在十中听陈丹(基地班)实习公开课。

4月14日中午，与华人德乘12时30分沃尔沃客车走沪宁高速，下午3时抵宁。赵国璋、朱天俊、王长恭、潘树广、华人德一起讨论《社科文献检索》教材修订。15日晚圆满结束。

4月17日，去南京，下午参加江苏省第七次哲学社会科学评奖评委会第一次会议，讨论实施细则。

4月29日下午2时30分，在东吴饭店主持苏州大学第四届侨联成立暨苏大苏医侨联合并大会。

5月6日，已连续7天咯血。7日去苏州大学附一院看专家门诊，拍胸片，放射科意见为慢性支气管炎，医生诊断为支扩并发炎症。

5月14日，陈国安来说，钱仲联先生得知国安在听我的课，说"看了潘发表在《文学遗产》、《苏州大学学报》(《论古典文献学与现代文献学的交融》)和《古籍研究》上的文章，潘的方法已超过乾嘉学派，你要学他的方法。"

5月15日，王建博士论文答辩，主席为陈允吉，委员有吴格、王继如、马亚中、曹林娣、黄镇伟、潘树广，秘书为陈国安。

5 月 22 日上午 8 时,在东吴饭店参加杨海明、严迪昌的博士生答辩。

5 月,《文献检索教材的新进展——兼评实用计算机信息检索》载《江苏图书馆学报》2001 年第 3 期,稿酬 100 元。

6 月,《我国网上的"馆藏目录"》载于《辞书研究》2001 年第 3 期,稿酬 175 元。

6 月 11 日上午,上课。下午 2 时 30 分,赶到苏州图书馆新馆,参加电视台办的"新闻谈话"节目,我谈了新馆的建成取决于两点:传统的力量和现代的意识。前者指苏州藏书家多,后者指苏州领导、人民观念的增强。

7 月 3 日早 8 时,去附一院做 CT,下午统战部浦部长来电告知,CT 情况不太好,要进一步检查。

7 月 4 日,美芬带着片子与张华华、王建、浦部长一起去附一院。陈学仁、CT 室主任、胸外科主任马海涛一起看片,认为右肺门有肿块,范围不大。

7 月 6 日 8 时,与美芬去一院,马海涛主任嘱下周一住院。

7 月 12 日下午 4 时,马海涛主任与家属美芬、张华华、系领导王书记、蔡院长、马亚中、杨海明、院领导宋锦文书记、张部长、浦部长、沈部长开会,讨论手术方案。

7 月 14 日,做一系列检查。去邢医生处做核磁共振,做了 2 小时,他带我看电脑中图像,肿块大小约 3 公分。

7 月 17 日早上 7 时 30 分,进手术室,崔俊在旁,杨建平麻醉,马海涛、秦涌主刀,郭晓葵在场。醒来时在监护室。晚,滋源陪夜。

7 月 18 日晚,黄镇伟陪夜。

7 月 19 日,从监护室搬至 2 人一间的病房。晚,陈国安陪夜。

住院期间,院系领导、同事、学生、亲朋好友,以及侨联、统战部、苏大图书馆的代表均前来探望,送来慰问金。静芬、老徐夫妇从南京赶来帮助烧菜、送饭。

7 月 21 日,江苏师范学院中文系 77 级聚会,下午,原班长高以俭、团支书范小青和马亚中来医院看望。

7 月 27 日中午 11 时,出院。陪我出院者有:滋源、张华华夫妇、女儿、女婿、镇伟、黄晓辉。自己走上五楼家中。

7 月,《有关"校对"的若干史料》载于《出版史料》2001 年第 1 辑,稿酬 130 元。

同月,《诗化的江苏风物志,形象的地域小百科——读〈江苏竹枝词集〉》载于《书与人》2001 年第 4 期,稿酬 75 元。

7 月 31 日 9 时 30 分,陈国安、美芬、滋源、郭晓葵去金闾医院,向从上海肿瘤医院来的印医生请教化疗方案。

8 月 4 日,批改文献学作业。

8 月 6 日下午,到附二院住院,准备化疗。

8 月 8 日至 8 月 23 日,第一疗程化疗。化疗药为健择(自费)、顺铂。郭晓葵主任建议打"日达仙"(胸腺肽),每周 2 支(800 元/支),提高免疫力。

8 月 14 日,在韩国讲学的涂小马特意从国外赶回,到医院探望。

8月28日，陈国安送来赵梅在美国托人带回的保健药。张华华为我打"日达仙"针。

同日，《电子书刊的检索功能——兼评〈中国出版年鉴〉光盘》，载于《中国出版》2001年第7期，稿酬175元。

8月29日，研究生朱琴、冯敏、李志远来家里上课，我要求他们平时自学《古代文学研究导论》。

9月3日至9月23日，第二疗程化疗，沿用原方案。打洁欣（升白药）针，升白细胞。

9月8日，拟博士新生亢学军的培养计划和课程安排，其他研究生的毕业论文选题。下午交亢学军，嘱她对即将来的韩国博士生李熺俊多加关心。

9月15日，11时从医院回家。马亚中下午来探望，说他周二赴台湾。我的台湾讲学计划因病取消。

化疗期间，院系领导以及工会、办公室代表等均来家中探望，送来慰问金。

10月2日，格致中学好友方廷健夫妇、刘伯贤来探望。

10月4日至10月23日，第三疗程化疗，沿用原方案。

10月19日，周铭孝、刘伯贤代表格致中学57届三班全体同学来探望。

10月24日，上海栋哥、阿嫂来苏探望。栋哥在上海玉佛寺为我求得护身符，其上有观音像、心经。

10月27日，徐雁约我为他策划的《六朝松随笔文库》写一本书，要我提出书名、字数、篇目（分三辑）。30日，打印好《学林漫笔》目录给徐雁。

10月30日下午，南师校友张鹄、李锁华来家中探望。

10月，《烟霞小说考》载于《文献》2001年第4期，稿酬150元。

11月1日至11月17日，第四疗程化疗，沿用原方案。另，每周2支"日达仙"，打升白血球针洁欣。

11月10日，打印自选文集，字数36万。

11月12日至13日，美芬陪我去复印自选文集中第一、第二单元文章。

11月14日，七弟树富夫妇从新疆生产建设兵团赶来探望，表弟阿芝陪同。

11月17日，在医院护士站的病历中，惊见CT报告原来有不同版本。

11月18日，从家人口中得知肿瘤并未真正切除的真相。

11月19日，制订给韩国学生授课计划，共7门课。

11月20日，与韩国学生李熺俊见面，给他上课计划一份。与金振华、亢学军谈毕业论文写作。

11月26日，陈国安去南京买海唯口服液和片剂。其后，又陆续买过3次。

11月27日早上8时，陈国安陪去金阊医院，看上海专家门诊。下午，镇伟送来报销的医药费，告知《编辑学》要出修订本，商定由金振华协助。

12月3日早上7时，金振华陪同去上海群力草药店，配中药。其后，又陪同去配了2次。

12月6日,给博士生亢学军、李熺俊上文献学基础,讲古籍目录。13日,继续上课。

12月13日,写《在疗养院写的豆腐干文章》。

12月17日早7时,胡明宇、美芬陪我去附二院检查,病灶有所缩小。

12月21日,陈国安陪赵梅来,赵梅从美国带来保健品。谷宗渠买来扫描仪,教会我使用。

12月28日,写《南师忆旧三题》。

2002年(63岁)

1月2日至16日,写《网上的联合目录》、《去数字图书馆走一趟》、《顾廷龙先生二三事》、《童年影话》、《从〈秋禾书话〉到〈书房文影〉》,用扫描仪扫描老照片,用于《学林漫笔》出版。

1月5日,参加系学位委员会会议。

1月11日,给硕士生朱琴、冯敏、李志远上课,谈如何写毕业论文。

1月21日到2月17日,胡明宇、美芬陪我去做门诊化疗,第五疗程,沿用原方案。2月4日,血小板极低,打升白药格宁,输血小板10万单位,1400元。

2月5日,收到《学林漫笔》清样,开始校对。

2月7日上午9时30分,与美芬去中医院东港分部,请赵志明配中药。突然心跳加快、胸闷,即做心电图,显示有房颤、心肌缺血。遵医嘱立即去附一院急诊,住14病区23床。注射西地兰。2月10日,出院。

2月12日,大年初一,校对《学林漫笔》校样。

3月1日,拟订硕士生文献学公共选修课的教学大纲。

3月3日,出博士生招考试卷。

3月7日,校对《学林漫笔》二校样。

3月8日,亢学军陪去东文601室上《文献学纲要》课。

3月15日至4月12日,给博士生亢学军、李熺俊上学术笔记、古代文学研究方法论。

3月22日,亢学军陪去东文601室上文献编纂学课。

3月25日,参加博士生复试。

4月14日,胡明宇从南京取回《学林漫笔》40册,分送亲戚朋友。

4月15日早上,涂小马、李熺俊来送行,与金振华一起至上海火车站,乘K99次"软卧高包"赴香港九龙。16日下午1时许到九龙红磡车站,乘巴士到香港大学,爬山至柏立基学院,住50号房。

4月17日,参观香港大学母语教学教师支援中心。赠给该中心:《书海求知》正编和续编、《文献学纲要》、《古典文学文献及其检索》、《古代文学研究导论》、《学林漫笔》。

4月19日,香港大学李锐清教授带我至香港中文大学图书馆,参观善本书室,见到饶宗颐先生。

4月23日下午3时30分,在香港大学许爱周科学楼作《纸质工具书与电子工具书》报告。李锐清主持,按其要求,4时45分讲完,然后回答提问。

4月24日上午9时,与金振华参观冯平山图书馆,馆长和张慕贞接待,参观善本书库,查机读目录,得知中国期刊网有繁体字版。张慕贞要我在该馆的《文献学词典》、《中国文学史料学》、《古代文学研究导论》上签字。其他著作已借出。

4月26日下午3时,给香港大学中文系研究生及部分教师讲《我与文学文献学》,讲了50分钟,然后听者提问。

在香港期间,看望础贤姐、囡姐、翠莺姐、许礼平等亲戚,赠苏州丝巾、双面绣、《学林漫笔》。因身体原因没去游玩。

4月28日,在红磡车站上车返沪。在火车上看金振华修订的《编辑学》稿。29日下午4时到上海,苏州大学出版社小李来接,6时许到家。

5月1日,与美芬、静芬、谷宗渠、潘欣、冰冰、郭枫、黄晓宏、峥峥去园区金鸡湖玩,拍照。

5月6日,住附二院,8日检查发现肿块有增大。9日开始第六疗程化疗,用紫烷素(紫杉醇)、顺铂化疗,口服司莫司汀(防脑转移),输中药化疗药康莱特,打洁欣升白针。

5月24日,修订《编辑学》计算机部分。晚在东吴饭店为香港大学李锐清接风,托其带《书海求知(续编)》、《中国文学语言学文献指南》交冯平山图书馆张慕贞。

5月26日,写复旦大学日本博士生论文《毛晋交游考》的评语。

5月29日上午9时,戚福康博士论文答辩。下午胡明宇陪同去附二院化疗。

5月30日至31日,做第七疗程化疗,用药同上一疗程。

5月30日至7月8日,胡明宇、黄镇伟、涂小马陪同做热疗12次,计两个疗程。

5月,《南师忆旧三题》载于《南京师大报》,2002年5月20日。

6月,在家修订《编辑学》"网络出版"、"报纸电子编辑"等内容。

6月20日、21日,做第八疗程化疗,用药同上一疗程。

7月7日,去电郁贤皓,得知上午在凤凰台饭店召开的《六朝松随笔》座谈会很成功。他在会上发言说我的书既有学术性又生动,如《顾炎武》文、《校对》文,另外,将照片组合起来反映自己的生平也很巧妙。

7月9日,南京师范大学丁婷婷等4人来采访并摄像(南师大校庆用)。

7月17日,修订《社会科学文献检索》。

7月30日,收到《学林漫笔》稿费7400元,已扣除160本书的购书费。

8月8日,继续在附二院做第九疗程化疗,用药同上一疗程。

8月14日，美芬陪我在附二院挂水。女儿潘欣在第四人民院做乳腺手术，邵正才主任主刀。谷来电告知手术切片病理为"临界状态"，实是对我的安慰。

8月16日，上午阅改、补充黄镇伟代我修订的《社会科学文献检索》三章。金振华送来《编辑学》校样，我从头到尾翻阅一遍，改正一些错误。下午2时去四院探望潘欣。

8月20日，把《社会科学文献检索》全部修订稿寄给北京朱天俊。

9月4日下午5时40分，严明陪同台湾东吴大学中文系主任许清云来家中探望。

9月16日起上课，(1)博士生缪葵慈，文献编纂学。(2)硕士生蒋丽、刘逢伟，论文写作方法、文献学。

9月21日，中秋，下午1时30分在定慧寺巷"秋韵阁"茶楼与研究生亢学军、李志远、涂小马、向峥、朱琴、胡明宇、冯敏、蒋丽、刘凤伟聚会庆中秋。3时30分去定慧寺，我代表10人捐款100元，并请《心经》、《金刚经研究》等书籍。拍集体照两张。4时，寺内众僧诵经，气氛庄严，令人有脱离尘世之感。

9月24日下午3时，与美芬、涂小马去钱仲联先生家，送一花篮，祝贺他95岁生日，小马为我们拍照。

10月、11月、12月，先后做第十、十一、十二次疗程化疗。

12月14日，将《书海求知》、《书海求知续编》、《中国文学语言学文献指南》、《社会科学文献检索》、《古籍索引概论》、《艺术文献检索与利用》、《古典文学文献及其检索》、《文献学辞典》、《古代文学研究导论——理论与方法的思考》、《学林漫笔》、《文献学纲要》、《语言文学文献检索与利用》、《编辑学》、《中国文学史料学》(上、下)共14种著作签名盖章，由赵明交"苏大文库"。2003年3月30日，苏州大学图书馆发给"苏大文库"收藏证书。

12月25日，完成《烟霞小说》提要。

2003年（64岁）

1月1日，与美芬、潘欣一家去苏大幼儿园参加"亲子活动"，做了4项比赛。

1月6日，收到《辞书研究》2003年特约撰稿人聘书。

1月28日下午3时30分，金振华夫妇送来《编辑学》(修订版)稿酬10 371.80元。我给他协助修订的稿酬1 800元，他只收了370元，我实得10 001.80元。

1月31日，大年夜，在潘欣家一起烧年夜饭。

2月13日，把全部《丛书提要》稿移交黄镇伟。

2月28日，蒋丽、缪葵慈陪同到东文楼4楼上文献学课，3月7日、3月14日又去上了两次。

3月24日，涂小马陪同去附二院做B超、胸片、脑CT，脑转移。25日住附二院。

3月26日至4月8日，做脑部放疗十次，4月11日出院。

3月,《中国古代的索引》载于《中国索引》2003年第1期,稿酬120元。

4月,中医院医生上门看病。

5月,入住金阊医院治疗。

6月,入住附二院放疗腰椎L1L2L3。

7月4日,回家,因吐血,7月5日晚入住苏大附一院治疗。

7月26日,吕明涛、包礼祥、王建从外地来苏探望时,嘱咐他们继续写《出版思想史》。

8月2日,下午4时20分于苏州大学附属第一人民医院病逝。

学生写挽联悼念:

忆杖履追随　道德文章犹在望;

怅盛年凋谢　名贤言行未终篇。

格致中学好友刘伯贤、方廷健("三个忠实的朋友")写挽联悼念:

执教四十春秋千古文章喜桃李成荫吴江涛水哭教授;

友谊五十冬夏情同手足痛人水相隔浦江浪吞失故知。

后 记

翻阅潘树广的日记、文章和著作，仿佛穿越时光，回到了过去。他笔耕不辍，我认真誊写，一起校对书稿清样的情景又浮现在眼前，令人感慨。

阿广一生学习勤奋刻苦，工作踏实，治学严谨，待人和善，对学生既严格又关爱，是学科的带头人、家庭的顶梁柱。他在 40 余年的教书生涯中，取得了一定的教学、科研成果。

2001 年 11 月，阿广手术后不久，整理打印了《潘树广自选集》目录。后因病情加重，频繁往返于家和医院之间，无法集中精力完成文集编选工作。现在，学生们为纪念他，决定为老师出版这部《潘树广自选集》，除了阿广自选的 97 篇文章外，又增补了 7 篇文章，韩国博士李熺俊还出资 3 万元。对此我深表感谢！更感谢他们一直以来对我和家人的关心与帮助！

阿广生前曾自订年谱至 1996 年 1 月。现我根据他的日记将年谱续订至 2003 年 8 月 2 日他逝世那一刻，一起收入本书，以利大家对他的一生有个更为全面的了解。

本书的出版，了却了阿广的心愿，也寄托着我们对他永远的怀念。

诸美芬

2012 年 1 月 2 日